中華民國史檔案資料匯編

第五輯 第三編

財政經濟（六）

中國第二歷史檔案館編

鳳凰出版傳媒集團 鳳凰出版社

目　录

〔五〕农　业

（一）农村经济政策与土地问题

(四) 灾荒与农村破产

〔六〕商　业

(一) 商业政策

(二)物资管制与垄断

(三) 物价问题与市场危机

(六) 外贸概况

〔五〕农　业

（一）农村经济政策与土地问题

1. 国民政府地政署修订扶植自耕农实施办法草案呈

（1945年10月16日）

呈案奉钧院本年九月十五日平壹字第二〇二四二号指令，以本署前拟呈之扶植自耕农实施办法，忽略减轻地租及贷款援助佃农雇农，使逐渐成为自耕农两点，饬再详加商讨修订，呈核等因到署。兹遵将贷款援助佃农雇农一点增列为该办法草案修订本第十条，并删去原第一条，增加新第九条，惟关于减轻地租一节，本署已遵照六全代会通过之土地政策纲领，拟具耕地租约登记办法，呈请钧院鉴核在案，似无订入扶植自耕农实施办法内之必要。奉令前因，理合将该办法草案修订本呈请鉴核公布施行。谨呈

行政院

附呈扶植自耕农实施办法草案（修订本）一份

扶植自耕农实施办法草案（修订本）三十四年十月十六日修订呈院

第一条　农地移转之限制及自耕农之扶植除法令另有规定外，依照本办法之规定办理。

第二条　各市县农地应由省市地府及农林机关按照其土壤性质、耕作种类，分别拟定最小面积单位，呈请省政府核转中央主管机关核定之。

前项最小面积单位应以能维持六口农户之最低生活所需要者为准。

第三条　最小单位面积之农地不得因出卖赠与继承或其他原因而分别大于最小面积单位之农地，经分割后各地段之面积仍不得小于最小面积单位，但分割之地段与相邻之原有农地合并，而其面积不小于最小面积单位者不在此限。

第四条　农地不得因出卖赠与继承或分割而移转于不自耕作之人，但有下列情形之一者不在此限。

一、因公征用者。

二、受卖受赠继承或分割之农地经市县政府或上级政府核定改供非农业用途者。

三、受赠人或继承人为老弱孤寡，依赖受赠或继承之农地为生，而其面积不超过最小面积单位之两倍者。

第五条　农地之出卖除有前条第二款之情形外，原田农、雇农及抗战将士依次有优先买权。

第六条　违反第三条及第四条之规定而受买受赠继承或分割之农地，政府得以土地债券照价收买之。

第七条　农地所有权人不自耕作，而将农地永佃或出租于他人耕作者，除所有权人为老弱孤寡，依赖农地为生，而其面积不超过最小面积单位之两倍外，政府得以土地债券征收之。

前项土地之征收应分期推行，第一步征收下列私有土地。

一、未遵限开垦之荒地。二、个人所有逾额之土地。三、不在地主出租之土地。

第八条　依第六条及第七条征收之土地及应行放领之公有土地、无人耕作之荒地，应由政府依法整理重划，必要时，并对于水利交通加以改良划定自耕农场，招致具有耕作能力之农民承领自耕，其每一农户承领面积以一个自耕农场为限。

前项自耕农场之面积不得小于最小面积单位，除因农业经营方式有必要外，亦不得超过最小面积单位之两倍。

第九条　农民有左列情形之一者不得承领土地。

一、违背三民主义。二、有不良嗜好者。三、无耕作能力者。四、受破产或剥夺公权之宣告者。

第十条　左列之人无前条各款规定情形欲购买土地自为耕作者,得依法向土地金融机关申请贷款。

一、佃耕农及雇耕农。

二、本办法第五条规定有优先受买权之人。

三、自耕农之土地未达到本办法第二条规定之最小面积单位者。

第十一条　自耕农场经划定后放领时左列之人依次有优先承领权。

一、农地之原佃农。二、农地之原雇农。三、本县市抗战将士及其家属具有耕作能力者。四、其他具有耕作能力之农民。

第十二条　自耕农场之放领应向承领人收回地价。

前项地价之计算:征收之私有土地以征收之地价,公有土地及荒地依政府估定之价格,但政府曾将地形、水利、交通加以改良者,得将改良费用摊加于放领地价内一并收回。

第十三条　自耕农场之地价,由承领人分年偿付,并须加付利息,其利率不得超过年利六厘,偿付期间不得少于十年或超过二十年,但承领人得于领地时一次偿清或于限期内提前偿清地价。

第十四条　自耕农场之承领经政府核准后,应即发给承领人以自耕农场承耕执照。

第十五条　承领人于偿清地价时,由政府发给土地所有权状,取得该农场之所有权。

第十六条　自耕农场之承耕人或所有余人,自承耕之日起应依法缴纳土地赋税,但承耕荒地首应自垦竣之日起第六年开始缴纳。

第十七条　自耕农场之承耕人或所有权人非经县市政府之核准,不得将农场出卖出典抵押或租与他人,亦不得设定其他负担。

违反前项规定者其行为无效，政府应即将农场收回。

第十八条　自耕农场之承耕人因疾病或其他原因，不能继续耕作时，应请政府将农场收回。

第十九条　自耕农场承耕人在地价未偿清前死亡时，由能自耕之法定继承人准照第二十二条及第二十三条之规定继承其耕作权，并按期偿付未偿清之地价，但须呈请换发承耕执照。

前项法定继承人均不能自耕者，政府应即将农场收回。

第二十条　自耕农场承耕人不按期偿付地价或缴纳土地赋税时，政府得将农场收回。

第二十一条　依照第十七条至二十条之规定收回自耕农场时，应将承耕人已缴付土地价一次发还，并将其承耕执照撤销。

前项承耕人曾将自耕农场加以特别改良致生产力增加者，其所支出之特别改良费用应就其未失效部分于发还地价时一并偿还之。

第二十二条　自耕农场不得分割所有权人死亡时由具有耕作能力之法定继承人一人继承，其继承之顺序如左：

一、直系血亲男性辈亲属。二、兄弟。

前项同一顺序能自耕作之继承人有数人时，以亲等近者为先，亲等相同时以年长者为先，若法定继承人均不能自耕者，应将农场转移于能自耕之人。

第二十三条　前项继承人对于其他法定遗产，继承人应按照其应继分给予相当之补偿。

前项补偿应由自耕农场继承人将其依法所应分得之其他遗产照公平价格拆偿抵充之，无其他遗产可抵充或抵充不足者应以钱币分年偿付或补定之，其补属无力补偿者得以该自耕农场土地及其收益为担保，向土地金融机关申请代偿再分年补还之。

第二十四条　违反第十五条、第十七条及第二十二条之规定者，政府应即还发地价，收回农场，另行放领并撤销原发所有权状，其所有权人或继承人曾将该农场加以特别改良者准用第二十一条第二项之规定。

第二十五条　自耕农场承耕执照应记载左列事项：

一、承耕人姓名、性别、年龄、籍贯、住址。二、农场之地号、种类、坐落、四至面积。三、应缴地价及偿付期限暨逐年偿付之数额。四、承领年月日。五、本办法第十六条至第二十一条所规定之事项。

第二十六条　自耕农场所有权状应记载左列事项。

一、所有权人给姓名、性别、年龄、籍贯、住址。二、农场之地号、种类、坐落、四至面积。三、地价。四、取得所有权之年月日。五、本办法第十六条、第十七条及第二十二条至第二十四条所规定之事项。

第二十七条　政府依照本办法创设自耕农场时，应切实督导协助承领人组织合作社办理生产资金借贷及生产运销合作事项，并得斟酌情形督导承领人组织合作农场。

第二十八条　政府依照本办法征收农地创设自耕农时，得运用国家土地金融机关之放款关于征收土地之地价补偿及自耕农场之地价收款事宜，委托国家土地金融机关代为办理，但应随时予以指导监督。

第二十九条　依本办法扶植自耕农，应由省地政及农林机关督导市县政府办理，必要时得由省地政机关会同有关机关呈准省政府，划定区域设置专办机关办理农地征收、整理、重划、放领事宜，俟办理完竣即行撤销移交县市政府管理。前项扶植自耕农专设机关之组织，由省地政机关呈请省政府定之。

第三十条　依本办法扶植自耕农应由省地政及农林机关拟具实施计划，呈省政府核转行政院备案后施行。

第三十一条　前条扶植自耕农实施计划应载明左列事项：

一、所辖地区之土地分配与租佃情形及其需要扶植自耕农之理由。

二、可供扶植自耕农需用之土地面积及其来源(公有土地或征收私有土地及被征收土地之性质)。

三、被征收土地每亩之地价及全部地价。

四、地价补偿方法及清偿期限。

五、划定自耕农场之面积单位。

六、自耕农场之放领方法。

七、领地农民之来源及产亩。

八、创设自耕农场所需行政经费之概算。

九、其他必须事项。

第三十二条　本办法自公布日施行。

〔地政署档案〕

2. 中美农业技术合作团四川北碚扶植自耕农示范区视察报告

(1946年)

北碚扶植自耕农示范区视察报告

(本篇系摘录民国三十五年十一月出版之中美农业技术合作团报告书附录租田制度——北碚扶植自耕农计划)

四川北碚扶植自耕农计划之实施实为中国开一先例,此举全系遵照孙中山先生耕者有其田之遗教而规划施行者。三十一年三月,北碚管理局会同中国农民银行在北碚朝阳镇十九保,开始办理扶植自耕农示范区。北碚管理局负责自地主手中将示范区内所有土地尽行征购。中国农民银行则供给资金以支付地价。主办双方均感仅凭协助购地尚不足以根本解决佃农问题,故约请农林部派员参加负技术辅导之责。当经农林部同意并选派技术人员,爰于三十一年十二月在该区内成立合作农场辅导处。

该区共有一百二十六农户，实有农民四百二十六人，其中十九家为不在地主，十六家为现居区内之地主，二家地主除佃出一部田地外并自耕其余之地，三十九家原系自耕农，三家为半自耕农，四十七家为佃户。该区实有耕地一，四二八.四一亩。稻、麦、玉米及甘薯为主要作物。佃农通常以六成秋收(主要为稻米)付结地主作为地租，至于冬作收获则全归己有。农村副业甚不足道，农民仅赖作物生产为其主要田场收入。

该区中原无小学，学龄村童或在田中助其父母操作，或至山边放牧水牛，冬闲时期则赴山上采薪。

以上为该区原有情况之简述。该区之设，甫及三年，因各方之努力，区内种种情形，颇多饶有兴趣与令人感奋之改变，此种设施如得适当指导，则在其他社区亦不难获至同样良好之结果也。

一、佃农购地

北碚扶植自耕农计划实施之初，并未遭地主之坚决反对。耕者有其田为既定国策。故在政府支持之下，北碚管理局自二十五家地主之手将地收买。进行颇为顺利，土地征购后，即划分为八十个完整单位。并遴选区内八十个优秀佃农，各为一单位之买主，三十二年五月一日，中国农民银行贷款一，九九九，五〇〇元供佃农购地之需。所有出售田地之地主，一概照价付给现款。

征购田地之手续，共分四步:(一)该区所有田地均加登记，以明产权实际情形。(二)该区所有地亩之地势、土壤种类及田场大小均加详细调查。(三)每块土地皆予以估价。(四)由北碚管理局通告各地主限期到局声明产权并领取地价。

为使地价之评估公平无欺起见，组织地价评议委员会主其事，该会委员七人，由下列各方各推代表一人担任，计:

(一)全体地主，(二)全体佃农，(三)北碚区参议会，(四)朝阳镇十九保保长，(五)中国农民银行北碚办事处，(六)北碚管理局，(七)农林部北碚合作农场辅导处。结果公定水田每亩价格四千元，旱田每亩三千元。地主佃农均照此数收付。以通货膨胀关系，现该区每亩水田已值十五万元，旱田值十万元矣。

全区一，四二八.四一亩中六一〇亩系自地主手中购得，经合并规划后分配与佃农者。自耕农准其保留原有农地亩数，其中三人每人有地在五十亩以上者。地主之从事其他职业不在区内者，准其保留房屋，其保留房屋十五座，此十五地主中有地方官吏一人，药商及其他商贩数人。其中亦有在其他地区有田产者，仅一寡妇赖田产收入为生。其田地征购后仍须在他处购地糊口。地主所以保留其原有房屋者，全系出于乡土观念及情感关系，地主之祖坟亦准保留，然区内另有公墓之设。

征购土地合并后重新划分之八十单位，每单位约有十五至二十亩。分配与经选择之区内优秀佃农，此项选择系根据彼等能力之估量。

中国农民银行贷结之购地价款一，九九九，五〇〇元，年息九.六厘.期限十五年。购地佃户已于三年内将上款偿清。若在无物价上涨之平时，据农人估计于十年内亦可全部归还。

二、合作农场

中国多数其他扶植佃农购地自耕之设施，其所以鲜有成效者。盖使佃农仅有其田，并不足保证其收益之增加也。购地佃农往往负债过重而致无力自拔，或被迫降低生活水准以维持其田产。佃农购地后应有适当指导，注意技术改进与集团经济，方可达到增加收益之境地。北碚扶植自耕农计划成功之关键，即系于此也。

鉴于技术辅导之重要，农林部北碚合作农场辅导处协助购地佃农组织合作农场，以局部合作方式从事经济之经营。该场于民国三十二年二月正式组成，此为中国合作农场之先声。其后为应朝阳镇附近农民之请，复于同年三月辅导组成另一合作农场，场员一，七八八，包括自耕农与佃农，场地三，四五〇亩，以资与原有之合作农场作比较试验。

购地佃农积极参加之工作，性质至为广泛，可大别为五类：(一)农场经营之改进，(二)生产技术之改良，(三)合作经营，(四)有组织之教育，(五)社会福利事业。

如无良好指导，则北碚示范区之购地佃农，在农场经营上，犹如中国其他各地之农民，有其种种不利之情形。如田场面积甚小，且分割过甚，其农场经营之方式，几全以自给自足为主。在辅导处指导之下，北碚自耕农合作农场，曾致力推行改良农场经营之设施，目的即在清除上述种种不利情形。各场员之单位农场，虽经调整为整块。但丘块仍极零碎，后经辅导处根据个别情形，分别拟定田场布置标准图，指导场员定期完成。此种合理调整，有助于提高工作效率不少。水土保持工作如梯田、排水道以及高线耕种等均于各别农场分别实行。改换农艺方式亦增加以指导。结果有不少田种植普通作物改为种植蔬菜者，经此改变后之不少农夫，收益竟大为增加。有一购置五亩土地之佃农，竟因类植蕃茄、白菜、黄瓜及其他蔬菜于一年农进款一百万元，越出种植谷物之收入五倍以上，可为显例。此外，农场场员之财产曾举行清查，并选出十五场员作农场记帐之示范。

在作物生产改良方面，利用合作力量，介绍稻麦改良品种，推广改良耕作方法，如优良轮作制，集团防治害虫。为保障作物生产，曾举办小型灌溉工程，场员并联合共同修建水塘三个，蓄水量为六千立方公尺，可资灌溉百亩田地。此外并新凿灌溉井一，过水堰一，均按受益田亩分摊费用。以上均系由于场员共同合作所完成之物资建设也。

在合作农场所举办之企业经营中，合作养猪及共同购买农具、食盐及其他农家必需供应品，亦著成效。合作养猪于民国三十三年九月开始，自中国农民银行借款七十万元，自集股金三万元。除肉用猪外，并有盘克县公猪一头，供杂交及场员土种母猪交配之用。又有合作酿酒厂一所，以场员高粱酿酒，并将残渣饲猪。养猪所得之厩肥，为场员施用肥料之主要来源。开业后九个月期间，除出产肥料及种猪配种不计外，并获纯利二百五十万元。此项纯益之分配：一成为职员酬劳金，一成为公积金，其余八成充作公益金。最近区内新设小学一所，共有教室十间，校舍建筑宏伟。其大部建筑费，即出自养猪收入。本区小学毕业生能考入区外中学者，则以公益金资助其学费。此外如场员及其家属偶有疾病，则辅助其医药费用，此亦为上项公益金之一部开支。

详察北碚佃农购地计划之实际成功，并不在于所办各项事业之获利丰厚，亦不在于购地佃农之得以期前偿清债务。其最显耀之成果，乃在乡民对于地方公益所表现之公共精神一点。上述新近成立一所小学校壮丽之校舍，即为此种精神之良好象征。该校建筑时所费人工，全由场员自任，材料由合作养猪赢余项下开支，所用砖地系采自一地主田庄上之残旧庄堡。该区多数儿童过去极少入学读书之机缘，现时均已在该校就学。附近乡村之儿童亦获机享受来此就学之便利。该校并举办成人识字班，下午为妇女班，晚间则为男子班。

区内各道路均已大加改善，公共建筑加以修缮及保全，大路全旁种树，公有山坡上植桐，他如农产展览会、耕牛比赛会、防护团训练及用公断方法解决纠纷等亦曾先后举办。

三、宝贵教训

以上为北碚朝阳镇十九保之扶植自耕农工作之简述，由于北碚管理局、中国农民银行、农林部及地方人民之通力合作，此计划已表现辉煌之成果。不但参加工作者同声赞扬其效力，即在田场上，农村中，以及购地佃农之表情上均历历可见。佃农对其实感，固津津乐道也。率土而耕在区内一般人心目中均引以为幸，目前购地佃农莫不一心向上，企求产量之增加，并策划来日之发展。且彼等除注意本身之生产外，对全区之福利亦极关怀。最要者，彼等已成为关心社会与国家之健全公民，而此种精神实非前途有望之民族莫备也。

该区人民对政府之态度最堪注意。一场员曾谓:“这是政府对我们所做最重大的一件事,现在政府无论叫我们做什么,我们也不会推辞的。”此种“众志成城”之精神实为跻国家于富强所必需也。

〔国民地政学会档案〕

3. 行政院绥靖区政务委员会订定绥靖区经济设施纲要土地部分

(1946年9月)

甲、土地部分

一、各县设土地委员会,办理土地登记、调查分配及公平处理一切有关土地因被共党强制分配而生纠纷事宜。

二、原有地主应依土地等级准予保存(应同时规定土地五十亩最大之限度)适当限额内之土地,但此项土地,仍准由耕户继续使用,其地租由耕户按照土地法之规定(二五减租之原则)缴纳之。

三、各地主超过规定限额之土地,应由政府征购,其地价以土地债券偿付之。

四、土地债券由中国农民银行发行,并由财政部担保之。

五、凡使用政府征购土地之耕户,应依土地法之规定行之。

六、前条耕户依法使用土地至相当年度,或依政府扶植自耕农之其他规定,得优先取得所有权。

乙、粮食部分

一、绥靖区民食军粮应兼筹并顾,于各县设立粮食处,实施有计划之调剂。

二、共党征存之粮食应归公有,由粮食处接收统筹分配,人民报告此项存粮者,按实收数给予百分之二十作为奖励,其隐瞒者,按情节轻重从严议处。

三、凡人民所积存或生产之粮食，应由粮食处举行登记，并依每户人口数量大小及其他经政府认可之必要用途保留其所需自用之数量，凡超过自用部分之余粮，得由政府价购之。

四、农民送缴粮食以来往一日行程为限，其运力按照规定发给粮食现品或代金。

丙、财政金融部分

一、共党所发行之伪币一律认为无效，严禁使用。

二、凡人民因被迫而收受之伪币得声请登记。

丁、合作部分

一、绥靖区人民均应指导其分区参加合作社之组织，并踊跃认股，热心服务，以解除其痛苦，增进其生活。

二、合作社依城区及乡村各区为单位，分别组织之，并应于适当地点设立分社。

三、城区合作社以粮食及其他主要生活必需品之配备为主要业务，必要时得兼办合作食堂、合作住宅，并得附设合作工厂。

四、乡区合作社以粮食及其他生活必需品之生产运销为主要业务，必要时得兼办布匹及其他主要日用品之供应，其生产规模较大及土地状况适宜者，得专设合作农场。

五、各县应设立合作社、联合社，以统筹城乡区合作社业务之配合及相互间物品之交流。

六、各合作社对政府所需价购之粮食及其他物资有充分供应之责任，必要时政府得以合作社所需要之实物偿付之。

七、中央合作社金库应迅速开始业务，并应于各县成立支库或分理处，负责调剂绥靖区各合作社之资金，由政府先拨专款百亿元以应急需。

八、农业推广机关合作供销机关及国营工厂均应以物资或技术加强合作业务之发展以适应人民之需要。

九、各级合作行政应积极予以加强，并应特别注重优秀合作干部之训练与培养，勤加指导督察，以健全合作组织，充实合作力量。

十、各级政府机关及各级党部团部应确认合作事业为实现主义之基本经济事业，共同负责促其发展，必要时得由社会部会同各有关机关组织合作事务委员会，以加强摧〔推〕进之力量，便利工作之配合。

〔国民政府行政院绥靖区政务委员会档案〕

4. 行政院抄发绥靖区合作事业实施办法的训令

（1946年11月28日）

行政院训令 节京议字第二一二三九号
中华民国卅五年十一月廿八日

令本院绥靖区政务委员会

查绥靖区合作事业实施办法业经本院于本年十一月二十八日公布施行，合亟抄发该办法。令仰知照并转行知照。此令。

抄发绥靖区合作事业实施办法一份

院长宋子文

绥靖区合作事业实施办法

第一条　绥靖区合作组织之推进，依本办法之规定，以健全社会基本经济组织，发展民生经济为目标。

第二条　绥靖区之合作组织以于每县城区暨各乡镇各设社，并于各县设一联合社为原则，城区及各乡镇合作社均应于适当地点设立分社，其他专营合作社应俟业务扩展时再行设立。

第三条　各县合作指导人员于各县收复时应将原有不合法之合作组织予以解散，另行成立城区及乡镇合作社筹备处，征求人民入社，举行创立会，宣告成立，县联合社之筹备成立亦照此办理。

第四条　绥靖区合作社社员及职员如有营私舞弊或故意破坏合作事业情事应依法惩处。

第五条　合作事业应列为绥靖区县政中心工作之一，并作为考成标准。

第六条　合作主管机关应经常督导各合作社及联合社之成绩，如查有未能达成任务者，应督导其改进，必要时得召开社员或社员代表大会决议改组之。

第七条　城区合作社应先从粮食、油盐、燃料、布匹之供应入手，并得附设合作食堂，应力求营业经济营理严密，尤应注重职员之服务精神。

第八条　绥靖区各县政府应视实际情形扶持各级合作，负责领导调剂当地粮食、油、盐、燃料、布匹之市场交易。

第九条　合作社为便于普遍供应起见，得特约商店代销货物，其价格及交易方式依合作社之规定。

第十条　合作工厂应依院颁组织合作工厂办理，其特殊情形者得为必要之变通，并报请主管机关备核。

第十一条　各级合作社在未设工厂之前，得特约工厂依一定条件对各级合作社负供应产量之责。

第十二条　乡区合作社之业务应以粮食生产为主，在不产粮食之区域，以当地之特产为主。并应提倡乡村副业，充分利用社员劳力，并增加其收益。

第十三条　绥靖区及各级农业推广机关应负责指导各合作社，改良农业技术及品种，并举行增产竞赛。

第十四条　各级合作社应设置合作农仓，办理农产品调节保藏与加工业务。

第十五条　乡区各合作社社员为实行集体耕作组织合作农场时，应依院颁设置合作农场办法，办理其有特殊情形者得为必要之变通，并报请主管机关备核。

第十六条　各县县联合社成立后，各合作社所生产及需要之大宗物品应由县联社统筹运销供应，其货物价格得由双方议定之。

第十七条　合作社之每股金额应约定由一百元至一千元，县联社之每股金额应约定一千元至一万元，每社员及单位社至少须认购一股。

第十八条　合作社之盈余每半年结算一次，除合作农场及合作工厂部分另行计算并依法提存公积金及职员酬劳金外，得酌提四分之一至二分之一为增股奖励金，依各社员所认缴一股以上股数比例分配之，但此项奖金仍应转作各该社员之新增股金，不得提取现款，其余盈余可全部拨充公益金，办理社员教育及公共福利，尤应注意贫苦社员生活之改善。

第十九条　中央合作金库应负调剂绥靖区及各级合作社资金之责。

第二十条　合作金库除对社员举办小额贷款外，以贷与合作社集体利用为原则，并应注重合作组织之辅导与合作业务之协作。

第二十一条　合作金库之贷款得视各级合作社之需要贷放实物，并得商定以实物偿还之。

第二十二条　各级合作社主管机关应会同各有关机关及党部、团部组织合作指导委员会，以利合作工作之进行。

第二十三条　社会部合作事业管理局应增设合作工作辅导团，派驻有关各省加强合作事业之指导督察。

第二十四条　省合作事业管理处应设置合作工作队，以机动方式分赴收复各县策进合作组织。

第二十五条　县合作指导室在收复各县应增设合作指导员，并应发给外勤旅费。

第二十六条　各级合作干部除初级指导员及初级业务员由地方政府就地训练外，并由中央合作主管机关招收最优秀之青年，分期分班加以严格之训练。

第二十七条　本办法未规定事项仍依一般合作法规之规定。

第二十八条　本办法自呈准之日施行。

〔国民政府行政院绥靖区政务委员会档案〕

5. 行政院绥靖区政务委员会关于创设合作农场的有关函件

（1946年12月～1947年1月）

一、地政署核复创设合作农场办法的公函

（一九四六年十二月二十一日）

地政署公函　京权字

中华民国三十五年十二月二十一日

案准贵会本年十二月七日绥秘指（三十五）字第三八〇号代电，以奉主席交下对共经济作战方策建议案一件，其中关于对共土地政策创设合作农场办法部分，嘱核议迅复等由，附抄原方案一份到署，兹对原方策中关于对共土地政策创设合作农场办法部分分两点研究如左：

（一）土地处理部分

中国共产党认为中国革命虽然处于世界革命之时代，基本上仍然为民主革命之一种，其任务在于廓清一切封建的剥削与束缚，以畅通资本经济发展之道路，然后由于无产阶级政权之领导，而达到社会主义之改造，因此共产党在农村之设施普遍实行减租减息，在局部地区则发动斗争与分田，中共之目的在于使农民从封建束缚下获得解放成为其政权之支柱。

中国共产党虽为崇奉马克思主义之政党，其态度则仍异常，现实一切设施仅在帮助农民减轻田租获得土地，从未主张实行土地公有，良以今日实现土地公有之主观客观条件尚未臻具备，即在苏联实质上之土地公有亦尚未完全实现，土地公有之口号对于今日中国农民殊无如何积极意义，原方策所谓指共产党引诱农民推翻土地私有制度达到公有之目的，显系认识有误。

共产党所加于土地之负担，诚属苛重，然此非共产党之政治方针欲藉以达成共产主义之目的，而系种临时性质之迫切需要，为应付战争之紧急局面军事征发，诚属无可避免者。

中国农民乃租佃剥削之□□，彼等要求减轻负担，获得土地，共产党策动减租与分田之运动，深合于农民之要求，虽仍不免受军事征发之苦，但在减租之地区，此种负担乃加于地主身上者，其在分田之地区，此种征发亦绝不高于佃租之负担，故能广泛号召农民受其驱使，为其效命。

针对共产党之土地措施，吾人目前唯一政策即为给予农民以土地，减轻乃在豁免一切捐税摊派，给予农民以更多之自由，解消地主对于农民之反抗与长期不断之斗争，使能安居乐业，如此方能杜绝共党在农村中之一切活动，瓦解共党统治下之群众基础。

今日之绥靖区土地处理方针，应从实施减租到普遍扶植土地小私有制，使农民成为自己耕作之主人，绥靖区之迫切工作应为地权之清理与调整，加于农民身上之任何限制，动机纵系良好，亦必将招致农民之反感，原方策所拟处理土地办法不仅与现行法令不合，且普遍保持租田制度，于今日的农村亦实无如何之裨益。

（二）合作农场与集体经营部分

应用新式机械农具之集体经营无疑为最进步之农业形态，然此亦须在主客观条件完全成熟，易言之须在工业发达、政治组织严密、控制力量充分而且农民对于集体经营之利益具有高度认识之后，方有实际意义，如忽视此种因素，对于自给自足之农业社会中所培育成长之农民，贸然以政治力量普遍加强制组设合作农场，必致刺激农民之感情，招致怠耕与反抗，非徒无益，抑且有害。原案所提创设合作农场办法，完全以前南昌行营所订村田社有与利用合作社之方案为精神上之蓝本，而于文字上稍加损益，殊不知该方案仅系一幅美丽之图画，从未实施而见生效。

辅导合作集体农场，在绥靖区土地处理办法中已有所规定，惟今日吾人仅能从辅助与诱导入手，切忌以强制手段普遍组设，应从共同灌水局部工具合作换工、变工等低级合作业务做起，同时不妨分区设立公营示范大农场，藉收观摩与教育之效，同时更须减低合作农场之赋税负担，优先供给机械、肥料及优良品种，提高购买合作农场产品之价格，尽量充实合作农场场员之文化生活，以示鼓励，诱导登高自卑行远自迩，吾人必须脚踏实地从低级合作做起，配合主客观条件之进步，逐渐走向土地及生产工具完全的共同使用，走向集体耕作之大农经营。

根据前述认识，本署对于本办法意见如次：

一、在共党实行减租减息之地区，应以维护农民既得之减租利益为方针，继续实施减租并严禁追索欠租。

二、在共党实行分田之地区，应以土地归于农民为方针，对于原土地所有人可由中国农民银行发行土地债券偿付地价。

三、推行合作农场制度应从奖励诱导入手，不宜过事强迫。

以上诸端皆于绥靖区土地处理办法中有所规定，似可照案执行，勿庸再事变更，准电前由，相应核具上述意见复请查照为荷。此致

行政院绥靖区政务委员会

署长　郑震宇

二、行政院绥靖区政务委员会拟订组织合作农场辅导办法的签呈　（一九四七年一月二十九日）

前奉主席交下对共经济作战方策建议案，其中关于对共土地政策，创设合作农场部分，经分电农林部、地政署、合作事业管理局先后核议到会，综括各部署意见，大致以推行合作农场制度应从奖励诱导入手，不宜多作硬性限制，查绥靖区土地处理办法第十九条原有依本办法承领自耕地之农民应由政府指导其组织合作农场，

并辅助其经营，其办法另定之规定，复查关于组织合作农场上年业经由行政院颁行设置合作农场办法一种，对于一般组设合作农场虽有较详细规定，惟系根据一般合作社组织原则，须农民有自治、自动、自觉精神与相当知识，始克依照办理目前农村组织散漫，一般对于集体耕作尚不习惯，此制又属初创，农民更无深刻认识，欲期此制推行顺利，有赖政府切实指导辅助者甚多，似有订定辅导办法之必要。又查绥靖区合作事业实施办法亦经规定组织合作农场时，应依院颁设置合作农场办法办理，其有特殊情形者，得为必要之变通，绥靖区实施土地征收放领情形诸多特殊，关于如何变通办法似亦须酌定若干原则，以资遵循。爰根据以上意旨并参酌各部署意见，经研拟绥靖区组织合作农场辅导办法草案一种，期于绥靖区实验县份首先试行，逐渐推广。惟案关于社会部合作事业管理局、农林部、地政署及中央合作金库、中国农民银行业务，拟先函请各该部署来□审查，再行决定，是否有当，谨请核示。

附办法草案

修均谨签　元·二十九

绥靖区组织合作农场辅导办法草案

第一条　本办法依照绥靖区土地处理办法第十九条之规定订定之。

第二条　绥靖区各县组织合作农场，县政府得指派或聘请该县合作、农林、地政、金融及其他有关机关团体组设合作农场辅导机关，或责成该县主管机构负指导辅助之责。

第三条　中央及省主管合作、农林、地政、农贷及土地金融机关，对于绥靖区合作农场之推进，分负指导协助之责。

第四条　绥靖区组织合作农场除依设置合作农场办法办理外，得参照办法及当地特殊情形变通办理，所有农场组织业务事项，应载明于所订农场章程内，呈报主管机关备案。

第五条　依绥靖区土地处理办法承领自耕地之农民,应尽先辅导其组织合作农场,邻近之其他自耕农亦得加入合作农场。

第六条　合作农场土地之规划,应按照土地自然经济区划及合于集体耕作之原则划定合作农场区域,共同经营,其地形不整或面积过小不宜集体耕作之土地,仍由农民自行经营。

第七条　合作农场区域划定后,即辅导各农户组织合作农场,各该农户均为农场基本场员,其他愿提供劳力从事集体经营者亦得加入为农场场员。

第八条　合作农场场员供给农场共同使用之土地(包括附着物)仍保持其所有权,农场应按照各场员加入土地之多少及其地价分别发给土地产权股份,并按照其股份分配农场收益。

第九条　合作农场之土地非因特殊情形呈报辅导机关核准不得退出私营农场,场员退出农场时其土地产权应转让于农场其他场员,或由农场按照其地价收买之。

第十条　合作农场因求场地完整与耕作便利,对于其他公私土地及其附着物得优先承租利用或呈请征收购买之。

第十一条　合作农场除土地外应设置生产基金,由场员按股缴纳,其基金总额股份及每股金额与缴纳程序应报请辅导机关核定之。

第十二条　合作农场场员缴纳生产基金除现金外,得按农场实际需要以田舍、农具、牲畜、种籽、肥料或劳力折合现金缴纳之。

第十三条　合作农场资金不敷营运时,除直接向金融机关申请贷放外,得报请辅导机关代为洽借款项或担保债券。

第十四条　中央农业及合作金融机关应于组织合作农场之地区设置分支机构,供应合作农场所需之资金。

第十五条　各县农业机关应指导合作农场利用新式农具机械及改良品种肥料与病虫害防止方法药品等,并洽商有关机关社团或报请上级机关优先配拨供应。

第十六条　中央农业机关应统筹各地合作农场需用新式农具机械及种子、肥料、种类、数量，分别洽商有关机关或督促所属机关设法配拨供应。

第十七条　各地合作农场在新式农具、种子、肥料未能大量供应以前，应尽量利用场员所有之农具、肥料、种子、耕牛等，仍按相当代价偿付或租用之。

第十八条　各县辅导机关应指导并协助合作农场改善水利，修筑道路及设置运输工具仓库等。

第十九条　合作农场应尽量利用各场员及其家属劳动，遇不敷时得增加临时雇工。

合作农场场员得于农场集体耕作以外之剩余时间经营其他私有土地或副业。

第二十条　合作农场场员之劳动报酬不易按劳动份数计算者，仍按当地劳工工资习惯计算之，其特殊劳动并得酌予提高其报酬。

第二十一条　合作农场应以大量生产各种重要农作物为主，其因土壤地势作物不同或便于集体耕作管理应设置分场或分组经营。

第二十二条　合作农场之产品应尽先供应场员及其家属需用，仍按其实际成本定其供应价格，其计算收益其剩余部分应统筹运销之。

第二十三条　合作农场之收益除各种开支及缴纳赋租外，应按土地产权股份、生产基金股份、劳动份数（或报酬数额）、公积金、公益福利金及各种奖励金，妥定分配比例分配之，该项分配比例应报请辅导机关核定之。

第二十四条　各县辅导机关应派员经常指导合作农场经营业务，应防止农场场员有垄断操纵营私舞弊情事。

第二十五条　各县辅导机关视合作农场之需要，应训练农场管理会计人员，或招致各项技术人员派赴农场协助工作，或就农场场员予以训练办理各项事务。

第二十六条　各县辅导机关应指导农场应用新式会计制度，提高管理生产效率。

第二十七条　各县辅导机关及其派赴合作农场之辅导人员，如有怠于职守及营私舞弊破坏农场情事，应依法严惩。

第二十八条　本办法未规定事项依设置合作农场办法之规定。

第二十九条　本办法自呈奉核准之日施行。

〔国民政府行政院绥靖区政务委员会档案〕

6. 国民政府绥靖区土地处理办法

(1946年10月25日)

绥靖区土地处理办法

行政院三十五年十月二十五日公布

第一条　绥靖区内土地权利之处理，依本办法之规定，本办法未规定者，依照土地法及其他法令之规定。

第二条　绥靖区内土地权利之处理，由省政府督饬县政府执行之。

第三条　县市政府得呈准省政府，就县及各乡镇组织地权调处委员会，调处有关土地权利之纠纷，不服其调处者，仍得诉请司法机关受理。

县及乡镇地权调处委员会之组织与任务另定之。

第四条　绥靖区内之农地其所有权人为自耕农者，原有证件或保甲四邻证明文件收回自耕。

第五条　绥靖区内之农地其所有权人非自耕农时，在政府未依法处理前，准依原有证件或保甲四邻证明文件保持其所有权，并应由现耕农民继续佃耕，绥靖区内佃租额不得超过农产正产物三分之一，其约定以钱币交租者不得超过农产正产物三分之一折价。

第六条　在变乱期内农民欠缴之佃租，一概免予追缴。

第七条　绥靖区内之农民经非法分配地主失踪或无从恢复原状者，一律由县政府依本办法征收之。

第八条　前条被征收土地之地价，由县政府依法估定后，折合农产物，以土地债券分年补偿之，土地债券以农产物为本位，其偿付期间最多不得超过十五年，由省政府报请行政院核定之。

前项土地债券由四联总处指定中国农民银行发行，其办法另定之。

第九条　被征收土地应依据原有土地权利证件向县政府声请领受补偿，其权利有纠纷者，应经调处或判决确定后，再□以领受补偿。

前项土地权利证件遗失者，得由本乡保甲及四邻负责证明，准予领偿，其朦领及伪证者一经查觉，即予追缴，并依法惩办。

第十条　绥靖区内无主土地或原所有权人逃亡者，应由县政府依本办法第七条之规定处理之。

前项逃亡之土地所有权人，如在两年以内回乡，得凭原有土地权利证件依本办法第九条之规定，声请领受补偿，逾期即不再予补偿。

第十一条　依本办法征收之土地，由县政府依左列优先次序分配于人民，缴价承领自耕。

甲、变乱前原佃耕人。

乙、现耕种人。

丙、有耕种能力之退伍士兵及抗战军人家属。

第十二条　农民依前条承领土地后，应即依照估定地价折合农产物，分年向中国农民银行缴纳之。在未偿清以前，以承领之土地为抵押担保。

前项分期缴纳期限，最多不得超过十五年，由省政府报请行政院核定之，承领人得于规定期限内提前将地价缴清。

第十三条　农民承领之土地，如曾经政府实施重划或改良者，得由省政府酌定加收工程费，亦折合农产物并入计算。

第十四条　承领土地之农民，不依本办法之规定按期缴纳地价者，得由县政府将所领土地收回，重行放领，其已缴纳之地价，应以农产物或其折价，一次付还，但因天灾荒歉，由政府特准延期缴纳者，不在此限。

第十五条　依本办法承领之土地，应由县政府发给承领人以土地所有权状，并依法令管理之。

前项土地所有权状，在地价未偿清以前，应存中国农民银行作为抵押品。

第十六条　绥靖区内之公地公荒应由具有耕作能力之退伍士兵及抗战军人家属优先承领。

第十七条　依本办法规定，承领土地之农民，在地价未偿清以前，如怠于工作或将土地出佃时，由政府收回土地，重行招致自耕农民承领耕作。

前项原承领人已缴付地价者政府应于收回土地时，照所缴原价额发还之。

第十八条　依本办法之规定，承领土地之农民，应自承领土地之日起，依法缴纳土地赋税。

第十九条　依本办法承领自耕地之农民，应由政府指导其组织合作农场，并辅助其经营，其办法另定之。

第二十条　绥靖区内城市土地及建筑用地之处理办法另定之。

第二十一条　本办法自公布日施行。

〔国民政府行政院绥靖区政务委员会档案〕

7. 国民政府修正土地法草案趣旨说明

（1946年4月29日）

查修正土地法原则二十三项，经中央政治委员会于民国二十六年五月五日通过，内政部当据以拟具修正土地法草案及其施行法草案，于次年转送立法院审议在案，自应静候决议公布，惟是近数年地政进行较为进展。三十年中央第五届九中全会复定有土地政策，战时实施纲要与上述原则颇有不同之点，而新发生之事实如外人地权问题均应补行订入，爰根据土地政策战时实施纲要，并参照近年政府颁布各种地政法令与夫历年办理地政经验之所得，就原修正草案酌为修改立法精神，在实施土地政策外，以适应国际之环境内，以切合社会之兴情平易推行，冀无窒碍，谨将修正要点之趣旨说明如左：

一、国有土地

公有土地原法规定简略漫无限制，以致各机关任意价卖人民侵占。原草案特立专章指定县市政府为主管机关，用意甚善，本草案特充实增订数条规定，主管地方政府按年造册呈报，原保管或使用机关只有使用收益之权，不得自由处分，以明权责而重公产，并将公有二字改为国有，俾更明显，以免误解。

二、外国人地权

永租权由于不平等条约而产生，我国民法并无此项权利之名称，此次抗战以废除不平等条约为目标，抗战胜利后，自应对永租权土地分别没收清理，本草案对永租权只规定清理之条例另定之一条，至英美等国与我国缔结互惠平等之新约载有享受土地之权利一项，依照总裁核定之四原则于本草案详为规定，以资依据。

三、扶植自耕农

农地以归农民自耕之原则实符国父耕者有其田之主张，本草案为使佃农变为自耕农之机会，并使具有耕作能力之人民成为自耕农，特分别增订其获得土地来源之条文，并规定设立土地银行，俾购地之资金有所借贷，以期土地政策得以实现。

四、照价收买私有土地

照价收买私有土地为国父所主张，如草案为防止土地投机集中及促进土地利用，并防止所有权人逃避地价税起见，特增定私有逾额之土地、不在地主之土地及空地、菜地与短报地价之土地，均得由县市政府照价收买等条文，免除土地征收之繁重手续，但各附以条件用示限制，盖于推行政策之中仍寓保护私权之意。

五、规定地价

地价之高低关系纳税之多寡，业主对于估定地价发生异议势所难免，原草案规定公断办法救济于事后，恐滋纷扰，近年设置标准地价评议委员会，审慎于事先办理，颇著成效，兹为郑重民意起见，于评定标准地价公布后仍准业主于一定限期内有请求复议之权。

六、地价税采累进税制

地价税采累进税制，其累进起点地价应以能保护自住自耕地为标准，惟各省市之地价高低悬殊，其收益数量亦不一致，自当由各省市自行拟订，本草案不予限制。

修正土地法草案

第一编　总则

第一章　法例及施行

第一条　本法所称土地谓水陆及天然富源。

第二条　土地依其使用分为左列各类。

第一类　住宅、官署、机关、学校、会所、工厂、仓库、祠庙、教堂、公园、坟场、操场、城堞、军营、炮台、船埠、码头、飞机基地及其他建筑用地属之。

第二类　农地、林地、渔地、牧地、矿地、盐地及其他生产用地属之。

第三类　道路、沟渠、水道、湖泊、堤堰及沙漠等不能分宗之土地属之。

前项各类土地得再分目。

第三条　本法除法律别有规定者外，由地政机关执行之。

第四条　本法所称主管地方政府指县市政府，所称主管地政机关指县市地政机关，所称主管财政机关指县市财政机关，不属于县或市地方以该特别区行政管理机关为主管机关。

第五条　本法所称土地改良物分为建筑改良物及农作改良物二种。

附着于土地之建筑物或工事为建筑改良物，附着于土地之农作物及其他植物暨水利土壤之改良为农作改良物。

第六条　本法所称不在地主指土地所有权人有左列情形之一者：

一、土地所有权人及其家属离开土地所在地之县市继续满二年者。

二、共有土地其共有人全体离开其土地所在地之县市继续满一年者。

三、营业组合所有土地其组合于其土地所在地之县市停止营业继续满一年者。

土地所有权人因兵役、学业、公职或灾难变乱离开其土地所在地之县市者不适用前项之规定。

第七条　本法之施行法另定之。

第二章　地权

第八条　中华民国领域内之土地属于中华民国，其经人民依法取得所有权者为私有土地。

第九条　土地所有权以外设定他项权利之种类依民法之规定。

第十条　土地因地形变迁成为水道或湖泽时，其权利人原有之土地权利视为消灭。

前项土地回复原状时，原权利人得依据原有证明文件回复其权利。

第十一条　水道湖泽之岸地如因水流变迁而自然增加时，其接连地之所有权人有依法取得其所有权或使用收益之优先权。

第三章　地权限制

第十二条　私有土地附着之矿不得为私有。

前项所称之矿以矿业法所规定之种类为限。

第十三条　左列土地不得为私有。

一、海岸一定限度内之土地。

二、天然形成之湖泽而为公共需用者及可通运之水道并其沿岸一定限度内之土地。

三、公共交通道路。

四、矿泉地。

五、瀑布地。

六、公共需用之天然水源地。

七、名胜古迹。

八、其他法令禁止私有之土地。

前项土地已成为私有者得依法征收之。

第十四条　国民政府对于私有土地所有权之移转设定负担或租贷认为有妨害国家政策者得制止之。

第十五条　左列土地不得移转设定负担或租贷于外国人。

一、农地，二、林地，三、牧地，四、渔地，五、盐地，六、矿地，七、要塞军备区域及领域边境之土地。

第十六条　外国人在我国享有土地权利，以具备与我国订有平等互惠条约国家之国籍者为限，前项所称外国人包括外国人民、教会、公司及公益团体。

第十七条　外国人为左列各款用途之一得购买或租贷土地，

但其面积应受主管地方政策依法所予之限制。

一、住所，二、商店，三、教堂，四、学校，五、医院，六、坟场，七、使领馆及公益团体之会所。

第十八条　外国人依前条需要购买或租贷土地，应会同原所有权人呈请主管地方政府核准，并层报国民政府备查。

前项土地如变更用途或转卖转租时，须呈经主管地方政府核准。

第十九条　外国人为兴办工业需要购买或租贷土地时，其所兴办之事业应先依有关法令呈经中央主管机关核转国民政府特许后方得按其实际需要购置或租贷土地，前项土地之面积及所在之地点由该事业之中央主管机关核定之。

第二十条　外国人依前条购买或租贷土地，应将中央主管机关所发核准凭证，向所在地主管地方政府缴验申请协同选购或租贷，并层报国民政府备案。

第二十一条　外国人依特许兴办之事业购买或租贷之土地，除其事业经呈奉特许变更营业者外，不得作为核定用途以外之使用，如因停业而转卖转租时应经国民政府核准。

第二十二条　外国人购买或租贷之土地经登记后依中国现行法令享受权利负担义务。

第二十三条　在本法施行前外国人已取得土地永租权而领有永租执照者，应分别清理，其条例另定之。

第四章　国有土地

第二十四条　凡未经人民依法取得所有权之土地为国有土地。

第二十五条　国有土地以所在地之主管地方政府为主管机关。

第二十六条　国有土地之原保管或使用机关依其需要对原保管土地有使用收益之权，如不使用时，应即移交主管地方政府管理，不得自行处分。

第二十七条　国有土地之登记依本法第六十二条之规定。

第二十八条　国有土地如未经依法办理土地登记，应由原保管或使用机关于本法施行后三个月内，将其原保管或使用之土地造具清册，详列该土地之坐落、种类、四至、面积、使用状况及定着物情形，送由主管地方政府汇编国有土地清册。

第二十九条　主管地方政府应将该管之国有土地逐年造具清册层报行政部备查。

第三十条　主管地方政府对于该管之国有土地除供自身使用者外得出租收益。

前项出租年限如超过十年应层请行政院核准。

第三十一条　国有土地之标卖放领或设定负担，应由主管地方政府会商原使用机关后层请行政院核准。

前项放领土地经核准后规定地价公告招领，如同一地段有二人以上声请承领时应举行标卖。

第三十二条　政府机关需用适当之国有土地时应商同主管地方政府层请行政院核准予以拨用。

第三十三条　国有土地处分所得地价全部收归国库，但经行政院指定用途者得依其预算划拨支用。

第五章　地权调整

第三十五条　省或院辖市政府对于私有土地得依据地方情形按土地种类分别限制个人或团体所有土地面积之最高额。

前项限制私有土地面积最高额之标准应经中央地政机关之核定。

第三十六条　私有土地受限前条规定限制时，由主管地方政府规定办法限令于一定期间内将额外土地分划出卖，并得以土地债券照价收买之。

第三十七条　私有农地所有权之移转其承受人以自为耕作之

人民为限。

违反前项规定者主管地方政府得照价收买，其土地转售于佃农，其地价得分年偿还，但最多不得超过二十年。

第三十八条　中央地政机关得呈准行政院依据各地方经济情形，规定每一自耕农户所有耕地面积之最小限度，并禁止其再分割。

第三十九条　省或院辖市政府得限制每一自耕农户负债之最高额。

前项限制负债最高额之标准，应经中央地政机关之核定。

第四十条　佃耕之土地合于左列情形之一时，如承佃人继续耕作满五年以上，得请求主管地方政府代为照价收买之。

一、土地所有权人为不在地主。

二、土地所有权人非农民但老弱孤寡残废藉土地为生活，其土地在五十亩以上者，得免于照价收买。

第四十一条　主管地方政府为设立自耕农场，得呈准行政院，以次级征收左列各款土地，其地价得依土地债券给付之。

一、私有荒地。

二、不在地主之土地。

三、出佃之土地其面积超过依本法第三十五条所限定最高额之部分。

第四十二条　自耕农场之设立另以条例定之。

第四十三条　国民政府为周转土地金融，调济耕地分配，实现耕者有其田，应设立土地银行，土地银行得发行土地债券。

第二编　地籍

第一章　通则

第四十四条　未经依法为地籍整理之地方，应依本法之规定整理之。

地籍整理之程序为地籍测量与土地登记。

第四十五条　土地登记谓土地及其建筑改良物之所有权与他项权利之登记。

土地权利名义与民法之规定不符而其性质与其中之一种相同或相类者，由中央地政机关审定认为某种权利为该权利之登记并添注其原有之名义。

第四十六条　未经依法办理地籍测量之地方，不得办理土地登记，业经办理地籍整理测量之地方应即依法办理土地总登记。

前项土地总登记谓于一定期间内就县市土地之全部为土地登记。

第四十七条　土地登记由主管地政机关办理之，但土地总登记在县市地方如限于事实得由省地政机关就县市暂设土地登记机关办理之。

第四十八条　地籍整理以县市为单位，县市分区，区内分段，段内分宗，按宗编号。

第四十九条　本法第二条第三类土地应免予编号登记，但与之相联之车站、码头等公共建筑用地仍应编号登记。

第五十条　土地总登记得分区办理，就地籍测量完竣之区优先办理。

前项登记区在市亦不得小于区，在县不得小于乡镇。

第五十一条　土地权利变更登记，于土地权利经过总登记后，有移转、分割、合并、增减或消灭时为之。

第五十二条　依本法所为之登记有绝对效力，已依本法办理土地总登记之地方除依法发给之土地权利书状外，其他土地权利证明文件不再生法律效力。

第二章　地籍测量

第五十三条　地籍测量依左列之程序办理：

一、三角测量，二、图根测量，三、户地测量，四、计算面积，五、制图。

第五十四条　地方政府办理地籍测量,其实施计划应经中央地政机关核定之。

第五十五条　地籍测量如采用航空摄影测量,应由中央地政机关统筹办理之。

第五十六条　地籍测量实施规划由中央地政机关定之。

第五十七条　各县市办理地籍测量起讫时间应分别呈报中央地政机关备查。

第三章　土地总登记

第五十八条　土地总登记依左列之程序办理:

一、调查地籍,二、公布登记区及登记期间,三、收件,四、审查公告,五、登记发给书状并造册。

第五十九条　每一登记区接受声请登记之期限不得少于一个月。

第六十条　土地总登记办理以前,应将该登记区地籍图公布之。

第六十一条　土地总登记由土地权利人于登记期限内检同土地权利证明文件声请为之。

前项登记得由代理人代为申请,但应附具委托书。

第六十二条　国有土地之登记由原保管或使用机关嘱托主管地政机关为之,其所有权人栏注明为中华民国,并以使用机关为其代理人。

第六十三条　无保管或其使用机关之国有土地及因地籍整理发见之国有土地,由主管地政机关自行登记之。

第六十四条　和平继续占有之土地合于民法第七百六十九条或第七百七十条之规定者,得于登记期限之取具土地四邻证明声请为土地所有权之登记。

第六十五条　主管地政机关接收声请或嘱托登记之件,经审查证明无讹应即公告之。

第六十六条　前条证明文件经审查认为有瑕疵被驳回时，得向司法机关诉请确认其权利，如经裁定确认，得依其裁定再行声请登记。

司法机关接收前项确认之诉，应征询地政机关意见。

第六十七条　逾登记期限无人声请登记之土地，或经声请而逾期未呈验证件者视为无主土地，由主管地政机关作为国有土地公告之，如公告期满无人提出异议，即为国有土地之登记。

第六十八条　依本法第六十五条及六十六条所为公告不得少于一个月。

第六十九条　土地权利关系人在前条期间内如有异议，得向主管地政机关以书面提出，但应附具证明文件。

因前项异议发生土地权利争执时，主管地政机关得予以调处，不服调处者限令于十五日内向司法机关诉请处理，逾期不起诉者依原调处结果办理之。

第七十条　合法占有土地人未于登记期限内声请登记，又未于公告期间内提出异议，丧失其占有。

第七十一条　在办理土地总登记期间，当地司法机关应特设专庭受理土地权利诉讼案件。

前项地权诉讼案件以二审终结。

第七十二条　声请登记之土地权利公告期满无异议，或经调处妥协或判决者，应即确定登记，分别发给权利人以土地所有权状及他项权利证明书。

前项土地所有权状应附以段图，同一所有权人之地目相同、地段相连之土地得并发一状，但段图应分号注记。

第七十三条　土地他项权利之登记应由权利人及义务人共同声请为之。

第七十四条　依本法第七十二条确定登记之面积，应按原有证明文件所载四至范围以内，依实际测量所得之面积登记之。

前项证明文件所载四至不明或不符者，如测量所得面积不超过证明文件所载面积十分之一时，应按实测面积予以登记，如超过十分之一以上时，其超过之部分应作为国有土地，但得有原占有人优先缴价承领登记。

第七十五条　每登记区应依登记结果造具登记总簿永久保存之。

登记总簿之格式由中央地政机关定之。

第七十六条　声请为土地总登记，应由权利人按照权利价值缴纳登记费千分之二。

第七十七条　依本法第六十七条处分之土地原权利人在公告期内声明异议，并提出证件声请为土地登记者，如经审查无讹得予以公告并登记，但应加缴登记费百分之五十。

第七十八条　土地所有权状及土地他项权利证明书每张应缴费额依左列之规定：

一、土地或权利价值不满五百元者五角，

二、土地或权利价值在五百以上者一元，

三、土地或权利价值在一仟元以上者二元，

四、土地或权利价值在五仟元以上者五元，

五、土地或权利价值在一万元以上者十元，以后递增每满五仟元增缴五元。

第七十七条　前两条之地价适用本法第四编第二章所规定之标准地价，他项权利价值依其价值，无价值者由主管地政机关以地方习惯定之。

第八十条　因登记错误遗漏或虚伪致受损害者，由地政机关负损害赔偿责任，但地政机关证明其原因应归责于受害人时不在此限。

前项损害赔偿不得超过受损害时之价值。

第八十一条　登记人员或利害关系人于登记完毕后发现登记

错误或遗漏时，非以书面通知或申请司法机关审查后不得更正，司法机关审查后认为于他人权利无损害者得准其更正。

第八十二条　地政机关所收登记费应提存百分之十作为登记储金，专备为本法第八十条赔偿之用，地政机关所负之损害赔偿，如因登记人员之重大过失所致者，由该人员偿还拨归登记储金。

第八十三条　损害赔偿之请求经地政机关拒绝时，受损害人得向司法机关起诉。

第四章　地权变更登记

第八十四条　土地权利如有移转、分割、合并、增减或消灭，应由权利人或偕同义务人声请为地权变更登记。

前项登记应于地权变更确定后一个月内声请为之，如声请逾期或逾期不声请，经查明强制登记者得征加罚锾，但不得超过应纳登记费额之一倍。

第八十五条　声请为土地权利变更登记应检附原发土地权利书状及段面。

第八十六条　声请为土地权利变更登记之件，经主管地政机关审查无讹，应即确定登记于登记总簿，发给土地权利人以土地所有权状或他项权利证明书，并将原发土地权利书状注销，依前项确定登记之土地所有权状应附发段图。

第八十七条　声请为土地权利变更登记应由权利人按照权利价值千分之一缴纳登记费，但声请为土地权利消灭登记及土地重划为地权变更登记时应免缴登记费。

第八十八条　声请为土地权利变更登记应缴土地权利书状费，依本法第七十八条之规定。

第八十九条　左列登记每件缴纳登记费壹元：

一、更正登记，二、涂消登记，三、更名登记，四、住所变更登记。

前项更正登记原因因归责于登记人员之事由而发生者免缴登

记费。

第九十条　土地所有权状及土地他项权利证明书因损坏或遗失请求换给或补给时，依左列之规定。

一、因损坏请求换给者，应提出损坏之原土地所有权状或原土地他项权利证明书。

二、因灭失请求补给者，应声叙灭失原因，并取具四邻及铺保证书，保证其为原权利人，经地政机关公告一个月后得补给之。

第三编　土地使用

第一章　通则

第九十一条　土地使用谓施以劳力资金为土地之利用。

第九十二条　主管地政机关得就管辖区内之土地，依国家经济政策地□□要情形及土地所能供使用之性质编为各种使用地。

第九十三条　凡编为某种使用之土地不得供其他用途之使用，但经地政机关核准得暂为他种使用者不在所限。

第九十四条　编为某种使用地之土地，于其所定之使用期限仍得继续为从来之使用。

第九十五条　使用地之种别或其变更经主管地政机关编定，由地方政府公布之。

第九十六条　使用地编定公布后上级地政机关认为有较大利益，或较重要之使用时，得令变更之。

第九十七条　主管地政机关于其管辖区内之土地得依其性质及使用之种类，为最小面积单位之规定。

前项规定最小面积单位之地段不得再为分割。

第九十八条　主管地政机关于其管辖区内之农地，得依集体耕作方法为集体农场面积之规定。

集体农场之组织条例另定之。

第九十九条　凡编为建筑用地未依法使用者为空地。

土地建筑改良物价值不及所占地基地价百分之二十者视为

空地。

第一〇〇条　凡编为农业或其他生产用地未依法使用者为荒地。

第一〇一条　主管地权机关对于管辖区内之私有空地及荒地，得划定区域，规定期限，强制依法使用，如逾期不使用者主管地方政府得照价收买之。

第二章　使用期限

第一〇二条　城市区域道路、沟渠及其他公共使用之土地，应依都市计划预为规定之。

第一〇三条　城市区域之土地得依都市计划分别划定为限制使用区，为自由使用区。

第一〇四条　限制使用区内之土地及其建筑物得依限制使用区之性质限制其使用。

第一〇五条　新编之都市得依都市计划将市区土地之全部或一部依法征收、整理、重划，再依征收原价分宗放领，但得加收整理土地所需之费用。

前项征收之土地得分期征收，分区开放，未经开放之区域得为保留征收，并限制其为妨碍都市计划之使用。

第一〇六条　依都市计划已公布为道路或其他公共使用之土地，得为保留征收并限制其建筑，但临时性质之建筑不在此限。

第一〇七条　依农村建设计划已公布为道路、河流或其他公共使用之土地，得为保留征收并限制其使用。

第一〇八条　已定有土地重划计划之地方，得就重划区内之土地在重划前限制其建筑，但临时性质之建筑不在此限。

第一〇九条　城市地方建筑物之管理依建筑法之规定。

第一一〇条　尚不编定使用之土地主管地方政府，得依据地方情形呈准上级政府发布禁止为某种使用之命令。

前项土地使用之禁令以用途违反经济原则或妨碍公共利益者

为限。

第三章 房屋及基地租用

第一一一条 城市地方房屋之租金，以不超过土地及其建筑物总价额年息百分之十为限。

约定房屋租金超过前项规定者，主管地方政府得依前项所定标准强制减定之。

第一一二条 以现金为租赁之担保者，其现金利息视为租金之一部。

前项利率之计算应与租金所由算定之利率相等。

第一一三条 前条担保之金额不得超过二个月房屋租金之总额。

已交付之担保金超过前项限度者，承租人得以超过之部分抵付房租。

第一一四条 出租人非因左列情形之一者不得收回房屋。

一、出租人收回自住或重新建筑时。

二、承租人未得出租人之同意转租于他人时。

三、承租人积欠租金额，除担保现金抵偿外，达二个月以上时。

四、承租人以房屋供违反法令使用时。

五、承租人违反租赁契约时。

六、承租人损坏出租人之房屋或其他财物而不为□□□之赔偿时。

第一一五条 因房屋租用发生之争议，得由主管地政机关予以调处，不依其调处者仍得向司法机关诉请处理。

第一一六条 地方政府为救济房屋不足时，应建筑市民住宅出租或减免新建房屋之土地税及改良物税，前项市民住宅之租金不得超过土地及其建筑物价额年息百分之八。

第一一七条 租用基地建筑房屋应由出租人与承租人以契约

为之，并应于契约成立后一个月内申请主管地政机关为地上权之登记。

第一一八条　租用建筑房屋之基地非因左列情形之一者出租人不得收回：

一、契约年限届满时，二、承租人以基地供违反法令使用时，三、承租人转租基地于他人时，四、承租人积欠租金额除担保现金抵偿外达二年以上时，五、承租人违反租赁契约时。

第一一九条　基地出卖承租人有优先购买权，房屋出卖基地所有权人有优先购买权。

第一二○条　本法第一一一条、第一一三条及一一五条于租用基地建筑房屋均准用之。

第四章　耕地租用

第一二一条　以自为耕作为目的约定支付地租使用他人之农地者为耕地租用。

前项所称耕作包括种植渔牧。

第一二二条　耕地租用契约应以书面为之，并应经主管地政机关之审核登记。

前项耕地租用契约未经登记者不生效力，并处耕地出租人以出租土地价值千分之十以下之罚锾。

第一二三条　出租人出卖或出典耕地时，承租人依同样条件有优先承买或承典权。

前项优先权承租人于接到出租人通知后十日内不表示者视为放弃。

第一二四条　承租人纵经出租人承诺仍不得将耕地全部或一部转租于他人。

第一二五条　依定有期限之契约租用耕地者，于契约届满时除出租人收回自耕外，如承租人继续耕作视为不定期限继续契约。

第一二六条　出租人不得超过地价百分之十约定地租或习惯

地租，超过地价百分之十者应比照地价百分之十减定之，不及地价百分之十者依其约定或习惯。

前项地价指法定地价未经依法规定地价之地方指最近二年之平均地价。

第一二七条　耕地出租承租人得依习惯以农作物代缴。

第一二八条　耕地出租人不得预收地租，但因习惯以现金为耕地租用之担保者，其金额不得超过一年应缴租额之半数。

前项担保金之利息应视为地租之一部，其利率应按当地一般利率计算之。

第一二九条　承租人不能按期支付应交地租之全部，而先以一部支付时，出租人不得拒绝收受，承租人亦不得因其收受而推定为减租之承诺。

第一三〇条　依不定期限租用耕地之契约仅得于有左列情形之一时终止之。

一、承租人死亡而无继承人时，二、承租人抛弃其耕作权利时，三、出租人收回自耕时，四、耕地依法变更其使用时，五、违反民法第四百三十二条及第四百六十二条第二项之规定时，六、违反本法第一二四条之规定时，七、地租积欠达二年之总额时。

第一三一条　承租人抛弃其耕作权利应于三个月前向出租人以意思表示为之，非因不可抗力继续一年不为耕作者，视为抛弃耕作权利。

第一三二条　依本法第一百三十条第三款及第五款之视为终止契约时，出租人应于一年前通知承租人。

第一三三条　收回自耕之耕地再出租时，原承租人有优先承租之权，自收回自耕之日起未满一年而再出租时，原承租人得以原租用条件承租。

第一三四条　出租人对于承租人耕作上必需之农具、牲畜、肥料及种子，不得行使民法第四百四十五条规定之留置权。

第一三五条　于保持耕地原有性质及效能外，以增加劳力资本之结果致增加耕地生产力或耕作便利者，为耕地特别改良。

前项特别改良承租人得自由为之，但特别改良费之数额应即通知出租人。

第一三六条　因本法第一百三十条第二第三第五第六各款契约终止返还耕地时，承租人得向出租人要求偿还其所交出前条第二项耕地特别改良费，但以其未失效能部分之价值为限。

第一三七条　耕地出租人以耕畜、种子、肥料或其他生产用具供给承租人者，除依民法第四六二条及四六三条之规定外，得依租用契约于地租外酌收报酬，但不得超过供给物价值年息百分之十。

第一三八条　因耕地租用业佃间发生之争议，得由主管地政机关予以调处，不服调处者仍得向司法机关诉请受理。

第一三九条　荒歉之年，主管地政机关得按照当地当年收获实况为减租或免租之决定。

第一四〇条　本法第一百二十三条至第一百二十九条及第一百三十七条各规定于有永佃权之土地准用之。

第五章　荒地使用

第一四一条　国有荒地应由主管地政机关于一定期内勘测完竣，并规定其使用计划。

第一四二条　国有荒地适合耕作使用者，除政府保留公营或指定使用者外，得由主管地政机关会同垦务机关划定垦区，规定垦地单位定期招垦。

第一四三条　私有荒地经主管地方政府依本法第一〇一条照价收买后，必要时得兴办水利改良土壤再行招垦。

第一四四条　荒地之永垦人以中华民国人民为限。

第一四五条　荒地之承垦人分左列二种：

一、自耕农户；二、农业生产合作社。

前项农业生产合作社以依法呈准登记并由社员自为耕作者

为限。

第一四六条　承垦人承领荒地每一农户以一垦地单位为限，每一农业合作社承领垦地单位之数不得超过其所含自耕农户之数。

第一四七条　承垦人自受领承垦证书之日起，应于一年内实施开垦工作，其垦竣之年限由主管垦务机关规定之。

第一四八条　承垦人逾前条开垦期限而不开垦者，撤销其承垦权。

第一四九条　承垦人逾规定垦竣年限而未垦竣者，撤销其承垦证书，但因不可抗力致不能依规定年限垦竣，得请求主管垦务机关酌予展限。

第一五〇条　在本法施行前承垦之荒地，逾原定垦期而未垦竣者，无论已未交价一律无偿撤销其承垦权。

第一五一条　承垦人自垦竣之日起，无偿取得所领垦地之土地所有权，应即依法向主管地政机关声请为土地所有权之登记。

前项垦竣土地得由地方政府酌予免纳土地税二年至八年。

第一五二条　荒地非农户或农业生产合作社所能开垦者，得另设垦务机关办理之。

第六章　土地重划

第一五三条　主管地政机关因左列情形之一得就管辖区内之土地划定重划地区，施行土地重划，将区内各宗土地重新规定，其地界仍分配于原所有权人。

一、土地面积畸零狭小不适合于建筑使用者。

二、耕地分配不适合于农事工作或不利于排水灌溉者。

三、将散碎之土地交换合并成立标准农场者。

四、应用机器耕作兴办集体农场者。

五、实施都市建筑计划者。

第一五四条　土地重划后应依各宗土地原来之面积或地价为

相当之分配，但限于实际情形不能依原来之面积或地价妥为分配者，得酌予变通。

第一五五条　土地畸零狭小全宗面积在本法第九七条所规定最小面积单位以下者，得依土地重划废置或合并之。

第一五六条　重划区内公园、道路、堤塘、沟渠或其他供公共使用之土地，得依土地重划变更或废置之。

第一五七条　土地重划后土地所有权人所受地价之损益相互补偿，其供道路或其他公共使用占用土地之地价应由政府补偿之。

第一五八条　土地重划得因重划区内土地所有权人过半数，而其所有土地面积超过重划区内土地总面积一半以上者之协同请求，由主管地政机关核准为之。

第一五九条　土地重划得由重划区内土地所有权人全体之协议依法组织团体自为重划，但应将重划计划报经主管地政机关核定。

第一六〇条　新开辟都市地方土地之重划应于分区开放前为之。

第四编　土地税

第一章　通则

第一六一条　土地及其建筑改良物除依法免税者外，依本法之规定征税。

第一六二条　土地税分地价税及土地增值税二种。

第一六三条　土地及其改良物之价值应分别规定。

第一六四条　土地税全部为地方税。

第一六五条　土地及其改良物除依本法规定外，不得用任何名目征收附加税款，但因建筑道路、堤防、沟渠或其他土地改良之水陆工程所需费用，得呈请行政院核准，向直接受益之土地不论国有私有一律征收工程受益费。

前项工程受益费之征收按土地受益之程度为标准，由县市政府分别等级拟定费率，其总额以不超过各该工程及地价实际所需之费用为限。

第二章　地价及改良物价

第一六六条　土地所有权人依本法所申报之地价及主管地政机关依本法办理之重估确定地价为法定地价。

第一六七条　办理地价申报之程序如左：

一、查定标准地价，二、业主申报，三、编造地价税册。

第一六八条　地价调查应抽查最近二年内土地市价或收益价格以为查定标准，地价之依据其抽查宗数得视地目繁简地价差异为之。

第一六九条　依据前条调查结果，就地价相近及地段相连或地目相同之土地划分为地价等级，并就每等级内抽查宗地之市价或收益价格为总平均计算，或用中数为各该地价等级之平均地价。

第一七〇条　每地价等级之平均地价由标准地价评议委员会评定，送主管地政机关转请主管地方政府核定公布为标准地价。

前项标准地价评议委员会之组织规程及议事规则由中央地政机关定之。

第一七一条　标准地价之公布应于开始土地总登记前分区行之。

第一七二条　地方政府认为标准地价估计不当时，得提交复议。

第一七三条　土地所有权人对于标准地价认为估计不当时，如有该区内同等级土地所有权人地价过半数人之连名，得于标准地价公布后十五日内声请复议。

第一七四条　标准地价评议委员会复议之决议为最终决定。

第一七五条　主管地方政府认为标准地价过低时，得照标准地价收买其土地。

第一七六条　所有权人声请登记所有权时，应同时按照标准地价申报地价,但得为百分之二十以内之增减。

第一七七条　所有权人认为标准地价过高不能依前条申报地价时,得声请地方政府照标准地价收买其土地。

第一七八条　所有权人声请登记而未同时申报地价者,以标准地价为其法定地价。

第一七九条　每县市地价申报完竣应即编造总归户地价税册,送主管财政机关。

第一八〇条　地价申报满五年或一年届满而地价已较原申报地价有百分之五十以上增减时,得举办重估地价,其查定标准地价事项适用本法第一六八条至第一七〇条及第一七二条至第一七五条规定办理之。

第一八一条　前条查定之标准地价经分区公布二个月后,即据以改编地价税册,在限期内所有权人得比照标准地价声请为百分之二十以内之增减。

第一八二条　土地之建筑改良物价由主管地政机关估定之。

第一八三条　建筑改良物价值之估计应以同样之改良物于估计时为重新建筑需用费额为准。

第一八四条　建筑改良物计算其经历时间所受损耗于估计价值时减去消耗数额。

第一八五条　就原建筑改良物增加改良物于重新估计价值时,并合于原改良物计算之,但因维持建筑改良物现状所为之修葺,不视为增加之改良物。

第一八六条　地政机关应将改良物估计价值数额交由标准地价评议委员会评定后公布,即为改良物法定价值并分别以书面通知所有权人。

第一八七条　前条受通知人于通知书到达十五日内认为不当时得声请复议。

前项复议适用本法关于地价复议之规定。

第一八八条　建筑改良物价之重估与地价之重估同时为之，但主管地政机关认为无必要时得免于重估。

第三章　地价税

第一八九条　地价税照法定地价按年征收一次，必要时得分两期征收。

第一九〇条　地价税照法定地价□□□□□□征收之二十。

第一九一条　地价税以其法定地价数额千分之十至千分之二十为基本税率。

前项基本税率由各省及院辖市政府拟定呈请行政院核定之。

第一九二条　土地所有权人之地价总额未超过累进地点地价时，依前条税率增收超过累进起点地价时，依左列方法累进课税。

一、超过累进起点地价在百分之五以下者，其超过部分加征千分之二。

二、超过累进起点地价百分之一千以下者，除按前款规定征收外，就其已超过百分之五百部分加征千分之三。

三、超过累进起点地价百分之一千五百以下者，除按前款规定征收外，就其已超过百分之一千部分加征千分之五，以后每超过百分之五百，就其超过部分递加千分之五，以加至千分之五十为止。

第一九三条　前条累进起点地价由各省政府、院辖市政府按照自住自耕地必需面积参酌地价及当地经济状况拟定，呈请行政院核定之。

第一九四条　地价税向所有权人征收之，其设有典权之土地由典权人缴纳。不在地主之土地地价税由承租人代付，在当年应缴地租内扣偿之。

第一九五条　依本法第一〇一条限期强制使用之空地逾期未使用者，应于依法使用前加征空地税。

前项空地税不得少于应缴地价税之三倍，不得超过应缴地价之十倍。

第一九六条　依本法第一〇一条限期强制使用之荒地逾期未使用者，应于依法使用前加征荒地税。

前项荒地税不得少于应征之地价税，不得超过应缴地价税之三倍。

第一九七条　不在地主之土地其地价税应照应缴之数加倍征收之。

第四章　土地增值税

第一九八条　土地增值税照土地增值之实数额计算，于届满十五年或土地所有权转移时征收之。

前项规定十五年期间自第一次依法规定地价之日起计算。

第一九九条　依本法第一六五条实施工程地区，其土地增值税得于工程完成后届满五年时征收之。

第二〇〇条　土地增值总数额之标准依左列之规定。

一、规定地价后未经过移转之土地于绝卖移转时，以现卖价超过原规定地价之数额为标准。

二、规定地价后未经过移转之土地于继承或赠与移转时，以当时之估定地价超过原规定地价之数额为标准。

三、规定地价后曾经转移之土地于下次转移时，以现转移价超过前次转移价地价之数额为标准。

第二〇一条　前条所称之原规定地价、原估定地价及前次移转时之卖价，并前次征收土地增值税时之估定地价称为原地价。

第二〇二条　土地增值总数额除去免税额为土地增值实数额。

前项免税额由各省及院辖市政府按照当地经济状况拟订呈请行政院核定之。

第二〇三条　土地增值税之税率依左列之规定。

一、土地增值实数额在原地价百分之一百以下者，征收其增值实数额百分之二十。

二、土地增值实数额在原地价数额百分之二百以下者,除按前款规定征收外,就其已超过百分之一百部分征收百分之四十。

三、土地增值实数额在原地价百分之三百以下者,除按前二款规定分别征收外,就其超过百分之二百部分征收百分之六十。

四、土地增值实数额超过原地价数额百分之三百者,除按前三款规定分别征收外,就其超过部分征收百分之八十。

第二〇四条　规定地价后十五年届满,或实施工程地区五年届满而无移转之土地。

第二〇五条　土地所有权之移转为绝卖者,其增值税向出卖人征收之,如为遗产继承或赠与或法院判决者,其增值税向继承人或受赠人或因判决而取得所有权人征收之。

第二〇六条　设有典权之土地于十五年届满或五年届满时,征收土地增值税得向典权人征收之,但于土地回赎时出典人应无息偿还。

第二〇七条　土地增值实数额应减去土地所有权人为改良土地投施之资本及曾缴纳之工程受益费。

第二〇八条　农村所有权人之自住地及自耕地于十五年届满无移转时,不征收土地增值税。

第五章　土地改良物税

第二〇九条　建筑改良物得照其估定价值按年征税,其最高税率不得超过千分之二十。

第二一〇条　建筑改良物税之纳税人依本法第一九四条之规定。

第二一一条　建筑改良物税之征收于征收地价税时为之。

第二一二条　建筑改良物专供自住之房屋得免予征税。

第二一三条　农作改良物不得征税。

第二一四条　地价每亩不满五百元之地方,其建筑改良物应免予征税。

第二一五条　土地改良物税全部为地方税。

第六章　土地税减免

第二一六条　国有土地或国有建筑改良物概免征土地税或改良物税，但不作公共使用者不在此限。

第二一七条　左列私有土地得由财政部会同中央地政机关呈经行政院核准免税或减税。

一、学校及学术机关用地，二、公园或公共体育场用地，三、农林试验场用地，四、森林用地，五、公共医院用之〔地〕，六、公共坟场用地，七、其他不以营利为目的之公益事业用地。

第二一八条　因地方发生灾难或调济社会经济状况，得由财政部会同中央地政机关呈经行政院核准，就关系区内之土地于灾难或调剂期中免税或减税。

第二一九条　因保留征收或依法令限制不能使用之土地应予以免税，但在保留征收期内仍能为原来之使用者不在此限。

第二二〇条　在自然环境及技术上无法使用之土地，或在垦荒过程中之土地，由财政部会同中央地政机关呈经行政院核准免征地价税。

第二二一条　因土地重划致所有权有移转时，不征收土地增值税。

第二二二条　农地因农民施用劳力与资本致地价增涨时，不征收土地增值税。

第二二三条　凡减税或免税之土地，其减免之原因事实有变更或消灭时，仍应继续征税。

第七章　欠税

第二二四条　地价税不依期完纳者，就其所欠数目自逾期之日起按月加征滞纳罚锾，不满一月者以一月计。

前项滞纳罚锾为其所欠数目百分之一至百分之三。

第二二五条　积欠地价税等于二年应缴税额时，主管财政机关得通知主管地政机关将欠税土地及其改良物之全部或一部交司法机关拍卖，以所得价款抵偿欠税及滞纳加征之罚锾，余款仍交还原欠税人。

第二二六条　前条之土地拍卖应由司法机关于拍卖前三十日以书面通知土地有权人。

第二二七条　土地所有权人接到前条通知后，能提出相当缴税担保者得展期拍卖。

前项展期以一年为限。

第二二八条　十五年届满或五年届满土地增值税不依法令完纳者，视为欠税，依本法第二二四条之规定办理。

第二二九条　因转移而土地增值税未清缴者，主管地权机关不予为转移登记。

第二三〇条　土地增值税欠税延至一年届满仍未完纳者，得由主管财政机关通知主管地政机关将其土地及改良物一部或全部交司法机关拍卖，以所得价款抵偿欠税及罚锾，余款交还原欠税人。

第二三一条　前条之土地拍卖适用本法第二百二十六条及二百二十七条之规定。

第二三二条　欠税土地为有收益者，得由主管财政机关通知主管地政机关提取其收益抵偿欠税，前项提取收益于积欠地价税额等于全年应缴数额时方得为之。

第二三三条　依前条提取之收益数额以足抵偿欠税及其应加征之罚锾为限。

第二三四条　建筑改良物欠税准用本章关于积欠地价税各条之规定。

第五编　土地征收

第一章　通则

第二三五条　国家因公共事业之需要，得依本法之规定征收私有土地。

第二三六条　前条所称公共事业以合于左列各款之一者为限。

一、政府机关、地方自治机关及其他公共建筑，二、国防设备，三、交通事业，四、公用事业，五、水利事业，六、公共卫生，七、公安事业，八、教育学术及慈善事业，九、国营事业，十、其他由政府兴办以公共利益为目的之事业。

第二三七条　政府机关因实施国家经济政策，得征收私有土地，但应以法律规定者为限。

第二三八条　私人兴办事业合于左列各款之一者，准用本法之规定呈请征收土地。

一、特许兴办之交通或公用事业。

二、经中央主管机关核定认为合于国家需要之工商业或矿业。

三、设立学校。

四、不以营利为目的之公共慈善事业。

第二三九条　征收土地遇有名胜古迹，应于可能范围内避免之，名胜古迹已在被征收土地区内者，应于可能范围内保存之。

第二四〇条　需用土地人于声请征收土地时，应证明其兴办之事业已得法令之许可。

第二四一条　因左列各款之一，征收土地得为区段征收。

一、实施国家经济政策，二、开辟新都市地域，三、举办本法第二百三十六条第二款及第四款之事业。

前项区段征收谓于一定区域内之土地，须重新分宗整理而为全区土地之征收。

第二四二条　因左列各款之一得为保留征收。

一、开辟交通路线，二、兴办公用事业，三、开辟新都市地域，四、国防设备。

前项保留征收谓就兴办事业将来所需用之土地，在未需用征收以前，预为呈请核定公布其征收之范围，并禁止其为妨碍征收之使用。

第二四三条　前条保留征收之时间不得超过五年，逾期不征收视为撤销，但因兴办前条第一款及第四款及事业，得呈请核定延长保留征收期间为十年。

第二四四条　都市地方因拓宽旧街采用逐渐折让办法，需特别延长保留征收之期限时，得呈请行政院特许延长之，但最多不得超过二十年。

第二四五条　征收土地时，其改良物应一并征收，但该改良物价有权人要求取回并自行迁移者不在此限。

第二四六条　征收之土地因其使用影响于接连土地，致不能为从来之利用或减低其从来利用之效能时，该接连土地所有权人得要求需用土地人为相当补偿。

前项补偿金以不超过接连地，因受征收地使用影响而低减之地价额为准。

第二四七条　征收土地之残余部分面积过小，或形势不整致不能为相当之使用时，所有权人得要求一并征收之。

第二四八条　政府为区段征收之土地于重新分段整理后，将土地出卖或租赁时，原土地所有权人或土地他项权利人有优先承受之权。

第二四九条　依本法第二三八条征收之土地不依核准计划使用或于征收完毕一年后不实行使用者，其原土地所有权人得要求照原征收价额买回其土地。

第二五〇条　现供本法第二百三十六条各款事业使用之土地非因新办较为重大事业无可避免者，不得征收之，但征收只为现供使用土地之小部分，不妨碍现有事业之继续进行者不在此限。

第二五一条　被征收之地应有之负担其款额计算，以该土地所应得之补偿金额为限，并由主管地政机关于补偿地价时为清算结束之。

第二章　征收程序

第二五二条　征收土地应由需用土地人拟具征收计划书，并附具征收土地图说及土地使用计划图，依本法第二百五十三条或第二百五十四条之规定声请核办。

第二五三条　征收土地为左列各款情形之一者，由行政院核准之。

一、需用土地人为国民政府直辖机关及院辖之市政府者。

二、兴办之事业属于国民政府机关直接管辖或监督者。

三、土地面积跨连两省以上者。

四、土地在院辖市之区域内者。

第二五四条　征收土地为左列各款情形之一者，由省政府核准之。

一、需用土地人为地方各级政府或其所属机关及地方自治机关者。

二、兴办之事业属于地方政府管辖或监督者。

第二五五条　省政府核准征收土地案，应即报请行政院备查。

第二五六条　行政院或省政府于核准征收土地后，应将原案全部令知该土地所在地之地政机关。

第二五七条　同一土地有二人以上声请征收时，以其兴办事业性质之轻重为核定标准。

第二五八条　地政机关于接到行政院或省政府令知核准征收土地案时，应即公告并通知土地所有权人及土地他项权利人。

第二五九条　前条公告之期间为三十日。

第二六〇条　被征收土地之所有权未经登记完毕者，土地他项权利人应于前条公告后三十日内向主管地政机关声请将其权利备案，但所有权已经登记完毕之土地以公告届满之日土地登记簿所记载之权利为准。

第二六一条　未经依法为所有权登记之土地，他项权利人不依前条规定声请备案者，不视为被征收土地应有之负担。

第二六二条　需用土地人于公告发出后得进入征收土地内为察勘或测量工作，因执行前项工作于必要时，得通知土地所有权人或土地他项权利人除去其土地障碍物或代为除去之。

第二六三条　需用土地人应俟补偿地价及其他补偿费发给完竣后，方得进入被征收土地内实施工作，但因实施国家经济政策或兴办本法第二百三十六条第二第三及第五各款事业经行政院特许者不在此限。

第二六四条　被征收之土地于公告后不得在该土地增加改良物，其于公告发出时已在建筑中之改良物应即停止工作，但主管地政机关认该改良物之增加或继续建筑于征收计划不发生妨碍者得依关系人之声请特许之。

第二六五条　征收土地应补偿之地价及其他补偿费应于公告完毕后十五日内发给之，但因实施国家经济政策或兴办本法第二百三十六条第二第三及第五各款事业征收土地，得呈准行政院以土地债券分期补偿之。

第二六六条　主管地政机关于被征收土地应受之补偿发给完竣后，得规定期限令土地权利人或使用人迁移完竣，但依法令公布分期补偿者得于公告征收后限期迁移。

第二六七条　地政机关交付补偿费遇有左列情形之一时，得将补偿费存储待领。

一、应受补偿人拒绝受领或不能受领者。

二、应受补偿人不明所在者。

三、应受补偿人对于补偿费有异议者。

前项存储补偿费存储满十年时归入国库。

第二六八条　主管地政机关遇有左列情形之一时，得将其改良物代为迁移或一并征收之。

一、受领补偿费人于交付补偿费时拒绝收受或不能收受者。

二、受领补偿费人所在地不明者。

三、受领补偿费人不依限迁移者。

第二六九条　被征收土地之所有权人，对于其土地之权利义务于应受之补偿发给完竣时终止，在补偿费未发给完竣以前有继续使用该土地之权，但合于本法第二百六十三条但书之规定者不在此限。

第三章　征收补偿

第二七〇条　被征收土地之补偿费由需用土地人负担之。

第二七一条　被征收土地应补偿之地价依左列之规定。

一、已依法规定地价未经移转者依其法定地价。

二、已依法规定地价经过移转者依其最后移转之价值。

三、未经依法规定地价者其地价由主管地政机关估定之。

第二七二条　保留征收之土地应补偿之地价依公告保留征收时之地价。

第二七三条　土地改良物被征收时，其应受之补偿依主管地政机关估定之价格。

第二七四条　被征收土地之农作改良物如被征收时，与其孳息成熟时期相距在一年以内者，其应受补偿之价值应按已成熟时之孳息估计之。

第二七五条　依本法第二百六十二条第二项之规定因除去土地障碍物致被征收土地以作之土地受损害时，应予以相当之补偿。

第二七六条　因征收土地致其改良物迁移时应予相当迁移费。

第二七七条　因土地一部分之征收而其改良物须全部迁移者，该改良物所有权人得要求给予全部之迁移费。

第二七八条　征收土地须将坟墓及其他纪念物迁移者，其迁移费与改良物用无主坟墓应由需用土地人妥为迁移安葬，并将其情形详细记载列册，呈报主管地政机关备案。

第二七九条　依本法第二百七十四条至第二百七十八条所应给予之补助费及迁移费由主管地政机关规定之。

〔国民政府行政院档案〕

8. 绥靖区处理地权扶植自耕农实施计划纲要说明书

（1946年）

第一节　中共土地政策与绥靖区当前之问题

一、中共土地政策

1. 中共对于土地革命之说法

中国共产党根据毛泽东的指示，认为中国革命问题主要的就是土地问题，而准备国内战争的先决条件也是土地问题，他说：

甲、从经济上看，土地问题是一切问题的基础，如果这个问题不解决，别的问题就谈不到……改造中国的问题，就是农民问题，农民问题就是土地问题。

乙、从政治上看，国民党大量收编伪军，加上美国援助，力量可能比前加大，我们却依靠广大群众，农民问题能解决，再打八年也不怕！毛泽东最近的指示：

开始国内革命战争必须以完成土地革命为前提。

巩固解放区根据地的一般条件是，首先要发动起农村基本群众，贫农、雇农、苦力逐渐得到土地革命的利益，并巩固对中农联系，坚决的反对和抑制富农的发展，在这里最主要的策略是根据以人口、劳动力为标准的彻底重分土地的办法。中共中央解放区工作大纲。

因此他们的党政军规定在同一地区同一时间共同掀起土地革命的高潮，集中力量从事土地革命，同时毛泽东更肯定诬称国民党反对农村改革，反对实行耕者有其田，因而要打击他们。他说：

国民党反人民集团，动员一切力量向着中国共产党放出了一切恶毒的箭，明的和暗的，军事的和政治的，流血的和不流血的，两党的争论就其社会性质说来，实质上是在农村关系的问题上……难道不正是因为他们认为中国共产党在这个问题上做了真正符合民族利益的认真事业吗——

毛泽东论联合政府

2. 中共土地革命的内容

中共于抗战初期宣布的四项诺言，本来是放弃土地革命的，所以他们在抗战最初几年是标榜着实行二五减租，保障土地私有权，奖励富农生产，所以曾经高喊过富农吴满有路线，他们的明显转变是在敌降之后，而转变的原因是为了巩固解放区，准备国内革命战争，他们现在还大事对外宣传的新民主主义和他实现的土地革命政策的内容是完全不符的，中共土地革命的内容要点如下：

（一）在敌降之后，他们提出的口号是放手大胆发动群众运动。

运动的内容是惩奸惩贪，复仇清算和倒租。

运动的方式是斗争大会。

用斗争的方式没收汉奸的土地。

用斗争方式没收曾经做过政府官吏所谓贪污分子的土地。

用斗争方式向地主富农清算十年、二十年以前的旧帐，清算由现在眼光看来属于额外的地租，用清算倒租方法要地主、富农拿出粮食和土地。

用斗争方式取得之粮食与土地，有受害人（他们叫苦主）即分给受害人，无固定受害人者一般皆由公家管理。

此一阶段一般人称之为斗争时期。

（二）在三十五年三、四月间，他们另又提出一个口号是实行耕者有其田，有时也说平均地权或土地改革运动。

这个运动的内容是以一保或一乡的劳动人口平分该保或该乡的所有土地。

运动的方式一为继续斗争(可以用斗争方式取得土地者),二为重分斗争果实(将已斗得之土地重新分配),三为发动田多人民献田(对干部用之方法),四为没收标准数量以外之土地(对一般地主),五实行抽田(对干部多出之田不愿献者则抽之)。

重新分田以后按办写契运动口号是逼出老契、销毁老契、老契作废、新契负担,新契上写明价值若干,但事实上并不兑现,而强迫地主画押。

此一阶段一般人称之为分田时期。

(三) 运动发动后之组织任务

每次斗争之后,即以参加斗争之积极分子为中心,按其性质组织农救会、妇女会、姊妹团、儿童团,他们的组织口号是:要是不受罪大家都入会。

分田之后除发动各种已有之组织外,并发动组织民兵组织保田大队,他们的口号是:饭碗得保稳,人人当民兵,人人扛枪杆,个个当民兵,坏蛋不敢动,天下享太平,大家出力帮前方,分得田地有保障。

(四) 对地主、富农、中农之态度

在放手大胆发动群众运动时期,他们的原则对地主是在经济上削弱它,进而消灭它,在肉体上保障他,对富农则联合中有斗争,对中农则联合,所以在每次的斗争大会上都给地主、富农戴高帽子游街,当驴骑,唾骂下跪,极尽人格上污辱之能事(见中央文摘供您参考所载),但甚少杀害之情事。

在耕者有其田运动时期,他们的原则对地主、富农是经济上根本消灭,对中农变成联合中有斗争,所谓不可过份伤害中农利益,而对身体则不提保障之口号,所以自从分田以来,杀死地主、富农之事屡有所闻,盖已完全进至江西暴力分田之历史循环中。

(五) 每人分得土地之数量

以保或乡所有之劳动人口平均分配该保或乡所有之土地，故每保每乡所得之数量彼此不同，例如苏北绥靖区已经非法分田。各县之平均数量如下：

灌云县之最多者每人四亩，最少者每人二亩，抗属最多者六亩，最少者四亩。

如皋县贫雇农每人二亩，地主每人一亩八分。

(万寿乡)泰兴县(黄桥区)贫雇农每人二亩五分，地主每人二亩。

南通县(金沙区)最少之保每人七分。

二、中共土地政策之失败

1. 平均主义造成普遍贫穷

就苏北绥靖区一般平均而论，每人分到二亩，最少者则每人仅分到七分，于是造成社会上之普遍穷困，所谓富人分穷，穷人却未分富，于现代而实施北魏时代之匀田理想，宜其无办法解决目前中国土地问题。

2. 分田以后无法进行生产

原有之生产工具本感不足，因斗争而大事破坏，原来靠地主借贷，现在亦已完全不可能，尤以新分到土地之人毫无生产设备，无法进行生产，因而造成土地之荒废与歉收。

3. 分田以后人民增加新负担

分田以前所出之公粮公草皆由地主缴纳，而分田以后则完全须由现耕农民负担，因收益减少，尤感负担之重，而分田之后，例须保田自卫当兵，使农民感到分田后吃亏太大。

4. 共党忽略增产，无法增产

共党于分田以后虽高叫组织起来共同增产，但组织以后并未从事增产之工作，即从事亦无成绩，盖专用人力无法为大量有效之增产，缺乏技术，缺乏资本，加以缺乏注意力，为共党增产失败之原因。

5. 政策变化太快使农民怀疑观望

共党于敌降前高喊保障私人土地所有权，奖励吴满有富农生产路线，而敌降后，发动斗争时又承认苦主斗争所获之果实，到分田时期则将以前所为一举而推翻之，所行政策数月一变，即其干部亦不知明天，又将如何因而引起农民对共党之根本怀疑，对于分得之土地遂亦不感兴趣，不敢相信此块土地究为谁人之物。

6. 一日数集会烦扰不堪

共党为斗争为分田而举行打通思想会议，一日开三，数次不到即贴白榜（白纸贴于门上），系警告与侮辱，以后即将有严重之处罚，到会以后则千篇一律听其干部之训话，使夙无开会习惯之农民感到痛苦不堪。

三、绥靖区当前之问题

1. 分田农民动荡不安，影响军事政治之进展

分田农民于国军将到未到之际，由于自己良心上之自认错误，加以共党之歪曲宣传乃感到极度不安，一部分抱将错就错之思想者，则随共党行动参加部队，一部分则希望共党能坚持不走，而自动为其放哨与探信，一部分悲观失望者则不事生产坐以等毙，凡此皆足以影响军事而造成社会不安之严重现象。

2. 土地荒废生产低落

在共党控制期间，本已造成生产低落之现象，而军事将到未到之时，现耕农民因恐惧而不愿耕种或种而不予加工，地主则不敢耕种或加工，于是造成土地荒废，生产低落之严重现象。

3. 地主之报复

在未收复以前，大部分地主皆能体承中央不许报复之意旨，不准备对佃农采取报复，迨至我军事完全控制以后，地主还乡接受亲信之控诉，目观家园残破之惨状，痛定思痛，乃移恨于参加斗争分田之佃户，往往不能克制感情，而施以报复，再杰悍刚强之辈，大都

随共党而去，其留在我收复区之佃农，在心理上多半已成为精神之俘虏，毫无对抗力量，对于地主柔驯万分，因而引起地主得寸进尺之无厌要求，而发生加租撤佃之情事，亦所在多有。

4. 普遍贫乏，非救不活，无力进行生产

共党对外宣传之解放区，其实际上贫困有出入想象之外者，在苏北民间一般皆无完整之衣服，皆无半月之粮食，十岁以下之幼童大都皆无衣服可穿，已完全至于非救不活之状态，此等人民无力再进行土地生产，如不速与设法，则明年春荒必异常严重。

5. 汉奸土地之收回与人民之反感

一般农民非法分配地主土地，在其内心中皆感不安，即在共党完全控制时期，亦有此种现象，故共党指摘农民有封建感情，富正统规念，但农民对于分配汉奸之土地，则殊觉理直气壮，认为痛快，现于收复之后，其分到汉奸之土地亦被收回，与人民之反感极大，到处可以听到农民为此事而为不平之鸣，此一反感值得重视。

第二节　解决绥靖区土地问题之原则与步骤

一、解决绥靖区土地问题之原则

吾人鉴于中共土地政策之失败与当前绥靖区内土地问题之严重，故解决绥靖区内之土地问题必须包括下列五项原则：

1. 安定社会，使现耕农民继续从事生产。
2. 以征收地主土地之方法扶植自耕农。
3. 辅导地主使其土地资金化，俾获得有利之出路。
4. 改良生产增加农民收益。
5. 建设民生主义农村社会。

盖解决绥靖区土地问题，如不首先着眼于安定社会，促进生产，则失去解决绥靖区土地问题之意义，如不确定征收土地之原则，则自耕农无由扶植，但确定征收原则之后，必须辅导地主，使其土地资金获得有利出路，达到土地资金化之目的，既可减少实施土地改革时之阻碍，又可有助于国家之经济建设，于此同时更必须以全力从事改良生产，使农民收益增加，获得实际利益，以增加土地改革时之活力，最后尤须揭橥建设民生主义，农村社会之理想以为一切努力之标的。

二、解决绥靖区土地问题之步骤

绥靖区土地问题有与一般土地问题不同之特质，即在战争状态未完全消灭之时期，土地问题特别严重，足以紊乱秩序影响军事，但在此时无法办理土地征收放领之改革程序，而在环境完全安定可以顺利办理土地征收放领之改革程序时，则在实际上已渐失去所谓绥靖区土地之性质，故解决绥靖区土地问题之方案，一方面须具有安定社会配合军事之政治任务，另一方面又须具有扶植自耕农建设民生主义农村社会之政治任务，因而为达成其政治任务，必须随军事之推进，而同时推进为完成其政策任务，又必须有待于环境之安定，政治之清明，由此而决定解决绥靖区土地问题之计划必须依照现实之环境明定可能之步骤，逐步实施，以期多方兼顾而无所失，其可能之步骤应为：

1. 第一步骤以安定社会，使现耕农民继续从事生产为主要目标，以确定现耕农民之土地田耕权，原地主之土地所有权为工作主要内容，应随军事同时推进。

2. 第二步骤以扶植自耕农创设合作农场为主要目标，以征收土地，分配土地，辅导地主投资，辅导农民增产为工作主要内容，紧接第一步骤赓续办理。

3. 第三步骤以建设民生主义农村社会为主要目标，以成立公益基金、扶植合理农场、建设农村为工作主要内容，配合第二步骤办理。

第三节　解决绥靖区土地问题之办法

一、第一步骤之具体工作内容

1. 举办地权登记确定地权

① 由原所有权人填报土地所有权登记申请书，附呈原契或证

明文件。

Ⅱ 由现耕农民填报土地佃耕权登记申请书，附呈共党非法分田之文件或其他证件。

Ⅲ 登记确定后发给地主土地所有权证明书，以证明其土地所有权。

Ⅳ 登记确定后即为佃农换订新租约，以保障其土地佃耕权。

Ⅴ 在地权登记期间地主不得以任何理由收回其土地或撤佃。

查绥靖区处理土地办法第五条明白规定保障现耕农民之土地佃耕权，此条办法确为安定社会之有效措施，但因未规定具体实施办法，故不能发生明显之作用，现在苏北绥靖区内我军事能完全控制之地区乃发生下列之现象：

Ⅰ 地主以胜利者之身份用恫吓之手段向现耕农民收回其土地，或向佃户撤佃。

Ⅱ 地主藉武装还乡队之武装捕杀参加斗争分田之农民而收回其土地。

Ⅲ 现耕农民胁于威势，懔于危机，自动交还其使用之土地。

Ⅳ 地方政府强调土地已无问题，有意或无意的促成土地复原。

因而在我军事尚未完全控制之地区，共党即以国军是替地主打仗，国军控制下之佃农永无翻身之日，参加斗争分田之人皆要枪毙，国民政府是代表地主的等口号大事宣传，使该区内之农民动荡不安，或随其逃亡，或坐待土地荒废而不耕种。

为使中央保障现耕农民佃耕权之意旨贯彻，必须给予佃农以具体之保障，而予地主以具体之约束，此具体之办法即为换订新租约，盖佃农拿到新的租约以后，则确信政府真正保障其佃耕权，而地主则因已有新租约而无所藉口以收回其土地或撤佃。

为达成换订租约之目的，则采用办理地权登记之方式，既办地权登记，固应同时确定地主之土地所有权。

2. 确定租额实施减租

Ⅰ 换订新租约明白规定租额。

Ⅱ 变乱前约定租额低于处理土地办法之规定标准者，仍照原约定。

Ⅲ 自换约之季起缴租，以前免追。

查绥靖区处理土地办法第五条、第六条对于租额及免追欠租皆有明白规定，兹为使其更具体起见，利用确定地权换订租约时，在租约上予以明白具体之规定，使业佃双方皆有依据。

所调免追欠租在目前苏北绥靖区内已发生变质之现象。

Ⅰ 佃农之畏威慓危不敢对抗地主完全听由地主一面之决定。

Ⅱ 去年可免，今年不能免，故今年上季之麦租例须补缴。

Ⅲ 还乡队之给养由佃农多负担，事实上等于追收欠租。

故应明白规定自换订租约时之本季起租，本季以前者皆为旧欠，皆在免追之例，应注明于租约之上其已多缴者，并应流抵以后应缴之租。

3. 实施地权调处

Ⅰ 审查地权登记之申请，Ⅱ 决定自耕农土地之收回自耕，Ⅲ 调处地权纠纷，Ⅳ 司法机关裁判地权纠纷案件时，应参照处理土地办法之原则。

查绥靖区处理土地办法第三条有组织地权调处委员会之规定，并另行订定委员会之组织办法，此对调处地权纠纷至为必要。

土地所有权之纠纷可能发生之困难问题，为共党控制期间之土地买卖，盖在共党所谓统一阵线政策期间确有基于双方同意之公平买卖，而在土地革命分田政策期间确有无代价分配之田，而强迫地主写契且书明地价若干之事实，因而真假难分，其中必多纠葛，此须地权调处委员会之公平调处合理解决者一。

土地佃耕权之纠纷恐将较所有权为尤多其著者如：

Ⅰ 原佃耕人被逐逃亡而其土地为现耕农民所占有，现在原佃耕人还乡要求土地。

Ⅱ 地主收买亲近农民，冒称原佃户而企图收回现耕农民之土地。

Ⅲ 共党所谓拥军优抗而多分之土地。

此项调处委员会之公平调处合理解决者二。

以上各项纠纷似无法一一为具体解决之规定，但须于此确定一最高原则，此一最高原则即为根据绥靖区处理土地办法之精神而公平合理裁定之，对于此一原则不但适用于地权调处委员会，而亦适用于司法机关。

4. 代管汉奸土地

Ⅰ 县政府代管汉奸之土地，Ⅱ 县政府代收汉奸土地之租息，Ⅲ 汉奸土地之收益充为地方公益基金。

查敌伪占领期间拥有土地之大地主，每有不明大义保全财产而托身投靠于敌伪者，迨托靠既遂，又每每藉其势力加租或严催地租，给与佃农甚深之反感，更有原为流氓无赖之汉奸以其搜刮之金钱购买土地成为大地主，其与人民之愤恨尤深，共党既利用此一仇恨，于敌降以后大事发动惩奸运动，将其土地分配于农民，于我收复之后，原来之汉奸以各种姿态或以其家属改头换面，参加于还乡地主之阵营内，亦向现耕农民收回土地或收地租，因而共党乃散布国军是替汉奸打仗之谣言，此与农民之刺激至深且大，在苏北绥靖区内到处可以看到此一问题之严重。

为解决此一严重问题，应立即明白规定由县政府代管汉奸之土地，并代收其租息，以所收起之租息完全作为地方公益基金，专为改良农村、兴办教育或卫生之用，如此则公愤息而人心平，现耕汉奸土地之农民可于登记申请后向县政府换订租约，向县政府缴纳地租。

5. 编造地籍册

利用地权登记之成果编造地籍册。

绥靖区各县大都先经敌伪之占领后为共党所窃据，其原有之地籍册、田赋册大部分皆遭遗失，此次利用地权登记之成果，可即编造地籍册以为此后征收分配之根据，并可据之为开办田赋之标准。

6. 组训农民

Ⅰ 以村保或乡为单位普遍组织土地利用合作社。

Ⅱ 以村保或乡为单位普遍组织壮丁、妇女、儿童实施生产合作与自卫之训练。

Ⅲ 土地利用合作社之社员得联合向地主缴纳地租。

查土地改革如无坚强之民众组织，断难顺利推行，而民众组织如无适合民众自身需要之内容，亦难达到预期之目的，共产党之以分田之手段完成农民组织之目的，如专就组织而论，亦有其可取之处，故于地权登记换订租约之后，必须接办民众组织工作，其组织之单位为村保或乡，其组织之内容为生产合作自卫与联合向地主缴租，其组织之形式：一为土地利用合作社，一为壮丁队、妇儿队、儿童队等。

二、第二步骤之具体工作内容

1. 征收土地扶植自耕农

Ⅰ 规定土地所有面积最高额。

Ⅱ 利用地权登记之成果，查明非法分配与逃亡无主之土地。

Ⅲ 征收超过土地最高额之土地。

Ⅳ 分配征收之土地。

Ⅴ 管理土地买卖典押分合赠与。

查绥靖区处理土地办法第七条至第十六条对于土地之征收承领皆有明白具体之规定，一切自可遵照办理。

惟依照处理土地办法征收土地时，可能发生下列困难：

Ⅰ 经非法分配不能恢复原状之土地，事实上甚少或几乎无有，所有绥靖区大部分皆为北方旱地平原，在平时每丘土地皆无固定之形状，经买卖分合之后，仅由所有人或使用人在四界之地底埋石默志而已，因其无固定之原状，故亦无所谓不能恢复原状者，只要现耕农民承认而其本人持有原契或证明，皆可认为能恢复原状之土地，至于现耕农民使用之某丘土地，牵涉二个地主以上之所有，而此二个以上之地主不能确定各个所有亩分时，斯可认为不能恢复原状之土地，但此数量一定有限，而必认为分散且必须待至司法判决其各个所有权后，方有征收给价之对象，专以此项土地扶植自耕农，诚如杯水车薪，似殊无济于事。

Ⅱ 所有权人失踪之土地事实上甚少或几乎无有，中国为家族制，所谓所有权人失踪，必须全家甚至全族男女老幼皆被杀害或皆逃出，方可视为可以征收之土地，事实上此等情形一定甚少，以此项土地扶植自耕农，似更无济于事。

因而有人主张将处理土地办法第七条不能恢复原状六字删去，修正为经非法分配者一律征收，如此则可征收之土地大量增加，对于扶植自耕农可以普遍顺利展开，但亦微有可议之点：

Ⅰ 某地主于战前以其土地分散佃租与各佃户，待共党非法分田之时，因各佃户佃耕之田皆未超过应分得土地标准，故只将原佃耕之田变为各该佃户自有之田，现在某地主可以拿出原有租票证明某田并未经过非法分配，仅办减租而已，此种情形之土地是否应该征收。

Ⅱ 某地主之土地全部经共党非法分配，依照规定应该一律征收，而其本人要求保留一部分土地，以维持生活应否准许应留若干。

Ⅲ 某地主之土地确实未经非法分配，依照规定当然不能征收，但被征收之地主与其相较大为不平，反对因而益烈。

最合理之办法厥为根据土地法第二十八条之规定，由省政府根据地方实际经济情形限定个人与团体所有土地面积最高额，呈报中央核定备案之后，即以此一标准征收地主土地，如此则彼此之间绝无偏颇不公之现象，而地主维持生活之土地亦可合理保留。查土地法已明令实施，而处理土地办法第一条又明白标明本办法未规定者，依照土地法之规定，故以规定所有土地面积最高额之办法，辅助处理土地办法实施征收工作最为合理。

规定所有土地面积最高额之标准最合理之办法，为根据个人就地一般生活费用作计算标准，所谓一般生活费用乃指每人每年衣食两项之必须支出而言。

2. 规定承领土地农民每年缴付地价标准

Ⅰ 农民每年缴付地价之最高额不得高于其原纳地租除缴田赋部分之数目。

Ⅱ 农民自愿多缴或一次缴清者听之。

查绥靖区处理土地办法第八条规定，农民承领土地之地价须于十五年内付清，十五年之时间不能谓太短，似已特别顾到农民之利益，但于此仍须有所补充者，即每年所缴地价不能超过其原纳租额，除缴田赋部分之数目，盖农民所注意者为现实问题，对于空虚的土地所有权并不一定能即时诱发其甚大之兴趣，尤其真正取得所有权须待十数年之后，若以此空虚而绵长的希望而使其每年纳赋缴价，支出总数额超过原纳租额时，在最初数年反易引起农民之痛苦，而不积极赞助土地改革之进行，甚且可能与地主合作而站在反对之方向，此在计划开始不能不预为估计，故必须使其纳赋缴价，不超过原纳租额之总数，如此则等于在其原有之负担下增加一项，可以取得土地所有权之新希望，自应为一般农民之所欢迎，至于最后数年距实现所有权之时期较近，及政府改良生产，使农民收益增加以后，则诱导其逐渐增缴或一次缴清自属可能。

3. 辅导农民增加生产

Ⅰ 中国农民银行低利大量优先供应土地利用合作社为进行生产之各项贷款。

Ⅱ 成立农业推广所辅导农民增产。

Ⅲ 兴修水利增加水利设备。

Ⅳ 设置农械供应站。

Ⅴ 与善后救济机关、农业研究机关及技术人员配合，合作辅导农民增产。

Ⅵ 实施土地重划。

共产党之土地革命其目的不在于解决土地问题而在于解决军事问题，故农村愈穷困生产愈低落，在其发动暴动破坏现状之意义上似乎更为有利，而事实上农民之所希望者为如何进行生产，如何增加生产，如何能得到低利借款，如何能减少苛捐杂税，对于空虚的土地所有权在现实的农民眼光中并不发生绝大之兴趣，尤其根据处理土地办法之规定佃农获得真正土地所有权，须在十五年以后，此十五年中每年缴价纳赋之支出至少亦等于原缴之地租，实际上土地改革并未给予农民若何实惠，故于征收土地分配土地之同时，必须全力注意生产问题，以增加农民之收益。

增产方法运用土地利用合作社之组织，以有组训基础之农民共同从事求其实现，而以中国农民银行之低利大量放款，以消灭农村高利贷为首要条件。

其次则普遍成立农业推广所，由农林部指派农业技术人员、农业研究机关共同为绥靖区土地增产而努力。

兴修水利，增加水利设备，使善后救济总署以耕牛、种子及其他物资为积极性之生产救济。

设置新式农械供应站，提倡使用机械生产。

将不合理之土地实施重划。

4. 创设示范合作农场

Ⅰ 由土地利用合作社组识示范合作农场。

Ⅱ 将示范合作农场逐步推广。

查绥靖区处理土地办法第十九条规定合作农场之经营方式，兹更为具体之规定，先以村保或乡为单位，组织土地利用合作社，以此合作社向银行借款，以此合作社购买有关共同利益之水利与其他设备，以此合作社逐渐养成农民之合作知识与习惯，但合作社社员对其土地仍为个别之经营。

经过相当时期以后，由合作社中以合乎计算单位之土地，合乎计算单位之劳力，合乎计算单位成本用土地，重划之方法，创设示范合作农场，在此示范合作农场内集中力量共同经营。有计划的使用新式农具，有计划的种植作物，尽量应用现代之知识，用此农场以为一般个别农场之技术领导。

一所示范合作农场成功之后，再逐步推广扩大之。

5. 辅导地主土地资金获得有利出路

Ⅰ 土地债券得为抵押借款，并由银行予以便利。

Ⅱ 土地债券应准购买指定之国营公营企业之股票。

从事土地改革每易陷于佃农第一之偏见，忽略地主之利益，毫不顾虑地主结果，可能招致更大之阻挠，且亦非三民主义之本意。窃以为土地改革应具有两大目的：一为耕者有其田，另一则为土地资金化，由耕者有其田而完成民生主义之农村建设，由土地资金化而完成民生主义之工业建设。前者为本计划纲要之中心目标，后者则为国家工业化经济政策之课题，但在实现耕者有其田之土地改革进程中，必须由政府辅导地主之土地资金转入工商业投资，正当途径以为土地改革成功之条件，否则地主之土地资金必成为农村高利贷，而地主必成为土地改革之死敌，但目前环境而言，工商业投资大非易事，第一地主资金并未集中且分年支付，无法一次运用，第二投资未必获利，不易引起地主之兴趣，故在现阶段必须由政府确定一开明而对地主特别有利之经济政策，予地主投资最方便最有利之保障，于土地改革同时公布，例如中纺公司招商局或其他公营国营根基雄厚之企业能划出一部分股票，特许地方以土地债券本年兑现部分，或应用贴现方法购买此项股票，在公司方面由此而每年可以控制定量之粮食（此项粮食之获得由中国农民银行对债券保证，由县政府及土地凭证向中农保证），保障平衡其预算，未始无利，而地主受此引诱与优待，则不以征收土地为痛苦，而集中意志向工商业寻求出路。

至于中小地主向靠土地生活者，必须准其以土地债券为相当数目之抵押，以获得现款，此在银行方面无异于粮食抵押，放款于相当范围之内，应当举办并予地主以便利。

三、第三步骤之具体工作内容

1. 确定民生主义农村社会之土地经济形态

Ⅰ 私人合理小农场为普遍形态，Ⅱ 合作农场为技术改良之领导。

民生主义农村社会之土地应为公有，抑仍私有应为集体之大农场，抑为家庭之小农场，议论纷织，莫衷一是，而本计划中之理想则确定私人取得之土地仍为私有，私人之合理的小农场为农村中之普遍形态，合作农场则为技术改良之领导。

所谓私人之合理小农场，必须具有在经济上得以存在与发展之条件，耕者有其田而能保持其田于不没落，其田足以维持耕者之生活，而不使耕者有所匮乏，故必须由地方政府根据地方实际经济情形规定农场最小面积单位，使在经济上不能存在之更小农场逐渐通过管理土地买卖之方法而趋于淘汰。

2. 建立地方公益基金

Ⅰ 汉奸无主及其他一切公荒土地之收益之全部作为地方公益基金。

Ⅱ 合作农场及私人农场因改良增产而公议提案之部分充为地方公益基金。

Ⅲ 地方公益基金专为改良农村、兴办教育及卫生、实现民生主义农村社会建设之用。

扶植自耕农之目的不但解决农民之家庭生活，而并应共同建设民生主义农村社会建设之方法，则为地方公益基金之建立。

建立地方公益基金之方法，则为先以汉奸无主及其他一切公荒土地之收益全部作为原始基金，以此原始基金为保证，再由公议提集合作农场之基金私人农场之基金。

就此基金为具体之建设计划，逐步建设，逐步提集，先使人人有饭吃，继使人人有书读，人人有娱乐机会，人人有卫生保障，进而达到现代生活之标准，最后完成民生主义之农村社会建设。

四、各步骤之配合与完成期限

1. 各步骤之完成期限

Ⅰ 第一步骤须于收复半年内完成之。

Ⅱ 第一步骤完成后接办第二步骤。

Ⅲ 第二步骤工作开始后即配合办理第三步工作。

Ⅳ 所有全部工作应于三年内完成。

解决绥靖区土地问题之第一目标为安定社会，而安定社会必须于社会尚未完全安定时实施方能收效，故第一步工作应配合军事同时推进，其初可分乡分区办理，逐渐推及全面而于半年内完成之。

第一步工作之完成仅为土地改革之准备工作，而土地改革之中心乃在于扶植自耕农，实现耕者有其田，故于第一步工作办有规模之后，应紧接办理第二步工作之土地征收与土地分配，如征收分配工作与确定地权工作相距时间太远，则可能增加地主之阻力，减少农民之兴趣，而使土地改革陷于停滞状态，故于第一步骤、第二步骤之间特别规定紧接办理，不得脱节，其意即在于此。

征收分配工作开始以后，则辅导农民增产，辅导地主土地资金获得有利出路，又为紧接办理不得脱节之工作，盖不注意农民之实际利益，则无法增加土地改革进程中之活力，不注意地主之有利出路，则无法减少土地改革进程中之劲敌。

于征收分配顺利实施之后，则应注意辅导个人农场之合理化与合作农场之现代化，并须以甚大之力量举办筹集地方公益基金，以逐步实现民生主义之建设。

以上各项工作皆有其联带性，且可能因各地方各种条件不同而影响其先后完成之时间，故不为过分呆板之规定，而仅为三年内完成之总的规定。

2. 各方力量之配合

Ⅰ 第一步骤具有军事政治性质，应配合军事共同进行。

Ⅱ 第二步骤为地政农林经济之综合工作。

Ⅲ 第三步骤具有一般的建设性。

第一步骤之工作其目标在于安定社会，与军事上之目标完全相同。且其工作在战争状态未完全终止之环境下与军事同时推进，故与军事之关系更为密切，名之为地政可，名之为配合军事之政治攻势，亦无不可，因而第一步骤工作之执行固为地方行政机关，但军事必须参加，必须配合，尤其军队政工人员、人民服务总队，必须以之为自卫中心工作，而以全力完成之，盖此一工作之失败往往影响军事之迟缓胜利。

第一步骤之军政配合方式工作程序应依照各地军事布署、政工人员分布以及政府力量而为具体之规定。

第二步骤之工作已不具有军事性质，但除地政机关通过地方政府负起土地征收分配之责任外，农林机关应通过地方政府负起辅导农民增加生产之责任，中国农民银行应通过地方政府负起低利放款，消灭农村高利贷之责任，合作机关应通过地方政府负起指导农民组织合作社，创设合作农场之责任，经济机关则又必须负起辅导地主土地资金，获得有利出路完成土地资金化之责任，缺少一方面之力量，即足影响于土地改革之顺利完成。

各参加土地改革之配合力量应依照自身之准备，根据各地之情形分别为具体实施之规定。

第三步骤之工作具有一般的建设性，所有有关之机关皆须为此目标而努力，根据进行土地改革完成之程度，而拟具整个的民生主义农村社会建设总方案。

以上为各方之配合力量，除配合力量外，尤须有中心指导力量，此一中心指导力量应为各级党部。

党部对进行土地改革之指导，应有具体之决定。

指导力量配合力量之下，则为中心执行之力量，此一力量为省县各级地方政府最后之成功，条件更有赖于最高当局之支持力量。

3. 中心执行力量应有之准备

解决绥靖区土地问题为一革命工作，且系与共党针锋相对之斗争，工作并非一般技术工作如编造户口册、修浚河道、修复公路等事所可比拟，故不但应有具体之计划、密切之配合、正确之领导、坚决之支持，而尤须有对之有深刻认识与准备牺牲精神之工作干部以执行之，若省政府专以此事诿之于地政局，已觉力量不足，而县政府中如仅设一地政科或在民政科内设一地政股以执行之，则甚难有成功之把握，必须确定完成此项工作为省县政府之中心，中央以此考核省府之成绩，省府即以此一工作之有无认识与能否执行为遴选专员县长之主要标准，上下一致以实现民生主义土地政策为号召，相期许能于实施新政之先，焕然一新各级政府人员之精神，然后土地改革方有完成之希望，而区县政府于实施土地改革以前须具备之必要条件，至少应有下列各点：

Ⓘ 廉洁而有能。

Ⓘ 政权武装之掌握（对于地方部队必须做到不为地方反对势力所煽惑利用，而为推行新政努力）。

Ⓘ 对于具有革命牺牲精神工作干部之选拔与领导。

Ⓘ 民众之组织与掌握。

〔国民政府行政院绥靖区政务委员会档案〕

9. 湖南省地政局长董中生签请绥靖区处理地权扶植自耕农意见书

(1946年12月10日)

签呈 中华民国三十五年十二月十日 时
于预算局

一、窃职奉派苏北考察土地问题，为时一个半月，经历徐、淮、扬、通所属十四县，亲自下乡访问农村十一处，与地主、佃农接触近三百人，与俘虏谈话近六十人，检阅共党文件二百余份，每县皆举行党政座谈。

二、共党分田政策确为其目前中心工作，正由其党政军全力推动，用以发动组织，吸收兵源，征集粮草，并用以造成农民惧怕国军，防御国军之心理。

三、当前绥靖区问题

1. 我控制地区地主与武装还乡队之结合，使佃农完全成为精神俘虏，地主索田催租，撤佃与报复皆不敢丝毫反抗，地方政府从而粉饰，遂谓土地已无问题，于是使社会问题日益严重，此种严重现象可能复为共党所利用。

2. 我未完全控制地区佃农因怕地主，不敢种田，地主因怕共党亦不敢种田，乃使土地大片荒废。

3. 我未收复地区农民因闻风收复后之报复及共党之愚惑，竟有被迫附共，希望共党为其保护者。

4. 民间普遍贫困，无力生产，如不设法资助，明年必有极严重之饥荒。

四、解决绥靖区土地问题则应根据绥靖区处理土地办法，订颁具体实施计划，立付实施，不能再缓。

五、兹试拟绥靖区处理地权扶植自耕农实施计划纲要三十一条，其要点如下：

1. 立即办理地权登记，承认现耕农民佃耕权，换订租约用新租约，予佃农以具体保障，予地主以具体约束，使农民安心，社会稳定，促进生产，瓦解共党制造阶级对立之阴谋。

2. 根据地方经济情形，依照土地法规定个人或团体所有土地面积最高额，超额土地一律征收分配，与现耕农民以实现本党耕者有其田政策。

3. 于扶植自耕农进程中发动农民，组织实施生产自卫，训练用合作方式，以增产用联防方式以自卫，予农民以实惠而提高其热情与活力。

4. 国家应确定经济政策，特别帮助地主使其土地债券在工商界获得有利之投资出路，以达到土地资金化之目的，而减少地主之反对。

5. 建立地方公益基金，以建设民生主义农村社会。

六、仅检呈绥靖区处理地权扶植自耕农实施计划纲要一份，暨说明书状，乞鉴核示遵。谨呈

参谋总长陈

职董中生　谨呈

绥靖区处理地权扶植自耕农实施计划纲要草案

第一条　本计划纲要根据绥靖区处理土地办法暨土地法并参照实际环境订定之。

第二条　绥靖区土地问题之处理应配合军事同时推进，以收安定社会之效。

第三条　绥靖区内之农地应立即确定原所有权人之所有权及现耕农民之佃耕权，原所有权人为自耕农者，得于确定其所有权后收回其自耕部分之土地。

第四条　确定地权应举办地权登记，由原所有权人填报土地所有权登记申请书，由现耕农民填报土地佃耕权登记申请书。

第五条　地权登记申请时，所有权人应呈验原契及粮串，现耕农民应呈验共党非法分田之证件，如有遗失应取具保甲或四邻证明。

第六条　地权登记确定后即由县政府发给地主土地所有权证明书，并为佃农换订新租约，以为土地所有权与佃耕权之合法保证。

第七条　在地权登记期间，地主不得以任何理由收回其土地或撤佃。

第八条　换订租约时，应依照处理土地办法第五条之规定标准，确定租额并有换约之季起缴租，以前欠租概免追缴。

如变乱前原租约约定租额低于规定标准者，仍依照原约定。

第九条　利用地权登记之成果编造地籍册。

第十条　汉奸地主无人申请所有权登记之土地，由县政府代管，并代收其租息。

第十一条　地权登记时，由县政府会同地权调处委员会公平合理裁定土地纠纷，不能调处之案件移送司法，由司法机关参照绥靖区处理土地办法之原则依法判处之。

第十二条　以村保或乡为单位，普遍组织土地利用合作社。

第十三条　以村保或乡为单位，普遍组织壮丁、妇女、儿童实施生产合作与自卫之训练。

第十四条　土地利用合作社之社员得联合向地主缴纳地租。

第十五条　绥靖区土地应由地方政府依照土地法，根据地方实际经济情形规定土地所有面积最高额，呈报中央核定备案。

规定土地最高额时，应以每人就地一般生活费算准折合计算。

第十六条　绥靖区内经非法分配与超过最高额之土地，一律由政府依照处理土地办法之规定征收，并分配与农民缴价承领自耕。

如土地全经共党非法分配之地主，于征收时亦得留其应有之最高额。

第十七条　规定承领土地农民每年缴付地价之最高额，不得高于其原纳地租，除缴田赋部分之数目农民自愿多缴或一次缴清者不在此例。

第十八条　地主所得之土地债券，得为抵押借款，并由银行予以抵押借款之便利。

第十九条　为使土地资金流入工商业并扶助地主投资，应准地主以土地债券购买指定之国营公营企业之股票。

第二十条　中国农民银行并优先低利大量供应土地，利用合作社为进行土地生产而为之各种贷款。

第二十一条　绥靖区各县应普遍成立农业推广所，以辅导农民增加生产。

第二十二条　绥靖区之省县应即兴修水利，增加水利设备，并由银行为低利长期之贷款。

第二十三条　绥靖区各县应参酌地方实际需要，设置农械供应站。

第二十四条　绥靖区各县改良土地，增加生产，应设法与善后救济机关、农业研究机关及技术人员取得配合与合作。

第二十五条　为改良土地，便利生产，应由县政府依据需要实施土地重划。

第二十六条　土地利用合作社应成立示范合作农场，并逐步推广之。

第二十七条　绥靖区土地之买卖典押、分合赠与，应由县政府依据扶植自耕农之原则管理之，非经政府认可者一概无效。

第二十八条　为使自耕农在经济上得以存在与发展，得由地方政府根据地方实际经济情形，规定农场最小面积单位，并逐渐取缔过分畸零之土地。

第二十九条　汉奸无主及其他一切公荒土地之收益概充为地

方公益基金，作为改良农村与办教育，以实现民生主义农村社会建设之用。

合作农场、私人农场因土地改良增加收益，应逐渐公议提集公益基金。

第三十条　本计划纲要各项工作为限于绥靖区环境得逐步实施，但确定地权组织农民之工作应于收复半年内完成之，紧接办理征收分配不得脱节，所有全部工作应于三年内完成之。

第三十一条　本计划纲要由行政院公布施行。

10. 国民大会代表刘桂等建议限期实行耕者有其田等的提案

（1948年12月）

刘代表桂等二六七人提限期实行耕者有其田，立即开征累进财产税，争取民心，提高士气，充裕国库，改善经济，并充分拨配民众自卫武器，全面打击共匪，早日完成戡乱工作案（提案第十六号）

理由：当前国内局势，已届最严重之阶段，此实无可讳言，亦无庸讳言。兹姑举两大端：首述戡乱。共匪祸国，将及二十载，全面叛乱，亦逾期年。政府为巩固国本，维持和平统一，乃断然动员戡乱，悉力以赴。至言其成效，则士无斗志，民存怨愤，戡乱愈甚，剿匪而匪益炽。次言经济。八年抗战，继以戡乱，政府财政泰半依恃印钞，益以人谋不臧，共匪破坏，以致农村残破，生产萎缩，物价高涨，经济动荡，而造成国与民俱穷，城与乡皆困之局。情势如此，滋人危惧。然而今日最可虑者，尚非戡乱之毫无成效，以及经济之即濒崩溃，实乃土崩瓦解之祸已迫眉睫。推原其故，厥为政府之种种实际措施，若干年来绝未着眼于一般民众利益之维护，而纯为地主、巨富、豪门、资本、官僚资本权利之是图。例如：抗战胜利之初国府下令蠲免田赋一年，同时二五减租，但其结果田赋虽免，租之减否，无人过问，蒙其利者徒有地主。其次政府征税均采划一原则，表面虽云公平，实则大部课诸一般民众，而巨富豪门等转徙负担或无负担,畸重畸轻,有违有钱出钱之旨;尤其征兵戡乱,目的在于保障社会秩序,凡属适龄合格壮丁,皆应应征,然而按诸实际,则地主巨富等之子弟类皆逃避,而贫苦人民咸难幸免。凡此种种自不能不使人起利益归诸地主巨富豪门等之群,送命致死则属贫苦人民之分之感。如此而欲经济不益趋恶劣,实同缘木而求鱼,如此而望人民亲附,士卒用命,亦难如登天。而在共匪则以土地改革、劫富济贫之欺骗手法相号召,无知民众自属易为所愚弄。此时如不为改弦易辙之图,必难逃土崩瓦解之祸。为今之计,亟宜赶速实行民生主义中之平均地权、节制资本两大重要原则。今日世界潮流已趋向社会主义,战后欧洲大陆国家盛行社会改革固无论已,即资本主义前辈之大英帝国亦已向社会主义迈进。国父发明之民生主义最切实际,我国亦已奉为立国原则,乃迄今束之高阁,岂非一大怪事,何况共匪之所标榜者亦无非于其中剽窃一二,以我之矛攻我之盾,事之可怪又孰甚于斯。吾人今日如能迅作紧急措施,实行耕者有其田,开征累进财产税,则民心之争取,士气之激昂,经济之改善固可立待。同时对于民众自卫能力加以培植,则广大民众必能予残暴共匪以全面之打击,而克期加以消灭也。谨举其办法如次:

办法一、限期实行耕者有其田,政府二十年来对于地政固不能谓丝毫不能推行,但以执行强度不够,实少成效,现在亟应限期于半年或一年内将公地、荒地分配农民耕种,并收购地主土地予以分配,且其范围不应限于绥靖区,而应普及于全国。如此方能收正本清源,争取民心,激励士气之效。如谓此事体大非短期可以济事,实系推诿敷衍之恶习从中作祟。三月八日东京合众社电日政府遵照麦帅指令,赶速办理收购地主之农地分售于自耕农之工作,对任何阻碍者将采严厉行动云云。日本为战败国家,其政府素为地主资本家之工具,尚能出以如此措施,不应三民主义之中国,及不能予以实行。

二、立即开征累进财产税,目前经济情形恶劣,泰半种因于通货膨胀，而所以致此之由则源于豪门巨富之绝少负担，而赋税课诸一般民众，税收既少，国库困乏。去岁政府拟征收一次财产税，然酝酿经年，一再变质，始而拟改为建国特捐终于成为不关轻重之救济特捐，数额既少，缴纳亦乏强制性质，于政府财政绝少裨益。现在为挽救经济危机，遏止通货膨胀应速开征累进财产税，规定税率，限期缴纳，如有违抗，严加制裁。

三、拨配民众自卫武器，上述两项如能付实施，对于民心士气以及经济方面裨益之大，已不待言。然戡乱剿匪并非点线之战，而系面的斗争，必须动员全民，方可济事。政府为适应此种需要，去岁九月二十三日，曾有县市民众自卫队组训规程之制颁。惟查其中第十五条规定，民众自卫队之武器、弹药，以民间有者为基础，由县（市）政府调查登记，并针对当地实际情形，妥拟使用及管理办法，但不得收归公有。如因清剿匪患确感缺乏及损失消耗时，由省保安司令部查明汇请国防部补充或价拨云云，对于实际情形殊多隔膜。盖大江以北各省民间武器过去虽不在少，但近年以来经敌寇共匪搜掠实已绝无仅有。倘地方民众自卫武力限于以现有枪弹为基础，不啻驱民众以血肉之躯以与共匪相周旋，事之不济，不待烦言。以故现在政府亟应修正上项规程，派遣得力人员分赴各地组训民众，并拨配枪弹。查大江以北各省民众几达两亿，除去老弱及为共匪裹胁以去者以外亦有数千万，如十人给予一枪即有数百万之斗士，以如此庞大之地方武力，配合国军，则共匪之祸实不足平，如谓民间良莠不齐，匪民难分，此种措施，殊可考虑。实则政府如果认真实行耕者有其田，开征累进财产税，则政府人民必可合作无间，即受匪欺骗者亦将来归，初不必有所疑虑也。是否有当。敬请公决。

提案人：刘　桂、高登海、王德厚、李犹龙

签署人：荆宪生、常佩三等二百六十三人

〔国民政府财政部档案〕

11. 行政院对立法委员于汝洲黄通等关于财政经济紧急处分令中平均地权及实行市地公有耕地农有等书面意见的答复

(1948年9月)

行政院对立法委员关于财政经济紧急处分令书面意见答复

一、于委员汝洲

原意见:本席对于改革币制认为首先应当节制资本,清算豪门,平均地权,严厉管制奸商。

答复:关于平均地权部分:

(一)查原意见应当平均地权,就地价方面言为规定地价征收土地税。盖如素地地租及土地自然增值,确能完全收归公有,则在形式上地权虽未平均,而实质上已达到平均目的矣。过去因法币币值不断低落,而重估地价,既受一定之时期限制,复有一定之办理程序,致使法定地价距离土地市价颇远,而征收土地税之效用遂亦微薄。自币制改革后,地政部分拟订币制改革后,规定地价及征收土地税费补充办法草案,会同财政部呈送本院,现正由本院审核中,其主要内容即为如何将过去规定以法币计算之法定地价调整折合为按金元券计算之地定地价,并据以征收地价税。因按照三百万对一比例折合金元券,则地价殊嫌过低,征收土地税完成平均地权之目的亦难以达成。

(二)实行扶植自耕农,自三十一年中央设立主管地政机关以来,已逐渐举办,各省市计共征收一,二五七,二二六亩分配于四五,五二八户承领自耕,其成绩较著者如福建之龙岩县、四川之北碚及甘肃之湟惠渠灌溉区,龙岩已将全部耕地由政府征收放价于自耕农民,达成平均地权之目的,本年下半年国家总预算案在特别预算中列有实施土地改革准备金一项,规定得随时呈准本院动支，现各省市正拟具计划送由地政部核转中。

（三）限制私有土地面积最高额，土地法第二十八条及二十九条规定得由省政府拟订送经中央地政机关核定施行，所有额外土地限令于一定期间内划分出卖，其逾期不划分出卖者政府得依法征收。近年来各省市已报据该项条文之规定拟具实施办法，其经核定公布实施者计有广西、甘肃、云南、陕西、青岛等五县市，其他各省市亦正拟订送核中。

行政院对立法委员关于财政经济紧急处分令书面意见答复

二、黄委员通

原意见：一解决土地问题，实行市地公有耕地农有。

答复：（一）原建议实行市地公有极其确当，盖征收地价税及土地增值税只可抑制土地投机，而实行市地公有市地问题始能彻底解决，但目前之困难有二：

（1）在今日现行土地法中尚未有市地公有之明确规定，既无法律依据，行政机关不便贸然施行。

（2）实行市地公有自当采取买去地主方式，而不能效法苏联式之踢去地主，目前政府似无此财力征收私有土地，实行市地公有。

（二）关于耕地农有部分见第一案答于委员汝洲意见第（二）项。

〔国民政府行政院档案〕

12. 行政院关于立法委员对翁内阁土地问题施政方针质询案的答复

（1948年7月3日）

地政部分

（一）今日戡乱基本上的决胜点在谁能组织起民众谁成功，谁组织不起民众谁失败，组织民众的前提在解决久悬不决的土地问题，施政方针提出的主张不够彻底，必须大刀阔斧的把握平均的原则，规定明确的土地改革方案，实现耕者有其田，在今日严重局面之下，新内阁对此应大胆而不顾一切的实行。（邓委员励豪）

（二）经济上必须安定人民生活，消灭社会危机，因此政府必须立即全面实行土地改革，稳定农村，实行没收或征用国内游资及国外存款，以做到国家在财政经济政策上实行有钱的人真正出了钱，这是救国家同时也是救他们自己。此外当前最迫切重要须立即实行者为币制的改革，新政府必须拿出革命的非常办法及运用国外援助充实货币的准备，实行币制改革，今日已濒于崩溃的财政经济只有用币制改革的手段才可以逐渐走上起死回生的道路，币制改革的前提条件为国内收支的平衡，这个自然必须用开辟税源及有钱人出钱的财政政策来解决，但若币制不加改革，则收支愈不能平衡，投机囤积物价波动愈加猖獗，财富愈将集中于少数豪富，民生愈加动荡，不仅饥饿的士兵不能打仗，戡乱阵营的公教人员亦将无法巩固了。（王委员竹戚）

（三）严格执行土地政策，使耕者有其田。（韩委员中石、毛委员飞）

（四）土地方面要彻底实行土地改革，争取广大的农民拥护政府。

（五）宪法第一四二条实施平均地权节制资本之规定，现在是否即开始实施，其具体办法如何。（王委员子兰）

（六）土地分配如何改善，书面报告所列改善土地分配之三项办法皆缓不济急，何不以土地债券先行收买最大地主过多之土地，配售能自耕之战士及农民。（黄委员建中）

（七）翁院长曾提出平均地权但未言及发行土地公债，收买地主土地，实行土地合理分配，务使耕者有其田，政府是否有对土地大事改革之决心而不作共匪之尾巴，不能不令人怀疑。（张委员一清）

（八）全面实行土地改革，解除多数农民痛苦，农民为占全国人口最大多数之勤劳民众，佃农雇农尤感觉无地自耕之苦痛，新行政院应严令绥靖区内之各省立即实行已公布之土地处理办法，在后之各省则立即加紧准备，限于三十八年元旦开始实行土地改革，于三十八年底一律完成，使耕者确能有其田，不必待共匪来后再补救。（赵委员惠谟）

（九）翁县长强调土地改革极为重要，在绥靖区实行尚有成效，据本席所知，政府过去为解决绥靖区土地问题，颁有绥靖区土地处理办法、绥靖区城市土地及建筑物处理办法、中国农民银行发行绥靖区土地债券办法三种，先就苏北六、七两行政区各县实施，施行以来毫无成绩，其原因为：（一）军事力量只能及点线而不能控制面，无法实行；（二）地主百计阻扰，省县政府不敢开罪于巨室；（三）农民银行口惠而实不然，无大量款项贷与农民。今日土地改革确为急待解决的问题，应请翁院长对于现行土地改革政策重加检讨，施行区域不限于绥靖区，可选择后方土地集中的地方实行之，如能全面实行更佳。（王委员开化）

（十）要实行民生主义的经济，应该改革土地，沦陷过去的地方固然要改革，没有沦陷的地方难道要等共产党扰乱以后再来改革吗？（孙委员桂藉）

（十一）要求戡乱，迅速军事进展必需配合政治，现在政治现象不说根绝贪污、澄清吏治，就单以人事来说，现在是为人设事，事前当然是为大人先生着想，事后节省开支，裁汰冗员，大人先生们转移阵地，稳如泰山，仍尽有官做，而所裁所汰大受其殃者却是那些无辜的小小职员，至于什么清理豪门资本，平均财富呵，实行土地改革二五减租呵，这一切一切的善政也都在“为政不得罪于巨室”的政治哲学下，呼呼口号就已烟消云散。从报上所载，南京市办理救济特捐就是最好的例证，翁院长对这些问题是应顾到如何补救和纠正，请有以说明。（何委员佐治）

（十二）翁院长所提土地改革的方针不能使人满意，三民主义明白的告诉我们土地革命使老百姓耕者有其田，现在是耕者无其业。譬如有一百亩田的割稻三百石要给他征实征购，总理的遗教是要使老百姓老有所养，壮有所用，幼有所育，因此这个时候讲耕者有其田，给人民的心理很不安的，翁院长要了解民生疾苦，光是书本上的东西，在这个时候不一定适用的。（覃委员勤）

（十三）平均地权的口号至少有四十多年的历史，政府无论说的如何响亮，目前人民是不会相信的，三十四年国民党第六次全国代表大会曾决议都市土地一律收归公有，农地除公营者外，应以最迅速有效之方法实行耕者有其田，凡非自耕之土地，概由国家发行土地债券逐步征购，并分配之，三年以来证明这是一种口号，用以敷衍一时，根本没有实行的诚意，所以农民和贫苦大众对过去政府非常失望。现在翁先生对于土地问题的报告只说到二五减租，说到绥靖区土地新办法，却没有提到实行平均地权的根本办法。本席以为耕者有其田的实施，也许一时不很容易，但都市土地涨价归公，是轻而易举的，这个办法不但可以增加大量财政收入，减轻贫民负担，并且也可以节制豪门资本的发展。新政府成立之后，为收拾人心计，至少应该立即宣布京沪二市土地自十六年奠都之日起涨价一律归公，政府如确有实行民生主义的诚意，这点是不应拒绝的。（金委员鸣盛）

（十四）翁院长一再提到民生主义，而对节制资本、平均地权之实施决心却无表示。今日共产党以土地革命为号召，我政府对国父所主张土地涨价归公办法从未施行，致南京地皮竟涨至每方丈八九千万，又请问新政府如何准备解决当前严重的土地问题。（范委员苑声）

答综合各位立法委员对地政部分所提质询，可归纳为下列三点：（一）应彻底实施土地改革，实现耕者有其田。（二）土地改革应不分绥靖区、非绥靖区全面实施。（三）都市土地应实行涨价归

公,兹合并答复如左:

实施土地改革,实行耕者有其田,其积极办法为征收出佃土地分配农人,承领自耕,对于地主地价之补偿得以土地债券给付,在消极方面则厉行限制地租,保障佃农,俾免遭受地主剥削,以改善其生活,并由土地金融机关贷款协助购地,使能逐渐成为自耕农。近五年来各省已经择地举办扶植自耕农,已征收土地一,二五七,二二六亩,分配与四五,五二八户农民承领,自以福建之龙岩、四川之北碚及甘肃之湟惠渠灌溉区成绩最著,其中龙岩一县并已于三十六年底将全县农地皆归自耕农所有。

至于绥靖区土地之处理,虽以绥靖区土地经共匪非法分配情形特殊,故另定单行办法以资适应,但此项措施仍以实行耕者有其田为目标,非绥靖区原来实行之办法,精神上与之并无二致,今后实施土地改革,自当不分绥靖区非绥靖区同等重视,并就土地问题严重及租佃关系恶劣地区尽先实行,至绥靖区土地处理办法,未尽妥适之处,亦当斟酌实际情形,妥为修正以利施行。

都市土地实行涨价归公,系以征收土地增值税为实施手段,各大都市多已实行。惟地价之上涨,大抵系随物价上涨,其上涨之程度在多亩地区尚不及一般物价之高,而征收土地增值税计算增值实数额,依照土地法之规定应按物价指数调整原地价,经调整后以土地现值减去调整后之原地价,实际上课税之增值数额殊甚渺小,殊难收预期效果。

王委员竹咸所询币制改革一节业经于口头答复中说明。

〔国民政府行政院档案〕

13. 国民政府农地改革法草案

(1948年)

农地改革法草案

第一条　依据中华民国宪法第一四三条之规定，制定农地改革法，以实行耕者有其田。

第二条　全国农地自本法施行之日起，一律归自为耕作之农民所有。

公有农地除供农事试验场、公营农场及政府为特殊目的必须保留者外，悉依本法之规定分配之。

公有及私有可耕荒地之分配，适用本法之规定。

第三条　自耕农一户所有之农地，其面积以不超过维持一家八口生活必需之范围为限。

上项面积之范围由各县市政府会同当地乡镇农地改革委员会根据当地实际情形决定之。

第四条　农地所有权人不自耕作或虽自耕而其所有农地面积超过第三条范围三分之一以上者，其农地应依照左列次序分配承领自耕之农民：

(一)现佃农，(二)现雇农，(三)现役军人之家属，(四)所有农地面积不及第三条规定范围之自耕农，(五)其他需要土地之农民。

第五条　现役军人所有之农地不超过第三条规定之范围者，虽非其家属自耕，在其服役期间得准其保留农地所有权。

退役荣誉军人及因抗战戡乱阵亡军人遗族所有农地，如其面积不超过第三条规定之范围者，虽非自耕仍准其保留农地所有权。

第六条　农地承受人应对原有所有权人补偿地价。

上项地价不得超过约定地租额之七倍，总额以当地主要农产物计算，分十四年清偿，但约定地租额超过正产物千分之三百七十五者，仍照千分之三百七十五计算之。

第七条　农地承受人应经当地农地改革委员会向县市政府声请登记，并证明左列事项：

(一)农地种类、坐落、地号、四至、面积。

（二）农地原所有权人姓名、住址、家属人口、职业及在该乡镇范围内所有农地之总面积。

（三）农地承受人之姓名、住址、家属人口、职业，在承受地上耕作之年限及其所有之农地面积。

（四）约定之每年租额。

（五）应补偿之地价总额及愿补偿之年限。

第八条　前条承受农地之声请，县市政府应于收耕后一月内核定公告，并通知原所有权人缴销其产权证件，按其应得之地价发给地价券，每券十四联按年凭券收取地价。

第一年应补偿之地价缴清后，农地所有权即由原所有权人转移于农地承受人，由县市政府发给农地所有权临时证书存执。

农地承受人每年缴付地价十四分之一，向原所有权人换取地价券一联，至第十四年全部地价缴清后，将各联地价券连同农地所有权临时证明书汇呈县市政府换领土地所有权状。

第九条　农地承受人得将按年应缴之地价提前缴清，换领土地所有权状。

农地承受人如为现役军人之直系亲属，其应缴地价由政府代为分年清偿，遇有凶年歉收，农地承受人经县市政府之核准得缓缴当年地价之全部或一部。

第十条　农地原所有权人自收到第一年补偿地价之日起，终止对土地所负之赋税义务，原所有权人所收地价如其每年总额不超过当地自耕农全年土地收益者，政府不得课以税捐，如其地价收入总额超过当地自耕农全年土地收益一倍者，就其超过部分课其百分之二十五，超过二倍者，课其百分之五十，超过三倍者，课其百分之七十五，超过四倍以上者，课其百分之百，以为地方公共建设之基地。

第十一条　农地承受人自缴付第一年地价之日起，负缴纳土地赋税之义务，在其全部地价未偿清前政府所征土地赋税之税额不得超过农地正产物百分之十，并不得有任何以土地为对象之捐派。

第十二条　各乡镇设置农地改革委员会，受政府之指导，办理农地承受声请登记、收缴地价等事宜。

乡镇农地改革委员会由左列人员组织之：

（一）佃农代表三人，（二）雇农代表一人，（三）自耕农代表一人，（四）农地原所有权人代表一人，（五）政府代表一人，（六）农业技术专家一人，（七）土地改革社团代表一人。

乡镇农地改革委员会组织及办事细则另定之。

第十三条　本法施行前农地上原供佃农雇农使用之房屋、耕畜、农工及其他农业设备，应归农地承受人照公平估价购自用，其必需之资金由国家金融机关酌量贷给。

上项房屋等项之估价由当地农地改革委员会评定之。

第十四条　农地承受人及现自耕农民因经济困难而致欠债无力偿还者，不得扣押或拍卖其农地房屋或其他生产工具。

第十五条　农地承受人及现自耕农民因农业经营而需要生产资金时，各地国家金融机关应充分供给长期低利之贷款。

第十六条　农地承受人及现自耕农民应加入当地农业合作社，受政府之辅导组织合作农场。

第十七条　农地如有面积狭小或地段散碎不合耕作之经济使用者，应由县市政府实施农地重划调整并扩大农场之面积。

第十八条　自本法施行之日起，非自为耕作之农民不得购买耕地，其以自耕农地位购置耕地而不自耕者，由当地农地改革委员会依本法之规定重新分配之。

第十九条　本法颁布之日各省市政府应于六个月内拟具详细施行计划，一年以内全面实施。

〔国民政府地政学会〕

（二）租佃问题

1. 国民政府农林部关于苏豫皖三省租佃制度及推行“二五减租”情形的调查报告

（1946 年）

一、调查缘起

抗战胜利后行政院于三十四年十月二十三日颁布命令实行二五减租。其办法要点:(一) 凡本年免赋省份(包括苏、浙、皖、赣、湘、鄂、粤、桂、豫、晋、绥、冀、鲁、察、热、东北九省及京、沪、平、津、青岛、大连、哈尔滨等省市),佃农应缴地租一律照租约或本年约定之应缴额减四分之一(百分之二五),三十五年免赋各省市(包括川、康、滇、黔、闽、陕、甘、宁、青、新各省及重庆市)于三十五年办理。(二) 地主与佃农间如遇佃租纠纷,得由任何一方报告当地乡镇长为之调解,不决者呈请县政府处理,县政府于必要时得会同有关机关团体组织佃租委员会裁决,强制执行之。(三) 县得拟定减租实施办法呈准省府施行,省府应认真督察严密考核随时呈报行政院核办。本部因感此项政令殊为重要,不但有关地主与佃农间之经济利益,且具有政治上之意义,为欲切实明了各省推行实况作今后改善租佃关系之依据起见,爰举办二五减租之调查,在三十五年调查三十四年免赋减租区域,三十六年再调查三十五年免赋减租区域,立纲本年四月奉派实地调查苏、皖、豫三省,兹已调查完竣,用将调查结果及意见编制成为报告。

二、出发到达及返部日期

五月三日自南京出发,经津浦、陇海两铁路抵达河南省会开封,计在河南省境留驻一月,将汜水、汝南、上蔡、郾城、商丘等县调查完毕,于六月二日自豫东商丘起程,经徐州、蚌埠于六月四日抵达安徽省会合肥，计在安徽省境留驻四周，将合肥、舒城、巢县、芜湖等县调查完毕，于六月下旬到达江苏省境经过南京，曾停留一周过职，于七月五日复自南京起程赴江苏省会镇江，计在江苏省境留驻一月，将镇江、武进、无锡、吴县、江宁等县调查完毕，于八月六日自镇江返部，使苏、皖、豫三省调查工作全部告竣，为时凡三月零三天，调查地区包括三省十四县四十一乡镇(列表如下)：

二五减租调查区域表

省别	县别	乡镇别
江苏	镇江	连益、正东、均益、高资四乡镇
	武进	龙游、孝南、明山三乡镇
	无锡	盛店、藕塘、徐巷、梅村、西仓五乡镇
	吴县	皋尧、姑苏、悬殊、夷陵、蒯亭、木渎、唯亭、浒关八乡镇
	江宁	靖江、天昌、龙潭、东山四乡镇
安徽	合肥	大街、西平两乡
	舒城	孔家集、下七里河两乡
	巢县	南口乡
	芜湖	陶阳、宦陡两乡镇
河南	汜水	玉门、锦川两乡
	上蔡	召店、西洪、朱陈、百尺四乡镇
	汝南	金铺乡
	郾城	人和、五营两乡镇
	商丘	朱集镇

三、调查方法及进行经过

抵达各省省会先至省政府访问秘书处负责人，然后向有关机关及民意机构主管人说明调查意义与觅取资料或情报，藉明了全省大概情形，然后会同省府主管单位选定交通治安情形良好，以及推行二五减租成绩最佳最差与普通者各一二代表县份分别前往，再选择适当乡镇作实地调查。

四、调查结果

(一) 租佃情形

(甲) 租佃方式:(1) 定额租每年每亩约定租额若干，苏、皖、豫三省均甚普遍，且占多数。(2) 分种地主除出土地外，并供给一部分肥料、种籽，其农产物由业佃平分或四六分收，苏、皖、豫三省均有之，而以豫省最多，并在豫省有少数名曰"扒牛农"，由地主供给一切耕作设备，佃农仅出劳力，其收获物按三七或二八分配。

(乙) 缴租类别:(1) 麦租:三省均有之，以河南最为普遍。(2) 谷租:苏、皖两省较为普遍。(3) 米租:江苏京沪路一带有之。(4) 杂粮:三省均有之，而以河南更为普遍。(5) 钱租:抗战以来钱租甚少，但以实物折钱纳租者有之，如江苏吴县多以米租折价缴纳。

(丙) 纳租时期:以国历言，麦租在七月前后，谷租与秋季杂粮在十月前后，米租在十二月前后，钱租在农产物收后二三月左右。

(丁) 佃农:占农户总数之比例:河南省以豫南、汝南一带佃农较多，豫东商丘一带次之，豫西汜水一带较少。安徽以皖中巢县一带佃农较多，皖西立煌一带次之，皖北临泉、涡阳一带最少。江苏以吴县一带佃农较多，镇江一带次之，苏北各县较少。据调查所得，大凡土地肥沃、人烟稠密地区，佃农占农户总数比例为大，反之则佃农较少。兹列表于下:

各县佃农约占农户总数之比例表

省别	县别	佃农与半自耕农约占农户总数之百分比	备注
江苏	镇江	2%	
	武进	20%	
	无锡	75%	
	吴县	80%	

续上表

省别	县别	佃农与半自耕农约占农户总数之百分比	备注
	江宁	50%	
安徽	合肥	71%	
	舒城	79%	
	巢县	80%	
	芜湖	70%	
河南	汜水	12%	
	上蔡	20%	
	汝南	25%	
	郾城	19%	
	商丘	16%	

（戊）租额之高低：租额高低因各地自然环境、佃农多少与业佃双方所尽义务不同而区别甚大，凡土地肥沃、佃农稠密以及地主供给肥料、种籽等耕作设备者，地租租额均较一般为高，及为租佃权或土地易遭水旱灾及征收押租与副产物者租额均较一般为低。兹将各地租额概况列表于下：

各县租额概况调查表

省别	县别	租额占正产物产量百分比			纳副产物	备注
		最高	最低	普通		
江苏	镇江	40%	10%	36%	有纳麦杂粮	该县连益乡庙产租额特低
	武进	50%	35%	45%	有纳杂粮	
	无锡	45%	26%	37%		
	吴县	50%	38%	43%		该县土地肥沃租额较高

续上表

省别	县别	租额占正产物产量百分比			纳副产物	备注
		最高	最低	普通		
	江宁	45%	35%	39%	有纳麦杂粮	
安徽	合肥	40%	30%	37%	有纳麦杂粮	该县纳副产物较多租额似低
	舒城	61%	30%	40%	有纳杂粮	该县七里河土地肥沃租额高
	巢县	50%	35%	40%		该县水利发达租额高
	芜湖	35%	25%	37%		该县陶阳乡时遭水灾租额低
河南	汜水	80%	30%	40%	有纳麦	该县有"扒牛农"地主所得特多
	上蔡	80%	30%	40%	同上	该县有"扒牛农"地主所得特多
	汝南	50%	30%	50%	同上	该县分种为多地主供肥料种籽
	郾城	50%	30%	40%	同上	
	商丘	40%	35%	40%	同上	该县亦有少数"扒牛农"

（二）二五减租命令实施情形

（甲）奉文日期：各省县奉到二五减租命令日期与推行成效关系颇巨，据调查，苏、皖、豫三省省政府奉到行政院令颁二五减租办法之日期，均在三十四年十一月上中旬，各省转令各县之日期，江苏为十一月下旬，安徽、河南均为十二月上中旬，而各县转令各乡镇之日期普通均在三十五年一二月，亦有迟至五六月（如安徽巢县之南口乡），更有若干乡镇竟未奉到令文（如江苏镇江县之高资、均益、正东等乡镇，安徽合肥县之大卫、西平等乡，河南郾城县之五营镇，汝南县之金铺乡，商丘县之朱集镇等）。

（乙）推行办法各省政府制颁单行法规者，计江苏省政府颁定"推行二五减租注意要点"六项，已印发各县张贴（江苏调查表之附件），安徽省政府颁定"实施二五减租原则"三项，已通令各县暨布告施行，河南省政府亦有颁定推行二五减租实施原则之准备，正在草拟中。关于派员至各县督导与抽查工作，在苏、皖、豫三省均未举办，至各县县政府制颁单行法规者，据调查江苏省可控制区域已有3/4县份颁定有“〇〇县二五减租实施办法”，安徽省可控制区域已有1/2县份颁定有“〇〇县二五减租实施办法”，河南省可控制区域已有1/20县份颁定有“〇〇县二五减租实施办法”，关于县政府派员至各乡镇督导或抽查一节，据调查尚无一县。

（丙）减租佃农户数：安徽、河南两省据调查尚无一户有实行二五减租之实例，江苏已有少数县份曾实行减租，兹将该省被调查各县减租佃农户数占佃农总户数之比例列表于下：

各地减租佃农户数占佃农总户数比例表

省别	县别	减租佃农户数约占佃农总户数之百分比	所减租额占应缴租额之百分比	备　　注
江苏	镇江	2%	20%—25%	减租佃农多为所种之庙产
	武进	2%	10%—15%	该县孝南乡陈乡长负责
	无锡	25%	10%—15%	该县不在地主较多，推行易
	吴县	50%	10%—25%	地主组有田业改进会，推行较易
	江宁	0	—	未推行原因详后
安徽	各县	0	—	未推行原因详后
河南	各县	0	—	未推行原因详后

（三）推行减租与否定之原因

（甲）已推行减租之原因

（1）奉到减租令文或传闻消息较早，彼时佃农租额尚未缴清，如江苏省县两级政府传递命令迅速与缴纳米租关系，租期较迟，大多可以赶办。

（2）地主有收租组织，对于减租办法易于执行，如吴县地主均由田业改进委员会代为收租，县政府只须严令该会办理即可推行。

（3）乡镇长对推行减租负责任，地主无法隐瞒与违抗，如武进县孝南乡因前任陈乡长广为宣传减租办法，使该乡有多数佃农获得减租实惠。

（4）不在地主多推行较易，如无锡凡不在地主平常收租亦感困难，此次有命令推行二五减租，佃农较易实行。

（乙）未推行减租之原因

（1）省县乡镇各级行政人员对于推行本案仍视为普通案件，抱承转了事之态度，或因二五减租为新政之布施易引起业佃纠纷（省县参议员多为地主阶级）与社会骚动，致缺乏推行该项法令之决心，率多藉故拖延。

（2）县政府与乡镇公所奉到令文太迟，因逾缴租时期迟办不易。

（3）三十四年度田赋在河南商丘曾有半数被伪组织征收，在江苏镇江曾有十之一二被共军征收，如以上地区之地主因未获得政府免赋之恩惠，自不愿推行减租。

（4）地主负担军粮太重，如河南驻有军队百万，在商丘县朱集镇据调查每亩地半年已负担军差费及自治经费一千余元，而该县每亩地之田赋普通亦仅千元左右，其结果等于未有免赋。

（5）省县政府对于办理减租案件主管单位不一，结果职权不分，互可推诿责任，如河南省政府该案先归田粮处办，后改属民政厅，最后又移至社会处。

（6）佃农知识低落，不明了减租意义，且缺乏强有力之组织，不能自动向地主要求减租，致仍多受地主欺骗。

（7）有许多地区缺乏成文租约，缴租时地主可设法加租，然后再减租，结果等于不减，亦有许多地方有让租惯例，而地主因闻推行二五减租，多以应让之租额为减租额，结果亦等于未推行二五减租。

(四) 免赋与减租之关系

免赋额与减租额之彼此大小直接影响业佃间之双方利益，间接影响二五减租法令之推行，关系至为重大。普通土地生产力大者租额愈大，而减租额亦愈高，但各省县多未举办土地测量与土地陈报，赋额之高低不一定完全根据土地生力，因此免赋额与减租额之大小不易作适当之比较，再苏、皖、豫三省均沦陷甚久，自沦陷之后三十四年度之前多未征收田赋，因田赋每年均有改变，对于三十四年度之免赋额似亦无合理标准用以估计，故对于免赋与减租之关系殊难作精确之研究。惟据安徽舒城孔家集地主汤星北君声称“渠有地二〇〇亩，年收租谷二〇〇石，每年约纳赋七〇石”，若以此为例，汤君假使于免赋后即实行二五减租，其减租额为五〇石(二〇〇石之35%)，尚小于免赋额二〇石，对于推行免赋减租使地主仍有利可图。另据江苏省田粮处负责人云：该省沦陷后三十四年度之前均未能征收田赋，三十五年度折征率原为每元征三斗，借一斗，公粮九升，共为四斗九升，后减改四成征收每元实征谷一斗九升六合，就此种情形而论，每元折征率若四斗九升计算，赋额均大于减租额，每元折征率若照一斗九升六合计算，赋额均小于减租额。兹列表比例于后：

江苏省每亩赋额与减租额之比较表

项别	田地等级			备注
	上等	中等	下等	
三十五年每亩应征赋额	五.三一斗	四.九斗谷	二.九四斗谷	每亩赋税率上等一二七元，中等一元，下等 0.6 元，最下等 0.04 元。

续上表

项别	田地等级			备注
	上等	中等	下等	
三十五年每亩实征赋额	二.一二斗	一.九六斗	一.一八斗	每元折征率原为四.九斗谷,后改四成征收,实征每元一.九六斗。
三十四年每亩应减租额	二.八斗	一.六斗		

(五)各方面对于推行二五减租之意见与观感

(甲)各界对于此次推行二五减租多半误解,盖此次推行二五减租,爰由于政府免去地主田赋,为使免赋利益亦能惠及佃农起见,遂规定免赋之年佃农应缴地租一律照约定租额减四分之一,而各界乍闻二五减租之名词,即误会以为如昔年浙江、湖北各地所推行之旧土地法规定之减租(租额不得超过正产物千分之三百七十五,以往亦名之为二五减租),咸具有成见感觉,推行不易,如五月十三日无锡报纸曾有此社论(江苏调查表附件)。

(乙)文化界之意见

(1)实行二五减租可减少有钱人对于兼并土地的兴趣。

(2)二五减租是有关大多数佃农与少数地主利益的大事情,若不加强佃农组织,自动推行则实行减租易流于空谈。

(丙)佃农方面意见

实行二五减租自可改善佃农生活,惟恐地主借端加租退佃,或硬吓软骗。

(丁)省政府方面意见

(1)奉令太迟,三十四年度不及赶办。

(2)地主有军粮负担,对推行减租不无影响。

(3)三十五年度中央决定又继续征实补行减租,不免稍有困难。

(4) 省县政府对推行二五减租并无成见,均以中央意志为意志。

(戊) 地主方面意见

地主在抗战期间一面遭敌伪压迫,一面遭佃农扣减租额,受苦颇深,加之三十四年度地主均有军粮负担,对于此次推行二五减租在原则上虽表同意,但希望以后仍能照以往租额纳租。

(六) 各省县对土地法所定租额推行情形

苏、皖、豫三省以往均未举办租约登记,对于各县租额均未加以调查,其租额之高低一如往昔,大抵均超过土地法之规定,普通租额均约占佃耕地正产物千分之四百左右,详情已于上列各县租额概况调查表中说明。

五、调查意见及建议事项

(一) 行政院原颁二五减租办法在各地施行尚嫌简略。

(甲) 原办法第一条所称:"……照租约或本年约定之应缴租额减四分之一。"须补充说明:"凡耕地因不可抗力致歉收者,除依照当地习惯议减外,按议减后之实纳租额再减纳四分之一。"又同条"……减四分之一"为避免损及地主利益起见,应于该句之后加添一句或另行注明:"如减租额大于免赋额,即以免赋额为限。"

(乙) 原办法第二条中段:"……县政府于必要时得会同有关机关团体组织佃租委员会……"调查租佃纠纷之调解甚为重要,尤应着重乡镇一级,而乡镇长受其他工作之累,一人难以胜任,故乡镇亦应组织乡镇租佃委员会,以加强调解工作。

以上(甲)(乙)两点建议已由立纲于八月二十三日奉派出席粮食部召开二五减租会议时代表本部提会议决通过,呈请行政院办理。

(二) 去年应减租省份因故未及减租者应于今年补办,而今年免赋区域(包括川、康等省市)改分两年免赋者,亦应分两年减租。

此项建议亦于奉派出席粮食部开二五减租会议时提会通过,呈请行政院办理。

(三)凡三十四年未享免赋实惠之地区,为体恤地主抗战期间之痛苦,似应免去推行二五减租其租额,应依照土地法之规定办理。

盖抗战胜利后有许多地区中央收复较迟,其三十四年度田赋有被伪组织征收者,亦有被共军征收者,地主既未邀免田赋,自毋庸推行二五减租。

(四)中央与省方均须组织二五减租督导团,加强宣传与督导工作。

查行政院原颁办法第四条省政府对于各县办理减租应认真督察,务期公平切实,并严密考核。用意至善,惟据调查结果,苏、皖、豫三省主管机关对于推行二五减租均抱观望态度,既未派员至各县督导,又缺乏宣传工作,致各乡农民尤其佃农阶级对于减租办法及其意义均不甚明了。为避免各地对减租法令日久疏忽以及广为宣传起见,似应请行政院召集有关部署组织二五减租督导团至各省抽查各县,并请行政院令饬各省由有关厅处组织二五减租督导团至各县抽查各乡镇,严密考核厉行奖惩。

(五)策动农会广为征收佃农为会员,并健全农会组织,加强力量,协同乡镇公所推行二五减租。

盖目前需要各阶层联合的国民革命而不是无产阶级专政的社会革命,所以减租政策在原则上是和平的渐进的改革,应将减租运动与农村民主运动统一起来,以免对于减租之立法与执行仍操诸少数封建地主之手,并厉行减租减息直至将地主完全消灭,达到耕者有其田之目的为止。

(六)政府应制定租佃契约登记办法,令饬各省从速普遍举办租约登记，一方面便利推行二五减租，再方面便利超过土地法规定租额之取缔。

（七）政府须逐渐减轻地主之负担。

（甲）举行土地测量，合理订定赋额等级，使地主负担不致偏废，以昭公允。

（乙）军粮由政府按照市价购买，并严令各地驻军不得擅自摊派骚扰，最高军政机关应时常派员密查，以息民怨。

（丙）各省县田赋征实额应逐渐减低，仍改征现金以减免纳粮之困难。

六、其他农村经济工作之考察与辅导

（一）各省县农会业务之考察与辅导

（甲）促成皖、豫两省之省农会工作会报

当立纲在开封及合肥与社会行政机关及农业推广、农村贷款机关负责人谈及农会业务，渠等甚少说明，现在各该省农会工作成绩多半互相谴责推诿责任，考其原因实由于彼此缺乏联系，故分别建议各农会有关机关由省社会处负责召集，每月举行省农会工作会报一次，使彼此减少隔阂，加强合作力量，俾农会工作易于开展，安徽省农会工作会报已由省社会处筹备中，河南省第一次农会工作会报于五月十一日召开，立纲曾应邀出席。

（乙）随时指导各地乡镇农会展开业务，当立纲至各乡镇时，于工作余暇均随时邀约乡镇农会负责人作个别谈话，一面询问农会情形，一面指导其展开业务之方法。

（二）有关农业特产考查与调查统计资料之搜集。

江苏、河南两省农业机构复员不久，对于各项资料仍多在整理中。查安徽省出产茶叶、大麻及茯苓、漆等特产甚丰，曾在该省搜集有关特产调查资料三册，另又搜集“安徽统计简编”一册，内容颇为丰富，尤为难得。

七、结论

查推行二五减租为政府改善贫苦佃农生活之德意，亦为保障佃农，扶植自耕农，实施民生主义之国策。此次举办实地调查，不独对于各地推行情形及推行与否之原因完全明了，且随时解释法令广为宣传二五减租意义，并引起地方长官对于推行减租工作之重视，以及与之交换意见，于返部后拟具切合实际之改进意见，使今后减租工作得以公平切实推行焉。

〔政府行政院档案〕

2. 国民政府农林部关于浙赣鄂三省租佃制度及推行二五减租情形的调查报告

（1946年）

一、调查缘起

行政院于三十四年十月二十三日颁布二五减租命令，责成三十四年度豁免田赋各省市（包括苏、浙、皖、赣、湘、鄂、粤、桂、豫、晋、绥、冀、鲁、察、热、东北九省及京、沪、平、津、青岛、大连、哈尔滨等省市），应于同年内减租四分之一（即二五减租）。三十五年免赋各省市（包括川、康、滇、黔、闽、陕、甘、宁、青、新各省及重庆市），于三十五年度办理。本部为欲切实明了各省推行概况作为今后改善租佃关系之依据起见，爰举办二五减租调查，时间分为两期：第一期三十五年调查三十四年度减租各省市，第二期三十六年调查三十五年度减租各省市。调查方法：分派员调查与委托调查两种，第一期派员调查区域计苏、浙、赣、皖、豫、湘、鄂、粤、桂等九省，委托调查除上列九省外，举凡三十四年度减租各省市均属之。职丰奉派实地调查浙、赣、鄂三省，刻已调查竣事。兹将所得结果，编制报告如后。

二、出发到达及返部日期

四月十二日由渝乘机当天抵达汉口，翌日赴武昌湖北省政府，复至调查代表县武昌、鄂城、嘉鱼等三县及其所辖八乡镇，五月十七日由汉口乘轮转赣，十八日抵九江，十九日由九江乘汽车抵南昌，后至南昌、南城及上饶等三县及其所辖八乡镇，六月二十八日抵杭州，复至江山、绍兴、萧山等三县及其所辖八乡镇，七月二十四日由杭州乘火车经沪，二十五日由沪乘火车返南京本部。总计此次调查为时凡三月又十四日，调查地区包括三省九县二四乡镇。

三、湖北省

（一）调查对象区域　调查对象除省府各有关厅处局及民意、教育、农会、司法、党务等机关法团及士坤，调查代表县为武昌、鄂城、嘉鱼等三县，调查代表乡镇为武昌之文义、普爱、武丰三乡，嘉鱼之鱼岳、沙河、普渡等三乡镇，及鄂城之怀德、雅言两乡镇，共计三县八乡镇。

（二）调查进行经过　抵武昌后即赴省府晋谒王秘书长一（因省府改组新任主席未到），说明此次调查意义及办法，并请其通知各有关单位予以协助，各有关单位为地政局、社会处、建设厅、农改所，均经分别前往搜集资料，并访问省党部、省参议会、青年团支团部、高等法院及省农会等机关法团。省级调查完毕即赴鄂城、嘉鱼、武昌等三县调查，其调查经过大抵相同，均为先赴县府与县长接洽，由各有关科处供给资料及访问县党部、县参议会、青年团分团部或区队及农会等，乡镇调查则着重于佃农与业主之访问，访问要约与调查表格内容相同，均经详为记录用作参考。

（三）调查结果

（甲）行政院三十四年十月二十三日颁布之二五减租命令抵省后，省府将原电交由财政厅承办，因有关免赋之故，财厅当即令转各县遵办，同时并布告通知复由民政厅拟具“湖北省免赋减租实施办法”（附件一），并列有督导经费八，六一一，〇〇〇元，提经第五二八次省务会议讨论，因经费无着，决议保留，减租工作之推行为之受阻不少，三十五年二月地政局成立，减租工作即由财政厅移交地政局办理，各县呈复遵办者计有嘉鱼、孝感、黄安、远安、光化、均县、竹溪、麻城、应城、枝江、蕲春、天门、通山、黄梅等十四县，但均未将办理情形及效果列报，实际均尚未办理。调查代表县嘉鱼、鄂城及武昌等亦均未推行，其未推行之原因有二：一、因奉到减租命令时已超过普通缴租期间，佃农多已缴租，地主不易追减。二、地方各级政府正忙于征购军俘粮，无暇顾及二五减租之推行，惟佃农对于是项工作则甚迫切期待也。

（乙）依照土地法第一七七条之规定，推行二五减租之经过，鄂省府自陈辞修先生主政后，对于二五减租之推行极为重视，曾经拟订“湖北省减租实施办法”（附件二）及“湖北省各县减租调解委员会组织规则”（附件三）两种单行法规公布施行，三十年度划定恩施全县及巴东、建始、鹤丰、宣恩、咸丰、利川等七县之各一乡（镇）共计三十九乡镇四百八十七保为实施区域，计选派督导员三十九人，学生四百五十二人分赴各实施区域发动减租工作，一个月内即办竣调查登记及填发租额证等事项，计登记地主二〇，三一〇户，佃农二九，六〇六户，并召集督导人员举行两次工作检讨会议，当年十月复由省府派员分赴各县考核推行成果，推行之初恩施有一地主阻挠，经查明严办后故减租进行颇为顺利，三十一年度办理区域计有郧西、郧县、均县、房县、竹山、竹溪等全县及来凤、宣恩、利川、巴东、建始、咸丰、鹤丰等七县之三十年度未办理各乡镇，计共十三县二百三十七乡镇三千三百三十一保，计由省府及专署选派督导人员八十人，学生六百六十八人分赴各实施县份协助乡（镇）保甲推行减租，在两个月内办竣调查登记及填发租额证等工作，计登记地主九二，〇二三户，佃农一二一，九四一户，并由民政厅及专署分别召集减租人员举行业务检讨会议，当年十月复派员分赴各该县考核减租成果，三十二年度继续办理过去办理各县，三十四年度办理区域为远安、五峰、长阳、宜都等四县，惟其办理结果尚未列报。兹将历年办理概况列表如下：

湖北省历年推行二五减租概况表

项目 县份	办理年度	已减租 地主户数	已减租 佃农户数	备考
恩施	三〇	一六,七九六	二五,二一六	
来凤	三〇—三一	三,三一四	四,五三四	三〇年办理一乡 三一年办理其余各乡
建始	三〇—三一	一四,〇八〇	一七,一二九	同上
巴东	三〇—三一	七,〇九一	九,〇六七	同上
鹤丰	三〇—三一	四,二六一	五,三〇一	同上
利川	三〇—三一	一二,一二四	一六,九一〇	同上
宣恩	三〇—三一	四,四一二	五,六三六	同上
咸丰	三〇—三一	五,七〇九	八,六九七	同上
竹溪	三一	八,八八四	一四,〇二五	
房县	三一	一三,三二一	一五,三五七	
均县	三一	一五,五七九	一八,三九一	
竹山	三一	七,三六五	一二,一一一	
郧县	三一	一三,二八〇	一三,七四〇	
郧西	三一	一二,三三二	一二,七〇二	
宜城	三二	一,八八五	二,一七〇	
枣阳	三二	一二,四二六	四,七五七	
襄阳	三二	一二,六二五	一,八七五	
光化	三二	一八,四六〇	一九,九三〇	
保康	三二	四,〇八七	六,一八九	
兴山	三二	四,三一九	五,六七四	
秭归	三二	一〇,三七〇	一二,九一二	

续上表

县份\项目	办理年度	已减租地主户数	已减租佃农户数	备考
谷城	三二			办理结果尚未据报
南漳	三二			办理结果尚未据报
远安	三四			办理结果尚未据报
五峰	三四			办理结果尚未据报
长阳	三四			办理结果尚未据报
宜都	三四			办理结果尚未据报
合计		一八九,〇〇〇	二一八,一五一	

（丙）租佃概况

（子）农地及农户之分布　全省计有耕地总面积五一,九九〇,〇〇〇市亩,其中水田三一,一一〇,〇〇〇市亩,旱田二〇,八八〇,〇〇〇市亩,耕地约占耕地总面积百分之五十,即一五,九九五,〇〇〇市亩,全省共有农户三,一二〇,〇〇〇户,其中佃农占九六七,二〇〇户,即百分之三十一,半自耕农七八〇,〇〇〇户,即百分之二十五,自耕农一,三七二,八〇〇户,即百分之四十四,兹将武昌、嘉鱼、鄂城等三县农地及农户分布概况列表如下:

湖北省武昌、嘉鱼、鄂城等三县九乡镇农地及农户分布概况表

县乡镇别\项目	农地					农户							备考
	总面积	佃耕地		自耕地		总户数	佃农		半自耕农		自耕农		
		面积	%	面积	%		户数	%	户数	%	户数	%	
武昌县	1.050.000	367.500	35.0	682.500	65.0	32.143	12.857	40	8.036	25	11.250	35	
文义乡	4.600	1.678	36.5	2.922	63.5	450	122	27	126	28	2.02	45	
武丰乡	4.000	1.600	40.0	2.400	60.0	350	118	34	72	26	140	40	

续上表

项目 县乡镇别	农地					农户							备考
	总面积	佃耕地		自耕地		总户数	佃农		半自耕农		自耕农		
		面积	%	面积	%		户数	%	户数	%	户数	%	
普爱乡	20.000	9.000	45.0	11.000	55.0	2.580	1.239	44	412	20	979	36	
嘉鱼县	356.728	116.153	32.0	240.575	68.0	12.132	2.912	24	1.820	15	7.400	61	
鱼岳镇	16.000	8.800	55.0	7.200	45.0	1.179	364	30	271	23	544	41	
沙河乡	40.000	2.400	12.0	37.600	88.0	2.840	312	11	398	14	2.180	75	
普渡镇	45.000	18.000	40.0	27.000	60.0	1.800	610	45	180	10	610	45	
鄂城县	480.122	335.085	70.0	144.037	3.0	50.530	27.792	55			22.738	45	
怀德乡	13.000	9.100	70.0	3.900	30.0	6.000	4.200	70			1.800	30	
雅言乡	10.200	9.180	90.0	1.020	10.0	2.205	1.764	80			441	20	

（丑）租佃情形　租佃关系之成立系以契约为之先，由中人介绍再行订期约，集业佃双方及中人议订租约，租约期限有定期与不定期两种，间有永佃者，押租金之有无及多寡视业佃双方之经济情形而定，纳租有谷物与钱租两种，缴租期间约在九至十一月，方法多为佃农送交，间亦有由业主临乡收取者，租额占正产物收获量之百分比最高为百分之八十，最低为百分之二十，普通约为百分之三十至五十，副产物亦有缴纳一部分者，转租之风亦将有之。兹将武昌、嘉鱼、鄂城三县租佃情形列表如下：

湖北省武昌、嘉鱼、鄂城三县租佃概况表

县别 项目	武昌	嘉鱼	鄂城	备考
有无租约	有	有	有	
租佃期限	定期者甚少不定期者较多但得随时撤换	多为不定期者	永佃者约11%其余均为不定期者	
缴纳租金者	50%	40%	40%	

续上表

项目＼县别		武昌	嘉鱼	鄂城	备考
预缴地租		10%	5%	8%	
纳租种类	实物	70%	90%	85%	
	现金	30%	10%	15%	
租额	最高	70%	60%	70%	
	普通	50%	40%	45%	
	最低	20%	20%	25%	
缴纳副产物者		10%	20%	25%	
缴租时间		9—11月	9—11月	8—11月	
缴租方法	佃农送交	60%	80%	90%	
	业主亲收	40%	20%	10%	
佃农购买租田出卖之优先权		有	有	有	
其他					

四、江西省

（一）调查对象及区域

调查对象在省府为地政局、社会处、建设厅、田粮处、农业院等及省党部、省参议会、青年团支团部及农会等。县政府为民政科、社会科、田粮科、建设科等及县党部、县参议会、县农会等。乡镇则着重于佃农及业主之调查，调查区域计南昌、南城及上饶等三代表县。代表乡镇为南昌之谢埠、桐林、莲塘三乡镇，南城之胜利、复兴、本固三乡，上饶之广平、赵家两乡镇，共计三县八乡镇。

（二）调查进行经过

先在南昌赴省府晋谒省主席王陵基及秘书长任师尚，说明此次调查之意义及办法，并请转知各有关厅处局供给资料及予协助，复分别访问省参议会议长王枕心、省党部主任委员陈肇英、青年团支团部代理人李德廉及省农会邓必昌等，并分赴南昌之谢埠等三乡镇，南城之胜利等三乡，上饶之赵家等两乡镇，实地访问佃农及业主，均将所得资料整理后，填入调查表中。

(三) 调查结果

(甲) 江西省政府于奉到二五减租命令后，即责成地政局拟具"江西省各县(市)二五减租实施办法"(附件)，提经三十四年十一月三十日第一八〇一次省务会议通过。惟各县奉到减租命令已超过普通缴租期间，到未能如限办理，故原办法第五条订定补救办法。在本办法实施以前佃农已照原租缴清本年地租者，业主应将减纳数额返还佃农或抵交下年地租，此种补救办法殊为得体，复经省府将二五减租之推行定为三十五年度各县县长考绩之一，王主席并曾广播减租意义及办法，促起各方之注意，省政府同时并函请省党部及青年团支团部广为宣传，省党部经将是项工作列为三十五年度中心工作之一，责成各县党部办理，如南昌县党部利用该县地方自治人员干部训练班之便，将二五减租列为讲课之一，南城、上饶两县或制贴标语或揭橥报端，皆有所表现，故该省三十四年度二五减租虽未如限办理，但已养成一种风气，三十五年度补办时或可收得预期效果。

(乙) 租佃概况

(子) 农地及农户之分布　江西全省耕地总面积计共四八，七九二，〇〇〇市亩，其中佃耕地面积纳占百分之二十六即一二，七六五，四二〇市亩，全省农户计共二，一八二，〇〇〇八户，其中佃农七八五，五二三户，约百分之三十六，自耕农八〇七，三四三户，约百分之三十七，半自耕农五八九、一四二户，约百分之二十七。兹将南昌、南城及上饶等三县农地及农户分布概况列表如下：

江西省南昌、南城及上饶等三县农地及农户分布概况表

项目 县乡别	耕地（市亩）					农户（户）							备考
	总面积	佃耕地		自耕地		总户数	佃农		自耕农		半自耕农		
		面积	%	面积	%		户数	%	户数	%	户数	%	
南昌县	423.258	599.164	48	636.094	52	40.000	17.200	43					表内数字均系估计得来
谢埠镇	30.000	12.000	40	18.000	60	6.000	1.800	30					
莲塘镇	20.000	13.000	65	7.000	35	1.500	675	45					
桐 彬	27.000	13.500	50	13.500	50	740	244	33					
南城县	440.000	176.000	40	264.000	60	22.000	9.900	45					
胜利乡	16.000	4.800	30	11.200	70	700	210	30					
复兴乡	15.000	7.500	50	7.500	50	720	288	40					
本固乡	11.900	8.320	80	2.380	20	675	540	80					
上饶县	765.000	382.500	50	382.500	50	48.000	20.160	42					
广平镇	5.000	4.000	80	1.000	20	500	375	75					
赵家乡	70.000	45.500	65	24.500	35	1.400	980	70					

（丑）租佃关系　租佃关系之成立多以契约为之，间亦有由口头约定者，但为数甚少，租约内容载明田地坐落、面积、租期、租额、交租时间及交租方法等，如有押租金者，并将押租金额录上，缴预租者在南昌县间有之，其余各地则少见，租额最高为正产物总收获量百分之八十，最低百分之十，普通为百分之四十至六十，缴租时间早稻约在八月，晚稻约在十一月，缴租方法分佃农送交与地主亲往收取两种，但前者为多，后者甚少。战后因农村人力缺乏，且多有弃农就佣于都市者，因其获利较耕田为多，原地主为激励佃农，多有以种子、肥料、农具供给佃农或贷予食粮、耕牛者，兹将南昌、南城、上饶等三县租佃概况列表如下：

江西省南昌、南城及上饶等三县租佃概况表

县别 项目		南昌	南城	上饶	备考
租价成立	订立租约	90%以上	100%	100%	

续上表

项目＼县别		南昌	南城	上饶	备考
口头约定		不及10%			
租约内容		田地坐落面积租额租期及缴租方法与时期	同前	同前	
租额	最高	70%	70%	80%	
	最低	30%	25%	30%	
	普通	40—60%	50%	40—70%	
缴租时间		早稻八九月 晚稻十一月	八至十一月	九至十一月	
缴租方法		佃农送交或业主派人收取	佃农送交	佃农送交	
有无押租金		一部分有	有	有	
缴约预租		约10%	无	无	
缴纳副产物		无	无	无	
业主对佃农之供给		间有供给肥料种籽农具或贷与耕牛者	同前	同前	此项供给须视业主与佃农之经济情形而定
不定期租约终止乎		欠租或抗租	欠租或抗租	欠租或抗租	

（寅）扶植自耕农　江西省于二十二年拟具"江西省扶植自耕农暂行办法"，提经一月十二日第一五二七次省务会议通过施行。该年度实施区域为第四行政区所辖各县，每县示范区一处至三处，并由省派员分赴各示范区办理测量、调查、登记、公告等事项，并洽请中国农民银行于示范区各县设置土地信用合作社，办理甲种扶植自耕农贷款，将示范区内土地全部征收，实行丘地重划，再按各所在地农户分配放领，至三十三年底止计先后完成示范区七处，实验乡一所，三十五年度择定南昌、丰城、临川、南城、南丰、先择、浮

梁、鄱阳、九江、赣县、南康、上饶、信丰等十三县各设置自耕农实验乡一至三乡，办理乙种扶植自耕农贷款，并配放公荒或征收私有荒地及出佃土地，扶植自耕农民，并由中国农民银行南昌分行于各该县办理乙种扶植自耕农贷款，及成立乡镇土地信用合作社，兹将各县办理成果列表如下：

江西省各县扶植自耕农示范区概况表

县别	赣县	南康			信丰	上饶		赣县	合计
区别	吉平示范区	横市示范区	华市第一示范区	上平市第二示范区	游州第一示范区	广西示范区	水南示范区	白云实验乡	示范区7 实验乡1
示范区总面积(市亩)	1.750.47	980.05	1.024.12	298.85	2.197.00	2.343	2.456	4.076	15.215
收买土地面积(市亩)	376	500	309	210	1.027	1.341	483	2.790	7.220
收买土地借款(市亩)	285.000	607.054	442.233	284.512	558.407	943.300	249.760	5.099.373	8.469.640
扶植自耕农户数	42	92	57	47	150	178	123		689
备考									

（卯）保障佃农　江西省曾拟具“江西省保障佃农办法”（附件），于三十二年十一月十八日奉行政院核准施行，其实施要点：1. 耕地租额之标准依照土地法第一百七十七条规定，不得超过耕地正产物总收获量千分之三百七十五，其缴钱租者并规定不得超过报定地价百分之十，但低于上二项标准者依其约定。2. 租佃契约登记由县政府依照规定格式印制租佃契约，责令业佃双方登记填领，并督导乡镇公所切实办理。3. 租佃契约登记后，有绝对效力，如业佃之一方有违反契约行为时，得由其他一方呈请依法予以制裁。4. 在规定登记期限内，凡不履行登记之租佃契约，一律无效，倘查出不登记或呈验原契不实者，一律予以处罚。实施办法由县政府召集有关机关法团及乡镇长商讨进行事宜，并布告周知及广为宣传，以及派员分赴各乡镇公所召集各保甲长、乡农会理事

长、中心学校教职员及佃业代表等开会，解说保障佃农意义及办法，并责成乡镇公所举办第一次租佃契约登记，凡声请登记租约，经乡镇公所查核无异后，随即编号登记，加盖印信，分由乡镇公所及业佃双方各存一份，已办理租佃契约登记者，计有安福、万年、信丰、南康、东乡、吉水、新淦等县，其余各县均尚未办理。

五、浙江省

（一）调查对象及区域　调查对象在省府为社会处、地政局、建设厅、田粮处、农改所等以及省党部、省参议会、青年团支团部、高等法院、农会等，县政府为社会科、田粮处或田粮科等，以及县党部、县参议会、地方法院、青年团分团部、县农会等，乡镇为乡镇公所及乡民代表外，则着重佃农及业主之访问。调查区域计萧山、绍兴、江山等三代表县，调查代表乡镇为萧山之□西、潘西及临浦三乡镇、绍兴之樊吼、皋平及临浦三乡镇，江山之文溪及清湖两镇，计共调查三县八乡镇。

（二）调查进行经过　由赣赴浙途中，须经江山，故先即调查该县，调查完毕即赴杭州，先往浙省府晋谒秘书长雷法章（沈主席因公晋京），说明此次调查之意义及办法，并请其通知有关单位尽量供给资料及协助，并赴省党部搜集资料，分别访问省参议会议长、青年团干事长及省农会、高等法院等负责人，省级调查完毕，即赴萧山再转绍兴，并深入乡村实地调查，所得结果均经整理完毕，填列调查表中。

（三）调查结果

（甲）免赋后二五减租之推行　浙省府奉到行政院三十年十月颁布之二五减租办法后，因该省原已部分推行二五减租（即地租按土地正产物总收获量千分之三百七十五计算），即请示如何办理。经指令应于原租额（即已推行二五减租者亦包括在内）再减四分之一后，随即令转各县切实办理。复经省党政联席会议第二十六次会议议决，凡因公文到达较迟不及照减之县份，准俟三十五年度缴租时照数抵扣，各县因奉令时已逾缴租时间甚久，均尚未办理，惟宣传尚为普遍，佃农对于此事均甚明了，本年补办时当易于推行。

（乙）一般的二五减租　十六年浙省党政当局为推行本党土地政策保护佃农，爰根据十五年中央及地方党部代表联席会议议决减轻佃农田租百分之二十五，举行省党部省政府联席会议，通过浙江省（十六年）佃农缴租实施条例（附件），其中主要规定佃租额以按正产全收百分之五十再减百分之二五为原则，其原租约所定租额低于此规定或适合此规定者，均仍照旧约缴租，凡高于此规定者必须照减，同时各县乡村在党部领导之下均纷纷组织农民协会配合进行，除偏僻县份或无人领导之乡镇外，全省约半数之地方均已办理，在实施中遇有纠纷事件，规定由村乡县等三级业佃纠纷仲裁委员会处理，此项仲裁机构由党政机关会同组织，当年并无若何重大纠纷情事发生，但翌年则撤佃纠纷层出，因减租后地主收益减少，多藉口收回自耕，取消租约，甚至宁使田地荒芜不再出租，以示抵制。

十七年省党政当局将十六年佃农缴租实施条例修订为"浙江省十七年佃农缴租章程"（附件），条文虽有修改，但内容及实质则并无多大变更，仲裁机构改为省县两级由党部政府及农民协会合组佃业理事局，县级之下设办事处，专员处理减租及撤佃纠纷等案件，是年实施已普及全省纠纷案件亦因之增多，但各地处理此种案件尚称公允，故推行亦颇顺利。

十七年所公布之佃农缴租章程仅适用于当年，十八年遂制订较有永久性质之"浙江省佃农二五减租暂行办法"（附件），其与十六、十七两年所定办法不同之处为：将"减租百分之二十五"一语改作"佃业双方就各该田亩情形以常年正产全收获量百分之三十七点五为缴租额自行协订新租约"，并取消佃业理事局另组佃业仲裁委员会，由党部政府组织负责处理佃业纠纷，处理程序先由村里委员会调解，调解不协再由县省佃业仲裁委员会处理之。

继此数年党部力量逐渐薄弱，田赋附加增多，地主因之乘机活动，多方设法阻挠，减租工作渐成具文。二十一年重加修订减租办法为“修正浙江省佃农二五减租暂行办法”（附件），主要内容为：（1）缴租额照常年正产物全收获量百分之三十七点五为标准，（2）旧有租佃已照十八年办法，订立新租约者照新约缴纳，未订新租约者以照旧租额减百分之二十五为标准，佃业纠纷改由司法机关处理，原有仲裁机构撤销。

战时为适应环境需要，复由省党部省政府又高等法院拟订“浙江省战时处理佃业纠纷暂行办法”（附件），于二十八年二月公布施行纠纷处理机构为佃业仲裁委员会分区县两级，处理程序先由乡镇公所调解，调解不协，再送县仲裁委员会处理，区仲裁会作最后决定，县仲裁会组成分子为县政府、县党部、地方法院及佃农业主等各推代表一人，共五人组织之，区仲裁会为省党部、行政区专员公署及高等法院或分院各推代表一人共三人组成之，兹将各仲裁会历年处理纠纷案件数列表如下：

浙江省区县两级佃业仲裁会历年纠纷案件处理概况表

仲裁机构		年度	纠纷案件总数	调解成立者	仲裁有结果者	未决者	备考
区仲裁会数	县仲裁会数	32	785	491	262	32	
10	65	33	367	285	62	20	
		34	139	104	26	9	

胜利后是项办法已失时效，爰经三十五年二月十日省党政联席会议议决废止，并决定今后佃业纠纷由法院处理。

（丙）租佃概况

（子）农地及农户之分布　浙江省共有农田二五，一六二，八九九市亩，地六，一四四，二八二市亩，山一五，二二九，三九八市亩，荡一，一五四，三一四市亩，农户总数三，一六五，〇〇〇户，其中佃农一，四二四，二五〇户，为百分之四十五，自耕农七九一，二五〇户，为百分之二十五，半自耕农九四九，五〇〇户，为百分之三十。兹将绍兴、萧山、江山等三县农地及农户分布概况列表如下：

浙江省绍兴、萧山、江山等三县农户及农地分布概况表

项目＼县别			绍　兴	萧　山	江　山	全省平均
农户分布	总　　数		239,509	53,705	48,709	56,299
	自耕农	户　数	237,951	10,740	12,177	13,350
		百分比	10	20	25	23.6
	佃　农	户　数	119,753	21,480	24,355	19,726
		百分比	50	40	50	35
	半自耕农	户　数	171,851	16,115	9,742	18,958
		百分比	30	30	20	33.6
	雇　农	户　数	23,951	5,370	2,435	4,365
		百分比	10	10	5	7.8
农地分布						全省合计
		田	1,075,489	354,600	337,835	25,162,899
		地	97,989	354.877	60,489	6,144,282
		山	100,354	116,941	306,710	15,229,398
		荡	78,539	18,159	10,960	1,154,314
备　　考						

（丑）租佃关系　租佃关系之成立有仅由口头约定者，如杭县、鄞县及崇德等县之一部，由业佃双方凭中订立租佃契约者为最普遍，租期分定期、不定期与永佃制三种，不定期最多，次为定期，永佃最少，产权分为田底权与田面权（即永佃权），前者属于地主，

后者属于佃农。田底权、田面权各地名称不一，如田底权绍兴称大作，江山称大根，诸暨称一卖田，兰溪称大田等，田面权绍兴称小作，江山称小根，诸暨称二卖田，兰溪称小皮，衢县称小卖，开化称浮田等。佃农具有田面权者其缴租额较低，否则恒高。一般认为浙省推行二五减租素著成绩，实际则仅持有永佃权之佃农如能享受二五减租之优待，即按百分之三七.五缴租或照旧租额减二五，否则仍按三七、四六或五五分租，至佃农之持有永佃权而不能自行耕作时得转租他人，坐享其成，普通每亩可得三至七斗不等，至租额之规定可分两种方式：(1) 由业主临田分租，即水稻成熟时业主临田会同佃农收割，就其总额依照七例分配，如佃农有永佃权者多按百分之三七.五计算，否则按三七、四六或五五分租。(2) 以契约定之，普通每亩常年可产水稻四百市斤，旧租约概多定每亩租额为三百市斤，秋收前由县府责成乡镇公所召集有关人员如农会、乡民代表、保甲长及佃农、地主代表等议订，当年年成为适当之折扣，如为八成即每亩租额一般的均须缴纳二四〇市斤，如有永佃权再减去百分之二五，缴租时间约在收割后一至二个月内，缴租方法分为：(1) 地主自行下乡收取.(2) 佃农送至地主家中，(3) 佃农缴送租庄租栈，(4) 落田分收。一、二、四法较为普遍，第三法则仅行于浙西平湖一带，至佃农持有地面权之由来约有下列原因：(1) 当时地广人稀，地主招人垦种以永佃权为交换条例，(2) 地主有急需向佃农借贷以永佃权相许，(3) 地主愿保留田地而仅以田面权出售，佃农之持有永佃权者可自由转租或出售，地主不得干涉。

六、免赋与减租之关系

各省田粮处对于赋额均无确实数字，据估计湖北省每亩免赋额上上田四，五〇〇元，上中田四，〇五〇元，上下田三，六〇〇元，中上田三，一五〇元，中中田三，七〇〇元，中下田二，二五〇元，下上田一，八〇〇元，下中田一，三五〇元，下下田九〇〇元。江西省上上田一，八八〇元，上中田一，六八〇元，上下田一，四七二元，中上田一，三一二元，中中田一，一五二元，中下田九九二元，下上田八三二元，下中田六七二元，下下田五七六元。浙江省上上田五，〇〇〇元，上中田四，六〇〇元，上下田四，二〇〇元，中上田三，八〇〇元，中中田三，四〇〇元，中下田三，〇〇〇元，下上田二，六〇〇元，下中田二，二〇〇元，下下田一，五〇〇元。至每亩减租额究为多少亦不易求其精确，因各该省均尚未办理。据估计减租额常小于免赋额，其有特殊情形而减租额与免赋额相等或大于免赋额者间有之，如此免赋额既常大于减租额，则免赋减租配合进行既能使业主享受免赋之利益，佃农亦能获得减租之优待，此种免赋减租之办法确甚切当。

七、各方对于减租之意见

（甲）政府方面　自奉到二五减租之命令后省方认为确切重要，应切实推行，惟因限于经费与人员遂因之搁浅，县政府则以为奉令太迟，且有其他重大任务，如征购军俘粮等亟待办理，二五减租之推行致不能如限完成，咸盼能改在三十五年度秋收时补办。

（乙）佃农方面　佃农深觉其在战时对国家之贡献甚大，如增加食粮生产，补充战斗兵员等，政府推行二五减租既为酬庸之一种表示，甚盼能切实推行，稍苏其困苦。

（丙）业主方面　业主在战时供给军糈粮秣已尽到最大之努力，政府免赋一年，业主不无欢欣，而二五减租之数额又小于免赋额，故亦表示接受，惟政府征购军俘粮定价与市价相差悬殊，赔累甚夥，因之二五减租之推行或不无影响。

（一）各省对于免赋复二五减租之推行多不明了其意义，遂视同以往之二五减租运动及前土地法规定地租额不得超过耕地正产物全收获量千分之三七五，且院颁命令达省时已超越普通缴租期间甚久，地方政府又复忙于收购军俘粮，致未能如限办理。

（二）湖北省虽拟有减租实施办法，因无决心而搁浅，江西省所拟实施办法亦仅传达各县市而已，浙江省则仅承转此项减租命令,均无积极推行的表现。

(三) 江西省所拟实施办法规定三十四年未减租者统限于三十五年缴租时扣抵,及浙江省党政联席会议议决亦采用三十五年度扣抵办法,实为一种补救良好办法,应切实办理。

(四) 各省租额均高超过土地法法定地租率甚远,故佃农负担甚重。

八、建议

(一) 三十四年度免赋后二五减租一年,各省既未遵办,应规定凡未如期办理者,均限于三十五年度补办完竣,以后不得再为拖延,俾使佃农受到实惠。

(二) 减租额间有因情形特殊超过免赋额者,似应规定"凡减租额大于免赋额者其减租额以免赋额为最高额度",如此可以避免地主因减租额大于免赋额藉口阻挠二五减租之推行。

(三) 行政院原颁二五减租实施办法第一条规定:"凡本年已免田赋省份佃农应缴地租一律照租约或本年约定之数额减四分之一",但如因受不可抗力之损失致歉收时应减之数并计在内,殊不合理,原条似应加以如下之补充:"凡佃耕地因受不可抗力而致歉收时,除按当地习惯议减外,就议减后之实纳数额再减四分之一",以期公允。

(四) 原办法第二条规定县政府于必要时得会同有关机关团体组织佃租委员会裁决租佃纠纷,并强制执行之,据调查各地租佃纠纷多由乡镇公所作初步调解,其不协者始由县处理,故乡镇调解机构极为重要,为求处理纠纷公允起见,似应由乡镇长会同乡镇民代表、乡农会及佃农业主等组织乡镇佃租委员会负责办理,以专责成。

(五) 应由中央有关各部会如社会、农林、粮食等部及地政署等组织督察团分赴各省巡回督察,以期办理彻底。

(六) 二五减租之推行应列为省主席、市县长及乡镇长考绩之一，如此可使地方各级行政人员加以重视，以期其推行普及。

（七）各省租额甚高，免赋后二五减租仅推行一年，今后势应切实依照土地法规定之地租额缴租，并从速举办租佃契约登记。

〔行政院档案〕

3. 国民政府农林部关于粤桂湘三省租佃制度及推行二五减租情形的调查报告

（1946年）

一、调查缘起

二五减租为改善农民生活，发展农村经济，进而实现耕者有其田之政策之一种措施，其议始自民国十五年十月间国民党中央委员及各省区代表联席会议议决之政纲，其中一条规定为减轻佃农田租百分之二十五，此即二五减租之来历。是年开始推行于广东继而推及于湖南、广西、江西、浙江、江苏、湖北等省，然行之较久而为全国人士所熟知者仅浙江一省，其他各省多属昙花一现，甚少实效，徒且二五减租之名而已。民国十九年立法院根据此项决议案制定土地法规，地租不得超过耕地正产物收获总量千分之三百七十五，并于是年公布施行。然而各省能遵照切实推行者亦甚少，抗战军兴，后方各省经中央迭次之督促，乃根据过去推行之经验与土地法规定之原则修订原颁办法，或另行拟订办法，先后分别呈报中央核定施行。用符一面抗战一面建国之最高决策，年来推行虽略见进步，而距离预定之理想仍远，尚须作更进一步之努力。

迨抗战胜利结束，政府深感支持长期抗战贡献最大者决为农民，行政院乃于是年（三十四年）十月二十三日颁布二五减租法令，责成于三十四年度豁免田赋，各省市（包括苏、浙、皖、赣、湘、鄂、粤、桂、豫、晋、绥、冀、鲁、察、热、东北九省及京、沪、平、津、青岛、大连、哈尔滨各省市）应于同年内佃农应缴地租一律照约或本年约定之应缴额减四分之一(即二五减租),三十五年度豁免田赋各省市(包括川、康、滇、贵、闽、陕、甘、宁、青、新各省及重庆市),其减租则于三十五年度办理。此次所颁布之二五减租办法系依据免赋而来,期使业佃双方同沾政府之实惠,自与过去之二五减租运动及土地法所规定之法定租率不同,前者系属临时性质,其时间仅一年,而后者则为经常工作,其推行务须完全达到保障佃农租率合法,以期促进农业生产,改善佃农生活并提高其经济地位,使逐渐取得耕地,达成耕者有其田之农民为鹄的。本部职司是项工作,各省市之办理情形亟待明了,以为今后改善租佃关系之依据。爰举办二五减租调查,此次之调查为配合减租地区分两期进行,第一期为三十五年调查三十四年度减租各省市,第二期为三十六年调查三十五年度减租各省市。调查方法分派员调查与委托调查两种,第一期派员调查区域,计苏、浙、豫、鄂、皖、湘、粤、桂等九省,委托调查区域则举凡三十四年度减租之省市均属之。功奏奉派调查湘桂粤三省,现已调查竣事,谨将调查所得结果编成总报告,留作施政之参考。

二、调查准备及方法

此次调查为求获得圆满结果与达到事半功倍之效能,事前调查人员曾作相当之准备,其准备工作分三方面进行:(1)研讨中央历年来所公布之有关法令及各省颁行关于改善租佃关系之单行法规,并寻求其利弊之所在。(2)搜集有关资料,如各省租佃制度及以往改善租佃关系概况等,无论书刊杂志或报告均尽量搜罗浏览,举凡重要者则分别抄录,务求全般明了。(3)访问熟悉调查省区及对于二五减租富有经验之人士,前者希冀于调查时获得若干便利,后者可使调查人员之参考与学习,期于调查时之困难减少。上列三项准备工作以时间忽促而资料又属匮乏,当难达到预定理想。至于调查方法则信守考察重于想像及情报重于判断之格言,切实调查,务期达成任务,亦分三方面进行:(1)于到达每一调查省区即分别访问有关机关团体人士,说明此次调查之意义与计划,使各方人士之了解而获得协助，尤特别注重主办机关之查询，以期明了全省推行概况，所有有关资料如法令、规章、调查报告、工作报告等项均尽量搜集，藉资查对。（2）每一调查省区之推行概况全般明了后，即与省级主管机关会商选择代表县份作选择调查，于到达每一调查县份亦分别访问该县有关机关团体人士，说明此次调查之意义与计划，使各方人士了解而获得协助，并搜集有关资料以资佐证，于每一县之推行概况全般明了后，即与县级主管机关会商选择代表乡镇保甲作选样调查，尤特别注重于业佃两方之咨询，务求获得确实情形。（3）征求各有关机关团体及社会人士对于推行二五减租之意见，详为纪录，因各方人士之立场不同，所表示之意见必有出入，从此可以明了推行二五减租困难症结之所在，以为改进之参考。以上所举三点乃属调查方法之原则，其详细运用当视当之人地事物情形而或稍有出入，但均依此大原则分别进行。

三、调查地区路线及时间

本年四月十二日由渝乘机，当日抵达汉口，在汉口候车七天，四月十九日乘粤汉路火车离开汉口直达湖南长沙，开始调查湖南省，调查代表县份计有长沙、衡山、衡阳三县及各该县所辖九乡镇，五月二十九日由衡阳乘汽车离湘过桂调查广西省，调查代表县份计有柳州、桂平、苍梧等三县及各该县所辖十二乡镇，七月二十二日由梧州乘轮离桂赴粤调查广东省，调查代表县份计有番禺、南海、顺德等三县及各该县所辖七乡镇，十月十五日由广州乘粤汉路火车至汉口转船南京本部，总计此次调查之地区共三省九县二十八乡镇，在调查期间因值雨季，且本人又患疟疾，时愈时起，致费时颇多，计历时六阅月又十日始克完成任务。

四、分省报告

甲、湖南省

一、调查经过

到达长沙之翌日，即赴省政府接洽，时省政府改组，新旧交替，新任主席又未接任，遂由旧任王主任秘书接见，当即将此次来省调查之意义及办法说明后，一面商请由省政府分知所属各有关厅处局所尽量予以协助，一面咨询该省推行二五减租情形，藉明了概况，前者系用电话分别通知，以节省时间，后者则将办理情形详为见告，颇能尽到协助之责，此项工作系由省政府责成地政局主办，社会处协助推行，故调查之对象特别着重于该两机关，所有关于此种办法及推行概况均由该两机关供给，为彻底明了其推行实况及各方面对于减租之意见，则分别往访其他各有关机关党团首长及社会人士，并出席参加省社处召集之农运工作会报，此次会报特别注重推行二五减租问题之讨论，发表意见者颇为踊跃，结果尚称良好，与租佃有关各种资料系分向省统计室、建设厅、农改所、田粮处等机关搜集，材料虽多属三十一二年者，尚可供参考，省会调查完竣之后则分赴长沙、衡山、衡阳等县作选样调查，其调查进行方法大致与省会方面相同，于每到达一县先行与县政府接洽，一面搜集有关办法资料，一面咨询其推行情形，全县情形明了后即分赴其他有关机关党团人民团体及社会人士访问，务期确实并寻求利弊之所在，至于乡镇之选样调查，则着重于地主与佃农两方之咨询，对于农民之隐情尤特别注意，所得各方人士之意见或报告，均一一记录用作参考。

二、调查结果

(子）二五减租推行概况

行政院三十四年十月二十三日颁布之二五减租法令到省后初交民政厅承办，继民政厅转送各厅处局签注意见，始决定由地政局主办，社会处协助推行。民政厅即依据各机关意见承办府稿，一面分饬各县遵行，一面分知地政局及社会处、地政局于转奉省政府命令后即着手草拟湖南省实施二五减租方案及湖南省二五减租实施办法两草案，并经送由协助推行机关社会处签注意见修正油印，正拟提交省务会议审议通过后呈报中央备案，一面公布施行．因省政府忽奉令改组，此两种草案遂于无形中搁置，致减租工作之进行颇受影响。查上项两种草案之内容均系根据土地法之原则拟订，包括地租标准、管制租佃、保障佃权及实施方法等，颇为详尽，虽与中央最近所颁布之二五减租法令意旨未能符合，对于此次之减租以难适用，但将来经省务会议详加研讨修正通过，当可作为该省改善租佃关系之单行法规，至于各县奉到省政府命令后，截至调查完毕之日止，仅湘西靖县一县遵照原案之规定订定该县减租实施办法，呈请省政府核准施行，但事实上尚未办理，所调查之代表县份如长沙、衡山、衡阳等三县亦均未推行，即准备工作尚未开始，其未推行原因据调查所得计有三点：(1) 因减租命令转发到县后普通缴租时期已过，地租既经收缴不易追减，(2) 各县自光复后大都灾情惨重，三十四年度地主多无租可收，本年春耕又复亢旱，且农民经敌人摧残之后多无耕牛种子，影响耕种殊巨，各县一切措施均以复员救灾为先，故减租工作未能推行，即准备工作亦未遑顾及，(3) 中央所颁布之法令该省政府仅转发各县，如何推动事前并无充分准备与推行办法之订颁，故各县均在观望静候指示，且各县自光复后经费拮据，人员不足，发动此项艰巨工作殊非容易，是以迟迟而未推行。以上乃属未推行之原因，惟在省会方面对于减租工作曾利用报章及集会经过一度热烈之宣传，颇得舆论之拥护，三十五年度补行是项工作当较容易也。

(丑) 土地法法定租率推行概况

在土地法公布之前即民国十五年，该省即根据国民党中央委员及地方党部代表联席会议议决之政纲内减轻佃农田租百分之二五之原则，由党部省政府举行联席会议决定减租办法，其中最主要者为规定佃租额以按正产物之收获总量百分之五十再减百分之二五，凡租额高于此规定者一律照减，不及此规定者依其约定。当时由党部领导发动各县乡镇纷纷组织农民协会，协助推行，时值革命军已平定湖南，革命空气正浓，党员于农运工作不遗余力，而在党权高于政权之情势下，党部之意志甚为坚决，推行亦甚积极，惟因宣传不甚普遍，且系初次实行，障碍殊多，而农民能真正照规定减租者实不多见，成效殊微，复因无精详计划严密办法，大小租之分别、撤佃之限制等项尤无适当之规定，徒多增佃业间之纠纷而已，迨土地法于十九年公布后主持该省政者历年来虽几经变动，而能依照土地法所规定之租率实行减租者殆无一人，即该省关于推行减租办法亦尚未拟订，致全省农民期望政府施行保障佃农减低租额甚为迫切也。

(寅) 扶植自耕农概况

湖南省于三十一年拟具湖南省扶植自耕农暂行办法及湖南省设置自耕农实验办法两种，提经省务会议通过施行，并呈经中央核准备案，其办法之主要内容前者共计十三条，归纳约有四点：

(1) 先择一县至三县试办，俟著有成效再推及于其他各县。(2) 扶植自耕农之土地，规定以公有田土、私有荒地及所有田地较多、地租较重、使用不良或不在地主之土地，皆得依法征收，供创设自耕农之用，但如属私有田土，原所有权人得申请保留一百亩至二百亩。(3) 所征收之土地必要时得于重划或改良后分配农民承领耕种，是项分配土地规定以原自耕农原佃农及出征军人家属之有耕种能力者有优先承领权，其地价由承领人分期缴纳。(4) 扶植自耕农所需资金由省政府向中国农民银行土地金融处洽贷。后者共计三十一条归纳约有五点：(1) 第一条至第九条系规定关于实验区之选择条件及征收办法、地价补偿办法、单位农场面积额度等项。(2) 第十条至第十五条系规定关于农民承领农场之程序，手续条件及地价缴付、赋税缴纳等项。(3) 第十六条至二十一条系规定关于放领土地之业权证状、禁止转租、限制转卖及单位农场之禁止分割与收回重行放领办法等项。(4) 第二十二条至第二十七条系规定关于实验区土地之重划原则、垦殖及改良期限与土地征收整理重划改良所需资金来源等项。(5) 第二十八条至第三十一条系规定关于实验区计划之拟订事项，辅导机关之组织，及行政经费来源等项。上项办法虽经订定，然对于扶植自耕农之工作尚迟迟而未实行，迨至三十三年春始选定长沙县勤耕院及衡阳市酃湖区两地为扶植自耕农实验区，并经分别订定计划开始实施，前者系由省地政局主办，利用湖水淤荒之农地二千市亩作为扶植自耕农之用，此项事业所需经费预计总额为八七七，七五〇元，其中土地重划改良费九五，七五〇元，地价补偿费七八二，〇〇〇元，一切贷款手续业经与中国农民银行长沙分行洽订完竣，正拟进行筹设机构办理，旋因物价高涨，原洽定之贷款额不敷实际开支，因此再行洽商增贷，一面派员进行筹设机构，不料湖北战事忽起，影响所及事乃中止，后者系由衡阳市政府主持，就该区原有农地二万市亩分期征收重划放领，第一期择定湾塘及东家湾一带，面积约六十亩，先行举办此项事业所需经费预计总额为一四，四〇〇，〇〇〇元，其中地价补偿费一四，〇〇〇，〇〇〇元，土地重划改良费四〇〇，〇〇〇元，一切贷款手续业经与中农行衡阳分行洽订完竣，土地之征收手续亦经举办，正拟重划放领中，亦因战事影响，全部业务遂告中断。抗战胜利后，该省对于上列两实验区虽有依照以前计划继续推行之议，然以限于人力、财力之关系尚未开始举办。

(卯)农佃概况

此项调查系搜集该省最近原有调查资料加以研究分析，藉以明了该省之农佃概况兹分两点述之如下：

(1)农地与农户之分布：农地与农户向原实地调查，自难得到准确统计。惟年来政府对于土地陈报及清丈工作与人口调查之举办，颇为积极，其统计数字虽不甚准确，想相差当不甚远，根据湖南省政府统计室最近估计，湖南全省农地面积约三四，四八二，〇一六市亩，其中佃耕地约占总面积百分之四一即一四，一三七，六二七市亩，全省农户总数约三，九七六，四五八户，其中佃农约占百分之四四.三即一，七六一，五七一户，半自耕农约占百分之二九.四即一，一〇九，〇八七户，自耕农约占百分之二六. 三即一，〇五五，八〇八户。兹各县农地及农户分布概况表列如下：

表 1. 湖南省各县农地及农户分布概况

县别＼项目	耕地(市亩)		农户(户)				备注
	总面积	佃耕地%	总户数	佃农%	半自耕农%	自耕农%	
浏阳	675,115	52	114,813	50	30	30	
长沙	1,151,712	62	97,971	43.4	23.3	33.3	
湘潭	1,396,875	51	95,531	40	40	20	
岳阳	604,457	41	78,001	—	—	—	
醴陵	617,425	25	64,588	50	20	30	
湘阴	775,715	42	109,367	—	—	—	
中江	322,907	47	62,995	—	—	—	
临湘	490,000	29	43,057	—	—	—	
衡阳	1,600,000	50	196,299	—	—	—	
衡山	794,345	51	80,999	52.4	35	12.6	
来阳	486,276	—	—	50	45	5	
攸县	550,000	—	—	50	40	10	
茶陵	369,635	51	49,895	30	30	40	
常宁	394,376	43	64,944	60	35	5	
安仁	298,405	24	30,144	35	30	35	
鄠县	60,815	32	17,869	—	—	—	
郴县	354,400	24	45,891	—	—	—	
桂阳	360,000	24	72,914	50	30	20	

续上表

县别＼项目	耕地(市亩)		农户(户)				备注
	总面积	佃耕地%	总户数	佃农%	半自耕农%	自耕农%	
米兴	314,318	—	44,524	—	—	—	
宜章	238,600	37	41,919	43.3	36.7	20	
资兴	235,711	26	32,758	70	15	15	
临武	188,946	36	29,172	20	40	40	
汝城	156,984	41	22,630	55.6	27.7	16.7	
桂东	108,500	59	15,541	48	35	17	
蓝山	205,975	30	25,522	—	—	—	
嘉禾	177,777	9	28,944	13.7	38.8	47.5	
常德	1,506,096	53	68,669	—	—	—	
澧县	1,370,126	19	89,945	20	50	30	
桃源	610,751	—	—	47.2	17.8	35	
石门	301,018	58	40,724	—	—	—	
华容	850,000	49	45,135	—	—	—	
南县	824,238	43	36,043	—	—	—	
慈利	281,756	—	—	5	15	80	
安乡	652,600	63	33,982	—	—	—	
临澧	462,000	—	—	—	—	—	
益阳	1,003,153	—	—	—	—	—	
湘乡	1,200,000	42	107,707	30	40	30	
安化	296,254	—	—	17.5	37.5	45	

续上表

县别 \ 项目	耕地(市亩) 总面积	佃耕地%	农户(户) 总户数	佃农%	半自耕农%	自耕农%	备注
汉寿	855,646	35	61,367	—	—	—	
安宁乡宁	935,163	63	91,990	—	—	—	
沅江	898,799	45	—	—	—	—	
邵阳	1,329,912	32	148,796				
新化	655,687	42	88,699	57.1	32.6	10.3	
武冈	827,390	31	107,205	—	—	—	
新宁	196,429	40	31,306	—	—	—	
城步	121,609	32	16,583	57	25.5	17.5	
零陵	804,567	24	71,962	—	—	—	
祁阳	535,559	26	94,945	38.3	35	26.7	
宁远	270,000	25	62,948	70	15	15	
道县	390,674	21	57,052	—	—	—	
东安	300,000	—	—	—	—	—	
永明	180,000	—	23,158	—	—	—	
江华	132,911	—	—	—	—	—	
新田	183,594	—	—	—	—	—	
永顺	324,404	—	—	65	15	20	
龙山	336,817	—	—	30	20	50	
保靖	45,000	13	21,216	—	—	—	
大庸	162,000	40	18,170	—	—	—	

续上表

县别 \ 项目	耕地(市亩) 总面积	佃耕地%	农户(户) 总户数	佃农%	半自耕农%	自耕农%	备注
桑植	70,700	32	65,310	—	—	—	
古丈	40,000	13	6,735	—	—	—	
沅陵	318,385	24	58,757	—	—	—	
溆浦	308,799	42	35,960	70	20	10	
辰路	293,271	29	18,733	—	—	—	
凤凰	56,630	—	—	60	20	20	
乾城	32,600	42	11,287	—	—	—	
永绥	176,757	16	18,386	—	—	—	
泸溪	107,409	7	15,742	—	—	—	
麻阳	179,590	85	18,796	—	—	—	
会同	198,240	38	20,792	20	20	60	
芷江	360,403	—	—	40	30	30	
绥宁	261,585	26	36,079	—	—	—	
黔阳	237,784	—	—	40	40	20	
晃县	110,252	—	—	20	20	60	
靖县	131,708	30	12,737	—	—	—	
通道	28,000	24	3,922	—	—	—	
怀化	152,645	—	—	—	—	—	
合计	34,482,016	41	3,976,458	44.3	29.4	26.3	

上表各县市之调查统计，农地总面积缺两市共计三四，四八

二,○一六市亩,而佃耕地几占半数为百分之四一,农户种类缺十、七两市,其统计平均数字完全耕种自己土地之自耕农仅占百分之二.六一三,全部租种他人土地之佃农及自有并一部分租种他人之土地之半自耕农合计占总农户百分之七三.七,从此可以说明有农地者多不耕种,而耕种者多无农地,足以反映农村之贫困,欲图发展农村经济,则谋土地合理分配使用尽利,实为首要也。

(2)租佃关系:在湖南省租佃关系是农村社会中之主要关系,其成因第一是由于土地分配之不均,地权集中在少数人之手,使大多数农民不得不在租佃关系下讨生活。其次湖南是个集约经营之地区,在集约经营中,耕种者必须尽劳动之最大强度,因此租佃制度必然成为适宜之制度,湖南农村中农民须佃耕者约在百分之七十以上,在此种普遍租佃关系中,其形成方面大致如下:

(A)租佃契约:普通是协订契约,亦有以口头约定者,租约之期限有定期与不定期两种,不定期中于收获完毕田租缴纳后即可撤佃,或继续佃耕,尚有包租制,普通行于学田、祭田、寺田等公有田租,但不详其数字,至于订立契约者多属不在地主或大地主行之,以有法律之保障小地主或□□地主则多属口头约定,以出入可相见,感情融洽,无虑田租不能收纳,其租佃期限以不定期为多,盖可随时收回自耕或转佃之便利也。

(B)纳租种类:普通分为钱租、谷租及分租三种。惟自抗战以来,一般地主鉴于粮价之高涨与币值之低落,凡以前采用钱租者多改用谷租或分租,即有钱租,实在等于折租之一种,采用分租制不多,仅属荒瘠地区或歉收年度行之,谷租又分硬租与浮租,硬租无论丰歉之年均不增减,行此制度者不多,仅土地肥沃,水源便利,收获有保障之地区行之。浮租在歉收之年均可按歉收程度折减,故行之者甚多也。湖南省农业改进所三十三年调查之结果,钱租占百分之三.八,谷租占百分之七○.五,分租占百分之二五.七。兹将各县纳租种额百分比表列如下:

表2. 湖南省各县纳租种类概况表

县别	钱租%	谷租%	分租%	备注	县别	钱租%	谷租%	分租%	备注
龙山	—	20	80		东安	—	80	20	
湘潭	—	90	10		祁阳	2	87	11	
慈利	—	60	40		中远	—	100	—	
湘县	41	60	—		衡山	1.8	97.6	1.6	
澧县	8	70	30		嘉禾	3.8	61.2	35	
新化	3.6	69.4	27		茶陵	10	65	25	
桃源	—	77.8	21.6		临武	—	50	50	
溆浦	—	50	50		安仁	2.5	70	27.5	
永顺	—	10	90		宜章	1.7	73.3	25	
凤凰	—	—	100		□阳	—	100	—	
永绥	—	60	40		资兴	—	100	—	
芷江	20	60	20		常宁	25	75	—	
安化	5	70	25		汝城	7.7	53.3	40	
会同	5	50	45		桂阳	—	100	—	
长沙	—	98.3	1.7		桂东	6.6	91.7	1.7	
城步	—	—	1.0		全省平均	3.8	70.5	25.7	
浏阳	10	70	20						

(C)纳租数量之高低、普通常视土地之肥瘠，水旱之情形与人口之疏密程度而定，其土地肥沃、水源便利而人口密集之地区租额常高，因竞争租佃且收获有保障故也，反之则低，到处皆然。湖南省之一般纳租数量根据湖南省农业改进所三十二年调查之结果，钱租方面：水田每亩平均普通为四二八元，最高为五五二元，最低为三四五元。平原旱田每亩平均普通为三〇七元，最高为四七〇元，

最低为一九四元。山坡旱田每亩平均普通为一六六元，最高为二八四元，最低为一一五元。谷租方面：水田每亩平均普通为二二三市斤，最高为二八七市斤，最低为一八四市斤。平原旱田每亩平均普通为一六六市斤，最高为二〇七市斤，最低为一三一市斤。山坡旱田每亩平均普通为一四二市斤，最高为一七四市斤，最低为一一五市斤。分租方面：水田每亩平均普通为百分之五二，最高为百分之五七，最低为百分之四九。平原旱田每亩平均普通为百分之四七，最高百分之四九，最低为百分之四六。山坡旱田每亩平均普通为百分之四五，最高为百分之四九，最低为百分之四三。兹将各县纳租数量表列如下：

表3. 湖南省各县纳租数量表

（一）钱租　（单位：国币元）

县别	水田			平原旱田			山坡旱田			备注
	最高	最低	普通	最高	最低	普通	最高	最低	普通	
安化	—	—	—	800	500	600	—	—	—	
长沙	600	480	540	150	50	100	100	20	50	
湘潭	60	40	50	60	40	50	50	35	40	
湘乡	400	150	200	400	100	150	300	100	150	
新化	250	100	200	—	—	—	—	—	—	
衡山	390	234	320	200	100	150	100	50	70	
茶陵	270	195	240	—	—	—	—	—	—	
安仁	1,100	550	675	800	200	300	400	100	200	
常宁	—	—	—	20	10	15	15	5	10	
嘉禾	500	300	400	400	200	300	300	180	250	
宜章	1,200	800	900	800	500	700	600	400	500	

续上表

县别	水田			平原旱田			山坡旱田			备注
	最高	最低	普通	最高	最低	普通	最高	最低	普通	
汝城	705	471	585	755	334	450	420	222	299	
桂东	600	500	600	600	100	560	560	40	100	
平均	552	345	428	470	194	307	284	115	160	

（二）谷租（市斤）

县别	水田			平原旱田			山坡旱田			备注
	最高	最低	普通	最高	最低	普通	最高	最低	普通	
安化	280	210	238	240	192	216	216	180	192	
长沙	263	191	253	70	45	60	135	75	110	
浏阳	238	162	216	162	54	118	—	—	—	
醴陵	431	216	270	324	216	276	216	162	195	
湘潭	238	151	168	227	135	181	189	151	168	
湘乡	432	324	375	345	215	315	375	215	315	
新化	385	207	278	315	93	154	171	73	116	
溆浦	227	162	216	—	—	—	—	—	—	
芷江	216	157	162	—	—	—	—	—	—	
晃县	248	150	185	140	128	130	130	125	128	
黔阳	269	206	225	205	144	162	162	129	140	
会同	480	280	300	300	200	250	200	100	150	
新宁	270	150	250	—	—	—	—	—	—	
东安	270	124	227	216	162	183	194	129	163	

续上表

县别	水田			平原旱田			山坡旱田			备注
	最高	最低	普通	最高	最低	普通	最高	最低	普通	
祁阳	292	189	232	216	94	158	162	308	129	
衡山	269	159	232	120	76	103	118	87	101	
茶陵	200	150	180	182	151	172	172	130	151	
安仁	307	169	187	270	80	108	108	50	70	
来阳	160	100	140	140	80	120	120	60	162	
常宁	324	194	216	—	—	—	—	—	—	
桂阳	300	200	250	250	150	200	150	60	100	
宁远	265	200	215	160	90	90	—	—	—	
嘉禾	300	180	233	—	—	—	—	—	—	
临武	300	250	200	250	180	200	250	180	200	
宜章	240	180	200	160	120	140	120	90	100	
永兴	240	165	180	180	150	185	180	100	150	
汝城	258	173	215	207	120	168	160	80	925	
桂东	250	150	190	180	150	150	130	100	110	
平均	287	184	223	207	131	166	174	115	142	

（三）分租 （%）

县别	水田			平原旱田			山坡旱田			备注
	最高	最低	普通	最高	最低	普通	最高	最低	普通	
安化	70	50	60	60	50	55	60	40	50	
新化	58	50	54	48	35	39.5	43	40	40	
溆浦	50	40	50	—	—	—	—	—	—	

续上表

县别	水田			平原旱田			山坡旱田			备注
	最高	最低	普通	最高	最低	普通	最高	最低	普通	
凤凰	50	50	50	50	50	50	50	50	50	
芷江	—	—	—	50	50	50	—	—	—	
晃县	60	50	50	60	50	50	50	50	50	
黔阳	50	50	50	50	50	50	50	50	50	
会同	60	48	50	50	50	50	50	50	50	
城步	60	45	50	—	—	—	—	—	—	
新宁	50	40	50	—	—	—	—	—	—	
祁阳	50	50	50	50	50	50	50	50	50	
衡山	65	40	55	50	50	50	50	50	50	
茶陵	50	50	50	50	50	50	50	50	50	
安仁	57	50	50	50	40	45	50	50	50	
常宁	60	30	40	—	—	—	—	—	—	
桂阳	60	45	50	50	35	40	40	20	30	
宁远	50	50	50	50	50	50	50	50	50	
嘉禾	53	43	43	50	35	45	45	40	40	
临武	50	50	50	50	50	50	—	—	—	
宜章	60	60	60	60	60	60	60	60	60	
永兴	75	60	70	—	—	—	—	—	—	
汝城	60	42.5	52.5	52.5	35	45	45	27.5	37.5	
桂东	60	40	50	50	30	40	40	20	30	
平均	57	49	52	49	46	47	49	43	45	

上表之统计数字系该省农业改进所举办之调查，并经一番分析统计，虽未臻于准确，但此次调查在谷租、分租两项曾经抽样调

查，比对相差并不甚远大，足以凭信。不过上表之调查乃系根据一般租额估计而来，其租额之高低尚有业主是否供给佃农耕牛、肥料、种子等生产工具而有差异，倘业主有生产工具供给佃农者，租额常高，否则较低。业主供给佃农生产工具现象各县均有，但不甚普遍，而接受业主供给生产工具者以贫困之佃农为多，盖出于不得已而加重此种负担也，又农田正产物（稻谷）平均每亩每造之总产量上等田约计四五〇市斤，中等田约计三五〇市斤，下等田约计二七〇市斤，兹将长沙、衡山、衡阳三县之正产物（稻谷）产量概况表如下：

表 4. 湖南省长沙、衡山、衡阳三县正产物平均每亩产量估计表

县别 \ 产量（市斤） \ 田地等级	上　等	中　等	下　等	备　注
长　沙	450	350	260	
衡　山	450	350	280	
衡　阳	450	350	270	
平　均	450	350	270	

从上表(3)租额与上表(4)产量两相比较，租额之高已足惊人，况尚有其他之剥削，无怪大多数之佃农一年到头手胼足胝，难得饱暖，其经济亦日趋衰落也。

(D)押租制度：在湖南省颇为盛行，尤以滨湖一带为甚，租田之究非有押租缴纳必难租进耕地，除小地及在乡地主多不收取押租外，一般情形大都如此，押租之收取在战前多属现金，近年来由于物价之高涨与币值之低落，地主唯恐原来所缴之现金押租不能抵偿佃农不能缴足之租额之意外损失，为防除此种意外，计故改现金为实物，而且增加押租额。根据调查所得，战前普通系按粮价及租额计算约收五分之一之现金，现在之押租普通则约占约定地租三分之一（即约定地租三担收押租一担），甚有高至二分之一者（即

约定地租三担收押租一担五斗),此种现象在战时因为变乱无常更为普遍,地主对佃农起此苛例,实属不合理之极,所以贫困之佃农因为无法筹借押租,往往不能租进耕地耕种而流为雇农,或趋向都市雇工为生者农村中颇为普遍。

从湖南省一般农佃概况观察可以明了土地不合理分配与其使用矛盾,致造成生产退化,农村贫困之现象也。

乙、广西省

(一)调查经过

在湖南省调查完竣之后,即赶程至广西省,于到达该省省会所在地之桂林市,即赴省政府拜见该省政府主席王〔黄〕旭初先生,将此次来省调查之意见与办法说明后,一面商请转知有关厅处局予以协助,一面咨询关于二五减租之推行情形,承一一见告,殊为周详。省府主席中能清晰其本省所推行之工作如黄主席者实不多见,此项工作系由地政局主办,其他有关机关亦负协助推动之责,故调查对象特别着重于地政局,所有关于推行减租工作及扶植自耕农工作之资料多为地政局所供给,复分访其他各有关机关党团首长及社会人士,以期获得各方对于推行减租工作之意见,社会处召集之农运工作会报承邀列席参加,关于推行二五减租工作亦曾讨论于出席此会报中,获得各方报告之资料颇多,对于调查工作裨益不少,当时适贵县忻城等县长来桂林,亦曾分访询问,一切至于与此次调查有关各种资料,系分向省统计室农管处、田粮管理处等机关搜集,以供参考。在省会调查完竣之后,则赴柳江转桂平,过苍梧等三县调查,并于每县选择二三乡镇作实地调查,以期获得确实情形,所得结果以及各方意见均经整理完毕,编成报告寄部。

(二)调查结果

(子)二五减租推行概况

广西省政府于奉到行政院三十四年十月间所颁发之二五减租

法令后，即发交地政局遵照该项办法并参酌该省实际情形另行拟订实施办法送请有关厅处签注意见，汇集整理然后提经省务会议通过施行，并于三十四年十一月间连同行政院所颁布之二五减租法令一并通令各县市局遵照实施。该办法之主要内容为：(1) 本年佃农应缴地租照正产物收获总额以千分之三七五计算后再减四分之一。(2) 佃农在本年已照原约定租额缴纳者得于明年在应缴租额内扣出本年减租数额。(3) 如因不可抗力致正产物收获总额减少时，应就其实收数字按照法定租率千分之三七五计算本年应缴租额后再减四分之一。(4) 各县市局未推行土地法耕地租用条款实施办法换定新约者，应合并办理。(5) 各县市局应成立租佃委员会专司裁决租佃纠纷，其不服者由县政府强制执行。(6) 各县市局应认真办理减租，各区署应就近督导，并由县市局布告周知各县市局，于奉到上项法令以地租收缴时期已过，但各市局多正在光复复员，救济工作急待举办，是以呈经省政府核准，俟至三十五年度连同换订新约及照约减租工作合并办理，各县市局对于是项工作虽在积极进行中，惟省政府方面尚恐推行未能彻底，除会同省党部发动新闻界扩大宣传外，并迭令督促限期未举办换订新约之县市局一律于秋收以前办理完成，同时照约切实推行二五减租省政府复拟组织督导队，将于秋收前落乡巡回督导考察，务期切实其执行，如此严厉本年补办当能普遍彻底也。

(丑) 土地法法定地租率推行概况

自民国十五年冬中央及地方党部代表联席会议议决通过之政纲内减轻佃农田租百分之二五颁布之后，广西省便依照此原则开始推行减租工作，因此引起地主与佃农之冲突，当时各县曾发生不少之纠纷，但因为耕地缺乏佃农竞争之结果(例如佃农甲根据条例向地主减租，佃农乙则愿照原额承佃)，致一般佃农逐渐软化，政府亦以推行困难，不久此项工作遂告停顿。迨土地法颁布施行后，广西省复根据耕地租用章先后订定或修正耕地租用暂行条例实施办法公布实施，二十七年再加以补充便臻于完善。但终因县级政府执行不力，亦鲜成效，二十八年冬又根据过去推行经验及该省实际环境重新订定土地法耕地租用条款实施办法公布施行，此后关于护农减租工作，悉依照此项办法办理，其办法共三十四条，内容包括法定租额（不得超过正产物收获总额千分之三七五）、禁止预租、押租及其他苛例，限制撤佃、纠纷仲裁、灾欠减免、租约程式、执行方法等项颇为周详，同年并订定乡镇村街推行委员会组织章程，分饬各县市局依照组织各级推行委员会协助推行，时值抗战已进入严重阶段，虽积极办理，不无困难，嗣战局稳定，再增订补充办法并限于三十二年起至三十四年止，各县市局之换订新约及照约减租工作一律普遍完成。惟各县市局大都推行不力，而各级推行委员会之组织亦属寥寥无几，且欠健全，成效殊微。三十三年下半年复以战事影响，更陷于停顿，至三十四年始限令未经沦陷之桂西廿五县于是年彻底办理完成，并一面函请省党部转饬各县党部发动普遍宣传，以资协助，一面于是年六月间择定乐业县为实验县，办理换订新约及照约减租工作。当时省政府指派秘书科长等六人会同县派人员逐乡逐村督导办理，约历时一月，全县工作普遍完成。旋根据该县工作经验，编订推行耕地租用条款工作程序，发交各县参照办理，并派员分赴各县与县政府、县党部、县参议会等机关交换工作意见及召开乡镇长会议，决定工作进行办法，后由省督导人员率领县乡级工作人员先择一二村办理，以作示范，然后分别下乡逐村办理，此项工作已到达积极推行时期，至调查完毕之日止，各县先后将办理经过情形呈报到省者已达二十二县，换订新约共计一一，四六三户，租佃期限分定期与不定期两种，定期者占百分之六八.七四，不定期者占百分之三一.二六，租约及租约登记簿等均系由省政府订定统一格式，分发各县市局印发应用，以昭划一，兹将各县换订租约概况表列于下：

表5. 广西省各县市换订租约概况表

县别	年份	换订租约户数(佃农)	租佃期限		备注
			定期%	不定期%	
乐业	34	848	24.41	75.59	(一)换约未完之县份继续办理呈报中 (二)租约期限百分数系就已换约之数量计算
天峨	34	36	100	—	
东兰	34	40.9	100	—	
凌云	34	1,102	88.75	4.25	
田阳	34	494	68.42	31.68	
西林	35	404	7.42	92.58	
崇善	34	186	94.08	5.92	
凤山	34	399	10.02	89.98	
向都	34	9	100	—	
敬德	34	3	100	—	
镇结	34	46	100	—	
都安	34	4,649	12.6	87.4	
百色	34	57	100	—	
平治	34	810	3.83	16.17	
田东	34	222	100	—	
田西	34	1,016	3.54	96.46	
扶南	34	117	100	—	
那马	35	25	12	88	
龙茗	35	176	100	—	
河池	35	55	87.27	12.73	
隆山	35	63	100	—	
榴江	35	287	100	—	
合计		11,463	68.74	31.26	

至于其余未换订新租约各县市局均正在加紧推行中,其中荔浦等四十二县已呈报到省,业经开始办理,又省政府于本年三月间订定广西省各县市局推行耕地租用法令工作竞赛办法,分饬遵照施行,用增工作效率,同时拟组织督导团,于秋收前分赴各县巡回督导考察,务期换订租约及照约减租两事普遍彻底完成,该省推行此项工作如此积极认真,不久之将来当必有良好成绩表现,足资为他省借镜。

(寅)扶植自耕农概况

广西省于三十一年九月间订定广西省扶植自耕农实验办法公布施行,该办法共计二十九条,其内容包括实验县区土地征收放领条件及程序,土地重划改良及单位农场之规划方法、地价补偿、赋税缴纳、产权凭证与推行方法等,颇为详尽。是项办法系于三十二年开始实验,并订有实验计划,其计划原预定于是年度在全县郁林、桂平等三县各征收农地二,五〇〇市亩,三县共征收七,五〇〇市亩,创设自耕农二五〇户,嗣工作实施后,以实验地形之限制,全县之办理面积为三,八五三市亩,郁林县为二,六五九市亩,桂平县则为四,〇〇〇市亩,桂平县实验区以佛边村土地不合条件,剔出一,九七六市亩,各该县经过地籍整理完成后,即办理土地征收重划、核定业户、申请免征及农户请领等工作,结果除核准免征土地外,实征面积计全县三三〇户,郁林三〇三户,桂平县九七户,中农行贷放补偿地价总额共计国币一七,五一一,〇〇〇元,计全县一〇,七八九,〇〇〇元,郁林四,四三一,〇〇〇元,桂平二,三〇二,〇〇〇元,此项工作自三十二年二月间开始至三十三年秋始告全部完成,其地价补偿除少数地主迟未具领,后因战事疏散农行他迁未能结束外,余均达到预定程度,兹将三十二年度办理全县、郁林、桂平三县扶植自耕农业务成绩概况表列如下:

表6. 广西省全县郁林桂平三县扶植自耕农业务概况表

县别	实验区别	所在地	实验区总面积（市亩）	实际征收面积（市亩）	创设自耕农户数（户）	借款数额（元）	备注
全县	第一区	四维乡青沈村	1,242	824	106	3,446,000	
	第二区	白沙乡沿河村	2,611	1,664	224	7,343,000	
郁林	第一区	大塘乡南流村	2,659	2,113	303	4,431,000	
桂平	第一区	油麻乡北佛村	1,976	1,123	97	2,302,000	
合计	—	—	8,488	5,724	730	17,512,000	

查上列各农户经扶植成为自耕农之后以粮价继续上涨，其生活不特较未扶植之前为丰裕，且多有余粮出售。

三十三年度此项工作该省仍计划在该三县继续扩大实施，每县办理面积除免征者外，预定为实征三，五〇〇市亩，三县共征一〇，五〇〇市亩，创设自耕农户三五〇户，正在开始办理土地征收手续。嗣以战事蔓延，乃通令缓办，抗战胜利仍拟依照以前计划办理，用竟全功。嗣因奉行政院令饬缓办，于是乃改办乙种扶植自耕农工作，并经与中农行桂林分行洽定全县扶植自耕农乙种放款原则决定，贷放国币一亿元，将于秋间开始办理贷放工作，桂平、郁林两县之乙种扶植自耕农放款亦正在洽商中，一俟决定即开始贷放，使已扶植成为自耕农之农民不再沦为佃农，即现为佃农使逐渐取得耕地而变为自耕农，务期实现耕者有其田之政策。

（卯）农佃概况

农佃问题之发生，其形成之最主要原因决为土地分配不均与农村人口逐渐繁衍而无出路所致，欲解决此一问题而谋整个农业生产之进步，须先明了其实况，以寻求问题症结之所在，始能解决。现将调查所得分两点说明如下：

（1）农地与农户之分布：广西全省大都是山丘起伏，大片平原极少，故早有山国之称，从其自然环境当可以推想到其农民生活贫苦之程度。根据调查所得，全省土地面积总计约三二八，三八五，二五〇市亩，耕地面积总计约二四，六六二，六四五市亩，佃耕地面积约占百分之四〇即九，八六五，六五八市亩，可耕地面积总计约五，五二九，〇八六市亩。全省农户总数约计二，二七九，二四八户，其中佃农约占百分之二九即六六〇，九八二户，半自耕农约占百分之二四即五四七，〇二〇户，自耕农约占百分之四七即一，〇七一，二四六户。兹将各县农地及农户分布概况表列如下：

表 7. 广西省各县农地及农户分布概况表

项目 县别	农地（市亩）		农户（户）				备注
	耕地 总面积	可耕地 总面积	总农户	自耕农 %	半自耕 农%	佃农 %	
桂林	—	—	—	52	38	12	
临桂	620,578	—	46,765	60	25	15	
义宁	84,289	19	8,577	37	33	30	
灵川	241,432	25	21,471	39	37	24	
龙胜	75,403	—	13,099	37	23	40	
兴安	214,260	—	24,320	45	25	30	
资源	96,688	—	9,516	21	19	60	
全县	606,197	1,267	58,914	6	10	84	
灌阳	192,937	160,718	22,049	71	24	4.5	
恭城	236,358	2,437	19,460	26	20	54	
富川	254,498	586	16,809	55	27	18	
钟山	361,117	4,172	28,583	51	17	32	
平乐	443,075	5,694	24,539	19	36	45	

续上表

县别＼项目	农地（市亩）		农户（户）				备注
	耕地总面积	可耕地总面积	总农户	自耕农%	半自耕农%	佃农%	
阳朔	252,750	10,365	19,474	23	20	57	
永福	134,791	494	10,306	23	25	52	
榴江	141,565	—	7,526	45	15	40	
荔浦	221,363	14,330	20,464	22	22	56	
脩江	122,165	20,710	10,297	20	40	40	
蒙山	152,070	2,023	14,689	24	14	62	
昭平	19,706	2,250	21,641	6	24	70	
贺县	536,136	2,664	41,322	20	20	60	
恒集	503,160	1,948,124	53,680	13	21	66	
信都	294,860	268	8,511	11	24	65	
苍梧	387,879	11,996	52,319	21	28	51	
藤县	324,350	55,460	62,263	5	18	77	
岑溪	193,473	883	29,895	39	31	30	
容县	245,500	230	44,568	14	29	57	
平南	560,866	40,854	57,297	23	17	60	
桂平	969,462	12,898	80,657	31	39	30	
北流	426,023	6,603	54,970	12	25	63	
陆川	320,000	—	43,945	12	30	58	
博田	710,541	3,083	65,284	18	20	62	
玉林	722,823	854,464	65,799	4	28	68	

续上表

县别＼项目	农地（市亩）		农户（户）				备注
	耕地总面积	可耕地总面积	总农户	自耕农%	半自耕农%	佃农%	
兴业	229,139	7,970	19,414	36	35	29	
贵县	1,285,293	531,775	71,374	48	40	12	
横县	560,152	74,624	47,556	55	36	9	
永淳	423,332	1,255	26,967	71	13	16	
宾阳	514,033	57,274	40,988	44	36	20	
迁江	321,032	22,057	15,317	63	17	23	
来宾	283,986	14,717	18,178	55	20	25	
武宣	299,275	6,116	19,311	33	30	37	
象县	322,888	14,122	24,814	33	30	37	
柳江	447,132	11,231	29,812	50	20	30	
忻城	151,028	1,774	19,186	46	31	23	
宜山	642,386	20,058	55,801	55	25	20	
雒容	195,614	1,404	7,933	23	18	59	
中渡	77,807	177	5,558	22	28	50	
百寿	105,887	301	10,987	79	9	12	
三江	171,118	1,175	22,512	60	25	15	
融县	410,912	134,609	31,089	22	34	44	
罗城	241,598	385	18,434	54	22	24	
宜北	194,547		5,739	78	16	6	
天河	120,125	49,512	13,331	75	14	11	

续上表

县别＼项目	农地（市亩）		农户（户）				备注
	耕地总面积	可耕地总面积	总农户	自耕农%	半自耕农%	佃农%	
思恩	206,849	120	19,762	83	10	7	
南丹	171,834	379,992	17,292	24	55	21	
河池	156,329	44,218	20,228	57	32	11	
东兰	54,331	3,024	19,180	58	16	26	
都安	334,961	284,531	38,772	17	74	9	
平治	100,934	17,628	12,494	55	19	26	
那马	40,043	4,722	10,681	73	16	11	
隆山	168,636	19,508	15,398	53	8	39	
上林	451,971	7,314	30,179	43	43	14	
武鸣	482,847	109,031	38,925	69	19	12	
邕宁	718,447		63,985	61	20	12	
扶南	92,961	8,436	9,669	93	6	1	
绥渌	89,024	4,452	6,431	87	11	2	
上思	136,491	24,615	13,334	72	18	10	
思乐	57,691	7,285	6,598	87	8	5	
崇善	91,636	6,612	8,235	59	16	25	
明江	60,774	2,904	5,198	84	8	8	
宁明	77,806	4,802	3,881	34	33	33	
凭祥	39,527	8,158	4,167	30	40	30	
龙津	79,688	27,281	11,126	65	25	10	

续上表

项目 县别	农地（市亩）		农户（户）				备注
	耕地总面积	可耕地总面积	总农户	自耕农%	半自耕农%	佃农%	
上金	63,506	3,322	7,812	67	18	15	
雷平	115,205	9,541	12,408	68	22	10	
左县	29,947	3,479	3,334	87	3	10	
同正	60,277	6,929	7,600	57	29	14	
养利	73,549	2,725	5,467	81	12	7	
万承	61,627	11,408	6,572	59	31	10	
隆安	177,586	53,504	15,148	49	31	20	
果德	49,887	15,469	9,114	74	13	13	
镇结	170,068	—	14,130	87	8	5	
龙茗	122,460	8,659	11,163	92	6	2	
向都	117,988	4,827	16,901	88	9	3	
天保	186,077	61,812	26,205	74	13	13	
靖西	338,171	24,677	36,431	60	14	26	
镇边	87,925	44,844	13,376	50	23	27	
敬德	50,924	16,390	11,885	47	40	13	
田阳	179,722	7,965	21,437	66	23	11	
田东	209,642	33,220	18,686	86	10	4	
万冈	137,126	8,659	15,612	52	24	24	
百色	188,315	95,275	17,029	80	13	7	
凌云	65,045	9,073	10,355	28	25	47	

续上表

县别 \ 项目	农地(市亩)		农户(户)				备注
	耕地总面积	可耕地总面积	总农户	自耕农%	半自耕农%	佃农%	
凤山	43,782	16,399	10,653	32	47	21	
天峨	69,872	1,777	6,939	20	60	20	
乐业	51,125	2,895	9,135	33	50	17	
田西	71,071	2,808	7,431	64	18	18	
西林	96,695	12,191	10,078	30	30	40	
西隆	150,210	16,270	14,464	47	36	14	
合计	24,662,645	5,529,086	2,279,248				
平均				47	24	29	

从上表观察,耕地面积为二四,六六二,六四五市亩,总农户为二,二七九,二四八户,此项数字之调查估计如果准确,则每户仅分得农地十市亩上下,而佃农所租进之耕地据调查所得每户大都在六亩左右,与十亩之距离尚远。该省土地除郁寻(即西江)流域外,大都浇瘠,尤以桂北各县为甚,且天久不雨旱害立见,西江流域之土地虽较肥沃,夏秋之间潦水泛滥,常受水灾,农民每户分得土地如此之少,自难维持一家数口之温饱,况佃农所得以使用之耕地尤少复受租佃关系之剥削,其贫困之现象当不言而喻。观察广西一般农村中劳役工资之低廉亦可象征劳力无出路与农村之衰落,根据上表之调查估计,可耕地面积约计有五,五二九,〇八六市亩,此项可耕地系包括宅地、山地、荡地等在内,且零片散布于各县,倘治安安定,水利兴修,则大都可以开发利用,耕地不足之问题当可获得相当之解决,所以广西省政府年来对于放垦荒地以增加生产改善农民生活甚为重视,并且列为各县行政中心工作之一,但省府以人

力财力之关系，未能先将土地加以改良，而人民过于贫困，无力领垦，故收效甚微。

广西省自耕农约占总农户半数为百分之四七，自耕农如此之多乃该省系农业省区，人民无其他出路，多以耕种为主，不愿将所赖以生存之土地随便放弃，致陷生活于绝境。桂西、桂北各县土地较为浇瘠，地价低廉，自耕农特多，沿西江流域一带土地较为肥沃，商业繁盛，商业资本雄厚，且转投于土地之风较盛，地价高昂，贫农实难购进土地，即原系自耕农民，每遇灾歉之年，亦难保持其土地，逐渐出卖，而沦为佃农。因此自耕农有逐渐减少而佃农逐渐增加之趋向也。

（2）租佃关系：租佃关系是随土地私有制度而形成，所谓富者田连阡陌，贫者地无立锥，此足以说明土地集中之趋向，凡属农民在此恶劣之租佃关系下，谁都不愿做佃农，因为要受高额地租之掠夺，但广西以耕地缺乏与土地集中之缘故，能获得土地利用已算幸福，尚有一部分农民正在嚷着有力无窝庠即指有力气而无土地耕种之意思，广西省之佃农约占总农户百分之二九，其耕地不足须向他人租佃一部分之半自耕农约占百分之二四，两者共计约占百分之五三，雇地主与佃农之分数愈高，则租佃关系益形复杂，而土地之需要亦愈甚，佃农因需要耕地而竞争，于是地主即利用其弱点将租额逐渐提高，佃农使用权之获取不得不接受地主苛酷之条件，而佃农之经济必日益衰落。语云“借牛耕租田种罢便还天”，盖深言其劳而无所获也，广西之一般佃农其庶几近矣。兹将其租佃关系分述如下：

（A）租佃契约：为业佃双方在法律上之一种保障，但广西省农村中之租佃习惯多重信用，甚少订立租约，以往固如此，现在亦是如此，除大地主及不在地主对于租约较为重视，于租佃时须先订立租约外，其余乡居小地主多是文盲，素重记忆而忽于文字之记载，故大多是口头之约定，由双方当面议定租额及租佃期限，即行或仅登记于地主之租簿中用作凭证，即有租约之订立，亦极简单，寥寥数字且无一定格式，故租约手续极为简单草率。此次该省推行耕地租用工作，始由省政府订定统一格式印发应用，并运用政治力量督促办理，以作保障佃农之根据，且可杜绝纠纷。

(B) 纳租种类：广西省与其他各省大致相同，普通分为谷租、分租及钱租三种，根据广西省农管处三十一年调查之结果，三种纳租种额中以分租所占之比例最大，为百分之五十，盖广西沿河一带地区多属水涨易遭淹没，水退则难以灌溉，其他地区又多属浇瘠而且易患旱灾，收获难得保障，故行分租者为多，乃分租有伸缩性之谷种也。次为谷租，占百分之四二，谷租之中又有软性硬性之别，硬性者不论年时丰歉，地主不能任意增加，租额佃农亦不能请求减少，租额为绝对之定额，谷租软性者较有弹性，若遇年时荒歉，佃农有报减租额之可能，故后者较前者为通行。采用钱租者甚少，仅占百分之八，钱租亦为定额租之一种，无随时任意加租之可能，故年来地主已甚少采用，以免粮价之高涨而蒙受损失也。兹将各县纳租种额百分比表列如下：

表 8. 广西省各县纳租种类概况表

县(市)别	分租%	谷租%	钱租%	备注	县(市)别	分租%	谷租%	钱租%	备注
桂林	—	75	25		龙胜	92	8	—	
来宾	90	—	10		忻城	75	25	—	
临桂	30	70	—		兴安	100	—	—	
武宣	22	78	—		宜山	75	18	7	
义宁	33	52	15		资源	34	12	54	
象县	92	—	8		柳城	58	40	2	
灵川	16	66	18		全县	27	55	18	
柳江	100	—	—		雒容	80	20	—	

续上表

县(市)别	分租%	谷租%	钱租%	备注	县(市)别	分租%	谷租%	钱租%	备注
灌阳	23	55	22		昭平	44	52	4	
中渡	50	50	—		都安	71	25	4	
恭城	34	40	26		贺县	—	100	—	
百寿	77	5	18		平治	66	17	17	
富川	60	33	7		怀集	8	92	—	
三江	60	40	—		那马	33	52	15	
钟山	51	45	4		信都	31	56	13	
融□	38	57	5		隆山	65	30	5	
干乐	34	47	19		苍梧	64	32	4	
罗城	68	29	3		上林	64	16	20	
阳朔	13	85	2		藤县	53	40	7	
宜□	83	17	—		武鸣	30	16	54	
永福	—	75	25		岑溪	70	29	1	
天河	94	—	6		邕宁	54	38	8	
榴江	30	70	—		容县	43	57	—	
思恩	63	30	7		扶南	67	33	—	
荔浦	—	75	25		平南	25	72	3	
南丹	69	31	—		绥绿	50	50	—	
修江	10	90	—		桂平	50	50	—	
河池	93	7	—		上思	42	48	10	
蒙山	19	78	3		北流	5	93	2	
东兰	67	33	—		思乐	22	76	2	

续上表

县(市)别	分租%	谷租%	钱租%	备注	县(市)别	分租%	谷租%	钱租%	备注
陆川	3	97	—		果德	80	17	3	
崇善	100	—	—		镇结	78	22	—	
博白	—	96	4		龙茗	31	41	28	
明江	2	98	—		向都	72	13	15	
玉林	33	66	1		天保	60	35	5	
宁明	10	25	65		靖西	100	—	—	
兴业	44	48	8		镇边	45	47	8	
恩祥	68	25	7		敬德	91	9	—	
贵县	20	80	—		田阳	90	10	—	
龙津	70	23	7		田东	76	16	8	
横县	1	96	3		万冈	68	16	16	
上金	68	17	15		百色	65	35	—	
永淳	31	69	—		凌云	43	57	—	
雷平	51	38	11		凤山	65	22	13	
宾阳	7	90	3		天峨	100	—	—	
左县	25	30	45		乐业	100	—	—	
迁江	57	38	5		田西	73	21	6	
同正	29	54	17		西林	30	70	—	
养利	19	55	26		西隆	100	—	—	
万承	66	28	6		全省平均	50	42	8	
隆安	50	42	8						

(C)纳租数量之高低直接关系佃农之生活，间接关系农业生

产之改进，农村经济之兴衰，此一问题为改善租佃关系中之一焦点。故土地法耕地租用条款中有法定租额之规定，实非无因也。广西省因各地自然环境与社会环境之不同，其租额之高低有甚大之分野，根据广西省农管处三十一年之调查结果，分租方面行对分之地，最多主六佃四，主四佃六之情形次之，依田地种类言之，水田之分租率为百分之四六（地主所得），平原旱地为百分之四一，山坡旱地为百分之三六，是水田之分租率最高，平原旱地次之，山坡旱地浇瘠仅能种植杂粮作物，收益有限，租率亦最低，仅百分之三六，实较法定地租（千分之三七五）尤低千分之一五。谷租方面水田每市亩平均为稻如一，六四六市斤，普通在二〇〇市斤左右，最高为二五〇市斤，平原、旱地、山坡旱地多系种植陆稻或杂粮，即以之缴纳地租平均平原旱地缴稻谷者每亩约四六市斤，缴玉米者约七〇市斤，缴大豆者约二六市斤，缴红薯者约一三三市斤，平均山坡旱地缴玉米者每市亩约四〇市斤，缴红薯者约八〇市斤，缴大豆者约一二市斤。钱租方面在三十一年水田每亩以百元左右之租率为最高，此乃折租之一种，现以粮价高涨币值低落，已无地主采用。兹将各县纳租数量表列如下：

表9. 广西省各县纳租数量表

县(市)别	分租%			钱租(元)			谷租(市斤)		备注
	水田	平原旱地	山坡旱地	水田	平原旱地	山坡旱地	水田	平原旱地	
□均	46	41	36	105	50	20	164	46	山坡旱地无用谷租者
桂林	—	—	—	90	—	—	100	—	
临桂	50	40	20	—	—	—	130	—	
义宁	50	50	50	102	16	12	100	60	
灵川	45	40	—	—	25	15	92	—	

续上表

县(市)别	分租%			钱租(元)			谷租(市斤)		备注
	水田	平原旱地	山坡旱地	水田	平原旱地	山坡旱地	水田	平原旱地	
龙胜	44	41	40	—	—	—	90	—	
兴安	40	40	40	—	—	—	—	—	
资源	37	31	27	95	45	30	147	—	
全县	35	35	—	120	34	—	136	66	
□□	50	—	—	—	25	13	136	—	
恭城	50	30	20	—	30	25	142	—	
富川	48	38	35	—	27	15	98	—	
钟山	44	—	—	180	28	16	197	90	
平乐	50	50	50	195	65	37	110	—	
阳朔	40	40	35	250	150	50	146	—	
永福	—	—	—	—	—	—	95	50	
榴江	40	30	20	—	—	—	140	—	
荔浦	—	—	—	70	15	11	148	—	
修江	65	35	25	—	—	—	200	25	
蒙山	45	—	—	190	55	11	194	—	
昭平	48	47	40	150	45	3	103	—	
贺县	—	—	—	—	—	—	200	—	
怀集	48	40	30	—	—	—	195	40	
信都	55	55	55		40	16	167	—	
苍梧	46	44	41	200	150	50	183	—	

续上表

县(市)别	分租%			钱租(元)			谷租(市斤)		备注
	水田	平原旱地	山坡旱地	水田	平原旱地	山坡旱地	水田	平原旱地	
藤县	45	40	40	129	68	28	198	—	
岑溪	50	50	43	—	—	—	195	—	
容县	50	50	48	—	—	—	179	—	
平南	50	—	—	100	50	40	182	—	
桂平	50	50	50	—	—	—	80	25	
北流	88	—	—	—	100	30	183	—	
陆川	40	40	—	—	—	—	100	—	
博白	38	—	—	—	30	18	153	—	
玉林	44	39	30	—	—	30	110	—	
兴业	50	50	33	180	—	—	130	—	
贵县	55	45	40	—	—	—	188	—	
横县	50	—	—	230	—	—	163	—	
永淳	50	50	45	—	—	—	103	—	
宾阳	50	50	50	—	35	20	167	—	
迁江	47	47	47	100	30	15	60	—	
来宾	45	40	28	56	—	—	—	—	
武宣	40	—	—	—	—	—	212	—	
象县	42	25	20	60	30	20	—	—	
柳江	50	50	—	—	—	—	—	—	
忻城	45	40	40	—	—	—	60	—	

续上表

县(市)别	分租 %			钱租（元）			谷租(市斤)		备注
	水田	平原旱地	山坡旱地	水田	平原旱地	山坡旱地	水田	平原旱地	
宜山	45	45	49	—	—	—	100	—	
柳城	50	50	45	180	150	50	180	—	
雒容	39	30	28	—	—	—	80	50	
中渡	30	—	—	—	—	—	145	—	
百奉	50	50	50	50	14	8	90	—	
三江	55	50	50	—	—	—	120	60	
融县	45	40	30	40	26	—	117	32	
罗城	—	—	—	—	—	—	—	—	
宜北	50	40	—	—	—	—	250	—	
天河	46	43	40	40	20	7	—	—	
思恩	43	40	40	45	18	4	153	60	
南丹	50	47	45	—	—	—	120	—	
河池	43	35	28	—	—	—	130	50	
东兰	45	43	37	—	—	—	100	45	
都安	50	70	30	75	50	15	150	—	
平治	50	40	37	50	30	10	90	—	
那马	50	30	20	80	20	15	100	—	
隆山	50	50	50	200	100	50	200	—	
上林	47	43	30	100	43	23	200	—	
武鸣	42	30	23	140	25	18	250	—	

续上表

县(市)别	分租%			钱租(元)			谷租(市斤)		备注
	水田	平原旱地	山坡旱地	水田	平原旱地	山坡旱地	水田	平原旱地	
邕宁	47	43	30	95	25	15	67	—	
扶南	50	50	45	—	—	—	80	30	
绥绿	45	30	20	—	—	—	90	45	
上思	45	43	33	70	20	15	9	—	
思乐	40	—	—	81	60	25	107	—	
崇善	40	37	33	—	—	—	—	—	
明江	45	—	—	—	—	—	72	—	
宁明	50	—	—	80	46	10	90	—	
凭祥	50	—	—	80	40	10	90	—	
龙泽	38	28	—	100	—	—	115	30	
上金	47	47	47	80	50	70	150	—	
雷平	45	45	—	12	50	20	200	—	
左县	40	25	23	80	20	10	70	45	
同正	41	38	32	85	35	20	205	—	
养利	46	42	37	70	24	16	92	—	
万承	35	35	—	75	40	—	65	—	
隆安	35	28	—	120	8	20	213	—	
果德	40	35	33	100	70	20	200	—	
镇结	45	42	33	—	—	—	75	—	
龙茗	48	42	37	80	40	19	160	60	

续上表

县(市)别	分租 %			钱租(元)			谷租(市斤)		备注
	水田	平原旱地	山坡旱地	水田	平原旱地	山坡旱地	水田	平原旱地	
向都	47	47	40	80	30	15	90	30	
天保	50	50	50	150	80	50	100	—	
靖西	50	40	40	—	—	—	—	—	
镇边	48	49	30	150	120	50	200	50	
敬德	50	50	48	—	—	—	200	50	
田阳	48	48	43	—	—	—	100	—	
田东	—	—	—	—	—	—	—	—	
万冈	50	45	40	184	38	28	25	—	
百色	50	50	—	—	—	—	150	—	
凌云	45	40	35	—	—		143		
凤山	41	40	20	45	35	5	123	63	
天峨	50	50	50	—	—	—	—	—	
乐业	40	32	20	—	—	—	—	—	
田西	50	45	3	150	15	—	200	45	
西林	40	—	—	—	—	—	150	—	
西隆	50	33	33	—	—	—	—	—	

上表之统计数字系广西省农业管理处三十一年所调查，三十一年以后因战争之影响，未作此项调查，以上数字虽时隔三年余，但在分租、谷租两项此次曾经多方查询及抽样调查，尚无变动，盖农业生产条件未有变动，生产工具仍属已往一样，租额当无何变动也。此项数字足以凭信，可供参考。至于钱租，凡所到之处均加以

调查，悉无所得，即间或有之，亦不过系折租之一种，按实物时价折合或预先缴纳也，从无分租方面来观察，租额虽属有伸缩性之谷租，但大都系在对分上下，实超过法定租额甚大，尚有其他苛例加以剥削如义务帮工、年节送礼等，亦颇普遍。

再从农田产量来观察，以研究佃农经济之情形，根据广西省统计室所供给之调查数字，全省各县农田产量平均每亩水稻二.五一市担，籼稻二.五〇市担，早稻二.三七市担，粳稻二.五六市担，糯稻二.五九市担，陆稻一.二四市担，除陆稻系种植于旱地产量较低外，其他各种稻类之产量大约相等，其产量最高者约四三市担，最低者约一九市担，普通约二六市担。兹表列如下：

表10. 广西省各县各种稻类总平均每亩产量表 （单位：市担）

类别	水稻	籼稻	早稻	晚稻	粳稻	糯稻	陆稻	备注
总平均数	2.51	2.50	2.37	2.56	2.56	2.59	1.24	

兹再将柳江、桂平、苍梧等三县之农田产量估计列表于下：

表11. 广西省柳江、桂平、苍梧三县平均每亩产量估计表

县别 \ 产量（市担） \ 田地等级	上等	中等	下等	此表数字系向各方查询估计者
柳江	3.5	2.2	1.5	
桂平	4.0	2.6	1.9	
苍梧	4.0	2.6	1.9	
平均	3.8	2.5	1.8	

从上表(9)谷租之租额平均每亩系一六四市斤，表(10)(11)农田产量每亩约二六〇市斤，两者比照谷租亦在对分以上，以佃农言之，每亩除缴纳田租外，所余不过一〇〇市斤左右，每户以耕地六亩计，亦不过六〇〇市斤左右，虽有杂粮之收获，仍难维持一家数

口之生活，况于耕种时所有农具、种籽、肥料等之消耕又全归于佃农之负担，所以一般贫苦佃农于农闲时多为人佣工，或上山采薪出售以度活，平时已属如此，倘遇荒歉之年，确难免于饥饿矣。

(D) 押租制度在广西各县虽不盛行，亦有须缴纳押租者，俗称为“批头”。但未详其数额，以押租言，实在是地主一种剥削方式，因为无条件增进一笔流动资金，而且在年时荒歉租谷亦已获得保障，倘佃农不能清缴租谷或依照地主所提出之成数，即可没收押租，并可借故撤佃，其苛刻至于此。

从广西农佃概况观察可以明了一般农村经济之衰落情形，其最甚者尤以佃农经济之贫困，其形成之原因虽属多端，而以租佃关系严劣未能促进农业生产为其主要之原因也。

丙、广东省

(一) 调查经过

此调查系先从湖南着手，继过广西，广东系最后调查之一省，于到达广东省省会所在地之广州市后，即赴省政府拜见罗主席，以未预先约期未能获见，而省府秘书长因公准备赴京，遂改见省府主任秘书，即将来意说明后，调查工作由省政府分别转知各有关厅处协助进行，二五减租工作系由社会处主办，即往访社会处处长因公出未晤，由主任秘书接见，即将推行二五减租情形一一见告，并着主办科将有关办法资料检送一份，嗣后复分访有关机关党团负责人咨询，各方对于推行二五减租意见并请供给有关资料如省参议会、省党部、省农林处、省统计处、省田粮处等机关经过多天，始获见罗主席，各有关机关均曾几度奔走，所需要之资料因省政府于战时展转播迁，散失殆尽，无法供给，即所能供给亦属不完不备之资料，且时值省政府召集全省行政会议，各区行政督察专员及各县县长均来省出席，特乘此机会分访各县长计二十五人，承告各该县关于推行二五减租概况綦详，裨益于调查不少，即广东省之农业专家亦曾往访多人，所表示之意见甚多，堪足参考，于省会调查完毕之后，即分赴番禺、南海、顺德等三县作选样调查，并于每县选择二三乡镇作实地调查，以期确实。同时将各方面所表示之意见一一记录，以备编纂报告时之参考。

（二）调查结果

（子）推行二五减租概况

广东省政府于奉到行政院三十四年十月二十三日所颁布之“二五减租法令”后，以田租收缴时期已届，在此短促时间准备难周，且边省各县局多属交通梗塞，命令之传递又非容易，一肢难期普遍，遂决定于三十五年补行，并责成社会处依据中央所颁法令，拟具各种推行办法计有：广东省推行二五减租要领、广东省各县（市局）二五减租实施办法、广东省○○县（市局）二五减租委员会组织规程、广东省○○县（市局）○○乡镇二五减租委员会组织规程及广东省各县（市局）二五减租纠纷案件处理程序等共五种，暨二五减租纠纷调解书表共七种与二五减租宣传资料辑要一册，提经省政府、省党部、省参议会联席会议修正通过，分饬各县（市局）遵照施行，并将此项工作列为本年度中心工作，为各县市局长主要考成之一。关于宣传方面，则请省党部省青年团协同发动，扩大宣传，务期普遍而深入民间，俾于推行时减少困难。截至调查完毕之日止，在省会方面曾发动新闻界于报章宣传，在县方面遵令发动宣传及指导乡镇组织二五减租委员会，发后呈报到省者计有平远等二十二县，其他各县市局正在准备中，即选样调查之代表县番禺、南海、顺德等三县亦系在准备中，本年（三十五年）是否能普遍彻底推行，尚难预测也。

此次广东省所订各县市局二五减租实施办法其实施要点为：（1）二五减租以一年为限，以后仍照土地法之规定办理，三十四年度如未及实施者由本年（三十五年）度补办。（2）在本办法公布前订定租约或约定佃农应缴实物或货币额在二五减租实施年度内，一律减去百分之二十五（即四分之一）。（3）本办法公布后成立租佃契约如以实物计算者，所缴租额不得超过该耕地常年正产物收获总量千分之三百七十五，不及千分之三百七十五者依其约定，以货币计算者，依正产物比例折合价款数额，其副产物应全归佃农所有。(4) 不得额外需索及藉故撤佃。(5) 县二五减租委员会应组织考核并调解，乡镇调解不决之案件依据上项办法之实施要点，本年推行后仍继续办理，倘本年推行有效对将来之护农减租工作当可奠下一个良好之基础。

（丑）土地法法定地租率推行概况

民国十九年土地法公布之后迄至现在止，历时十余载，广东省对于土地法耕地租用条款中所规定之法定租率及保障佃农等工作，不特尚未遵照施行，即关于是项之单行法规，该省亦尚未拟定，足见主持粤省之历次首长对于减租护佃工作之忽视也。惟在土地法公布之前，即民国十五年广东省以革命策源地之姿态出现，依据中央及地方党部代表联席会议议决之政纲内关于减轻佃农田租百分之二五之原则，由党部发动订定办法，率先举办，以为各省倡导，当时革命空气正浓，而党员尤热心于农运工作，领导各县乡镇纷纷组织农民协会，协助推行一时风起云涌，雷厉施行，甚为积极，佃农因有政府之保障，亦属本身利益所在，群起拥护减租政策，因此引起地主与佃农之冲突，发生不少之纠纷，嗣以佃农既无团结之精神而政府又无执行之毅力，仅属昙花一现，徒留二五减租运动之名而已。迄抗战胜利后，中央通令免赋并减租四分之一，以期支持长期抗战贡献最大之农民，获得胜利后之实惠，广东省遂于斯时订定二五减租实施办法，此项办法不仅施行一年将继续推行，于是始有单行法规之产生，其将来是否能贯彻始终，仍须试目以待也。

（寅）农佃概况

广东省在战时因展转播迁，固未致力于此项调查，即原有之调查资料亦散失殆尽，无法搜集，此次调查以时间关系仅能作一普遍之观察，兹将所得分两点说明如下：

(1) 农地与农户之分布：广东全省农地总面积约计六九，四二八，〇八五市亩，佃耕地约占百分之四〇即二四，七七一，二三四市亩，荒地总面积约一四，一四八，〇四五市亩，全省农户总数约计三，四九七，一〇〇户，其中佃农占百分之三六.六，半自耕农占百分之二七.九〇，自耕农占百分之三五.五。兹将各县农地农户分布概况表列如下：

表 12. 广东省各县农地及农户分布概况表

项目 县别	农地（市亩）		农户				备注
	耕地总面积	荒地总面积	总农户	自耕农%	半自耕农%	佃农%	
番禺	1,778,835	37,635	126,200				
中山	2,449,560	68,190	152,600				
顺德	937,680	210	193,900				
新会	1,345,290	17,205	25,300				
台山	1,865,330	169,005	45,000				
开平	787,785	32,700	7,000				
思平	926,790	60,345	8,200				
赤溪	70,350	4,650	2,800				
曲江	848,205	75,390	15,400				
清远	1,622,715	128,970	24,000				
南雄	655,140	118,080	27,500				
英德	1,368,120	225,600	50,000				
从化	524,460	118,405	26,900				
花县	667,980	93,105	30,100				
佛岗	189,900	2,745	13,500				

续上表

县别＼项目	农地（市亩）		农户				备注
	耕地总面积	荒地总面积	总农户	自耕农%	半自耕农%	佃农%	
翁源	468,875	49,440	30,800				
始兴	363,475	2,640	21,300				
仁化	281,475	8,655	12,300				
连县	428,070	34,155	30,000				
连山	171,015	2,445	27,400				
阳山	613,155	20,295	12,900				
乐昌	346,245	21,010	170,300				
乳源	320,100	13,905	14,600				
南海	1,363,545	20,010	82,800				
高要	1,303,500	172,515	80,500				
王水	744,210	113,355	31,800				
浮云	569,910	32,040	50,000				
罗定	657,810	43,755	40,000				
广宁	338,070	915	56,700				
四合	495,525	33,900	28,000				
新兴	455,385	150	53,200				
郁南	424,725	11,235	35,500				
德庆	432,810	6,105	33,600				
封川	358,680	11,985	24,100				
鹤山	436,365	10,440	41,600				

续上表

县别＼项目	农地（市亩）		农户				备注
	耕地总面积	荒地总面积	总农户	自耕农%	半自耕农%	佃农%	
高明	435,030	24,105	2,900				
开建	205,215	6,600	9,000				
东莞	2,038,365	231,960	190,300				
惠阳	2,555,325	377,250	47,500				
增城	1,085,670	90,585	27,900				
博罗	1,485,705	225,815	28,600				
海丰	983,355	199,185	43,200				
陆丰	1,063,215	753,825	43,800				
河源	823,020	86,415	34,300				
宝安	541,830	63,075	29,400				
龙门	487,350	14,850	40,000				
紫金	700,590	24,495	36,000				
新丰	311,355	4,560	15,200				
潮安	677,875	2,115	36,500				
潮阳	909,360	81,570	36,500				
揭阳	1,243,875	70,090	90,000				
澄海	468,020	46,170	50,000				
饶平	676,725	51,600	86,700				
普宁	680,190	17,745	40,000				
惠来	770,370	304,170	30,300				

续上表

县别 \ 项目	农地（市亩）		农户				备注
	耕地总面积	荒地总面积	总农户	自耕农%	半自耕农%	佃农%	
丰顺	328,380	2,850	40,100				
南澳	10,080	5,715	1,100				
兴宁	620,700	6,240	32,200				
梅县	572,895	20,475	21.500				
五华	663,525	10,365	25,000				
大埔	187,905	5.042	15,000				
连平	330,210	16,215	25,000				
蕉岭	163,290	13,005	12,000				
平远	227,190	4,275	20,100				
和平	332,595	5,085	29,000				
龙川	533,460	21.735	23,100				
茂名	1,905,780	446,730	37,000				
阳江	1,785,105	556,240	70,000				
电白	1,201.920	484,575	47,700				
信宜	651,540	1,260	52,100				
化县	1,437,690	295,125	38,300				
廉江	1,570,005	416,385	54,000				
阳春	1,255.485	74.265	31,500				
吴川	533,340	452,085	12,300				
合浦	3,024,450	772,320	65,200				

续上表

县别＼项目	农地（市亩）		农户				备注
	耕地总面积	荒地总面积	总农户	自耕农%	半自耕农%	佃农%	
海康	1,284,285	2,211,600	32,500				
钦县	1,931,865	137,055	30,200				
防城	921,450	303,750	3,000				
灵山	1,788,000	18,420	48,200				
遂溪	1,313,655	2,226,900	39,300				
徐闻	591,810	1,233,015	10,000				
琼山	—	—	30,100				
文昌	—	—	620,000				
定安	—	—	25,900				
儋县	—	—	26,800				
澄迈	—	—	27,900				
临南	—	—	15,400				
万宁	—	—	32,000				
陵水	—	—	4,500				
崖县	—	—	6,000				
乐会	—	—	12,000				
璋奉	—	—	10,000				
昌江	—	—	6,900				
感恩	—	—	3,400				
合计	69,428,085	14,148,045	3,479,100	35.5	27.9	36.6	

上表数字系省政府统计处供给农地面积，系根据陆地测量局军用地图于三十四年估计，包括禾田、桑地、蔗菜地、菜园、茶园及椰子园等在内，其面积较之湖南省多一倍有余，较之广西省则多将及两倍，若与广东省田粮处所统计承粮田亩面积三五，四七七，三八五市亩相较，其相差亦将及一倍，虽承粮田亩面积系依有生产之农地按级纳赋其相差当不致如此之巨，且广东向系缺粮省区，土地又非浇瘠，想此项估计数字未臻准确，不过无适当数字，姑录之以供参考耳。至农户数字仍系沿用二十九年所调查估计者农户种类之百分数，无分县数字仅得平均数，此后倘获得是项数字当再为补充。

(2) 租佃关系：租佃关系下之租佃形态与租率为租佃问题中之基本问题，倘租佃形态与租率不能解决，则整个租佃问题当亦无法解决。兹将广东省之租佃关系概况就调查所得分述如下：

(A) 租佃契约：广东民间习惯凡有事情接洽多重言诺而不必定立字据，一般租佃习惯亦属如此，佃农承租田地时有具契约者亦有不具契约者，估计正式订立契约者约占百分之四〇上下，用口头约定者约占百分之六〇上下，普通大地主因佃户数多所以对于租约比较重视，租约之形式较为规律化，内容亦较为详细，但此种租约全从地主利益立场订定，仅为片面打算，乡居小地主则对于租约不甚重视，因业佃出入随时相见，感情融洽，多属口头约定，纵有租约，亦甚简单草率，发生争执事难为法律上之根据。

(B) 纳租：种类可分为钱租、谷租、分租三种，根据中农所二十二年之调查结果，以谷租为最多，占百分之五八.四，钱租次之，占百分之二三.九，分租最少，仅占百分之一七.七。池塘地、荡地等大都采用钱租，稻田亦有采用钱租者但多属不在乡地主，因为谷物难于输送，不过佃农所缴之钱租均系以谷物按照时价计算币值缴纳，亦属折租之一种。分租之采用多属乡居小地主，以熟悉耕种方法，随时可以监督佃农耕种，无虑影响生产收获量之分配，亦无虑亏蚀之缘故，此外则多属采用谷租。

(C) 纳租数量之高低：普通系决定于田地之等级及其生产力与社会环境而有区别，根据中农所三十三年之调查结果，分租方面地主在收获总额所得自四成至五成之间者为最多，占百分之七三.七，所得自三成至四成之间者次之，占百分之一五.八，所得自六成至七成之间者最少，仅百分之一.七。根据此次调查之结果，谷租方面地主所得平均每亩最高者约三市担，最低者约一市担，普通为二市担，钱租方面以荡地为多不易估计，稻田所采用之钱租则多份系以谷物按时价折合币值缴纳，亦难求出准确数字。兹将分租与谷租之缴纳数量表列如下：

表13. 广东省各县每亩纳租数量总平均表

项目	谷担（市担）			分担（%）				备注
	最多	最低	普通	30% | 40%	40% | 50%	50% | 60%	60% | 70%	
总平均	3	1	2	15.8	73.7	8.8	1.7	(一)谷担数字系根据调查估计所得 (二)分担数字系根据中农所调查估计

从上表分担之数额观察，大都系在对分上下，虽分租为伸缩性之谷租，但超过法定之租率甚大，在法定租率上下者仅占百分之一五.八，以一般言之租率仍高。

在农田产量方面，根据中山大学农学院丁颖教授估计，平均每市亩常年产量在南路、东江各县约为五.五市担，珠江三角洲各县为六市担，北江各县为四.八市担，从产量与谷租比较亦多占收获总量四成至五成之间，其租率仍高已无疑义矣。

(D) 押租制度：广东不甚流行，但仍有此种制度，其押租数额亦不甚详确，以限于调查时间，未能详细调查，但其所议定之押租数额大多以下列两点为标准：(1) 等于一年之佃租额或其倍数，或其一年之租额成数。(2) 按缴租之石数计算，此种押租系佃农于承耕田地时间地主缴纳之一种保证金，是专为保护地主利益者，如佃农欠租地主即如数扣留，佃农所缴之押租如不欠租退佃时，地主亦如数退还佃农，在表面上佃农似无亏损，但实际上佃农已增加一笔资金之负担，倘无此项流动资金者，则须向他人借贷，负担一笔利息之损失，加重佃农负担，直接影响其资本，间接影响其生产，减低自不待言。

广东之农佃概况虽未获得详确之调查数字，但在一般言之，农佃之经济状况已在加速衰退中，倘不早为设法补救，将来影响于农业生产之改进，当不堪设想也。

五、田赋概况

湖南、广东、广西三省三十四年度之田赋业已遵令全部豁免，兹分别将各该省之田赋概况述之，以为改善租佃关系中之租额问题之参考。湖南省之赋额系分新赋率与旧赋率两种计算，前者已经办理土地陈报之各县照新赋率计算，即配赋之最新方法，后者未经办理土地陈报之各县照旧赋率计算，旧赋率不分等级，每亩征谷随赋带征借在内，约计四市斗，新赋率则分甲乙丙三等，每等再分上中下三则，平均每亩之配赋额及随赋带征借在内，约计甲等田亩为五斗五升，乙等田亩为四斗五升，丙等田亩为三斗五升。广西省各县土地陈报业已先后举办完竣，惟二十六年办理与三十二年办理者其等级名称略有不同，前者系按土地种类分甲乙丙丁戊五级，后者系按土地价值分甲乙丙三等，每亩再分三则，此亦为配赋之最新方法，但前后两者实际上所配各县赋额之方法大致相同，均系以正附总额为配征标准，所以各县赋额高低不同，亦属此因，其赋额平均每市亩征实随赋带征借在内，甲等田亩约计四斗五升，乙等田亩约计三斗五升，丙等田亩约计二斗五升。广东省之田赋系分地籍整理县份、土地陈报县份及临时地税县份三种配赋，其赋额征实随赋带征借在内平均每亩最高约五斗五升上下，普通约三斗上下，此次所豁免之田赋与所减租额大致相等，惟各省各县之高低参差不同，负担轻重不均，实难昭公允．似应调整改善．否则将来对于减租护农之政策恐有所影响也。

（六）各方对减租之意见

各方人士之立场不同，其所表示之意见大都在利害方面为出发点当有差异，自不待言，兹归纳分为四方面述之如下：

（甲）政府方面：认为保障佃农推行减租乃土地政策中之一环，土地法规定甚详，中央历次大会对于此项工作迭有建议，为安定民生繁荣农村自属重要之措施。此次免赋随同减租，乃抗战胜利后中央以农民对于支持长期抗战贡献特多予以免赋减租，使业佃双方获得胜利后之实惠，田赋业已豁免，田租自应遵令照减，惟奉到二五减租之命令过迟，田租之缴纳时间已届准备未周，光复后遍地灾荒，首要工作为复员救灾，到三十四年度之二五减租工作未能如限完成，希望于三十五年度普遍补办完成，无使佃农失望，影响中央威信。

（乙）社会人士方面：认为田赋业已豁免，减租应即施行，庶可保持政府威信，实惠佃农，不然法令变成具文，徒欺骗农民，恐影响于将来政令之推行。减租工作于推行之始，虽不无困难，苟政府如能执行严厉，且政府人员愿以身作则，先行实行，困难方可减少，虑见颇得症结所在，足做参考。

（丙）地主方面：认为政府所征收之田赋过重，尚有随赋带借及征收地方公粮之负担，所收田租已难应付，倘再减租除有少数富有之地主表示拥护外，其余中小地主而无其他生业者多表示反对，并认为此种措施无异置他们生活于绝路，有请求政府对于彼等无力耕种之小地主而专靠地租生活者予以设法补救，此种意见亦实有研究之必要。

（丁）佃农方面：认为政府推行二五减租惠及农民，表示无限欣慰，歌功颂德，咸盼能切实推行。惟仍有不信任政府有此种减租惠及贫农之措施，即有之而地主不予照减，或借故撤佃，连几亩赖以生存之耕地将无法保持，减租变成无田可耕，生活实堪可虑，从政府有命令减租而地主有钱有势，其不照减，政府当亦无办法，且政府人员多属地主阶级，谁肯抛弃其利益，语中颇切合地方之实情。

（七）调查意见

（甲）各省政府于奉到二五减租法令后如何推行须经相当时间之商讨与准备，致地租收缴之时间已过，且各省光复之后社会秩序未复，又适遍地灾荒，复员救灾，安定社会秩序，为政府之首要工作。因此三十四年度之减租工作不得不延至三十五年补办，此系当时之实在情形。

（乙）各省对于此项免赋后之二五减租多未明了中央此举之深意所在，仍视同以往之二五减租运动及土地法耕地租用条款中所规定之租率不得超过耕地正产物收获总量千分之三七五，除广西省已推行土地法耕地租用条款，故此次所定之办法规定地租应减至法定地租复再减四分之一较为彻底外，如湖南、广东两省均依照土地法耕地租用条款之规定订定免赋后之二五减租办法，其实施要点亦似较空泛。

（丙）各省此次所订定之二五减租办法均有“凡佃耕地如遇不可抗力而致歉收时，除按当地习惯议减外，再减四分之一”之规定，可补中央此次所颁法令之不足。

（丁）我国官场向有“多一事不如少一事，维持现状，免生事端”之不良作风，于今亦然，此次二五减租之推行，乃新政之布施，最易引起佃业间之纠纷，骚动社会影响治安势所难免，故省县政府多属敷衍塞责承转了事，未能认真督察严密考核，想系受此种不良作风之影响，似应纠正，使县级中有魄力有办法之主管人员得施其长才，奠下政治建设之良好作风。

（戊）各省此次推行二五减租工作广西省已准备相当充分且有督导团之组织，今年补行谅能普遍彻底，湖南省仅将中央所颁之法令传达各县，广东省已订有详细办法饬令各县市局照办，今年是否能普遍推行未敢预料。

（己）此次推行二五减租系配合免赋办理，而且时间仅属一年，困难必可减少，推行当较容易，倘省县级政府不能把握时机，彻底推行，将来当不仅影响于护佃减租工作也。

（庚）此次调查二五减租，因各省尚未推行，当无甚结果，但可明了各省之准备情形与困难所在，同时可藉此以引起地方对于中央法令之注意与搜集有关资料，作为将来改善租佃关系之参考，当不致枉此一行。

（辛）各省租额一般言之均较土地法所规定之法定租率为高，但佃农又未获得保障，尚有撤佃加租之情事发生，对于佃农之生活及农业生产之改进不无影响，如何保障佃农与改善其生活，似应加以研究，妥拟办法，督促各省办理，实属急要之图。

（壬）广西省推行土地法耕地佃用条款，工作甚为积极，办理换订租约及照约减租之县份计有桂西二十二县，其他各县市亦均正在加紧办理中，足为其他各省借镜。惟查所换订之租约其他租由业租双方协定订立，虽均照法定地租（千分之三七五）之记载，但佃农为维持与业主之情感及其他关系，愿意提高产量，配合原来之租额者为数亦不少，佃农自甘蚀亏，执行者从旁亦难以纠正，现正在设法克服此种困难。

（癸）保障佃农实行减租乃政府之一贯政策，势在推行，惟查一般无力自耕而又无其他职业之小地主专赖地租生活者将必受到生活上之影响，如何予以补救似应加研讨。

（八）结论与建议

此次调查以时间关系自难普遍，仅抽样调查，而所搜集之资料又未能完备，当难获得详确情况。然经过一番之观察，敢相信已明了农佃问题之症结所在，就我国今日农佃问题之重心言之，最主要者约有两点：一为佃农经济力量之过度薄弱，不足以言农事经营之改进，一为佃农耕种权之极端不安定，或所经营之企业无适当之保障，致无心讲求农事效率。针对目前农佃问题之主要解决办法，除严厉执行土地法耕地租用条款及其他有关法令外，其实施可分三方面着手，同时亦可藉此以推行免赋后之二五减租工作，其要点如下：

（甲）举办换订租佃契约，由中央制定租佃契约格式，其格式内容包括业佃两方姓名、住址、田地、坐落、面积、产量、租额、租佃期限、撤佃退佃办法及业佃双方之权利义务等项，分发各省照制推行，其推行办法由业佃双方协议，依式订立租约，并由地方政府指导监督以防地主压迫佃农，务求公平切实，作为法律上之根据，以杜纠纷而达到保障佃农实行减租之鹄的。

（乙）组织租佃委员会，由中央订定各省租佃委员会规程准则，通令各省依照制订，分饬各县级乡级遵照组织租佃委员会，其任务以调解租佃纠纷及协助关于租佃各事项，使一切租佃问题能在租佃委员会内解决，至于组织分子应注意以能代表佃农利益者，以免地主之操纵利用。

（丙）组织督导团，由中央各有关部署会同组织督导团分赴各省巡回督察考核，并一面协助各省切实推行及解决一切有关之困难问题，如此办理则护佃减租工作不难普遍实行。

以上所举三点乃推行护佃减租之重要基本工作，亦属最迫切而且易于推行易于见效者，故特建议用备采纳施行。

〔行政院档案〕

4. 黄康衢呈述四川省农村租佃问题及农民生活状况文

（1946年10月）

农村的实际情形

我国以农立国，农民占百分之八十以上，他们是抗战时期中实际撑持者，也是建国时期的奠基石。今后所需物力财力悉赖农村，而农村实际情形如何，举国人士急欲知道，以作改善农村实施之资料。

总理云：中国没有大资本家，只有大贫小贫，所以于民主主义中提出两项办法以解决大多数人的问题，吾人应遵遗教，急起直追，达到均无贫和无寡安无倾之政策，学员深入农村已历六年，特将实际问题陈明如后：

一、生活问题　整个农村中佃农占百分之七十，小自耕农占百分之十，半自耕农占百分之十五，雇农占百分之四，较大地主占百分之一，可以说贫农要占大多数，论者谓如何增进农民收益，提高农民生活水准，举办各项运销合作，为当前急务。事实上贫农最希望解决如何吃饱穿暖住安的问题，其他不敢希望，因为贫农人口多，耕地面积小，租重收入少，当然不够分配，就食项言之，平均一年约有四月食米，其余吃杂粮或以瓜菜代饭，或吃观音米，所穿衣服补又补，补不好时让他烂，热天还好，冷天连御寒被盖都没有，以秧毡或蓑衣作被的实在不少，衣食无力解决，更谈不上住的问题，故大多住于破烂矮小草屋内，农具、牲畜混在一起，既不清洁又不卫生，收入既少，必须开支又不可免，只得住固定地方以副业为补助，男出外作日工或挑煤炭或抬滑竿，女的在家做土、喂猪、编草帽、作女佣，所得工资作为现金支付，菜园杂粮为食的主要补助收入全年，日未出而已作，日已入而未息，终日忙碌，冀求生活解决。近年百物高涨，似乎农民生活程度提高，其实贫农生活尤成问题，因为工资高昂，无米出售，只好预卖杂粮支应，但已深深感到用费困难，何况谷贱伤农，尤对贫农不利，小地主不事生产，生活日形困难，较大地主才享受生活提高之利益。

二、租佃问题　地主收益通常在千分之七百五至九百以上，□板租佃农不获一升一合，与土地法一七七条地租不超过耕地正产物总收额千分之三百七十五相合者可以说是绝对没有，以故地主不愿减少，佃农希望少纳，双方因利害不合结果引起纠纷，地主收回土地另佃，佃农宣告失业者年年增加，尤以政府征收实物谷价上涨，地主更不惜加重佃农负担，增加租谷，增加押租，无押租者不得耕种，欠租者马上赎田，或于押租内扣去应收租谷，佃农更不堪其苦，或退佃以失业，或忍受承佃以告贷，在此种痛苦情形之下，预伏着将来的危机，好在本年有二五减租实行耕者有其田之令，但积习□深，县市尚难实现。

三、水利问题　年来旱灾频传，不仅干田收成减少，没有栽种即冬水田也有同样情形，江湖灌溉可及之地可望丰收，望天吃饭之地区常成干土或荒土。近因工赀昂贵，二十亩耕地须车水五次，每次需四〇工，每工千元，合计约二十万元，成本高收入微，与其消耗大量资本，宁可不栽不种，此虽为科学不发达，机械未利用之故，然改良堰塘，增设沟渠亦非一二农家所能解决，急盼政府以规模宏大的机械设备灌溉，此无法栽插多数之田不仅生产增加，农村一切问题均可迎刃而解。

四、高利贷问题　农民于无法维持生活中，只有告贷，普通利率月在十二分至三十分，且有贷谷一石两月归还黄谷一石五斗至二石者，此种高利剥削的系普遍现象，农民多系安分守己，于告贷无门情形下只有忍受。

五、农贷问题　自合作社推行以来，农民称便，但小地主或较大佃农受了实惠，贫农不易参与，且不知有合作社之名，一般农民为着副业或耕牛农具用款，不得不接受高利贷。

六、派款问题　农村派款较苛捐杂税为重，往往超过预算，正税百倍以上，例如集丁费平均每保二名，每名每月食米六斗值六千元，菜蔬费六千元，计共二万四千元，百户计之贫农占十之三，地主占十之七，贫农月摊一三〇元，全年一五六〇元，加以筑路费、修机场费、保学尊师米、慰劳捐、慈善捐、迷信捐、青年军捐、壮丁优待及保内一切临时捐款，最穷之户都要派万元以上，较大的农民要派到六七万元，折合为米十足惊人，收入较多农民已苦难当，而况衣不蔽体食不饱腹之贫农生活已成问题，焉有余力担负派款，乡保向农民摊派时既无收据，又无证件，有无多派乱派，自所难免，最可笑的农民出款以后还不知道名目，保甲长收款时限期缴清，如违即带往乡所关禁，贫农每日卖力为生，岂能容许半日或一日以拘留，故派款令下不得不出售食物或向人告贷如期缴纳。

七、交通问题　农村交通不便，货物不能畅流，故地距数十里物价有相差到万元以上（单位石），纵不能修筑四境道路而移窄就宽，改弯为直，剷高填低差工作尽可利用农隙整治，使物价渐趋平稳，不有悬殊差额。

八、教育问题　农民贫而愚是普通现象，其主要原因是经济困难不能读书，即或不收费用或赠受书籍笔砚亦不能入学，因为男子稍大要放牛割草替父亲工作，女子要看屋服侍弟妹替母亲工作，希望减轻父母责任，以便父母另谋别的生计来维持日常生活，只望男子早能耕种，女子早择佳婿，读书获益农民并不希望，所以缺乏教育而耕作方法守旧生活无法改善，收入不易增加，于是终身为贫农者十之八九。

九、健康娱乐问题　农民身体较诸其他人物为健康，但所用农具笨且重，营养缺乏，披星戴月，不免过劳，缺乏教育，不重卫生，往往发生病痛，影响健康，一年中平均有一月之久不能工作，其无形损失甚大，一年中都在工作，时间上或经济上都不允许娱乐赶集期上街逛逛看热闹，最后到酒馆喝一杯酒，使心神愉快新年时候休息八天，最穷的农民合家到附近庙内烧香拜佛祈祷发财，或在家谈天，少有贺年请客或正当娱乐者。

十、选举问题　现代政治趋重民主，贫农最多文化水准不够，一般农民尚无集会常识，对于四权鲜有农民能行使者，以故对于选举甲长保长乡长代表参议员等尽为豪绅所利用，出任者非贤非能，绝无代表民意，以谋福利，甚至圈定候选人往往以贿任职者，比比皆是，具有选举之形式而无民选之实际，于此而欲达民主之目的实难乎其难。

上述问题是学员经过地区深入农村的实际情形，特贡献钧座发交当代政治家、经济家、社会家、教育家、卫生家作一参考资料，以解决农村实际问题也。

〔国民政府档案〕

5. 国民政府第八绥靖区司令部关于收复区租佃纠纷影响绥靖工作的代电

（1946年12月5日）

第八绥靖区司令部政治部代电　政二民字第1881号　中华民国三十五年十一月

国防部新闻局局长邓钧鉴：据整编第五十八师一八三旅政治部副主任刘济武酉马代电报称：查收复区最近发现两种怪现象：（一）查封奸匪家属全部财产并驱逐之，（二）本年地租地主不特不奉行二五减租办法，除强迫佃农对半分租外，并追算历年未对半分租之旧帐。上述两种现象，现江苏萧县第九区大都如此，奸匪家属被驱逐后生计无着，隐患堪虞。佃农则以经过日寇奸匪蹂躏之余，实无积蓄以清偿旧帐，以是变卖耕牛农具者有之，弃家出亡而沦为盗匪者有之，农村危机四伏，影响绥靖区工作实大。据第九区一般地主云，萧县黄县长出巡时，曾面谕可以追索旧欠，但勿过分使佃农为难等语。再查各地方官绅均为地主官绅，既与地主打成一片，致中央各种收揽民心安定社会秩序之法令相率阳奉阴违，于是二五减租办法瓦解，奸匪有关各种条例及徐州绥署订颁之收复区土地处理暂行办法第十五条第十六条之规定均视同废币，佃农无钱无势，虽不服亦不敢诉讼，若长此以往，实无异驱民为匪，自塞剿匪胜利之路。心所谓危不敢缄默，除电请萧县县政府制止久未见复外，理合报请钧座鉴核，转请绥署迅予严令查禁，并将以上两问题有关法令布告周知，以利绥靖工作为祷。等语前来。除指复已转请核示外，理合据情报请鉴核，并乞示遵。蚌第八绥靖区政治部主任邱国珍。政二民戊微。印。

〔国民政府行政院绥靖区政务委员会档案〕

6. 国民政府福建省龙岩地权调整办事处关于龙岩土地问题及扶植自耕农工作情形的报告

（1948年）

扶植自耕农在龙岩

第一章　绪言

国父说，中国现在虽然没有大地主，但是一般农民有九成都是没有田的，他们所耕的田都是属于地主的，有田的人自己都不去耕。照道理来讲，农民应该为自己耕田，耕出的农品，应归自己所有，现在的农民都不是耕自己的田，所生产的农品，大半被地主夺去了，这是一个很重大的问题。农民在一年中辛辛苦苦所获得的粮食，结果还是要多数归到地主，所以许多农民便不高兴去耕田（注一），由此可见我国土地问题的严重，不仅因土地分配不均，使农民生活陷于困苦，同时因土地关系不善，而妨碍了农业生产力的发展。故国父于民国十三年在农民运动讲习所训词中说："我们要解决农民痛苦，归结是要耕者有其田，这个意见，就是要农民得到劳动的结果，要这个劳动的结果不会被人夺去。"其目的在以耕者有其田的政策，来消灭土地上剥削与被剥削关系，使人能尽其力，地能尽其利。我们为实现这个政策，除在消极方面用减租护佃的方法外，积极方面惟有实施扶植自耕农，以和平有效的方式，来达到国父"农民可得利益，地主不受损失"的革命理想。

在这内乱方殷，烽火遍地的现阶段中，共匪正藉口土地改革，以遂其胁诱农民，破坏农村组织的阴谋，我们为了团结农村人心，改革农民生活，以遏止目前乱萌，树立复兴基础，则积极实行国父“耕者有其田”的遗教，已为当今的急务。过去八年长期抗战中我们经济虽险象环生，却未曾整个崩溃，完全系受农业经济体系始终健存的支持，在我们这以农业人口为骨干，以农业经济为命脉的国家中，土地不仅是生产的要素，而且是抗战的资本，建国的基石，同时也是戡乱的武器了，为要完成戡乱建国的任务，应该迅即改善土地关系，和加紧建设农村。“历史告诉我们，中国必须解决土地问题，才能获得安宁与幸福，才能摆脱封建桎梏，而变成现代国家。”(注二)

龙岩于民国十八年以后，曾为共匪盘踞，实施暴力分田，至其溃败，十九路军复继行计口授田，二十三年国军进驻县境，政局渐趋平靖，曾作恢复业权的尝试，但是地权破坏甚剧，农民积习已深，经过多年的办理，结果成效仍鲜，反因业佃双方的斗争角逐土地制度的运荡未定，使租佃纠纷愈演愈烈，土地利用日见衰退，而将形成政治上经济上的严重危机。本省当局检讨土地问题的症结，认为惟有遵行耕者有其田的遗教，才能对症下药，正本清源，爰与中国农民银行取得合作，决定根据民生主义土地政策，利用土地金融力量，以扶植自耕农方式，从事此严重土地问题的解决。自三十二年九月开始进行，至三十六年十二月，全县完成，综计先后办理时间，共历四年又四月，连准备时期合计，首尾已将六载，扶植自耕农三万二千二百四十二家，计二万八千一百一十一户(注三)，放领土地二十六万二千四百五十八亩，地价总值五十七亿二千三百七十四万余元，参加工作者二百六十余人，动支经费达二亿一千二百余万元，历时的长久，用费的巨大，地区的广阔，实开国内扶植自耕农史上空前未有的纪录。回溯在办理过程中，所遭遇的困难，诚是笔难尽述，外受地主的阻挠，内受经费的束缚，尤其因战时币值波动，对业务实施更多窒碍，幸赖层峰期成殷切，立场坚定，工作同仁精诚团结，努力不懈，农友们热烈拥护，惟诚合作，终使这耕者有其田的理想，在龙岩首先实现，其办理得失，足为收复匪区土地处理的参考，亦可供安定省份、农地改革的借镜。工作的实施情形，谅为各方所关注，用特撰述办理经过，检讨业务成效，辑成斯册，以就正于先进同侪之前。

注一：见民生主义第三讲。

注二：见刘主席建绪三十七元旦发表之建设中保安定一文。

注三：扶植自耕农家数，系以一个承领土地人为一家计算，至户数系以户籍上的户别为准，因为同一户中的几个农民，在经济上不一定都有联系，故一户中可能有数个农家，为便于比较起见，特将家数户数均予统计。

第二章　龙岩农村环境的鸟瞰

第一节　自然环境

龙岩为一福建西南的山间县份，境内丘陵起伏，峰峦绵亘，山多田少，仅有小型盆地，零星分布于沿溪两岸的山谷展开地区，或水流汇合的冲积地带，这狭小的区域便为县内农业经营的重心所在。

全县面积共三〇一八〇四七四市亩，计八四八一.三方市里，因受地形的限制，利用程度异常低落，耕地总数为二八〇二八八市亩，仅占全面积百分之九弱，其中一部分耕地，尚为鱼鳞般的梯田，拾级而登，高者几在白云深处，其他除百分之十八为林地，百分之一为河流道路，百分之零七为住宅外，余百分之七十一为荒山荒地，未加利用，在濯濯童山中，所生长的只有荆榛蔓草了。

县内气候和煦，冬无严寒，夏无酷暑，平均温度在摄氏二〇度左右，每年最高时为八月，平均约二八度，最低为一月，平均约一三度，一年中有八个月的时间，均尚温暖，无寒流的袭击。至境中雨量，亦相当丰沛，全年平均有一八九七公厘，大部降在春夏之间，颇适于农作物生长。

全县耕地中，水田有二七〇五四四市亩，占百分之九六.五，旱地八〇五五市亩，占百分之二.八，果园计一〇六二市亩，占百分之〇.四，地荡有六二七市亩，占百分之〇.三，水田中平田年可栽稻二次，小麦一次，山田多数仅种稻一次，其余任其休闲，据三十一年调查，耕地的利用指数是一四六弱，由此可见尚未达利用上的饱和。全邑农作物之生产，约年产稻谷八十万市担，甘薯二十二万市担，小麦二万市担，除供自身消费外，谷类略有剩余，可供输出。

龙岩资源于表面观察，好像非常贫乏。其实它天赋相当优厚，在大量土地中，除耕地外，矿藏中有煤、铁、石灰□的蕴储，水力上有湍急的溪流可资利用，造林时有广大的山地可供栽植，不但在农业上尚有发展的希望，即在工业建设时，亦是一理想的基地，可是目前还利弃于野，尚没有充分的开发和利用。

注一：土地总面积及耕地面积，系以三十六年十二月统计为准，最近五年县界略有变更，故数额与三十一年土地经济调查时已有不同。

第二节　社会概况

龙岩全县分辖紫冈、白土、西墩、曹莲、新罗、铜江、龙门、小池、大池、厦和、雁石、美和、白沙、溪口、梧新、象和、适中、内山等十八乡镇，共三〇二三八户，一四一六四六口，三十六年十一月统计数，平均每方市里，得一六.七人，如以耕地与人口比较，则每百市亩，须载养五十人左右，此种人口密度，在福建内地各县，已不能算过低了。

县内产业既不发达，交通又极不便，除开农业，已没有大量吸过剩人口的出路，这样，生长在这地区的人们，只有把土地当作唯一活动的地盘，虽然以往地租是那末苛重，但是，他们除了尽量容忍以外，还有什么办法，故农民之成份特高，全邑计二万八千□百一十一户，几占了总户数的百分之九十二，共十二万七千三百三十七人，占了总人口数百分之九十。

龙岩一般妇女均具有强健的体格，忍苦耐劳的习惯，对农事操作，普通都能胜任愉快，全县百分之三十左右的女性，皆能从事生产工作，因之一面在农业劳动的供给上多了一个有利的条件，但另一面因耕地的缺少，又不免发生过剩和浪费的现象。

第三章　龙岩土地问题的回顾

第一节　地权破坏的经过

民国十八年共匪侵陷龙岩，用土地革命的口号，来骗取农民，以为政治斗争的工具，曾以暴力没收地主、富农及祠宇、庙堂等私有土地，分给贫农、雇农、佃农及“赤卫队”，当时除适中、万安、福苏三区（即现适中、溪口、梧斯、白沙、美和等乡镇及象和一部分）为它势力所不及，无破坏行动发生外，其它各乡镇的业权，均全部或局部遭受破坏，惟那时所谓“分田”，既缺乏正确的人地资料，又没有完密的实施办法，徒由一群感情冲动不被诱惑的农民，对地权作一次盲动的夺取，结果使地权造成另一种不均，农业经营形成普遍的衰落现象，共匪当时之分田办法，现择要摘录如下：

（一）没收地主、公共（指祠宇、庙堂）、富农及其他土地而平均分配之。

（二）分配土地以乡为单位，但山多田少，土地辽阔，以及田少人多之村，经群众要求，并得区政府批准后，得以一个村或几个村为单位，予以分配。

（三）以人口为标准，不分男女老少，以一乡人口总数，除一乡田地总数，平均分配。

（四）如本乡及邻乡所有耕地合并平均分配时，得由邻近数乡，开联席会议，另划一乡界，使一乡之人口，耕本乡之土地。

（五）平分，即实行抽多补少，抽肥补瘦，田地质量不齐者，则分为上中下三等。

（六）田多人少地区，除按人口需要，平均分配，在必要时得留一部分土地，作为公有，以备国家移民之用。

二十一年九月，十九路军进驻龙岩，以已分田地、不再追夺为口号，收□农民，击溃共匪，在同年十二月，颁行计口授田办法，组织闽西善后委员会，主持其事，凡县内人民，不分业主佃农，一律计口授田，按各单位地区(每乡每村每姓不一定，人口土地的数额，平均分摊，除缴纳百分之三十的土地税外，不必再缴地租。但当时地籍户籍均无正确依据，办理非常困难，在举行登记结果，人口有十四万二千多人，而土地只有三万六千余亩，此种浮报人口，匿报土地的弊端，自使授田的正确性发生问题。至二十二年已有新罗、西陈、平铁、东黄、湖邦、雁石、江山、西晴等八区，及福苏白沙一带二即现新罗、西墩、曹莲、白土、紫冈、龙门、铜江、大池、小池、雁石、厦和、内山等乡镇，及白沙、象和之一部分)，均受田完毕，并预备在次年推进其他各区，旋因闽变发生，遂告中止。计口授田的办法，在县实施先后将届三年，地域广及八区，对旧有的土地制度，更作进一步的破坏，使龙岩地权形态，陷于严重的紊乱复杂状态之中，关于计口授田实施的要点，兹录于后：

（一）处理机关：以闽西善后委员会为最高处理机关，各乡设临时授田委员会，负责办理授田事宜，署委员七人至十一人，由乡氏大会推选加倍人数。送农复特派员圈定之，俟授田完毕，该委员会即行结束，事务交由乡政委员会，或农复特派员接收办理。

（二）田地之调查及划分：以乡为单位，每乡各就人口之多寡，与田地之面积，先行详细调查估量。以定每口可得田地之多寡，并视田地之肥瘠，分为上中下三等，用竹签标插，均匀配置。

（三）田地之授予，凡属本乡居民，依赖土地生产以为生活者，均应授与应得数量之田地，至该乡之公务人员，如官吏、教师、士兵、团丁等，以及长在外地为商为工者，其应得田地，亦按口授予，但是项田地，应暂由公家管理，名曰留田，得由其家属自耕，或另指定其他有余力之农民兼耕，生产所获由耕种者享受，惟于照例纳缴土地税外，并应提出二成，充该乡公共建设之用。因地授毕后，对于土地之买卖抵押，即行禁止。

（四）归授之程序：每年年终，由各乡将丁口生、死、婚、嫁登记之数，清查一次，对于生与婚者，授予田地，死与嫁者，收回其田地，如该乡人口生与婚者之数，超过其死与嫁者之数，所有收回出地不敷授予时，得按其生与婚之时日，列为即授与待授两种，依次序之先后，递次授田。

（五）垦荒之奖励：农民有余力者，得领地开荒，开荒之田地，第一年免其土地税，自第三年起，按例征收，此项荒地，开荒农民得终身使用之。

第二节　恢复业权的概况

闽变数年以后，国军进驻龙岩，二十四年即依南昌行营颁布之剿匪区内各省农村土地处理条例，实施恢复业权工作，县乡均组织农村兴复委员会，办理业权登记，发给管业执照，并规定田租数额，希望恢复旧有状态，这种恢复业权工作，因法律与事实两不相容，业佃双方又勾心斗角，各事优势，虽办理数年，但是成效不著，业权恢复的结果，由于在进程中双方势力的相互消长，形成了各种不同的状态，地主势力雄厚的，恃其自身的权威与法律保障，可加租撤佃，农民中狡黠蛮横的，亦依赖环境特殊与某种恐怖，公开的抗租霸田因之租佃制度渐趋紊乱，而政治上经济上的危机亦与日俱增，故以单纯的恢复业权方式，来解决乱后的农村土地问题，在技术上实有加以研究及改进的地方，兹将当时实施办的重要内容，略述于下：

（一）处理机关，设立农村兴复委员会，分为县区乡镇三级，县农村兴复委员会，以县长秘书科长及各区代表一人为委员，县长为主席，区农村兴复委员会，以区长及各乡镇代表为委员，区长为主席，乡镇农村兴复委员会，由县政府选聘该乡镇之有正当职业，素孚众望者五人至七人为委员，互推一人为主席。

（二）业权登记：有契据，经乡镇农村兴复委员会审查确实后，先予假登记，公告一个月，如无异议，则所有权即为确定，而给予管业证书，其无契据者，由乡镇农村兴复委员二人以上出具书状，经审查确实后，转请县农村兴复委员会复核，公告三个月，如无异议，则所有权认为确定亦给予管业证书。

（三）规定租额，由乡村农村兴复委员会，查明各地之风俗习惯，酌量规定租额，唯必须低减于原定租额，租额决定以后，业主不得以任何理由再行增加，如佃户因水旱天灾，致农户减少，或全无收获时，得向业主或乡镇农村兴复委员会，请求减租或免租因此引起之争执事件，则由各级农村兴复委员会递次调解之。

第三节　公有佃农制的创议

龙岩自办理恢复业权以后，收效甚微，地方当局鉴于土地问题的日趋严重，因在举行二十九年度第一次县行政会议时，议定龙岩土地调整方案，拟由县政府发行土地公债，收买纠纷不清的土地。将原有土地使用人改为公有佃农，此项议案，后来因为人事变动未见实行，由此也可见当时土地问题已急待解决，不容再事因循了，其调整办法，约有下列数点：

（一）由县政府发行土地公债一千二百二十万元，将全县土地收归公有，为使工作便于推行起见，分作五期发行。

（二）原有业主得先将纠纷最多之田地，检具证明文件，将业权移转于县政府。

（三）县政府接受业权移转申请书后，即派员调查确实，核定地价，除配发现金二成外，其余八成均配发土地公债。

（四）县政府于取得业权后，暂以维持现佃为原则，必要时，得以新调整计口授田。

第四节　扶农前夕土地问题的实质

龙岩的土地问题，在前述的情形下，未能获得相应的解决，由于长期的因循，放任它自然演变的结果，截至实施扶植自耕农前夕，其内容的复杂，已为国内所罕见，民国三十一年，当局为明了本县土地问题的实质，曾由省拨款举办土地经济调查，就所得资料观察，已可窥见当时土地问题严重与复杂的情形，兹根据调查结果，分别述明于后：

（一）土地分配不均：龙岩地权虽经破坏，但尚有适中、溪口、梧新、白沙、美和、象和等乡镇，因土地未经“分田”其业权大部分仍属完整，故这区域内的地权分配情形，足可代表龙岩在地权破坏前的一般状况。兹先就各户所有耕地分租看吧：在十亩以下的，户数占百分之四三，面积占百分之一〇，十亩以上二十亩未满的，户数占百分之三四，面积占百分之二九，二十亩以上三十亩未满的，户数占百分之一二，面积占百分之一七，三十亩以上五十亩未满的，户数占百分之七，面积占百分之一六，五十亩以上一百亩未满的，户数占百分之三，面积占百分之一七，至一百亩以上的，户数不及百分之一，而面积却占百分之一〇，综上所述，可见百分之四三的耕地，集中在三十亩以上的几个阶段，掌握于百分之一一的少数人手中，而百分之四三的农民，却仅有耕地百分之一〇，每户最多不上十亩面积，土地有相当的集中，由此可见一般〔斑〕。其次，从地主与各类农户拥有耕地的数额上比较，则百分之三的地主，共占耕地百分之二六，每户平均所有面积多至一〇三亩，这种地权大都为豪绅富商或数姓祠堂所有均具有浓厚的封建意味，此外占百分之三三的佃农，全无土地，百分之四四的半自耕农，每户平均面积不足一三亩，即有百分之七七的农民，与土地结下租佃关系，这更足说明了土地分配是如何的不均。若再拿土地使用情形来分析，则全部耕地，只有百分之三九是自耕，其余百分之六一，是由地主以另〔零〕星分割方式出租，而坐享地租的利益，这即表示多数土地，是集中在非生产者手里，土地所有权与土地使用权已经分离，此种现象，不仅妨碍了农民生活的改善，同时影响到农业生产力的提高。

至在地权破坏地区，地主原有业权已经局部削弱，或完全丧失，土地使用权全部操在农民之手，田赋完纳亦由占有耕作的农民负担，原有地权的分配情形，已不易追溯和调查，但从占有土地的本质中分析，还可获得一些地权破坏以前分配情况的残迹，这些占有的土地，其权利可分自有的和别人的二部分，其中别人所有的部分占耕地总面积百分之七七，自有的部分仅占百分之二三，前一类的土地在地权破坏前多属佃耕的，就此我们已不难推断当时地权集中和租佃制度发达的情状了。

（二）租佃制度紊乱：在地权破坏前龙岩全县百分之七二的耕地须受租佃制度束缚，农民中百分之四五的佃农，百分之四四的半自耕农，要受高租剥削，自经分田与计口授田之后，制度本身即起了质的变化，因受环境影响的不同，而形成错综紊乱毫无规律的现象，我们在翻过一条小岭，越过一泓溪流，常可发现完全相异的租佃形态，其中纳租成份的不等，授田习惯的遗留，欠租风气的普遍，租佃纠纷的繁多等情形，尤足流露出内容复杂的特质，现在下面略举几项当时的实况，以作说明：

（1）未曾分田与授田的区域，如适中、溪口、梧新等乡镇，及白沙、美和、象和的一部分，原有业权仍属完整，约占全县耕地面积四分之一，田租租率大部分正在产物百分之五十左右，最高者有超过百分之六十或七十的，农民一岁辛劳的收获，半数以上要贡纳于地主，地租的苛重，佃农非但得不到生产的利润，而且还抵不过家族劳动所应得的工资，他们维持单纯的再生产已觉不易，当然没有余力另谋经营技术的改进了。

（2）地权曾遭破坏的其余地区，因业权的恢复，纯凭业佃双方势力的角逐，恢复的程度自不一致，租率最高者达原租额的四成，其次就三成、二成、一成，以至颗粒无收不等，但以收租一成的，最为普遍，这种特殊区域，占全县耕地面积约四分之三，其中紫冈、白土两乡镇，及曹莲、象和的一部，是全数都没有缴租，其余各乡镇不缴租的土地也占各该乡镇耕地总面积百分之一至百分之六不等，此类畸形状况的存在，并非业佃双方业已妥协，可以长久相安下去，事实上两者间的恶劣关系并未消弭，相反的，双方正为其自身利益，各争优势，只须予任何一方以有利的环境，即可使另一惨剧再度重演。

(3) 当时紫冈、白土两乡镇，及曹莲的东安段，西墩的上洋，象和的莒州、合溪，龙门的留山，铜江的建宁，中山诸保，都还保持其计口授田、生授死归的习惯，不过因为人口的激增，办理的欠善，已逐渐有瓦解与没落的趋势，同时其他各地，也因为分田与授田的结果，虽属已成事实，但未为法律所承认，故无一定的管理制度，时日稍久，流弊丛生，土地的耕作权发生典当、转租情事，形成另一特殊的土地关系。

(4) 在一个土地关系失了它固有规律的农村里，业佃双方为了争取自己的利益，当然容易产生"加租""撤佃""抗租""霸田"的各项争执与纠纷，引起相互间的仇恨、殴斗，甚至短刃相接，它的范围日渐扩大，便直接威胁到社会的安宁，故当时土地纠纷事项，已为司法机关与民事调解机关受理案件的主要部分，就龙岩司法处受理土地纠纷案件分析，在民国二十三年，仅占民事案事总数百分之三十，至民国三十一年已高达百分之五十五，而其中十分之六以上，是有关租佃的争执，此种与时俱增的趋势，正足说明扶农前夕，龙岩租佃问题的严重，如不根本解决，恐将影响整个社会的秩序，已不是单纯的讼诉争执了。

(5) 在地权破坏区域，因地主权利的普遍削弱，除少数特殊有势力者外，他们对地租收入的多寡或有无，已难控制，一切以土地为对象的田赋及其他捐税，政府已不容易向地主收取，不得不迁就事实，转向使用土地的农民征收，所以在扶农之前，形成了佃户完粮的特殊制度，因之，刁滑豪强的土地所有人，便利用这有利的机会，藉口缴租不及原额，向懦弱农民实施渐进的加租手段，农民除代替地主负担了压赋，及以土地为对象的摊派以外，更负担了逐渐加高的田租，在不知不觉中，负担的总和，已超出法定标准，甚至驾凌旧有的租额以上，而表面上还领受地主"二五减租""对折缴租"的恩惠和赐予呢？

（三）农业经营衰落：龙岩因耕地的缺乏，及分田与授田的影响，农家经营面积普遍的狭小异常，平均每户只九.四六亩，全县五亩以下之户，约占百分之四一，五亩以上未满十亩之户，约占百分之二八，即有百分之六九的农家，仅能耕种十亩以下的田场，因之整个农业皆束缚于佃割的经营方式中，不能得到合理的发展。

由于土地纠纷的未获合理解决，地权长期在动荡不定中没有确定，原业主对土地的改良及水利的兴修，已无兴趣顾问，而耕田的农民自知占有未合理法，恐难维持久远，亦不愿多费劳动力资本维护地力，甚至施行掠夺农作，以窃取短期内的非份利得。至于垦荒工作，则更无人愿为，相反的，那些偏僻村落的土地，因治安不靖，或人力缺乏，另〔零〕星的，或整片的，开始荒芜起来，十余年里，在这不安定的状态中，使农业生产走上了日趋衰落的途径。

第四章　扶植自耕农办理概况

第一节　实施原则

本省当局鉴于龙岩的土地纠纷，如再长此因循，悬于不决，恐将酿成政治上及经济上的危机，必须早日着手解决，才能消弭祸患于未形，爰于三十一年饬县举办土地经济调查，以明了土地问题的症结所在，俾便针对事实，妥订解决方案。自六月间开始，动员内外工作人员一百余，历时半年，方才藏事，继将调查所获资料统计分析，编为龙岩之土地问题一书，依据调查结果，认为龙岩土地问题的解决，法令与事实必须兼顾，业主的权益固应尊重，但农民需要土地的欲望也不能漠视，因之，提出下列几个原则，作为实施解决时的依据。

（一）以民生主义为实施准绳：龙岩的土地问题，虽因共匪分田及十九路军计口授田的关系，已日趋复杂与严重，但仍未能超越半封建半殖民地的典型，在解决时，只有奉行国父耕者有其田的遗教，实施民生主义的土地政策，才能达到彻底解决土地问题的目的，符合三民主义的革命理想。

（二）以地归农有为分配目标：农民需要土地的欲望非常殷切，及地归农有后对生产上的重大贡献，都是不可否认的事实，解决过程中，如忽视了这正确要求，一定使实施的后果得到一个失望的答复，故县内的土地应由政府依土地法实施征收，按使用土地农民的耕作能力及生活需要，重行分配放领，扶植其为自耕农，至地价除农民自力能够负担外，可由政府向农民银行贷款垫付，由领地人分年摊还，使耕地农民合法取得所有权，而原有业主，亦可获得相当的补偿，自耕农创设完成以后，对自耕地的使用、移转及设定负担等，由政府予以严格管理，使它永久掌握在生产者手里，获得合理的经营与生产，以达到耕者有其田及地尽其利的目的。此种小所有土地的形式，或认为有碍农业向大经营的发展，但是按照县内高低不平的地理环境和土地关系受半封建式的束缚情形而论，则“扶植自耕农”正是奔赴这理想目标的一个必经阶段和过程，未来土地利用方式的改革，自可凭藉这前进的基石加速它实现的时间。

（三）以促进利用为工作理想，县内土地使用的另〔零〕碎，生产条件的萎缩，已为农业趋向衰颓的主要症结，故在土地重分配时，应力求其田场的完整，并举办各项土地改良所需的措施——如兴修水利等，使合乎农业经营上的需要，在分配以后，更应领导农民以合作方式经营土地，改良农业技术，俾越过困难或不必要的地形整理工作，走上农业现代化的途径。

（四）以民生方式为办理手段，以扶植自耕农方式，解决土地问题，在国内尚为新兴事业，草创伊始，诸乏成规，必须政府与人民取得合作，群策群力，方能使业务臻于美善，故工作实施时，关于地价的评估，放领土地的分配，自耕地的管理，在一定目标之中，随时运用民主方式，或透过合作组织来完成，使工作成果在正确的理论前提下，符合民众需要。

三十二年一月，省府委员会通过了福建省扶植自耕农暂行办法，一面呈报行政院核备，同时令饬本县策划实施。龙岩扶植自耕农工作，就遵照省领办法及根据前述原则，即开始积极进行筹备了。

第二节 筹备经过

龙岩县政府奉到前项办法后，以扶植自耕农系属新政，无成规可以遵循，为慎重将事起见，在实施前夕，必须先作充分准备，其办理情形分别列述于次：

（一）拟订计划规章：依据福建省扶植自耕农暂行办法之规定，斟酌地方实际情形，省府又订龙岩县扶植自耕农计划书，饬县以为办理根据。全县分五期进行，先就业权破坏最烈、租佃纠纷最多的乡镇着手，然后次第进行，遍及全县。一面又由县分别拟具自耕农承领土地规则，征收土地权利申报办法，征收土地补偿地价办法，扶植自耕农协进会及地价评估委员会组织规程，自耕地管理规则等各种补充章则，先后呈省核定以为农民承领土地，业主申报权利，以及领取补偿地价，自耕地管理维护暨组织扶植自耕农协助机构的依据。

（二）洽借购地资金：扶植自耕农征收土地所需资金，除农民自行负担及原自耕地地价得相互抵销部分外，由省府函请中国农民银行贷放，经该行总管理处及永安分行函复同意协助办理，并供给需要资金，至各期实需贷款数额，则由县估计径向龙岩办事处洽商办理。

（三）筹措业务费用：扶植自耕农所需的业务费用，依照本县自耕农承领土地规则的规定，由放领土地后，缮发证照收取吕费，以资挹注，但在开办初期，尚无收入前由省府在地政事业费项下，一次拨助七万五千元，以为三十二年九月至十二月份地权调整办事处的经常经费。

（四）设置业务机构：扶植自耕农工作，艰巨繁重，必须有专责机构，主持其事，因于三十二年九月一日，即第一期业务开始时，依照原计划的规定，成立龙岩地权调整办事处，设正、副处长各一人，省派县长林诗旦兼处长，屠剑臣为副处长，处置三课，分掌总务、土地金融与土地征收、调整放领，以及地籍查丈、地价评估各事务，同时以扶植自耕农工作重心在乡村，为使业务推行顺利起见，并在每乡镇开办时设立乡镇分办事处，其人员由地权处人员调□，于业务结束时裁撤。又以扶植自耕农动关人民权利，复组设扶植自耕农协进会，于各乡镇设置扶农协进分会及地价评估委员会，聘请地方党政社团及公正人士为委员，协助政府，推行扶植自耕农及评估地价等业务。

（五）发动扩大宣传：[略]

第三节　进行步骤

扶植自耕农政策，系政府以政治力量与经济力量，帮助无地农民获得土地，将雇农、佃农或半自耕农创设为自耕农，其方式可分直接创设与间接创设两种，前者由政府征购私有土地，加以整理后，分配与农民承领自耕，后者为政府介绍农民向金融机关贷款，购买或回赎土地自耕。龙岩系采直接创设自耕农方式，兹先就办理程序用表解说明（见附表〈略〉），然后将业务进行步骤，详述于下：

（一）征收土地

（1）公告征收：

每期扶植自耕农的乡镇，先由县政府拟具土地征收计划，附具图说，呈省核定，次将奉准征收的土地，依土地法规定，于县政府及乡镇公所门首，及征收土地各保的显著地方，标贴公告与刊登当地报纸一个月，凡经公告征收的土地，由县政府会同地权处，规定权利申报期限，通告各权利人，如限申报，以为核发补偿地价的根据。

（2）征收土地的补偿地价，不但有关地主的权益，同时亦影响将来农民领地自耕时的负担，为使地价评定的平冗与合理，先由地权处派员携带地籍图册，会同熟悉当地情形的农民，赴实地调查土地最近三年的市价与缴纳地租的情形，并参酌交通、水利、土壤、地势各种状况，划定初步地价区，就各等级土地，计算平均地价或收益价格，然后召开保民大会，推选熟悉土地情形的代表若干人，公开审查，作成审查纪录。地权处再依调查资料，并参照上项审查纪录，缜密复核，拟定地价估计表，提经各乡镇地价评估委员会评议，将其结果送由县政府作最后决定，制就地价等级表，依法公告，一面报省备案，公告一个月，期满无人提出异议，即予确定以为核发补偿地价的标准。

（3）权利申报：

龙岩土地久经变化，权利人不易清查且除城区外，农地未经依法举办土地登记，原土地编查册籍所载，不能作为绝对根据，关于补偿地价的核发，因有定期举办权利申报的补救办法。权利申报，由所有权人或他项权利人，填具申报书，捡附契证，呈送地权处作初步审查，再送县政府核定，分别填缮土地权利公告单，实贴县政府及乡镇公所门首，公告一月，期满无异议，或异议经调解或判决后，即为确定，逾期未报的，作为无主土地公告，满一年无人补报的，视为公有土地。

（4）发给地价：

土地权利，经申报审查公告确定后，即由县政府会同地权处，缮发付价通知书，分别通知土地权利人，填具领款收据及土地清单正副本各一份，在规定期内，持向农民银行领取补偿地价。农行付款之后，将副本留存作为贷款抵押，正本移送地权利登账，逾期未领取地价的，则予依法提存。至自耕农与半自耕农，应领补偿地价，可填具领款收据及土地清单，送请地权处核抵该户承领土地应缴的地价，以免领价缴价中间，配搭土地债券。

（二）分配放领

（1）放领准备：

（甲）办理农地使用情形调查：由土地使用人，按丘填插纸标，标内填明业佃姓名住址、土地收益及缴租情形，然后政府派员携带土地编查丘地联络图赴实地收标，将应行调查事项填具调查表，并就收回纸标，按农民姓名归户，分别填缮以地为经的丘册，以户为经的户册各一份，俾明了各农民使用土地情形及土地权利性质，以为扶植自耕农分配放领时的根据。

（乙）复查地籍户籍：扶植自耕农开始时，由地权处派员会同保长，携带户籍册、地籍册、土地经济调查表等，逐户核对户籍地籍，并复查农民耕作能力的强弱，家庭负担的轻重，其不符的则予办理更正手续。

（丙）查定各种耕地折合标准亩系数：土地因地势、水利、土壤及使用状况不同，其生产力大相悬殊，为使分配平冗合理起见，因以正常一市亩年产干谷二市担的土地为标准，由地权处派员，会同各保代表，实地调查各种耕地生产力的强弱，计算每亩与上项标准差额的比例系数，用为配领耕地计算面积的标准。

（2）改良土地：在扶植自耕农区域以内的土地，有水利失修者，由县政府派员调查，指导农民组织水利协会，从事修筑，在技术方面，请水利工程处予以协助，经费方面，除自力负担者外，介绍向银行贷款，或由救济工征款项下拨助。

（3）调整分配：

（甲）核定每户领地单位面积：按各乡镇土地人口分布情形，以乡镇为单位，每户可供给四口生活的土地为基准，核定每户承领耕地的单位面积，如农户人口超过，或耕作能力较强，暨人口不足与耕作能力薄弱的，都按实际情形，比例调整，总使每个农民能获得他需要的土地，如在一乡镇内，少数区域因地形关系，土地特多或较少的，则农户领地标准，另由地权处派员，会同农民代表，拟定增减办法，呈县核定后施行。

（乙）调整各户使用土地：各农户在单位面积以内，所应领的土地，除公学田外，尽先以原使用土地分配，如与核定标准有不符时，则由地权处人员会同农民代表，以保为单位，依照次列原则，拟具调整方案：(A) 超出核定面积之土地，原使用人得将使用价值较差的，指定划出，另行分配于缺地农民。(B) 超额调出的土地，本保出征军人家属有耕作能力的，或缺乏土地的农民，有优先承领权。(C) 分配缺地农民的土地，以接近其原有场地与使用便利为原则。(D) 调整土地时，各农民为使用便利，可请求互换承领。根据前列原则拟定之调整方案，即造具土地异动清册，提交保民大会通过，呈送地权处审查核定后，通知各农民，于次期作业以前交换使用。

(4) 申请承领：

农户承领的土地，经分配确定后，由地权处人员指导或协助农民，依据原使用土地底册及调整土地异动清册，填具承领土地申请书、保证书，呈送政府申请承领，经地权处县政府会核相符即作确定。

(5) 缴付地价：

承领土地的地价，以征收土地时，评定的补偿地价为标准，各户应缴承领地价，如同时有应领的补偿地价时，得依照规定手续，请求转账互抵，若互抵不敷时，则所余承领地价，可分期缴纳，期数多寡，由承领人自行决定，但是最长不能超过十年，并应订立分期摊还地价契约与加具合作社的集体保证。摊还地价，每年于收获季节后缴付一次，其欠缴地价的利息，依农民银行扶植自耕农放款契约订定利率计收。

(6) 缮发证照：

核准承领的土地，凡地价一次缴清的，以县政府名义，按宗发给土地所有权执照，作为承领人管理使用的凭证。地价分期缴付的，先缮发土地使用权证明书，俟地价缴清时，再换发土地所有权执照。

(7) 组织合作社：

各乡镇土地分配放领完毕，即发动自耕农，按保或按村组织土地信用合作社或于保合作社内，设立土地信用部负责一单位内自耕地的管理维护，并代办承领地价的保证催收等事务，自第五期起，一律照省令组织保农业生产合作社，俾于办理前述业务以外，进而举办自耕地的合作经营、农产品的合作运销、农具肥料的合作供应等业务。

（三）业务实施中的重要改进

扶植自耕农为新兴的事业，尚无成规可循，进行步骤及办法，虽如前述，但仍须在工作实施中随时检讨得失，加以改进，其中尤以战时货币的贬值，土地债券的配搭，公私土地的保留，直接或间接的使业务上，遭遇到许多困难，而不得不订定各种补救或限制的措施，俾能适合实际，解除窒碍，使工作顺行，兹将业务实施中的重要改进，分述如次：

（1）业佃自行买卖土地业务的举办

本县扶植自耕农征收土地补偿地价的评估，依法须根据相当时间的平均市价或收益价格，且以法币为计算本位，在战时货币贬值非常剧烈的时候，业主领取的地价与市值比较，不无稍低，且具领时又须配搭土地债券，使其实际受益更有影响，因之若干地主对补偿地价的领取，不免心存观望，为解决此种困难起见，便有业佃自行以实物地价买卖土地办法的提出，初在第一期紫冈、白土试办，由农民备价委托土地信用合作社或保合作社土地信用部，向地主洽买，待立契成交后，将契送由地权补办承领手续，惟实施结果，进行甚为疲缓，业务不能迅告结束，第二期各乡镇亦办竣不多，大部由政府备价征收，转售农民。迨办至第三期龙门镇，由该镇扶植自耕农协进会提出改善办法，建议先由农民声请承领土地，政府发给使用权证明书，再限期凭证直接向业主洽办自行买卖手续，能办竣的，捡同契据及证明书，呈请地权处将补偿地价与承领地价相互抵销；不能办竣的，即准农民向政府缴价承领。此种建议，经呈报地权处转奉省令核准后，即开始试办，结果成效甚著，接续三、四期各乡镇相继请求援照办理，具参议会亦提出类似的议案，由县归纳其意见，并参酌试办的经验，拟定具体办法呈省补充修正后，订为龙岩县扶植自耕农地区业佃自行买卖土地遵守要点，饬县办理，其内容：

（甲）龙岩县政府扶植自耕农实施区段征收时，被征收土地之业主与核准承领土地之农民自行买卖土地，应遵守本要点之规定。

（乙）自行买卖土地应于县政府公告征收及调整分配完毕后三个月内自行办竣买卖手续，其起讫日期由县政府先期公告，逾期即依照规定办理征收放领。

（丙）自行买卖土地价格由双方当事人自行洽定，其洽定价格取高不得超过评定地价百分之二十，前项地价得由承买农民以现金或按当时谷价折合实物一次或分期缴付，但分期缴付地价者，应比照中国农民银行土地金融放款利率向原业主缴付利息。

（丁）自行买卖土地应签订买卖契约正副本二份，正本由承买土地农民收执，副本应于规定自行买卖期间内报请县政府，将应补偿之征收地价与应缴之承领地价互相抵销。

（戊）自行买卖土地如有违反扶植自耕农法令及本要点之规定为私有约定者，概属无效，县政府得以土地债券按照评定地价征收之土地另行分配放领。

（己）被征收土地业主自愿遵守本要点规定，将地出卖与佃农，其价格未超过评定地价（地价折合实物时应按评定地价当时之谷价计算），并允分期付价，其每年分担数额未超过年租额，而为佃农拒买时，得在自行买卖限期内呈请县政府劝导佃农承买，如佃农经劝导后仍不购买时，得由县政府将地另行分配放领。

（2）发给补偿地价办法的改善

（甲）放宽补偿地价与承领地价互抵办法的尺度，凡甲乙两方有配偶及二亲等内直系或旁系血亲关系的，均得将其应领的补偿地价与应缴的承领地价，请求转账抵销，以减少土地债券配搭的损失，是项办法于三十四年二月呈省核定后施行。

（乙）补偿地价搭发土地债券，第一期占五成，第二三四各期占七成，因配搭债券过多对工作推行颇有窒碍，因之在第五期业务开始时，省府商得农民银行的同意，将配搭办法酌予修改，凡补偿地价每户在五万元以下的免搭土地债券，超过五万元的，采累进配搭制，就其超过部分，以十万元为一级，自一元至十万元，配搭土地债券三成.以后每递增十万元，就其增加部分加搭一成，至五十万元以上的，其超过部分概搭十成，后因物价高涨，此项标准又不适用，复经商得农民银行的同意，将免搭基本数及累进间距数，均提高十倍。

（丙）补偿地价于公布地价之日起即开始发放，如贷款合约尚未签定，则洽商中国农民银行先行预支。

（3）学产及私人土地保留的限制

第五期扶植自耕农区域业权多数未经破坏，为顾及中小地主及孤寡老弱残废者的生活起见，奉省令规定得准保留土地，其要点：

（甲）地主及其家属具有耕作能力，请求自为耕种者，准与一般农民同等享受承领耕地之权利，并得就其自有耕地内领回耕种。

（乙）凡老弱孤寡须依其土地收入为生，而无耕作能力者，得酌留必要之土地，暂缓征收。县方为使执行便利，防止流弊计，逐根据上项原则，拟定限制办法七点呈省核定，其全文见附录(略)。兹不赘述。又因第五期区域内的地主，有假借捐献学产名义，私订互惠密约，企图逃避征收的情形，为防止此种流弊，特对学产的保留，经呈奉省府核准，作下列规定以资限制：

（甲）私立或国民学校仅设初级班者，保留田地不得超过纯收益干谷八十市担为限，完全小学，保留学田以不超过纯收干谷一百另〔零〕五市担为限。

（乙）捐献国民学校的学田，如无碍扶农分配，准由县在分配前，限期办竣一切捐献手续，逾期不予保留，惟捐献土地数额，仍应受前项保留学田标准的限制。

（丙）声请保留学田，如在已经扶农分配确定以后，应予否准，以免牵动全局，影响整个业务。

（丁）捐献手续藉故延岩不办者，应照（乙）项规定办理，剔除保留。

（戊）临时捐献土地，集中一处，足以妨碍分配，影响农民生活者应不予保留。

（己）捐献学产之收支，依法应由县公有款产委员会或乡镇财产委员会统一管理。

（庚）捐献学产，如在农业生产合作社组织区域内者，应由该农产社统一承租。

第四节　办理情形

全县扶植自耕农业务，依照预定计划，分五期进行，第一期白土、紫冈二乡镇，于三十二年九月开始，至次年十月完成，第二期西墩、曹莲二乡镇，及新罗镇的合作、大同二段（即旧合作镇大同乡），于三十三年二月赓续举办，至三十四年七月告竣，第三期龙门、大池、小池、三乡镇，及铜江乡的铜钵段（即旧铜江乡），于三十三年十一月着手至三十五年八月完毕，第四期厦和、雁石、内山三乡镇，及新罗镇的平铁段，铜江的岭南段（即旧平铁乡），于三十四年八月推进，至三十五年十一月结束，第五期适中、象和、白沙、美和、溪口、梧新六乡镇，于三十五年十二月开始，至三十六年十二月办竣，自筹划至完成，中经六易寒暑，虽先后县篆四度移接，而工作计划仍能萧规曹随，贯彻执行，故业务终在坚定不移、百折不挠的推进中，全部藏事，现将各项工作办理概况略述于下：

（一）农地使用调查实施情形：本县在三十一年六月，筹划解决县内土地问题的时候，利用补正地籍的机会，即举办紫冈、白土、西墩、曹莲、新罗、龙门、铜江、小池、大池、雁石、厦和、内山、白沙、美和等十四乡镇的农地使用调查，至同年十二月办理完成，第五期扶农业务开始时，复于三十五年十二月继续进行，适中、象和、溪口、梧新四乡镇未办调查工作，越一个月亦告藏事，根据调查结果，编造有农民使用土地丘领户册一百五十六本，农民使用土地户领丘册五百六十二本，以供扶植自耕农分配土地的依据。

（二）补偿地价评定数额：补偿地价与承领地价，数额相同，评估地价依照土地法规定，系按最近三年的土地市价或收益价格（土地法修正后，改为二年），计算其平均数。惟战时货币贬值，以法币评定的补偿地价，当较征收时的市价稍低，政府为顾全业主的利益起见，在评定时仍尽量使其减少与市价间的差额，并评定实物地价，以供自行买卖参考，兹将各期地价评定情形，列表说明于次：

（表1）龙岩县扶植自耕农补偿/承领地价概况

乡镇别	评定时间（年月）	评定每亩法币地价（元）		评定每亩实物地价（稻谷市斤）		地价级数	平均稻谷价（斤元）
		最高	最低	最高	最低		
白土	32.10	600	50	90	8	7	6.7
紫冈	32.10	600	50	90	8	7	6.7
曹莲	33.3	1,500	100	289	15	25	6.7
新罗	33.3	2,500	300	374	45	16	6.7
西墩	33.9	1,800	150	268	23	17	6.7
铜江	33.12	1,600	100	193	12	20	8.3
龙门	34.5	5,000	900	500	30	10	10.0
小池	34.6	3,500	400	350	40	12	10.0
大池	34.12	1,500	150	225	23	21	6.7

续上表

乡镇别	评定时间（年月）	评定每亩法币地价（元）		评定每亩实物地价（稻谷市斤）		地价级数	平均稻谷价（斤元）
		最高	最低	最高	最低		
旧平铁	34.10	1,500	250	226	38	20	6.7
内山	35.1	1,200	100	133	11	13	9.0
厦和	35.2	2,000	201	133	13	15	15.0
雁和	35.4	4,000	375	143	14	14	27.0
适中	36.6	310,700	20,700	540	36	25	575.4
象和	36.6	150,200	5,200	261	9	41	575.4
溪口	36.6	155,100	15,500	270	27	21	575.4
美和	36.6	227,900	5,200	396	9	21	575.4
梧新	36.6	165,700	15,500	268	27	21	575.4
白沙	39.6	193,300	6,900	336	12	27	575.4

注：上列法币地价为政府征收放领之标准，实物地价为业佃自行买卖之标准。

（三）农民每户领地标准：龙岩土地总面积虽有三百一十八万余亩，但耕地面积则不及总面积百分之九，田少人多，土地颇感缺乏，分配每农户的耕地，因受以往田场经营面积狭小的影响，在工业未臻发达、农业人口无从疏散的现阶段中，其数额不能如理想的充分，四口之家，最多者，每家平均约二十亩（照标准亩计算），最少者，平均约十亩半，惟农户取得土地所有权后，咸知此后农产收入，不致再受地主的剥削，多能勤垦耕作，使生产量增加。加以农民没有地租负担以后，经营副业的资金亦较充裕，其副业收入自比过去增多，故四、五口之家，大都粗可温饱。关于各期每户承领土地单位面积的标准亩数，有如下列所示：

（表 2）龙岩县扶植自耕农每户承领土地标准

期别	乡镇	每户承领土地单位面积（标准亩）	期别	乡镇	每户承领土地单位面积（标准亩）
一	紫冈	13.0	四	内山	15.0
一	白土	12.5	四	厦和	15.0
二	西墩	12.0	四	雁石	15.0
二	曹莲	11.5	五	适中	15.0
二	新罗	10.0	五	象和	15.0
三	铜江	15.0	五	美和	15.0
三	龙门	15.0	五	白沙	15.0
三	大池	15.0	五	溪口	20.0
三	小池	15.0	五	梧新	20.0
四	旧平铁	12.0			

（四）农民承领土地状况：全县办理扶植自耕农，至三十六年十二月止，共受益农户三二二四二家，农民及其家属一二七三三七人，放领土地二六二四五八亩，现列表于后：

（表 3）龙岩县扶植自耕农放领土地及扶植农家数额

期别	乡镇	扶植农民		放领土地		
		家数	人口数	宗数	面积	
					市亩	标准亩
	合计	32,242	127,337	276,957	262,458.69	485,408.01
一	紫冈	2,513	10,373	16,773	13,558.55	30,643.20
一	白土	2,704	9,792	21,948	14,377.69	34,858.70
二	曹莲	1,757	7,213	12,552	10,277.59	23,957.10

续上表

期别	乡镇	扶植农民		放领土地		
				宗数	面积	
		家数	人口数		市亩	标准亩
二	新罗	836	2,325	3,960	2,758.60	14,877.70
二	西墩	2,619	11,684	15,199	10,976.21	90,395.80
三	铜江	1,487	5,419	11,569	14,911.06	19,595.90
三	龙门	2,378	9,588	18,097	18,278.69	37,846.00
三	小池	1,896	6,981	20,522	15,009.60	27,550.10
三	大池	1,309	4,927	13,645	14,031.94	26,335.70
四	旧平铁	1,858	8,292	24,140	12,765.70	2,634.00
四	内山	1,096	8,731	10,693	15,936.64	19,858.80
四	厦和	1,317	4,719	10,193	11,479.45	19,780.40
四	雁和	1,931	7,146	12,589	13,241.20	27,042.00
五	适中	2,327	12,422	27,180	22,500.22	40,725.40
五	象和	815	3,796	11,334	12,882.88	16,425.80
五	溪口	924	3,134	9,781	13,839.67	21,588.63
五	美和	2,100	7,322	12,622	14,750.81	22,937.51
五	梧新	1,334	4,769	16,011	19,733.90	26,787.40
五	白沙	1,091	3,704	6,656	8,935.41	15,677.18

（四）公产学产及私有土地保留情形：办理各期扶植自耕农时，为顾及地方自治财政，及教育经费来源起见，将原有地方公产学产，经专案呈准，在不妨碍扶植自耕农的原则下，酌予保留惟一至四期，原有公学田，大部分已年久失管，无法清查，故原有少数有

案可稽部分，予以保留外，复将分配剩余土地，呈准拨充，以资弥补，其应缴地价，由每年收益中，分十年提成清还，龙岩公产学产，在办理扶植自耕农时，经过严密彻底审查整理后较以往非但没有减少，相反的，将原来为私人或社团侵占的，均全部查明归公，坐落、面积、使用人，亦皆详载专册，极易稽核，至此种公产，并规定由农业生产合作社统一承租，分配土地缺乏的农民使用。兹将各期公学田保留数额，列表于后：

（表4）龙岩扶植自耕农保留公学田概况

单位：市亩

期别	保留公田			保留学田	
	机关单位	面 积	占放领面积%	机关单位面积	占放领面积%
合计	7	1,844.69	0.70	40	1.50
一	—	—	—	1	0.76
二	1	100.69	0.41	12	1.22
三	1	346.15	0.55	5	1.01
四	2	587.21	1.09	7	1.10
五	3	810.64	0.85	15	2.14

关于私有土地，由地主按照本县第五期扶植自耕农地区，业主保留土地自耕遵守要点，请求保留自耕的，以适中镇为数量多，白沙镇次之，美和、梧新二乡最少，至溪口、象和两乡镇，极少纯粹出租土地的地主，故无人声请保留，其各乡镇声请保留自耕土地的户数面积如下：

（表5）第五期扶农区域业主保留土地自耕数额

乡镇别	声请户数	保留面积（市亩）	占放领面积%
合 计	179	791.29	0.83

续上表

乡镇别	声请户数	保留面积(市亩)	占放领面积%
适　中	150	639.81	2.80
象　和	—	—	—
美　和	5	32.28	0.19
白　沙	23	113.36	1.20
溪　口	—	—	—
梧　新	1	5.84	0.02

注:列表土地面积已并入第三表统计数内。

(六)农民缴付承领地价方式:本县农民承领地价的缴付方式,可分为转账抵销及分期摊还二种,因业佃自行买卖土地的顺利推行,故转账抵销的地价,所占成分甚高,连同原有自耕地合计,已占百分之八十七弱。至分期摊还的地价,仅占百分之十三强,其缴付的期间,一至四期多数十年,也有一部分是八年五年的,第五期因为农民银行贷款期间缩短,多数收为七年,少数的定为五年。所有一至五期承领地价的缴付方式,兹列表分析于下:

(表6)龙岩县自耕农承领土地缴价概况 (单位)

期别	合计	分期缴付		转账抵销			
				原有自耕		业佃自行买卖取后	
		数额	%	数额	%	数额	%
合计	5,723,742,290	756,816,728	13.3	2,005,580,553	35.0	2,961,345,009	51.7
一	11,614,635	202,497	1.8	2,675,005	23.0	8,737,133	75.2
二	18,104,522	12,618,177	69.7	5,486,345	30.3	—	—
三	68,348,609	11,070,981	16.1	28,131,432	41.2	29,196,096	42.7

续上表

期别	合计	分期缴付		转账抵销			
		数额	%	原有自耕		业佃自行买卖取后	
				数额	%	数额	%
四	47,784,147	17,254,454	36.0	14,076,517	29.5	16,453,176	34.5
五	5,577,890,477	715,720,619	12.8	1,955,211,254	35.1	2,906,958,604	52.1

（七）合作社组织概况：在办理扶植自耕区域，由县政府指派合作人员，会同地权处人员，赴各保组织土地信用合作社，或于已组成的保合作社中，增设土地信用部在第五期区域，一律按保组织农业生产合作社，以与省颁组训民众实施方案，暨推行农地政策实施保障佃农扶植自耕农方案相配合，截至三十六年十二月止，共计组成经营农地改革业务的合作社二三二社。此种合作社，在成立以后，对自耕土地的管理，承领地价的汇收代缴，均有良好的成绩表现，此后最短期内将在全县各保，普遍组设农业生产合作社，并加强其组织，充实其资金，扩大其业务，利用农民的合作力量，作为自耕地管理维护，及改善农地经营的重要手段，现将已组成合作社的概况，列表于下：

（表7）龙岩县办理扶植自耕农业务合作社概况

	社数	社员数
合计	232	31,952
土地信用合作社	27	687
保合作社（设土地信用部）	38	19,255
乡合作社（设土地信用部）	5	936
农业生产合作社	62	8,561

（八）兴修水利工程状况：水利工程的修筑，亦配合扶植自耕

农工作进行，俾在解决土地分配问题的时候，同时解决土地利用问题，不但求土地分配的平均，而且谋土地生产的增进，自三十一年一月以后，由县政府建设人员的努力推动，地方人士的积极创导，至三十六年十二月，已完成的工程七十三处，已动工的工程一处，受益田亩估计达三万一千五百三十余亩，惟在实施过程中，深感资金缺乏，至尚有许多应行修筑的工程，无法逐一进行，尤如白土的东坑渠，西墩的青草盂渠，若能兴建完成，非但乡内现有的田地得到受益，即沿渠的三五千亩荒地，亦可能全部开垦，这对附城一带深患土地饥馑的农民，未使不是一个巨大的赐予。现将兴修水利的情形，详细说明于后：

（表8）龙岩县扶农区域兴修水利概况

33年1月--36年12月

期别	兴修工程种类及数量						工程费用		受益面积（市亩）
	水坝	水塘	水井	堤岸	水车	渠道	人工(工)	料价(元)	
合计	38	8	2	5	1	20	65,544	603,117,171	31,535
一	1						300	50,000	1,000
二	6	4	1	5		1	35,170	602,015,000	11,981
三	14					3	5,079	520,000	6,784
四	14				1		15,250	284,000	2,390
五	3	1	1			16	9,745	308,171	6,380

注：表内第二期扶农区域有汤候渠的渠道工程尚在建筑未有竣工。

（九）扶植贷款动用情形：扶植自耕农征收土地所需资金，除农民自行负担者外，系向中国农民银行贷借，原预算需要贷款国币十万一千另〔零〕七十四元，因业佃自行买卖的推行，资金大部由农民自负，实际动用的，已较声请额百分之六十。按照过去办理情形而论，每期贷款自声请至合约签订，最少需七个月，最多需二十一个月，平均需十四个月，惟本县扶农业务进行中深得龙岩农民银行的热诚协助，凡贷款的动用和承领地价的收回，对县政府及农民，在手续上莫不予以便利，即以银行本身有直接利害关系的，利率高低与土地债券配搭多寡，亦能顾到农民的负担和地主的权益，与政府慎重磋商，适当规定，此种遵重政策，不计盈亏，始终对政府全力支持的作风，站在实现耕者有其田政策的立场上，确是值得称颂的，故本县扶农业务的完成，土地金融与土地行政能够密切配合，也是一个重要的因素。兹将各期贷款情形，简单列表于下：

（表9）龙岩县扶植自耕农贷款概况

期别	核定数额（万元）	动用数额（元）	占核定贷额%	率利（分）		放款	放款		声请至订约经过时间（月）
				原定	改定	期限（年）	现金%	债券（%）	
一	574	146,526.00	3	0.9	2.5	10	50	50	7
二	1,500	10,731,166.40	72	0.9	2.5	10	30	70	8
三	2,500	10,684,462.36	43	2.0	2.5	10	30	70	21
四	2,500	16,665,806.00	67	2.0	2.5	10	30	70	21
五	94,000	564,000,000.00	60	3.5	3.5	7	（见）	（注）	12

注：第五期动用数额系为估计数，债券配搭办法见第四章第三节二项（乙）款。

（十）扶农贷款归还情形：一至四期贷款，原定十年摊还，后因粮价的高涨，自耕农收益增加，对于偿还地价的能力，日渐加强，故多数均能提前清偿，如第一期贷款，于三十二年八月订约，第二期贷款三十三年七月订约，至今只有三四年余的时间，现均已全部偿清，第三期及第四期贷款，于三十四年十二月订约，至今只为时二年，偿还贷款亦达百分之六十七以上，至第五期第一次还本付息时间，须至三十七年一月，故今尚未偿还，惟按现状推断，于数年以内，亦均可偿还清楚，各期贷款偿还的详情如下表：

（表10）龙岩县扶植自耕农贷款偿还情形

期别	还款		实际动用贷款(元)	截至三十六年底止已还款贷(元)	偿还指数	已还贷款占实际贷款(%)
	年	月				
一	33—42	12	146,526	146,526	250	100
二	34—43	10	10,731,166	10,734,166	333	100
三	35—44	12	10,684,462	7,253,062	340	27.88
四	35—44	8	16,665,806	12,450,701	373	74.70
五	37—43	1	564,000,000	—	—	—

注：第五期未到偿还期间。

（十一）扶农经费收支分析：龙岩办理扶植自耕农，自三十二年九月开始，至三十六年十二月底止，共计支出经常费一一二，三六一，一七五元，事业费一〇〇，四二五，六九四元，合计二一二，七八六，八六九元，所有经费来源，百分之八二系省县两补助，其余百分之十八，才由证照及复丈复核费收入，以供挹注。就第十一表中观察，除三十二年、三十五年及三十六年有获得省县补助外，在三十三年与三十四年两年中间，经费全赖规费收入自给自足，以有限的收入维持跳跃膨胀的支出，在此期间，是本县扶农事业最艰难困苦的时候，经费束缚与外界反对势力对业务的打击，是同时增长，我们咬紧牙齿坚贞不移的度过了这难关，以事业上的成就来换取省县当局及各界开明人士的同情与支持，使三十五年以后，得到大量的补助经费，完成了形将中辍的事业，现将经费收支情形，列表分析于后：

（表 11）龙岩县扶农经费收入分析

年度	收入总数（元）	各项收入 %			
		证照工资费	复丈复核手续费	省补助费	县补助费
合计	222,310,192	15.7	2.3	1.9	80.1
32	175,525	57.0	—	43.0	—
33	470,000	100.0	—	—	—
34	2,026,075	99.0	1.0	—	—
35	17,307,786	20.7	0.3	24.0	55.0
36	202,330,746	14.3	2.4	—	83.3

附注：三十六年度由省价售赋米八百石为地权处员役食米归县政府收入为公粮，转卖职员时之售价盈余拨供扶农补助费。

（表 12）龙岩县扶农经费支出分析

年度	支出总数（元）	各项支出 %			
		俸给费	办公费	生活补助费	其他
合计	212,786,869	0.1	9.3	90.2	0.4
32	171,728	5.8	28.9	65.3	—
33	468,372	5.0	22.0	70.0	3.0
34	2,023,845	2.0	17.0	79.0	3.0
35	16,984,621	0.2	19.0	79.0	3.8
36	193,138,562	0.1	8.2	91.4	0.3

第五章　业务完成后的管理维护

前章所述办理情形，只说明了已完成创设自耕农的初步任务，解决了土地问题中的分配问题，为农业改革取得一个重要的前提条件，使农民生活奠定一个稳固的自给基础，至今后如何？在积极方面，充裕农业生产资金，改良农业经营技术，以促进农业生产的增加，农民生活的改善。消极方面，限制自耕地的典押转租，管理自耕地的买卖移转，以防杜自耕农的没落，将耕地转入非生产者的手里，均为不可或缺，需要持久办理的工作，我们深感自耕农的创设固属困难，而自耕农的维护亦非容易，以往虽因受人力财力的限制，不得不集中全力，办理自耕农创设的业务，但对自耕农的辅导工作，仍有深刻注意，曾拟订龙岩县自耕地管理规则，以为管理维护的法令根据，成立土地信用合作社，以为管理耕地的基层组织，创设农业生产合作社，以为改进经营的执行机构，不过这些设施，只为自耕地的管理维护，建立一点丕基，如何进而发扬光大，还需与土地金融与农业技术机构的密切配合，继续向下列目标，共同努力。

第一节 耕地移转的限制

（一）自耕农应保有维持生活必需面积的土地，非有必要原因，呈经县政府核准，不得将地出卖或出租。经核准出卖的土地，县政府有优先承买权，或介绍缺乏土地农民优先承买。

（二）自耕农民死亡时，其继承人以继承后能自耕者为限，并应向县政府申请登记。

（三）自耕地除向县政府指定的银行借款得为抵押外，不得为其他债务上的典押，其设定负担应向县政府申请登记。

（四）违反前列规定的土地，由县政府照原价收回，出卖与缺地农民承领。

（五）由土地信用合作社或农业生产合作社，调查社员缺乏土地情形，呈报县政府登记，遇有土地出卖时准予优先承买。

第二节 土地使用管理

（一）自耕地非经呈准，不得任意分割。

（二）自耕地非有更大利益，并呈经核准，不得变更用途。

（三）自耕地使用不良，或任使荒芜，或无人继承的，均由县政府照原价收回，出卖与缺地农民承领。

第三节 耕地经营的改善

（一）自耕地的经营，应依照政府农业政策，接受技术指导。

（二）自耕农如有面积狭小畸零的地段，不合经济使用者，得由县政府依法实施土地重划调整。

（三）组织农业生产合作社办理下列业务：

（1）依据设置合作农场办理规定，成立示范农场，场地由社员集体经营，社员及有耕作能力的家属出供劳力共同耕作，其应得报酬按所出劳力多寡分配。

（2）由社领垦荒地，按实际需要及可供利用程度，辟为农地、林地、畜牧地，分配垦殖。此种垦竣荒地，自垦竣之日起，免纳土地税或田赋八年。

（3）由社经营供给公用业务，采购优良种子、化学肥料、新式农具，分配社员应用。其缺乏耕牛或其他公用物品时，由社统筹购置，或商请有关机关实物贷与，以供社员共同使用。

（4）由设立农业仓库，经营仓储业务，接受社员农产品特产品的长期寄存，并得因社员的需要，以仓单向金融机关申请农仓押储贷款。

（5）社员生产的农产品、特产品，由社代为分级包装，集体运销。

第四节 农业资金的供给

（一）农民经营自耕土地需要生产资金，由政府洽请金融机关贷予短期的信用借款。

（二）农民为兴修水利，开辟荒地，办理土地重划，所需资金由政府洽请金融机关贷予长期的信用借款。

（三）自耕农因受水灾或不可抗力的灾祸，致负高利债务的，得以土地为抵押由政府洽请金融机关，贷款解除其所受高利债务的威胁。

（四）为使农民生产成果避免在收获季节后大量出卖，致受季节性价格低落的损失，由政府洽请金融机关，举办农仓押储贷款。

第六章　扶植自耕农业务的检讨[略]

第七章　结论

龙岩扶植自耕农已告完成，综上所述，虽实施成效，不能尽如理想，但已足说明，实现耕者有其田，确是解决中国农地问题的唯一途径，扶植自耕农不仅是正确的理论，而是可行的政策，在办理过程中，果然曾经遭遇不少外界的阻力和技术上的困难，但只需有坚决必行的信心、健全的业务机构和严密的实施办法，终必消除逆流，而达到完成。龙岩办理扶农的收获，不仅给对民生主义抱怀疑态度者，一个有力的启示，同时也为平均地权的大道上，奠定一个筑固的基础。

我国系以农业人口为骨干、农业经济为命脉的国家，从历史上看，历朝的变乱，无不以土地问题不能获得相应的解决为主因，如要安定社会，必先安定农民，如要发展社会经济，必要发展农村经济。就以各工业先进国家来说，它们的“工业革命”，亦均以扫除封建的土地关系为前途，然后建立起机械化大规模的农业经营，一面为工业开辟原料和商品市场，一面移转农业人口以从事工业。现阶段中，我国因近十年来战乱的频仍，以致农村凋敝和农民贫困的现象日趋严重，共匪正藉口平分土地来诱惑农民，破坏农村组织，我们必须迅速解决农村的土地问题，以脱离不合理土地关系对农业生产及社会发展的束缚和阻碍，方能粉碎共匪的阴谋，使国家获得安宁与幸福。而向着现代化的途上迈进。

扶植自耕对农业生产力的增加和农民生活的改善，有不可否认的功能，它正是使国家奔赴前述目标一个必经的梯阶和历程，深信于不久的将来，必在全国各地普遍推展，开出灿烂之花，结成美满之果，于中国土地改革史上，写出更光辉的一页。

（附：福建省“扶植自耕农”暂行办法）

附录

（一）福建省扶植自耕农暂行办法

福建省政府阳子世府地丙永八六八一号训令公布阳已感府地丙永一〇〇三号训令致已感府民地丙八四三三七号训令修正

一、福建省政府为扶植自耕农实现耕者有其田政策起见，特订定本办法。

二、实施扶植自耕农之县份，凡非所有人自耕之农地及私有荒地无主荒地均得由政府依法征收，分配于自耕农使用。

三、实行扶植自耕农县份，政府得择适当地区实行区段征收作为创设自耕农之示范区域。

前项征收土地其属于自耕者于分配土地时，原自耕农户有优先承领权。

四、依照前二条征收之土地应由政府按当地人口及土地分布情形，分别规定各种土地之每户单位面积分配农民领耕，必要时得于重划或改良后放领。

前项分配土地原佃农及出征军人家属具有自耕能力者有优先承领权。

五、农民有下列情形之一者不得承领土地：

1. 违背三民主义者。 2. 无耕作能力者。 3. 受破产或褫夺公权之宣告者。

六、土地承领人应依照政府规定一次或分期缴纳承领地价。

前项地价以征收地价为准，得配加业务费百分之五至百分之十，但原有耕土地免予加收，如实施重划或改良时得酌加重划或改良用费。

七、地主出卖土地时原佃农有优先承领权。

八、佃农佃耕之土地继续至十年以上而地主为不在地主时，得呈请政府征收其土地售给该佃农，其地价照申报地价或估定地价给付之。

九、实施扶植自耕农县份，其农地如不变更用途出卖时非购地自耕者不得承买，违反前项之规定时主管地政机关得拒绝办理地权移转登记或依法征收之。

十、农民依照本办法承领或购买之土地，除向中国农民银行借款得为抵押外，不得为债务上之典押，非经呈准不得转租或转卖，其经核准转卖之土地政府有优先购买权。

十一、农民依照本办法承领或购买之土地，以一子继承与不再分割为原则，无人继承或无力续耕者，应收归公有重行放领，其使用不良或不予使用者亦得由政府给价收回之。

十二、依前条之规定收回领地时，其地价以不超过原价为准，但承领人于承领后对土地所施之特别改良费用未失效能部分之价值仍予相当之补偿。

十三、农民依本办法承领或购买之土地，在地价未缴清前由政府发给使用权证明书，俟地价缴清时依法调换正式产权凭证。

十四、政府为创设扶植自耕农依法征收或购买土地之补偿金额，以及重划改良等费用，得依照中国农民银行土地金融放款规则之规定，径向中国农民银行订约借款。

前项借款征收或购买之土地，其补偿地价之支付及放领地价之收回均由中国农民银行代行之。

十五、本办法实施日期由省政府以命令定之。

十六、本办法由省政府呈报行政院备案。

〔地政部档案〕

（三）农业生产

1. 傅作义请资助察哈尔省复耕荒地的签呈
（1947年3月1日）

年来因治安不靖，民生凋敝，人民无力耕种，因而荒芜之土地为数甚大，就可靠之调查估计至少在四百万亩以上，约占全省已耕地总面积三分之一，此项荒地若不设法耕助复耕，不仅有碍人民生计，抑且影响社会之安定，本省虽尽力利用农贷及小本贷款等资金协助农民扩大生产，然欲荒地之全部复耕，仅凭现有之少数贷款实感不足，而本省财力亦极有限，除请加拨紧急农贷及耕牛救济款项以助春耕外，本省刻正拟编荒地复耕全盘计划呈送中央核定实施，并请予以确实有效之资助。谨呈

行政院绥靖区政务委员会督察团 团长白
副团长谷
察哈尔省政府主席　傅作义

〔国民政府行政院绥靖区政务委员会档案〕

2. 伍信孚建议救济农村经济枯竭办法的呈文
（1947年7月8日）

建议我国农村经济之枯竭及救济办法案

我国农村经济之枯竭已达极点矣，遍地有呼号啼饥之声，到处有颠沛流离之状，瞽目农村无一乐景，推其缘由，虽不一端，而其最大最著者则为生产落后与高利贷是也。盖我国向无农官专政，荒山旷地甚多，生产既然落后，及抗战后又因征兵征伕战事种种影响，以致生产更不如前，最近两年金融动荡，物价飞涨，农民因生产落

后而借食日多，贷主亦因谷价飞涨而高利。兹举龙门而论，三十五年春，农村借贷有人借谷壹百斤，连本利还叁百斤以上者，有以借谷伸银每佰斤叁万伍千元，由银伸利谷每仟元拾斤，其利谷限两造交清，其银利则至早谷登场照时价折算，交谷一百七十五斤，连本利还伍佰二十五斤者，有以欠利转本叠利重算者，有以写本包利迫勒典按者，种种手段，无不令人惊悚。嗟夫农民何辜受此惨割，然犹甘受而不诉诸法院者，贷主积威势之故耳，故无论其如何勤劳，总不能免于债台高筑，何况生产落后，生活便无法支持，农村经济亦未有不枯竭者也，此种惨状到处皆然，关心世道者引以为忧，试问为地方官者目见耳闻，其恻隐之心更为如何耶夫。我国以农立国，农民占人口十分之八，农村经济之枯竭即国家经济之枯竭也，是以救济农村经济枯竭的设施实为当今之急务而不能稍缓者也，兹谨将救济农村经济枯竭办法建议如下：

（一）令饬县乡镇保甲长重申严禁高利贷，所有各种借利（以原借物为标准）依照法定周息百分之二十计算，其欠超过法定息之利者一律免还案。

理由：兼顾双方利益，合法合情合理，农民耕种若无高利贷则劳而有功，收而有获，令饬县乡镇保甲长遵办，以期普遍免还超过法定利息即减轻农民痛苦，此种办法胜于实惠农民。

（二）各县设立生产合作社银行，认真尽量贷给农民推行合法生产组织案。

理由：严禁高利贷后政府非举办大量农贷以图救济不可，但鉴从前农贷“盲借”之失败，故为确定用途期收实益计，为针对生产落后计，应先设立生产合作社银行，贷给农村生产合作社购买新式农具和一切必须原料，增加生产量，形成一种由政府统治下生产企业化。

（三）各县举办生产合作社短期讲习所案。

理由：凡事业改革进步必有过渡时期，非训练人才督导办理未易成功，查生产合作社组织法简易，且农民已有生产常识，故训练可设短期讲习所期收速进之效。

（四）督导农村组织农业生产合作社兼营林业工业案。

理由：近代科学昌明，物质进步，机器生产接踵而来，单独生产将不能存，生产合作社正及时而起，亦即由个人生活进为团体生活，由竞争社会进为精诚亲爱社会之历程。农业生产合作社兼营林业，是地无遗利也，兼营工业是民无余力也。若地无遗利，民无余力，生产量未有不丰富者，但恐有名无实，挂羊头卖狗肉耳，故督导工作最为重要而不能或缺焉。

（五）令饬县区乡成立农会以保障农民利益案。

理由：查当私有财产制度之下，农民利益难免外来压迫侵夺，故应成立农会以维持之，并得与政府联络发展其业务。

基上论，结上开办法，实为农村经济枯竭对症之良方，其二、三、四、五办法又为农村建设之要政，亦即为将来由团体（即合作社）生活进为国家生活之基础，行见演进而为国家生活，而人只以服务与配给为原则，是谓大同，又可借此办法，不仅救济农村经济之枯竭而已也，是否有当，敬请察核施行。谨呈

国民政府主席　蒋

建议人：广东省龙门县建北乡伍信孚（九七二六一二）

中华民国三十六年七月八日

〔国民政府档案〕

3. 国民政府浙江监察使朱宗良纠正蚕丝产销协导会摧残江浙蚕农的建议书

（1947年11月25日）

查江浙两省蚕丝业之发达为全国之冠，其产量以浙省旧府属杭嘉湖为最巨，抗战军兴，杭嘉湖在沦陷期内桑树被砍者过半，胜利降临，农民育蚕顿形减少，估计产量不及战前十分之二，影响国

计民生至为重大，政府有鉴于此，为复兴计创设蚕丝产销协导会，拨发巨款，举凡制种收茧缫丝均可轻其利贷以助事业之发展，并许丝厂商保本保息，以壮收茧之胆量，办法完善，收效宜宏，然在事实上未能收预期之效果，揆厥原因约有两端：

一、贷款运用未尽适宜　先就本年春期收茧言之，茧价过低，固足以病农，贷与茧行之款时告中断，亦足以病商，统计嘉兴茧行二十余家，赊欠蚕农茧款已达七十余亿元之巨，约期而又失信，以致农商交困，多处茧行几演暴动，余若该会人员之多，手续之繁，对于提款之迟缓均为农商所诟病，此其一。在一般茧行收茧须经改进会核准，茧价须照官定价额，其与该会有特殊联络者即可擅自开收，自由抑价。嘉兴方面，新设之茧行在一般茧行无疑收茧中途停秤时，该行备款独多，大量收购，并将原定鲜茧每斤一万二三千元抑为一万元，茧农已受其困滥发兑不到茧款之联票，更受其害，此其二。再就秋期收茧言之，该期茧价由农林经济两部、江浙两省建设厅、中国蚕丝公司暨丝茧业代表协商议定每担作白米四石计一百三十万元，另加开支三十万元，嗣因国库短绌，原贷之一千二百亿元减为一千亿元，非惟不能随物价而提高，反将原价降为一百〇八万元，此项收茧价格远在生产成本之下，名为扶助，实则摧残，损害蚕农莫此为甚，此其三。

二、经费支出过于庞大　浙省蚕丝之利向为当局重视，不断促进。溯自前清在杭创设蚕学馆以后，继之者有蚕丝职业学校，蚕丝统制委员会之设置，复员以来又有蚕丝改进委员会各区蚕业推广所，中国蚕丝公司育蚕指导员之增设。关于处理蚕丝业务上积极消极两方之人才已属应有尽有，足资应付，如能分工合作，自可日益发展，乃政府于上列各机构以外，为加强蚕丝产销计，再设蚕丝产销协导会一机构，每届须费七十五亿之巨。查战后农商凋蔽，资力薄弱，农民栽桑育蚕无本，商家收茧缫丝无本，若以该会巨额之经费移作贷款之用，贷农则农利，贷商则商利，今既不能够用，庞大之支出又无法弥补，不得不抑低茧价以资挹注，茧价低廉，在不谙缫丝者，固不得不忍痛出售，以资周转，在熟练之蚕农，自缫土丝维持成本，自缫土丝愈多，收茧数量愈少，大好改良蚕茧不能输出争取外汇资源，农民又以育蚕无利可图，群起砍伐桑树改植其他植物，所谓推广栽桑育蚕改良蚕种缫丝诸大计划俱难充分实现，各为协导有类摧残，非政府创设该会之本旨。

综上意见，系此次巡察至嘉兴，召开座谈会时，当地贤达所提出而归纳之结果，并多主张裁撤该会，藉以节约人力、财力，政府可将巨额之贷款贷与银钱业，限定低利，计定章则而分别贷与农商，主其事者大可于建设厅、改进会、推广所、蚕丝专校毕业生中求之，不致有人才难得之憾云云，询其理由佥以该会对于贷款运用未尽适宜，经费支出过于庞大，无裨蚕丝之推进，有碍产销之发展，事关民隐，合提建议，拟请转饬予以纠正，即将该会迅行改善以利农商。

谨致

行政院

浙江监察区监察使　朱宗良

中华民国三十六年十一月　日

〔国民政府行政院档案〕

4. 国民政府全国经济委员会编战前战时及战后二十二省重要粮食作物面积及产量比较表

（1947年12月）

我国本部二十二省战前战时及战后重要农产比较表

时期 作物	战前七年平均（22 26年）		战时平均（27 34年）		三十五年		三十六年	
	面积（千市亩）	产量（千市担）	面积（千市亩）	产量（千市担）	面积（千市亩）	产量（千市担）	面积（千市亩）	产量（千市担）
籼粳稻	267,448	911,918	201,268	926,315	263,500	892,845	265,124	903,764

续上表

作物＼时期	战前七年平均（22 26年）		战时平均（27 34年）		三十五年		三十六年	
	面积（千市亩）	产量（千市担）	面积（千市亩）	产量（千市担）	面积（千市亩）	产量（千市担）	面积（千市亩）	产量（千市担）
糯稻	29.112	89.370	19.898	62.806	8.669	57.832	18.383	57.203
高粱	76.985	140.319	16.491	32.506	59.826	108.871	56.296	92.042
小米	80.502	132.971	19.283	25.137	93.791	155.047	92.181	129.867
糜米	24.262	31.606	7.063	10.067	19.726	26.937	19.255	23.485
玉米	70.674	129.948	29.065	59.529	80.045	152.400	85.425	145.196
甘薯	35.175	330.501	22.314	216.049	49.263	98.881	49.750	484.325
大豆	78.536	121.855	23.868	39.518	60.360	89.056	60.392	94.850
花生	22.339	54.789	9.247	19.956	19.863	44.005	19.595	43.185
芝麻	21.746	17.016	9.294	6.911	18.985	13.918	18.955	13.307
茶叶	8.559	12.994	6.194	9.277	8.432	12.365	9.001	12.712
菜子	59.554	49.460	42.494	36.642	83.835	63.105	87.481	71.374
燕麦	15.538	17.612	2.341	2.961	13.650	12.944	13.197	15.298
蚕豆	42.011	60.360	29.249	44.120	41.387	57.254	43.921	61.776
豌豆	53.826	63.805	33.815	41.295	54.525	61.650	52.791	61.362
小麦	302.311	434.858	110.023	169.160	328.950	460.542	345.197	500.576
大麦	101.079	157.427	51.604	83.553	87.961	125.700	120.505	158.022
棉花	56.752	16.185			29.418	7.430	39.073	11.091
总计	1.346.969	2.812.994	631.491	1.585.802	1.312.186	2.750.756	1.396.525	2.885.438

注：(1) 战前及三十五年三十六年包括察、绥、宁、青、甘、陕、山西、河北、山东、江苏、河南、湖北、四川、云南、贵州、湖南、江西、浙江、福建、广东、广西。

战时包括宁、青、甘、陕、豫、郑、川、滇、黔、湘、赣、浙、闽、粤、桂等十五省。

(2) 资料来源：根据中央农业实验所棉产改进处及其他机关统计报告。

〔国民政府财政部档案〕

5. 全国经济委员会关于中美农业技术合作草案讨论会的综合意见摘要

（1948年）

中美农业技术合作草案讨论会综合意见摘要

（一）奖励农产品出口：农产品出口其产品检验为切要工作，可在三十七年计划中提出关于农产品之检验器材请美国协助，并由本审查小组向全国经济委员会建议，由农林部于主要之出口农产品产地设置产地检验机构，关于口岸检验工作则由农林部与经济部联系办理。

（二）农业推广：通过列入农林部三十七年计划。

1. 将现有农业推广委员会改组为农业推广总局，以谋农业推广机构一元化。

2. 在南京、广州、武功、武昌（以广州代替北平）成立四个农业推广区分局（或督导处），（根据中美农业技术考察团报告拟设九个督导处，在农林部三十七年计划中可先设四个）。

3. 充实并加强现有各省之推广繁殖站。

4. 在黄泛区及绥靖区内与省政府合作成立农业推广处以管理区县推广工作。

5. 利用中央财力、人力充实现有省级、县级推广机构（省级就原有之二〇个推广辅导处外，在农林部三十七年计划中增设十五个，县级推广工作则由省辅导处加强督导）。

（三）土地测量：由地政部参照农林部原拟方案先就浙江省着手草拟三十七年土地测量计划（包括技术之协助及器材之供应），于八月底前送农林部汇编。

（四）农业教育：先定北平、南京、广州（加列广州）三地为实行农业研究推广教育之三合作中心点，并请全国经济委员会函教育部请拟具计划，于八月底前送农林部汇编列入农林部三十七年度计划中。

（五）关于建设肥料厂及三十七年化肥之供应。

1. 建议全国经济委员会呈报行政院请速拨一千四百万美元之外汇向联总洽定十四万吨肥料，以免逾时失败。

2. 自筹美金八百万元建立第一个年产十五—二〇万吨肥料厂。

（六）农贷：建议于农林部三十七年计划中向美提出农业仓库及农产加工设备器材等项之协助，以配合粮食增产。

（七）农业研究：照原列意见通过列入农林部三十七年计划中。

（八）农业机械：于农林部三十七年计划中提出。

1. 贷款二五〇万美元购买曳引机等发动用之燃料机油并修配零件。

2. 贷款二百万美元购买曳引机、抽水机、掘井机等。

3. 贷款八百万美元购买美国原料。

（九）防治病虫药械。

照原料意见列入农林部三十七年度计划。

中美农业技术合作草案摘要　　农林部提

民国三十四年我国政府曾拟提请美国政府作中美农业技术之合作，经数度商讨，两国政府乃同意成立中美农业技术合作团，由美方选派专家十人，我方选派专家十三人共同组织，并聘请中美专家多人为技术顾问，以协助进行。该团工作于三十五年六月二十七日开始，曾在国内各地实地考察十一星期，在京整编报告五星期．此项报告已由农林部印行并呈行政院核阅。该团结束后，农林部曾召集中央有关各部会共同讨论报告内容，并听取各方意见后复经多次研究．并邀美籍专家讨论结果，完成此项合作草案，兹将草案内容摘要如后：

我国经八年抗战农民经济元气大伤，几濒破产。为针对当时环境，我国农业施政主要目的首为恢复农民经济元气，扶助收复区农民，使之复业，故一面运用联总援我经济物资如肥料、农具、防治病虫药械、牲畜等施送农民，一面由中国农民银行放款五百亿元，直接贷与农民，同时设法增加蚕丝、棉花及食粮生产，以应衣食原料之需给，或以谋得外汇。为配合上项政策之实施，农林部并增设或充实各附属机构，俾令负起使命，以图农林、畜牧、兽医与垦荒工作之发展，总计三十五年度农林部与中央有关各部会及各省政府对于农业方面之经费共达国币一九，四五五，五三七，四九六元（因国币价值时有变化，三十五年三月份美金一元法定汇率为国币二，〇二〇元，同年八月美金一元为国币五，三五〇元，三十六年二月美金一元为国币一二，〇〇〇元）。

三十六年度我国农业施政主要事项乃为加强农业研究与增加食粮棉花及可出口农产品之生产暨防治灾害，推行小型水利工程与水土保持及继续农业复员工作等。本年度农林部与中央有关各部会及各省政府核定用于农业方面之预算共为一一五，八九一，一五六，〇〇〇元，为达成前项任务，有亟待进之重要工作而，拟提请举者计有下列十项：

一、奖励农产品出口　欲谋发展中国农产品之出口，必须改善中国市场管理方法，良以我国出口产品既无商业标准，而运输、包装、储藏方法复不完善，以致出口产品在运输途中辄受极重而并非不可避免之损失，为求改善市场制度，特建议成立全国农产品管制局，并在各重要商埠及海口设立分局，以执行出口农产品之检验与管制。

二、农业推广　欲冀恢复战前农民生产力，以实行农业复员与为农民服务，而确能加实惠于农，则我国之农业推广制度必须扩充，兹举其方式如下：

1. 将现有农业推广委员会改组为全国农业推广局。

2. 在南京、北平、武功、武昌成立四个农业推广区分局，执行大规模示范工作。

3. 充实并加强现有各省之推广繁殖站。

4. 黄泛区及绥靖区内与省政府合作成立农业推广处，以管理区县推广工作。

5. 利用中央财力、人力，充实现有省级县级推广机构。

三、土地测量　建议在浙江省利用已完成之地面三角网，先行实施航空测量。

四、农业教育　建议选定南京、北平为实行农业研究与推广教育合为一体之两中心点。

五、建设肥料厂　农田施用化学肥料，设能广泛示范成功，使农民普悉化肥功用，则以中国幅员广大，全年将需化肥一千至二千万吨，据估计，截至三十六年底止，中国化肥厂陆续恢复后每年仅可生产化肥十八万吨(东北生产量除外)，依据事实需要，特建议向美国政府提请贷款二千万美元，先办一个铔肥厂，每年可生产十五至二十万吨，设能多得贷款，则视增贷款额如何再递次举办每年生产二十五万吨之第二铔肥厂与每年生产五万吨之磷酸铔肥厂。

六、民国三十七年化肥之供给　预计明年度我国所需化学肥料至少尚缺三十八万吨，假令能有外汇可购入八万吨，则仍缺三十万吨，必须设法获得据估计化肥每吨价值约为七十美元(包括运费及保险费)，则三十万吨将需美金二千一百万元，为此特建议向美国提出此项借款。

七、农贷　农贷基本原则为利用放款，扶助农民增加生产与改良农产品之加工运销为便利粮食、棉花、烟草、丝、茶、蔗糖、桶油七种农产品销路起见，亟应在国内交通要点成立仓库网，在原草案提出之清单中，其所包括之仓库材料、加工材料及增加生产之必须器材希望取得美国贷款，从美购回后转借农民或为农民服务。

八、农业研究　如何充实我国桐油、蚕丝、羊毛、农业经济、畜牧兽医及水产之研究，业在原草案每一项目下详加列述，为执行各项研究工作，则关于参政方面之图书设备，殊属必要。故特建设迅即成立中央农业图书馆，为领导各项研究工作，必须罗致培植充分合格技术人才时，更建议向美国政府要求每年赠给我国三十个奖学金名额，每一名额在美研究两年，此项奖学金继续五年，共为一百五十个名额，俾我国农业研究工作者得在美国要求深造。

九、农业机械、曳引机、抽水机、凿井机等之使用须有发动燃料与机油，并须随时备有修配零件，故建议向美国政府贷款二五〇万美元购买此项物资，贷为农民，以增加农业生产。又我国现有前项机器，殊不敷用，须再向美国政府贷款二百万美元购买曳引机、抽水机、掘井机，俾可广为农民服务，扩大粮食增产工作。再农林部主办之农具制造工作，恒感原料昂贵，制品成本太高，资金运用不灵，故更建议向美国贷款八百万元，购买美国原料，在中国制造廉价农具，俾每一农民均得享用。

十、防治病虫药械，使用药械以防治农作物病虫灾害，而增加农业生产，其利薄效著，世所公认。目前国内农民对于病药械需要甚切，为量亦多，故特建议开办病虫药械制造厂五所，以应需求，并希望美国政府贷我美金五百万元，以之购备建厂所需机器与原料。

前述十项均根据三十五年中美农业技术合作团报告内容而草拟者，亦为我国恢复战后农业所切要而较重之事项，用特提议以为中美农业技术之初步合作。惟值兹战后，疮痍满目，农民经济亟待恢复之际，为安定我国社会，复兴农业，吾人实应处于主动地位，以发动增大我国农业工作而其所需费用自亦甚巨，我国政府除原定用于农业方面预算外，尚须增筹国币三千六百七十八亿元及美金五百六十四万元，此项美金用途是将配合美国贷款，以八百万美元建立肥料工厂，五百六十万美元购入三十七年度所需化学肥料八万吨，俾以转贷农民，其余四万美元则以之建立中央农业图书馆。吾人深信我国处此百端待举，支用浩繁之时，前述十项工作必须获得美国政府协助，方能顺速完成，故要求美国政府选派专家七十三人,并供给所需器材以协助我国农业复兴工作,尤冀贷给我国五千八百五十万美元及足敷购买“农贷”项所列清单内应需器材之贷金,以应需要。

综之,复兴我国战后农业殊为我人应尽之责,无论美国政府给予吾人之协助如何,而吾人对于美国政府之盛意则当深致感谢者也。

〔国民政府全国经济委员会档案〕

6. 国民政府 1948 年中美农业技术合作计划方案节略

(1918 年)

民国三十七年中美农业技术合作计划

甲　引言

民国卅四年我国政府向美国政府提出中美农业技术合作之建议,经数度之商洽,两国政府同意组织中美农业技术合作团,其目的在提供发展我国农业并改进我国农事行政之珍贵意见,当由美国政府于其农学界中选择富有声望之专家十人,会同我国具有同等地位之专家十三人共同组织成立,并请中美双方其他有关方面人士襄助其事。卅五年六月,该团开始工作,先以十一周之时间视察我国重要农业生产区域及其市场,继以五周时间全部人士在京会商研究,并编制报告,虽为时并不甚久,但对于我国主要农业问题颇获有精确之观点。

自该团之报告提出后,农林部即会同有关方面详加研究,会商之结果曾根据其建议制为中美农业技术合作之初步计划。本篇则其准备于卅七年度实施者也。

我国以农立国,故农业之盛衰影响于国家社会经济之荣枯甚巨,盖多数人民之收入既由农产物而来,而一般人民衣食燃料房屋等所需之材料亦全部或大部分由农业生产所供给,故发展农业非特足以改善数居全国人口四分之三之农民之生活,同时对于我国目下生产衰落、经济枯竭之严重局面亦可以谋得其根本解决及改良之途径。

论者或谓我国建设应以工业为第一，实则工业之发展应以农业为基础，农工两业须相辅而能成。盖提高乡民之购买力，则大量之工业生产品始有顾主，同时我国用以易取外汇之出口货中，百分之七十为农产品，非大量输出农产品，工业界亦无力输入其须向外国采购之大批器材与原料，故发展农产，足以增加出口，鼓励工业而大有助于国家经济之复兴。若中美两国政府在技术上有所合作，自当以考虑农业技术合作为先务。

按美国总统杜鲁门曾于卅五年十二月十九日之华府记者招待会中重申美国之对华政策，与其发表对于给予我国创造性援助之方法与工具均将加以审慎之同情与考虑时便提及中美农业技术合作之事，谓该团之建议已提供中国政府，吾人并准备协助中国实施该建议云云(见卅五年十二月廿日申报)。我国则邹树文先生等十一人在参政会中亦建议政府拨款二千亿元作我方经费，请积极促进中美农业技术合作之提案，经参政会通过后并经国务会议交行政院核办，不论我国或美国政府均已有促使中美农业技术合作计划早日实施之决心矣。

惟中美农业技术合作团报告书中建议之事项甚多，限于我国目前之人力、财力，既不能同时全部办理，更不能一蹴而就，爰与若干农学专家再三商讨，斟酌国内外之经济条件与需要，权衡建议各项之轻重与缓急，择其最切实而易收效果者，列入第一步合作计划之内，其中以加强并扩大农业推广工作为主，且对于丝茶及桐油三项外销物资特别加以注意。同时则加强农业研究工作，先置重点于桐油、农业经济与渔业三项，盖推广之于研究亦相辅而成者也。兹将三十七年中美农业技术合作之实施计划详列于次：

乙、农业推广之部

农业推广之任务在以农业研究所得之优良技术及推广材料传

达于农民，并为农民服务以增进农业生产，并改善农民生活。我国以农民占最大多数，但现在则几全部陷于穷愁惨苦之境地。当兹国家经济凋敝亟待复兴之时，农业推广工作尤应加重，按我国年来推广方针如下：

粮食　卅七—卅九年实行粮食增产三年计划，预期于计划完成后能增加粮食生产量，达到自给自足之地步。

棉花　自卅六—卅八年实行棉花改进三年计划，盼于卅八年以后我国每年能生产皮花二千五百万市担，俾供国内之需。

蚕丝　自卅七—四六年推行蚕丝增产十年计划完成后，希望每年能产丝达战前标准之三十万市担，分两期进行，第一期五年计划完成后，盼能年产丝达十七万三千市担之数。

茶叶　自三十七—四六年办理茶叶复兴十年计划，期能于计划完成后，增加出口茶叶年达二百五十万市担。

桐油　自卅七—四六年举办桐油推广十年计划，期能增产桐油至年达五百万市担之标准，恢复世界市场。

防治兽疫　自三十七—四六年十年中拟积极展开防治兽疫工作，其目标在消灭牛瘟，并使猪瘟之死亡率减至百分之十以下。

农产运销　拟于三十七—三十九年内先行试办棉花运销十处，烟草运销一处，茶叶及桐油运销各二处，待获得经验后再举办其他农产物之运销工作。

兹本以往我国推广工作之经验及中美农业技术合作团之建议，照上列方针拟订三十七年度农业推广实施计划如后：

一、我国之推广机构及经费预算

(一) 推广机构系统

1. 中央——农林部农业推广委员会负统筹推广之责。

2. 省——各省之农林处农业改进所等机构内均有负责推广工作之部分，农业推广委员会在各省派有驻省代表作为中央与省方办理农业推广之联系者，同时协助省方之工作。又省内设有农业推广辅导区，辅导省内之推广工作系有省方主办农业推广委员会，加以协助者计现在已共设有辅导区二十处，即江苏之吴县与淮阴，浙江之杭州、金华与宁波，安徽之蚌埠、芜湖，江西之南昌，河南之郑州与许昌，山西之运城，陕西之咸阳、大荔，四川之华阳、壁山，湖北之武汉、襄阳与沙洋，贵州之贵阳与福建之福州。

3. 县——县农业推广所为推进县内实际农业推广工作之机构，现在计设有七一二所，占全国县份百分之三五.八。

4. 推广繁殖站——繁殖优良品种等推广材料，由农林部分区设立，现在计成立南京（苏皖区）、杭州（华东区）、顺德（华南区）、邵阳（华中区）、武昌（鄂豫区）、柳州（西南区）、成都（华西区）、武功（西北区）及青岛（华北区）等九站。

5. 棉产改进处及烟草改进处——直属农林部办理棉产及烟草推广改进事宜。

二、经费　近年来中央农业推广经费如下：

三十五年度　三五〇，〇〇〇，〇〇〇元.

三十六年度　三，三三〇，〇〇〇，〇〇〇元，内计经常推广事业费八.六亿元，繁殖站一.八亿元，治蝗费六.九亿元，绥靖区复耕区复耕费一六亿元。

按三十六年经费虽似高出三十五年者甚多，但物价何止高涨十倍，且三十六年之治蝗费及绥靖区复耕费有指定之特殊用途，而经常推广事业中且较上年增加茶叶推广一项，故三十六年推广经费实际上较三十五年为少。

三十六年棉产改进经费九〇亿元，烟草改进经费三〇亿元，另由国库拨发，不在上列经费以内。

中央方面，因农业推广经费极为短少，故虽已择要设有推广机构，并办理若干推广业务，今后可加重利用，但一切均尚有待充实。

省方农业推广机构经费各省不同，其数较中央更少。县推广经费则尤较省经费为少，故省方及县方之推广工作较中央尤为难，于推广更有待于充实及补助。

二、三十七年之推广业务

（一）粮食增产

1. 目标　农业推广委员会历年均从事粮食作物之推广与改进，如三十五年推广良种、推广肥料及指导农民防治病虫害，全部处理面积计达一五，八六三，〇〇〇市亩，估计因此增产食粮约七，二四三，〇〇〇市石，又毁蝗卵四，五五七市斤，扑灭跳蝻二三，四二二市石，蝗虫二，六〇〇市石，受益田亩五九二万市亩，但上项工作尚不能适合本国之需要，兹拟于三十七年起加强粮食推广工作，俾于三十九年（即加强工作后之第三年）起，每年可增产食粮如下数：（甲）稻谷二，〇〇〇万市担，（乙）小麦一，二〇〇万市担，（丙）杂粮二，〇四〇万市担，（丁）蔬菜五〇〇万市石，以期达到粮食自给自足之地步。

上项计划分三年实施，第一年拟达到之工作目标如次：

稻谷　五〇〇万市石

小麦　三〇〇万市石

杂粮　三七二万市石

蔬菜　一八〇万市石

2. 工作项目及实施办法

（1）上项计划由改进稻、麦、玉米、高粱、小米、甘薯及马铃薯与蔬菜几种作物入手，使能增加其产量。

（2）改进之方法如左：

A. 换用优良品种，

B. 推广化学肥料及油粕肥料等，

C. 防治病虫害，

D. 浚修水利并改良栽培方法，

E. 协助泛区及绥靖区等复耕，以增加生产面积。

3. 工作区域　择定全国缺粮之八个区域分设八个中心据点

及五〇个附属据点办理，其区域及地点如下：

增产供应区	中心据点	附属据点
苏浙皖区	南京	无锡、松江、吴县、上海、淮阴、徐州、杭州、蚌埠、安庆、芜湖、合肥
湘鄂赣区	长沙	武汉、沙市、襄阳、常德、邵阳、衡阳、南昌、吉安、赣县
闽台区	台北	福州、漳州、台南
两粤区	广州	曲江、柳州、梧州、桂平、潮州
豫陕晋区	开封	许昌、南阳、洛阳、安阳、武功、大荔、泾阳、大谷、临汾
冀鲁察绥区	北平	天津、昌黎、保定、石家庄、潍县、济南、济宁、张家口、归绥
辽吉区	沈阳	公主岭、锦州
四川区	重庆	泸县、合川、万县、绵阳

4．工作人员及负责推进机关　上项计划之全部实施须用技术人员一千三百人，拟尽量由中央、省方及县农业改进机构内调用人员办理，不足之数再设法另行添用。

上项计划由中央农业实验所与农业推广委员会分工合作分别办理，关于调查研究事项由中央农业实验所办理，关于良种之繁殖供应示范推广与督导事项由农业推广委员会办理。

5．经费及物资（详细预算见农林部粮食增产计划纲要草案）

项目	经费	备考
(1) 我国政府筹拨之经费	开办费： 二五，〇〇〇，〇〇〇，〇〇〇元	
	事业费： 五五，〇〇〇，〇〇〇，〇〇〇元 共计法币： 八〇，〇〇〇，〇〇〇，〇〇〇元	

续上表

项　目	经　费	备　考
(2) 需要之农贷	购买良种费： 一二〇,〇〇〇,〇〇〇,〇〇〇元	良种四〇万市石,每石三〇万元,收购计上项良种在□内各粮作推广区收购。
	肥料贷款： 四〇〇,〇〇〇,〇〇〇,〇〇〇元	化学肥料二〇万吨,每吨贷款二〇〇万元,计上项肥料拟请FAO及合作团设法筹拨。
	贷放油粕购置费： 八〇〇,〇〇〇,〇〇〇,〇〇〇元	贷放油粕二十万吨,每吨以四百万元计。
	防病虫贷款： 一〇〇,〇〇〇,〇〇〇,〇〇〇元	三百亩,每亩三万三千元计,一部分药械拟请FAO及合作团设法筹拨。
	小型水利贷款： 一八〇,〇〇〇,〇〇〇,〇〇〇元	
	共计法币： 一,六〇〇,〇〇〇,〇〇〇,〇〇〇元	
(3) 须请美国贷款者	化学肥料： 二〇〇,〇〇〇吨	
(4) 须请联总拨给者或由部自行购置者	种子处理药剂五〇,〇〇〇磅 氟矽酸钠三〇〇吨 砒酸钙二〇,〇〇〇磅	

（二）棉花增产

1. 目标　我国居世界产棉国之第三位,民国二十五年产棉额高达一千七百万市石,以后受战事影响棉田遭摧残者甚多,棉产大减,如三十五年产棉七百五十万市石,尚不及二十五年之半数。抗战期间内地需要棉花,曾首由农产促进委员会,继由农业推广委员会负责推广,计自二十八年至三十五年止,八年中由扩充棉田推广良种与防治病虫害入手,推广面积汇积合计一,五五七万亩,增加皮花二五五万市担,胜利以来,国家需棉更多更亟,乃成立棉产改进处(仍受农业推广委员会之指导),当司棉花推广之责(主要任务为在我国重要棉区推广美棉),准备自三十六年起至三十八年止,三年中增加国内棉田面积达八千万市亩,年产皮棉二千五百万市担供应国内之需要。

2. 工作项目及实施办法 上项计划拟由(甲)推广良种,(乙)防治病虫害,(丙)介绍低利农田生产贷款,(丁)办理运销合作,(戊)取缔掺水、掺杂,实施分级检验五大项目入手。自今春开始工作以来,已办下列诸事:(甲)成立棉产改进处,于冀、鲁、苏、浙、皖、鄂、湘、川、赣、陕、晋、豫十二省设棉场二十处(北平、高密、孝陵卫、海州、江浦、狼山、太仓、扬思、萧山、怀宁、武昌、随县、澧县、永修、泾阳、大荔、临汾、商丘、安阳与南京麻种场),植棉指导区三十三处(北平、保定、天津、石门、鲁东、鲁北、金陵、海州、徐州、通埠、上海、杭州、萧山、安庆、阜阳、合肥、随枣、襄樊、荆沙、天沔、津市、遂宁、南昌、泾阳、大荔、长安、南郑、运城、商丘、安阳、汝南、郑州、闵乡),前者负良种研究繁殖之责,后者负示范推广技术指导之责。(乙)今年春季已将联总运棉籽三,一五六吨及国内收购之良种四万五千市石推广与棉农,并配合生产贷款一千四百亿元。预计今年棉花推广工作之成就与计划中所预期者大致相差不远。

三十七年之工作要点如次:

(1) 继续三十六年工作,希扩充棉田面积达七千二百万亩(内美棉占半),俾能生产皮花二千一百万市石。

(2) 成立棉花检验所,取缔掺水掺杂,办理分级检验工作。

(3) 与中国农民银行合作利用联总输入轧花设备,成立轧花厂十处。

3. 工作区域同三十六年

4. 工作人员及负责推进机构 十二省我国主要棉区之棉花(以美棉为主)推广工作约需工作人员九百人,仍由棉产改进处负责办理

5. 经费及物资

项　　　　目		经　　　　　费	备注
(1) 我国政府筹拨之经费	购买良种及其运费	五四,〇〇〇,〇〇〇,〇〇〇元	
	繁殖及推广费	一五,三〇〇,〇〇〇,〇〇〇元	
	检验费	二,七〇〇,〇〇〇,〇〇〇元	
	轧花设备费	六,〇〇〇,〇〇〇,〇〇〇元	
	研究及管理费	二,〇〇〇,〇〇〇,〇〇〇元	
	共计法币	八〇〇,〇〇〇,〇〇〇,〇〇〇元	
(2) 需要之农贷	推广美棉生产贷款	三〇〇,〇〇〇,〇〇〇,〇〇〇元(法币)	
(3) 请联总拨给者	新型自动轧花机	一五套	

(三) 蚕丝增产

1. 目标　饲蚕为我国重要农家副业,影响国民经济甚大。民国十五年至二十四年之间,平均每年丝绸出口合约十七万市担,二十五年出口之家蚕、榨蚕生丝及丝织品合计十万市石,战时桑园破坏三分之二,以致三十五年全国产丝之总量仅六万市石,出口丝绸合计仅一万市担,尚不到战前平均出口量十分之一。现在欧美各国对于丝绸仍大量需要。兹拟自三十七年至四十六年实施蚕丝增产十年计划,以期恢复至战前之产量(即每年产三十万市石),本计划分二期实施,其第一期五年之工作目标希望能增加蚕丝产量每年达十七万三千市石。

2. 实施办法　欲改进我国蚕丝业增加出口数量,自栽桑、育蚕、缫丝至织绢绸各步工作均应加以注意,但其第一步工作尤应自扩大桑园面积一事入手,我国为恢复蚕丝生产业务,曾自三十五年组织蚕丝产销协导委员会及中国蚕丝公司负责推行,二年来已推广桑苗八千万株,与中国农民银行合作以低利贷款鼓励农民育蚕,以有利价格收茧合作缫丝,其余各私家蚕种场亦已于去年增制蚕种三十万张,且在积极扩充育蚕指导所,以共同催青及稚蚕共育办

法改良育蚕技术。三十七年之工作拟仍照以往方针继续进行,仍先由江、浙、粤、川四省入手,其工作要点如次:

(1)于浙江之长安及广东之顺德,增辟桑苗一千七百亩,俾连同前有苗圃共达一万四千亩,能育苗二亿株。

(2)更新桑园五分之一约八十万亩,另增植桑园十万亩。

(3)增产蚕种四〇万张,俾达全国年产二八五万张之数。

(4)于苏、浙、川三省增设育蚕指导所三〇〇所,以共同催青及稚蚕共育办法改进育蚕技术。

(5)应用新缫织机器改良缫织技术。

3. 工作人员及负责机构　上项计划以往由蚕丝产销协导委员会及中国蚕丝公司办理。三十七年关于收茧制丝及出口事宜仍由该协导会及公司办理。关于栽桑育蚕之指导等推广工作拟交由农业推广委员会办理。

4. 经费及物资

项	目	经费	备注
(1)我国政府筹拨经费	育苗鼓励费及桑苗推广费	二,五〇〇,〇〇〇,〇〇〇元	全部经费九〇亿,内六五亿拟用农业贷款,其余鼓励及推广费各上数。
	更新桑园推广费	四,八〇〇,〇〇〇,〇〇〇元	全部四八〇亿元,内什九用农贷推广行政费,由政府供给如上数。
	育苗指导费	三,六〇〇,〇〇〇,〇〇〇元	全部费用七二〇亿,其中百分之九五由中蚕公司于收茧费中抽百分之二为指导费充之,另由政府供给百分之五以示鼓励。
	共计法币	一〇,九〇〇,〇〇〇,〇〇〇元	
(2)需要之农贷	培育桑苗贷款	六,五〇〇,〇〇〇,〇〇〇元	

续上表

项	目	经　　费	备　　注
	更新桑园贷款	四三.二〇〇.〇〇〇.〇〇〇元	
	育蚕生产贷款	一〇〇.〇〇〇.〇〇〇.〇〇〇元	
	共计法币	一四九.七〇〇.〇〇〇.〇〇〇元	
项	目	三　十　七　年	三十七年—三十九年
(3) 请美国政府贷款者	新式绢纺机	三.〇〇〇锭	一二.〇〇〇锭
	丝织机	二〇〇台	一.〇〇〇台

(四) 茶叶增产

1. 目标　我国直至十九世纪末叶均维持为世界最大茶叶输出国，其后因生产及制造法之落后，未能与印度、锡兰荷印等国竞争，致近年来世界各国出口茶叶总数计每年计达八百万市石，而我国二十九年之出口量尚不到七十万市担，仅占总出口量中十二分之一。抗战期间我国主要茶区多遭摧毁，兹拟自三十七年起十年中设法增产茶叶，使出口量能达二百五十万市石目标。

2. 实施办法　农林部与三十六年度以一亿元之经费，已开始在浙江平水、安徽祁门、福建崇安设置茶树推广苗圃，繁殖苗木，并开始整理黔、闽、浙、皖茶场之旧有茶园工作，但以经费过少，尚未有甚头绪。三十七年度拟办之工作要点如次：

(1) 引入台湾现有各茶叶品种，研究其在国内之适应性，以便推广。

(2) 在浙、皖、闽三省培育茶苗计共一千亩。

(3) 协导浙、皖、闽、赣、湘五省之农事机构，更新茶园十万亩，增产茶叶三万石。

(4) 于浙、闽、皖三省之产茶区推广揉茶机，以改进茶之品质，并增加茶之产量，于安徽祁门及浙江平水购置精制机设备示范机械制茶厂，以改进制茶技术而减低其生产成本，同时试办合理之运销。

3. 工作人员及负责机构　上项工作交由农业推广委员会邀同茶叶专家办理。

4. 经费预算

项	目	经　　费	备　注
(1) 我国政府筹拨之经费	育　苗　费	二、二〇〇,〇〇〇,〇〇〇元	
	茶苗推广费	四〇〇,〇〇〇,〇〇〇元	包括运输费
	示范茶场及采茶机推广费	一、五〇〇,〇〇〇,〇〇〇元	
	机器制茶厂开办费	二、〇〇〇,〇〇〇,〇〇〇元	
	机器制茶厂事业费	一、〇〇〇,〇〇〇,〇〇〇元	
	调查研究费	五〇〇,〇〇〇,〇〇〇元	
		共计法币七、六〇〇,〇〇〇,〇〇〇元	
(2) 需要之贷款	示范茶园更新贷款	三〇,〇〇〇,〇〇〇,〇〇〇元	每亩三十万元
	制茶合作社贷款	四〇,〇〇〇,〇〇〇,〇〇〇元	
	共计法币	七〇,〇〇〇,〇〇〇,〇〇〇元	

（五）油桐推广

1. 目标　战前之桐油市场几为我国所独占，当时估计年产约三百万市石，其中外销者约百分之七十，作战期间因桐油不易出口，油价过低，以致油桐树被砍去者在半数左右，现在之产量尚不到战前之半数。现在美洲各国虽在提倡植桐，但因桐油为优良工业原料需要仍大，现拟自三十七年起于十年之内大举推广植桐，俾民国四十六年后可产桐油五百万市石，以供世界商场之需要，藉以易取外汇供建国之需要。

2. 实施办法　按我国生产桐油之区域最广，但出产桐油五百万市担所需之土地面积究属有限，故以后拟采用集中生产方针，择最适宜之区域集中栽培,俾既易改良其栽培方法,且可采用新式油榨,增加桐油之产量而提高其品质,品质划一之后,运销可以改善,而成本更可减少,三十七年为实施油桐推广计划中之第一年,拟先办下列诸事。

(1)于四川、湖南、广西、湖北、浙江及广东增植油桐三千万株。

(2)于植桐区域指导农民改良栽培技术。

(3)于四川(涪陵)、广西(桂林)、湖南(沅陵)、湖北(恩施)及浙江(金华)设立油桐种苗繁殖场,繁殖优良种苗以备推广,并调查选定适当之地区准备大面积推广植桐。

(4)于现在植桐比较集中之区域如四川之万县、云阳、泸县、涪陵,湖南之沅陵、辰溪,广西之三江、柳城,浙江之兰溪等处筹备桐油运销合作。

3. 工作人员及负责推行机构　上项计划由农业推广委员会及中央农业实验所合作办理推广及繁殖工作,由前者负责,后者派专家协助,研究工作则由后者负责办理。

4. 经费及物资

项	目	经　费	备　注
(1)我国政府筹拨之经费	苗圃及种苗繁殖	一,五四〇,〇〇〇,〇〇〇元	
	示范推广费	二,〇一五,〇〇〇,〇〇〇元	
	人才训练费	六五〇,〇〇〇,〇〇〇元	
	推广运输旅运费	一,七九五,〇〇〇,〇〇〇元	
	购买必要器材设备费	一〇〇,〇〇〇美元	
	共计法币	六,〇〇〇,〇〇〇,〇〇〇元	
		又美金一〇〇,〇〇〇美金元	
(2)需要之农贷	桐油生产贷款	六〇,〇〇〇,〇〇〇,〇〇〇元	计推广六〇万亩每亩十万元

续上表

项	目	经费		备注
	榨油贷款	六〇,〇〇〇,〇〇〇,〇〇〇元		
共计法币一二〇,〇〇〇,〇〇〇,〇〇〇元				
(3) 请美国贷款者	安氏榨油机	三十七年	三十七—三十九	
		五	二〇	

(六) 防治兽疫

1. 目标　我国平时家畜、家禽罹疫病而死者甚多，估计牛之罹牛瘟而死者约占百分之五，猪罹猪瘟而死者达百分之二〇，鸡之罹鸡瘟而死者更高达百分之六〇，故防治兽疫虽为一消极性之工作，但在我国极关重要且易收实效，按我国防治兽疫工作，因畜牧学家之努力及年来联总物资之协助，已成立甲级兽疫防治处制造血清及菌苗计东南(南京)、华北(北平)、西南(兰州)、华西(成都)及西南(贵阳)等五处。乙级兽疫防治处计绥远(归绥)及青海(西宁)两处，并已于粤、桂、闽、台、浙、赣、湘、鄂、川、黔、鲁、陕及绥十三省之省农业机构内成立防治兽疫部分。盖对于防治兽疫之工作已略具基础，今后更拟在中央机构负责研究工作，并分区制造血清菌苗，而由省及地方政府在与中央密切合作下办理防疫工作之原则下将工作积极展开，希望能于三十七—四十六年之十年中能办到下列四点：(甲) 充实已经设立之各防疫机构，并训练二〇〇〇防疫技术人员以供分配全国之用。(乙) 十年内根绝牛瘟。(丙) 将猪因罹猪疫而死之死亡率减至百分之十以下，在粤、赣、鄂、浙、台、冀六省及上海市推动防治兽疫工作。(丁) 推行牲畜保险制度。

2. 实施要点　按三十六年农林部与行总密切合作预防注射牲畜约二十万余头，以后拟按照上列目标更积极推动之，三十七年之实施要项如下：

(1) 训练防疫技术人员一七五人，成立七个防疫队，每队二十五人。

(2) 上列防疫队分发在苏、浙、赣、鄂、川、黔、桂七省从事防疫工作。

(3) 准备注射牛瘟疫苗四〇万头，猪瘟疫苗二〇万头。

(4) 在防疫区域内成立防疫情报网，以便收集情报，并于发生疫病时能立即实施隔离及防治工作。

(5) 择若干防疫地点推行牲畜保险工作。

3. 工作人员及负责机关　上项计划由农业推广委员会会同中央畜牧实验所及各兽疫防治处合作实施农民组训及收集兽疫情报等推广工作，由农业推广委员会办理，俟有兽疫发生由防疫队前往防治，至于制造疫苗及血清等技术工作，由中畜所及各兽疫防治处负责。

4. 经费及物资

<table>
<tr><th colspan="2">项　　目</th><th colspan="2">经　　费</th><th>备　注</th></tr>
<tr><td>我国政府筹拨之经费</td><td>添置必要设备费</td><td colspan="2">八〇，〇〇〇美金</td><td></td></tr>
<tr><td></td><td>制造菌苗及购置药械费</td><td colspan="2">一，五〇〇，〇〇〇，〇〇〇元</td><td></td></tr>
<tr><td></td><td>防治人员训练费</td><td colspan="2">八〇〇，〇〇〇，〇〇〇元</td><td></td></tr>
<tr><td></td><td>防疫人员薪津费</td><td colspan="2">一，六〇〇，〇〇〇，〇〇〇元</td><td></td></tr>
<tr><td></td><td>防疫费</td><td colspan="2">一，四〇〇，〇〇〇，〇〇〇元</td><td></td></tr>
<tr><td></td><td>农民组训费</td><td colspan="2">八〇〇，〇〇〇，〇〇〇元</td><td></td></tr>
<tr><td></td><td>赔偿准备费</td><td colspan="2">六〇〇，〇〇〇，〇〇〇元</td><td>以损被防治牛猪千分之一计</td></tr>
<tr><td colspan="5">共计法币　六，七〇〇，〇〇〇，〇〇〇元</td></tr>
<tr><td colspan="5">又美金八〇，〇〇〇美金元</td></tr>
<tr><td rowspan="2">请美国贷款者</td><td rowspan="2">尸体处理机干冰制造机</td><td>三十七</td><td>三十七—三十九年</td><td></td></tr>
<tr><td>一三</td><td>三九</td><td></td></tr>
</table>

（七）农产运销

1. 目标　我国农产物由乡镇市内商人买卖运销，缺乏合理之组织与运用，故产物之品质既驳杂不纯，不易外销，且乡人遭商人之剥削非特不易获利，抑且常常亏本，为配合上述各项农业增产工作，自三十七年起以三年为期试办此种农产运销合作，以期提高乡人之所得及产物之品质。

2. 实施办法　办理合理之农产运销虽为改进农业生产主要途径之一，但国内对此有技术经验之人才绝少，故初办拟先由产品集中且较易分等之棉、茶、烟及桐油入手，俾获得经验后再行推广于其他农产物，其第一年实施要点如次：

（1）假联总输入之轧花设备在棉产中心地点办轧花打包厂十处，办理棉花合作运销工作。

（2）在下列各地点办烟、茶及桐油运销工作：

烟叶　河南之许昌，

茶叶　浙江之平水及安徽之祁门，

桐油　四川之万县、涪陵及浙江之兰溪。

（3）管理市场取缔掺水掺杂等恶习，使买卖双方均能获得公允之价格。

（4）建筑并改良仓库系统，于中心市场及生产地点分别设立总仓库及分仓库，以科学的仓库经营法管理之，对于栈单之运用尤应加以改进，使之合理。

（5）组训农民，使参加运销合作

（6）研究产品分级标准，开始检验工作并教导农民使逐渐习惯于农产分等之办法。

3. 工作人员及负责推进机关　上项计划中之棉产运销工作由棉产改进处，烟叶运销由烟产改进处会同农业推广委员会办理，其余茶叶及桐油合作运销则交由农业推广委员会办理，按运销工作需要庞大之资金，故上项计划应由负责机关会同中国农民银行密切合作办理之。

4. 经费及预算

项	目	经	费	备注
（1）我国政府筹拨之经费	仓库及检验所建筑费	一二，〇〇〇，〇〇〇，〇〇〇元		烟、茶、油仓每仓每期建屋六六〇间，每间以四百万元计，按棉仓预算已列棉花增产内，故未列入。
	仓库设备费	一二，〇〇〇，〇〇〇，〇〇〇元		
	置备检验器材	八〇，〇〇〇美金		
	购置检验器材及其运输费	二，五〇〇，〇〇〇，〇〇〇元		
	仓储及检验业务费	一，二〇〇，〇〇〇，〇〇〇元		
	运销组织推广费用	一，二〇〇，〇〇〇，〇〇〇元		
	共计法币	二九，二〇〇，〇〇〇，〇〇〇元		
	又美金	八〇，〇〇〇美金元		
（2）需要之农贷	运销资金及其周转费	法币三〇〇，〇〇〇，〇〇〇，〇〇〇元		共十五处每处以二百亿元计
（3）请美国政府资助者		三十七年	三十七—三十九年	
	棉花检验分等仪器全套	二〇套	二〇套	
	烟叶检验分等仪器全套	二套	五套	
	茶叶检验分等仪器全套	二套	一〇套	
	桐油检验分等仪器全套	三套	一〇套	

〔下略〕

附一九四八年"中美农业技术合作"计划内之经费及"农贷"表

民国三十七年中美农业技术合作计划内由我国政府供给之经费及农贷

项目	经费		农贷
	法币（单位：元）	美金（单位：美金元）	单位：法币元
1. 农业推广之部	二五九，〇〇〇，〇〇〇，〇〇〇	四五〇，〇〇〇	二，五三九，七〇〇，〇〇〇，〇〇〇
粮食增产	八〇，〇〇〇，〇〇〇，〇〇〇		一，六〇〇，〇〇〇，〇〇〇，〇〇〇
棉花增产	八〇，〇〇〇，〇〇〇，〇〇〇		三〇〇，〇〇〇，〇〇〇，〇〇〇
蚕丝增产	一〇，九〇〇，〇〇〇，〇〇〇		一四九，七〇〇，〇〇〇，〇〇〇
茶叶增产	七，六〇〇，〇〇〇，〇〇〇		七〇，〇〇〇，〇〇〇，〇〇〇
油桐推广	六，〇〇〇，〇〇〇，〇〇〇	一〇〇，〇〇〇	一二〇，〇〇〇，〇〇〇，〇〇〇
防治兽疫	六，七〇〇，〇〇〇，〇〇〇	八〇，〇〇〇	
农业运销	二九，二〇〇，〇〇〇，〇〇〇	八〇，〇〇〇	三〇〇，〇〇〇，〇〇〇，〇〇〇
充实推广繁殖站	一九，〇〇〇，〇〇〇，〇〇〇		
筹办视教听教工作	六五〇，〇〇〇，〇〇〇	五〇，〇〇〇	
编印推广教材	六〇〇，〇〇〇，〇〇〇		
调整并充实推广机构	一三，一〇五，〇〇〇，〇〇〇	六〇，〇〇〇	
农民组训费	三六〇，〇〇〇，〇〇〇		
聘用外籍专家及推广人员训练费	三，七一〇，〇〇〇，〇〇〇		
农业推广准备费	一，一七五，〇〇〇，〇〇〇	八〇，〇〇〇	
2. 农业研究之部	二九，〇一八，一八七，二〇〇	一四〇，〇〇〇	
油桐研究	一二，六一八，一八七，二〇〇	五〇，〇〇〇	
农业经济研究	一五，〇〇〇，〇〇〇，〇〇〇	五〇，〇〇〇	
农业图书馆	六〇〇，〇〇〇，〇〇〇	四〇，〇〇〇	

续上表

项目	经费		农贷
	法币 (单位:元)	美金 (单位:美金元)	单位:法币元
出国研究员旅费	八〇〇,〇〇〇,〇〇〇		
3. 渔业研究之部	一二,九〇〇,〇〇〇,〇〇〇		
4. 其他	二,八一八,八一二,八〇〇		
以上共计	*三〇三,〇〇〇,〇〇〇,〇〇〇	*六〇〇,〇〇〇	

* 按粮食增产及棉花增产因另有单独计划及预算,故本计划实际需要经费计法币一四三,〇〇〇,〇〇〇,〇〇〇及美金六〇〇,〇〇〇美金元。

〔国民政府财政部档案〕

7. 国民政府全国经济委员会编全国主要农产战前战时及战后之比较表

(1948年5月)

粮食及油籽作物说明

一、资料来源

1. 战前及战时数字系根据中央农业试验所农业经济系调查资料,战前另加农林部农村经济司之热河新疆省资料。

2. 三十五年及三十六年数字系根据农林部向国际发表资料。

二、包括区域

1. 战前包括苏、浙、皖、赣、鄂、湘、川、冀、鲁、晋、豫、陕、甘、青、闽、粤、桂、滇、黔、察、热、绥、宁、新等二十四省,东北九省及台湾尚未收复故不列入。

2. 战时包括宁、青、甘、陕、豫、鄂、川、滇、黔、湘、赣、浙、闽、粤、桂等十五省,其全部或大部沦陷无法调查未列入。

表十　我国主要农产战前战时及三十五年三十六年之比较

甲	粮食作物										
项目	产量(千市担)				占粮食总量之百分数%				指数(以战前平均数=100)		
	战前平均	战时平均	三十五年	三十六年	战前平均	战时平均	三十五年	三十六年	战时平均	三十五年	三十六年
稻谷	1,004,243	726,315	973,885	966,886	38.67	51.44	34.10	34.14	72.31	96.94	96.28
高粱	148,384	32,506	228,451	203,052	5.71	2.38	7.62	7.16	21.91	153.95	136.84
小米	156,894	25,137	234,802	198,607	6.04	1.78	8.10	7.10	16.02	149.65	126.59
玉米	137,169	59,527	230,301	215,475	5.28	4.22	8.12	7.55	43.39	167.69	157.08
糜子	33,946	10,067	29,710	30,494	1.31	0.71	1.04	1.07	29.66	87.52	89.84
甘薯	370,501	216,049	485,511	515,444	14.29	15.30	17.13	18.20	58.31	131.04	139.13
小麦	444,241	169,160	431,035	434,584	17.10	11.98	15.11	15.35	38.08	97.03	97.83
大麦	159,171	85,557	120,804	125,929	6.13	6.06	4.10	4.45	53.75	75.89	79.12
蚕豆	60,536	44,120	60,917	61,867	2.33	3.12	2.13	2.18	72.88	100.63	102.20
豌豆	63,990	41,295	63,099	65,147	2.46	2.92	2.10	2.38	64.53	98.61	101.81
燕麦	17,612	2,341	12,907	14,535	0.68	0.17	0.45	0.15	13.29	73.29	82.53
总计	2,596,687	1,412,074	2,858,485	2,832,020	100.00	100.00	100.00	100.00	154.32	100.08	109.06

乙	油籽作物										
种类	产量(千市担)				占油脂作物总量之百分数%				指数(以战前平均=100)		
	战前平均	战时平均	三十五年	三十六年	战前平均	战时平均	三十五年	三十六年	战时平均	三十五年	三十六年
大豆	122,298	23,868	168,060	159,218	50.17	28.11	57.49	54.54	19.52	137.42	130.19
花生	54,789	9,247	45,272	45,201	22.13	10.88	15.48	15.48	16.88	82.63	82.52
芝麻	13,083	9,294	14,468	13,019	7.00	10.95	4.95	4.46	54.40	84.70	76.21
菜籽	49,571	42,494	64,567	74,505	20.34	50.05	22.08	25.52	85.68	130.20	150.24
总计	243,761	84,903	292,369	291,943	100.00	100.00	100.00	100.00	34.83	119.93	119.76

丙	刺激作物										
种类	产量(千市担)				占刺激作物总量百分数%				指数(以战前平均=100)		
	战前平均	战时平均	三十五年	三十六年	战前平均	战时平均	三十五年	三十六年	战时平均	三十五年	三十六年
烟叶	12,994	9.277	12,992	13,331	—		—	—	71.39	99.98	102.60

3. 战后二年之数字除西藏外包括全国三十五省。

三、各省数字引用年份

1. 战前数字热河为民国二十一年产量，新疆为通常产量，其余二十二省系中农所发表民国二十二年至二十六年之平均数。

2. 战时数字系中农所发表民国二十七年至三十四年之平均数。

3. 三十五年新疆、热河数字与本项说明第一点同，东九省数字系东北行辕农林处发表之三十三年度数字，台湾数字系台湾省第三十四县报告所发表，但非今年数字，西康省数字系农林部所发表，其余二十二省系农林部与粮食部会同订正发表之数字。

4. 三十六年数字：1. 江苏至绥远等二十二省系农林部与粮食部根据三十六年调查资料会同估计。2. 热河及东北九省系根据东北行辕经济委员会农林处及经济调查研究处资料，其中辽宁、辽北及吉林三省系三十五年数字，热河及其余六省系三十二年数字。

3. 新疆省系据新疆田粮处三十五年资料。4. 台湾省系据台湾农林处及粮食局资料，其中稻谷、甘薯、芝麻、花生为三十五年调查数字，其余各项为三十四年数字。5. 西藏资料暂缺。

四、各期数字发表情形

1. 战前及战时之二十二省及十五省数字均系中农所正式发表，新疆、热河由农林部于三十五年度发表。

2. 三十五年及三十六年数字均经粮食部与农林部会同对国际发表。

3. 三十五年及三十六年度数字以资料未臻完善，拟待搜集完整后再加修正。

丁	纤维作物										
名称	产量(千市担)				占纤维作物总产量百分数%				指数(以战前平均＝100)		
	战前平均	战时平均	三十五年	三十六年	战前平均	战时平均	三十五年	三十六年	战时平均	三十五年	三十六年
皮棉	16,185	4,831	7,430	10,877		..		-	29.80	45.90	67.20
麻类	—	7,488	--	11,407		-		--	--	...	

纤维作物说明

(一) 皮棉数字

1. 战前系根据中央农业实验所20年至26年调查宁、甘、陕、晋、鲁、苏、皖、豫、鄂、川、滇、黔、湘、赣、浙、闽、粤、桂等十九省之平均数。

2. 战时系同一未源后方十五省(不包括苏、皖、鲁、冀)27至34年之平均数。

3. 三十五年及三十六年系根据农林部咨询委员会与上海华纱纱厂联合会会同调查之主要产棉区域资料，计包括苏、冀、鲁、鄂、豫、陕、川、晋、浙、皖、湘、赣、滇、闽及辽宁等十四省，其余产量微少省份未列入。

4. 以纤维作物总量不完全不能计算棉花所占百分数。

（二）麻类数字

1. 麻类包括苎麻、黄麻、亚麻等项，东北麻类数字分为线麻、青麻、亚麻、洋麻等，台湾又有粗麻一种，故无从分别统计。

2. 战时数字系农林中央农业试验所 28 年调查，包括区域与棉同。

3. 三十六年度仅最近资料并非当年数字，除引用 28 年度三十五省数字外，加入东北及台湾二十四年度调查数字。

4. 以麻类数字不完全不能计算百分数及指数。

戊	役用牲畜										
种类	产　量(千头)				占役畜总数之百分数%				指　数 (以战前平均数=100)		
	战前平均	战时平均	三十五年	三十六年	战前平均	战时平均	三十五年	三十六年	战时平均	三十五年	三十六年
役畜类	53.911	25.243	47.071	49.872	100.00	100.00	100.00	100.00	46.84	87.35	92.51
水　牛	12.644	8.199	9.489	10.111	23.45	32.48	20.15	20.27	64.82	75.03	79.97
黄　牛	23.534	12.717	22.929	23.252	43.65	50.38	48.71	46.63	54.04	97.43	98.80
马	3.772	1.393	4.980	5.137	7.00	5.52	10.58	10.30	36.93	132.03	136.19
骡	4.019	841	2.828	2.950	7.45	3.33	4.01	5.92	20.93	70.37	73.40
驴	9.942	2.093	6.847	8.422	18.44	8.29	14.55	16.88	21.05	68.87	84.71
肉畜类			—	—	—	—	—				
山　羊	19.688	7.224	18.670	20.958	—	—			36.69	94.83	106.45
绵　羊	15.589	4.411	19.227	20.842	—	—			18.30	123.34	133.69
猪	66.338	36.509	54.236	57.436	—	—		—	55.03	81.76	85.60
鸡	265.765	22.872	194.750	208.375	—	—		—	46.23	73.28	78.56
鸭　鹅	75.238	41.070	63.015	63.015		—			54.59	83.75	90.81

役用及产用牲畜统计说明

一、资料来源

1. 台湾数字根据省政府出版之统计要览。

2. 东北十省、新疆、西康、热河根据农林部农林经济司资料余系中央农业试验所调查资料。

二、数字引用情形

1. 战前系中农所23年至26年调查二十二省(与粮食作物包括省份相同)之平均数。

2. 战时系同一来源二十七年至三十四年后方十五省之平均数。

3. 三十五年数字除二十二省外加农村经济同东北、新疆、西康资料及台湾省三十五年度资料。

4. 三十六年东北十省及台湾、新疆、西康数字缺乏为求得一三十六年全国概况计仍沿用三十五年数字。

5. 西藏数字缺。

己　外销物资

名称	产量(市担)				占物销物资总量百分数%				指数(以战前平均数=100)		
	战前平均	战时平均	三十五年	三十六年	战前平均	战时平均	三十五年	三十六年	战时平均	三十五年	三十六年
蚕丝	317.200	30.234	56.600	93.370	—			-	9.53	17.82	28.90
桐油	2,720.000	2.400.000	1.037.740	1.510.000	—				80.80	43.28	55.51
茶叶	1.424.330		304.560	360.000	—	—	—	—		21.38	25.04
猪鬃	130.200	77.280	173.256	171.999	—	—			59.32	130.76	128.88

说明

1. 蚕丝除根据本会所三十七年蚕丝产销政策及引用蚕丝协导委员会数字。

2. 桐油系根据中国植物油料公司估计。

3. 茶叶系根据农林部农事司估计。

4. 战前战时及三十五年系根据新闻局印行猪鬃产销所引用正言报载中农所之统计,三十六年除本组根据生猪摊其所得结果。

〔国民政府全国经济委员会档案〕

8. 全国经济委员会关于1948年度棉花烟叶茶叶蔗糖桐油蚕丝羊毛渔业等生产概况报告

(1948年)

油、蚕丝、羊毛、渔业等生产概况报告

(一)棉花生产

去年农林部棉产改进处所推广之德字棉种收获量高出普通华棉三分之一,颇受农家欢迎,本年春播期间,于苏、皖、浙、沪四省大量推广,并派员亲赴上列产棉区域收购纯种一万二仟担,继续配发,原期扩充棉田至一千万亩,增产皮棉六十万市担,自五月起中原战事转紧,豫西、鲁南、鄂北以及苏北各地时受军事影响,本年棉产实际可能收获量未能乐观。

(二)烟叶生产

本年度农林部为增产烟叶,减少漏卮,拟定六年自给自足计划,第一期四年,先自皖、豫、鲁开始,下年推广美烟良种五十五万亩,繁殖良种二千三百亩,发放农贷五千零四十亿,滇省美烟产量已激增,惟技术尚待改良,但自山东昌乐、淮县及河南许昌、襄城军事情形变化后,该计划颇受打击,现重心置于皖省。

(三)茶叶生产

本年度全国产茶区域除台湾外,内地各省均以茶贷为数过少且贷期太迟而物价高涨,茶农无力支付成本,致茶叶产量较之三十六年反为逊色,估计红茶九万二千市担,绿茶一十六万市担,合计二十五万市担左右,连同台茶共约三十万担有奇,约国外市价过低及运费过昂销路未见畅舒。

(四)蔗糖生产

台湾糖产原居远东首位,战后产量锐减,三十六年度制糖约三十六万三千公吨,已由中央银行拨款收购,本年度为复兴台糖五年计划之第二年,台糖公司特别着重蔗田扩张品种改良及蔗产提高等项，据估计两年来已增加十一万八千吨，预计下年度制糖量可达四十五万公吨，本年台省糖贷二万亿元由农民银行委托台湾省银行发放中，至内地如江西赣县、临川，安徽六安，广东雷州、琼岛，四川资阳、泸县及福建等省均开始筹设新式糖厂，台糖公司并拟以技术人员及剩余机械相协助。

（五）桐油生产

本年桐油产量预测与去年相仿，现在可供出口者约有八万吨，惟美国植桐事业日盛，南部诸州桐油产量已可供全美用量二分之一，今后我国桐油出口如不改进品质变制成品及减低成本，则前途亦难乐观。

（六）蚕丝生产

本年度江浙春茧产量估计可达四十二万担，比较去年总产量三十五万担，约增百分之十五，依照缫丝折扣推算可得生丝三万担左右，连同广东产丝近四万担，以高级厂丝占三分之一，计约有一万余担输出国外，按三月份结汇率计值六百万美元，本年蚕种价每张十六万元，蚕农尚堪负担，茧贷数额虽未合乎厂商需要，亦较去年改善甚多，惟目前国际市场存丝日、美、意等国五月间尚有二十余万包，本年春丝产量合世界约为四万八千包，平均每月可供给八千包，但各国用丝为五千包，故仍供过于求，丝价难期好转。

（七）羊毛生产

农林部鉴于去年度棉花烟叶增产工作与企业界合作相当成功。本年度左部长特邀集毛纺织业同业商计增进羊毛生产以供厂方需要，技术改良由农林部中畜所负责，资金除农林部担任一部分外余由毛纺织业方面担任，合计一百亿元，期望增加羊群至七万头，年产羊毛七百万担，目前先从湖南着手（即太湖区域），拟由六十万头羊群增至一百二十万头，期能产毛一百二十万担以应沪上厂商需要。

（八）渔业生产

渔业善后物资管理处二年来接收保管之大量器材，最近拟定渔业物资处理方案，呈请核准实施。自本年起该处依照前拟二年业务计划开始推进，将渔船乙百二十艘半数售与民营，半数留用，计分上海分配三十艘，台湾、海南岛、青岛各十艘，每月出海二次，并在上海、榆林、基隆、高雄、舟山、青岛等地设立加工工厂从事渔肝油及罐头制造，并兼营制冰、藏冰、轧冰、冷藏、凿井业务。本年春季渔汛以产区距离匪区太近及渔盐配价迭次调整影响成本，致产量低落，今后拟在浙省海面发展，以策安全。

〔国民政府全国经济委员会档案〕

9. 行政院关于立法委员对翁内阁农业施政方针质询案的答复

(1948年7月3日)

农林部分

(一) 关于外销物资方面，我们的猪鬃、桐油、羊毛等为主要的出口物资，过去政府只知道搜集外运以换取外汇，而忽略了如何增产，这是很大的错误和漏洞。　　　(胡委员子昂)

答：查外销物资增产工作政府已予注意，前据农林部拟具羊毛、桐油、茶叶、蚕丝等外销物资改进计划，拟分别责成现有机构或另行设置机构办理，业经本年四月二十三日本院第五十二次会议决议原则通过，关于各该项计划之执行机构及所需经费等，应再加研究，正由农林部研拟呈核中。

(二) 农贷分配极不合理，边远省份未增加一文，不知政府所持理由安在。　　　(胡委员恭先)

答：查本年度农业及土地金融贷款方针系参酌农林、地政两部工作计划及中美农业技术合作团之建议，着重粮食及棉花生产贷款，同时对烟叶、茶叶、蚕丝、食糖等农业特产贷款及其他各种农贷亦按各省需要情形予以合理分配，至边远省份之贷款数额较之去年亦增加甚多，其分配额如下：

甘肃　三，九三一亿元　宁夏四三四亿元

绥远　一，九二五亿元　察哈尔二，〇二七亿元

热河　六四〇亿元　　青海四四亿元

西康　五九〇亿元　　云南一，二九五亿元

贵州　九二〇亿元

（三）粮食增产为当前之最大要务，我们以农立国的国家，粮食须靠美国接济，不但是我们的耻辱，而且对于戡乱有重大关系。施政方针对于粮食增产只有一些平时的不切急需的规定，在政治上、经济上如何辅助农民，奖进生产，殊无明白的标揭（譬如提高粮价，增加农贷等），显为一种疏略。

答：查关于粮食增产为本年度农林部之重要工作，该部所拟增产计划系分年实施，期于五年之内达到国内粮食自给自足之目的，增产经费先后经本院核拨一千五百亿元，本年度已选定首都、苏、浙、皖、湘、鄂、赣、闽、粤、桂、川、陕、豫、冀、鲁、晋及台湾等十七省市为增产区域，并配合运用本年度粮食生产贷款及其他农贷集中办理。

（四）茶叶为出口农产之大宗，施政方针亦提及，四联亦有茶贷之调整，惟办法欠切实际，拟有再加调整之必要。

（一）毛茶虽有加工贷款，而收购毛茶之资本内地商人力不从心，结果势必影响茶农生存，增加外销亦属空谈。

（二）杭中信局已在浙省遂安等设厂收购毛茶，精制箱茶，办法甚是。

（三）平水区产量甚丰，三十五年间中央银行曾托中信局收制箱茶一万担，茶农既获经济，政府亦得增益。

（四）请饬中信局于平水区产量最丰之嵊县设厂收购毛茶，精制箱茶，以济茶农业存（平水区年产十二万担嵊占十分之七）而增

国家收益。　　　　　　　　　　　　　（陈委员成）

答复：查茶叶增产及外销工作政府向极注意，本年度茶叶生产贷款已由四联总处核定八百亿元，又茶叶加工运销贷款及出口地点押款亦经四联总处共核定八，四九〇亿元，分区贷放，至所讲转饬中央信托局于嵊县设厂收购毛茶一节，已转饬该局斟酌办理。

（五）翁院长提出要以机器作为耕种的工具，其实今天农民需要的是牛是马是种子，机器并用不着，没有耕牛，没有种子，没有原始工具，是需要注意的。　　　　　　　（溱委员中权）

答复：农民缺乏耕牛、役马、种子，自属实情，关于种子一项，查联总济华种子已分发各省应用，农林部复于各地设置繁殖推广站，以优良种子供给农民，农民亦可以农贷分别购储种子，关于繁殖耕牛，农林部在该省耕牛繁殖场办理耕牛繁殖、寄养、出租等工作，又关于保护耕牛，农林部已订有保护耕牛办法。关于役马繁殖增产工作，亦已由该部积极办理，此后自当更加注意，以增加农村动力。

〔国民政府行政院档案〕

10. 国民大会代表施奎龄等建议促进河北农业生产以利戡乱工作的提案

（1948年8月）

政府应促进河北农业增产以利戡乱工作并应统筹办法争取匪区农产物资以利经济案

查河北省农村大半陷于匪手，惟靠都市附近我方控制区域往往因荒废及肥料缺乏，以致生产减少，政府因督饬负责机关积极注意，俾能促进农业生产，以利戡乱工作。农林部在华北之机构甚多，应负起责任，有所表现。又共匪以军事破坏吾人之经济，以致生产减少，物资缺乏，惟匪区物资如棉花、粮食等控制甚多，不准外运，我方自不能坐以待毙，似应通令地方政府及治安当局统筹办法，权宜处理，以争取匪区物资为目的，补助不足而维经济。

〔国民政府农林部档案〕

11. 山东福建江苏湖北等省区为战时渔业损失严重请求救济的有关文电

（1945～1947年）

（一）社会部转请救济山东渔业代电（一九四五年十二月一日）

社会部代电　福五字第一一六〇〇三号
中华民国三十四年十二月一日

善后救济总署公鉴：案准山东省政府酉真政六电，为该省沿海渔业连年受战事影响及日人摧残，损失殆尽，请拨救济费壹亿元以资迅速恢复等由。查本案事关善后救济，除电复外，相应电请核办见复为荷。社会部。五戌东。印。

（二）刘成灿请勘赈闽东渔区并豁免渔村税电（一九四六年十月十二日）

南京。行总署长霍钧鉴：闽省霞浦三沙镇为闽东渔区，抗战八载，迭遭敌伪焚移搬抢，损失严重，无法复业，历报请贵署有案。现治〔沿〕海及非渔区各地均□给赈，独三沙镇被遗弃，渔民惶急，环请转恳派员勘赈，俾明真相，并准豁免渔村税捐，以苏民困而维渔业，并电示中央。候补监委刘成灿。叩。文。

（三）上海渔民马知务等请求救济的呈文（一九四六年十月十四日）

窃民等于民国三十五年八月二十日以战前渔联代表资格，为百万渔民日间饥饿，夜宿荒丘呈请救济一案，并附条陈办法，事经

匝月未奉明文批示。查此等渔民啼饥号寒，惨不忍睹，为再具文呈请钧长鉴核恩准，迅予批示以安饥民而全蚁命，实为德便。谨呈
行政院善后救济总署

批示请寄上海嘉善路十七弄四号

具呈人　马知务
邢鸿飞

中华民国三十五年十月十四日

（四）湖北省宜昌县渔会请求救济的代电（一九四七年五月二十一日）

宜昌化渔会代电　中华民国三十六年五月二十一日
政总字第一〇四号

行政院善后救济总署署长霍钧鉴：窃宜昌渔民住居阵地遭遇敌寇破坏至深且巨，不但渔船钩网损失殆尽，即赖以遮蔽风雨之茅屋草舍亦被摧毁无遗，迭经本会代向层峰呼吁救济，经时年余，始沐湖北分署核发统粉贰拾肆吨，以数千人之分配，诚属杯水车薪，无济于事，兼之最近匪共不时窜扰鄂西，水上交通实施管制，渔民夜间不能活动，生活愈感困苦，尤以峡内渔民陆地并无住所，多半穴居野处，与原始生活无异，现救济业务瞬将结束，所遗难民帐篷拟恳留作渔民之用，业经呈奉湖北分署汉振字第二零九五八号辰齐代电批回：查本署业务结束后关于剩余物资之处理，须俟总署规定后再行遵办，嘱饬宜昌办事处将难民帐篷拨给渔户居住一节暂难照办，特复查照。等因。奉此理合电恳钧署体验渔民困苦，俯予转饬湖北分署准将该项篷帐留作渔民朋居，借资救济，无任盼祷。宜昌县渔会理事长穆子政。辰马。叩。

〔善后救济总署档案〕

12. 国民政府侨务委员会关于中国侨港澳渔民备受摧残压迫请予救济的公函

(1946年3月9日)

侨务委员会公函 侨管指字一八八八二号
中华民国三十五年三月九日

据中国侨港渔民协进会三十五年二月十四日呈称:窃自香港沦陷后,渔民生机不断如缕,其时渔民处在铁啼下,宰割由人,不出海无以为生,出海不遭敌舰骚扰与摧残,便为海盗所劫掠,当时所有大号渔舱多去汕尾甲子碣石等渔区或局部赴澳门,因此港地甚少归来,及敌办理渔市场渔民更受种种束缚与抽剥,幸当时渔价倍蓰于前,虽受剥削尚能度其凄凉生活,迨将告和平时,渔民所储蓄者厥为军票,因是而宣告破产者极多。际此青黄不接之时,港当局复继续采用敌人渔业统制政策,使渔民在过去五年备受焚毁摧残之惨痛,至港陷后三年又八月再饱受剥削榨取,营业不得自由,迄今光复仍不能解除桎梏,渔民遭遇之苦诚有非外人所能知者也。在主张统制渔业者甘饵其饲,为谋渔民解放,其实掠夺鱼商市场,施用压力,直取渔商之利益以为己有,间接关闭渔民经济之门。盖渔民缺乏资本,向赖渔商无息贷款以资周转维持,今渔业既受统制,渔商无业可营,当然不能再事贷款与渔民,缓急渔民之需求,渔政署又不能照鱼商将款无息贷出,于是贫苦渔民不免呼借无门之疑而有束手待毙之虞,此为渔民现在所处困境之实情。至于香港渔民在战前分布于各渔区者约有七万四千三百余人,现在约有五万余人,呈请钧会迅予救济等情。除批复外,相应函请查照核办,并希见复为荷。此致

善后救济总署

委员长 陈树人

〔善后救济总署档案〕

13. 黄华关于广东省陆丰县渔民破产失业情形的报告

（1946年6月18日）

报告　中华民国三十五年六月十八日

查本县沿海渔民以海为田，以船为家，过去生活颇能自给自足。惟自抗战以来，遭敌机之轰炸，受海贼以摧残，又复继以空前粮荒，倭寇陷境，船焚人亡，凄凉万状，兹奉敌人投降，国土重光，奈我灾余之渔民，因受害过甚，经济宣告破产，捕鱼工具大半无法购置，呼寒啼饥，情状急切。兹将本会最近调查所得如次：

区乡镇别	过去渔船只数	现在渔船只数	过去渔民人数	现在渔民人数	失业渔民人数	失业渔民眷属人数	备考
甲子	三五〇	一三〇	五〇〇〇	二二〇〇	一二〇〇	二八〇〇	
碣石	三四〇	一二〇	四〇〇〇	三三〇〇	一〇〇〇	二四〇〇	
湖东	二〇〇	三六	三二〇〇	一二〇〇	七〇〇	一二〇〇	
金厢	一〇〇	一四	一五〇〇	六〇〇	二五〇	五六〇	
乌墩	二〇	四	六〇〇	六〇	四〇	九〇	
合计	一〇一〇	三〇四	一四三〇〇	六三六〇	三一九〇	七〇五〇	

基上所列约数，在战后渔船之损失占三分之二有强，而渔民之死亡则占大半，在此大灾后渔民而仍然失业者又过半数，既本身之难捱，复眷属又逼迫，日坐针毡，忧心如焚，若长此以往，不予救济，前程危险，何堪设想，本会经将实情敬向广东善后救济分署拟请救济办法，惟念钧社负全省渔业发展，渔民救济之责，用敢请求俯念本县灾余渔民失业无靠，饥寒迫人，大开慈善之门，力援水火之中，俾其生活早获有赖，庶乎职业可以发展，则本县沿海余生渔民之感戴永不忘矣。谨上

广东省善后救济分署渔业业务委员会

陆丰县参议会议长　黄华

〔善后救济总署档案〕

14. 李华业关于合浦县北海渔会请制止乾体乡十五户藉垦海权勒收租金的签呈

（1946年8月16日）

签呈　中华民国三十五年八月十六日
粤三组字第一七号

据合浦县北海渔会本年八月六日呈称：为藉垦海权，勒收租金，妨害渔业，吁请转请依法撤消，以维渔业而利生产事。窃查地角渔民世于地角，于民未之时素在该处张设网门捕鱼为业，历安无异。岂料有乾体乡庞耀圣等十五户持其恶势，乡愚可欺，以该处渔民在此捕鱼获有厚利，遂取唾涎之心，乃于满清年间曾以十五户名誉霸占该处网门，私行垦占，伪造契据，恐吓渔民，不准在此海面捕鱼，当时地角渔民愚昧无知，遂被所弄，纳租捕鱼，相沿至今，剥削渔民殊匪浅鲜。又值日寇侵犯，本县沿海一带时受敌机舰骚扰，渔民惨遭酷杀，焚掠渔艇，损失尤巨，元气未萌，复加该十五户地角网门保管委员会每斗勒收租金约千余万元，强逼缴纳，倘不遵章缴纳，即行制止捕渔，伏忖既罹敌惨，复遭该十五户种种酷勒，实属妨害渔业阻碍生产。查现行法章，江河海洋乃是国家之所有，凡属国民对于海上均得自由捕鱼，不许私人垦占，纵政府有许人民垦占，人民亦应负纳税之义务，然后有享受之权利，今该十五户既无纳税之义务，焉有垦占海权之专利。该会胆敢逼勒渔民租金，妨害渔业之发展，实为政府所不许，亦有失政府保障渔民之权利，该会如此举动，显属破坏政府之法章，违背政府之功令，若不呈请迅予撤销，渔民受害匪浅。为此理合备文呈请察核救济，恳予转请依法撤销该十五户垦占地角网门之海权，以维渔业而利生产，实为公便。等情据此。当经分向有关方面查询称同前情，似属实在。复查该乡庞圣耀、苏立民等前经迭次以乾体十五户网门保管委员会名义勒收海租，有据近复以该委员会名义张贴布告，勒令地角渔民按时缴租，经将该布告检收在卷。窃维江河海洋率为国家所有，凡属国民均有权利享受，该苏立民等竟敢占海为私，有强收海租以饱私囊，殊属不法，且当此建国期中，渔业建设为当务之急，该苏立民等巧立名目，阻碍渔业发展，罔顾国家法益，若不加以制裁，渔业前途何堪设想。据呈前情，理合备文连同抄白合浦县乾体十五户网门保管委员会布告一帀，呈送察核，伏乞体恤渔艰，咨请广东省政府饬合浦县查明，予以制止，以彰国法而维渔业，实为公便。谨呈

善后救济总署农委会第三组主任李

善后救济总署署长蒋

专员　李华业

附呈抄白合浦县乾体十五户网门管理委员会布告一帀

抄白合浦县乾体十五户网门管理委员会布告

查本会前于二月初十日第一次开投，三十五年度地角海面网门凡投得者分三期缴纳租金，限在夏历二、四、六月之二十日为期，前经在开投简章内规定有案，现第三期缴租期限已过，如有在第一次承批网门而未缴清租金者，限在夏历七月十二日以前携到本会会计处补缴，取回收据，以符规定，倘再逾期不缴，定即照案执行，将其前领批券撤销，作为无效，并没收其前缴租金，不予发还，事在必行，不再宽假，慎毋违延自误，切切此布。

中华民国三十五年八月一日

常务委员　苏立民

〔善后救济总署档案〕

15. 浙江省临时参议会为沿海各县渔业衰落请拨款救济案

（1946年）

议题：本省沿海各县渔业衰落请拨款救济以资复兴案，提字第四一号。

理由：查本省沿海各县渔业逐年衰落，以玉环一隅而论，战前有大钩船二百余艘，今仅剩三十余艘，实为七与一之比，其他各地情形亦可概见，长此以往，不仅渔村经济破产，即整个社会亦受重大影响，究其原因：一、为抗战初期敌寇封锁口岸，船只进出均遭敌舰拦去焚毁，迨太平洋战争转变，敌寇又以运输困难，在沿海港口搜捕船只为运输工具，是以渔船遂为其摧残之对象，渔民以海为田，生于斯食于斯，其受祸之惨亦为最烈。二、战时海上安全政府无法控制，海匪乘机活跃，毫无自卫能力之渔船为其最先掠夺之目标，为买静求安计，往往向匪缴费购片保护，据说自瓯海至舟山群岛一段海面，大帮股匪有十七单位之多，而零星散匪尚难胜数，渔民一季捕捞如护安全，则匪片所需之损失大钓船年达数十万元，不幸而遇匪则船货两失，谋生无门矣。三、苛捐杂税及临时捐款负担繁多，如护航费、船牌捐、公益捐、验船费、埠头捐、人民捐献、乡镇储蓄、胜利公债、乡镇公粮等项目达数十种，尚有部分县份所收山地收益捐亦转嫁渔民负担，并有高利贷及鱼行克扣，渔民全年收获尚不敷摊派捐款利息，生活既成问题，自无积蓄可作渔具之补充。四、渔业用具受战时法令之限制无法采购，如桐油、木料、苎麻、铁器等均不能运至沿海一带，渔具无法准备，又以物价不断飞涨，上春所捞获之全部鱼款不足添置下冬应用之渔具，一年生计殊成问题，有力者尚能勉强挣扎，贫者惟有出卖渔船渔具以度饥寒交迫之生活，谈不到生产事业，年复一年，遂至不可收拾。综上所述，渔业之衰落乃必然之趋势，惟现日本既无条件投降，整个环境变更，是项颠连困苦八年之渔民亟应设法使其复业，过去浙海渔业已受日本帝国主义侵略，日渔轮大规模前来强捞，如不乘机恢复，不仅失业渔民无法生活，即渔权亦不蒙损失，此本案提出之理由也。

办法：一、请浙闽善后救济分署拨救济费十亿元救济浙省渔民。

二、电呈行政院令饬中国农民银行拨款十亿元作为浙省渔民借贷。

三、请政府利用接收之敌小型兵舰巡逻洋面护渔。

四、扶助渔民置办机械船只及渔具。

五、教导渔民使用机械之知识。

〔国民政府行政院善后救济总署档案〕

（四）灾荒与农村破产

1. 国民政府浙江省临时参议会报告浙江省四十余县被灾电

（1945年9月8日）

谕行政院，○密：本省频岁遭寇祸匪患，民不聊生，今岁复普遭虫旱，灾区广四十余县，灾民几近百万，甚至藉草而生，划界采食，饥馑惨象，实属空前，迭据各机关团体人民纷电救济待振甚急。谨电恳俯赐迅拨巨款急振，并乞电示为祷！浙江省临时参议会叩。申齐云秘议印。

〔国民政府行政院档案〕

2. 吴奇伟报告湘省滨湖各县遭灾损失严重筹办反共军粮困难电

（1945年12月14日）

谕行政院院长宋、善后救济总署长：查本省滨湖各县为产米之区，历年迭遭战祸而于军糈民食贡献乃多，上年战局演变，今年复遭旱灾，收获不及五成。据南县、华容、安乡、湘阴、岳阳、益阳、沅江、汉寿等八县呈报，寇灾计死亡16万2 284人，伤病11万3 182人，房屋被毁22万5 142幢，估值951亿余元，粮食损失1 213万9 818石，估值171亿余元，耕牛损失13万4 785头，估值31亿余元，省藏既空，民困已深，配分旱灾寇灾振款实属杯水车薪，而军粮迫切仍须向滨湖各县采购办理，更为棘手，其他各县灾情，更为惨重，容另汇报，吴奇伟民亘亥寒印。

〔国民政府行政院档案〕

3. 国民政府行政院善后救济总署编黄泛区损失统计表

（1916 年）

行政院善后救济总署编译处及安徽、河南、苏宁分署编印

黄泛区损失统计表

（一）江　苏

县名	人口			
	原有	死亡	逃亡	失耕
邳县	五八四、九〇四	三五、一〇〇	四〇、九〇〇	六一、五〇〇
宿迁	六七〇、九四一	二六、七〇〇	三三、六〇〇	一七六、一〇〇
泗阳	五二三、六二〇	三一、五〇〇	三六、七〇〇	一八八、五〇〇
睢宁	五四一、八四八	二一、七〇〇	二七、一〇〇	一三〇、〇〇〇
沭阳	五五〇、九六〇	三三、一〇〇	三八、六〇〇	二九八、二〇〇
淮阴	四二六、一六五	二七、〇〇〇	二九、八〇〇	一〇七、四〇〇
淮安	七六三、七三四	四六、〇〇〇	五三、五〇〇	一六一、〇〇〇
宝应	四二八、七九二	八、六〇〇	一七、一〇〇	一三八、〇〇〇
高邮	六二七、七七八	一二、六〇〇	二五、一〇〇	七二、五〇〇
江都	一、一五九、四三四	二三、二〇〇	四六、三〇〇	一六、一〇〇
涟水	五四七、三七五	三四、五〇〇	四〇、二〇〇	二九九、七〇〇
兴化	五六〇、一八七	二二、四〇〇	二八、〇〇〇	二六、七〇〇
盐城	一、〇三八、八五三	四一、三二〇	五一、九〇〇	三三、五〇〇
东海	三七二、七三九	七、五〇〇	一四、九〇〇	一〇二、六〇〇
灌云	三八一、〇〇〇	二二、九〇〇	二六、六七〇	一一一、三〇〇
阜宁	一、〇〇一、九〇九	六〇、〇〇〇	七〇、一〇〇	七八、一〇〇
沛县	三四六、五九三	一三、八〇〇	一七、三〇〇	三四、二〇〇
萧县	五〇九、六四四	三〇、六〇〇	四五、七〇〇	一三、八〇〇
砀山	二九二、三五四	一一、六八〇	一四、六〇〇	二七、一〇〇
铜山	九八六、五三六	一九、七〇〇	三九、四〇〇	三六、〇〇〇
总计	一二、三一五、三四八	五二九、九〇〇	六八七、四七〇	二、一一二、四〇〇

土地				房屋	
土地(市亩)	耕地(市亩)	淹地(市亩)	涸地(市亩)	原有(幢)	损毁(幢)
三,五六八,一二五	四六五,四〇〇	一二三,〇〇〇	九八,四〇〇	三八,九〇〇	七,六〇〇
三,五五三,七八五	二,七六二,三二一	三五二,四〇〇	二八一,九〇〇	四四,七〇〇	六,七〇〇
三,五六九,六二五	一,六八五,五〇七	三七七,一〇〇	三〇一,六〇〇	三四,九〇〇	六,九〇〇
二,七〇六,〇〇〇	一,八〇〇,〇〇〇	二六〇,〇〇〇	二〇八,〇〇〇	三六,一〇〇	五,四〇〇
四,五二〇,六二五	三,九八二,八四〇	五九六,五〇〇	四七七,二〇〇	三六,七〇〇	七,三〇〇
三,三七二,三七五	一,〇七四,三八七	二一四,八〇〇	一七一,八〇〇	四一,七〇〇	八,三〇〇
三,四六五,三七五	二,六一〇,一二四	三二二,〇〇〇	二五七,六〇〇	五〇,九〇〇	一〇,一〇〇
三,一八五,六二五	一,三八〇,〇〇〇	二七六,〇〇〇	二二〇,八〇〇	二八,五〇〇	二,八〇〇
三,八九七,七五〇	一,八〇〇,〇〇〇	一四五,〇〇〇	一一六,〇〇〇	四一,八〇〇	四,一〇〇
二,三九五,二五〇	二,三二三,三三五	三二,三〇〇	二五,八〇〇	七九,二〇〇	七,九〇〇
四,一〇五,五〇〇	二,九九七,七二九	五九九,五〇〇	四七九,六〇〇	三六,四〇〇	七,二〇〇
三,〇七八,七五〇	一,〇六八,七九四	五三,四〇〇	四二,七〇〇	三七,三〇〇	五,五〇〇
七,二六一,一二五	二,二六七,二六八	六六,七〇〇	五三,三〇〇	六九,二〇〇	一〇,三〇〇
四,〇二九,〇〇〇	二,〇五二,五六〇	二〇五,二〇〇	一六四,一〇〇	二四,八〇〇	二,四〇〇
四,一七一,一二五	二,九三六,七九〇	二二三,六〇〇	一七八,八〇〇	八,四〇〇	一,六〇〇
八,六五〇,一二五	一,六九二,七〇八	一五六,二〇〇	一二四,九〇〇	六六,七〇〇	一三,三〇〇
二,〇七四,一二五	四六五,四〇〇	六八,五〇〇	五四,八〇〇	二三,一〇〇	三,四〇〇
三,五四九,七五〇	二,七五八,六三〇	二七,六〇〇	二二,〇〇〇	三三,九〇〇	六,七〇〇
一,九〇六,五〇〇	八〇〇,〇〇〇	五四,三〇〇	四三,四〇〇	一九,五〇〇	二,九〇〇
五,五〇二,七五〇	三,六〇〇,〇〇〇	七二,〇〇〇	五七,六〇〇	五九,八〇〇	五,九〇〇
七八,五一九,二八五	四〇,七二三,七九三	三,二二六,一〇〇	三,三八〇,三〇〇	八一二,五〇〇	一二六,四〇〇

（二）河　南

县名	人口		
	原有	死亡	逃亡
西华	四一八,五四三	一四,八〇八	二八五,五七五
鄢陵	八四,四二六	七,九三八	二六,二四二
扶沟	三一五,五〇〇	七八,六〇〇	一六九,八〇〇
淮阴	三三九,一一七	四八,一〇一	六六,七九八
太康	四六六,一九一	三一,七三九	一七五,三八八
睢县	一三,九六一	八二	五,一六六
杞县	五六,〇二二	九五三	二五,一〇〇
尉氏	三一五,二三〇	七八,八五二	一五一,七三六
广武	七,〇六九	四八	四五一
郑县	一五,五六九	一,一九一	五,一七六
拓城	五,〇五一	六	四七一
项城	一二〇,一二六	二,八九七	三七,〇六〇
商水	九六,一三〇	二,一〇七	五一,七八〇
开封	九,一九九	一五〇	二,一三四
鹿邑	一七三,一八九	二,〇一三	二八,九六一
通许	二六九,五一二	三〇,九〇二	二五,二九九
中牟	一二五,五三六	九,六一二	三三,一五五
渭川	六三,〇二七	七九	三五
沈丘	一〇二,八二五	一二,九一三	四八,三一二
陈留	一二五,五五四	三,六〇〇	三四,〇〇〇
总计	三,一二一,七七七	三二五,五九八	一,一七二,六八七

土地			房屋	
耕地（市亩）	淹地（市亩）	涸地（市亩）	原有（幢）	损毁（幢）
一.四一七.一四二	九九一.九八八	四二五.一四四	三七二.八三六	二八六.五二七
三四七.九五〇	三四五.八〇〇	二.一五〇	八二.三六八	七五.四四七
一.四四五.〇〇〇	一.四二〇.一〇〇	二四.九〇〇	二一一.二〇〇	一九八.五三〇
四三二.二四六	三四四,九七一	八七.二七五	一八三,九五〇	一二七.七二六
四〇九.五〇二	二六六.九三四	一四五,五六八	七一〇.八一三	三一四.三一五

续上表

土		地	房	屋
耕地(市亩)	淹地(市亩)	涸地(市亩)	原有(幢)	损毁(幢)
六九,三四二	二七,四四六	二七,四四六	一二五,一〇五	一一,七五七
一五七,〇〇〇	一一六,二一四	四〇,七八六	七六,一九四	一五,二五七
九四〇,〇〇〇	五〇〇,九〇〇	四三九,一〇〇	一九〇,六五〇	一四四,六三五
一五,〇七二	九,七三五	五,三三七	六,二三五	四,五二〇
七二,八〇七	四八,七一一	二三,九九七	二一,〇七八	一三,一三四
二七,七〇七	一六,四六八	一一,二三九	一九,七八二	一〇,五五八
六八九,一二八	四八六,〇〇〇	二〇三,一二八	三四,九四九	一四,五五七
四八〇,〇〇〇	四八八,〇〇〇	四一六,五七二	八四,〇〇〇	六七,二三〇
一二,三一二	五,三三五	五,三三五	八九,一八五	二四,七五六
六五三,〇九〇	三〇八,〇四〇	三〇〇,〇四〇	二四七,三四二	五三,七六〇
七一九,一三五	三九六,五九一	三二二,五四七	二〇一,七八二	二八,二一九
二五三,六三五	一八二,一七八	七一,四五七	九三,一〇一	五九,三六七
九六,七二五	二〇,七二六	七五,九九九	七,〇八二	五七四
四二一,二五二	三七一,〇三〇	五〇,二二一	二〇三,三五九	一二,一五六
四三八,六九七	一六八,九三六	一六八,九三六	一,一〇八	一,〇一三
九,〇九七,六四六	六,五〇五,一一三	二,六六七,一七八	三,九六二,〇二九	一,四六四,〇六六

(三)安　徽

县名	人	口	土	地
	淹地(亩)	原有	逃亡	耕地(亩)
蚌埠		三六,四一六		一九,四二九
寿县	四一九,四七五	一五二,〇三五	一,九二四,〇〇〇	四一〇,〇〇〇
霍丘	五〇〇,五一六	一〇〇,一〇三	一三二,〇〇〇	一二八,〇〇〇
阜阳	一,〇五三,〇八七	四二一,二三五	二,九四九,〇〇〇	一,〇五〇,〇〇〇
临泉	七二九,三六〇	四七,一三七	九四三,〇〇〇	三一,六〇〇
亳县	五九五,八七〇	六一,二九八	五四一,〇〇〇	九〇,一〇〇
太和	四七五,三八九	一四二,六一七	一八二,〇〇〇	五四,六〇〇
涡阳	四六九,四九九	九三,九〇〇	七四七,〇〇〇	一四九,〇〇〇
蒙城	五一八,三八七	一二九,三九七	七四八,〇〇〇	一八七,〇〇〇
怀远	二二五,九二九	一七一,二二四	五四五,〇〇〇	一七四,二〇四
凤台	五四一,八三五	二一六,七三四	八一五,〇〇〇	四〇〇,〇〇〇
疑上	三四一,七八八	二〇五,〇七二	四七八,〇〇〇	二五六,〇〇〇
宿县	一,〇八九,八二五	二七一,六九六	二,七七六,〇〇〇	六九四,〇八四
泗县	六一九,六一三	一六一,七六八	二五三,〇〇〇	一五〇,〇〇〇
灵璧	五五六,五三四	二二七,四三七	一,二七三,〇〇〇	四八七,二四四

续上表

县　名	土　县名　地		人	口
	淹地（亩）	原有	逃亡	耕地（亩）
五　河	一二九，〇五三	一〇二，四四二	九四，〇〇〇	七四，〇〇〇
全　椒	一八一，四七六	一八，一四八	一二〇，〇〇〇	一二，〇四九
滁　县	一四五，六四一	五五，四九三	三八六，〇〇〇	五二，七〇六
定　远	三九六，三二六	一七，〇〇〇	一，八五一，〇〇〇	一六，二〇〇
盱　眙	二六九，八〇〇	八八，八〇〇	一二〇，〇〇〇	六八，七〇〇
凤　阳	四六六，二八二	一一六，五七〇	八四九，〇〇〇	一四一，〇〇〇
天　长	二三一，六一五	六二，一三〇	八〇，〇〇〇	四六，九一五
来　安	一二七，八九四	四八，四一〇	一八四，〇〇〇	五七，八〇〇
嘉　山	一一五，九〇六	三三，一一八		二八，一五二
总　计	一〇，二〇一，一〇〇	二，九八〇，三〇三	一七，九一〇，〇〇〇	四，七七九，六八三

本表曾在“行总”周报第四一期发表（第 14 至 16 页）

附注：

（一）据报苏北因受黄淮泛滥直接间接而成灾害之县区如左：

（1）黄河决口未堵前浊流夺淮入运，使洪泽、高宝及邵伯等湖湖水漫溢，直接影响苏省，成灾者计淮阴、淮安、高邮、宝应、江都五县之运河地带。

（2）由于废黄河水道泛滥及洪流转入沂沭盐及六塘等河而致苏省间接成灾者有沛县、砀山、铜山、萧县、邳县、睢宁、宿迁、泗阳、沭阳、东海、灌云十一县之沿河部分。

（3）因黄淮入运水位高涨，运堤溃决而致间接成灾者计涟水、阜宁、盐城、兴化四县之一部。

（二）淹没农田面积系九月前根据各县地方及救济机构报告暨本署派员实地调查后之估计。

（三）涸地面积系十月后根据各县地方机构之调查报告。

〔善后救济总署档案〕

4. 善后救济总署呈报李蕖芝调查安化茶业灾情的代电

（1946年1月8日）

善后救济总署湖南分署代电 善湘振三五字第一〇二七号
中华民国三十五年二月五日

南京善后救济总署署长蒋钧鉴：前奉均署振急戊庚电，以湘省府请拨款救济安化茶叶一案，饬即查明该县茶业受战事影响情形及需要救济之点统筹办理具报等因。遵即电令本署勘灾委员李蕖芝于勘灾完毕后顺道至安化调查茶业情形具报在案。兹据该员元月十八日呈复安化茶业现况，并拟具善后救济意见：（甲）紧急救济：（一）请拨巨款交由安化茶场加工压制砖茶。（二）请贷于巨款交由茶业合作社积极疏运陈茶。（三）原存及以后新产茶业请拨给运输工具或予代运。（四）贷款茶行修理房屋。（乙）永久救济：（一）以农贷方式贷款茶业。（二）由湘省农业改进所派员指导制茶。（三）请政府暂不征收茶税茶厘，并制颁保障茶业经营条例，以资鼓励。（四）请增拨大量资金扩大省营砖茶厂业务，等情，到署。查安化茶业素称发达，倘能拨款促其复员，并予以技术上之改进，则匪仅裨益民生，抑可争取国际贸易市场，输入大量外汇。惟该县茶业复员需款甚巨，奉钧署戊庚电饬统筹办理，实感财力不逮，除分呈重庆钧署外，理合将办理情形并抄赍李蕖芝原报告一份，电恳鉴核拨款，仍乞电示为祷。善后救济总署湖南分署署长余籍传。善湘振（三五）丑微。印。附抄呈原报告一份。

报告 三十五年元月十八日
于 本 署

窃职奉派赴安化调查茶业受战争影响情形及需救济事项详查具报等因。遵于三十四年十二月十日由新化前往，十一日抵达安化县城，与该县政府接洽后即于十四日前赴小淹、边江、江南、南硒州、黄沙坪、桥边口、东圩等处实地调查，二十二日完竣离安返新，谨将调查所得情形及需求救济事项报请钧鉴。

甲、茶业所受战事影响

查安化沿资江两岸遍地产茶，泰丰人民赖茶为生，其成品原为红黑两种，近亦仿制绿茶，但为数甚少，红茶远销海外及苏联，黑茶分花卷、引包两种，内销晋陕察绥等省，引包运往泾阳，茶砖推销——宁青新蒙古等地，最盛时年产达二千引。自抗战以还该地虽未直接遭受寇灾，然因海口封锁，运输阻隔，全部业务几陷停顿，凡属茶商、茶农、茶工、茶行以及政府所设立之砖茶厂，莫不蒙受极大影响，兹特分别概述于左：

一、茶商　小淹、东坪间茶号八十余家（西商占最多数），经营茶叶有历百余年者，资本素称雄厚。抗战初期交通工具十分困难之际，尚能勉力支持设法运销，自香港、桂林相继沦陷，外销红茶完全停顿，内销黑茶自沙宜沦陷后，运销路线改由津市、三斗坪、重庆转运，或用肩挑或须车载辗转起卸，艰难费时（据茶商报称由安化运至西北销场需时一年之久，所需运费有超过成本二十倍者），且所运数量极其有限，以致现各处茶号囤积之黑茶为数甚巨（据茶商报称小淹东坪间各茶商存货约在五千吨以上，目下情况运往西北所需运费每吨以二十万元计，共需十万万元），又因汇兑困难，资金每感周转不灵，挹注维艰（据茶商报称，由西安或兰州汇款至安化每万元汇费高达二千元，且需时一月以上），因是迩年来不仅茶业停市，而守货待售之西商寔等流亡，昔称巨商今则至有饔餐不继者。

二、茶农　自茶业停市，茶农所生之产无处销售，虽政府设厂压砖，但承销有限，又以成本过高，价格低贱，所得不敷工食之用，因是漫山遍野之茶园任其荒芜，产量遂以减少，甚至有将茶树砍伐种植森林者。

三、茶工　制茶之男工，摘茶之女工，运送茶叶之挑夫、船户，以及构成茶业之各种匠工，在茶业繁盛时期不下十余万人，自茶市停顿此辈均告失业。

（四）茶行　茶叶之制造场所为茶行，其制茶之设备皆由行主供给，所得行用足供一家生计而有余，茶市既停，茶行遂无收入，房屋多数亏败，有为生活所迫廉价变卖者，如修业农业学校、省立五中学及安化茶场所买硒州、黄沙坪茶行计六栋，至将房屋器具零星折卖以供一月之饱者，所在皆有，第九战区粮管处将茶行占作仓库，至今犹未让出。

五、砖茶厂　政府为调剂内地供需起见，曾于产区设厂压砖，年来亦因交通关系，囤积砖茶为数甚巨，资金因感不灵，业务遂无法发展（据安化茶场主任彭孟奇报称安化之砖茶厂并省营国营两时期中，共压茶砖三百三十四万片，运出二百三十余万片，现在存厂之砖尚有一百零四万片无款交运，兰州市价砖茶每片国币二千元，其损失约在二十万万元以上）。

乙、善后救济意见

据上所述可知战时茶业影响情形至为严重，兹按复员之实际需要救济之方似应分紧急救济与永久救济二种。

一、紧急救济

甲、拨款压制砖茶　安化黑茶自茶商停市，中茶公司于三十二年停压砖后两年之间，茶农及茶贩积存之茶叶虽无精确统计，但为数总在数百万石以上，拟请拨发巨款交由安化茶场于最近期内尽量收购加工压制，农村金融既以活泼，而制茶之男女工及工匠等皆得藉以解除一时困窘。

乙、贷款茶商疏运陈茶　茶商既以精疲力竭，所存之黑茶无力运销，拟请贷予巨款交由茶业合作社，配发小淹、东坪间茶商加紧疏运陈茶，如是则货畅其流资金灵活，茶市必可逐渐兴盛。

丙、请政府予以运输工具或予代运　现战事虽已结束，但交通尚未恢复，运输困难仍旧，应由政府予以便利，或拨专车或由政府负责代运均可。

丁、贷款茶行修理房屋　茶行房屋器具既如上述情形，应请贷款修理与添置，以便早日复员。

三、永久救济

甲、以农贷方式贷款茶农，请农民银行以合作社方式，按茶农实际需要贷款若干，使其从事茶作之栽培，关于技术方面应请农业改进所负责指导，以期产量之丰收。

乙、改良制茶技术　过去制造大多执行旧法，品质欠佳，推销上影响甚大，今后制造技术必须大加改良，应由本署农政所茶作组负责指导，以期争取国际贸易市场。

丙、请政府优予奖励　政府暂不征收茶税、茶厘，并制颁保障茶业经营条例藉资鼓励。

丁、扩大省营砖茶厂　查本省砖茶厂既有规模，且所产砖业品质优良，大受西北各省欢迎，应请总署增拨大量资金，扩大业务，使其夺取国际贸易市场，藉口引起茶商之竞争。

右项谨呈

署长余

副署长张、姚

职、李棻芝

〔国民政府行政院善后救济总署档案〕

5. 马庭松等陈述豫北遭受日寇蹂躏及水旱蝗灾造成田园荒芜人相食的代电

(1946年2月)

代电

行政院救济总署河南分署钧鉴：万急。豫北不幸迭罹浩劫，战争相寻，灾害并臻，孑遗编氓痛深创巨，方冀胜利来临，获有复苏之望，讵共军乘机益肆蠢动，攻城略地，流血之惨剧频演，敲骨吸髓，民众之痛苦倍增，懔赤祸之压迫，不啻坠入泥犁，嗟仳离之无依，直同哀鸣嗷雁，灾劫空前，世无伦比。代表等目睹身受，言之痛心，谨将豫北自沦陷后八年以来遭罹各灾种类实况，暨待救迫切之情形，分别撮陈如次：

一、战灾：自七七事变起日寇长驱南下，未及半载，安阳、汤阴、内黄、武安等县相继沦没，翌年春初豫北全部陷于敌手，仅余少数游击部队于敌后活动，虽我军旋即北渡，指挥各地健儿奋起抗战，惟时寇氛方炽，凶锋莫撄，遂致铁骑纵横，据点罗布，敌更每年实施治安强化，屡次大举扫荡。我军与敌游击，游击转战前后数年，战役不下千余次，我豫北人民死于敌之炮火者二〇，七一五人，房屋被敌焚毁者一，五六七，二九七间，牲畜食粮被劫夺者十二万万余市斤，衣被什物农具之抢掠损坏者共七千万余件，与夫敌宪兵特务人员任意惨杀我方党政人员约五百余人，加以在此铁骑纵横之下，交通阻塞，运济困难，所有在敌后之我方部队一切给养、服装、经费均系就地科派，人民负担日增，竟千百倍于往昔，因此倾家荡产，户灭祀绝者殆难数计，今虽大战结束，而遍地疮痍到处荒凉，死者已矣，生者荡析，豫北遭受战灾之惨重实较全国任何地区为巨，亟待救济以复人民元气者，此其一。

二、水旱蝗蝻风雹等灾：查豫北在沦陷八年中，除遭受空前战祸，人民终岁疲于军事供应无力顾及农耕外，复加以各种天灾，二十七八两年夏秋间霪雨弥月，漳沁缺口山洪暴发，淹没田禾总计不下一，三一三，二〇〇亩，秋收不及三分之一。三十一、三十二两年旱魃虐，蝗灾蔓延，秋收无几颗粒，酿成空前凶荒，豫北灾民逃赴出陕、苏、浙、川、甘关外等处就食者约占总人口二分之一有奇。尔时因敌寇方张，交通阻塞，移粟救济，事实弗许，其未外出者，或糟糠不充或菜根疗饥，甚或鬻妻卖子，一身之性命难全，渎田售物，全家犹转死沟壑，道殣枕藉，闻者鼻酸，闾里为墟，见者心悸，比户室如悬罄，人相食之惨剧屡现，到处田畴荒芜，村接壤而鸡犬不惊，乃敌寇共军犹逞乱而弗已，伪军游杂更搜括而加厉，总计豫北人民因灾死亡者不下三一，九一七口，现仍就食四方无家可归者约三二四，五〇五口，房屋被拆毁者约七三五，一五四间，牲畜被屠杀及卖出者约二〇九，三八一头。二十二年春因乏种子牲畜而土地荒芜者约二，〇九四顷，灾情之严重，灾区之普遍，洵属惨绝人寰。本年雨泽不调，秋收锐减，又值大军云集，供应浩繁．各县因代购粮刍烧柴而贴偿者不下一万亿元之巨。目前已十室十空，粮荒大起，春荒即届，势将军民交困，殊堪顾虑，极待食物救济，以活民命者，此其二。

三、共灾：豫北武涉林三县毗连晋冀，山岳绵亘，自二十八年后共军侵入，实行阶级斗争，扰乱社会秩序，搜括民间物资，众民不堪其苦，至三十二年太行事变后，共匪紧随敌寇势力之扩张进占豫北各县山岳及偏僻地区，积极活动，荼毒吾民。光复以来，尤变本加厉，公然争夺地盘，除新安淇汲四县幸免匪陷外，其他县城均先后被匪攻破，所有公私粮食物质暨一切什物衣服等悉被抢劫一空，知识青年男女被俘者不下五万人，被屠杀者不下一万人，团队枪械被劫夺者数达三万枝以上，且拆除城垣，夷为平地，烧毁房屋，广厦丘墟，其在乡间勒征壮丁，搜括食粮枪支及各种物资，较诸敌寇犹在千百以上，迄今时阅半载，豫北知识分子及人民流离异乡者虽无详确统计，其数当不下二万．大抵衣不蔽体，食无隔宿，栖处亲朋宇下，骨肉离散，有家难归，谁无父母，谁无妻子，此情此景其何能堪，亟宜安辑流亡，妥施救济者，此其三。

综上三端，豫北民众所罹灾劫创痛之巨，不过略陈梗概．若言其详，虽秃管城之锋，揭流民之图，弗能尽其苦而谕其惨，际此匪氛未靖，劫患犹殷，倘不为紧急之救济，适当之措置，则谨愿者坐以待毙，含恨终古，而较黠者难免铤而走险，妄图苟全果尔，则社会将日趋紊乱，民生将日趋凋敝，大好河朔于将永陷于万劫不复之境矣，岂非大背政府争取民众之旨乎。代表等藉隶豫北,生斯长斯,情殷桑梓,固非危言耸听,痛深切肤,何能遏于上闻,为特匍匐前来,联名呼吁,沥陈灾劫实况与前途隐忧,伏祈钧署鉴核,俯准将运华各实物迅予大量拨发,以救民命而弥隐患,庶几甘露沛施,顿苏涸辄之鲋,仁慈广敷,立极倒悬之危,临电不胜迫切馨祝之至。豫北民众代表浚县马松庭等二十四县人,附呈豫北各县灾况及负担调查表共二十三份。

豫北各县地方团队及游杂部队无价征发物品数量表

三十四年八月二十至
三十五年元月二十日

	食粮(市斤)	麸料(市斤)	柴草(市斤)
三区	二四,四八五,八七八	一,七六九,〇八九	一九,四二一,六三八
四区	八,六三二,〇〇四	三二四,九〇一	五,七六〇,四五八
共数	三三,一一七,八八二	二,〇九三,九九〇	二五,一八二,〇九六

说明:

1. 供应部队物品除上列食粮、麸料、柴草外,所有民夫、马车、驮骡款,详食盐、棉花、棉布、鞋袜、煤炭、木料、日用家具及一切零星什物用品尚未列入。

2. 各部队直接向民间摊借之物品因无法统计亦未列入。

3. 辉县、沁阳两县因故未到会。

4. 游杂部队无价征发食粮、麸料、柴草损失价款共计二十二万万二千二百三十五万五千七百二十元,连同供应部队赔价十二万万五千八百一十五万五千零六十三元,总计三十四万万八千〇五十一万〇七百八十三元。

〔善后救济总署档案〕

豫北各县供应部队物品数量及赔价表

三十四年八月二十至
三十五年元月二十日

	供应数量			实发价(元)	赔价(元)
	食粮(市斤)	麸料(市斤)	柴草(市斤)		
三区	一〇三,五八二,二五九	一,五一四,三二三	二五,六五四,〇三三	二四七,〇五六,七三二	五九四,六七五,〇〇〇
四区	二七,〇〇七,一六三	一,六一九,二〇四	一七,四二八,四九七	一二七,二五八,八〇八	六六三,四八〇,〇六三
总数	一三〇,五八九,四二二	三,一三三,五二七	四三,〇八二,五三〇	三七四,三一五,五四四	一,二五八,一五五,〇六三

豫北各县食粮生产数量及损失调查

	人口数（人）	耕地数（亩）	产粮数（市斤）
三区	三,九五七,三一四	一七,五九四,〇三四	一,〇八九,四四一,〇二〇
四区	三,〇二九,五二一	四,五九五,五八〇	八四〇,七四〇,一〇〇
总数	六,九八六,八三五	二二,一八九,六一四	一,九四〇,一八一,一二〇

豫北各县灾情调查

	战前人数(人)	被灾逃亡数(人)	现待赈人数(人)	荒芜土地(亩)	房屋损失(间)
三区	三,五九七,三一四	七九九,七六八	一,四四七,三一八	一,八四五,九〇〇	六五八,二四六
四区	三,〇二九,五二一	一九五,一四九	一,二八三,六六八	二,〇〇二,七〇〇	九一一,〇五一
总数	六,九八六,八三五	九九四,九一七	二,七三〇,九八六	三,八四八,六〇〇	一,五六九,二九七

6. 吴景超广西灾情视察报告

（1946年6月14日）

视察报告第三号——关于广西灾情

（一）广西的行程

我们于五月二十六日由贵州入广西境，当晚宿河池。二十七日到宜山，二十八日留宜山视察，二十九日到柳州，这是广西分署的所在地，我们住了三天，六月二日离柳州，当日宿雒容县，六月三日抵桂林，桂林是省府的所在地，又适广西省善后救济审议委员会第二次常会于五日及六日开会，所以我们在桂林留了四天，八日离桂林，经灵川至兴安，九日抵全县，十日在全县视察，十一日离全县入湖南境，在广西计留十六日。

（二）广西灾情的成因

广西的灾情据我们在各地所听到的解释，乃是寇灾与天灾混合的产物。敌人于三十二年秋季入广西境，三十四年秋季才退出。在广西停留了近一年，在这一年之内，敌人搜括粮食，屠杀耕牛，破坏塘堰，无一不作。沿公路铁道河道及交通方便的地方，因为敌人的残暴，民众多逃入山林，土地因而荒芜了不少，所以即使没有别

表 三十四年八月二十至三十五年元月二十日

日人掠取数(市斤)	共党掠取数(市斤)	供给部队数(市斤)	现存或不敷数(市斤)
一三六,九五三,六八〇	三一六,二二七,七四八	四八七,五二〇,四〇七	存 一五八,七三九,一八五
四五六,一九四,九四一	四二五,九八八,五三〇	一一六,六七八,五二九	不敷 二五,八三一,九〇〇
五九三,一四八,六二一	七四二,二一六,二七八	七〇四,一九八,九三六	不敷 九九,三八二,七一五

表 三十四年八月至三十五年元月二十日

农具损失(件)	树木损失(株)	衣服损失(件)	工艺用具损失(件)
二五,六三七,九六一	一三三,三九四,三二〇	四四,七四八,九三四	六,五五三,一四七
四三〇,五三六,一六七	六九,七一七,七二〇	一三,五八三,四五九	四,八五二,八六七
四五六,一七四,一二八	二〇三,一一二,〇四〇	五八,三三二,三九三	一一,四〇六,〇一四

的不利因素,广西三十四年的收成一定要大为减色,更不幸的是跟着敌祸而来的乃是一连串的水灾、虫灾和旱灾,广西省救济运动委员会编印的《广西在饥饿中》一文内曾说过:"去年夏天敌寇开始退出省境之际,潦水袭来,尤以产米区的邕江、浔江为烈,继着是稻包虫来侵蚀省境,再插的新稻留下来一些蚀不完的稻谷却又遭受旱魃的侵害,桂省米粮最后的一线生机也就窒死在暴烈的秋阳下.全省的收成给水虫旱灾蚀去大半。"

广西有九十九县一市一设治局,其中七十三个县一市一设治局曾陷于敌人,所以广西的大部分是遭受过寇灾的,天灾比较普遍,省府的统计室于五月十日编制灾民人数时只有九县未填报,现在我们再举一个曾受寇灾及天灾的兴安县为例,说明灾情是如何造成的。

据兴安县政府的报告,该县十八乡镇二一八村街经为敌人骚扰盘踞掠夺以及地方歹徒抄劫骚扰的计十七乡镇、二一一村街,未受敌人蹂躏的仅仝坑猺区一乡计有七村,至水旱虫风等灾则普及于全境,分析言之,灾情可分为四类:一、为兵灾。兴安县自三十三年九月十五日下午,敌军入境三十四年八月八日,敌军退出县境为时十余月,人民饱受敌人及地方歹徒骚扰之苦。二、为水灾。三十四年八月七日至十九日大雨,十三日稻谷被雨打落或压倒致发芽不得收获,因而损失甚大。三、为旱灾。三十四年六月十六日至七月三十日共四十五日未雨,水稻、玉蜀黍、高粱、粟米等粮食干死的很多。同年八月三十日至十一月十四日共七十五日未雨,二春失耕损失颇多。四、为风虫灾。水稻抽穗开花结实时,天气久旱,西风连作数日,禾苗大部分〔下残缺〕虫,金石、金坑等乡稻熟时狂风大作,历时三昼夜,谷颗多被吹落。

类似的报告在我们所经各县都可听到,由此可见广西本年的灾情是如何发生的。

(三)粮食的损失

粮食的损失造成广西饥馑的现象,所以我们向各方面访问想得到一个损失数字,关于寇灾所造成的粮食损失,我们看到三个不同的数字,第一个数目字是农业管理处供给的,总数为一千四百余万担,如下表:

稻谷	九,五二五,六一〇市担
玉米	九一五,七〇〇市担
薯类	三,八七九,〇六〇市担
小麦	二九五,〇二五市担
总计	一四,六一五,三九五市担

第二个数字见于救灾运动委员会编印的《广西在饥馑中》一文,总数为一七,三七八,八四七市担,其中稻谷一二,六五七,三四五市担,米二,二九二,一三一市担,杂粮二,四二九,三七一市担。

第三个数字是广西建设厅供给的,现已为省政府所采用,总数为一九,八三五,三一二市担,其中稻谷一项即有一千六百余万市担,第一与第三两个数字相差有五百余万市担,此种差异表示广西统计工作的草率,我在善后救济审议会闭幕时曾提出此点,请省府注意。

关于天灾所造成的粮食损失,农业管理处曾有估计,熊襄龙处长告诉我广西稻谷收获最佳的一年是民国三十二年，产量为六千一百万市担，但在平常年份只能收五千万市担左右，民国二十一年至三十一年的平均产量便为五千一百万市担，但在平常年份在消费方面人用食料须四千一百余万市担，家畜饲料须三百九十二万市担，种子亦需三百九十二万市担，其他用途为六百七十二万市担，共为五千六百万市担。三十四年的收成只有二千五百万市担，广西稻作至迟十月收割，三十四年收割之稻谷只能供给五个多月的消费，所以由三十四年十一月起算到三十五年四月上旬稻谷即已告罄，但以所产杂粮调剂食用，并减少无谓消耗及制止粮食出境，或可维持至五月左右，五月以后粮食恐慌必定严重。

（四）饥民人数

在青黄不接的几个月内，广西灾民的与日俱增乃是意料的事。省政府五月发表的统计饥民人数为三，一五一，二五五人，乃是根据各县（九县未报）的报告编成的，这个数字如认为是非赈不生的人未免有点夸张，但如以代表营养不足的人数则又嫌太小，这个结论乃是根据我们视察所得的印象，至于非赈不生的人数，恐怕没有一个人可以回答得出。

（五）饥馑的社会形态

广西的灾情现在还无法用统计数字来表示，但如我们不作量的计算而作质的分析，则有下列若干类的事实殊堪注意。

第一、沿我们视察路线的灾民的确有许多是靠吃野草度日的，普通人常说饥民吃树皮草根，树皮用作食品，我们很少见到，只有一处我们看到有以梧桐的树皮磨粉混合他种食料米吃的，至于野草则种类繁多，我们所收集的样本已不下二三十种。

第二、饥毙的饥民各县都有，如雒容县有三十人，临桂县有五十八人，灵川县自二月至五月饿毙者有四十九人，兴安县饿死有案可考的凡六十六人，全县饿死有一百八十人，饿死的人中包括自杀的在内。

第三、弃婴的案子不断发生，在都市中尤甚。我们在桂林时阚厅长来访，我们说是在途中曾见一弃婴还没有死去，黄署长得到这个消息马上请人把这小孩接到分署的招待所来，这个女婴大约出世只三四天，面貌颇清秀，在招待所给她吃了几口冷开水后便送到医院去抚养，卖女孩的事常有，卖男孩的不大听到，据说即使出卖也无人要。

第四、难童增多，在设备有收容所的地方常感收容所的房子太小不能应付各方面的要求，这些难童大多数都是有家庭的，但他们的父母也在饥饿中过日子，每每没有力量养活他们，在桂林兴安全县的收容所中，我们所看到的难童初入所的与入所已有相当时日的，其气色大有不同，入所的难童每天吃两顿馒头，早上一顿还可以吃牛奶，所以红光满面，有时还可以看到几个小胖子，他们有的穿着面粉袋做成的制服，有的穿着盟邦施与童衣，五颜六色各种式样均有，初入所的衣服褴褛面有菜面〔色〕并带病容，这种分别完全是营养的良好与否造成的。

第五、家庭破裂的故事也常听到，桂林有一女子随一远征军逃跑，他的丈夫追踪至兴安县扭到法庭，法官判决此女子仍随原夫回去，但女子无论如何不肯，后来他的丈夫答应以二十三万元卖给远征军士，军士欣然同意，即将女子领去，此种出卖妻子之事据说娘家也不反对，一因女儿改嫁生活或可改善，二因再嫁一次之身价娘家也可分得一部分。灵川有一女子因丈夫出征不归，生活无法维持，拟另嫁一男子，此男子愿意娶他，但不愿要这个女人与前夫所生的儿子，此女子一方面想改嫁，一方面又不肯舍弃前夫的儿子，这种心理的冲突，使这个女子终日涕泣不知如何是好，兴安事务所的盘主任说是某次乘车到界首，一卖烟女子误认其为司机，请其到家中去坐坐，到了她家中时有几个年青的女子都要求带至桂林，说是当地无法谋生。

第六、地方的治安发生问题，抢劫的案件时常发生，我们到兴安县的那天是下午，上午在公路上有一辆运面粉的汽车便被劫，行劫者在劫后还等了半点钟想候第二部车，在这半点内土匪与司机闻他说他们都是附近的农民，因无东西可吃，不得不走上此道，次日兴安县长来会我们说，是同日在一处出了一劫案，一个挑了四十斤面粉的农夫身中数十刀，面粉给人抢去了，当日下午我们在兴安县的卫生院中会到这位农夫的妻子，她是来请医生的，据说她一家五口，假如老板死去，一家的人便无法谋生了，各县的乡下抢案不断发生，常常是家中有几十斤的粮食便会引起强盗的光顾。

第七、在物价高涨声中，因地价格都在下降，饥饿的人民为了救命常肯以一担谷的价值出卖一亩田，至于买田的人属于哪一种人，尚无一致的结论。有的说是富有的地主，现在继续购田，造成土地兼并的现象，有的说是靠收租过日的，去年收不到租连吃饭都发生问题，恐无余力来购新田。如某县一地主往年可收五百担租，而去年只收七担半，现在也在饥饿线上挣扎，有的说买田的乃是商人以及劳动阶级中之有积蓄的，还有人指出在他的本县内穷苦人多，买田的人都来自外乡，这个问题恐须细加研究始可得一结论。

第八、在若干县份高利贷颇为猖獗，灵川县长告诉我，他知道一个案子，借了一担谷的人在借谷时要写两张借据，在第一张借据上他写借到国币四万二千元，秋收后无息归还，实际上在他借谷时谷价只有三万五千元，但因谷价还在上涨，所以借主要加两成计算，于是三万五千元便变为四万二千元。另外还要立一张借据，上面写明借到谷子两担，秋收后无息归还，这张借据代表利息的部分，因为一万元的利息是谷子五十斤，四万二千元的利息便是谷子两担，在这两张借据上债主毫无把柄可以使人认为违背法律上的规定，所以县府想要取缔也无从下手，据好些人说饥民想要救死，所以这种高利他是肯出的，有饥民因为信用不佳，即出此种高利还借不到，谷子高利贷反成为债主对灾民的恩泽与人情。

第九、是教育的破产，许多小学校校舍给敌人破坏了无法修复，有些小学校虽然还有残破的校舍，但因民众无力交学谷，所以请不到教员，有的教员肯尽义务，但为生活所迫不得不于教书之外另谋副业，于是一星期内便不能天天上课，我们所参观的小学有的是间无一人，有的是以砖头为凳，木板为桌，学生常常是不能如数到齐，因为他们要到山中去采野草以维生活，此事在他们父母的眼光中是比受教育更为重要的，有一个县的教育科长说他的县内的小学如想恢复原状起码要十年。

第十、是基层政治组织的解体，在饥荒的社会里，赋税的收入自然要大大减色，于是县以下的行政人员生活上便大受影响。雒容县自县长以下已有好几个月每人每日只能取得伙食费五百元，据说吃稀饭都不够，乡镇长举出来不肯担任的，多几甲的甲长常常是一人兼任，灵川县金坑乡大新村的村长潘某，县长有事去找他找不到，查问起来才知道他已率全家老小到外乡去讨饭了，在这种情形之下，政令的推行自然不能顺利。

六月十四日于衡阳

〔善后救济总署档案〕

7. 蔡孟坚江西灾情报告

(1946年8月)

江西灾情

引　言

民国二十七年春，敌寇溯江西上，自皖南取道彭泽湖口进占九江，继犯赣鄂，毗连各县策应对武汉之攻势，嗣继向东南分窜，陷安义、永修，次年南昌新建失守，二十九年高安、上高再陷，于是赣北十五县市几全被敌所控制。三十一年敌复沿浙赣线侵入赣东，玉山、上饶、临川、南城等十五县均备遭蹂躏。三十三年湘敌于长沙会战失利后改窜赣西萍乡、永新等地，寇踪所至，又达十四县之多，次年粤敌北侵，赣南各县均被波及，凡此各地受创均极惨烈。及至受降前夕，残敌又分由赣南、湘东转入赣中会集撤退。因此，赣江沿岸十余县复蒙受重大之破坏与损失，综观全省八十三县一市中，战时先后被敌占领或遭窜扰者计有六十三县一市，其幸免于难者仅赣东南十余县及赣东北一隅而已，战区既广，灾情綦重，所有遭受破坏之实况，兹分别略述于左，并分别略述如左，并就搜集资料酌制图表附入，俾供参证。

壹、人口伤亡

本省人民昔年死于匪祸者为数甚众，重以八年寇灾，复惨遭敌机轰炸与寇军屠〔戮〕，伤亡相继，殊足惊人，据江西省政府统计处三十五年一月统计全省人口总数，战前为一四，二三三，八九五人，战时受伤数为一九一，二〇一人，死亡数为三一三，二四九人，伤亡合计为五〇四，四五〇人。

在赣北沦陷区内敌军杀人如麻，其血迹斑斑之事实殆非楮墨所能罄其万一，仅以南昌市郊瓜山沙埠潭一带地区而言，迄战事结束以后仍复白骨累累。本署为检埋此种尸骨，曾以工振方式发动人民检集掩埋，计瓜山一处即有二千七百余具，已筑成白骨冢数座，然此不过为暴敌千百万桩罪案中之一例。此外因其连年在赣境窜扰，各地无辜人民惨遭荼毒虐杀，因当时情报困难，尚复不知凡几。

上述种种系指直接遭受敌寇杀害者而言，连年本省人民因转徙流离，或饥毙道路，或病死沟壑，自属不在少数，均尚未计入，至于因征兵服役而减损之人口且多为具备劳动力与生殖力之壮丁，其数当亦有数十万，以故在江西省政府统计处三十五年四月印行之"袖珍统计"内公布本省现有人口总数为一，三三〇万人，凡此足证本省人口损失数字之巨大，由于人力之锐减，其足影响今后之复员善后工作自不待言。

贰、房屋毁损

本省战前原有房屋共计二，一七〇，八四七栋，战时经敌寇炮轰火焚或炸毁者共计三八二,四二九栋,占原有总数百分之一七.五,其中以赣北陷敌最久,受损亦最重,南昌、新建、高安三县及南昌市房屋损失均在三万栋以上,奉新损失二万余栋,九江、永修、瑞昌、武宁等县损失均在一万栋以上,修水、德安、安义、靖安、进贤等县亦各损失六千至九千栋,即蕞尔小邑,如湖口、彭泽、星子等损失亦均达四千余栋,凡此各地无论城市乡村往往同遭毁灭,高安县南北两城残存房屋仅有十余,奉新县城中较完整之房屋仅存天主堂一所,若干乡间甚至片瓦无存,战后复归之难民唯有以树叶搭棚,暂时容身,即省会所在地南昌市区之建筑物亦以拆毁四分之三以上,昔日繁华街衢,率多成为废墟,战后义民复归什九,栖身无所,房荒问题严重达于极点。

赣东于三十一年遭敌窜扰,凡寇踪所经之处如玉山、上饶、弋阳、贵溪、临川、南城、余干、东乡等县破坏均极惨烈,其中贵溪、临川两县房屋均损失各在万栋左右,南城城区被焚后,完整之建筑物仅余七所,损失占百分之九五,迄今尚无力修复,断垣残壁仍复随处皆是。

此外损失较重者尚有赣江沿岸之赣县、吉安、丰城等处,俱因历年迭遭敌机轰炸,最后于寇军北撤时复被放火焚烧,被毁房屋均在七千栋以上。

综计全省房屋损失在百分之五十以上之重要城市凡四十二,其中有十八个城市损失超过百分之九十,有十个城市损失亦在百分之八十以上,始终未经沦陷之著名瓷产地浮梁(即景德镇)因敌机之屡次袭击,房屋损失亦达百分之五十,至于较为次要之村镇屋宇庐舍荡然无存者更属所在多有,其名称不复一一列举,总之难民返乡以后如何使其安居,以便复业亦为本省迫切事项之一。

叁、农田抛荒

本省位于鄱湖盆地,土壤肥沃,物产丰饶,向有“江右谷仓”之称,八年以来成为敌寇迂回窜扰地带与军糈物资掠夺区,因此各地粮食物资悉数搜括，凡经敌扰之区往往庐舍荡然，农田亦多荒芜，尤以赣北一带沦陷最久，受灾亦最烈，迄今高安、永修、靖安、安义等县随处仍见荒田，仅永修县属之张公渡附近农田抛荒面积即达一万五千亩之多。

查本省耕地面积除南昌等二十五县系用航测外，其余五十八县则采用“江西农业统计”所载数字，合计全省耕地总面积为四八，七七〇，七八五市亩，占全省土地总面积百分之一八.八弱，内计水田三六，〇一五，一三五市亩，旱地一二，七五五，六五三市亩，以全省人口总数一，三三〇万人计，每人平均可得耕地三.七市亩，如以全省农民总数二，二七五，〇六九户计，则每户平均可得耕地面积为二一.五市亩。

战前原有荒地已航测二十五县之实测面积为一，一九五，七五五市亩，未航测五十八县计四，三七五，八〇四市亩，两共五，五七一，五五九市亩，包括平荒山荒地在内，此项荒地面积占全省耕地总面积百分之一二。

至于本省因受战争影响而抛荒之农田，各方虽正在进行调查之中，但尚无正确数字足资依据，兹就访问所及并参酌各县灾情报告，估计全省因战事抛荒之农田约在一五〇万亩以上，以赣北各县为最甚，如上高、永修、靖安、安义等县抛荒农田均在四五万市亩左右，武宁约八万市亩，高安、新建各十万市亩，而南昌一县则达三十万市亩之多，灾情之重可以概见。

肆、耕牛损失（附农具）

全省耕牛据江西省政府二十六年统计原有一，五二八，六三〇头，平均每三家农户约有耕牛二头，其中黄牛约占三分之二，居全国第四位，水牛约占三分之一，居全国第七位，耕作能力黄牛每头约可耕三〇至四〇亩，水牛每头约可耕五〇亩。战时由于敌人之掠夺宰杀，据江西省政府统计处调查，共损失二七〇，九九七头，约占原有数之一八.六，受灾最重县份如南昌、新建、永修、奉新、瑞昌等县损失均各在一万头以上，临川、九江、进贤、高安、修水、贵溪等县损失各八九千头。南城、永新、莲花、万安、萍乡、丰城、安义等县损失亦均在五千头以上，又据江西省兽医专科学校估计本省每年因染疫而死亡之耕牛约达一八，四〇〇头，准此估计本省现存耕牛数仅一一〇万至一二〇万头之间，平均每二家农户始有耕牛一头，以故今年春耕一般贫农因无牛只使用，率多以人力代替，事倍功半，影响复耕，殊非浅鲜。

除耕牛外，各种农具亦普遍感觉缺乏，本省民间原有农具现尚无较可靠之统计数字。战时因敌人搜括金属物资犁把、锄锹等多被掠夺，水车及其他农具亦多被焚毁，据省政府统计处调查，全省农具损失总值约合国币五，五三〇，三二二，一九八元，平均每件单以一千元计算，损失当不下五五〇万件，本省农业院附设有农具工厂能制各种新型农具，现仍继续生产中，然亦因受战事影响，机器设备亟待补充，方足大量制造以应一般农民之需要。

伍、粮食恐慌

本省粮食出产素丰，尤以稻谷为大宗，除自给外，每年均有大量出口。抗战以来，历年供应军粮，并接济闽粤浙等邻省民食为数颇巨，据江西省政府战前调查，二十六年度籼糯稻之栽培面积总计四二，二三一，九三九市亩，产额为一〇二，二七六，九〇三市石，战时因敌人之扰害，陷区增加，耕地缩小，农民流徙，兼以应征兵役暨担任各种工役，致原来从事耕作之劳动力普遍减少，产量为之大减，三十年至三十三年度依江西省田粮管理处调查自由区六十九县，主要作物面积及产量并就“江西省农业统计”所载游击区十四县水稻栽培面积与产量参酌估计，全省稻谷栽培面积约为三二，九三三，八〇〇市亩，产额八八，〇三二，〇〇〇市石，较之战前每年约减产一，四〇〇万市石。查本省民食向以稻谷为主，如以全省人口总数一，三三〇万人，每人年食稻谷以六市石计算，则全年消费量约为八千万市石，另减留种用稻谷约二百万市石，仍可盈余六百万市石。惟因征购征实稻谷年达八百余万市石，即以杂粮折合相抵，已无余粮，益以供应军糈与接济邻省民食，早有不敷之感。

去年因省境各地发生水旱灾患，复因受敌人窜扰影响，稻谷收成较往年更为减少，据田粮处估计产额为八一，七八一，二九三市石，仅足以维持全省民食消耗，惟自抗战结束后，后方各地难民纷纷迁返，需粮日多，且邻省粮价暴涨，一般应时趋利之徒，乘机大量贩运米谷出境销售，复因中枢继续采购余粮军糈供应，亦不容停滞，而各县积谷因历年被敌寇劫掠，损失总数达一一，四〇〇，二二一市石之多，仓存早告匮乏，故省境粮食颇感不足，致形成今春严重之粮荒。

各地粮荒情形如九江县，据该县参议会报告，缺粮之户计达百分之七十以上，因此断炊而以树皮草根观音土等物代食者不下一千名之多，家无粒米全赖玉米糊为食者已达九千三百余户，因饥饿而死者亦时有所闻，赣西萍乡一带因春荒严重，人民相率转徙乞食，饿死道途者所在皆是，赣南各县粮食素极缺乏，大部平民多以芋叶等根薯渣等代饭，聊以苟延生命，赣东上饶乡间亦发生民以树根及观音土度日之现象，甚至南昌市近郊月前亦发现乡民有以树叶充饥者。

三十五年度粮食产量依照全省耕地面积四八，七七〇，七八五市亩，每亩收获二市石计算，包括稻谷及各种杂粮在内为九七，五四一，五七〇市石，然各地水灾频传，实际收成是否能达到此项估计数字，实属疑问，如不设法救济，荒象仍堪忧虑。

陆、衣料匮乏

本省衣着原料极端不敷，向需邻给外省，战前棉花年产量为二八九，六六三市担，如按全省人口总数一，三三〇万人以每人每年用棉最低量五市斤计算，约需棉六六五，〇〇〇市担，不敷之数已在一倍以上，麻为本省特产，以宜春、万载、宜黄、宁都等县所产者品质最佳。战前全省年产量包括苎麻、大麻及黄麻，共计一九八，七二四市石。战时因栽培面积缩小产量均大减，据江西省政府建设厅三十年度估计，本省棉麻年产量约均为十五万市石，至三十四年度复经统计处调查棉产量增至二四〇，九一六市担，麻产量则仅为六二，八二一市担，加以历年被敌掠夺者为数颇巨，计棉一，〇六六，六四八市担（包括由外省输入之原棉在内），麻一三二，三九六市担，因此衣着原料更形奇缺。

本省纺织事业停留于手工业时代，战前棉织土布年产额曾达九四五万匹，以南昌、清江、新淦、南康等县为最盛，战时因外来资料供应断绝，乡村纺车织机大半停废，据一般估计，产量尚不及战前五分之一，麻织夏布战前年产额约一二〇万匹，战时亦因缺乏原料产量大减。省政府为解决衣着自给自足问题，曾设厂提倡机织改良土布夏布，然产额甚微，殊不足以供应一般人民之需要，嗣以敌军窜扰即告停顿。

至于省外输入之布匹，历年遭敌寇劫掠焚毁损失至巨，尤以南昌、临川、吉安、南城等处损失为最重，仅以南京市而论，据市商会报告布匹损失即达二十六万件，总值不下五〇亿元。

故江西衣着问题之严重，较之粮食问题实属有过之无不及，战后由后方复归之人民衣不蔽体者比比皆是，有五口之家仅存一床破絮者，亦非罕见，据省政府统计处调查估计，本省人民因战事损失之衣被需全部补充者约二六三万人，需部分补充者约二四〇万人，大量原棉及布匹之输入实为目前迫切需要之举。

柒、交通毁损

本省战前原有公路除县道外，干支线共计六，三四八公里，战时因阻敌而经实施破坏者为五，〇四七公里，所存不过赣东南一小部分，计一，三三七公里，嗣经设法修复四八八公里，战后因人力物力及财力之困难，修复工作极为迟滞至本年七月底止，全省修复公路尚仅一，五一九公里，连同战时业经修复路线亦仅二，〇〇七公里，且均系临时勉强通车，大都桥梁涵管多不堪载重，路面铺设亦多未遵照规定限度，因此路基不固，车行颇险，如遇天雨尤难畅通，公路处战前原有各牌汽车五四六辆，复员时仅存五三辆，不及原数十分之一，另有商车不满百辆，均属破旧不堪，难应需要。战前原有车场计南昌、樟树、吉安、龙南、宁都、临川、永丰、珀玕、河口、浮梁、牛行、万载、武宁、九江等十四处，均置有全部修车设备，现有车场计南昌、南城、上饶、宁都、赣县、泰和六处，均仅有简单修车设备。在同一时间内仅能检修车辆各一至二部，总计公路方面因战事所受之直接损失包括公路车辆燃料及修车设备等在内为五，七三五，八七二，二四五元，间接损失共达六七〇，二七二，二四八元，合计六，四〇六，一四四，四九三元。

省境铁道原有浙赣路之玉萍段、南浔路及萍株路三线，共长八〇四公里。战时均经彻底破坏，尚未修复，尤以南浔路破坏程度为更甚。

水运方面本省赣、抚、饶、信、修诸河过去航运向称便利，战前共有小轮船一一七艘，帆船二四，八九二艘，战时多经敌寇毁坏，赣江帆船先后被炸毁沉没者达一万一千余艘，去夏敌寇沿江北窜尚复凿沉大小帆船六百余艘。目前全省残存船舶计小轮船六四艘，大都破坏不堪使用，赣江帆船幸存者三，一三六艘，其他各河三，二六四艘，亦多破旧不堪，近以催运军粮统一调派，商旅水运亦形停顿。

捌、圩堤溃决

本省沿江滨湖各县地势低洼，易受水灾，向恃圩堤以为保障，堤线长度共计三，〇八五公里，受益农田四三〇万市亩，战前历经加高培厚，颇为巩固，战时沦陷区乃接近前线，各圩堤因军事关系挖壕筑垒破坏甚多，复经敌寇挖决什九，残破险段决口比比皆是，加以圩堤附近人民率多流离逃亡，未遑修补，故省境河湖干堤实际已无防洪力量，一遇大水灾害立见。

胜利以后，经江西水利局实施勘察，所有损坏堤段估计需培修土方六九，八五四，二九〇公方，损坏涵闸共计二二六座，亟待修建，前经本署拨款一亿元用工振方式先行抢修受灾最重之南昌、新建、永修等三县堵口复堤工程，惟于振款太少未能普遍举办。嗣奉总署核准拨给面粉四，四一七吨，办理沿江滨湖各大堤复堤工程，亦因振粉未能源源接济，致令工作进展颇受影响，然在汛期已因而发生相当防洪效力，如本年五月初间赣抚各河水位同时上涨，超过警戒线者计有二十余日，各堤岌岌可危，尤以六月中间情形更为严重，抚河下游各堤竟于六月十九日告急，时经三日，赖防范严密，幸未成灾。今后倘振粉能源源接济，俾督修工作顺利进行，则农田收获可以确保，捍卫力量得以增强，人民受惠定非浅鲜，否则今年虽已化险为夷，但明春汛期一届，水灾仍时有发生之可能，如上游山洪暴发，下游水位陡增，严重之灾患即将接踵而至，后患殆不堪设想。

玖、产业停顿

本省重工业有资源委员会与省政府合办之机器、炼铁、车船、电工、硫酸等五厂。机器、车船、电工三厂均设于泰和，规模虽小，基础已渐巩固，炼铁厂设于吉安、永新间之天河机器锅炉均尚完备，并敷设有钢轨五公里，硫酸厂设于大庾，采用最新钒金接触方法，每年可制98%浓度硫酸四〇吨，此外尚有资源委员会华中水泥厂与省府合办之水泥厂亦设于天河，采用干法竖窑制造，每年可出水泥八，〇〇〇桶(每桶净重一七〇公斤)。三十三年度寇军先后窜扰赣西、赣南以上各厂，厂屋机器什九遭破坏，现均已停办，计损失达四一三，四〇〇，〇〇〇元，今春曾有全部拨归省办之议，惟省政府因财力不敷尚无法整理复工。

轻工业有省营兴业公司之酒精、糖、纺织、染、麻织、制革、锯木、瓷、印刷等十一厂，均因战事破坏停止生产，现尚继续办理者仅印刷厂一所，共计损失达四四〇，三〇〇，〇三五元，民营者有火柴、罐头、纺织、印刷等厂亦均受重大损失。景德镇瓷业原有窑一百五十余座，战时屡遭敌机轰炸毁损綦重，今已开工者尚不及原有数三分之一。

公用事业全省原有电厂二十三家，内省营电厂四（吉安、泰和、赣县、大庾），水电厂一（南昌），其余均系民营，除南昌水电厂系胜利后所收回外，省营四厂战时损失共计一二八，四四七，九八〇元，现泰和、大庾两厂已停办，吉赣两厂亦在勉强挣扎中，至民营各厂除九江尚勉强支持发电，然亦不足以供照明之需要外余均被毁残破不能复工。

矿业重要者有钨、锡、锰、煤、铁五种。

钨产于大庾、龙南、虔南、会昌、安远、云都、泰和等十七县，储藏量达四百万吨，居世界第一位，初由人民自由开采。自二十五年国营以来，在大庾等七主要矿区年产量即有十万吨，全部运销国外。锡产于大庾、南康、上犹三县，储藏量约十万吨，以大庾为最著，初由省政府设厂采炼，年产量计一，五〇〇吨，二十九年亦移归国营，三十三年敌由粤北窜入赣境，钨锡各矿遂均陷于停顿。

锰产于乐平，储藏量达一百万吨，仅次于湖南。自三十年一月起，省府设厂采炼，每月可产锰砂、锰粉各三〇吨。乐平虽未经沦陷，但矿产亦因受寇军侵扰赣省影响而无法维持，早已停采。

煤之重要产区为萍乡、余干、丰城、宜春、乐平、吉安、新喻、上饶等县，拟储藏量约七万万吨。过去从事开采者公私经营均有，每产在八〇万吨以上，足供南浔、浙、赣两铁路本省各电厂及赣河轮船应用，以萍乡之安源煤矿吉安、永新间之天河煤矿及乐平煤矿为最著。安源、天河两矿具系国营，前者早于二十八年因省境战事解散，现拟改组尚未出产，后者在战时产量尚年有增加，嗣因寇军深入赣省遂告停顿，现虽已勉强复工，而产量甚微，日产仅六〇吨，乐平煤矿系矿商鄱乐公司集资开采，原有煤井三个．被敌机炸毁两个，现日产四〇吨，被毁两井恢复不易。

铁产于萍乡、莲花、永新、九江、宁都等县，估计储藏量约二千万吨，以永新乌石山质量最胜，过去均仅有小规模开采，二十九年省政府与资源委员会合资筹设炼铁厂于天河，即以乌石山之铁砂为主要原料。自三十一年起，每日可出翻砂铁二〇吨，三十三年敌扰赣西，途经天河机器锅炉悉被摧毁，至今无力恢复。

拾、疫疠流行

本省灾情惨重已如上述，而战时播迁频繁疫疠继起，凡各种法定传播病均有发现，传布既广，蔓延尤速。据本省各级机生机关之卫生状况年报表归纳统计，自二十六年至三十四年，本省各种法定传染病患者共计七三，一一六人，内死亡七，五六二人，惟此项数字仅系指曾就疹于各医疗防疫机关者而言，此外各地发生病患所在皆是，纵或死亡相继，大都隐瞒未报，故实际之传染病患当数倍于此数，其中以赣东南城等处之鼠疫尤为可畏。

查赣东鼠疫系于三十年自闽省传来，初流行光泽，旋即传至南城，历时五载迄未扑灭。三十三年夏季因防治未得其法，疫区复自南城扩展至黎川、南丰等县，以南城疫势为最烈，嗣经防疫专家伯力士亲往施救，一度稍戢。至去年岁杪鼠疫又突趋流行，据非正式估计，历年死于此种病患者实际数当已逾千人，迩来南城一带疫势复炽，城郊及新丰镇等处均日有发现，据南城鼠疫隔离病院报告，本年六月份共收鼠疫病人十二人，死亡七人，未入病院者不在内，此外黎川染疫者六四人，死三六人，南丰染疫者五四人，死三二人，广昌虽时有发现，然数字尚未据报。最近临川、金溪两县境亦发现死鼠，临川城区发现死鼠之处，且有十二处之多，并已发现病例，现已死亡一人，此种可怖之黑死病蔓延赣东各地，疫区日益扩大，如不予以根绝，后患诚不堪设想。

除鼠疫外战时流行疫病以霍乱、赤痢、脑膜炎三种为最烈，死亡率亦最大，伤寒及天花次之。战后各种疫病继续发生，以今春之脑膜炎为尤甚，蔓延二十余县，患者数百人，死亡亦达一百人。最近时值夏令，霍乱突趋流行，南昌、九江、浮梁、鄱阳、吉安等县均有发现，势极猖獗，半个月来，南昌市区已死二九九人，其未及就诊即告死亡因而无法查明者尚未列入，浮梁据报死亡三〇〇人之多，为祸之烈可见一斑。

结论

综上所述足证本省所受战灾之惨重，加以战时天灾频仍，战后疫病饥馑接踵而至。十年以来，民无喘息。本署成立以后，以时机迫切刻不容缓，首择受灾最重区域迅即举办各项救济工作，然以赈款有限，物资不充，杯水车薪，尚无当于万一，今后亟需大量经费物资，俾业务得以普遍展开，全省人民始有复苏之望。

附记

一、查本省曾经被敌占领或遭窜扰者凡六十三县一市，惟其中兴国、雩都等三县敌军仅于其边境稍有滋扰，受灾较轻，故图表内均未将各该县列入。（图表略）

二、图表所列各项损失价值大都以三十四年九月份物价为准，该月份物价指数为战前之八七一倍。〔图表略〕

江西灾情附表

江西省三五年度江西遭受天灾县份灾情调查表

县（市）别	受灾田亩（市亩）	原　由	县区人口	待振人数（人）	需要振款数国币（元）
泰　和	33,443	水、旱、风、虫	148,811	12,422	100,874,993
靖　安	24,100	水、风、虫	75,995	3,000	735,000,000
莲　花	1,954	水、虫	88,071	未详	36,500,000
安　义	20,500	水、旱、火、虫、风	66,935	4,480	252,800,000
萍　乡	131,828	水、旱、虫	436,885	129,900	2,065,400,000
奉　新	26,022	水、风、虫	57,096	21,780	780,710,000
南　康	27,412	水、旱、虫	316,041	13,818	125,282,280
分　宜	8,482	水、旱	未详	74,567	894,801,000

续上表

县(市)别	受灾田亩(市亩)	原由	县区人口	待振人数(人)	需要振款数国币(元)
寻邬	8,085	风、雹	90,000	7,288	182,200,000
永新	75,827	旱、风、虫	161,132	35,814	306,245,400
南昌市	55,852	水、旱、风、虫	93,706	33,151	1,102,024,448
崇义	1,602,331	水	89,000	8,599	21,500,000
横峰	82,776	旱	56,836	未详	8,277,600
进贤	65,790	水、旱、虫、雹	74,663	3,952	187,500,000
乐平	12,567 88万公里	水、旱、风、虫	203,976	9,610	38,140,000
新喻	147,328	水	144,977	82,706	82,906,000
武宁	10,097	虫、风	168,187	1,060	44,000,000
瑞金	937	旱、虫	183,948	1,010	2,950,000
上犹	12,935	水、风、虫	130,000	5,014	115,730,000
安远	460	水、旱、风、虫	107,986	1,169	7,049,050
星子	7,700	旱	80,030	3,240	77,600,000
信丰	2,146	水	230,562	4,369	15,000,000
余江	197,713	旱	115,825	9,881	196,700,000
光泽	1,304	虫、旱	59,918	2,655	48,050,000
龙南	2,222	水、旱、虫	108,184	9,314	200,000,000
宜丰	65,477	旱、虫	87,905	3,954	553,560,000
资溪	1,887	水、旱、虫	33,000	871	16,620,000
广昌	9,094	旱、虫	82,997	10,200	102,000,000
会昌	1,190	旱	124,000	8,080	109,530,000

续上表

县(市)别	受灾田亩(市亩)	原　　由	县区人口	待振人数(人)	需要振款数国币(元)
玉　山	377	水	201,965	156	45,000,000
弋　阳	18,073	水、旱、虫	109,634	8,138	121,200,000
湖　口	2,240	风、虫	71,588	2,292	60,240,000
修　水	5,959	虫	264,395	6,311	49,988,000
浮　梁	62,996	虫	164,143	19,982	651,100,000
鄱　阳	469,917	水、旱、风、虫	373,626	163,675	1,375,972,400
峡　江	13,721,683	虫、旱、风	36,436	11,499	11,479,000
宁　岗	32,868	虫	28,925	16,165	545,125,000
虔　南	1,504	水、虫	63,650	978	36,675,000
九　江	2,300	水	262,618	1,530	28,900,000
安　福	55,198	旱、风、虫	131,989	10,376	83,008,000
吉　安	38,140	旱、风、虫	363,143	10,821	131,815,000
东　乡	22,000	水、旱、虫	126,823	3,520	392,000,000
丰　城	133,260	水、旱、风、虫	388,371	84,970	50,000,000
遂　川	263,771	虫	192,893	7,624	160,280,000
清　江	12,951,112	水、虫	170,445	未详	63,150,000
瑞　昌	4,640	水、虫	87,707	5,097	45,370,000
宜　黄	2,280	虫	76,032	700	22,800,000
临　川	71,166	水、旱、风、虫	294,059	17,266	121,546,000
金　溪	24,127	水、旱、虫	74,833	610	18,480,460
万　载	3,233平方公里	旱、虫	163,164	55,429	565,000,000
总　计	70,573,704		7,039,835	941,193	15,670,313,231

续上表

县(市)别	受灾田亩(市亩)	原　　由	县区人口	待振人数(人)	需要振款数国币(元)
50县	3,261平方公里合计为31,032,854				
附注	由各县政府呈　　报	由各县县政府呈　　报	根据江西省统计处三十四年调查	由各县县政府呈报	由各县根据当地人民生活情况决定

〔国民政府行政院善后救济总署档案〕

8. 国民政府文官处政务局函送行政院秘书处关于淮河上游各堤溃决及各县灾情密报

(1946年9月28日)

径启者:奉主席交下关于淮河上游各堤溃决各县受灾情形密报一件,并奉谕交行政院参考,相应抄附原件函请查照为荷。此致行政院秘书处

附抄件　拟交水利委员会及善后救济总署参考

简十、九

国民政府文官处政务局启

中华民国三十五年九月二十八日

抄件

淮河上游各县圩堤溃决,水利局已将各堤溃决日期及受灾情形统计如下:

阜阳之淮堤官河湖六月十六日溃决,淹该区土亩十五万市亩。泉河南岳湖口七月二十一日溃决,淹该区田亩九万余亩。颖上之淮堤洪家湾六月十六日溃决,淹该区田亩六万市亩。济南支堤七月二十二日溃决,淹该区田亩二十五万亩。霍丘之淮堤柳林东西干堤六

月十五日溃决，淹该区田亩三千市亩。三河尖圈堤七月七日溃决，淹该区田亩三万五千市亩。凤台之淮堤六坊段，六月十六日溃决，淹该区田亩八万市亩。淮堤□张段七月七日溃决，淹该区田亩五千市亩。淮堤石姚段、平高段均于七月七日溃决，淹该区田亩十二万六千市亩。寿县萧严淠堤倪炭段七月七日溃决，淹该区田亩八千市亩。萧县淠堤朱家段七月七日溃决，淹该区田亩九千市亩。连其余各小段统计淮域上游十县淮堤所属田亩二千一百余万市亩，受灾农田达一百五十余万市亩。

〔国民政府行政院档案〕

9. 张祖良等关于浙江灾情与人民生活情况的视察报告

（1946年11月20日）

浙江省共七十七市县，战前沦陷于敌人手里的，除了浙南龙泉、庆元、景宁、泰顺、淳安、遂安、仙居等八县外。达六十九市县。如果把浙江省整个鸟瞰一下，灾情的严重，当以浙西沿太湖流域之长兴、吴兴、武康等县为最。

单以房屋之损失一项而论。如武康长兴，其损失百分比，皆在百分之九十以上。因为沿京杭国道，自上柏、武康、三桥埠、埭溪、长兴一带，为我们的游击区，经我国军与地方团队的大小争夺战，不下数百次。敌人为施行扫荡，将交通沿线房屋焚毁一空，我们第一次到杭州时特地乘车去武康县视察，只见城内一片荒草，矗立着几截残垣，城外有几家小铺子，都是临时搭盖的茅舍。县政府在离城约三里许的一所民房里办公，这是战后硕果仅存的一所大房屋。

在我们去南浔的途中，运河塘岸之北，即是靠近太湖的一面，所有村镇的房屋，亦多焚毁一路所见，几乎完全是茅屋。在战前，这一带是比较富庶的地方，而现在却满目凄凉。

其次如义乌、江山嵊县，或因地方民性顽强、好打游击，或因敌我两军，作拉锯争夺战民房损失均存百分之七十以上。至沿海一带，如奉化、镇海各县，灾情亦颇严重。当二十九年七月十七日，敌人第一次登陆时，镇海县武宁镇，原有房屋一千二百余间，全部夷为平地，居民多流为乞丐。又小港村，适当要塞之冲，毁民房千间以上。柴桥镇被敌人轰炸达十六次，所有小学校全毁，民房损失在四百间以上。

浙西的天目山以及浙东的四明山，都出产大木材，在沦陷期间，被敌人砍伐殆尽。用以取暖或建筑桥梁。在我们去武康和奉北的途中，很少见有高大的林木。十一月十一日，游溪口，参观武岭学校，据该校总务主任说：武岭冈上在战前原有不少合抱的大松，现在已完全被敌人砍光。

这些林木的损失，使许多的林山变成了童山。雨水不能吸收，于是一泻如注，成为暴洪，泥砂冲积，淤塞河床，使农田水利，发生了严重的问题。

以上所述，不过举灾情之一二例，自然不能概括一切，凡敌人所施之于其他各省的，如搜刮粮食，毁损农具，屠宰耕牛，破坏道路桥梁，以及种种奸淫烧杀等暴行、在浙江也没有例外。可是我们认为这些直接由于寇灾的损失，并不能处浙江人民于万劫不复之境，而最大的危机，还是在一般农村经济的破产。

我们知道浙江是一个蚕丝鱼米之乡。杭嘉湖各县蚕丝业特别发达，人民每年在这副业上的收入，恒超过他每年米产的收益。战前有许多人是以蚕丝起家的，现在以丝绸市场不景气，老百姓在蚕业上已无利可图，于是很多桑圃，听其荒芜，他们失去了这唯一的财源，生活便日见穷苦，我们以吴兴为例。

吴兴全县田亩，包括田地山塘在内，战前约一百六十万亩，其中稻田约一百一十五万市亩，平均每亩产米一百五十斤，全年可产米一百七十余万担，战前米价，平均每担以十元计算，则吴兴全年在米粮上的收入，总值约为一千七百余万元。

而吴兴的蚕丝业，最盛的时期，为民国十五六年。至民国 二十六年，尚有织丝厂三十五家，织丝电机二千余架，木机最多增达七千架以上，缫丝厂十二家。每年出丝在四千包以上（每包一百关斤，每斤十六两八钱），四分之三的丝系外销，四分之一的则在本地织绸。

战前每包丝的价值自六百元至九百元不等，最高曾达一千七百元，以最低每包六百元计算，每年约值二百四十万元。其余附属品（俗称下脚，如茧衣等）的价值，每包可得一百五十元左右，合计值六十万元。又土丝加工后，通称为“缉里干经”，南浔一地，年产达七千包以上，每包约值四百七十余元，总值在三百三十万元左右。而各乡的土丝，年产在五万包以上，以每包三百五十元计算，总值为一千七百五十万元，再加上各乡全年蚕茧的收益二百四十万元，则吴兴每年在蚕丝业上的总收入，当在二千六百余万元左右。

由上述的情形看来，吴兴人的收入大半是靠着蚕丝业。可是战后的情况却一落千丈。现在丝织厂大小仅存十家，丝厂四家，织绸电机，只剩了战前的十分之一，二百余架，木机不足一千架。蚕丝在战前盛时，年产约十万担，现在只达战前的百分之二三十。同时吴兴的可耕田亩，战后仅八十万亩，所产粮食，勉敷八个月之用。而今年有三十八个乡镇，发生水灾，收成打了个六折，食粮更感缺乏。

蚕丝业破产，米粮锐减，现在吴兴的老百姓，一般的在贫穷中生活。

其次如沿海一带的渔民盐民亦在穷困中挣扎，据六区专员俞济民谈：定海、象山、奉化各县藉渔业为生者，达二十余万人。战前有大捕渔船一千余只。现仅存四百余只。在抗战期间，海盗横行，捕鱼困难，加之有若干种为修建渔具所必需的物资，如桐油、苎麻之类，政府诚恐资敌，禁运出口，以致渔具无法修建。自太平洋战事爆发后，海运断绝，来自菲律宾的制网主要工具——渔烤，供应不继，影响捕鱼，颇为不利。

渔民的组织，分为渔工（伙计）、业主（老板）、渔商及渔行四级，渔商向渔行借贷资金以之转贷给业主，业主得此贷款，招雇渔工。层层剥削，结果渔工得了极微少的工资。

捕鱼的时期，大概在旧历一二三月间捕小黄鱼，四五六月间捕大黄鱼及墨鱼，八月起再捕小黄鱼，腊冬多捕带鱼。所以一年之中，除六七两月所谓“渔隙”外。几乎无月不是过的浮海生活。因此渔民们大多嗜酒好赌，任性挥霍，手头毫无积蓄，永远在业主与渔商的重重剥削之下，度其贫苦的生活。

又定海、象山、余姚等县，均多盐民。如舟山一岛，有六千余户，暨岱山衢山二地，亦有千余户，除了三分之一的居民，在农忙时兼操戽耘的耕作外，其余皆专业晒盐，经过了六年日寇的统治与掠夺，大户降为赤贫，赤贫转成饿殍，炊烟寥落，十室九空。

由于上述的情形看来，号称江南富庶之区的浙江，经过这次战争的洗礼，人民生活与社会经济情况，实际已完全变质。

〔国民政府善后救济总署档案〕

10. 张祖良等关于浙江工赈虐民的视察报告

（1946年11月20日）

现在浙江的工赈，无论已举办或已经核定了的，大部分都在停顿之中，没有积极实施，其原因：

1. 发给物资太少　分署规定每工发给面粉二斤，以时价折算，不过六七百元，而老百姓做其他劳工，每日可得工资二三千元至四五千元不等。工赈原含有救济的意义，如果做工一日，仅得面粉二斤，不足以赡养家庭，适足以扰民。因此，许多老百姓，对工赈并不发生兴趣。

2. 农忙未了　浙江的晚稻收割很迟，十月中旬我们还看见农民在田间里忙着收获工作，要农民抛弃了自己的工作，而参加工赈，自然不可能。

3. 器材缺乏　有许多水利工程，必须使用特种器械，才能奏效。譬如嘉兴城疏竣城河，因缺乏抽水机，试了一个星期，只得中途停止。其他如吴兴溇港的疏浚，如缺乏挖泥机，亦难施工。

各县地方政府，有鉴于此，最近曾召开交通水利会议。如第二区恢复公路实施纲要规定：凡填筑路基土方，整理路面路基，采运路面材料，铺筑路面，搬运木石料，搬运碎石，以及挑运黄沙黄泥等工程责任，由劳动服役负责。又第二区三十五年度水利工程实施纲要规定，各项水利工程经费之筹措：一、工赈，向分署申请拨发面粉，二、利用国民义务劳动，三、向中农行贷款，四、征收田亩受益费，五、征购材料。第十区〔嘉厉〕各县水利建设纲要亦规定，所需技工及民工由各县依所辖地段，以工赈方式配合国民义务劳动集工兴办。至工料之筹措：一、义务劳动，二、分署拨给之面粉，器材及款，三、收取受益费用，四、募捐，五、县预算拨发。

由此看来，工赈的实施，除了分署从旁协助，拨发面粉贴补外，必须地方自身有推动的力量，才能顺利进行。

〔国民政府善后救济总署〕

11. 国民政府江苏省政府因民力凋敝苏北运河及沂沭堵口复堤工程浩大请迅拨粮款补助代电

（1947年2月21日）

江苏省政府代电：

行政院绥靖区政务委员会主任委员宋、副主任委员白钧鉴：查苏北运河及沂沭河堵口复堤工程自运河全线收复后，即由本省江北运河工程局勘估，计需工款一，五六三，一九二万元，工粮五六，八六三公吨，核与中央分配是项工程工款一〇一，五八五万元，工粮一〇,一三六公吨,相差工款约十五倍,工粮约五倍之巨,以言修复苏北十余县人民生命财产所恃以保障之长堤,实有未逮。此项堤防既经敌伪匪长期恣意摧毁,复因黄淮合流之洪涛冲刷,窳败不堪,沿堤窨潮串水溃脱塌卸种种危险比比皆是,中运河及沂沭河又决口多处,原估所需工款工粮数字实属已甚紧缩。民间二十年黄水并未浸及苏北,而决堤浩劫集全国人力财力历二年之久始行堵复,及庆更生。现黄河堵口尚难期于汛前完成,若仅就分配数字敷衍工程,一旦黄淮并涨,势必决堤,酿成巨祸。值兹国步难艰、民力凋敝之际,尤恐无力以善其后,懋功屡经视察,触目惊心,春汛瞬届,时间急迫,至堪忧虑。目前苏省庶政实无有重于此者,倘仅顾一时之计,因陋就简,贻患无穷,纵使费千百倍之工款,亦复无从补救,与其绸缪于事后,何若审慎于机先,除电请钧会督察团就视察所及代向中央申请外,理合电请鉴核,迅赐设法拨助,俾便照原估工程积极全面及时进行,以策安全而保民命,至深感祷。江苏省政府主席王懋功。叩。丑马建一印。

中华民国三十六年二月二十一日

〔国民政府行政院绥靖区政务委员会档案〕

12. 行政院善后救济总署浙江分署报告辖区灾情概况代电

(1947年6月25日)

行政院善后救济总署浙江分署代电　　(三十六)赈字第一九三八号
中华民国三十六年六月

行政院善后救济总署署长霍钧鉴:案奉钧署济恤京(三十六)字第二三一八三号代电,为电发灾情概况报告项目表,仰于文到十日内按表详列具报。等因奉此。谨遵照表列各项分陈于后:(一)本辖区内历年所遭受各种灾害种类:本省自二十六年战事发生,省会及各县相继沦陷,横遭敌伪空前浩劫外,复于三十五年六月杭市、余杭等十五县市洪水成灾，暨浙西余杭县属轻微虫灾。（二）每一灾害之起讫时间：浙省因战时沦陷，自二十六年十二月至三十四年九月发生，水灾为三十五年六月至九月，虫灾为三十五年九月。（三）每一灾害之蔓延地区：A．自二十六年战事发生不到五月，省会及浙西各县即告沦陷，其后继以历年敌人之迭次窜扰与侵占，总计八年来为敌侵占盘踞较久者有杭州市杭县等三十八县市，县境为敌一次或数次窜扰者有临□、新登等三十县，县境未受扰及者仅龙泉、庆元、景宁、泰顺、淳安、遂安、仙居、盘安、云和等县而已。B．三十五年六月始浙省杭市、余杭、杭县、富阳、渚暨、吴兴、武康、长兴、桐乡、萧山、寿昌、遂安、淳安、浦江、崇德等十五县市发生水灾，三十五年九月复有浙西余杭县属虫灾，幸均治救得宜，未遭蔓延。（四）每一灾害造成之难民人数：浙省寇祸连年，全省各县市三分之二沦为敌手，而未遭沦陷者亦皆迭经窜扰，其能免于寇患者虽有龙泉等九县，而遭受空袭之摧毁为害亦烈，全省人民或避难他乡，或迁移内地，千万灾黎，颠沛流离，历经冻饿，即留居陷区，人亦被搜括劫掠无遗。据调查所得，因受战事损害致无法生活之难民数达一，七五七，五二五人。（五）每一灾害造成之各种损失：甲 1．耕地荒芜——浙省耕作面积二八，〇〇〇，〇〇〇亩，八年间先后受敌蹂躏及因劳力缺乏而荒芜者占 10%，计二，八〇〇，〇〇〇亩。2．农具损失——农民使用农具均属土制，手用者居多，战时沦陷期间遭受损失势在所难免，但确切数字实无法加以统计。3．耕牛损失——浙省农户估计为四〇〇，〇〇〇户。八年间先后受敌蹂躏者达四分之三以上，即三〇〇，〇〇〇户，估计耕牛损失以三分之一计，即全省损失耕牛一〇〇，〇〇〇头。4．房屋毁坏——本省频年遭敌寇轰炸，拆毁房屋至损失为期甚巨，全省七十七县市除遂安、庆元两县无毁损者外，其余各县市被毁房屋达九〇八，六二六间。5．渔业损失——估计损失渔船一六〇，〇〇〇艘。6．工业损失——因战争地域沦陷几及全省，纤维工业遭受损失者计二九三厂家，手工业七四五厂家，其他如碾米、面粉、酿造等工业一〇，八六二厂家，合计一一，八九九厂家。乙、浙江杭市、杭县等十五县市均因霪雨连绵，山洪暴发，酿成严重水灾。丙、浙西余杭县境发生虫灾，惟治救迅速未遭蔓延，禾稻损失亦较轻微。（六）分别说明截至目前为止，前项所列各种损失经救济后业已恢复之程度：自本署成立以后，因鉴于辖区灾情严重，救济事业刻不容缓，乃于业务开展之初首重急赈、特赈，继之办理大量工赈，以宏善后。兹将经办情形略述于后：A. 急赈部分办理战后临时紧急救济，拨发物资及赈款：1. 三十四年度浙区冬令救济费国币二〇，〇〇〇，〇〇〇元，配发全省七十七县市。2. 粮食急赈三，四六三吨，发放全省各地贫苦难民，受患人数一，二二三，六七〇人。3. 杭市于三十五年青黄不接之时曾发生粮食恐慌，本署为防止市面纷扰，遂举办面粉平售，计一三一，二一九吨，严重之社会问题始告安然渡过。4. 水灾、虫灾急赈拨发面粉八六五吨，洋麦一七，一五六吨，食米二，二二三吨。5. 穷苦盐民救济面粉六一吨，受惠人数一八，六五六人。6. 三十五年举办冬令救济施食及平价食堂，计粮食五，八〇八吨，罐头三，三二〇箱，受惠难民六，三九六，〇〇〇人，旧衣一，九四六包，受惠者二〇〇，〇〇〇人，棉衣七〇，七一二件，受惠者七〇，七一二人。B. 难民遣送及救济：1. 三十五年一月至三十六年五月，杭州区遣送及遣散难民计一七，〇七一人，本省各地工作队遣送及遣散四，〇五三人，2. 难民个别救济计一，三九二人，3. 设立难民缝纫工场，以工赈方式招收难工一七七人，已特赈部分主办福利事业拨补面粉七九，七三八吨，食米一二，七一一三吨，每月受赈老幼残废一五，六一五人左右。C. 工赈部分：自三十五年三月至本月四月举办小型工赈计三一四件，拨补粮食二九四，〇二四吨。（七）目前尚待救济之灾情：本署除举办上列各项业务外，以浙省房屋损失异常惨重，各方人士渴望救济甚殷。虽最近奉拨房屋救济专款三〇亿元，但以目前物价飞腾工料昂贵，实感杯水车薪难以普施救济，现在会商有关机关缜密办理中。（八）对尚待救之灾情拟如何救济：浙省灾情已如上述，惟目前尚急待救济者例如：1. 农业善后需拨助各项农具，优良种子，改良蚕种，科学肥料及仪器药品等以资复耕增产。2. 渔业善后所需救济为渔港及渔业码头修建新式捕鱼汽船机帆两用渔船及冷藏仪器等设备以资科学管理。3. 房屋建救应建筑平民住宅至少需四万幢。综上各项为浙省灾情之实际概况，及本署实施救济经过之简略报告，奉电前因理合电呈鉴核为祷。行总浙江分署署长孙晓楼印。巳有赈济。印。

〔国民政府行政院善后救济总署档案〕

13. 国民政府行政院善后救济总署苏宁分署呈报辖区灾情概况代电

（1947年7月5日）

善后救济总署苏宁分署代电　江赈(三十六)字第五〇一一号
中华民国三十六年七月五日

善后救济总署署长霍钧鉴：案奉钧署济恤京(三十六)字第二三一八三号京赈二巳鱼代电，为附发灾情概况报告项目表，饬详列具报。等因奉此。遵经依照奉颁项目填造本分署辖区灾情概况报告表一份，理合电呈鉴核，苏宁分署署长郑通和。叩。江赈(三十六)午微。印。附呈送本分署辖区灾情概况报告表一份。

善后救济总署苏宁

历年遭受各种灾害种类	对日战争	水灾
每一次灾害之起讫时间	26年8月至34年8月	27、28、32、35年8月至10月
每一灾害之蔓延地区	南京市及江苏全省63县市	江苏高邮宝应等十余县
每一次灾害造成之难民人数	5,000,000人	2,500,000人

续上表

历年遭受各种灾害种类		对日战争	水灾
每一灾害造成之各种损失	耕地荒芜	8%	15%
	农具损失	30%	2%
	耕牛损失	35%	25%
	房屋损失	25%	35%
	渔业损失	30%	
	工业损失	50%	
各种损失经救济后业已恢复之程度	耕地	2%	
	农具	10%	
	耕牛		
	房屋	5%	
	渔业		
	工业	10%	
目前尚待救济之灾情	农业	土地失耕农民失居水利失利耕中农真肥料等极度缺乏	泛区失耕土地约达3,000,000亩
	工业	缺乏动力机械及油料原料	流亡难民未归者至少1,000,000人
	渔业	渔船渔具无力恢复	
对尚待救济之灾情拟如何救济	1. 交政府有关部门继续办理 2. 由人民组织合作团体申请贷款救济 3. 呼吁国际继续援助		设立泛区复灾局遣送并扶助灾农复耕贷放种子肥料农具及牲畜设立机械耕田及灌溉排水站

分署辖区灾情概况报告表

非对日战争	疫	灾
三年春至三十五年冬	19年至36年	
江苏苏北32县苏南8县	甲、雅条病 乙、黑热病 丙、血吸虫病	苏北淮阴等十余县 苏南嘉定等十数县
3,000,000人	甲、50,000人,乙、200,000人,丙、200,000人	

续上表

非对日战争	疫灾
5%	
10%	
10%	
10%	
被毁农村 2,000 处	
由政府设立绥靖区另拨专款贷放	苏北淮阴设立黑热病院一所，苏南地方病防治所一所，其他各县均设有公医院或卫生院

〔国民政府行政院善后救济总署档案〕

14. 行政院善后救济总署广东分署报告辖区灾情代电

（1947 年 7 月 12 日）

善后救济总署广东分署代电　粤善秘字第一三四号
中华民国三十六年七月十二日

善后救济总署署长霍署长李、郑钧鉴：本年六月六日济恤京三六字第一三一八三号代电奉悉，关于本署辖内截至目前止之各项灾情，如对日战争损失、风灾损失、疫灾损失，暨最近各县水灾损失等项均经分别详细列表，理合检同各表电缴察核。广东分署署长李应林。午(文)粤善秘。叩。附缴对日战争损失表、风灾损失表、疫灾损失报告表、各县水灾损失报告表各乙份〔风灾表略〕。

广东省对日战争损失表

起讫日期		填报乡镇数	人口伤亡		造成流离人民情况	
起	讫		伤	亡	流离人民估计	复员人数
年月日	年月日					
28.10	24.7		敌机轰炸死亡 23,013 人		3,545,893 人	80%

续上表

农业损失				
荒芜耕地		荒芜柑橘等果园面积		
面积估计亩数	占战前原有耕地面积%	原有	损失	损失%
6,000,000市亩	15.4%	150,000市亩	60,000市亩	40

耕牛损失	家畜损失		农产品损失					
头数为原有耕牛%	其他		米		谷担数	价值(元)	森林损失株数	价值(元)
	头数	价值(元)	担数	价值(元)				
150,000 5% 原耕牛 3,000,000头	6,875	410,000元 (美金)			146,429,097		省银行主办之林场 10,000,000公营者全部损失	

工业损失									
工厂损失%	损失总值		受影响失业人数	恢复程度	手工业之损失%	损失总值		受影响之户数及失业人数	恢复程度
	合战前币值国币(元)	相当目前国币(元)				合战前币值国币(元)	相当目前国币(元)		
省营18间70%	60,691,000元	60,691,010×19.000元	6,888人	30%(以内)	95%	8,000,000元	目前出产一亿元 8,000,000×19,000—100,000,000	800,000人(以上)	10%

渔业损失					
渔船损失		损失总值		受影响失业人数	恢复程度
损失数量	百分数	合战前币值国币(元)	相当目前国币(元)		
15,000艘	43%	美金100,000,000元		29,000	

交通破坏										
铁路		公路		车辆		损失总值		恢复程度		
里数	百分数	里数	百分数	数量	百分数	合战前币值(国币)元	相当目前国币(元)			
735公里	100%公里	13,500公里	96%	1,400辆	88%	美金8,125,000元		82%	40%	75%

房屋破坏		其他损失		
全间倒塌		衣服	什物	其他损失
间数	价值(元)			
252,545	1,391,469,250×19,000(*) *三十六年五月物价指数	约149,214,547丈 46,000吨	布及棉花约缺70,000公吨	药械(战前价值)150,000,000 教育机关119,181,000

广东省疫灾表　　三十六年六月

年别	合计		伤寒及副伤寒		霍乱		天花		流行性脑膜炎		白喉		鼠疫		斑疹伤寒		猩红热		赤痢		疟疾		回归热	
	病例	死亡	病例	死亡	病例	死亡	病例	死亡	病例	死亡	病例	死亡	病例	死亡	病例	死亡	病例	死亡	病例	死亡	病例	死亡	病例	死亡
二十八年	1,815	512	343	43	519	143	630	170	107	36	70	19	117	108	29	3	0	0	0	0	0	0	0	0
二十九年	9,664	2,660	1,132	94	909	174	1,908	496	2,236	1,497	64	13	22	7	202	28	74	0	3.117	291	0	0	0	0
三十年	17,504	1,444	2,562	141	532	74	4.100	755	166	35	176	23	82	69	221	2	36	1	9.629	344	0	0	0	0
三十一年	79,128	1,840	1,662	64	2,663	895	1,676	182	147	17	78	10	76	42	101	12	19	1	8,254	267	64,031	347	421	3
三十二年	121,941	6,659	1,563	122	11,730	4,944	2,303	283	67	29	194	14	25	13	176	16	62	9	12,845	899	92.807	323	169	5
三十三年	65,464	613	949	38	31	11	998	168	121	16	28	4	166	101	128	7	24	1	5,687	97	59,089	162	243	8
三十四年	38,458	310	478	11	454	133	140	10	35	4	62	5	76	37	33	0	8	0	4,164	82	32,549	26	169	2
三十五年	153,800	365	3,635	73	4,420	1,420	1,759	96	688	147	223	25	813	345	210	7	58	1	16,750	208	124,429	643	815	30

广东省各县水灾损失报告表　民国三十六年六月二十九日

区别		受灾县数	受灾乡镇数	受灾耕地面积（市亩）	被毁房屋数（间）		堤围崩			受灾人数		
					全部	部分	处数	缺口	长度（M）	待赈	死亡	伤或失踪
	合计	30	271	7,829,054	25,744	4,979	247	702	100,091		5,143	989
东江区	小计	8	83	4,193,934	14,002	2,329	194	222	3,295	3,543,300	3,164	789
	东阳		1	300,000	150	/	3	4	1,090	200,000	/	/
	传罗		10	650,000	3,740	1,500	12	85	970	70,000	150	120
	东莞		40	2,500,000	2,212	35	179	13	1,085	305,000	119	660
	河源		20	296,934	3,185	794	/	/	/	60,000	138	9
	龙门		1	17,000	35	/	/	/	/	135,000	/	/
	新丰		11	20,000	2,030	/	/	/	/	30,000	257	/
	兴宁		/	410,000	2,500	/	/	100	/	100,000	2,500	/
	五华		/	/	150	/	/	20	150	50,000	/	/
西江区	小计	6	41	956,850	700	/	27	/	1,739		317	150
	高要		41	492,000	450	/	20	/	1,677	380,000	/	150
	高明		/	264,700	/	/	3	/	47	50,000	/	/
	四会		/	60,000	800	/	4	/	15	50,000	150	/
	封川		/	30,000	/	/	/	/	/	10,000	/	/
	德庆		/	110,000	/	/	/	/	/	30,000	8	/
	信宜		/	150	50	/	/	/	/	/	159	/
北江区	小计	3	50	300,000	540	2,400	8	/	2,300		260	30
	清远		39	300,000	540	2,400	3	/	2,300	110,000	260	30
	三水		/	/	/	/	5	/	/	150,000	/	/
	英德		11	/	/	/	/	/	/	50,000	/	/
中区	小计	9	93	2,370,020	10,402	250	13	460	92,257		1,402	11
	广州		8	14,000	/	/	/	/	/	/	/	/
	南海		/	63,140	15	/	12	6	495	500,000	/	/
	顺德		/	/	/	/	/	/	/	200,000	/	
	从化		16	51,500	2,500	/	/	98	91,188	65,000	150	/
	花县		11	890,000	150	250	/	/	/	100,000	/	/

续上表

区别		受灾县数	受灾乡镇数	受灾耕地面积（市亩）	被毁房屋数（间）		堤围崩			受灾人数		
					全部	部份	处数	缺口	长度（M）	待赈	死亡	伤或失踪
中区	增城		32	716,424	2,737	/	1	56	174	78,000	1,252	11
	中山		4	50,000	/	/	/	/	/	100,000	/	/
	新会		19	284,950	5,000	/	/	300	/	200,000	/	/
	番禺		3	300,000	/	/	/	/	/	280,000	/	/
	小计	4	4	8,250	100	/	7	20	500		/	/
	潮安		/	/	/	/	4	/	/	225,000	/	/
	澄海		4	8,250	/	/	3	/	/	85,000	/	/
	海丰		/	/	100	/	/	20	500	6,800	/	/
	大埔		/	/	/	/	/	/	/	45,000	/	/

资料来源报拟各县市局政府电报及各受灾区县份旅穗同乡会报告数字编列。

说明：有呈报灾情但无数字可查之受灾县份未列入。

15. 行政院善后救济总署湖北分署电呈辖区灾情报表

（1947年7月29日）

发文漠秘字第二四一一三号

行政院善后救济总署湖北分署代电

中华民国三十六年七月十九日

南京。善后救济总署署长霍钧鉴：巳鱼济恤京字第二三一八三号午齐二三六一八号代电暨附件均奉悉，兹谨分别填就本署辖区内灾情概况表五份，随电送呈，仰祈鉴核。湖北分署署长周苍柏。叩。午皓。印。附表五份。

善后救济总署湖北分署

二、寇

二十六年七月七日到

蔓延区域	难民人数（人）	灾情状况					
		荒芜田亩（市亩）	农具损失（具）	耕牛损失（头）	房屋损失（栋）	渔业损失（万元）	工业损失（万元）
汉口市	153,769		10,286	1.463	7.482		
武昌市	81,727		3,688	566	4,372		
汉阳市区	54,168		1,587	229	940		
武　昌	127,138	216,000	155.492	7,592	14,028		
汉　阳	267,038	126,000	89.525	9,563	12,156		
嘉　鱼	71,700	136,800	68,607	7.166	9.359		
咸　宁	138,324	216,000	63,072	4.672	9,605		
蒲　圻	176,852	220,011	80,784	5,984	7,300		
崇　阳	97,000	96,024	99,328	7,728	9,700		
通　城	85,551	116,400	55,286	4,096	7,750		
通　山	39,656	68,000	39,960	2,832	6,372		
阳　新	173,121	405,000	136.998	5,924	12,793		
大　冶	201,529	67,022	83,187	6,197	12,043		
鄂　城	225,149	224,044	136,431	7.264	18.225		
黄　岗	349,369	240,018	213,616	7,832	27,990		
浠　水	143,649	249,036	151.632	9,672	19,939		
圻　春	195,315	355,000	121,056	7,312	17,233		
广　济	123,916	112,026	113,022	8,681	12,160		
黄　梅	161,566	134,048	111,765	8,712	14,534		
英　山	40,946	25,000	60,320	878	2,228		
罗　田	40,812	36,000	46,852	778	3,979		
麻　城	187,734	59,000	230,256	2,853	15,818		

辖区灾情报告统计表

灾

三十四年八月十四日

经救济已恢复程度%						尚待救济之灾情（%）						对于尚待救济之灾情拟具救济办法
田亩	农具	耕牛	房屋	渔业	工业	田亩	农具	耕牛	房屋	渔业	工业	

续上表

蔓延区域	难民人数（人）	灾情状况 荒芜田亩（市亩）	农具损失（具）	耕牛损失（头）	房屋损失（栋）	渔业损失（万元）	工业损失（万元）
黄安	153,746	29,500	134,134	3,234	13,252		
黄陂	275,848	348,045	205,920	10,279	13,679		
礼山	107,170	126,000	87,360	2,360	9,952		
孝感	382,227	236,026	230,323	13,296	18,197		
云罗	133,681	84,000	40,284	6,985	10,540		
汉川	233,940	80,000	53,352	6,372	11,610		
应城	179,638	70,030	63,504	4,704	12,963		
安陆	200,800	78,054	112,320	6,499	13,016		
应山	211,807	136,022	166,320	5,334	11,928		
随县	288,634	776,000	86,697	4,550	22,865		
京山	341,394	1,620,160	192,024	8,412	13,525		
天门	462,556	1,326,000	220,887	12,578	15,775		
沔阳	479,311	375,003	247,624	28,841	16,166		
潜江	200,820	342,000	184,808	7,986	16,996		
监利	309,608	333,051	167,440	12,897	14,127		
石首	128,726	224,000	85,852	4,428	5,998		
公安	75,719	174,000	87,880	4,524	8,070		
松滋	132,736	212,000	104,832	4,032	11,656		
枝江	89,113	84,045	45,864	4,412	10,814		
江陵	342,473	956,088	229,110	14,736	22,736		
荆门	240,476	450,168	198,380	17,140	15,430		
自忠	106,832	76,200	99,630	7,380	20,561		

经救济已恢复程度%						尚待救济之灾情（%）						对于尚待救济之灾情拟具救济办法
田亩	农具	耕牛	房屋	渔业	工业	田亩	农具	耕牛	房屋	渔业	工业	

续上表

蔓延区域	难民人数（人）	灾情状况					
		荒芜田亩（市亩）	农具损失（具）	耕牛损失（头）	房屋损失（栋）	渔业损失（万元）	工业损失（万元）
钟祥	248,423	355,000	93,150	6,442	15,651		
枣阳	140,429	387,900	120,860	18,765	26,084		
襄阳	269,624	429,600	214,840	8,339	33,739		
光化	120,603	147,000	88,776	9,786	19,750		
谷城	110,135	46,400	101,898	4,385	16,393		
保康	1,210						
南漳	187,036	108,054	163,260	6,796	13,776		
远安	24,108	26,046	24,440	1,098	8,200		
当阳	131,814	264,124	137,280	7,624	14,336		
宜都	123,536	72,000	80,028	5,540	11,925		
宜昌	160,763	171,000	105,768	12,158	26,204		
兴山	2,030		1,950	405	220		
秭归	1,649		2,132	953	2,038		
长阳	22,846		83,720	1,685	2,915		
五峰	40,183		43,574	2,480	4,669		
均县	19,493		88,036	1,112	203		
郧县	28,060		117,780	2,231	196		
郧西	834				25		
宣恩					23		
来凤					1,850		
恩施					269		
巴东					443		

经救济已恢复程度%						尚待救济之灾情（%）						对于尚待救济之灾情拟具救济办法
田亩	农具	耕牛	房屋	渔业	工业	田亩	农具	耕牛	房屋	渔业	工业	

续上表

蔓延区域	难民人数（人）	灾情状况					
		荒芜田亩（市亩）	农具损失（具）	耕牛损失（头）	房屋损失（栋）	渔业损失（万元）	工业损失（万元）
各县						省营 1,265	省营 40,613,116 民营 55,643,418
共计	9,485,460	13,249,948	6,582,787	398,772	754,771		

说明:(1) 本表来源为省府经最后核定之灾情统计报告书。

(2) 寇灾救济为本署之主要业务,而本署在本省之业务系分七大区举办,故已恢复程度刻难分县表示。至于水灾等之救济因系专案办理,故能计算各县恢复程度。

(3) 难民之已受救济者达60%。

善后救济总署湖北分署

二、水

自三十五年七月至

蔓延区域	被灾人数（人）	损失情形					
		被灾田亩（市亩）	农具损失（具）	耕牛损失（头）	房屋损毁（间）	渔业损失	工业损失
江陵	35,674	36,808	23,410	227	1,283	船121支 具276件	
松滋	1,285	2,112	1,025	72	504	不详	
枝江	34,818	39,777	12,534	302	2,051	不详	
公安	126,784	683,800	37,621	512	7,132	不详	
石首	56,000	250,000	28,543	414	3,854	不详	
云罗	85,814	70,456	15,613	212	2,947	不详	
蕲春	58,276	67,498	21,602	184	1,976	不详	

经救济已恢复程度%						尚待救济之灾情(%)						对于尚待救济之灾情拟具救济办法
田亩	农具	耕牛	房屋	渔业	工业	田亩	农具	耕牛	房屋	渔业	工业	
10%	15%	2%	6%	0	5%	80%	70%	55%	90%	80%	90%	

（4）本表所有之货币表示之损失其币值以三十五年二月之币值为标准。

（5）除经救济已恢复之程度及尚待救济灾情之程度的百分比之外为已经人民自行恢复之程度。

辖区灾情报告表

灾

三十五年九月止

经救济已恢复程度						尚待救济之灾情						对于尚待救济之灾情拟具救济办法
田亩	农具	耕牛	房屋	渔业	工业	田亩	农具	耕牛	房屋	渔业	工业	
50%	32%	15%	50%	45%		50%	68%	85%	50%	55%		除已对各该县酌办小型工赈交社会福利等救济外，因本署结束在即，无法再事配拨救济物资。
30%	25%	5%	60%			70%	75%	95%	40%			
0.5%	12%	10%	30%			75%	88%	90%	70%			
40%	35%	20%	35%			60%	65%	80%	65%			
50%	40%	30%	25%			50%	60%	70%	75%			
25%	20%	10%	30%			75%	80%	90%	70%			
30%	25%	5%	20%			70%	75%	95%	80%			

续上表

蔓延区域	被灾人数（人）	损失情形					
		被灾田亩（市亩）	农具损失（具）	耕牛损失（头）	房屋损毁（间）	渔业损失	工业损失
京　山	1,483	1,120	925	54	204	不详	
秭　归	18,744	26,863	10,214	289	1,987	不详	
汉　川	11,384	11,036	3,498	172	589	不详	
宜　昌	9,872	12,354	2,584	148	684	不详	
通　山	1,079	1,254	879	66	213	不详	
英　山	9,872	11,485	3,504	164	654	不详	
汉　阳	76,754	125,431	58,247	456	3,052	不详	
巴　东	1,897	2,054	1,129	63	508	不详	
礼　山	152	100	36	22	149	不详	
竹　山	1,042	3,370	1,254	56	200	不详	小型造纸厂32厂
宜　都	11,243	13,257	2,849	184	354	不详	
合　计	542,173	1,358,775	225,467	3,597	28,341	船121支具276件	纸厂32厂

说明：1. 本表材料来源为各县市政府党部、青年团、参议会及省参议会参议员之报告，并参酌本署及湖北省政府之调查统计加以校正。

2. 所有受灾人民均经急赈救济其接受救济者约占该县灾民人数五分至三分之一。

经救济已恢复程度						尚待救济之灾情						对于尚待救济之灾情拟具救济办法
田亩	农具	耕牛	房屋	渔业	工业	田亩	农具	耕牛	房屋	渔业	工业	
60%	55%	40%	65%			40%	45%	60%	35%			
25%	20%	10%	20%			75%	80%	90%	80%			
25%	21%	10%	30%			75%	79%	90%	70%			
30%	28%	15%	30%			70%	72%	85%	70%			
27%	25%	20%	50%			73%	75%	80%	50%			
40%	37%	25%	50%			60%	63%	75%	50%			
52%	47%	30%	65%			43%	53%	70%	35%			
24%	20%	15%	23%			76%	80%	85%	77%			
15%	10%	5%	20%			85%	90%	95%	80%			
30%	26%	17%	30%		50%	70%	74%	83%	70%		50%	
32%	28%	20%	40%			68%	72%	80%	60%			
41%	34%	18%	35%	45%	50%	59%	66%	82%	65%	55%	50%	

3. 恢复程度包括人民自行恢复者以技术关系且其比例甚小难于分别列出。

4. 恢复程度系与受灾前之状况相对而言，如受灾前田亩使用程度为10%，现恢复至此程度时则其恢复程度作100%计。

善后救济总署湖北分署辖区灾情报告统计表

三、旱　灾

三十六年四月至五月

蔓延区域	受灾人数（人）	损失情形						经救济已恢复程度						尚待救济之灾情						对待尚待救济灾情拟具救济办法
		被灾田亩（市亩）	农具损失	耕牛损失	房屋损失	渔业损失	工业损失	田亩	农具	耕牛	房屋	渔业	工业	田亩	农具	耕牛	房屋	渔业	工业	
公安	985,000	104,600						0						100%						除本署与省府社会处办理紧急救济外，所以尚待复耕田亩因缺乏物资未能配拨救济。
通城	20,000	21,400						0						100%						
巴东	70,985	81,286						0						100%						
秭归	20,314	25,974						0						100%						
保康	170,358	250,736						0						100%						
松滋	754,631	840,428						0						100%						
谷城	208,474	234,134						0						100%						
云罗	412,654	360,659						0						100%						
应山	57,284	65,381						0						100%						
枝江	38,524	44,224						0						100%						
沔阳	702,814	648,519						0						100%						
房县	164,318	174,136						0						100%						

续上表

蔓延区域	受灾人数（人）	损失情形						经救济已恢复程度						尚待救济之灾情						对待尚待救济灾情拟具救济办法
		被灾田亩（市亩）	农具损失	耕牛损失	房屋损失	渔业损失	工业损失	田亩	农具	耕牛	房屋	渔业	工业	田亩	农具	耕牛	房屋	渔业	工业	
竹溪	100,524	118,758						0						100%						
郧县	134,057	128,374						0						100%						
郧西	141,214	137,120						0						100%						
咸丰	14,318	15,421						0						100%						
光化	133,248	151,185						0						100%						
竹山	22,597	23,114						0						100%						
英山	14,287	15,369						0						100%						
石首	66,948	68,245						0						100%						
黄陂	75,034	74,119						0						100%						
宜昌	40,025	38,214						0						100%						
京山	59,987	69,418						0						100%						
恩施	31,429	32,019						0						100%						
兴山	112,123	97,685						0						100%						

续上表

蔓延区域	受灾人数（人）	损失情形						经救济已恢复程度						尚待救济之灾情						对待尚待救济灾情拟具救济办法
		被灾田亩（市亩）	农具损失	耕牛损失	房屋损失	渔业损失	工业损失	田亩	农具	耕牛	房屋	渔业	工业	田亩	农具	耕牛	房屋	渔业	工业	
当　阳	29,457	31,528						0						100%						
安　陆	13,498	15,849						0						100%						
钟　祥	76,543	87,423						0						100%						
均　县	204,318	198,234						0						100%						
汉　阳	46,327	45,673						0						100%						
黄　安	60,197	59,017						0						100%						
合　计	4,972,397	4,258,242						0						100%						

说明：1. 本表材料来源与第二表同。

2. 在本署业务区域内者之受灾人口约已救济其五分之一。

3. 受灾田亩因已误农时且农民资力及劳动缺乏，故迄未据报已有恢复表。

善后救济总署湖北分署辖区灾情报告统计表

四、雹 灾

三十五年四月及三十六年五月

蔓延区域	受灾人数（人）	损失情形						经救济已恢复程度						尚待救济之灾情						对于尚待救济之灾情拟具救济办法
		被灾田亩（市亩）	农具损失	耕牛损失（头）	房屋损失（栋）	渔业损失	工业损失	田亩	农具	耕牛	房屋	渔业	工业	田亩	农具	耕牛	房屋	渔业	工业	
郧西	22,719	12,275		5	112									100%		100%		100%		拟请省府照例免赋并专案报请核办
宜都	12,642	19,248		11	95									100%		100%		100%		
五峰	35,489	52,184		13	524									100%		100%		100%		
房县	10,875	11,240		8	74									100%		100%		100%		
枣阳	7,459	6,420		6	125									100%		100%		100%		
襄阳	8,321	7,983		4	306									100%		100%		100%		
房县	2,465	2,541		2	213									100%		100%		100%		
竹溪	7,938	6,684		5	112									100%		100%		100%		
郧县	5,425	6,021		7	98									100%		100%		100%		

续上表

蔓延区域	受灾人数（人）	损失情形						经救济已恢复程度						尚待救济之灾情						对于尚待救济灾情拟具救济办法
		被灾田亩（市亩）	农具损失	耕牛损失（头）	房屋损失（栋）	渔业损失	工业损失	田亩	农具	耕牛	房屋	渔业	工业	田亩	农具	耕牛	房屋	渔业	工业	
黄冈	6,721	5,834		3	71									100%		100%		100%		
保康	3,964	2,994		6	15									100%		100%		100%		
竹山	4,853	3,987		10	201									100%		100%		100%		
长阳	5,210	5,023		8	37									100%		100%		100%		
合计	34,081	142,434		88	1,983									100%		100%		100%		

说明：受灾较重者已酌予急赈并请省府免税。

善后救济总署湖北分署辖区灾情报告统计表

五、非对日战灾

三十五年七月至三十六年五月

蔓延区域	被灾人数（人）	损失情形						经救济已恢复程度						尚待救济之灾情						对于尚待救济之灾情拟具之救济办法
		荒芜田亩（市亩）	农具损失（具）	耕牛损失（头）	房屋损失（栋）	渔业损失	工业损失	田亩	农具	耕牛	房屋	渔业	工业	田亩	农具	耕牛	房屋	渔业	工业	
远安	29,581			132	105						60%					100%	40%			此项救济须以政治军事力量协助，拟请政府酌办。
郧县	230,000																			
房县	250				175						15%						85%			
竹山	96,738																			
郧西	47,283				14						40%						60%			
恩施	1,200																			
礼山	110,200																			
合计	535,252			132	294						38%					100%	82%			

说明：此灾害因迄今尚在蔓延中无法实行调查，各县具报者除表列数县外，均未列举具体数字，但估计损失实数以受灾县数比例推算，至少约当本表所列者之十倍。

〔国民政府行政院善后救济总署档案〕

16. 国民政府全国经济委员会关于各省水灾调查报告

（1948年）

水灾调查

三十七年夏霪雨过多，灾区日广，农田淹没无收，农民流为饥莩，殊为社会经济之危机，其灾情较重者，计有湘、鄂、赣、闽、皖、苏、豫、桂、粤、云南等省，兹将以上各省灾情谨分述之：

1. 湖南　以洞庭湖滨之湘阴、益阳、沅江、南县、汉寿、安乡、澧县、常德、华容、岳阳及临湘等十一县灾情最为严重，被渍稻田约二百八十万亩，减少粮食收入统计为一千五百万市石，其他如湘南之衡阳、郴县，湘西之晃县、辰溪，湘中之宁乡、湘乡等县均已报灾，灾患几遍及全省。

2. 湖北　鄂省计有三十余县受灾面积约计八百三十余万亩，受灾人数计有三百七十余万，尤以沔阳城受灾最重，计达八十余万亩，影响境内收成减收五成。

3. 江西　本年入夏以来，霪雨连绵，境内水位之高破历年记录，田禾淹没不可数计，电报水灾之县市计有南昌、新建、进贤、清江、高安、修水、新喻、吉安、泰和、万安、遂川、都昌、鄱阳、永修、德兴、余千、瑞金、兴国、武宁、德安、星子等二十一县市，灾区占全省四分之一强，且以上之二十一县市，尽属粮产中心，其余受灾待报之县仍为数不少。

4. 福建　报灾最晚，灾情亦最惨重，福州大水市内物资损失及人畜死亡之数字为百年来所仅见，灾患遍及全省各县，其中福清一县农民十室九空，所有农民于卖尽物资后均以野草充饥，饿莩载道，农村顿成鬼域，统计此次水灾全省早稻损失竟达五成以上，被灾人民数在百万余人。

5. 安徽　芜湖附近之各县因山洪暴发，霪雨连绵，受灾最重，以致水淹早稻、麦、豆损失极大，以芜湖一地之附近受灾农田面积即达八百亩以上，损失之小麦亦有一千二百余万担，其次则为安庆下游南岸约二十公里之黄湓镇附近之万兴圩下河田被淹熟田计有四千市亩，以及宿松、桐城、庐江、怀宁、东流、铜陵、贵池、青阳、繁昌等县亦以夏汛暴涨成灾，沿江两岸及河圩之田多被淹没，秋收无望，据调查所得皖省今年所患水灾较之民国二十年水灾尤为严重，沿江圩堤均已溃决，总计受灾田亩约有上十五万亩之多。

6. 江苏　沿江各地水位日涨所幸尚未成泛，惟因霪雨连绵，小麦损失不赀，复因忽晴忽雨小麦发芽尤多，今年在南京推广播种后之大豆、玉米，均以浸沉日久不能发芽。

7. 河南　豫东夏邑灾情甚重，全县民众十分之七以上逃往各地，境内青苗树皮均被食尽，其他各地尚无灾患。

8. 广西　镇结、隆安两县以山洪暴发严情较重，受灾人数计达二万人，淹没农田约三万六千亩以上，农民缺收，多以树皮野草充饥。

9. 广东　六月中间粤境霪雨连绵，各江水位激涨，广州附近及东莞、合山、开平各地均多受害，较之三十六年大水灾时水位仅差二三公尺，而东江、石龙水位竟达一〇九点四公尺，三十六年最高水位相差仅为一公尺，情势危急。他如东江、东莞县园州围涵洞曾一度出险，牵及堤围崩卸约在二百公尺，附近之万余亩稻田及房屋百余栋尽被淹没，又台山、开平、新会、恩平等县因经台风大雨袭击之后，继以山洪倒泻，所有稻田数千亩几全被淹没，其灾情不可不谓重矣。

10. 云南　滇南多雨，山洪暴发，河流失堤，田禾淹没，灾象已成，受灾之县份已达十二县，中以宜良县灾情之严重，实为民国以来所未见之。

此外如彭湖各岛，三十七年一月至五月仅获雨量八十七公厘，目前旱灾亦颇严重，不但无以灌溉，饮水亦成问题，据现在估计因旱灾损失之农作物已达百分之七十以上，其中以落花生损失最严重，高粱、玉米次之，其他如四川、重庆、万县一带水位均报高涨，惟灾情未详。

〔国民政府全国经济委员会档案〕

17. 国民政府立法委员刘世英等因甘肃省农村破产哀鸿遍野建议紧急救济及速拨水利贷款的书面意见

（1948年11月）

本席对于甘肃经济建设有两项意见提出书面意见。查甘肃位居西北核心，国防要冲，自外蒙独立以后更形成国防第一线，故建设甘肃为确保西北，巩固国防第一要务，以甘肃目前情势言之，连年大旱，冰雹灾被全省，农村经济破产，民不聊生，哀鸿遍野，嗷嗷待哺，请速补救，以固后方而奠国家于长治久安。

（一）救济农村——甘肃农村经济破产，十室九空，灾民百万急待救济，本年农贷及农地改良与扶助自耕农等项贷款请速拨贷，以资活动农村金融。再查甘肃因天气关系，收成较晚，春夏之间灾民无以为生，艰险万状，请中央大量拨发款物，以为紧急救济之需。

（二）请速拨大型水利贷款及河西水利专款——甘肃应急办河东、河西各区水利及彻底整理各旧渠工程，需款至多，前次部主席请求中央允予拨发，迄未发到，若不争取时间，势又贻误一年，军糈民食同陷绝境，而河西水利专款，原为备供新经与河西驻军军粮，应请中央速为核发，以为紧急之需，若旷时日久，需费更多。

以上两项请秘书长代为宣读，并望经济当局给一书面有效之答复。

〔国民政府行政院档案〕

〔六〕商　业

(一)商业政策

1. 国民政府财政部对国民党六届二中全会财政金融报告变更物资管制问题部分

(1946年3月)

战时财政之特点,为支出浩繁,而需要物资之供给,比较平时尤其迫切,我国经济落后,生产不振,战前就是一个入超国家,一切日用品大多数仰给国外输入,战时海口被敌封锁,沿海地区又相继沦陷,军需民用不能不另谋补给,因而控制物资遂成为战时经济之重要问题,抗战后期之财政政策,对于运用物资一途,尤为注重,现在战争结束,物资之来源渐畅,供应可无问题,而且军事需要又不如以前那样迫切,所以战时的管制办法,自然也没有继续存在之必要,应及时改变政策,以适合当前的环境,在胜利以前,我政府先后管制之物资,品类甚繁,属于本部所主管者,如花纱布之管制、食盐之专卖、麦粉糖类统税物品之征实,及桐油、猪鬃、羊毛、茶叶、生丝等统购统销都是,现在全已变更,过去办法一方面可以畅通货运,便利商民,另一方面也可藉资促进生产增加税收,现在花纱布的管制已经取消,食盐的管制亦已废止,统税征实部分又已回征税款。

关于进出口物资之管制,在战事结束以后,因情势变迁,以前办法中凡属纯因战时需要而管制者,已分别予以修改或废止,扼要言之为:(1)废止物资进出封锁线禁运及检查之规定,使物资在国内运输得以自由流通。(2)取消桐油、猪鬃、羊毛、茶叶、生丝等统购统销办法,俾主要外销物资迅速恢复国外市场。(3)简化管制物资之品目.进口方面,对于普通商品.已全部弛禁,出口方面除矿产及若干种结汇物品与军火粮食古物钱币等外.概准自由运销.战时主管此项业务之贸易委员会.及其附属之三公司,亦已先后裁撤.最近公布实施的"进出口贸易暂行办法"规定:除出口货物须由海关验讫方准报关出口外,海关方面得设置签证处与中央银行取得联系,办理少数管制物品进口之签证事宜,今后对于进口出口的管制既经放宽,必能有助于我国国际贸易之发展与国内产业之维护。

〔国民政府财政部档案〕

2. 汉口市进出口商业同业公会为中信局垄断市场杀价收购外销物资请改善收购政策的代电

(1946年6月23日)

汉口市进出口商业同业公会代电　汉(三六)发字第二六八号
中华民国三十六年六月廿三日

国民政府行政院钧鉴:查猪鬃、桐油为我国出口贸易大宗,向占国际市场重要地位,目前所以不能出口的原因,系受硬性结汇影响,此次政府收购出口特产政策,实寓有补贴之意义。凡我汉口出口商莫不一致拥护,惟中央信托局以雄厚之资力,深入产地采购(按第一日桐油壹百吨成交价格五十三万元,次日即减为五十万零五千元),甚至利用客商需要资金急于脱手心理,乘机杀价,启与民争利之嫌,市面紊乱,民情恐惶,殊不知政府收购政策旨在奖励出口,争取外汇,出口之数量愈多,外汇收入愈大,抑价收买适足减少来源,影响生产,前在抗战期间政府关于出口货物统收统购产量减低已有事实可据,若再与民竞购,则出口商既无力经营,势须断绝生产,将见出口贸易必归于尽,瞻念前途,不寒而栗,且采购桐油、猪鬃应具有相当设备与技术经验,方合外销标准。今中信局未能配合此种条件,肆意收购,成效难期,必至品质不良,丧失国际信用,微特出口商同受重大亏耗，而政府亦蒙受外汇影响，曷若仍就专营桐油猪鬃商等之技术与设备运赴沿海出口口岸售与政府，既可免出口贸易物品之窳劣，复可利用出口商之资金减少政府庞大资金负担，重以现时桐油猪鬃成本，随生活指数增高，为两全计，惟请政府迅予考虑，改善即饬中信局停止产地收购，改就沿海出口岸设立机构，参照国外市场价格及国内生活指数核定收购价格，分向出口商采买，庶可加强输出而国际贸易亦日臻发展矣。除函请汉口市商会转向政府呼吁并分电外，谨电鉴核，汉口市进出口商业同业公会理事长夏鹤雏。匕回图。

〔国民政府行政院档案〕

3. 四川省自贡市参议会请撤销物价管制恢复贸易自由的提案

（1946年7月）

案由：为抗战业经胜利即应厉行撤销物价管制恢复贸易自由请为公决案。

理由：查贸易自由本人民法定之权利，物价管制乃战时应变之程规，非宪法付与官吏之特权，藉此可擅威福而从中射利者。现抗战业经胜利，一切复员，所有战时管制法令亦已逐步撤销，则贸易事业应听商人恢复自由核本计划利，不能由政府官吏再加控制，阻碍国民经济之发展。虽战后经济尚未回复平时状态，通货膨胀激利物价波动甚大，不能限价之政，恐奸商垄断居奇，物价益加腾贵，影响民生，必难设想，然人民日常生活之需取与供求有其自然之趋势，苟非所需虽贱弗取急需之物，虽贵不惜而贩夫运商逐什一之利，亦绝未有自蚀血本而乐于供人需要者。溯自物价管制以来，所得经验若限价大严，则偷工减料，鱼目混珠，往往而是，或市场缺货反奇涨，或暗议照市秘密成交，甚或奸商与蠹吏上下其手，弊窦百端，欲求物畅其流，市场充斥，从未梦见揆时揆势俱不宜再有物价管制之必要，是以提出管见，请为择纳公决。

办法：由本会商请市府取消一切货物限价，一听商人贸易自由，如以战后经济未复正常，则议价之职权改归各帮公会会同市商会主持之。

提案人：黄永清

连署人：王文缉

毛蜀梧

审查意见，查管制物价法令虽未经中央明令废止，但本市已无是项评价必要，拟函市府转请裁撤评价机构。

决议：照审查意见通过。

〔国民政府行政院档案〕

4. 国民参政员王冠英等为经济危机日益加深建议实行最低经济改革方案的提案

（1947年）

一〇一、彻底改革经济安定民生案

（审四第八九号）

王参政员冠英等二十一人提

理由

目前经济危机日益加深，民生疾苦，社会不安，政府应针对目前经济危机之严重情形，切实厘订确切可行之最低经济改革方案，以期早日见诸实行。

办法

一、大量发展农业金融，办理农仓农贷及土地贷款，并须深入农村，免为土豪劣绅所把持利用。必使真正农民获得实惠。

二、从速改革币制，停止通货膨胀，查通货膨胀数字太大，各种收付计算单颇感不便，而通货不能稳定，即无法平衡预算，安定经济，故必须从速改革币制。

三、从速出售国营事业，让与民营，不易出售者，应即发动股票，即各公营事业，如铁路交通事业，亦可发行股票，藉以吸收游资，平衡财政赤字，减少通货膨胀之速度，物价亦可因而稳定。

四、彻底改革土地，务使耕者有其田，防止土地集中，二五减租之声，相传甚久，迄未见普遍实行，平均地权，尤望于短期内实现。

五、扩大工贷。准以厂房生财设备质押，切实监督用途，俾使增加生产。

六、稳定物价。必须切实扶植农工事业，增加生产，并取消不合实际之管制政策，把握物资调节供需，必要时，如基本日用品、必需物品，可由政府统筹供应，奸商亦无所施其伎俩，物价自可稳定。

七、从速征收财产税。政府对于中下阶层微税太重，而对于既得利益之阶层，反无法征得其税，抗战中如此，战后亦然，致使富者愈富，贫者愈贫，社会危机即愈深，政府应从速征收财产税，藉以弥补财政赤字，平衡预算收支。

决议原文

本案通过送请政府采择施行。

国务会议决议处理办法交行政院参考。

〔国民政府全国经济委员会档案〕

5. 国民政府全国经济委员会关于棉纱布调节意见书

（1947年）

棉纱布调节意见书

（一）棉纱布调节委员会

一、设立棉纱布调节委员会，其主要业务如左：

1. 调节棉纱布原料之供应及促进其生产，

2. 调节国内棉纱布之供求及价格之稳定，

3. 调节棉纱布之对外贸易，

4. 其他有关棉纱布之调节事项。

二、棉纱布之调节以民生必需之二十支棉纱及十二磅棉布为主。

三、棉纱布调节委员会，本会设于上海，并于天津、广州，设立分会或办事处。

四、棉纱布调节委员会组织规程另订之。

（二）原料之调节

五、原料之调节以强调收买国产棉花为要义，不足之数购用外棉补充之。

六、充分原料供应，宜调查全国棉产改良棉种，推广棉田以达自供自给之目的，并为稳定棉纱布市价计，同时亦应注意稳定棉花市价，以资联系。

七、收买国产棉花应于本年度新棉登场之前由棉纱布调节委员会订定收买计划，国营民营各厂联络组织全国产地收买网，在整个计划之下统力合作。

八、购用外棉由棉纱布调节委员会确定全年总量，呈准政府核定后由各厂自行订购之。

（三）生产之促进

九、国营民营各厂现有尚未修复整理开工之机械设备，应即协助限期复工，并报告于棉纱布调节委员会。

十、政府应充分准许自备外汇之新锭输入，其补充配件之需要外汇，政府于可能范围内当尽量协助。

十一、对于生产应尽量利用时间除星期日日班停工外，如有以动力关系等受时间限制者宜速设法补救。

十二、国营民营各厂应将全年纱布生产数量及类别报告棉纱布调节委员会审定后作成统计，为原料供应及制品销售之依据。

十三、国营民营各厂逐月应将生产销售纱布之数量类别报告棉纱布调节委员会以资审核。

十四、纱布生产除以民生必需品为大宗外，其余得视国内外贸易情形调节之。

十五、供求调节及稳定市价以上海、天津、广州三地为重心。

十六、上海为棉纱布生产中心，亦即棉纱布输出区域，输出办法除天津、广州为许可制外，余悉听其自由运销（国外输出除外）。

十七、天津、广州为南北两区棉纱布贸易重心，特于该两地设立棉纱布调节公栈，由各该地棉纱布调节委员会分会或办事处管理之。

十八、上海区国营、民营各纱厂取得输出天津、广州许可，必须以一部分棉纱布先行储存各该地公栈，其每个月之申请量不得超过储存量（各纱号输出天津、广州者同等办理）。

十九、上海区以外国营民营各厂除运销上海及其他各地不受限制外，其输往天津、广州之办法亦受上条同等限制（各纺号亦同）。

二十、天津、广州两地纱布市价如棉纱布调节委员会认为有稳定之必要时，得指示运用公栈纱布以调节市价。

廿一、天津、广州两地运用公栈纱布稳定市价时，当地国营民营各纱厂应遵照棉纱布调节委员会之指示一体参加，共运用纱布数量按照各该纱厂每月生产量加以公栈储存总量为百分比平均分担之。

廿二、输出天津、广州各纱布应充分予以运输押汇等便利，以杜绕道运输希图取巧各种弊窦之产生。

廿三、存储公栈之纱布由政府指定银行予以低利押款，以资周转，但非得棉纱布调节委员会之指示不得出售。

廿四、上海棉纱布市价为全国准绳所关，首须调节得宜，由棉纱布调节委员会应用上列各原则弹性处理之。

1. 以调节供求为稳定市价之基础。

2. 若必要时得变更生产计划，酌减细支纱布生产数量，增加民生必需品之供应。

3. 停止或减少国外输出。

4. 必要时得运用国营民营各纱厂生产棉纱布调节之。

（五）国外输出

廿五、保持民国三十五年一月至十二月全国国营民营各纱厂棉纱布生产总额供应国内需要，以增加之生产输出国外。

廿六、民营各纱厂应组织联合外销机构，与国营纱厂共同在棉纺布调节委员会输出计划下经营输出业务。

（六）成本计算

廿七、国营民营各纱厂销售棉纱布一面因国家银行低利资金之供给，一面政府按照配额核借外汇其再生产能力已可确保，故其利润不得超过棉纱布调节委员会订定之范围。

廿八、为稳定纱价，国营民营各纱厂收买国棉及订购外棉，其受列协助部分应以购原价加利息为准，政府并得按此项标准收购之。

〔国民政府全国经济委员会档案〕

6. 国民政府上海燃料管理委员会南京办事处抄发防止煤荒实施办法的训令

（1947年10月）

经济部上海区燃料管理委员会南京办事处训令

管字第九三七号，中华民国卅六年十月　日

案奉经济部上海区燃料管理委员会发文（卅六）令字第六二一号训令开：案奉经济部本年十月一日京管（卅六）字第六三二九四号训令，略为准行政院秘书处函，准全国经济委员会函送防止煤荒办法，奉交本部核办，请查照。等由。令仰遵办具报等由。附抄发防止煤荒实施办法一份，奉此。除由本会遵办并呈复外，合行抄发原办法，令仰遵照办理为要。此令。等因。附抄发原办法一份，奉此，除遵办并分令外，合行抄发办法一份，令仰该所遵照办理为要。

此令

计抄发原办法一份

处　长　林　华

副处长　周自拔

抄防止煤荒实施办法

挽救目前煤荒，其办法约可分为治标与治本两端，且须双管齐下，以促事功。兹分述于次：

A. 关于治标者

现开滦尚有存煤约五十万吨，阜新存煤四十万吨，应尽先设法运沪。

B. 关于治本者

甲、增产，由于国内工业及交通事业日趋发达，燃煤消费量亦与日俱增，目前国煤产量既已不敷供应，自应亟谋增产，以求自给，资源委员会拟加强开发华中华南各煤矿，及经济部所拟卅六年煤斤增产计划两案，政府似应分别准予照办以利增产。

乙、加强运输，目前国内铁道运输因军事故障与车辆缺乏，煤运甚感困难，增产后困难益深，增购机车及煤车事实上恐限于财才〔力〕与时间缓不济急，为迅赴事功计，拟请立即指拨联总运华之机车二十辆，货车一百辆，酌量分配北宁、津浦两路，专供运煤之用。

丙、保护矿区及其运输线与港口，京沪及沿海各都市所需煤斤多仰给于开滦、阜新、北票、淮南、华东等矿，值兹共匪全面□乱之矿区及其运输线（北宁津浦两铁路）与港（秦皇岛与塘沽）之安全应予特加保护，以期供应圆满。

丁、改进管制办法，煤斤之供应问题经燃料管理委员会年余之努力，对于疏通来源，协助生产运输与适切之分配等事项，其成绩已属□然，但根据各方建议及调查结果，当有以下各点应予改进。

1. 调整购价。查燃管会过去向各煤矿购煤价格，间或规定过底，以致影响生产，今后应随时依据生产费用情形予以适切之调整，藉以保持其生产能力，从而达到鼓励增产之目的。

2. 鼓励工业厂商直接购运。目前因煤源大减，益以运输困难，政府对于煤斤之统筹供应已感□手，燃管会应积极鼓励，并切实协助京沪等地工业厂商径向内地（地区由燃管会指定）矿区照规定配额内直接购运，藉减少运输困难。

3. 取缔囤积。据报近来常有非工业厂商及煤商者与工业厂商及煤商勾结经营煤业，大肆囤积居奇牟利，燃管会应即拟订有效之取缔办法，严格执行，以免造成人为之煤荒。

4. 严杜流弊。煤斤之配给及制给煤斤运证等事，据报间有不肖分子利用职权从中苛索渔利，应予严格杜绝，以期分配公允，并免刺激煤价。

〔国民政府经济部档案〕

7. 国民政府全国经济委员会关于经济紧急措施方案日用品供应事项实施情形简报

（1948年）

经济紧急措施方案实施情形简报

一、原方案项目

原方案（五）关于日用品供应事项民生日用必需品供应办法（一）政府对下列各项民生日用必需品充分供应社会需要，食米面粉纱布燃料食油白糖食盐。（二）政府对于上列物品以定价供给公教人员按月之正当需要，勿使缺乏，就京沪两地先行试办，并予市场随时出售，以安定市价。(三)政府对于第一条所列物品项目待按照供需及各地情形随时增减之。(四)民生日用必需物品之生产、运销，除政府机关自行经营外，应协助并鼓励人民产运米面部分，并由政府充分向国外购运。(五)政府应在各重要地区分期推进，充分供应，民生日用必需物品。(六)最高经济委员会为调度供应民生日用必需物品之督导机构，负决定政策指示方针考核业务之责。(七)经济部、财政部、粮食部、资源委员会应各按其主管范围秉承最高经济委员会委员长之指导，分别掌管民生日用必需品之供应。(八)各省市地方政府应负责监督经营民生日用必需物品之各业，遵行政府政策，供应社会需要。(九)民生日用必需物品出售之价格由主管机关核定公布之。(十)经营民生日用必需品之工商行不得有下列行为：1. 出售民生日用必需品超过公布价格者。2. 囤积民生日用必需品延不供应者，违反上列事项者，以扰乱市场论罪从事惩处。(十一)各项实施办法由最高经济委员会督促各主管机关核定施行。(十二)本办法自公布日施行。

二、实施概况

(1) 实施实物配售，自本办法公布后，即由经济部卅七年二月粮食部等有关机关会商拟订实施细则，自三月份起遵照开始办理，其要点如下：(一) 配售对象以政府机关、公教人员及公立学校教职员工，总数不得超过薪饷预算所列人数，并就京沪两地先行试办。(二) 配售物品以下列六种日用品为限：1. 米或面粉，由粮食部主管供应。2. 布匹。3. 煤球。4. 食油均由经济部主管供应。5. 食盐由财政部主管供应。6. 食糖由资源委员会主管供应。(三) 配售数量：1. 米或面粉，职员每人每月米八斗或面粉二袋，工友每人每月米四斗或面粉一袋。2. 布匹每半年配售一次，职员每人夏季漂白布五丈，卡其制服料一丈五尺，冬季蓝布五丈，棉织制服料一丈五尺，工友夏季漂白布一丈五尺，冬季蓝布一丈五尺。3. 煤球，职员每月每人二百市斤，工友每人一百市斤。4.食油职员每人每月三市斤，工友每人每月一市斤半。5.食盐职员每人每月四市斤，工友每人每月二市斤。6.食糖，职员每人每月两市斤，工斤〔友〕每人每月一市斤。(四)配售价格均按三十六年一月份当地平均零售价格核定计：1.米或面粉，南京米每斗六千元，面粉每袋二万四千元，上海米每斗六千六百八十元，面粉每袋二万六千七百二十元。2.布匹，京沪两地冬夏漂白布及蓝布每市尺均为一千七百元，卡其制服料每市尺一千九百元，棉质制服料每市尺一千三百元。3.煤球，南京每百市斤八千五百元，上海一万一千元。4.食油，京沪均为每市斤一千八百元。5.食盐，南京每市斤四百五十元，上海四百元。6.食糖，南京每市斤二千一百元，上海二千元。(五)配售方式采商店承销制，由京沪两地民生日用品配售委员会制发配购证，各机关员工持凭配购证向各委托承销商店，照规定价格自行购买。(六)差金规定米或面粉、煤球、食油三项按月由粮食部经济部照市价核定差价，如各机关员工不需购买实物者，可由各机关汇集配购证，转送供应机构折领差金。配售办法实行以来，极著成效，总计京沪二地供应人数共约十二万七千人(所有配售实物数量及折领差金详附表)[表略]。卅六年九月起政府复规定平津两市公教人员共约六万人，依照京沪区成案先行配售面粉煤及布匹三种(八月份全数领发差金)，办理亦极顺利。总之在物价继续上涨之下，实物配售办法对于公教人员生活之安定，收效极宏。

(2)促进配售物资之增产，在配售物资中供应比较困难者厥为燃料一项，卅六年度全国各地共产煤计不过一百三十余万吨，经济部为充分供应及鼓励人民产运起见，卅六年八月曾召开煤炭会议，以谋增加长江下游各煤矿产量，使华中区用煤能以自给，经决议各案如贷助资金，补充器材，保护矿区，取缔私采，增加运输能力，优先运送煤斤，严禁摊派，制止强抢及改善台煤管制，出售台湾敌人矿区等项均已分别办理，而对于津浦北中两铁路之煤运量增加甚多,又对于长江流域新煤田之探觅亦经经济部中央地质调查所及矿冶研究所积极进行,其中若安徽淮南煤矿之八公山新矿地,河南荥阳之无烟煤区,以及湖北之蒲圻、嘉鱼、崇阳等地煤田,皆有新发现之资料,颇具开发价值,对于将来华中燃料之供应,极有裨助。

(3) 调节市场供需。粮食一项关系民生最要,粮食部为供应社会调节需要,以安定粮价起见,经先后在上海市用透过米店,依照议价方式抛售食米二十九万市石,面粉四十万袋,南京食米二万五千零卅二市石,面粉卅一万袋。惟此种办法不能使消费者直接受惠,自卅六年六月起,乃决定采取局部定量定价直接配售方式办理,先就贫苦大众教职员生工人等及一般薪给人员着手,京市每月配米以十一万四千市石为度,沪市每月以十八万七千市石为度,继于卅六年九月份起复于平津两地办理,所有平津两地公私立学校教职员学生及工役,每月所需粮食由粮食部按月拨运面粉十五万袋统筹配售外,食糖一项以供应充裕,自卅六年五月起即由台湾糖业公司负责在沪办理户口配糖,按照议价定量售给。

(4) 购运国外粮食,查国外粮食系由国际紧急粮食会议统筹分配,卅六年全年我国分配洋米总额为三七五,八九四公吨,除先后已购运之米共三二一,二七三公吨外(计联总购运一三五,三六七公吨,美国以救济资金代购四一,四三九公吨暨政府购运一四四,四三七公吨,其余五四,六二一公吨中厄瓜多尔配额一〇,〇〇〇公吨,因价格较昂,外汇支绌,已声明放弃不购,尚有四四,六二一公吨正催洽购运中.至卅六年全年度购小麦及面粉合计为一三三,二七二.八公吨(计小麦四四,二八五公吨——联总购运二七,二八五公吨,美国以救济资金代购一七,〇〇〇公吨面粉八八,九八七.八公吨——联总购运一一,一三六.九公吨,美国以救济资金代购二六,六四〇公吨,政府购运五一,二一〇.九公吨)。所有购运事宜由政府委托中央信托局统一办理,至卅六年上半年尚有小麦配额十余万吨，因外汇支绌未能及时购运，依照国际紧急粮食会议之规定过期即不能再购。

(5) 全面配售粮食，政府为调节民食稳定粮价，对各大都市办理全面配给计划已久，终因掌握粮食有限未能早日实施。近数月来，各地粮价猛涨，粮食问题日趋严重，如不迅筹有效措施，不足以安定民生，适逢美国粮食运华救济，行政院成立处理美国救济物资委员会，经洽商美方成立中美协定，决定先在京沪平津穗五市试办全面粮食配售，以户口或人口为单位，暂定每口不分大小，每人每月米一市斗，或面粉十五市斤，预定试办期间为四个月，开办之前并于二月十七日由粮食部召开五市民食配售会议，商讨组织机构，配售方法，数量价格，粮源筹措等有关问题，二月廿四日即由行政院通过京沪平津穗五市配售民食通则，详细规定各种有关事项，经积极筹划进行，京沪已自三月开始办理，平津穗三市亦自四月起开始办理，对于民食之调节及粮价之稳定已获得显著效果，兹将五市全面配售粮食实售数量附表于后借供参考(附件)[附件略]。

三、修改部分

卅七年二月起，文武职公教人员一律无价配给食米三斗，或面粉三十三斤，原规定公教人员配售食米八斗或面粉两袋办法取消。

四、备注

关于日用品供应事项在经济改革方案乙，关于生产建设者六增产物资稳定物价(四)实施办法中已分别规定。

[注：本文原文为表]

〔国民政府经济部档案〕

8. 国民政府蚕丝人丝联合产制购销实施办法草案

(1948 年)

蚕丝人丝联合产制购销实施办法草案(行政院(37)十字第

二九五四三号通知附件)

甲、原则

(一) 继续推行蚕丝产销计划,以谋蚕丝生产之增加及改进。

(二) 推广蚕丝(包括家蚕丝、柞蚕丝、绢纺丝及其副产品,以下简称蚕丝)外销,以其售得外汇购进人丝配给指定绸厂。

(三) 配给各厂之人丝,须规定一部分织制外销绸缎及加工品(内衣衬衫等类),以增加外汇收入。

(四) 蚕丝各种产品之生产成本以人造丝盈余贴补之,如有余额尽量作改进及奖励蚕丝事业之用。

乙、目标

(一) 经济方面

一、尽量输出蚕丝物资,并力谋丝织品之大量输出,使国家所得外汇得以增加,裨益国际收支。

二、使国库可获相当盈余,增进财政收入。

三、使蚕丝各部门获得合法利润,保障人民收益。

(二) 事业方面

一、联合蚕丝、人丝之产购制销,使达到量的配合。

二、改进蚕丝、绸缎、内衣衬衫等类(以下简称加工品)之产品制,使达到质的向上。

三、维持产品之合理价格,使达到生产安定。

丙、办法要点

(一) 关于蚕丝产销方面者

一、继续施行蚕丝产销计划,关于蚕丝生产部分如:1. 蚕种制造,2. 蚕茧处理,3. 生丝缫制购销,4. 购丝资金及清算等办法。本年仍依三十六年度实施之蚕丝产销计划纲要各项规定继续办理,惟应注意下列三点:

A. 切实保障农民养蚕利益,依照原计划规定农民出售鲜茧价格,按每市担鲜茧合四石中等米之价格计算,其米价以调查蚕茧生产时各产区之米价为准，此项茧价可以蚕茧生产成本公式及一般物价参酌计算。

B. 对产商严密管理，并保障其合理利润，依照原计划规定及参照订货贷款方式，由国家银行贷款核准厂商，并严密管理贷款厂商，依照政府规定茧价及收茧开支，从事收茧缫成之丝，依照原计划核计成本售予政府，政府依照计划规定对厂商予以购丝价格十分之一利润，并照去年陈例予厂商保留产丝二成，以八成交政府收购。

C. 准备贷款以应急需：鲜茧收购时期极短，茧价虽经政府合理规定，惟茧款如不预售充足，则临时鲜茧无款收购，轻则鲜茧流制土丝发生种种弊端，重则蚕蛾孵化蚕茧变成废物，有违政府维护蚕丝业之原意，兹假定政府预购卅七年春季把握壹万五千担生丝所需茧贷款项估计如下：

a. 茧款：一七，四〇〇亿元

每市担鲜茧合中等米四石，每石米价假定为二〇〇万元(米价有变动，则按规定当时米价为准)，则每市石鲜茧价合八〇〇万元，又假定蚕茧烘折二八〇斤，缫折四二〇斤，每关担生丝需鲜茧一四.五市担，则每关担生丝需茧款壹亿一一六百万元，一万五千担生丝合鲜茧二十一万七千五百市担，需茧款如上数。

b. 收茧开支：四，三五〇亿元

依照每担鲜茧收茧开支为茧价百分之二十五计，则每市担为二〇〇万元，则一万五千担生丝二十一万七千五百担收茧开支需款如上数。

估计收二十一万七千五百市担鲜茧款及开支约计贰万壹千七百五十亿元，内除去一成由厂商垫付计二千一百七十五亿元外，实际贷款数额为壹万玖千五百七十五亿元。

上项须贷款之收茧现钞，希望财政金融主管当局预为筹足，以应收购时迫切需用，至缫工贷款，俟收茧后斟酌当时工缴及其他情形再行估计。

二、扩大蚕丝产销计划实施区域：苏浙两省及皖北就三十六年度实施区域酌情扩大办理，如环境许可得在其他适当地区斟酌需要同时试办，徐求普及。

三、其他外销蚕丝类之收购或贴补输出：蚕丝类产品除生丝及柞丝外尚有绢丝废丝及下脚（包括长吐茧衣茧壳大头索子丝筋落绵等）可供外销，应并予收购外销，或用贴补方式辅导输出，以增加外汇收入。

以上三项由蚕丝产销协导委员会根据过去办理经验参酌本年需要，另订关于产销计划施行技术补充办法。

（二）关于人丝购销方面者

一、人丝之购进及许可

1. 输出蚕丝二七，〇〇〇关担（包括生丝一五，〇〇〇关担，绢丝二，〇〇〇关担，柞丝壹千关担，废丝及下脚等九，〇〇〇关担），以其售得外汇特许全部购入人丝免税进口，配售各厂织绸。

2. 其他各机关团体如以他种物资换购人丝进口，须经丝织品输出协导委员会之许可，以调节供需。

二、人丝之核配

1. 各绸厂须向丝织品输出协导委员会办理登记，经审查合格后配售人丝。

2. 凡未经取得配售资格之绸厂，在限期登记尚未办理完成前，得由该业公会或团体查报并负责证明以凭核配人丝。

三、人丝用量之分配：

配售各绸厂分别织造内外销绸缎及其加工品。

（三）关于外销绸缎之配制及购销方面者

一、原料之优先配售：各绸厂所需之原料（包括人丝生丝）凡属供织造外销绸缎及其加工品之用者，应予优先配售所织绸缎之种类及标准，由丝织品输出协导委员会斟酌需要另订之。

二、绸厂设备改善贷款之核放：织造外销绸缎及其加工品各厂之设备，经核定确需改善者，由国家银行核放长期贷款，以改善其设备。

三、加工费贷款之核放：核准织造外销绸缎及其加工品之各厂所需加工费用，由国家银行核放贷款。

四、外销绸缎及其加工品之收购配售各厂人丝生丝所织之外销绸缎及其加工品，统由丝织品输出协导委员会与各厂订立预购合约，限期交货，按照规定成本酌加利润予以收购，其成本及利润之计算方式另订之。

五、绸缎及其加工品运销之方式：

1. 政府自行运销：由丝织品输出协导委员会商承输出入管理委员会，督同中央信托局自行运销国外。

2. 委托商厂运销：由丝线品输出协导委员会商承输出入管理委员会暨中央信托局，委托合格厂商代为外销，收回外汇，其委托办法另订之。

（四）关于蚕丝人丝绸缎之购销资金及清算方面者。

一、资金之筹拨：由中央银行就下列各项购运数量拨付所需资金，交由丝线品输出协导委员会统筹运用。

1. 蚕丝购运数量：

A. 购运外销生丝一五，〇〇〇关担，

B. 购运外销绢丝二，〇〇〇关担，

C. 购运外销柞丝废丝下脚一〇，〇〇〇关担，

2. 人丝购运数量：购运人丝四〇，〇〇〇箱，所需资金即以蚕丝售得外汇给付之，无需另行筹拨。

3. 绸缎购运数量：购运外销绸缎二，五〇〇，〇〇〇匹及其加工品一〇〇，〇〇〇套，所需资金即以配售人丝生丝之收入尽先拨充，不足时再行请拨资金。

二、购销之清算：蚕丝人丝与绸缎及其加工品于全部收购运

销后统一清算，其盈亏悉归政府。

三、盈余之分配：

1. 贴补外销蚕丝与绸缎及其加工品之成本，

2. 拨充蚕丝及丝织业改进奖励费用就下列各项核定分配之，

A. 蚕桑改进及推广费用，

B. 制丝及丝织品业之改进及试验研究费用，

C. 制种、制丝及丝线设备之改良与制造之奖励费用，

D. 蚕丝及丝线业技术员工之训练费用，

E. 其他有关蚕丝及丝线业之改进奖励费用，

3. 解缴国库

以上各项分配比率及详细办法另订之。

丁、机构

(一) 蚕丝产销协导委员会：继续推行蚕丝产销计划。

(二) 丝线品输出协导委员会：扩大原有上海丝线品输出协导委员会之组织为全国性之机构，由经农财三部、中央银行输出入管理委员、中央信托局经办贷款银行，蚕丝产销协导委员会、中国蚕丝公司会同组织之为本办法之执行机关。

(三) 中国蚕丝公司：除继续办理其原有业务外，为本办法有关技术改进及业务经营之辅导机关。

〔全国经济委员会档案〕

9. 国民政府惩治走私条例

(1948年3月11日)

惩治走私条例　三十七年三月十一日国府公布

第一条　私运政府管制物品及应税物品进口出口者，处五年以下有期徒刑。

第二条　因私运物品进口出口而有左列行为之一者，处七年

以下有期徒刑。

一、持械拒捕伤害人未致重伤者。

二、公然聚众持械拒捕时在场助势者。

三、公然聚众威胁缉私员警时在场助势者。

第三条　因私运物品进口出口而有左列行为之一者处死刑、无期徒刑,或十年以上有期徒刑。

一、持械拒捕伤害人致死或重伤者。

二、公然为首聚众持械拒捕者。

三、公然为首聚众威胁缉私员警者。

第四条　明知为私运进口出口物品而为之运送销售或藏匿者,处二年以下有期徒刑或拘役。

第五条　稽征关员或铁路、公路、舟车、航空人员,明知为私运进口出口物品而放行或为之运送销售或藏匿者,处七年以上有期徒刑,因收受贿赂或其他不正利益而放行或运送者,处无期徒刑或十年以上有期徒刑。

第六条　铁路、公路、舟车、航空人员发觉私运进口出口物品而不通知稽征关员者,处三年以下有期徒刑或拘役,因强暴胁迫为之运送能通知而不通知者亦同。

第七条　私运物品进口出口行为本条例所未规定者,依刑法海关缉私条例及其他关于取缔走私之法律办理。

第八条　本条例施行期间为一年。

第九条　本条例自公布日施行。

〔国民政府财政部档案〕

10. 国民政府实施取缔日用重要物品囤积居奇办法补充要点

(1948年9月9日)

实施取缔日用重要物品囤积居奇办法补充要点　　卅七年

九月九日

一、全国各地自民国卅七年八月十九日起，非商人或非本业商人购买取缔物品，如属于直接消费物品，不得超过每人三个月之需要量，如属于本业商人营业需要之物品，不得超过每年需要量四分之一（有季节性者除外），违者以囤积论，其应行取缔之限度，得由地方主管官署就上列标准分别货物品类，斟酌供需情形，随时核定之。

二、各地之工厂商号所存储之成品及货品，如不尽量供应市销，或抬价超过民国卅七年八月十九日依兑换率折合金圆价格，未经当地主管官署核准调整者，以居奇论。

三、全国各地之工厂商号购进及出售取缔物品，应于每月上旬将上月生产量购货量、销货量及存货量（成品原料及重要物料），报由同业公会转报当地主管官署备查。

四、凡经行政院指定之重要都市，应由各该地方主管官署公司有关机关实施仓库检查，其检查办法由各该地方主管官署视当地实际情形拟定，呈由该管上级机关核定。并转报行政院及工商部备案。

五、前条以外各地方主管官署认为有必要时，得呈经行政院核准，令当地各仓栈按期列报仓栈存储货品，所有人之姓名、住址、职业，及所储存货品种类、数量，及存储日期，必要时并得实施检查。

六、取缔日用重要物品囤积居奇办法第十七条有左列各款情事之一者，其囤积之物品得由主管官署没收。“并得科以一千元以下之罚锾”改为“并得科以金圆一千元以下罚锾”。

七、执行取办日用重要物品囤积居奇办法之地方主管官署，在院辖市及省会所在地为社会局或社会处（会同治安及警察机关办理），在县市为县市政府。

附：非常时期取缔日用重要物品囤积居奇办法，三十年二月二日府令公布。

第一条　取缔日用重要物品囤积居奇除法令别有规定外,依本办法之规定。

第二条　依本办法取缔囤积居奇点日用重要物品定为左列各类:

甲、粮食类:米、谷、麦、面、粉、高粱、粟、玉米、豆类。

乙、服用类:棉花、棉纱、棉布(各种本色棉布、各种漂白染色或印花棉布)、麻布(各种本色麻布各漂白染色或印花麻布)、皮革。

丙、燃料类:煤炭、煤块、煤末、煤球、焦炭、木炭。

丁、日用品类:食盐、纸张、皂碱、火柴、菜籽、菜油。

戊、其他经经济部呈准指定者。

第三条　本办法所称囤积指左列各款。

一、非经营商业之人或非经营本业之商人大量购存前条所指定物品者。

二、经营本业之商人购存前条所指定之物品而有居奇行为。

三、代理介绍买卖并无真实买卖货主而化名购存前条所提定之物品者。

第四条　储存物品不应市销售或应市销售而抬价超过合法利润者为居奇行为。前项合法利润由主管官署斟酌当地情形随时规定之。

第五条　本办法施行时经济部应指定执行取缔之区域连同取缔物品之种类名称,一并公告,并行知执行取缔之主管官署。

第六条　依本办法执行取缔检查及处分之地方主管官署除有专管机关者外,在直隶行政院之市为社会局,在县市为县市政府,经济部于必要时得派员或命令所属管理物资或平价供销机关协同主管官署办理之。

第七条　主管官署应于经济部文到四日内将第五条公告事项在辖境内公告周知,并分别通知当地商会及关系业同业公会。

第八条　非经营商业之人或非经营本业之商人在主管官署公告前所囤积业经指定之物品，应报明主管官署限期出售。

第九条　经营本业之商人在主管官署公告前所囤积业经指定之物品，应报明主管官署及所属之同业公会会应市销售，其销售情形由同业公会随时考核，报告主管官署。

第十条　主管官署对于应行依限出售或应市销售之物品，得规定其出售价格或令其运往指定地点出售。

第十一条　应行依限出售之物品其所有人对于经营本业之商人或用户，依照市价或政府规定请求购买时不得拒绝出售。

前项物品之所有人不得化名购买。

第十二条　应行依限出售之物品到期未能售出时，主管官署得代为出售，或责令将物品交由所属同业公会销售，必要时由管理物资或平价供销机关以公平价格收买之。

第十三条　本办法施行后经营本业之商人购进业指定之物品，应每次向所属同业公会登记，其售出时应向所属同业公会报告。

同业公会应将前项登记及报告按月呈报主管官署查核。

第十四条　同业公会对于会员或非会员之囤积居奇行为应负纠正检举之责，同业公会不执行本办法规定事项或对会员故为包庇者，应由主管官署依法处分。

第十五条　生产或购运本办法指定物品之工厂商号，应按月将产运数量及其成本报告同业公会，转报主管官署备查。

第十六条　主管官署对于辖境内各项指定物品之购销储运情形，应随时派员调查，并得检查有关各业之买卖簿记单据。

同业公会于主管官署依前项执行检查时，应派负责人员协助办理。

第十七条　有左列各款情事之一者，其囤积之物品得由主管官署没收，并得科以一千元以下之罚锾。

一、不依本办法第八条第九条呈报，或呈报不实者。

二、不遵行地方主管官署依照本办法第十条所颁布之命令者。

三、违反本办法第十一条第二项之规定者。

四、经营本业之商人于主管官署公告后对于指定物品仍有囤积居奇行为者。

第十八条　有左列各款情事之一者，除有主管官署没收囤积物品外，并向法院检举依非常时期农矿工商管理条例第三十一条惩治之。

一、非经营商业之人或非经营本业之商人于地方主管官署公告后，对于指定物品仍有囤积居奇行为者。

二、囤积居奇或藏匿大量指定物品分立户名，或分散转移存放地点，或妨碍地方主管官署执行检查而意图规避取缔者。

三、对于应行依限出售之囤积物品有黑市买卖赌期预货及空头仓飞交易等行为者。

第十九条　地方主管官署为前二条之处分时应报请省市政府核准，并转报经济部备查，其没收之物品除另有法定用途者外，悉供给平价配销之用。

第二十条　凡确知有人违反本办法之规定者，准向主管官署据实密告，主管官署对于前项密告人应于举发案件处分确定后给与奖金，并为保守秘密，但密告人如有狭嫌诬告情事，应依法惩处之。

第二十一条　依本办法没收物品所得货款或罚锾除提五成拨充地方办理平价之资金外，其余五成照左列各款分配给奖。

一、藉密告或眼线人查获者，密告或眼线人给予百分之三十，查获机关给予百分之二十。

二、非藉密告或眼线人查获者，其奖金全部给予查获机关。

第二十二条　主管官署应将执行取缔情形按月呈报省市政府

转报经济部查核，省市政府并得按其办理成绩分别予以奖惩。

第二十三条　依本办法办理取缔检查及处分之人员，如有包庇纵容或其他营私舞弊情事查有实据者，依惩治贪污条例治罪。

第二十四条　公务员假借职务上之权利机会或方法囤积本办法指定物品居奇营利者，除按本办法惩处外，并比照刑法渎职罪从重论断。

第二十五条　地方主管官署及经济部授权执行取缔之管理物资或平价供销机关，得依本办法之规定专就一种之指定物品另定实施章则，呈经省市政府及经济部核准后施行。

第二十六条　本办法自公布日施行。

〔国民政府立法院档案〕

11．苏联《新时代》杂志评国民党的经济改革

（1918年）

一、阿瓦林：国民党统治下中国经济之崩溃（四月七日）

中国的经济崩溃　　阿瓦林

译自一九四八年四月七日

俄文时代杂志第十五期

自蒋介石政府得到所谓美援的支持之后，中国经济仍系普遍危殆．甚至超过其被日本占领时之情形。在国民党统治地区中，国民经济之破碎支离，匪可想象，人民痛苦与社会紊乱中之溷蹶，困顿景象亦难以描绘。美国对国民党政府之援助可分为若干项目，如稳定币制“恢复国民经济”各项建设等，合计已达四十亿美元之巨数，但此种援助究竟发生了什么效果？从事实与统计数字所可看到的却只是目前中国人民所经历的惊惶局面。

在国民党统治的地区中，各种工业均奄奄一息，朝不保夕，交通路线，自有破坏，农业生产，急剧减少即如广州一地，据官方发表

数字，全市失业者二十五万人，占全部劳工百分之四十以上。借租与美国作为海军根据地之青岛，在一千五百家商店企业公司中，至今春倒闭者已达一千二百家之多，一九四七年全国工业总产量仅及一九三六年总产量的十分之一，中国市场已经全部被美国的专利资本家所独占。据大公报所披露的数字，去年一至八月的国际贸易入超共值十亿〇八千七百万美元，其中百分之九十乃是从美国输入的货品，美国各大财阀企业巨头无不引伸其魔掌，攫取中国的经济命脉，如石油大王之后裔约翰洛克凡勒去秋亲到中国访问，曾与宋子文协议开发中国南部数省之富源，该约翰洛克凡勒在上海设有企业组织甚多，如大通银行、美国无线电公司、上海电力公司、上海电话公司等。

至于有关中国百分之八十以上人民生死问题的农村经济其情形之困难更加严重迫切，难于挽救，在大多数国民党之省区中，政府横征重税，地主层层剥削，人民由于不胜负担而放弃耕地逃亡者，自百分之二十增加至百分之四十，农收自必锐减。一九四六年农产物之总量仅及一九三二至一九三六年平均产量三分之二，一九四七年农业总产量只合战前标准百分之六十。

由于一般经济情形之恶化败坏，国民党政府要员董显光氏曾公开发表，谓一九四七年中国人民之无家可归者约有二千二百万人，今年冬季各大都市中每晨均可收得因饥寒而死于街道上之尸体数百具之多。这就是所谓马歇尔将军对华计划实施两年后所能给与中国人民的结果。

通货膨胀汹涌，如山洪暴发，不可遏止，一九四五年年底在发行的货币约二万亿法币。至一九四六年年底时增至七万亿，至一九四七年春季，竟一跃为十四万亿元，目前已无人确知法币发行数字。当苏联正在改革币制藉以稳定卢布价值时，中国正在发行十万元的大票，而此一大票之发行，使当时物价又上涨了百分之二十五，至于法币对美金之兑换率，一九四六年春时，美金乙元约合中国法币乙千四百五十元,一九四七年十月美金乙元兑换法币十万元至一九四八年三月十日时已上升至四十五万元。一九四七年夏季时物价之高涨约当战前标准之二万六千倍,而至是年十二月时,即为战前之七万倍。在中国唯一发达原料充沛的工业就是印刷纸币的印制厂。一九四七年度之国家预算规定为九十三亿二千万元,但到五月中已被追加到二十万亿,结果该年度的国家支出总数不一其说,大约总在四十万亿以上。总之在这种通货膨胀情形之下,国家一切计划无从着手编制。

但这里不禁引起一个疑问。难道国民党政府从未采取相当措施以遏制通货膨胀和法币贬值吗?盖因这种经济破败的趋势到底对于统制政治的基础是相当不利的,当然对付政策是有的,而且"我们要与恶性膨胀相搏斗"的话,亦已变成国民党领袖们的口头语,只可惜这些对付政策不但不能丝毫削弱恶性膨胀,反而不断的收到一种相反的结果。如自一九四二至一九四五年之间曾由财政当局实施稳定币制办法,其推行经过值得吾人略为提及:一九四二年初美国政府同意拨与中国政府借款五亿美元,其中两亿美元指定作为稳定币制之用,其方法仍由重庆政府在美买进黄金发行临时短期公债券及举行黄金存款,政府将这批黄金陆续抛售,藉以收回法币。迨至一九四五年夏政府因抛售黄金收回法币六百万万元,发行短期美金公债,亦收回法币一百六十亿元,以上办法均经华盛顿方面认为合理而核准办理的,而事实上这一措施却给与了中国政府一般财政干部一个投机的大好机会,真真的国家财政金融更加恶化,而与美国资本家互通声气统制中国政治的四大封建买办式之豪门,却又藉此大大的发了一笔财。数年战争后,中国民间财富以及所发行之纸币逐渐集中在富豪手中,尤其是统制政治之四大豪门,以及其手下所隶属或有关系的官吏地主,以及投机商人,无不积蓄甚富。政府抛售黄金系照官订牌价计算,比黑市黄金价格约低十倍,于是这辈豪门富商,先期大量套进法币,然后只出十分之一的代价向政府购进大量黄金，结果这批黄金未必全部需要由美运到中国，因这辈豪门巨富，明知国内烽火遍地，就在华尔街将这批黄金由美国借款银行名义照数改为中国私人储户名义，即可转帐存放。

这辈国民党统治阶级无情地剥削国本，日夜将满目疮痍的国家经济加速地斫伤破坏，直至这条大船因漏洞破口太多而真将沉没之时，这辈反动的舵手们又将到哪里去找救命的方法呢？自然只好再向美国帝国主义呼吁求助。去年夏天南京又是一片有历史性的呼吁之声，向美国帝国主义者求教，其实中国情形的严重，已非任何美国借款所可补救，大量的借款不过是给与反动者延续内战而已。只有内战停止中国统一民主之后才能免除经济崩溃，而逐渐恢复国力。

在竭力呼吁美援之中，立法院院长孙科曾公开承认谓国民政府已处于十分严重境地，如美国不能及早援助，则危机不可避免，这种呼吁口气近于威胁，也就是说，倘美国方面不能立即予以援助，则国民政府势必改变政策另找出路作同样呼吁的人，尚有经济部部长陈启夫，并谓援助必有二十至三十亿美元，方可有所作为，否则无济于事，倘美国不能给予相当接济则今后大局转变，必将有利于共产党。

此种所谓行将改变政策自找出路者不知究竟含义何在？其含义无非是中国的反动派拿停止目前内战来威胁美国人，换言之“我们现在不过是在奉行美国杜鲁门总统的政策，倘美国不再贷与大量美金借款，则中国很可能放弃这种政策，放弃杜鲁门计划”。

但这种威胁口吻，至今已不只一次在中日开战之初，亦是孙科领头向美国要过同样手段，因而获得五亿美元的借款，一九四二年又为谈判借款，中国代表曾表示说，倘美国不再接济，中国可能与日本单独构和，其实美国当局为贯彻其殖民奴化政策，不惜以亿万美元来支持各处各地的反动政权。

话虽如此中国仍须多方努力，用尽手段方始能自华尔街的钱柜中再捞些油水。一则国民党本身软弱无能，虽有美国大量援助，仍旧不能于中国人民抗衡。二则数千万美元对于中国的问题已经于事无补，必须再拿亿数以上的款项才可以希望把从前下的资本捞回，但即使在美国资本巨魁的心目中，每年的亿万大数，也不是一桩十分容易的事。三则美国政府当局也不能不顾到美国民意，反动的资本家现在已经开始对美政府大批拨出的外援款项担心忧虑而一般美国人民的意向，更加怀疑美国援华政策对于美国民生究竟有何必要。

因此中国反动派不得不向其美国的保护者时常装腔作势，俾能不断的获得借款军火粮食交通材料等接济，如反苏宣传及对苏恶意诬蔑等，无非是激使美国的投资家解囊而已，为了使人民对内战少予注意，不惜利用新疆、外蒙古等问题刺激排外仇外的心理，对于旅顺大连时常发出偏面无理的声明。

美国国会最近通过了对中国四万六千三百万美元的军事经济援助案，此外纽约银行准备随时增加援华借款数目，并由其他各银行单独对华贷给小额借款，如此，美国帝国主义者已与中国反动派互相勾结，双方同意将美元继续投掷到中国内战旋涡中去，至于南京与华尔街双方的讨价还价谈判，不过是在讨论款项数目与期限问题而已，华尔街方面总想设法少出些钱并劝中国方面节省用途，美元财阀们总想在中国国民经济崩溃的废墟上以及百万尸骨的坟墓上，建立其殖民地的秩序，然而他们对于这个希望何时可以实现，以及使用何种方法以求其实现，都非常渺茫。

中国反动派一再的失败了，为新生命所觉醒的中国人民，已经将这盘绕于全国的帝国主义的前伸触须逐一消灭，人民的军队已逐渐取得新的地区与新的城市，犹如在死灰中复苏的神鸟，在奋斗的苦难中，产出了新的反帝国主义的民主中国。

二、国防部政工局代电(九月二十四日)

一、准第十一绥区司令部本年八月九日和文字第〇二一号代电开:“一、据本市警察局本年八月四日(37)外字第1106号内电开”,据报苏联出版之新时代杂志本年四月七日刊有一文为国民党统治下中国经济之崩溃,该文内有“中国铁路交通实为国民党所破坏,由美国所贷之款被中国四大资本家所把持,而人民仍在饥饿线死亡线上,蒋介石并不顾及人民之生活,反而扶助资本家,实为人民之叛头,预计不久将来中国将摆脱国民党之统治,全部解决,蒋介石亦将垮台”等语,其言论殊属荒谬非是,肆意诋排中国政府元首等语。惟在本市不能购得是项杂志,在上海或者有售,似可搜集是项资料证据,向该国提出抗议,如再有是项杂志出售,似应予以查禁,除分报处理合报请鉴核,电请查照办理。

二、除分电内政部、外交部查照外,其有关贵管部份相应电请查照办理。

局长　邓文仪

三、国防部新闻局公函(十月二十五日)

前准

贵部九月二十四日(三十七)敦序局〇〇四九号代电,为据报苏联出版之新时代杂志有诋毁我元首之言论,电请办理等由准此。查本年四月七日出版之俄文新时代杂志确曾刊载“中国经济崩溃”一文,内容至属荒谬,业由本局移译中文,除送请内政、外交两部察酌办理外,相应附同是项译文一份奉达,即希查照为荷!此致

国防部正工局

附译文一件　　局长

〔国民政府国防部新闻局档案〕

（二）物资管制与垄断

1. 国民政府绥靖区政务委员会绥靖区粮食紧急措施

（1946年11月）

二、绥靖区粮食紧急措施　本会第五次会议通过

一、各绥靖区对于辖区内各收复地区共军遗留之粮食，在各该地区田赋粮食管理处未成立前，由该区军粮储备委员会（以下简称军储会）负责指派采购组，随军前进负责办理有关粮食之接收管理。

胶济路、鲁南、苏北、豫西、绥东、冀东、热河等业经收复之地区共党遗留之粮食，应责成各部队兵站县政府切实查明，并将品名数量储存地点补报各该区军储会接收管理，其已提用部分，如系用于军粮者应即在该部队军粮定额内扣抵。

二、凡在绥靖工作进行期内，绥靖区各部队及兵站机关与地方行政机关，对于收复区共党遗留之粮食，应会同派员调查确实尽力迅速搜集，并将品名数量及储存地点，报由该区军粮会接收管理，不得稍涉干扰。

三、搜集之米麦得由军储会拨充军粮，其借拨数量须先经行辕或绥署核准，借粮部队应以团以上为单位，军储会于借拨粮食后应连同团以上之正式印据分报粮食部及后勤总部备案，一面通知该部队原补给兵站及省田赋机关于应拨之经常粮食如数扣抵，此项扣抵粮即由田粮处移作准备粮。

四、收复区之民食调节，在田粮处未成立前，应由军储会负责维持，得视当地需要，就接收搜集粮食中划拨一部分，会同有关机关及当地人士办理贫民急赈及平粜，此项办理急赈及平粜粮食，应以杂粮为主，其应拨数量应由军储会报经当地最高军事长官核准，

转报行辕或绥署备查，并由行辕或绥署将核准品名数量通知省田粮处。

军储会办理急赈及平粜工作各种情形办法应通知省田粮处，并报粮食部核备。

五、军储会接收配拨之粮食品名数量及储存地点应按旬详报粮食部核备。

六、无论何人对于匿藏共党遗留粮食，应向军储会兵站机关部队及地方行政机关密报，受密报机关对于密报人姓名应严守秘密。

七、办理搜集接收共党遗留粮食人员，如有将粮食隐存中饱或出卖或不遵令报查者，以贪污论罪，散失或苛扰人民者以渎职论。

八、共党遗留之粮食经密报而查获者，于案情判明确实后，提出实收数百分之二十折价给奖，其奖金密报人与查获机关各给百分之十，其由各部队机关自行查获者，提出实收数百分之十折价给奖。

〔国民政府行政院绥靖区政务委员会档案〕

2. 国民政府全国经济委员会关于中信局中蚕公司垄断蚕丝产销实况的报告

（1947年）

三十六年度蚕丝产销实况报告　　本会秘书处

关于本年度蚕丝产销情况，业经向中央信托局、中国农民银行、蚕丝协导委员会、中国蚕丝公司等有关机构查询，并参酌王委员晓籁等所提请政府特准蚕丝出口，掉回人造丝以进口赢余贴补生产成本一案，兹特摘要报告，并附拟三十七年度蚕丝产销计划意见如次：

（一）按本年四月廿二日行政院七八四次会议通过之蚕丝产销计划纲要估计，本计划实施后全国年产生丝七万四千余担，内以三万关担由政府收购输出换取美金二千二百余万元，截至目前止与实际收到鲜萌量计春萌一七八，三〇四.四三担，秋萌三三，三七八.三六担，总计可以缫成生丝量计春季一，一二二，九九八关担，秋季一，四七〇关担，合计一，二六九，九九八关担，不敷甚巨。

（二）原计划中拟鼓励合法农民组织之合作社贷款收萌烘制，以防茧商有抑低收价情事，惟查本年度贷款收购与系厂商对于养蚕农家利润，以鼓励蚕丝生产一点并未具有若何效果，三十年度拟应加以注意。

（三）鲜茧收购价格标准，原计划以每担改良种鲜茧平均折合四石中等米价，土种鲜茧以二石五斗中等米价，折合计算似欠准确，盖以米价与茧价并无若何密切之关系，二十七年度收购鲜蚕价格似应按照蚕农实际费用（桑叶40%、人工39%、房屋13%、用具8%、蚕种1%、蚕簇1%）计算，例如按目前各项物价指数京沪一带每担鲜蚕约需成本二百八十万元，至于生丝收购价格推算比较简单，可以按照鲜茧成本加上烘缫成本及10%合法利润，目前蚕农所得（以十五担鲜茧作一担生丝计算）仅及收购生丝价格之四分之一（以目前上海生丝价格每担六千六百万元计算）。

（乙）关于丝茧贷款方面者：

（四）本年春季江浙二区厂商收茧贷款计三千六百七十五亿余元，本年秋季江浙二区收茧贷款计九百四十八亿余元，较原计划所列贷额一千三百五十余亿元为多，原应缴外销生丝一，二六九，九九八关担，惟据中央信托局及中国农民银行报告，截至本月六日为止，尚仅收到各厂商缴来生丝六，九七九关担，似与原定应缴数量不敷甚巨，蚕丝协导会似应早日催缴完毕，以利统筹输出。

（五）三十七年度贷款似应由中国农民银行设置大量生产贷款以周转蚕农资金，同时办理缫丝厂商抵押贷款，以供应厂商周转资金，把握丝茧实物，以利输出。

（丙）关于蚕丝增产方面者：

（六）蚕丝事业对于桑树面积良种繁殖与缫丝设备等关系至巨，即使国际市场一旦开展亦决非一朝一夕所能增产，战前我国生丝产量民国二十年为三一七，二〇〇市担，民国二十六年为一九七，八七八市担，与目前所产者相差甚远，似应由政府在蚕丝人丝配销盈余项下提拨二成至三成，按饲养改良蚕种张数共收购鲜茧担数贴补蚕农，激励增产，即使一时无法外销亦可增加内销数量，以补足国内人造丝及棉麻产量之不足。

（七）据中蚕公司报告，本年度各制种场推广之蚕种全国仅有一百一十万张左右，按实际需要量实嫌过少，三十七年度政府似应大量贷款，各制种场鼓励繁殖大量推广。

（丁）关于蚕丝外销方面者：

（八）本年度输出生丝数量据中央信托局报告截至目前止已经装运出口者计二，四七五关担，拟装出口者计四，四〇〇关担，总计六，八七五关担，包括在美国寄销之二，〇〇〇关担，加以日丝倾销，美国在美销路呆滞，似应着重蚕丝、人丝交织品输出，以扩展国际市场，减低生产成本，如按王委员晓籁等之建议，则必须由政府规定人造丝之进口，全部须织成蚕丝、人丝之交织品输出，否则不但徒耗外汇，且亦足以抑减国内蚕丝之产销。

（九）政府输出以外之剩余生丝及输入之人造丝，必须按实际织绸厂之机数及实际织制产量配销代织，以免辗转流入投机市场影响市上丝价。

附三十六年度江浙二省丝茧产销实况统计一件

三十六年度江浙二省丝茧产销实况统计

（甲）春茧之部

（一）江苏区

代款总额：二五八，七一七，六四〇，二〇〇元。

私人厂商收茧总量（四十六家厂商）：六二，五六九.六〇12/16市担。

应缴生丝总量：四，二三三.二二6/16关担。

（二）浙江区

贷款总额：一〇八，八六一，四二二，五〇〇元。

私人厂商收茧总量（二十二家厂商）：七〇，七三九.九六6/16市担。

应缴生丝总量：四，一四二.四五1/16关担。

（三）上海区：

私人厂商收茧总量（四家厂商）：二，五四五.六九12/16市担。

应缴生丝总量：七〇二.八二12/16关担。

（四）中蚕公司

收茧总量（苏浙沪三处）：三，三四九.一六2/16市担。

应缴生丝总量：二，一五一.四八6/16关担。

以上贷款总额：三六七，五七九，〇六二，七〇〇元。

收茧总量：一七八，三〇四.四三5/16市担。

应缴生丝总量：一一，二二九.九八9/16关担。

（乙）秋茧之部

（一）江苏区

贷款总额：五九，二八七，三六〇，〇〇〇元。

私人厂商收茧总量：一五，五三三.六七2/16市担。

应缴生丝总量：九九一关担。

（二）浙江区

贷款总额：三五，五六八，一四〇，〇〇〇元。

私人厂商收茧总量：二，八四四.六九市担。

应缴生丝总量：四八一关担。

以上贷款总额：九四，八五五，五〇〇，〇〇〇元。

收茧总量：三三，三七八.三六 2/16 市担。

应缴生丝总量：一四.七二关担。

（丙）各区丝茧贷款厂商行号已缴生丝数量

（一）已送交中央信托局验收数量：四〇九七关担（十一月六日止）。

（二）由中国农民银行收押数量：二八八二关担（同上）。

以上收得生丝总量：六九七九关担（同上）。

（丁）本年度输出生丝数量

项目＼国别		美国	印度	缅甸	英国	法国	苏联	合计
已装运部分	现销		一，二〇〇		五〇	二五		一，二七五
	寄销	一，二〇〇						一，二〇〇
拟装运部分	现销		五〇〇					五〇〇
	定货			一，六〇〇				一，六〇〇
	易货						一，五〇〇	一，五〇〇
	寄销	八〇〇						八〇〇
合计		二，〇〇〇	一，七〇〇	一，六〇〇	五〇	二五	一，五〇〇	六，八七五

〔国民政府全国经济委员会档案〕

3. 国民政府经济部为独占市场垄断纱布产销拟定发展纺织工业调节纱布供需实施方案呈

（1947 年）

案据本部纺织事业调节委员会代电称：案查前奉全国经济委员会巳有秘电开：该会业经成立，对于纱布议价及收纱办法应切实执行，又根据上海纺织业建议代纺代织联合配销办法，限于三日内迅速议定转呈核夺等因。遵经将办理情形以巳卅秘电陈报在案，旋奉全国经济委员会午齐秘五电饬将全部办法速议送会，以便转呈核夺等因。本会委员等懔于钧部付托之重，送经一再开会缜密研究，认为在目前情况之下，欲求取缔囤积投机抑平纱布黑市价格，固有赖于议价及配销，但欲求根本使纱布价格之趋于稳定，仍须先有大量之生产。欲求有大量之生产，则非有充分之原料及良好之技术与机器不可，治标仅能收效于一时，本始能建设于永久。业经就已往之得失，当前之环境，将来之趋势，分别加以完密之考察与检讨，议定发展纺织工业调节纱布供需实施方案分发治标治本两节，分别缓急逐步施行，以期纺织工业得赖以扶植，而健全物价亦藉以趋于稳定。除分电全国经济委员会外，理合检同所拟方案随电附陈，是否可行，伏乞核示祗遵。等情。附呈发展纺织工业调节纱布供需实施方案一件，据此，查所拟方案业经本部核予修正，是否有当，理合检呈，敬祈钧鉴，迅赐核示祗遵。

附方案一件

发展纺织工业调节纱布供需实施方案

第一、充裕棉花原料

（一）协助原棉增产。原棉增产农林部棉产改进处计有具体计划，本会应尽可能协助此项计划之实现。

（二）统筹收购国棉

1. 收购国棉由本会督导，国营民营各纱厂依照规定计划组织机构分区分组办理之，此项计划由本会征集各方意见制成后呈部备案施行。

2. 收购国棉价格在重要产棉区域设置棉花议价委员会，由当地政府代表棉农团体及棉业同业公会与本会代表共同组织，参照棉花生产成本加合法利润暨市场棉价及一般物价情形协商决定，随时调整公告实行，必要时得由本会议价呈部核定。

3. 各纱厂收购棉花由本会根据其生产能力规定其最高购买量,逾限则超过部分应依照原价转售本会,以备作必要时之调节分配。

4. 各厂购棉所需资金得向本会申请介绍,于主管金融机关予以贷款,但贷款购得之棉花必须依照本会规定之棉纱标准制造。

5. 本会为促进棉种改良,提高纱布品质,并储备原棉起见,得收购优良美种棉以便发交纺制细纱各厂。

6. 各厂收购棉花数量单价金额应按旬报告本会俾凭查考。

(三) 计划洽购外棉

1. 国棉不敷自给之数,应由本会指定预定外棉分期洽购计划依照实行尽量补足之。

2. 外棉进口之限额及购棉所需之外汇均由本会向主管机关商请配供。

3. 本会于必要时得建议进行国外棉贷,棉贷输进实物以减少外汇之需要。

第二、增进纺织工业生产

(一) 厘订三年增锭及分区设厂计划

三年之内分区增置纱锭一百五十万枚,并按照棉花产地及电力来源配合全国分区设厂之整个计划。

(二) 提倡自制机锭为实现三年增锭计划起见,应提倡自制机锭对国内纺织机械工厂酌用下列方式予以扶助:(甲)代给有关机关参加投资,(乙)代为接洽定货,(丙)遴聘机械制造专家参加工作,(丁)配拨赔偿物资中工作母机,(戊)协助各小工厂专业化,并谋整个增产计划之配合。

(三) 改进纺织技术及工厂管理

1. 举办纱厂调查,由本会派遣专家分赴各纱厂实地调查,以求明其实况而为改进之根据。

2. 推行经营标准,关于工厂科学管理及成本会计制度应由本会聘请专家制定标准，一面指定工厂实施示范，一面训练专门工作人员分发各厂，以备各厂采用使其经营管理合理化。

3. 实行技术指导，由本会聘请技术专家分赴各纱厂指导技术之改进。

4. 设置成本检定机构，为求各厂纱布品质提高符合标准起见，除厘订各种制品标准外，特设检定机构，办理棉毛织品检定工作，内销制品以大众生活必须为准，外销制品以适合国外市场需要为准，不符标准者本会不予协助。

5. 举行工作竞赛，提高工作效率，拟订工作效率标准及合理化生产程序，举行工作竞赛及成绩奖励，以期提高工作效率。

第三、掌握纱布物资

（一）采用代纺代织办法

官汇核配外棉除三十六年第一季半数外，均全部采用代纺办法，代纺工缴及合法利润于各厂缴纱时由本会如数给付，所收之纱得视需要情形发配布厂代织布匹（其办法另定之），或联合配销，藉以稳定纱布价格。

（二）继续收购棉纱

行总业已售供各纱厂棉花六万余包，所纺成之纱仍照原案由本会定价收购，其半数至于行总，以棉花向各纱厂换得之棉纱，亦应洽请依照成本全部交由本会收购，换织布匹，廉价配售各地平民，以符救济之本旨。

第四、合理配销纱布

（一）议定纱布合理价格，上海区棉纱销售价格应由本会依据生产成本，参酌市场行情，采取机动方式随时议定，惟必须低于市价，且每次议定之价格如超过前次价格百分之五时，应先呈准经济部核准，本会所说议价小组应请上海市政府参加，外埠棉纱议价得比照上海标准，其由京沪路线运往者酌加运缴及利润，当地生产者参照当地生产成本及市场行情议价，在本会设有分支机构各地由本会将议定纱价电告,此外地区则由当地纱厂及纱商同业公会议定,报由本会备核。至于布匹销售得由本会指定标准布匹若干种实行议价,其他布匹得由各地有关同业公会比照此项标准议定价格报由本会备核。

（二）试行棉纱联合统销为调节棉纱之配销起见,应依照下列方法试行联合统销:

1. 政府机关由收购交换代纺及其他方法所取得之棉纱统交本会配销,其配销办法:(一)上海区由本会对核准登记之复制工厂依据其生产设备及成品产量尽先核配,如有余纺再行酌售于核准登记之运销纱号。(二)外埠已有本会分支机构,各地由该机构依照上项办法参酌当地供求情形办理核配,其未设有本会分支机构各地,由地方政府复制业同业团体或复制工厂向本会或邻近本会之分支机构洽商,规定分期配销限度,饬令当地纱厂依照本会所订配销办法办理核配,并须按月分报地方政府及本会备核。

2. 国营及民营纱厂应依照本会所定配纱办法尽先配售于本会核准登记之复制工厂,并应将产销状况附载购纱厂号及购纱数量按月报会备核。

3. 本会为维持复制工业并调节棉纱市场起见,对于国营及民营纱厂所生产之棉纱收购,其一部分由本会配销或指定复制工厂由其核配。

（三）推行布匹部分定量配售制,本会以棉纱换织之布匹及收购之成品应尽先廉价供应军需,并定量配售于公教人员。

（四）设置调节公栈以安定全国纱布市场,就天津、广州、汉口等处筹设纱布公栈,本会认为必要时得运用公栈所存纱布以调节供需。

（五）严厉取缔纱布囤积投机

1. 举办花纱布存货登记,为防杜囤积投机起见,应即先行由沪市举办花纱布存货登记,由花纱布持有人依照本会所规定之表格按月填报，凡未依限申请登记之花纱布，一经查获即依法惩处。

2. 办理花纱布业商号登记，上海区各花纱布业商号应重新向本会登记，采取由公会造册集体登记方式，本会于必要时得随时派员实地抽查，嗣后如非本业商人严禁存储或经售花纱布等货物及其栈单违者依法惩处。

3. 举办棉纱复制工业登记，为防杜囤积投机及明了棉纱消费情形起见，先由沪市举办棉纱复制工业登记，然后行于其他各地区以便实行分配销售。

4. 限制纱布存货数量及存栈时期，各纺织厂所存棉纱以足供该厂三个月应用为度，纱号存储棉纱不得超过四十五日，布商存储布匹不得超过其自报旺月销售量之两倍，但已过时令需要之存货经申报登记有案者不在限额计算之内，存储纱布逾期逾量除依据进价收购外并依法检举。

5. 取缔花纱布投机交易，本会应会同地方政府随时派员向花纱布市场密查，如发现有垄断投机买空卖空等行为，即严予检举。

第五、促进纱布外销

纱布生产除供应国内军需民用外，应开拓国外市场，争取外汇资源，兹将促进纱布外销办法开列如左：

一、各纱厂应尽量增加生产，即以增加数量向国外推销，惟以不影响国内之需要为度。

二、外销纱布数量暂定为国营民营纱厂总生产量百分之二十，由本会统筹督导输出。

三、外销应以布匹等复制品为主，非经本会认为必要时不得输出棉纱。

〔国民政府全国经济委员会档案〕

4. 上海杭州等丝织业同业公会请处置中央信托局猛抬原料配价危害民族工业呈文节略

（1947年8月13日）

谨略者：查中央信托局猛抬人造丝配价，丝织厂无法生存，业经备文吁恳令饬中信局勿擅提配价，逼令丝织厂停闭，引起社会不安在案。兹以该案迄逾一周，仍未解决，虽经上海市吴市长、社会局吴局长等于本月十一日召集经济监察会报时提出检讨，劝谕中信局应仰体政府抑平物价安定民生之决策，勿遽增配价，舆论一致，抨击指出提高人造丝配价之后果，影响稳定物价，但中信局出席代表何墨林仍一意孤行，未予接受，致会议未得结果。查生产事业对于原料不能一日或缺，中信局兹以配价问题任意拖延，如此行为，对于民族工业不仅未尽辅导之责，且有摧残之嫌，况丝织品为对外贸易产物之一，本年五月份以来，已有三百余万码输往印度，国家机构之中信局对于此种输出工业尤应如何维护，使增加生产，推广输出，争取国际市场，充裕外汇资源，乃不此之图，而斤斤于黑市为藉口，狂提配价，拖延时日，使生产中辍，岂仅危害民族工业，刺激物价，倡导涨风，且转瞬中日贸易开放，日本出口物资中列有丝织品二千六百万码，此庞大数字占吾国丝织厂半年余产量，虽未得许可，不能进口，但中信局不以成本配售使国绸成本增加，无异奖励日绸走私，抑更有进者。顷据印度电告，印度政府近向日本交换人造丝一万五千箱，交丝织厂织绸抵制外绸运销，以彼邦此举，反照中信局提高配价，尤令工业界人士不寒而栗，至中信局所谓交换人造丝成本，因过去办理对日易货业务，向多赔累，不得不在人造丝项下争取盈利，以资挹注，又谓依照交换人造丝的市价计算，每箱折合国币壹仟柒百伍拾万元，再加运费关税等项利润并不过大等云，过去何种易货业务赔累，未据说明，纵有赔累尽可呈报政府，不应在人造丝项尽量榨取。至日本人造丝成本则为壹佰玖拾美元，倘因食盐廉售于日本，此种损失应取偿于丝织工业，尤难自圆其说，属会等鉴于人造丝配价问题拖延之结果，已有大部分厂停止工作或半停顿状态，设不迅作紧急处置，势将全部被迫停闭，岂仅丝织工业因此毁灭，十余万职工亦生计顿绝，目击艰危难容默缄，仅再沥陈中信局对于提高人造丝配价之无理及防害生产阻碍外销情形，推起代表吁恳迅赐紧急处置，电令中信局迅于三日内按照原价配售，并配售人丝，委员会中加推当地行政机关及市商会工业协会暨同业代表，俾辅导民营工业增加生产推广输出，曷胜待命之至。
谨呈
行政院长张

〔国民政府行政院档案〕

5. 国民政府全国经济委员会关于煤炭生产及运销情形的报告

（1947年12月）

1. 煤之生产情形

煤为动力工业，以及交通之泉源，即民生日用亦不可一日或缺，我国主要煤矿多分布于东北及华北，在平时所产尚可自足自给，而胜利后北方各矿相继被匪窜扰及破坏，运输路线亦复时有梗阻，是以目前全国各处咸感用煤之匮乏，兹将各区情形分述如次：

Ⅰ. 华中、华南及台湾区各矿所产□足供应当地之需要。

Ⅱ. 东北各矿经资源委员会力加整顿后，在两月以前产煤，除供应东北各地军民需用外，并有大量经铁路由葫芦岛运济上海、青岛，现因匪患猖獗，已有数矿被匪破坏，电流及运输路线亦已中断，故最短期内势难再事输出，以接济内地。

Ⅲ. 华北各矿为山西、山东、河南及河北井陉等矿均先后被匪破坏，现在政府控制区继续生产者只有河北之开滦、门头沟及长城三矿，所产煤斤除供给华北各地需用外，并有一部分经北宁铁路由秦皇岛运济京沪及东南各埠。

本会鉴于此种情形，为解救今年冬季之煤荒起见，经会同资源委员会及经济部拟具矿山煤荒办法，除敦促各矿积极增加产量外，并努力加强运输。

2. 煤之运输情形

运输方面以维护及加强开滦产煤南运为主要工作，兹将近数月概况分述于次：

Ⅰ. 抢运

开滦运煤路线时有中断间，或通车亦感车辆不敷应用，在九月间军情告紧，陆运梗阻，海运船只时遭征用，航商规避船舶减少，据开滦矿务局报告当时存煤西既不能接济，平津东亦无法由秦皇岛出口南运，在十月中旬秦皇岛船运量仅及铁路干线总运量之半，铁路运量在十月十九日以后锐减，该地存煤有九万余吨之多等情，于是本会除筹谋增辟新港运输路线等治本办法外，并分电交通部平津区铁路管理局，及经济部上海区燃料管理委员会请将该地存煤在秦皇岛封港以前输运至急需地点，以利供应，是项抢运工作果尚奏效。

Ⅱ. 加强陆运

i. 本会曾一再电请国防部转饬所属加派重军常驻各矿场之外围，关于各矿之运输路线，如阜新北票至秦皇岛之铁路及港口，开滦至秦皇岛之铁路及港口，均请予以加强保护，以维持国家经济命脉之畅通无阻而免再被损坏。

ii. 铁路方面既感机车货车之不敷应用，而同时沈阳机车货车车辆制造公司所产机车货车竟有无从推销之情事，本会乃促成交通部与资源委员会双方洽办定购事宜以求配合。

Ⅲ. 加强海运

i. 本会曾请国防部通饬各港口驻军及过路部队，应勿扣用运煤船只，并电请秦皇岛港口司令请协助运输。

ii. 因运煤所需支线码头仓库尚感不敷应用，经请交通部拨充塘沽码头仓库，以加强疏运，现塘沽新港已建设煤运码头及装煤机器设备，据报该项设备年内即可全部竣工，并即使用，每月可装卸煤斤五万吨以上，今后塘沽新港即可同时卸煤，不仅运量得以增加，且有新路线之后则开滦煤之运出亦可少遭匪军之阻碍。

Ⅵ. 鼓励自运

前据经济部上海区燃料管理委员会之报告，京沪用煤中厂商自运之数量亦颇有可观，因此本会曾复请该会继续鼓励厂商自运煤斤至急需地点，以解救目前各埠严重之煤荒。

〔国民政府财政部档案〕

6. 国民政府经济部垄断花纱布购销情形简报

(1947 年 12 月)

经济部办理花纱布管理情形简报

本部于复员之后为接办敌伪纺织染工厂，及促进全国纺织业建设起见，特于三十四年十月间成立纺织事业管理委员会，迨至三十六年五月戡乱军兴，政府为掌握纱布平抑物价，使能配合军事，稳定经济，复于同年六月间将原有纺管会改组为纺织事业调节委员会，并先后呈奉行政院核准颁布发展纺织工业调节纱布供需方案及棉纱联合配销试行办法二种，已付实施，正督饬积极进行，于同年十二月上旬先后奉行政院令暨奉主席手令，以物价波动甚剧，应速为有效控制，并以控制纱布为中心，希拟具稳定物价有效办法具报等因，经召集全国经济委员会纱布问题小组会议决定四点，其大要点为：一、纱布全部采用代纺代织办法，二、把握国棉采购外棉，三、采有计划之配纱，其对象以合于民生日用之标准布及外销之棉织品为主，四、原有纺调会应改组为管制或管理机构等。饬即遵办，并拟具方案呈核，又奉令将纺调会改组为全国花纱布管理委员会各等因。当由本部转令遵照，于本年一月二日成立全国花纱布管理委员会，并据拟订全国花纱布管理办法呈由本部核转行政院核准施行，现该会正依前项办法积极开展工作中(附现行办法一份)。惟查沪市棉商及纱厂近日对于统购棉花及代纺棉纱办法均已发生反响，兼以最近共匪肆意窜扰，重要交通多被破坏，在沪市方面尚可以政治力量督促实现，其他地区因必要条件皆不具备，推行困难恐必较沪市为尤甚，能否达到预期之效果尚不可知也。至前纺调会已于上年十二月底结束，并移交于纱管会，前纺调会原由邹秉文先生负责开办，未及一月邹即因公出国，乃改由刘泗英先生继续主持近半年，虽联合配销政策因厂家坚决反对未能贯彻实施，然该会对于纱价之平抑亦确曾收相当效果，例如纺调会成立时廿支纱每件五百余万，结束时纱价不及三千万，半年之间纱价之涨率不过六倍，比之其他物价之涨率多达十倍上下者为低，至于纱调会半年间之业务盈余除去年第一、二季美棉代纺盈余随时拨归中央银行，及以纱布交换印度棉花十万包之差额(对厂家以七百一十二磅半易纱一件，而对印度则以纱一件另花一千一百磅上下，其间差额三百余磅之百分之四十归厂家，百分之六十归中央银行)分归厂家及中央银行外，其他业务盈余除开支外，约有五百亿已移交纱管会矣。

全国花纱布管理办法　(三十六年十二月二十三日行政院第三十五次会议修正通过)

一、全国花纱布管理委员会(以下简称本会)依照经济部全国花纱布管理委员会组织规程第一条之规定，为管理全国花纱布，实行统购统销、代纺代织，特订定本办法。

二、棉花管理

1. 凡本会指定代纺纱厂所需棉花，概由本会规定价格统筹收购，不得自由购买，未经本会指定代纺之纱厂所需棉花，应由本会代购或呈经本会核准给证，按照本会规定价格自行采购。

2. 统购棉花由本会设立或委托机构办理之。

3. 产棉地区棉商所收之棉花应按本会规定价格，全部售予本会统收，棉花机构不得私自出售。

4. 本会指定各代纺纱厂现有存棉应向本会报明数量、品级，悉数留供代纺周转之用，不得出售。

5. 各地棉花机器打包厂应一律由本会予以管制，其管制办法另定之。

6. 各重要交通据点对于棉花报关转运应验凭本会所发之运输证。

7. 洽购外棉收购到埠外棉及输出纱布换取外棉均由本会统筹办理。

三、棉纱管理

1. 本会掌握之国棉及外棉除其他特许用途外，全部配给各纱厂代纺棉纱。

2. 凡纱锭数目在三千锭以上，并经本会认为合格之纱厂应由本会指定遵照规定办法代纺棉纱。

3. 代纺纱厂应将所存周转棉花纺成棉纱向本会换取棉花继续生产。

4. 纱厂代纺棉纱每件纱用棉量定为四百五十三磅，以本会规定合格之棉花为标准代纺工缴利润（包括统税等），每件二十支纱以二百五十九磅半棉花（二十支原料）为计算之标准，依照本会规定价格折合法币付给之，其他支别棉纱工缴利润比照此项标准参酌实际情形另定之。

5. 代纺棉纱一律仍用各厂原有商标，惟应符合本会所定标准制品之规格，并由本会派员按期抽取纱样，集中检验，按品质之优劣予以奖惩，其奖惩办法另定之。

6. 棉纱配销采用下列方式

甲、凡经本会认为具有代织资格之织厂，依代织办法由本会供给棉纱。

乙、凡未具有代织资格之织造厂户，在本会限期调查登记完成以前，暂由各业公会或团体负责查报商厂名号及其生产设备实际需纱数量，以凭核配棉纱。

丙、各地农村织户所需棉纱得由经本会登记合格之纱商向本会及所属之分支机构申请配售运销供应。

7. 受配厂商以及经办棉纱配销之公会团体，如有投机囤积或其他舞弊行为，除依法惩处外，并取销受配厂商之承配权。

8. 关于棉纱报关转运应验凭本会所发之运输证。

四、棉布管理

1. 凡具有动力织机三十台以上或经本会认为合格之织布厂，得向本会申请订约供纱代织布匹，其他复制工厂于必要时亦得参照办理。

2. 本会配纱代织布匹及棉织品之种类，以合于国内一般人民需要及外销为准则，其详细种类及规格另定之。

3. 代织各厂应将现存棉纱织成布匹或其他棉织品缴交验收后，再由本会换给棉纱继续生产。

4. 本会配纱代织布匹或其他棉织品采取以纱交换为原则，不另计工缴，但必要时得将工缴部分之棉纱按照当时当地棉纱定价以法币折付之。

5. 关于以棉纱交换布匹或其他棉织品之比率另定之。

6. 各厂所产布匹及棉织品如已在国内外销行甚广，并具有信誉者，非经本会核准不得改变其原有规格及商标。

7. 本会掌握之布匹及棉织品得设立或委托配销机构办理配销。

8. 凡经本会登记合格之布商，得向本会申请配售布匹，办理分销，其分销办法另定之。

五、军需供应

军需方面所需之花纱布，由本会协同军需机构核明实际需要数额分批分期依照规定价格配售。

六、纱布外销

外销纱布数量暂以不超过棉纱总生产量百分之廿为原则，由本会统筹办理。

七、生产辅导

1. 各代纺织厂应依所得代纺工缴利润收入总额，提出百分之十另立专户作为改进基金，专供改进设备之用。

2. 本会办理统购统销代纺代织业务如有盈余时，应依盈余总额提出百分之十作为改进花纱布生产之用，其用途范围由经济部呈请行政院就下列各项核定分配之。

甲、推广植棉及改进棉产。

乙、改进纺织工业之试验设备。

丙、奖励纺织机器及配件之制造。

丁、协助有成绩之纺织学校充实设备并训练纺织技术及管理人才。

戊、其他有关改进棉业及纺织技术事项。

八、本办法有关各项之实施细则另定之

九、本办法呈奉核准后公布施行

〔国民政府资源委员会档案〕

7. 国民政府全国经济委员会管制花纱产销情形的报告

（1947年12月）

1. 花纱布之供需情形

Ⅰ. 原棉之供需情形

我国原棉产量民国二十五年为一千六百八十万市担，差可自给自足，经过八年抗战，人民流离失所，棉田面积大见减少，照三十五年统计，全国共有棉田二千九百四十一万八千市亩，每亩平均以产原棉二十五市斤计，共产原棉七百四十三万担，又照三十六年估计，棉田面积可推广至三千八百五十万市亩，原棉产量可达一千万市担，至于需要方面，全国人口以四亿五千万计，每人衣服用棉平均每年半斤，即需二百二十五万市担。又全国手工纺纱用棉估计年达二百五十万市担，两共四百七十五万市担，再全国现有经常运转纺锭约为四百万枚，每锭每年平均以用棉二担半计，共需原棉一千万市担，因此全国每年需用原棉总量为一千四百七十五万市担，即照三十六年之产量一千万市担计算，每年尚缺原棉四百七十五万市担，虽由农林部等有关机关努力推广植棉，但成效非一蹴可几，短期内原棉缺乏情形相当严重。

Ⅱ. 棉纱之供需情形

我国抗战前共有纱锭约计六百万枚，经战事之破坏及日本人之摧残，胜利后剩余纱锭四百五十三万九千五百六十锭，复因停电缺煤缺少配件及原料运输困难等影响，实际经常运转者约为四百万锭。三十五年国营民营纱厂共产纱一百三十万包，三十六年共产纱一百八十万包，全国人口以四亿五千万，每人每年以用布三丈计算，共需棉纱三百六十万包，棉纱产量本不足以自给，只以国内目前仅有经常运转之动力织布机四万七千二百二十九台，每台每年以需用棉纱十四包计算，共需棉花六十六万包，手工织机用纱缺乏统计，姑以动力织机用纱三分之一计，合需棉纱二十二万包，其他复制棉织品每年亦以需用棉纱六十六万包，计总共每年需用棉纱一百五十四万包，在目前情形之下，棉纱估计可有盈余三十六万包。

Ⅲ. 棉布之供需情形

照民国三十五年之统计，全国共有动力织布机六万四千七百四十二台，经常运转者仅四万七千二百二十九台，每台平均以年产十二磅四十码棉布五百二十匹计，共产棉布二四，七九五，二二五匹，每匹以十丈折算，合为二四七，九五二，二五〇市丈，手工织布之生产数字缺乏正确统计，今姑以手织机用二十二万包，棉纱全数折合成布计，为棉布八二，四二五，〇〇〇市丈，两共三三〇，三七七，二五〇市丈，全国人口以四亿五千万每人每年用布三丈计算，当需棉布一，三五〇，〇〇〇，〇〇〇市丈，可知当前棉布生产不足以供应需要。

Ⅳ. 花纺布之市场情况

胜利之后，以全世界普遍性之物资缺乏，更兼国内共匪叛乱，到处破坏以致国内交通无法恢复，运输极端困难，而战乱之后民间急需补充衣被，是以纱布之需用骤增，而纱布之产量较战前又降低甚多，更以游资作业竞购物资，囤积居奇，纱布价格日趋高昂，其上涨之速颇堪惊人，而纱布之急剧上涨复刺激其他物价。兹就两年来二十支双码纱与十二码龙头细布之上涨情形分别如次：

i. 二十支码纱

月　份	各月份平均市价	指　数
三十四年十一月	六四三，〇〇〇	二，四一一
十二月	六〇四，三〇〇	二，二六六
三十五年一月	七五四，一〇〇	二，八二八
二月	一，〇一九，六一〇	三，八二三
三月	一，〇八三，五〇〇	四，〇六二
四月	一，一〇二，六四〇	四，三一四
五月	一，二四八，五二〇	四，六八〇
六月	一，三七六，八五〇	五，一六三
七月	一，三六五，一〇〇	五，一一八
八月	一，四二八，八五〇	五，三五七

续上表

月　　份	各月份平均市价	指　　数
九月	一,六五七,九〇〇	六,二一六
十月	二,三六九,一七〇	八,八八三
十一月	二,三三一,四七〇	八,七四二
十二月	二,四三四,〇〇〇	九,一二六
三十六年一月	二,二〇三,八九〇	八,二六三
二月	三,五〇七,〇〇〇	一三,一四九
三月	三,三三二,〇〇〇	一二,四九三
四月	五,〇八〇,〇〇〇	一九,〇四七
五月	六,七二三,〇〇〇	二五,二〇七
六月	八,四二八,〇〇〇	三一,五六二
七月	一〇,七七〇,〇〇〇	四〇,三八一
八月	一〇,七〇四,〇〇〇	四〇,一三三
九月	一三,八七四,〇〇〇	五二,〇九一
十月	二一,二七〇,〇〇〇	七九,七五〇

ii. 十二磅龙头细布：

月　　份	各月平均价	指　　数
三十四年十一月	二八,八二三	二,七七一
十二月	二七,九七九	二,六九〇
三十五年一月	三九,〇〇〇	三,七五〇
二月	五八,五五〇	五,六三〇
三月	五二,三六〇	五,〇三五

续上表

月　　份	各月平均价	指　　数
四月	四七,三六〇	四,五五四
五月	五〇,九八〇	四,九〇二
六月	五五,六三〇	五,三四九
七月	五五,一六〇	五,三〇四
八月	五八,八六五	五,六六〇
九月	七五,二〇〇	七,二三一
十月	八八,三五〇	八,四九五
十一月	八八,五八〇	八,五一八
十二月	一〇二,二八〇	九,八三五
三十六年一月	一一六,七六〇	一一,二二七
二月	一五五,〇〇〇	一四,九〇四
三月	一五四,〇〇〇	一四,八〇八
四月	二一九,〇〇〇	二一,〇五八
五月	二八二,〇〇〇	二七,一一五
六月	三五五,〇〇〇	三四,一三五
七月	四四〇,〇〇〇	四二,三〇八
八月	四三九,〇〇〇	四二,二一二
九月	五四一,〇〇〇	五二,〇一九
十月	八一四,〇〇〇	七八,二六九

(注)指数为二十六年全年平均等于一。

2. 本会之对策

棉纱布价格波动之主因当在生产之不足,而原棉之不敷需要尤为基本因素，更以游资推波助澜情势益趋严重，本会为针对解除原棉之不足及制止囤积居奇平抑纱布价格，先后提供办法如次：

Ⅰ．以国产纱布易取印棉之筹议

我国三十六纺织年度（自三十六年十月至三十七年十月止）共需用原棉一千四百七十五万市担，除国产棉花一千万市担外，尚缺原棉四百七十五万市担，须由外棉补充，行总救济物资内有原棉二十五万包（每包五百磅），三十六年第三季输入原棉一十万包，共计折合一百六十万市担，此外尚缺原棉三百十五万市担，必须另行设法输入。本会为解决原棉之供应，复鉴于印度棉价较美国棉价低落百分之四，而印度又须输入纱布，乃提议对印输出纱布易取原棉，照印度市场价格每包二十支纱输印，可易回原棉一千一百五十磅，而每包二十支纱实际需用原棉仅为四百五十磅，因此输印棉纱一包即可多得原棉七百磅。本会为兼顾国内棉纱及原棉需用情形，建议初步以为纱产百分之二十，即约四十万包向印输出易取原棉约二百六十万担，如此三十六纺织年度所需之原棉则仅短少五十五万市担，自属易于设法，倘此后能将未开工之纺锭使之全部运转，则输出棉纱当可增加，原棉之供应问题即可迎刃而解。

Ⅱ．代纺代织统购统销之实施

政府为平抑花纱布之市价及普遍供应全国军公教民之棉纱布需要，自应掌握全部棉纱布产品，方能避免囤积，适当分配，而目前民营纱厂之生产约计百分之七十为代纺性质，原棉系由政府机关供应，动力织布厂所用之棉纱亦大部分由政府机关配售，因此全部改为代纺代织当无多大困难。故本会提议花纱布实行代纺代织由政府统购统销，使政府得以掌握花纱布全部产品，适当分配于复制业以及供应军公教民之需要及外销之用，藉此彻底制止囤积居奇之现象，并提议将民生日用及外销之棉织品规定标准，以期集中生产，减低成本，以达大众享受及易于外销之目的，现花纱布管理委员会正依据此项原则筹划进行，成效如何目前自未便过分乐观，但投机囤积者流以代纺代织之实行，在迩此后难于兴风作浪，因此自三十六年十一月以来纱市市价波动之幅度较其他物价为低，此则堪以告慰者也。

〔国民政府财政部档案〕

8. 国民政府财政部各会局关于棉花米麦面粉应否依官价结汇案的意见

（1947年12月10日）

讨论事项（一）

奉国民政府交核棉花米麦面粉等应否依官价结汇一案，经分电经济部等机关研核，兹将各方意见提请讨论案。

签注：查本案曾经照录原文分电送请经济部等九机关核签意见，兹将已经收到之各方意见分为赞成及反对两方面理由列为简表如次：

一、赞成理由：

1. 我国棉花不敷之数除以纱布向各产棉国以纱布交换一部分棉花外，其余似仍应以官价结汇，由政府统购输入，以充实供应，增加纱布生产，兼可稳定市场。（纺调会）

2. 不敷之数有限，将来采购办法以以货易货为上策，其次则由政府仍按官价外汇统筹购办及配售，以免商人操纵图利之弊。（财政部）

3. 官价外汇似暂难废止，因国际金融协定一国之货币不得随时贬值，仅有市价外汇则币值时有变动，恐引起国际问题。（输管会）

4. 既有官价外汇，自须有一部分输入品得依官价结汇。（输管会）

5. 输入棉花虽配给各纱厂，惟其一部分成品为纺调会收购官价外汇所得利益，仍可由收购条件予以节制，至米麦面粉等均由政

府机关统筹输入结付外汇，仅属政府机关之转帐而已，故似以官价结汇为宜。（输管会）

6. 棉花、米麦、面粉等均系由政府收购以之换取外汇或安定物价，与原文主旨正相符合，似无改变结汇率之必要，即使改照市价汇率结汇。徒增加国库预算数字，无裨实际。（中央银行）

7. 赞成官价结汇由政府统筹购办。（粮食部及物资供委会）

二、反对理由：

1. 依照官价结汇，其旨不外政府尽其财力，补助国内民生需要，惟此项物资既无明文规定由政府专营，而商人依官价结汇输入后，政府如不能管制商人，仍得自由以市价出售而获厚利，无裨民生。（中信局）

2. 原文所拟折衷办法：（一）项准许出口商对外易货避免结汇一节，似易发生流弊；（二）项政府独占购买一节，似易起商人猜疑，误认为政府垄断办理。故政府对于上项物资不妨规定照市价结汇，虽与官价结汇之方法有异，而补助民生之目的则一，其价值之升降可与国内产品同趋一致。（中信局及农林部）

3. 农产品由国外补充照官价结汇，此庞大数字，不惟国库难以补贴，且压低本国农产品价格使不够成本，无异阻止农业生产，并予投机商人以低价囤储待价而沽之机会。（农林部）

4. 今年棉花产量已较去年大有增加，尚能减少外棉花口，于国库及国棉价格均有裨益，米麦等产品影响亦同，似无须照官价结汇。（农林部）

上列各点各具理由，事关官价结汇原则，谨特提请公决。

附抄棉花米麦面粉等应否依官价结汇原文

决议：

棉花米麦面粉等应否依官价结汇（国民政府文官处政务局卅六年九月廿七日，交秘字第〇九二九号笺函附件）。

一、棉花等欠缺情势

我国最近人口据内政部统计合计在四亿六千万以上，就专家估算东方人民需要棉花较多，老幼平均每人约需棉絮半市斤，全国所需当在二百三十万市担左右，目前全国纱锭共四百五十万锭，但能开工者仅有三百六十万锭，每锭每年约需原棉三市担，共需一千零八十万市担，另外全国手工纺织每年约需棉花二百五十万市担，共需一千三百三十万市担，去（卅五）年全国棉花产量计七百四十三万市担，外棉输入及联总救济棉花共达六百八十余万市担，今年棉花总产量较去（卅五）年约增三分之一强，加入去年存底总计在一千四百万担左右，仍照原生产比率计算，则今年下半年应输入棉花尚需六百万担之谱。以最近纽约市价每市担合美金三十七元计，约需二亿二千二百万美元。

据粮食部调查处估计，去（卅五）年全国稻谷生产计九亿七三八五五千市担，消费量计一〇亿五二三四一千市担，相抵计亏七八四八六千市担，合米五四九四〇千市担。今年收成稍好仍亏，米在三八六七〇千市担左右，以最近国外价格每市担十五美元计算，约需五亿八千万美元左右，去年小麦生产据估计为四三一〇二九千市担，消费四九七六二七千市担，产销相抵亏六六五九八千市担，今年情形相似，以最近芝加哥市价每市担约五美元计，需约三千五百万美元左右。

据经济部矿业司统计，我国缺煤区域以华中为甚，华中包括江苏、安徽、江西、浙江、湖北、湖南六省，三十五年全区产煤计一百九十五万吨，三十六年上半年共产煤一百二十六万吨，若下半年产量不减，则全年为二百五十万吨，惟与消费相比则差额颇大，计统计华中区每月需煤在三十二万吨左右，计有开滦供给十万吨，台湾供应四万吨，阜新供给二万吨，淮南供应一万吨，每月缺少十五万吨，全年计需外购一百八十万吨，每吨以三十元美金计，需五千四百万美金左右。

以上四项合计共需美金八亿九千一百万美元。

二、棉花等依官价结汇之利弊

假使政府能力所及以官价供给这许多外汇，远于国内经济有极大帮助，兹分述如下：

（一）缓和物价之上涨率，因民生必需品均比一般舶来品便宜三倍，其他非必需品之价格亦因此项物资之抛售吸回法币而缓和其上涨程度。

（二）安定社会秩序，近两年来我国粮食之补充均靠联总接济，从三十四年十一月至今年七月一日止，联总运济我国之粮食计米六〇四七千市担，小麦九〇七二千市担，小麦粉三四六四千市担，什粮八九千担，什粮粉六三七千市担，惟以上数量仍无补兴亡之救济，据联总估计去年一年我国饿死人民约一万人，非急赈即不能生活者约三千五百万人，今年在秋收前湘中、湘南、桂西北、豫中以及鲁西北各地就有三百万饥民急待救济，此辈难民若不以廉价粮食予以济助，则难免铤而走险，影响社会之安宁。

生活必需品官价结汇虽有二利亦有三弊：

（一）数额太大，国库恐难负担，上述各项生活必需品若须由外国输入，需用美金八亿九千一百万美元，此数若三分之二由政府贴补，恐非国库能力所能负担。

（二）购回后若低价出售，则将压抑生产，上项物品依官价外汇输入，照市价按国内外购买力比较可低三倍弱，而国内产品因人工运输及其他费用等均按其他物价而最低价难行降低，市场价格受输入品廉价抛售结果必至落于边际成本之下，因而停止生产免遭亏损。

（三）购回后若以市价出售，则有助长官僚资本之嫌，上项物品是否有政府专营并无明文规定，惟纯若政府专营，则是否依官价结汇，勿须另案申明，但若允许人民经营，输入后依市价出售，利益将比一般输入品多三倍强，结果必引起各方逐鹿，以至官僚资本从中垄断牟利，使某部分人多发横财机会。

三、折衷办法：

米麦等应行输入已无疑义，惟输入后之处理技术顿成问题，依照分析官价结汇利弊之见，折衷之道似以采行下列办法为是：

（一）扩大易货范围，政府应以掌握之物资应尽量输出，如纱布可交换暹罗食米，大豆可交换美国小麦，同时并准许出口商凡输出物资换上列物品者可避免结汇，准以物物相抵，如是可免外汇之耗损，而同国外贸易额亦可扩张。

（二）政府独占购买及时抛售，中信局购买米麦棉花等成绩颇佳，此后应由政府专拨外汇作米麦等必需品之购买，视市场供需情形及时抛售，使各货价格稳定无波，既利生产，亦使消费者减少负担，且灾民救济亦可以此必需品散给，如此社会秩序适可获得安定。

〔国民政府财政部档案〕

9. 国民政府全国经济委员会平衡购棉外汇解救棉荒办法

（1948年）

平衡购棉外汇解救棉荒办法

一、国棉供给现况

我国棉花产量民国二十年前平均约六百万至八百万市担，二十年后至抗战前产量逐有增加，以廿五年产额一千四百五十万市担为最高纪录，差可自给，此后年年下降，卅四年更降至五百余万市担，形成卅五年之极端荒欠，输入外棉达五百万市担（联总输入之一百廿万市担尚未计入），为一切输入商品支付外汇之最大数额，卅五年国产稍有增加计，皮棉产额七百四十万市担内，除农村衣被及手工纺织业之消费外，所能供给市场及纱厂之用当不足五百万担。

就纱厂需要论，我国战前全国纱锭约五百万枚，战后恢复截至现在止约计四百七十万枚，现在经整理开工者不足四百万锭，若以每锭年需棉三市担估计，共需棉一千二百万市担，除自产约能供给五百万市担外，实际不敷数字约七百余市担，此则全赖进口美棉之补充，而本(卅六)年上半年配购棉花之外汇为六千万元，约可购棉一百二十万市担，截至目前止，上海各厂存棉不足三个月之原料，离新花上市为期尚远，故棉花供应形成最严重问题。

对此一严重问题，政府所操办法系以外汇换进棉花配供纱厂其所产之棉纱，以百分之五十由厂商照议价出售，但实际仍系黑市以百分之五十由纱管会照成本收购，交中纺公司照牌价配售，前者厂商配售之议价徒有其名，后者中纺牌价又造成黑市之空隙，且纱管会照官价外汇配花，照厂商成本购纱一点更形成成本普遍之提高，因此政府失去大量外汇，而所得一为黑市一为走私，最近纱管会限制棉纱运输华南、华北，虽可限制走私与资共，但亦非彻底有效之办法。

二、棉花市场恶化

由于上述种种原因，棉花日趋上涨，纱价波动不已，试列沪津汉青等地棉价波动表如下：(见下页)

根据上表所列棉花价格于数月之间上涨达一倍有余，其对市场之影响可以概见。

三、解决棉荒平衡购棉外汇办法

棉花供需不调致引起价格上涨，此后若无适当而合理之解决办法，可能引起纱厂停工，工人失业等极严重之社会问题，而政府则徒耗大量外汇，不能解决问题，大好之南洋市场坐待日纱侵占矣。

为挽救纱厂危机，争取国外市场维持棉花外汇平衡，试拟具方案如下：

(一) 政府指定中央信托局统购外棉七百万担，约需外汇美金二亿八千万元，依照纱锭分配各厂交换廿支纱一百四十万大包(以棉花五担换纱一包连工缴在内)。

全国重要城市棉花价格与价比（三月十日为一〇〇单位棉花市担元）

上海	价格	六九〇，〇〇〇	八四二，〇〇〇	一，二〇〇，〇〇〇	一，二六〇，〇〇〇	一，七〇〇，〇〇〇	一，六〇〇，〇〇〇
	价比	一〇〇	一二二	一五二	一六〇	二一五	二〇二
汉口	价格	五一七，〇〇〇	五三六，〇〇〇	八〇〇，〇〇〇	八六〇，〇〇〇	一，〇四〇，〇〇〇	一，〇七五，〇〇〇
	价比	一〇〇	一〇三	一二三	一三二	一六〇	一六五
天津	价格	四五〇，〇〇〇	四四〇，〇〇〇	五三〇，〇〇〇	七五〇，〇〇〇	八〇〇，〇〇〇	一，二〇〇，〇〇〇
	价比	一〇〇	九八	一〇二	一四四	一五四	二三一
青岛	价格	五〇〇，〇〇〇	四〇〇，〇〇〇	四〇〇，〇〇〇	五〇〇，〇〇〇	七〇〇，〇〇〇	八〇〇，〇〇〇
	价比	一〇〇	八〇	八〇	一〇〇	一七五	二〇〇

（二）此一百四十万包棉纱可以十万包供给军需，以十万包供给公教人员配布，以四十万包贮存待市场波动时抛售，以作抑平纱价之用，以八十万包由政府统制输出南洋，以目前港价折合计一大包，可得美金三百五十元，共得美汇二万八千万元，抵补政府付出之购棉美汇。

（三）纱管会限制华南、华北输出棉纱数额，仍维持原状，藉防走私及资共，对目前所订之议价限价一律取销。

由此项办法政府可把握半数棉纱，以之平衡购棉外汇，解决军公布匹及平抑纱价，至于国内棉纱供应，仍可维持二百万大包之巨额，以当前社会经济情形及人民购买力估计，绝无严重问题。

〔国民政府全国经济委员会档案〕

10. 上海市土布商业同业公会请配售棉纱以维生产的代电

（1948 年 4 月 27 日）

电请层峰配售棉纱与土布业以抒农困而维土产由

行政院、立法院、经济部、国民代表大会、中国国民党中央党部、全国经济委员会、经济部全国花纱布管理委员会钧鉴：案奉本年三月十八日全管配字第一六二九二号经济部全国花纱布管理委员会寅巧日代电略：纱布配销实施细则草案规定，配纱系以复制业厂户为对象，至土布需用原纱将来可向经登记合格之纱商零购。等因。查吾华以农立国，农民占全国人口百分之八十，以上迩年以来，初因八年抗战倍遭敌人蹂躏，农村经济破产农民无以为生，胜利以还复以动员勘乱，仍未能各安其业，原有生产未见恢复，而消费倍增，不得不藉副业以事贴补，土布一项即为农民赖以为生唯一之副业，今竟以大多数农民织户置以规定之外，仅以一小部分之厂户为对象，所谓全国花纱布管理会名实甚不相符，且既曰纱布配销草案，其为未经核准公布之条文已无疑义，似不应予以援用又云，将来可向经登记合格之纱商零购所谓将来亦不知系指何日，含混笼统，难以折服人心，应请准照工厂业同样配售棉纱与土布同业，俾可配给农民织户，以昭公允，否则竟一律取缔配售，暨管理花纱布制度与机构，恢复自由买卖，听由各业自由兴替，以免有畸轻畸重之弊，为此电请鉴核，即予配售棉纱与土布业，以抒农困而维土产，不胜迫切待命之至，上海市土布商业同业公会。叩。

上海市土布商业同业公会

〔国民政府行政院档案〕

11. 上海市各织造同业公会为花纱布管制政策窒息生产及中国纺织建设公司摧毁民营企业请改订花纱布管制的呈文

（1948年6～12月）

窃查本年元旦全国花纱布管理委员会实行花纱布全面管制后，时论以营业太失自由，人事又无把握，颇持异议，而属会等棉纱复制工业则以管制经济，原则上不无可取，为平衡生产分配消费经济过程起见，如能公开组织妥筹计划尚不失为应急之策，我国棉纱产量不足，若不予以适当之管制则战后竞买暴利之风势将无法遏止，为顾全民生工业计，独排众议，表示拥护所期该会揭橥之管制方案逐步实施，以达增进生产调节消费抑平物价之目的，为战后凋弊之民生工业建树基础，乃半年以来其工作之所表现者匪特代纺代织统购统销，举棋不定，治丝益紊，且复阻塞外销削弱国际市场，所谓管制也者，既失计划，又鲜能力与属会等当初之所预期者相差日远，而于国营纺建公司督导无方，演成独占企业与民争利之恶果，尤失管制经济之要义，复制工业处此双重压迫之下日就颓废，纱布市面自不免愈离常轨。兹际行宪伊始，革新庶政，建设工矿为政府施政前提，属会等各会员工厂用纱占全国百分之八十，业务厕在民生重要工业之列，用敢将现行纱管政策措施未当各点，痛切上陈，维垂察焉。

查纱管会成立之初，即以代纺代织统购统销为标榜，其实施步骤则分为购运棉花、代纺、代织、配销四部，组织庞大，人员众多，揆诸全面管制之义，在此民族工业危急存亡之秋，允宜如何把握时机，作切合实际之维系，蠲不必要之更张，行顾及工商利害之管制，顾事实昭示初非如此，购运棉花则屡失时机，取少遗多，造成纱厂原棉之恐慌，代纺代织，则鲜花纱之掌握更乏技术之配合，一再迁延，终未施行。至于配销部分，则敷衍搪塞，而犹以独占牟利为策略，其对内配售，屡经各业提供调查统计，而迄未有统盘筹算之办法，至今仍交纺建公司代营，毫不顾问，对外别设纺织品外销委员会，名为主持纱布外销之机构，实即控制营利之工具，对纱厂准以产量百分之二十以纱易花，以图互沾厚利，对复制工业则始终摈诸门外，以遂其榨取之企图，纵使自觅客户，自有销路，在争取外汇之国策下，正应鼓励之，不遑者亦每每因未合该会之所谓条件被迫放弃，夫如此敝业内则原料取给维艰，外则成品输出受扼，此中辛酸言之痛心，此纱管会未尽责职而棉纱复制工业痛遭扼抑者一。

次言纱管会督导下之中国纺织建设公司，查纺建为战后接收日敌在华纺织工业之产物，组织庞大，世罕其匹，在实施管制经济集中力量之立场，言此种巨大企业由国家经营，殊不能否认其有此必要，溯自该公司成立以来，恢复生产颇著成效，前纺管会初期在较具能力之配销方针下，尚未忍过分歧视民营工业，正冀其能作更有计划有目标之运用，以成善政，今纱管会对纺建公司在体系上仍为指导监督之机关，然卒以计划不立，联系不明，遇事无方，管且益僵，兹就该公司主要业务之配售棉纱言，按其本身产量即几占全国之半，加以代营纱管会一部分民营厂纱，其掌握纱源达全国总产量百分之七十五之巨，我棉纱复制工业生命源泉仰赖于此，不言而喻，抑以一切物价之上落恒操于少数掌握巨额物资者之手，纺建公司既握如许纱源市价受其左右，安能独免质言之，除纺建外别无可以造成市价者，亦别无可以成为市场者，该公司如能在扶助民营平定物价国策之下，力行规律公平合理之配售，原属固有之责任，纵使国家寄以充裕财政之重望，亦宜预定目标，签订方案，按步实施，藉免竭泽而渔操纵播弄之弊，方能上符国家经建大计，立定计划经济信誉，顾斯半年来，纺建执行配政往往异是，匪特远离配售物资平价之原则，本年二月二十六日起改为报价核配制，又复价不据报核不公开，一面制造黑市，一面追纵黑市，故意造成市价之波动，务使承配工厂中其伏机而后快，阳博抑平物价之名，阴行操纵牟利之实，受配工厂别无纱源，只得任其宰割，血本有限，崩溃日迫，至于承配工厂登记已久，生产业务多有变动，而若干年来，纺建公司仅按过去登记在先之产施配，抱残守缺，不求精进，以致迄未核准登记之复制工厂所在都是，实为无可理解之事实，他如一切业务之进行，类多明昧无常，难以究诘，虽该公司二三首长尚不失为廉介之士，而见闻有限，精力有穷，是否胜任愉快，当属无可讳言，其所属职员毁誉不一，道途传言，尽多骇人听闻者，纵不足征信要见，国营企业不施督导无计划无目标不公开情形下之危险也。此国营纺建公司协助管制之效未见，而独占企业摧毁民营之祸已著者二。

综上所陈：（一）现行全国花纱布管理委员会匪特无法施行其闭门造车之所谓管制方案，对于增进生产，平均分配，调节消费，以平定物价之国策，亦复南辕北辙，背道而驰，拟请明令撤销，以节国币，一面审慎研讨，改善方案，网罗全国纺织染整工业专家暨产销双方人士，合组健全机构，奉行纱管国策。（二）迩来国内人民购买力极度低落，本业出品全恃争取国外市场，以资维系，当此日本纺织工业恢复在即，企图独占南洋市场之前，应请迅即开放纱布外销，以期扩展市场而免生产疆〔僵〕化。（三）对于中国纺织建设公司独占企业摧毁民营作风，应请彻底纠正，立即全部出售，但为避免落入豪门，拟请先行分别出租由民营工业承租经营，藉符节制资本之大旨。

凡此三点咸属目前当务之急，尤有进者，棉纱号称管制，其管制机构表面上虽似有花纱布管理委员会统制其事，实则其他国营机关如中央信托局，行政机构如行政院救济总署等等，纷纷乘管制名目下，民营受扼之机会，利用资力及其政治上之特权，囤积棉纱，操纵外销，花纱布管理委员会固无如之何，但何以平人心而安市场，属会等上念国策日超破坏下，悚同业如坠深渊，用敢冒渎，呈请仰恳钧院体察下情，详赐改订花纱布管理章制，提交施行以利生产而维民生，不胜企叩。谨呈

行政院长翁

上海市机器染织工业同业公会理事长　潘士浩

上海市织带工业同业公会理事长　奚汉英

上海市内衣织造工业同业公会理事长　仇庚年

上海市毛巾被毯工业同业公会理事长　李道发

上海市骆驼绒工业同业公会理事长　陈有运

上海市手工棉织工业同业公会理事长　王秉钧

上海市手帕织造工业同业公会理事长　姚思伟

上海市纺线工业同业公会理事长　包慰然

第四区针织工业同业公会理事长　陆　森

上海区毛纺织工业同业公会

上海帆布织造工业同业公会筹备处

〔国民政府行政院档案〕

12. 国民政府交通工商部关于审查轮船商业公会全国联合会请恢复华北航线争取华北物资案意见致行政院文件

（1949年1月21日）

呈奉交下中华民国轮船商业同业公会联合会三十八年一月十九日代电一件，为恢复华北航行争取华北物资推派代表谒陈意见，敬请诲接祈示复一案，并奉批交，由工商、交通两部审查呈院核办等因。遵经本两部会同审查认为该会所请意在恢复华北航行，争取华北煤盐等项物资，原则上尚属可行，惟双方究应如何交换，及船舶航行技术问题，似可准由该会先行派代表前往与对方接洽，再将接洽情形暨所拟办法呈被核夺。理合检还原呈签请鉴核示遵，并祈径行批复。谨呈

院长孙

附原呈一件

交通部部长俞〇〇
工商部部长刘〇〇 谨呈

三十八年一月二十一日

中华民国轮船商业同业公会全国联合会代电：联字第一八五四号　民国卅八年元月十八日

工商部部长刘钧鉴：（一）据报华北航线因战争而断航以后，外商轮船刻正计划经营我沿海贸易，实行攫夺我沿海航权。（二）华北之燃煤、水泥、食盐及其他物资，在华东、华中、华南，均感极需；外商轮船经营我沿海贸易一转手间，即取得我外汇，对国家民族损失极大。（三）国籍轮船壅塞于台粤间之狭窄地区，吨位过剩，生机日促，元气斫丧；而外商轮船，享受厚利，实为丧失航权历史之重演，亦即中华民族最大之不幸。（四）国籍轮船，刻正计划组织统一配

运机构，指定船只，规定标识，行驶华北航线，对于维护航权，争取华北物资，节省国家外汇，均为有利。（五）关于恢复华北航线之具体方案，本会正草拟中；兹先推派代表谒陈，敬乞诲接并示复为祷，中华民国轮船商业同业公会全国联合会理事长杜镛叩。子巧。

（附：轮船商业公会全国联合会实施促进国内和平及继续维护沿海贸易与航权完整方案）

实施促进国内和平及继续维护沿海贸易与航权完整方案

说明

（一）本会为迎合政府元旦和平文告，及全国和平要求，曾于本月十日通电呼吁和平，兹为进一步促成和平实现起见，应以本会立场，提供恢复华北、华南沿海航运贸易，为谋打开全面和平僵持状态之第一步骤。

（二）本会所拟促进和平实现方案，应先从华北与长江流域以南之间，在沿海贸易上先推行一种易货制度。因华北沿海各港，自发生直接军事行动以来，我国船舶，均被逼向长江流域以南海岸航行，致使华北各港成冻结状态，华中、华南所需华北之煤及其他资源，遂有假手外国公私贸易机关及外籍船舶以维输出及海岸交通。本会从整个民族利益为出发点，曾拟文呈请政府申述理由，并推派代表面谒孙院长及国防、交通两部当局，详为解释，在国共两党所控制之沿海区域，先予恢复航运，俾可使全面和平，受局部实际行动之影响而逐渐促成，同时在两党控制之沿海各港，仍可维护航权之完整，与民命所系之沿海贸易得以持续，均有待本案之实施办法。

（一）本方案以恢复华北、华南沿海贸易为目的。

（二）政府授权本会，推派代表，向共产党探询本案在原则及技术上可以实施之步骤。

（三）凡属适于航行华北各港之船舶，应组织统一指挥调度机构。

（四）凡属运往华北物资及由华北各港运至华南各港物资，为求统一管理起见，均以上海为起卸及转运地，并由公私物资机构组织华南、华北物资统一易货处，由政府物资机构、私人贸易机构、轮船业务推派代表一人至三人组织之（以上代表人员，均应将姓名、年龄及详细经历，送请双方备案，非遇重要事故，不得更易）。

（五）双方各设专用电台一座，专为易货及船舶动态之用，电讯人员，亦指定专人负责。

（六）船舶指挥机构，由轮船业公会组织之，华北各港使用船舶机构，由双方洽定。

（七）所有易货船舶，应先限于易货范围，如试办时间，能获双方之顺利支持，推行无阻，当经双方之协议，再行逐渐使其扩展至一般航运贸易范围。

（八）凡已经取消内河及沿海航权之国家，双方均不得藉词使其参加我国沿海航运贸易。

（九）船舶指挥机构及易货机构所有档案，双方均有一份，以备查考。

（十）用于易货之船舶，得在显明处漆明特别标志，双方军事人员均予以保护与便利，所有船上员工，均应于事前向双方登记，该项员工，不得随时更易增灭。

（十一）双方机构开支，除各自理外，船用物品，如至所在地需添置时，得予以便利供给，结价办法，另行洽定。

〔国民政府经济部档案〕

13. 广州市商会请解除工商业困苦撤销各种管制等致工商部呈文

(1949 年 2 月 15 日)

广州市商会呈 能一总字第八一八号
中华民国卅八年二月十五日

溯自国父倡导国民革命，吾粤人饱受国父精诚之感召，主义之熏陶，广东革命精神于以发扬光大。自辛亥之役广东首义卒以履清社创民国，当时诸革命先烈如温生才、陈敬岳等与七十二烈士之壮烈殉国，此皆广东人对革命之伟大牺牲也，洎夫北伐时期，军阀割据统一未成，广东以一省之人力财力，支持北伐，用能克复中原，底定幽燕，统一之业大功告成，单以粤省银钱业而论，前后共负担北伐公债八厘库券四四借款等约为数百万元，当民十三、四、五年时，广东蚕丝特感每年出产约有六万担，华侨每年汇款归国年约贰万万元，大部分投于建设生产事业，银钱庄有三百余家，又丝业银行省行均以大量款项贷放于工商业，当时政治修明，军纪良好，人民经济充裕，商业繁荣，均能以一省之力，独肩负全部北伐军政之费，此又为广东人对革命之伟大贡献也，广东人所以勇于为革命效力效死者，无非希望推翻专制，建立共和，完成统一国家，实行三民主义，以创造民有、民治、民享富强康乐之新中国耳。讵建国以后，内乱相寻，七七事变寇患复至，广东人激于救国义愤，又曾以最大之人力、财力、物力支持八年抗战，百粤健儿之壮烈牺牲，英勇歼敌，战果显赫，威震中外者，亦冀获得胜利成果，以达到自强复兴之最大目的。

讵自胜利复员以来，内战再启，三载兵戎，庐舍丘墟，生灵涂炭，流亡载道，民不聊生，宪政虽曰实施，然政府迄未能彻底实行三民主义，一切政策之措施均为有特殊权力者所利用，并非以全民之利益为依归，更忽视民有即国有之中国传统性建国道理，以致全国人民财富逐渐集中于少数特殊权力者之手，而陷于今日国家财政经济于整个崩溃之境，不特将民生主义束之高阁，抑且与国父所揭橥之不患寡而患不均之经济政策背道而驰。

而自国内战争发生以后，国家财政金融紧急政策之措施几完成，侧重于京沪而忽略经济地位相当重要之华南，例如华南输入配额限制过严，工农商矿贷款微乎其微，华南出口结汇移转证较上海售价甚低，皆为明证。又如华南之生丝、桐油、蔗糖、矿产等几种主要产品从未受过政府奖励出口与经济或技术上扶植之实惠，反受到出口结汇不平之剥削，其直接损失固在于出口商，而间接损失则在于农民，对于农村经济之影响至深且大，尤所痛心者，当实施金融改革发行金元券时，其所定外汇比率以八一九之申汇计算，广东人民所持有之国中较之别省更增百分之五十损失，蒙害独深，然为拥戴国策，亦靡有怨词。

国父尝言华侨为革命之母，广东华侨特多，华侨所贡献于国家者又至大，而广东又为革命之策源地，惟自管理外汇政策施行后，侨汇公价与黑市比率之差额损失甚大，虽经迭次一再改善，仍不能遏止侨汇之外逃，至华侨家乡治安多成问题，交通亦多荆棘，甫抵国门又每受海关税吏之种种不法苛扰，更使许多华侨有无家可归无业可营之隐痛。

上述种种，足见广东人对国家之牺牲，不可谓不大，其对国家之贡献不可谓不多，而国家所给予广东者则何如，想每一广东人之心中当有一共同之感想。

自政府倡导和平，全国人民均渴望早日实现，最近政府南移，呼吁团结促进全面和平，吾粤人民自当衷诚拥护。惟窃以时至今日迥异畴昔人民在水深火热之中，工商在厄困凋零之候，如何重振广东革命精神，鼓舞广东人民爱国情绪，恐非空言团结空言策动能为功，而必须以事实表现，正视现实，与民更始真正解除人民束缚，彻底挽救工商危机，培养地方元气，安定人民生活，收回已失之人心，一新天下之耳目，庶可培植国民经济之深厚基础，增强华南自卫之政治力量，而真正光荣之全面和平方可获致。

基于上述缘由，属会所属全市商人认为当前吾粤工商经济金融所感受最大之缚束与痛苦诸大端，实有亟求解除挽救以苏商困之必要，谨将请求各项分别报陈如次：

（一）请求撤销输管制度及输管会各级机构，及取消出口结汇办法，以促进华南工商业及对外贸易之发展。

（二）请求撤销金融管理局，开放自由经济以活泼华南金融。

（三）请求撤销广州市商品检验局，以利出口业务。

（四）请求国家银行尽量开放华南工农商矿贷款，以促进华南生产事业之发展。

（五）请求撤查清除海关及税务机关积弊，以杜苛扰而苏民困。

（六）请求切实整顿招商局粤汉广九铁路货运及仓库船舶拖船管理，以维货运而免商人损失。

（七）请求政府撤销广州市物价评议委员会。

以上各项似均属针对现实，切中时弊，解除人民困苦，扶植工商发展之急要措施，亦为本市全体商人之一致要求，时机迫切，不容或缓。除分呈行政院暨关于第（一）（三）项分呈钧部暨财政部，第（二）（四）（五）项分呈财政部，第六项分呈交通部外，理合备文连同请求各项理由办法附呈鉴核，伏乞俯顺舆情，体恤商艰，予以采择施行，以挽当前工商经济危机，重振广东之革命精神，增强广东自卫之政治力量，不胜屏营待命之至，仍候指令祇遵。谨呈

工商部部长刘

附呈请求事项第（一）（三）项各一份

广州市商会理事长　关能钊

（一）请求撤销输管制度及输管会各级机构，取消出口结汇办

法，以促进华南工商业及对外贸易之发展。

（理由）查输管制度原属国家经济政策之一，本未可厚非，惟吾国自实施以来，因管制不得其当，以致国家经济未见其利，工商各业先蒙其害，如一、华南进口限额过严，供需不敷因应。二、因限制商人分类申请核配进口，而申请手续费时及至输入货物每已失去市场，销售季节未能适应实际需要。三、工厂因工业原料输入过少，货疏价昂，增重成本，减低产量，销路退缩。四、华南为出超口岸，又为侨汇中心，政府南移后，政治经济地位更形重要，倘仍旧实施输管制度，不特华南工商业窒息无望，而整个金融经济亦深受影响。五、不必要之舶来奢侈品自宜禁止输入，但其余应准商人自由购运，供需自可调节，商业自可繁荣，社会亦自趋安定。六、管理外汇办法之改订，原在奖励输出，然究其实仍属剥削出口商利益过甚，迫使正当商人为不法之走私，因出口结汇移转证其售价较诸市面外汇价值经常低折百分之二十余，中间且曾一度停止收购，致令售价惨跌，最近恢复收购，又因汉渝货物大量运穗，出口移转证供过于求，更趋低折，直接损失是出口商，间接损失则为农民，影响农村经济甚大，若不亟谋改善，则出口必将窒息，走私必然猖獗，国家外汇更无法获得。七、输管会对于国策既无裨补，对于工商业复有害无利，而经费收支庞大，徒耗国币。基上理由，应请政府迅将输管制度及输管会各级机构出口结汇办法并予撤销。

（办法）一、请求迅将输管制度及输管会各级机构一并撤销。二、除政府必须禁止或限制输入之货品外，其余应请准许商人自由购运进口，不必限制指定购办某类货物以应实际需要而利供求。三、应请取销出口结汇办法以奖励输出，在未取销出口结汇办法以前，应请饬令中央银行充裕拨给各指定银行头寸随时十足兑现收购出口结汇移转证以利出口。

（三）请求撤销商品检验局以利出口业务

（理由）查商品检验局之设置原为检验出口产品之是否标准

化，提高外销货物品质，以利对外贸易之推广，用意本属甚善，抗战前所有检验技术人员均是专家，检验工作办理迅速，而各国商行多设于沙面，直接购买货物经检验局已检验之货物运交外商，并未有以质素不及标准而割价与扣磅之情事，当日检验制度之设收效甚宏，但国土重光后，原日设在沙面各国之商行均移于香港，买卖虽经过我检验局检验之货品，运到香港与外国交货时，亦必重新检验收货，是则在广州检验已属无效，只加重货物成本与多费时日，于事无补，可见该局之设实等于零，徒耗公币。又如蔬果蛋类等商品运销，必须迅速方能保持新鲜，惟往往因检验手续太繁，动稽时日，商人损失不可胜计，倘有不肖员司从中利用职权，乘机需索，则病民扰民为害更大。

(办法)请求撤销商品检验局，将消极之检验工作改为积极之技术辅导工作，分别交由主管机关增设技术人员，或设置对外贸易辅导委员会，经常派员指导办理或准许出口商聘请自由职业技术专家自行检验证明，以推广对外贸易争取国际市场。

[附]:广州市商会二月十四日快邮代电

广州市商会快邮代电：

行政院院长孙、副院长吴、立法院院长童、副院长刘、监察院院长于、副院长刘、工商部部长刘、财政部部长徐、广州绥靖主任余、广东省政府主席薛、广州市政府市长欧阳钧鉴：查本年二月八日本会第七次理事会议讨论事项第四案关于常务理事提议拟请政府撤销金融管理局，开放自由经济以挽救金融工商危机案，当经议决照案通过，分呈行政院、监察院、立法院、工商部、财政部、省市政府核办等议纪录在卷，除分呈外，理合抄同原提案一份，电呈鉴核，案关开放自由经济，挽救工商危机，伏乞俯顺舆情轸念商难，赐予转请照准办理，仍候示遵，广州市商会理事长关能钊。叩。丑寒能一总。印。附抄呈原提案一份。

原提案

案由：请建议政府取销金融管理局，开放自由经济，以挽救金融工商危机案。

理由：前年当局颁布经济戡乱急要措施以后即在沪津穗汉设立金融管理局，以加强管理金融物价，惟迄今年余其所表现之成绩，除直接使银钱行庄业务日形萎缩，间接打击正当工商业发展以外，对于金融辅导物价稳定依然未能丝毫发挥其作用，现在金管局之职务只为审查检举取缔公私机关存款投资放款汇款交易等事项，均为消极之事后检查，而积极之事前合理管理，且其非为决策机关，仅为执行机关，不顾地方实际情形，故无法与经济环境相配合，试观年来金管工作，对于数十家行庄只知管制其业务，而其他投机者流而无法统制，以致金融紊乱，物价狂涨，较前时尤甚，可知其机构之存在实等同虚设，何况金管局之职务与以前央行及财政局之职务相同，似此架床叠屋徒耗公币，于事无裨，目前在此特殊管制之下，华南合法行庄存款已逐日减少，而失去在市场上吸收存款之作用，放款因停止重贴现与转质押而转成为亏折生意，汇兑又因买汇解汇限制，而致经济窒息，金融凝结，于是行庄业务停顿，其结果一方面使资金脱离正当金融机构，变成流窜为患之市场游资，他方面正当工商生产事业无由取得需要资金，势必百业同归于尽，是以金管局之存在，其病民扰民早已为社会人士所诟疾，在社会人士一致要求开放自由经济之今日，为彻底消除人为之苛扰，金融管理局实应迅予撤销，以挽救严重之经济危机。

办法：请即建议政府撤销金融管理局，停止一切禁压政策，开放自由经济，以挽救金融工商危机。

广州市商会

〔国民政府经济部档案〕

14. 国民党航业界代表报告与华北人民政府会谈南北通航问题经过情形及商定办法的各项文件

（1949年3月18日）

报告　三十八年三月十八日于上海

（一）代表等奉全国轮船业联合会及高级船员团体联合会派赴平津洽商通航问题，经电洽对方后，当于二月十二日搭第一次开往华北之上海实业公司大上海轮由沪北驶。中途在青岛海面遇风，于十八日上午抵秦皇岛。十九日乘车至津晤市长黄敬，下榻于市府招待处。二十日偕同中共华北政府对外贸易处处长郭今吾等乘车赴平，寓六国饭店。二十一日会见华北政府副主席薄一波、农业部部长宋劭文、北平市市长叶剑英、交通处处长胡瑞祺、人民银行天津分行经理何松亭会谈。住平共十日，于三月二日返津商谈，临行承天津工商界周叔弢、姚南笙、朱继圣、资耀华、范希村、罗宗强等三十余人，于三月三日下午四时在开滦俱乐部举行招待会。六日乘大上海轮第二次航程回沪，十日中午到埠。（金山代表于二月十三日先由沪搭机抵平，于十六日晚由平抵津，二月廿七日随邵力子先生等乘机南返。）

（二）对于航权之维护，物资交换之种类，秦皇岛以外港口之进出货物，旅客之检查，航行安全标帜之设置，引水人员之配合，船员登岸之手续，均经详细交换意见，并决定在天津成立"全国轮船业联合会天津船舶统一调配委员会"（附件一）。该会设委员五人，津航商推三人（津方推定张庆�、周汉楚，另一人未定），全国船联会推二人，并设总船长及总轮机长各一人，担任技术顾问，由中国商船五高团体推定，负责华北各港口船舶进出口处理事宜，在津指定原招商局电台（维持费由华北政府负担，航商使用该电台，照章收费），在沪暂指定上海民航电台，作为水陆通讯专用电台，对于轮船进港之标志，亦已充分商讨，中共当局并已颁布"战时船舶管理暂行办法”(附件二)。

(三)代表等与船联会方面往来文电(附件三),参考资料:1.天津港口概况(附件四),2.进入中共区各港口船舶之旗帜与灯塔图样(附件五),一并呈奉统祈鉴核示遵为祷,谨呈

行政院

附件如文

航业界代表魏文翰

周启新

姜克尼　谨呈

俞惠方

附件一

(一)为设立船舶统一调配机构以利通航请求核准由

为设立船舶统一调配机构,以利通航,请求核准事,将各项办法陈述于后:

一、定名:全国轮船业联合会天津船舶统一调配委员会(简称津船调配会)。

二、组织:采委员制,设委员五人,组织委员会,并互选主任委员及副主任委员各一人。在委员会□下,设总船长及总轮机长各一人,办事员若干人。

三、业务:甲、办理华北各港口与上海及其他港口之船舶统一调配事宜。

乙、办理船舶出入口申请许可事宜。

丙、办理客货出入口手续事宜。

丁、办理航行技术上各项工作事宜。

戊、办理其他有关通航之联络事宜。

四、人选:委员选天津三人,暂指定:1.张庆枬(津原招商局经理),2.周汉楚(津天津航业公司经理),3.张伯超(津直东轮船公司经理);上海二人(由全国轮联会选派之),总船长及总轮机长由全

国轮联会就中国商船高级船员团体联合会所推人选调派之。

五、会址：暂设于天津。

六、附注：在上海所调派之人员，未抵达天津前，为迅速推进业务起见，暂由在津业经指定之三委员先行共同负责办理。

敬上

华北人民政府

航业界代表 姜克尼 魏文翰 周启新 俞惠方 谨具

一九四九年三月一日

（二）为请求设立航业专用电台以利通航事

为请求设立航业专用电台，以利通航事，将办法陈述于后：

一、电台设于天津、上海两地。

二、在津请指定原招商局电台，在沪暂指定上海民营航业电台，作为水陆通讯专用电台。

三、津电台由华北人民政府电讯局指派专人管理。

四、所有津电台之一切经常及维持费用，概由全国轮船业联合会天津船舶统一调配委员会担负之。

敬上

华北人民政府

航业界代表 姜克尼 魏文翰 周启新 俞惠方

一九四九年三月一日

（三）为补请颁发大上海等十轮入口许可证事

为补请颁发大上海、唐山、南强、裕东、华胜、海地、永兴、天平、福祥、台安等十轮入口许可证，以符法令事。遵照华北人民政府战时船舶管理暂行办法之规定，在天津船舶统一调配机构，未成立之前，理应先由翰等恳请准予补发各该轮船之入口许可证，以符法令。所有各该轮船之吨位及船长姓名等，俟查明后补报。

敬上

华北人民政府

航业界代表 姜克尼 魏文翰 周启新 俞惠方

一九四九年三月一日

（四）华北人民政府批　　财经字第七号

为准设天津船舶统一调配委员会由

批复航业界代表魏文翰、姜克尼、周启新、俞惠方

三月一日呈悉。所请设立天津船舶统一调配委员会及其组织业务会址各节，均准如所请办理。至人选一节，希商请天津军管委员会及天津市人民政府办理之。

此批

中华民国三十八年三月二日

主　席：董必武

副主席：薄一波

蓝公武

杨秀华

此批及原件抄发天津军管委员会

（五）华北人民政府批　　财经字第八号

为准设航业专用电台以利通航由

批复航业界代表魏文翰、姜克尼、周启新、俞惠方。

三月一日呈悉。所请设立航业专用电台并请指定原天津招商

局电台与上海民营航业电台作用水陆通讯专用电台，天津局由人民政府电信局指派专人管理，其一切经常及维持费，均由全国航业联合会天津船舶统一调配委员会负担，以上各节，均予照准。
中华民国三十八年三月二日

主　席董必武
副主席薄一波
蓝公武
杨秀华

此批及原件抄发天津军管委员会转电信局遵照办理。

(六)华北人民政府批　　财经字第六号

为准予补发大上海等十轮入口许可证由

批复航业界代表魏文翰、俞惠方、周启新、姜克尼

一九四九年三月一日呈悉。所请补发大上海、南强、裕东、华胜、海地、永兴、天平、福祥、台安等十轮许可证，应予照准。
中华民国三十八年三月二日

主　席董必武
副主席薄一波
蓝公武
杨秀华

此批并附原呈抄发天津市政府遵照天津航政局遵照办理。

附件二

华北区战时船舶管理暂行办法

华北人民政府制定　　中华民国三十八年三月一日公布

第一条　为恢复本国内海内河航行，特制定本办法。

第二条　凡航行本区各港埠之船舶，悉依本办法之规定办理之。

第三条　凡国轮船向本区航政局申请经核准发给许可证者，准在外埠与本区各港埠间行驶。

第四条　凡本国轮船向本区航政局申请经核准发给许可证者，准在解放区内各港埠间行驶，此项轮船，如欲调离本区时，须向航政局申请经批准后，始得调离。

第五条　凡被许可之轮船，须遵照下列之规定：

（甲）以载运货物及旅客为限，不得装运违禁品。

（乙）进出本区各港埠时，必须悬挂规定之旗帜或灯号。

（丙）船员登陆时，须经船长之签证，并随身携带本人海员手册或其他证明文件，经当地航政局核准登陆后，应服从人民政府之法令，不得有走私或其他违法行为。

第六条　凡被许可之轮船，因遭遇海难或其他意外事件时，得临时在本区各港埠添补给养或进行机件上之修理工程。

第七条　轮船之管理检查事项，依下列规定行之。

（甲）进出口货物之许可、检验、报税，悉依华北区对外贸易管理暂行办法及华北区征收进出口货物税暂行办法办理之。

（乙）旅客之检查，由当地军警机关执行之。

（丙）轮船之检查、引水及船员之管理，由航政局办理之。

（丁）灯塔、灯船、标志等由海关办理之。

（戊）病疫之检查，由海口检疫所办理之。

第八条　凡属本国轮船公司经人民政府许可，可在华北区重要港埠，设立分公司，或联合设立船舶统一调配机构，上述分公司或调配机构，对外水陆通信联络，经由华北区电讯局及邮政局进行之。

第九条　本办法如有未尽事宜，由华北人民政府修改之。

第十条　本办法自公布之日起施行。

附件三

与上海来往电文

（甲）上海来电

（一）上海轮转魏理事长文翰兄：兹录奉毛泽东、周恩来先生丑元电如下：“二月七日来电已悉。恢复华北上海间航运，以利生产之发展，极为重要。大上海、唐山两轮北驶，并派员至华北接洽，极表欢迎，此间已嘱北平叶剑英市长、天津黄敬市长准备接待。英商太古公司湖南号驶抵塘沽，系属临时性质，并非事前洽定；所谓华中、华南中国船舶开往华北口岸，将不使其驶返原地等，系报纸造谣，先生等不应置信。”弟沈琪丑元。

（二）急。北平六国饭店101号魏文翰兄暨克尼、启新、惠方诸兄均鉴：0222电敬悉。（一）大上海轮预定明日驶秦，带运邮件1,500包。（二）南强、裕东、华胜、海地、永兴、天平、福祥、台安等八轮，轮流运输交换物资，业经行政院核准，船期并以上列之先后为序，裕东轮并自日本径驶秦岛，特复，船联理事长杜镛0225。

（三）急。六国饭店魏文翰兄暨启新、克尼、惠方诸兄均鉴：关于续派南强、裕东、华胜、海地、永兴、天平、福祥、台安等八轮运煤，奉政院丑有五交电准照办，特闻。船联杜镛0226。

（四）急。北平六国饭店101魏文翰兄暨启新、克尼、惠方诸兄均鉴：大上海轮于今午离沪，装载面粉10,000袋，邮件4,069包，特电请洽办。船联杜镛0228。

（乙）致上海电

（一）全国轮船业联合会并转中国商船高级船员团体联合会鉴：翰等已于廿日抵平，正与当局洽商有关通航护权之技术问题，俟获结果，当即返沪。通邮已得许可，下次来□，望带邮件，请与沪邮总局洽办。邮件装妥，先将数量船期电示，以便转洽。北平六国饭店101号魏周俞姜。

（二）全国轮联会杜理事长月笙暨转高级船员团体联合会勋鉴：0225电敬悉。中共当局对航界发动通航权，极表重视，洽商进居颇顺利，南强海地等八轮即照来电所示办理，毋令中断。仍盼共同努力，展开通航范围，以维民族航业。张庆枬、金山两兄亦在平协助。魏周俞姜叩0226。二月廿六日北平六国饭店发。

(三)全国轮联会杜理长月笙暨高级船员团体联合会勋鉴:通航护权,洽商结果圆满,中共最高当局,对航界各项请求业已核准。翰等定明日赴津,成立船舶调配机构及设置航业专用电台,事毕即返沪。魏周俞姜0301。

(四)(衔略)设立航业专用电台事,经洽定在津使用原招商局电台,暂照原用波长呼号在沪使用民航电台,望即与沪电信局及民航电台洽办,务于三日晚七至八时,四日下午一时至二时,由沪台呼叫。再沪邮局来电悉已洽妥,请转知。魏周俞姜0001三月一日发于北平六国饭店。

(五)(衔略)津航业专用电台,波长36米,呼号×SD8,通报时间(700—2300),盼即将沪民航电台波长呼号电知本轮,以便协助联络,促成沪津两电台直接通报,俾利通航。魏周俞姜叩。0306。

(六)(衔略)大上海轮载沪邮件计160袋,请转知沪邮局。魏周俞姜叩。0306。

附件四

参考资料(一)天津港概况　　卅八年三月三日调制

(一)海河航道情形,津港冰季已过,航道畅通,沽口水深约一丈四尺,河内水深约一丈五六尺,航行灯标尚未恢复。

(二)新港情形,新港因失于疏浚,故其水深与沽口大致相似,新港船闸亦因淤塞未能启闭惟码头仓库等设备均完整。又据闻码头附近水中有枪械弹药等危险品尚待清除,方可行船,详情待查。

(三)引水人员费用,津港引水人员在时局吃紧时,有一部分南返,现在津者有英籍领港三人及华籍领港五人,引水工作,可照常执行。

(四)船舶电讯,天津海岸电台尚未恢复工作,经当局核定,暂可利用天津招商局电台收发船舶电讯。该台呼号"×SD8",短波波长昼间(七点至十八点)三十米,夜间(十八点至二十三点)四十八米(无长波)。

(五) 船用烧煤价格,塘秦两地,船上交货,烧煤价格,经开滦矿务局于二月廿一日起调整如左:

1. 块煤及特别末煤,每吨人民币六,二四〇元。

2. 贰号末煤,每吨人民币五,二〇〇元。

(六) 津港现有轮驳能量,现在拖轮共十五艘,计马力三.六九〇四,驳船共廿九艘,计载重一一,五六〇吨,另详津港轮驳一览表(附表一、二)[附表略]。

(七) 津港现有轮驳费率,另详价目表(附表三)自卅八年二月十日起实行。

(八)津港船舶进出口使费:

1. 装卸小工费,每吨人民币壹佰元。

2. 栈租。每吨第一期人民币八十八元,自第二期起每期按五成累加,另详简表。

(附表四)均自三十八年三月五日起实行。[附表略]

津港轮驳费率价目表　附表三

自卅八年二月十日起实行　(卅八年三月三日抄录)

科目	起讫地点	单位	驳费定价		
			普通驳费	危险品驳费	
				汽油炸药加五成	煤油弹药加二成五分
津港短程驳费	大沽口 新港 天津	每吨	990.00	1,490.00	1,240.00
津港短程驳费	塘沽 新河 天津	每吨	690.00	1,040.00	860.00
津港短程驳费	塘沽 新河 大沽口 新港	每吨	600.00	900.00	750.00

续上表

科目	起讫地点	单位	驳费定价		
			普通驳费	危险品驳费	
				汽油炸药 加五成	煤油弹药 加二成五分
津港短程驳费	大沽口　新　港	每吨	600.00	900.00	750.00
津港短程驳费	天　津 塘　沽　过　河 新　港	每吨	350.00	530.00	440.00
本船租费	天　津　大沽口　每次　160,670.00 塘　沽　大沽口　每次　114,760.00 塘　沽　当　地　每次　57,380.00				
拖轮租费	马力　三百匹以下　每小时　12,890.00 马力　三百匹以上 五百匹以下 >每小时　19,340.00 马力　五百匹以上　每小时　29,000.00				
附　注	1. 本价目所定之价目均以人民券计算 2. 本价目表除定价外其他办法仍照以往价目表规定办理之 3. 自每年十二月十日起至翌年二月底止为冬季冰冻期附加50%(现冰已解冻为优待客商起见本月份暂不收冬季费)				

15. 中华民国轮船商业公会全国联合会报告解放区为保护民族工商业准许国产货物免税进出交流的代电

(1949年4月16日)

中华民国轮船商业同业公会联合会代电：　联字第二二四六号

民国卅八年四月十六日

经济部长孙钧鉴。关于南北通航通商，本会与商联会、工总会、上海市商会、上海市工业会等以所支换之物资，多系国产，且为民生必需品，为减轻民负，经联名电请北平对外贸易管理局郭局长今吾免征国货进出口税，兹接卯寒电复，卯虞电敬悉保护民族工商业乃解放区之既定政策，津沪往来物资如能证明确系国产，当局已核准免征进出口税，以利交流，特此布复等因。特电请鉴察。全国轮船业联合会理事长杜镛叩。卯删。

〔国民政府经济部档案(四)〕

16. 武昌市商会因物价剧涨及银团压迫商情奇困请求救济代电

(1947年2月)

武昌市商会代电　会总字第四八八号
中华民国三十六年　月　日

行政院院长宋钧鉴：武汉地处华中，既非外货进口冲要，亦非物产丰隆之区，货物来源大都仰给各地，故物价涨落亦视各地为转移。商界平日因银团贷款限制，倍受高利贷压迫，日瘦月削，早已无法维持。近因金价飞腾，各货随之猛涨，购进售出，均感困难，刻虽勉力支撑，已属朝不保夕，如不速谋救济，匪特市面无法维持，社会秩序亦将紊乱，恳请钧座进行有效措施，以恤商艰而安国本。临电不胜迫切待命之至，武昌市商会同人谨叩。丑皓会总。印。

〔国民政府行政院档案〕

（三）物价问题与市场危机

1. 蒋介石关于昆明物价回涨原因致行政院财政部代电

（1945 年 10 月 15 日）

国民党政府代电： 府交字第一〇七四号

行政院宋院长，财政部俞部长勋鉴：据报：昆明物价渐趋回涨之势，其原因系政府收购黄金藉以放出头寸救济工商业，同时宋院长返国后，一般人盛传将实行新币制，故存法币者恐一旦币制改变，则货价可能较目前为高，因此均愿将法币换货，待换新币，故游资复形活跃，物价因之趋涨，等语，特转参考。中正。酉删。府交。中华民国三十四年十月十五日

〔国民政府行政院档案〕

2. 国民政府各省市参议会等请制止国营事业任意加价领导物价上涨的有关文电

（1945 年 10 月～1948 年 6 月）

（1）钱大钧致蒋介石电（1945 年 10 月 1 日）

上海。渝委员长蒋院长宋：〇密。沪市物价以金融未定，旬日来飞涨倍余，经财政部规定法币与伪币比率以后，由职布告劝导，并督饬商会严为限制，日内即可逐渐平低。惟国营事业尤宜树之风声，颇闻重庆方面如国营事业有将加价至百倍或数十倍之讯，如此则沪市及内地商人势将藉口上腾，以致无法平抑，可否仰蒙府允令饬日方有关国营各机关酌量衡情，于必需时渐次增加，不必过骤，俾免影响全局之处，伏候钧夺施行，职钱大钧。申陷。印。

（2）南京市政府致行政院呈文（1946年6月11日）

南京市政府呈　社字第五〇四四号

案准南京市临时参议会秘书处本年五月十五日临字第一五九号公函内开：查建议中央通令各省市及中央有关各机关，凡属国营及公共事业请勿再涨价，以免刺激一般物价而安民生一案，业经本会于四月三十日下午第十二次大会决议送请市政府转呈办理等语，记录在卷。相应检附原案送请将办理情形函复备查为荷。等由。并附原案全文一份，准此，除函复外，理合抄呈原案全文备文呈送，仰祈鉴核示遵。

谨呈

行政院

附抄呈原案全文一份

南京市市长　马超俊

中华民国三十五年六月十一日

案由：建议中央通令各省市及中央有关各机构凡属国营及公共事业勿再涨价，以免刺激一般物价而安民生案。

办法：由本会建议中央政府及京市政府采纳施行。

决议：送请市政府转呈办理。

（3）甘肃省政府致行政院呈文（1947年6月25日）

甘肃省政府呈　建三（36）己字第四二八〇号　民国三十六年六月二十五日

准甘肃省参议会本年六月十三日议己字第（112）号咨开：查本会第四次大会参议员范沁、陈琇、张存恭等提，咨请省政府转呈行政院严令全国公营事业不得任意加价以免刺激物价上涨俾利民生议案三件，经付审查并为一案，提交第十五次会议决议照审查意见通过，咨省政府办理记录在卷，相应录案咨请贵府查照办理，并希见复为荷。等由。附抄送议案一件，准此。除咨复外，理合抄赍原议案，呈请钧院鉴核为祷。

谨呈

行政院

附赍甘肃省参议会原议案一件

甘肃省政府主席　郭寄峤

甘肃省参议会决议案　　合字第五号

提案人　范　沁　陈　琇　张存恭

连署人　陈国栋　崔清川　郭永禄　巩保初　田维大

王兴鼎　薛进文　张　鉴　邱鹏程　王兆德

王铁舫　董　信　贾从城　刘志滢

案由：咨请省府转呈行政院严令全国公营事业不得任意加价，以免刺激物价上涨，俾利民生案。

理由：查上年各地物价逐日腾涨，遂至公教人员及一般平民生活时起恐惶，中央为巩固金融及稳定物价计，曾于本年有经济紧急措施办法之实施，施行以来，尚著成效，但时间不久，公营事业机关即突然任意加价，以致各种物价亦随之上涨，影响民生殊非浅鲜。如公路局车票三月份天水至兰州为二万九千余元，近又加为六万六千八百元，食盐四月份每市斤为七百五十五元，四月底加为一千三百元，诸如此类不胜枚举，公营事业机关如此任意加价，不惟刺激物价，影响民生，亦且违背中央实施紧急措施之意，如食盐加价后，天水小麦每市斗由六七千元陡增至一万三千余元，其他物品均涨一倍，以是亟应切实限制，以免影响民生。

办法：咨请省政府转呈行政院，今后对于各种公营事业不得任意加价，以抑物价而安民生。

(4) 杭州市参议会快邮代电(1947 年 12 月 24 日)

杭州市参议会快邮代电：　　议大六字第二〇一四号

行政院院长张钧鉴：查本会第六次大会第十次会议讨论，请建议政府在此经济戡乱时期，严厉制止国营公营事业机构任意调整涨价，以免刺激物价影响民生而安人心一案。佥以近来各地物价蠢动甚烈，国计民生所关殊巨，政府对于平抑物价之措施，诸如彻查囤积操纵，抽紧银根，实施公营配给等等，虽足补救一时，惟查迭次物价被动之原因，由于国营公营事业机构之随时调整涨价，影响最甚。盖工商业之产销成本均依其购入物料运输工资为计算标准，而现时主要之物资如纱布油类燃料人丝等均经国营或公营事业机构实施配售，其配售价格率皆于每周紧随黑市调整涨价，致工商业成本亦随时提高，一般日用必需品莫不刺激上涨，人民生活益感穷蹙。值兹经济戡乱时期，为求彻底抑平物价，扑灭涨风计，应请政府明令制止国营公营机构任意调整领导涨价，以安人心。当经决议通过记录在卷，理合录案电呈，仰祈鉴核采纳施行，并乞示遵为祷。杭州市参议会议长张衡、副议长许寿。谨叩。回。

（5）汉口市参议会代电（1947年6月25日）

汉口市参议会代电　（三十七）参秘字第四一七五号
中华民国三十七年六月二十五日

南京。行政院院长翁钧鉴：案准北平市参议会（37）平参秘字第七七一号卯文代电，以报载国营事业如平津铁路、中央、中国两航空公司及邮政、电话、电灯自四月五日起均行加价，总计铁路运费增加百分之八十五，邮资增加一倍半，电话费增加二倍半，电灯即平津唐区亦增至一倍以上，聆悉之下不胜惊诧一案，除原文准电叙已分呈有案邀免全录外，尾开请求收回加价成命并规定嗣后限制国营省营市营各事业加价办法三项：（一）国营省营市营各机关自即日起务须一律严裁冗员，樽节糜费，以求收支适合，在此国家多难民生困苦之际，凡属国家工作人员允宜同艰共苦，国营事业所有员工薪津均照普通公务人员同等待遇，不得享受特殊，以自别于国家公务员之外；（二）如国营事业于裁员减薪之后确仍不敷开支时，由中央政府调查实况予以贴补，如系省营市营事业由地方政府予以贴补，概不得藉口经营支绌而任意增价；（三）如国营事业收费数目确有调查之必要，应先提出立法院通过后始得增价，其属于省营市营事业亦必须事先经过当地之省市参议会通过再行增加，凡未经过中央立法机关或地方民意机关正式承认之任何增价办法，值此行宪民主时代人民可以拒绝接受，嘱一致主张等由，正办理间，复准重庆市、广州市两参议会电同前由过会，除分别电复外，谨电请鉴核俯赐注意为祷。汉口市参议会议长张弥川、副议长黄焕如。已有。叩。

〔国民政府行政院档案〕

3. 国民政府主计部统计局关于全国趸零售物价及公务员生活费总指数增涨情形的报告

（1946 年 1 月～1947 年 12 月）

两年来之全国趸售及零售物价总指数暨公务员生活费总指数

三十五年一月至三十六年十二月

一、导言

近年国内各地物价波动至剧，关于物价指数之编制与应用已引起普遍之重视，因之编制机关日见增多，指数应用亦日见推广，惟物价指数种类繁多，编制方法亦各不同，致各机关所编指数之高低显有差别，参考应用每感无所适从，兹分别申论如下。

指数之类别：甲、依性质分类，就本局经常所核编者言即有趸售物价指数，零售物价指数与公务员生活费指数之别，趸售物价指数乃系采商人大宗物品交易时所洽定之价格编制，其目的在测量大量交易物品一般价格之涨跌以及考验商情变迁之真相。零售物价指数乃系就消费者直接购买物品时所付予之价格编制，其目的在测验一般人民生活费用之高低及货币购买力之强弱。至公务员生活费指数乃系测度公务员生活费用之增涨与所得薪津购买力之消长。以上三种指数之意义及目的不同,故其计算公式亦异。计算物价指数公式多用几何平均法,而计算生活费指数则多采加权综合法,但物价指数中虽同为趸售式或同为零售物价指数,其各所包括之商品项目及分类方法并不相同,如本局之编有趸售国货价格指数,趸售国货及外国货价格指数,零售国货价格指数等是。至生活费指数,因社会各阶层之生活方式及消费习惯之不同,而有公务员生活费指数,工人生活费指数等之别。乙、依时间分类,各种指数均有月指数及年指数之分。月指数系依每月各旬查报之物价核编,年指数则以各月指数用简单几何平均法平均。至趸售物价与公务员生活费指数两项,因须随时明了其变动情形,又有旬指数之编制。丙、依地域分类,计有各地指数及全国指数二种,至全国指数之计算方法,系暂依各地之各类指数以简单几何平均公式计算。

本局综理全国统计事务因应各方之需要,对各类指数之编制,在时间上力求其连续,在地域上力求其普遍,在种类上力求其完备。除自二十六年起以迄最近之全国各地之各类指数业经本局之统计月报及各重要城市物价指数月报先后发表外,兹就甫行修订完竣之三十五年及三十六年度之全国趸售国货价格总指数(以下简称趸售物价总指数)、全国零售国货价格总指数(以下简称零售物价总指数)与公务员生活费总指数分析如下:

二、全国趸售及零售物价总指数之变动分析

1. 趸售物价总指数之变动概况

三十五年一月份全国趸售物价总指数较基年(二十六年上半年)物价水准上涨之倍数为一千八百四十余倍,二月份为二千三百余倍,较一月份之指数约上升百分之二十九,三月份为二千八百余倍,较二月份约上升百分之二十二,四月份为三千零九十余倍,较三月上升百分之七,五月份为三千四百余倍,较四月份上升百分之十二,六月份为三千七百余倍,较五月上升百分之八,七月份为四千一百余倍，较六月上升百分之十，八月份为四千二百余倍，较七月上升百分之四，九月份为四千七百余倍，较八月上升百分之十一，十月份为五千四百余倍，较九月上升百分之十六，十一月份为五千九百余倍，较十月上升百分之八，十二月份为六千四百余倍，较十一月上升百分之九，自三十五年一月至十二月之全年平均趸售物价总指数为三千七百九十余倍，较三十四年度之全国趸售物价总指数一千六百余倍，约上升百分之一三三倍，每年之平均上涨率约为百分之十一。自三十六年一月份起，指数续升为七千六百余倍，较上年十二月之六千四百余倍，约上升百分之八，二月份为一万一千零四十余倍，较一月上升百分之四十五，三月份为一万二千二百余倍，较二月上升百分之十，四月份为一万三千九百余倍，较三月上升百分之十四，五月份为一万九千六百余倍，较四月上升百分之四十一，六月份为二万四千八百余倍，较五月上升百分之二十七，七月份为三万一千余倍，较六月上升百分之二十五，八月份为三万四千余倍，较七月上升百分之十，九月份为四万零五百余倍，较八月上升百分之十九，十月份为六万零六百余倍，较九月上升百分之四十九，十一月份为七万六千余倍，较十月上升百分之二十六，十二月份为十万零二百余倍，较十一月上升百分之三十四，自三十六年一月至十二月之全年平均趸售物价总指数为二万七千一百余倍，较三十五年度之全国趸售物价总指数三千七百余倍，约上升百分之六三四，每月之平均增涨率约为百分之二十四，综计本类全国总指数自三十五年一月以较基数上涨一千八百四十余倍之倍数递升至三十六年十二月止之十万零二百余倍。在此二十四阅月间，平均每月增涨率约为百分之十八.二〇。

2. 零售物价总指数之变动概况

三十五年一月份全国零售物价总指数较基年（二十六年上半年）物价水准上涨之倍数为二千零五十余倍，二月份为二千六百余倍，较一月约上升百分之二十九，三月份为三千二百余倍，较二月上升百分之二十一，四月份为三千四百余倍，较三月上升百分之七，五月份为三千八百余倍，较四月上升百分之十三，六月份为四千二百余倍，较五月上升百分之十，七月份为四千六百余倍，较六月上升百分之十，八月份为四千八百余倍，较七月上升百分之五，九月份为五千四百余倍，较八月上升百分之十二，十月份为六千一百余倍，较九月上升百分之十四，十一月份为六千六百余倍，较十月上升百分之七，十二月份为七千一百余倍，较十一月上升百分之九，自三十五年一月至十二月之全年平均零售物价总指数为四千三百余倍，较三十四年度之全国零售物价总指数一千九百余倍，约上升百分之一二三，每月之平均增涨率约为百分之十一。自三十六年一月份起指数续升为八千四百余倍，较上年十二月之七千一百余倍，约上升百分之十八，二月份为一万二千二百余倍，较一月上升百分之四十四，三月份为一万三千二百余倍，较二月上升百分之九，四月份为一万四千七百余倍，较三月上升百分之十二，五月份为二万零九百余倍，较四月上升百分之四十二，六月份为二万六千四百余倍，较五月上升百分之二十六，七月份为三万三千余倍，较六月上升百分之二十六，八月份为三万六千余倍，较七月上升百分之十，九月份为四万三千余倍，较八月上升百分之十八，十月份为六万二千余倍，较九月上升百分之十五，十一月份为七万八千余倍，较十月上升百分之二十五，十二月份为十万零五百余倍，较十一月份上升百分之三十五，自三十六年一月至十二月之全年平均零售物价总指数四千二百余倍，约上升百分之五八二，每月之平均增涨率约为百分之二十三。综计本类全国总指数自三十五年一月以较基数上涨二千零五十余倍，递升至三十六年十二月止之十万零五百余倍，在此二十四阅月内，平均每月增涨率约为百分之一七．八〇。

3．趸零售分类物价指数之变动概况

趸售物价指数之内容，乃按我国市场状况审慎选出代表性较大之国货五十项，依商品之性质及用途，分为六类各类物品之分配寓加権于物品选择之中，计食物类十八项(内分粮食及其他食品两小类各含九项)，衣着类九项，燃料类五项，金属类四项，建筑材料类五项，杂项类九项。零售物价指数则系依物品性质及其对生活之重要性选出国货五十项，仍寓加権于物品选择之中分为食物、衣着、燃料、杂项四类，选择时并视各类之重要程度比例分配之，计食物类二十五项(内含粮食九项，其他食品十六项)，衣着类十项，燃料类六项，杂项类九项，兹就各类指数之变动概况加以分析。两年以还各类指数均一致上升，惟因其性质与生产消费量之不同，其上涨率均参差不齐。趸售部分三十五年全国食物类指数为三千五百一十余倍，较三千七百九十余倍之全国总指数约低百分之八，三十六年本类指数为二万三千七百余倍，较二万七千一百余倍之总指数约低百分之十四，较上年度之本类指数则上涨六倍弱。三十五年度全国衣着类指数为四千九百一十余倍，较全国总指数约高出百分之二十五，三十六年度本类指数为三万四千六百余倍，较总指数约高出百分之二十二，较上年度之本类指数则上涨六倍，三十五年度全国燃料类指数为四千八百二十余倍，较全国总指数约高出百分之二十一，三十六年度之本类指数为三万二千五百余倍，较总指数约高出百分之十七，较上年度之本类指数约上涨六倍弱，三十五年度全国金属类指数为三千五百五十余倍，较全国总指数约低百分之七，三十六年度之本类指数为三万零一百余倍，较总指数约高出百分之十，较上年度之本类指数约上涨七倍强，三十五年度全国建筑材料类指数为三千三百九十余倍，较全国总指数约低百分之十二，三十六年度之本类指数为二万三千五百余倍，较总指数约低百分之十五，较上年度之本类指数约上涨六倍弱，三十五年度全国杂项类指数为三千二百四十余倍，较全国总指数约低百分之十□，三十六年度之本类指数为二万四千五百余倍，较总指数约低百分之十，较上年度之本类指数则约上涨九倍弱。

零售部分三十五年度全国食物类指数为三千七百四十余倍，较四千二百四十余倍之全国总指数约低百分之十三，三十六年度之本类指数为二万四千七百余倍，较二万八千六百余倍之总指数约低百分之十六，较上年度之本类指数则上涨约六倍弱。三十五年度全国衣着类指数为五千八百一十余倍，较总指数约高出百分之二十七，三十六年度之本类指数为三万七千八百余倍，较总指数约高出百分之二十四，较上年度之本类指数约上涨六倍弱。三十五年度之全国燃料类指数为五千一百一十余倍，较总指数约高出百分之二十七，三十六年度本类指数为三万五千六百余倍，较总指数约高出百分之二十，较上年度之本类指数约上涨六倍稍弱，三十五年度全国杂项类指数为三千七百四十余倍，较总指数约低百分之十三，三十六年度本类指数为二万七千零六十余倍，较总指数约低百分之六，较上年度之本类指数则约上涨六倍稍强。

至各类指数之变动情形以衣着类涨势始终居于前列，燃料类因所包括之煤与酒精以战事消耗甚多，故两年来指数均较总指数为高，金属类物品亦因战事之需要日见增大，故指数亦逐步上升，三十五年度指数虽略低于总指数约百分之七，但届至三十六年度指数则竟高出总指数约百分之十，此外建筑材料与杂项二类物价之变动因较富于地方性，故涨势较缓，两年以还，指数均较总指数为低，至食物类则自抗战期间以迄于今，指数虽逐渐增高，但始终落于总指数之后，综观各类指数之变动，在理论上当物价全面上升之时，原料品之价格上升较制成品为速，反之当物价下跌，则原料品之价格下跌，亦较制成品为快，因制成品之一部分成本为工资利息与折旧，其变动后较迟钝。我国内地交通本极不便，今更受战事影响，并各地出产之原料品不易转运而外埠输入之制成品亦受阻碍，致原料品因供给比较充裕，价格上升较缓，而制成品则因供给奇缺，致价格上涨甚烈，形成与理想完全相反之现象，此即两年来各类物价指数变动之最大特点。

4. 全国趸售及零售物价总指数变动原因之分析

综上所述，自三十五年一月至三十六年十二月，全国趸售及零售物价总指数，逐月均告上升，兹就其变动过程与上涨之一般原因，分为下列数期说明之：

第一期——自三十五年一月上旬至二月下旬因在胜利初期，人心振奋，城市人民纷纷还乡，市场物品削价抛售，而人民仍延迟购买，宁储法币，致货币流通速率减低，物价普遍疲落，指数亦大见降低。一月份之总指数复因京沪平津等光复城市相继加入计算，各该地又以甫行改用法币，物价按法币计算，远比后方为低，从而影响指数之下降与三十四年十二月相较，趸售降低约百分之十三，零售降低约百分之二十。迨二月份后以外汇办法尚未公布，金钞价格上涨于前，一般物价跳跃于后，同时战事日见扩大，东北未能顺利接收，影响所及，金融波动，商品提价。□月中中央银行停止出售黄金，金钞价格无法控制，猛烈上涨。至二月下旬，上海金价每市两涨达十九万左右，自一月初以迄二月下旬，在此两整月间各地物价虽一致上涨，但涨率差异极大。收复区因资金及人口涌集投机狂热，以及交通阻隔，粮食供应困难，物价涨势之猛反较后方各城市为高，后方城市则因资金及人口东移，市场需要及纳胃有限，物价涨势反较光复区和缓，故指数变动甚微。

第二期——自三十五年二月下旬至八月中旬。本年二月二十五日国防最高委员会通过开放外汇市场案及进出口贸易暂行办法后，政府政策明显，金钞价格立即下降。三月四日对美汇率公布，汇价定为二〇二〇元，八日起中央银行在上海参酌市价升降，配售黄金，过去涨跌极大之金钞价格得能稳定数月之久，因对外贸易恢复，输入物资逐渐增加，同时救济物资亦大量运到，故若干制成品价格及输入品价格亦尚称稳定。惟另一方面因战事扩大，交通破坏，灾区广泛，军粮供应至巨，以及人口东移，故收复区各地粮价涨势极猛，一般物价水准乃逐见增高，惟此时期之上涨率尚属轻微。

第三期——自三十五年八月中旬至十二月底之五个半月间二〇二〇之对美汇价未动，但进出口贸易差额日见巨大，国内生产事业感受威胁。八月十九日中央银行奉命调整外汇牌价，由二〇二〇元提高至三三五〇元，增加百分之六十五，新汇价公布之初市场即起反应，当日上海市场黄金价格，由前一日之二十万元左右涨至二十八万五千元，美钞黑市升至四千余元，物价升涨，市场混乱，继中央银行出售黄金不及二日，金价即退至二十一万元，美钞退至三千三百元而现稳定，同时中纺公司抛售棉纱，粮食管理机关配售食米，中央银行并收缩信用，市场银根奇紧，金钞价格因之得能平稳，商品市场亦渐趋安定，惟汇价调整以后国内物价未能长期稳定以致汇价之提高率仍落于一般物价之下，因之我国对外贸易之差额遂难为根本改善，在此期间国内政局尚无好转，和谈时开时谈，至十一月国大正式开幕，谈判更陷于停顿，战争似难休止。有此数因，一般物价乃仍逐步上升，所幸本年秋收尚好，粮价涨势转缓，故自八月下旬至十二月底止全国各地趸零售物价指数中食物类涨势最低，与外汇调整以前之物价变动相反，因之严重之工商危机免于恶化，全国总指数截止十二月底止趸售升至六千四百余倍，零售升至七千一百余倍，较上年十二月份之全国总指数趸售约上涨二倍强，零售约上涨二倍稍弱。

第四期——自三十六年一月上旬至二月中旬，本年度开始各地物价即呈普遍上涨，此种涨势实起因于政府上年年底经济措施之转变，盖自去岁对外贸易开始后，大量外货进口，外汇存底日薄，工商危机加深，至年底乃加强贸易管理，限制外货输入，并办理生产贷款，以救济厂商渡过年关，致物资输入不免减少，信用反有扩张，故年初以后物价即步入涨势阶段，同时和谈陷于僵局，战乱不能止息，人心不安，金钞上涨，一般物价渐受波及，至二月六日政府又公布鼓励输出贸易办法，对于出口货给予百分之一百补助费，对于进口货征收从价百分之五十附加税，出口货及一般须征收附加税之进口货价格因此而增涨，金价亦同样受其刺激，迨停止黄金配售后，金价涨势愈猛，遂酿成空前之全国性黄金风潮，从而影响物价之激烈波动。

第五期——自三十六年二月下旬至四月上旬，因上期金钞风潮之严重及物价涨势之猛烈，政府不能不筹谋紧急对策。二月十七日乃有经济紧急措施方案之颁布，首先禁止黄金买卖及外币流通，并冻结为发放工资标准之工人生活费指数，严格管制物价，市场乃渐告平静，物价亦微见下跌，在此期间各地物价大都处于平稳或下跌状态中。

第六期——自四月中旬至八月上旬，上期物价之下跌及平稳，全由于经济紧急措施方案之强力压抑，惟事实上紧急措施方案所规定之紧缩支出既难实现，而出售国营事业亦迟未开始，但新通货反因收购黄金美钞以及对公用事业之补贴而有所增加，兼之随贴放业务之开展，信用不免膨胀，虽有债券之发行，可吸收部分通货，惜以物价波动不已，人心观望，购买不见踊跃，未能发挥其作用，因之四月份起由于食油、粮食、花纱等价格之上涨，终招致全面性之物价涨风，从而影响总指数之加速上升。

第七期——自八月中旬至十月中旬，八月一日经济改革方案经国务会议正式通过该方案以增加生产为目标，以活泼金融为中心，故通货信用之继续膨胀不难想见，同时美货迟未实现，一万二千元之对外汇价又与物价相距日远，侨汇减少，出口停顿，外汇来源日趋枯竭，当局为鼓励输出吸收外汇计，又于八月十七日公布外汇管理及进出口贸易新办法，汇率除官价仍维持一万二千元外，另订市价一种，并设立外汇平衡基金委员会以平衡外汇市价，八月十一日公布市价订为三万九千元，较之官价提高二倍以上，出口及进口商品价格，因之发生波动，迨魏德迈使团声明发表后，涨风波及一般商品，影响指数之继续上升。

第八期——自十月下旬至十一月中旬，物价经过上期之遽变，当局又不能不亟筹对策，乃在上海严厉取缔金钞黑市，抽查纱厂商号，取缔纱布囤积，防止食盐转口，限制存储煤斤，尽速分配食米等，各业市场经此直接干涉后，乃暂告平静。十月下旬中美救济协定签订后，又多少发生稳定作用，同时外汇行市亦提升较少，故在此期间物价涨势尚称平稳。

第九期——自三十六年十一月下旬至年底止。上期物价之短期稳定，原属暂时现象，十一月中起华北战局吃紧，资金流向东南，上海金融性投机商品首现涨风，食米价格继起波动，追大钞出现，涨风赓续未已，迨至十二月底，全国物价总指数趸售较基年上升十万零二千八百余倍，零售上升至十万零五千四百余倍。综观两年以来物价之变动虽仍继抗战时期之涨势，但与已战时物价变动之性质不尽相同，战时因消耗巨大，物资减少，复因财政亏欠，通货发行不断增加，因受人民看涨心理影响，通货流通速度极大，故战时物价继涨少跌。目前影响物价变动之原因则较为复杂，既有使物价上涨之因素，亦有使物价下跌之因素。由逐月指数变动之情形，观之胜利后，我国各地一般物价之变动，确有涨跌互见之现象，造成此种现象之原因主要不外通货发行之或速或缓，金融政策之一张一弛，与军事政局之风云变幻等，此外因共党叛乱，战祸蔓延，交通运输困难，使各地物价变动之差异极大。根据本局所编各重要城市物价指数月报之记录。三十五年一月上海趸售物价指数较基年上涨之倍数为一千六百余倍，重庆则为二千零九十余倍，迨至三十六年十二月止上海之指数升至十万零六百余倍，较三十五年一月计上涨六十余倍，重庆则升为六万四千余倍，仅增加三十余倍，因之两年以来，光复区（以上海为代表）物价之上涨率一倍于后方（以重庆为代表），如在胜利之初，上海物价指数尚不及重庆之半，及至三十六年底，上海物价水准则高出重庆百分之五十七。

三、全国公务员生活费总指数

本局按月查编之各重要城市公务员生活费总指数与公教人员

待遇之调整有关，兹略述其内容如下。此项生活费指数系采加权总值式，首先确定一成年之男性公务员每月所需各项生活必需品之最低数量以为权数，各以价格乘之，再相加而得总消费值复以本期总消费值除基期总消费值而得总比率即为指数。设战前民国二十六年上半年，全国平均每月每人总消费值为十五元零四分，而三十六年度全国每人之平均总消费值为三十九万七千零二十六元，其比率为二万六千三百九十八比一，其指数则为二万六千三百九十八倍。

本指数系自三十年十月开始编制。各项生活必需品之选择及各项消费量(即权[])之确定，以及物价之调整等均经审慎从事，力求其正确可靠，编制之初由本局以重庆二十六年上半年之平均每月总消费值为基数，以重庆为基地，核算各地指数，并以重庆、成都、西京、兰州、贵阳、昆明、康定等七重要城市为后方各地之代表，胜利以后包括地区逐渐扩大，迨至三十五年底已增至二十七大城市，至三十六年底，又增至三十二城市，所包括之地区已遍及全国，乃将已往编成之以重庆为基地之指数，另行改编为南京市。二十六年上半年平均每月总消费值为基数之指数，盖南京为我国之首都，行政之中心，以之作为基地较为适当。且根据非常时期改善公务员生活费办法施行细则之规定，各地公务员生活补助费之发给须视其当地指数较首都指数之高低而增减之，惟两地指数不能径相比较，盖因其基数物价或总消费值不同，比较之结果必不会允用以调整待遇，则同薪给同物价之所得又因基期物价不同而有异，如甲、乙、丙三地，甲、乙两地现时物价相同，其总消费值亦同，惟因甲地基期总消费值较乙地为高，故指数则较乙地为低，而丙地现时物价本低于甲、乙两地，惟因其基期总消费值较甲、乙、丙地为低，故指数则反高于甲、乙两地，据此是故必须将基期物价加以换算，使其立足点平等，方可比较，用以作调整待遇之参考，始能公允，故各地公务员生活费指数之编制，宜以南京二十六年上半年平均每月总消费值为基数另行换算其理由在此，兹就两年来之全国公务员生活费总指数之变动情形分述如次：

1. 指数变动概况

三十五年一月份全国公务员生活费总指数较基年（二十六年上半年）基地（南京）生活费水准约高出一千六百余倍，二月份指数升为二千一百八十余倍，较一月升百分之三十，三月份为二千六百余倍，较二月上升百分之二十三，四月份为二千九百余倍，较三月上升百分之十，五月份为三千五百余倍，较四月上升百分之十八，六月份为四千零二十余倍，较五月上升百分之十五，七月份为四千四百余倍，较六月上升百分之十一，八月份为四千六百余倍，较七月上升百分之四，九月份为五千零五十余倍，较八月上升百分之九，十月份为五千六百余倍，较九月上升百分之十二，十一月份为六千二百余倍，较十月上升百分之十，十二月份为七千一百余倍，较十一月上升百分之十四。自三十五年一月至十二月之全年平均公务员生活费总指数为三千八百六十余倍，较上年度之本类全国总指数一千七百六十余倍，约上升百分之一一九，每月之平均增涨率为百分之一二.八。自三十六年一月份起指数续升为八千四百余倍，较上年十二月之七千一百余倍，约上升百分之十八，二月份为一万一千余倍，较一月上升百分之三十一，三月份为一万三千余倍，较上月上升百分之十八，四月份为一万五千余倍，较三月上升百分之十五，五月份为一万九千余倍，较四月上升百分之二十七，六月份为二万三千余倍，较五月上升百分之二十一，七月份为三万零七千余倍，较六月上升百分之三十，八月份为三万四千余倍，较七月上升百分之十四，九月份为三万八千余倍，较八月上升百分之十三，十月份为五万二千余倍，较九月上升百分之三十五，十一月份为六万九千余倍，较十月上升百分之三十二，十二月份为九万八千余倍，较十一月上升百分之四十三，自三十六年一月至十二月之全年平均公务员生活费总指数为二万六千三百余倍，较上年度之本类全国总指数三千八百六十余倍，约上升百分之五八四，每月之平均增涨率为百分之二二.七。综计本类全国总指数自三十五年一月以较基年上涨一千六百余倍之倍数，递升至三十六年十二月止之九万八千余倍，在兹二十四阅月间，平均每月之增涨率约为百分之一八.五。

2. 指数变动原因之分析

两年来本指数之上涨长期趋势，大抵与零售物价指数略同，就两者之全国总指数言之，三十五年全国公务员生活费总指数较基年上涨之倍数与同年全国零售物价总指数相较，系零售物价总指数高于公务员生活费总指数约百分之十，至两者较上年之总指数之增涨率，零售物价指数为百分之一二三，公务员生活费指数为百分之一一九，相差仅百分之四，如再以三十六年全国公务员生活费总指数与零售物价总指数两者较基年上涨之倍数而言，则仍系零售物价指数高出公务员生活费指数约为百分之八，至两者较上年之总指数之增涨率则至为接近，于此可证明公务员生活费指数之变动与零售物价指数之升降极相似。惟三十六年度内十一、十二两月公务员生活费指数之增涨率较零售物价指数高出百分之七及百分之八，是为前所鲜见之现象。

公务员生活费指数以查编方法简易，故推行地域较广，目前查编者全国计有首都各直辖市，各省会及专员公署所在地等重要市县一百八十余地区，均由本局以南京为基地之二十六年上半年平均每月总消费值为基数，逐月核编各该地之公务员生活费指数，并汇编总指数。又本指数因包括地域较广，指数之差异程度亦大。三十六年十二月各地之公务员生活费指数最高者为太原之二十一万六千余倍，最低者为重庆之五万四千余倍，相差为四与一之比，全国公务员生活费总指数为九万八千四百余倍，与全国零售物价总指数十万零五千四百余倍相较约低百分之八。

四、指数

表一、全国趸售物价指数

基期:民国二十六年上半年=100　　计算方法:系各地指数之简单几何平均

时　期	总指数	食物类			衣着类指数	燃料类指数	金属类指数	建筑类指数	杂项类指数
		类指数	粮食指数	其他食品指数					
二十六年	103	900	108	103	107	103	109	104	102
二十七年	131	108	94	123	160	131	162	141	164
二十八年	220	163	134	198	308	234	305	227	240
二十九年	513	406	335	489	763	629	732	453	486
三十年	1,296	1,170	1,080	1,278	1,727	1,374	1,844	1,108	1,152
三十一年	3,900	3,254	3,038	3,493	5,527	4,347	5,760	3,167	3,704
三十二年	12,936	9,425	8,675	10,378	23,633	14,274	17,354	10,152	11,556
三十三年	43,197	34,808	29,657	40,256	77,059	47,621	50,446	30,628	43,227
三十四年	163,160	149,245	125,063	174,361	231,657	184,948	183,870	117,373	146,717
三十五年	379,600	351,268	329,185	372,074	491,055	482,736	355,664	339,133	324,698
三十六年	2,710,750	2,373,720	2,354,340	2,394,530	3,462,820	3,255,740	3,018,140	2,359,660	2,457,590
三十七年一至八月	61,200,000	21,828,000	23,004,000	20,898,000	27,953,000	23,898,000	27,678,000	20,908,000	22,155,000

表二、全国零售物价指数

基期:民国二十六年上半年=100　　计算方法:系各地指数之简单几何平均

时期	总指数	食物类			衣着类指数	燃料类指数	杂项类指数
		类指数	粮食指数	其他食品指数			
二十六年	103	101	97	103	107	105	103
二十七年	130	115	95	128	156	138	140
二十八年	213	175	135	203	295	220	243
二十九年	503	416	340	479	725	538	532
三十年	1,294	1,168	1,079	1,249	1,718	1,241	1,249
三十一年	4,027	3,272	2,998	3,467	6,023	4,080	4,242
三十二年	14,041	9,852	8,466	10,540	25,539	14,050	14,330
三十三年	48,781	35,639	29,456	40,304	90,200	51,945	52,572
三十四年	190,723	58,780	124,618	180,867	299,323	241,521	184,455
一月	93,751	69,405	56,169	78,273	166,403	119,627	104,472
二月	115,758	88,539	73,234	98,678	200,102	141,224	118,213

续上表

时期	总指数	食物类			衣着类指数	燃料类指数	杂项类指数
		类指数	粮食指数	其他食品指数			
三月	141,998	111,609	71,092	125,042	243,107	167,406	140,504
四月	159,902	124,546	99,749	141,319	278,103	179,489	163,605
五月	199,229	159,042	127,840	179,506	346,077	212,877	196,083
六月	228,868	195,196	162,881	215,328	349,094	240,924	226,501
七月	261,913	232,811	207,517	247,252	426,504	274,579	245,110
八月	286,636	253,927	204,889	284,576	428,413	295,116	250,942
九月	206,306	188,600	139,721	231,801	239,106	236,358	186,830
十月	212,008	190,925	135,834	229,684	285,046	235,733	187,783
十一月	244,321	213,705	147,589	244,053	385,738	277,417	224,267
十二月	256,495	211,882	151,277	253,760	395,956	292,610	263,170
三十五年	424,992	374,731	333,454	398,758	581,179	511,823	374,497
一月	205,690	168,910	139,770	186,030	308,820	223,260	209,190

续上表

时期	总指数	食物类			衣着类指数	燃料类指数	杂项类指数
		类指数	粮食指数	其他食品指数			
二月	264,360	222,250	187,250	237,060	412,090	274,760	256,620
三月	320,760	273,010	250,500	285,450	468,720	359,060	303,360
四月	341,710	297,910	280,910	307,070	467,100	385,810	326,150
五月	384,460	350,880	243,010	355,320	493,530	426,010	350,420
六月	422,902	397,530	378,370	407,660	542,460	473,760	359,930
七月	463,383	432,504	404,138	450,300	573,082	572,637	383,416
八月	485,668	434,573	386,767	459,965	588,698	635,370	392,661
九月	542,026	490,377	410,767	537,972	701,052	728,631	439,228
十月	619,384	535,310	455,355	583,647	902,277	830,845	504,011
十一月	660,161	570,887	481,161	620,711	926,445	905,086	552,192
十二月	318,274	615,633	522,083	668,729	1,011,810	977,057	611,181
三十六年	2,864,310	2,472,750	2,385,560	2,525,750	3,788,440	3,563,440	2,706,520

续上表

时期	总指数	食物类			衣着类指数	燃料类指数	杂项类指数
		类指数	粮食指数	其他食品指数			
一月	846,545	736,021	625,101	801,530	1,165,380	1,131,750	714,414
二月	1,220,760	1,044,650	972,209	1,080,460	1,619,020	1,556,220	1,154,620
三月	1,324,650	1,121,760	1,046,550	1,156,010	1,682,350	1,737,440	1,320,960
四月	1,476,550	1,271,830	1,241,730	1,287,270	1,930,190	1,833,000	1,395,950
五月	2,098,070	1,892,260	2,216,870	1,833,285	2,689,240	2,362,980	1,944,150
六月	2,644,610	2,419,320	2,499,190	2,374,430	3,318,720	2,932,800	2,436,210
七月	3,322,100	2,880,100	2,852,100	2,893,300	4,355,000	3,855,800	3,171,900
八月	3,650,600	3,207,000	3,003,600	3,321,100	4,612,500	4,429,600	3,536,300
九月	4,325,700	3,748,600	3,416,500	3,935,900	5,632,800	5,300,400	4,152,500
十月	6,270,300	5,203,300	4,948,500	5,345,500	8,835,300	8,172,500	5,981,900
十一月	7,837,600	6,408,200	6,048,500	6,611,100	11,029,100	10,507,400	7,573,600
十二月	10,546,000	8,842,200	8,616,500	8,969,800	14,503,400	13,753,100	9,968,800

续上表

时　期	总指数	食物类			衣着类指数	燃料类指数	杂项类指数
		类指数	粮食指数	其他食品指数			
三十七年一至四月	24,359,000	22,381,000	23,472,000	21,859,000	29,605,000	26,447,000	23,357,000
一　月	14,322,200	12,841,000	12,843,000	12,890,200	17,914,000	16,895,500	13,328,500
二　月	19,329,000	18,377,000	19,037,000	17,989,000	22,732,000	20,847,500	17,985,500
三　月	31,155,000	28,620,000	31,990,000	27,001,000	37,325,000	32,440,000	30,350,000
四　月	40,822,000	37,152,000	38,690,000	36,465,000	50,539,000	42,816,000	40,443,000
五　月	56,438,000	53,639,000	55,437,000	52,780,000	68,294,000	56,446,000	51,896,000
六　月	108,160,000	98,980,000	103,152,000	96,915,000	141,400,000	112,429,000	99,208,000
七　月	280,530,000	244,540,000	252,290,000	240,180,000	380,480,000	308,220,000	271,070,000
三十七年一至七月	48,183,000						
一至八月	61,200,000						

表三、全国公务员生活费总指数

以南京二十六年一至六月平均总消费值为基数计算

即南京二十六年上半年之指数=100

时期	指数	时期	指数
民国三十一年	3,883	上半年	1,415,800
二年	11,658	一月	840,388
三年	41,823	二月	1,102,982
四年	76,657	三月	1,305,633
三十五年全年	386,140	四月	1,507,165
上半年	273,070	五月	1,906,730
一月	167,687	六月	2,315,912
二月	218,404	下半年	4,921,900
三月	269,203	七月	3,007,870
四月	297,293	八月	3,431,781
五月	351,261	九月	3,869,010
六月	402,684	十月	5,240,232
下半年	546,040	十一月	6,903,510
七月	448,611	十二月	9,840,300
八月	465,018	三十七年一月至四月	22,144,700
九月	505,289		
十月	566,719	一月	13,488,400
十一月	623,118	二月	18,143,000
十二月	712,060	三月	27,113,000
三十六年全年	2,639,800	四月	36,244,000

〔国民政府资源委员会档案〕

4. 上海市参议会为国家经济政策违反民望民怨沸腾建议解救财政经济危机方策的代电及有关决议案件

（1946年9月27日）

南京。国防最高委员会钧鉴：查抗战胜利已逾一年，因国家经济政策未尽符合人民期望，金融措施未能配合复兴计划，驯至物价日涨，币值低落，生产更陷绝境，财政益失平衡，入超数字与日俱增，经济崩溃逼于眉睫，处理敌伪产业失平。人谋不臧，民怨沸腾。本市夙为全国经济金融重心所在，深悉底蕴，痛感切肤，乃于本会首届第一次大会开幕以来，即经本市商会银钱两业同业公会、中国茶叶协会等团体及参议员王正廷、骆清华、刘靖基、劳敬修、姜怀素等针对特弊，提出具体解救方案。复经本会分别缜密审查，提请大会慎重决议在案。兹特撮其纲要胪陈如左：

一、关于调整银行业务者（略）

二、关于调剂农工商业资金者

（1）对于各工厂生产资金的缺乏，应请举行长期低利之有计划工贷，俾能增加生产，保证偿还。

（2）对于工厂贷款应由国营专业银行调查各厂工业生产实际需要，低利贷放，其担保品应不仅限于原料及制成品，凡厂房、机器、地产等俱准提供作抵押品。

（3）各地农村因承历年兵燹之后，举凡种籽、耕牛、农具之购置，水利之浚治，灾害之防除，均有待于巨额资金之借垫。农业贷款应继续积极推进。至于农产输出物品如生丝、桐油、茶叶等之产制品加工贷款，亦不可中止。秋收在望，谷贱伤农，为维护农民生产利益计，亦望中国农民银行迅速举办谷贷、棉贷。

三、关于发展国际贸易者

（1）实行进出口连锁制度（或仅就金额上连锁或依其种类上

予以连锁，如输入棉花者，于若干时日内负责将纱布输出），并辅以贴补出口或实行高价收购若干，与易货偿债有关之物资更应由政府高价收购，以维农业。

（2）实行以货易货制度，例如抗战初期，政府曾以茶叶与苏联易货并空运美国接济北非，销路颇有相当成绩，此项办法对于统制国际贸易之国家，如苏联等最为适宜，亦为目前茶商之迫切要求。

（3）运用经济外交拓展市场，以华茶一项而言，现有若干国家关税颇有不利华茶之规定，如英国限制今年华茶进口数量为二佰伍拾万磅，仅为一九三七年华茶输英量之百分之二十。美国则因限制物价，对华茶限价极低。又如为我国绿茶最大市场之北非法属摩洛哥，法政府有禁止华茶进口之命令，拟请政府循外交途径与各该国交涉，免除上述各种限制，以扩展华茶市场。此外如北非绿茶市场中心之卡萨布兰卡尚未设置领馆，茶商因缺乏指导、联系，贸易备受阻碍，亦拟请尽速增设领馆，以资保护而利推进。

（4）豁免外销货物之货物税，以轻成本。

四、关于活泼本市土地金融者

（1）对于土地金融，应请政府速订办法，积极实行，以发展农业金融事业。

（2）银行法草案对银行承受不动产后至重行出售之最长期限仅以一年为限，过嫌短促，应请修正。

（3）上海工商业向银钱业融资金向多以房地产为押款之重要担保，乃年中中交农等银行对工商业融通资金皆不允以不动产为担保，商业行庄因此亦不敢承受，此为活泼土地金融之最大障碍，应请政府速予改善。

五、关于补偿本市抗战损失者（略）

六、关于解救本市燃料恐慌者

查本市工厂林立，人口众多，对于燃料之需求为数颇巨，胜利以来，煤巴煤斤因交通阻梗，不克源源接济，而中央燃料管理委员会对于燃煤之购置、运销复加统制，而结果则以统制之名行垄断之实，以致煤荒日益严重，煤价日益上腾，长此以往，不特影响生产，抑且妨碍民生，应请迅予解除统制，俾鼓励市民自由购置运销，调剂供求，以苏民困。

综上所述，皆为本市目前最迫切之问题，本市商会前于八月间第九届大会后曾综合关于经济建设方面重要决议作成纲要，派员携回晋京，分谒中央常委、国民政府、最高国防会议、行政、立法两院及财政、经济两部请愿在案。乃查时逾一月，均未奉到切实批示，而中央最近调整汇价之事发生以后，对于奖励出口一端，仍因生产成本高于国外市场价格，出口贸易未见改善，国内物价反先随之上涨，继之四联分处又有否决八种生产贷款及国家银行停止工贷之声明，是更一错再错，徒见标榜扶植生产事业，奖励输出之空名，而使生产界更陷于万劫不复。本会宣达民隐，职责所在。观夫水深火热中之三百五十余万市民喁望情殷，不忍再事缄默。除检同原决议案六件分电国民政府、中国国民党中央常务委员会、行政院、经济部、财政部、交通部及农林部外，爰特推派徐副议长寄庼、参议员□□□……等拾壹人为代表晋谒钧会，面陈实情，尚祈俯察本市危机，举国与共，准予接收建议，逐一施行实为公便。上海市第一届参议会议长潘公展，副议长徐寄庼。申感。印。

附呈金字第四号、金字第七号、金字第十号决议案三件、临时动议决议案三件

上海市第一届参议会第一次大会决议案审查报告（金字四号）

案由：建议政府从速改善金融政府，积极办理生产贷款及农村贷款，压平黑市高利，以减低成本，稳定物价，解救工商及农民艰困，以免经济崩溃案。

理由：查当前吾国经济危机殊为严重，其结症所在固非一端，

最重要因素厥为政府始终重视财政收支，忽视工农业生产，厉行盲目紧缩，虽生产必需之资金亦无一不在断然紧缩之列，致正当工商业舍以高利贷举黑市债以外，别无融通资金以资周转之途径。胜利复员已届一年，不图工商界所受金融当局之压迫窒息，变本加厉，日益深重，目前上海工商界为此组织请愿团晋京请愿。所获结果徒见扶植生产事业奖励输出，节制进口之空头声明，而继此声明之后，复有四联分处之否决八种生产贷款与国家银行临时停止已洽妥之多种工贷，此种上下矛盾，言行不符之措施，诚使人民百思莫解，默察政府对于生产贷款之观念，始终误以为将刺激物价，因而即使能扩张生产，增加输出之贷款，亦一味不予，长此以往，不但高利贷益形猖獗，黑市亦将无可举之债。目前现干血劳现象之工农产业，势非枯竭待毙不可，而已濒危殆之国内经济，其危机亦将益形深刻。为图挽救危亡，谨请建议政府切实纠正金融政策之错误，从速积极办理低利生产贷款，其办法约如左列：

办法：(一)请政府规定巨额款项，尽量以低利贷予生产界，并简化贷款手续，藉资挽救工商业危机。

(一) 由国营专业银行查各厂工业生产实际需要之资金，尽量以低利贷与，其担保品应不仅限于原料及成品，凡厂房机器地产等俱准提供作抵押品，押汇与商品之运销放款并应积极承做，以期货畅其流。

(一) 为防止通货发行过多，可另办实物贷款，应请政府以必要物资如生产原产燃料、机器设备等贷给实需各厂，以发展其生产。

(一) 中央银行应从速积极办理转低押重贴现辅导各银行及钱庄，乐于接受生产贷款，藉以确立长期资金之供应市场。

(一) 商业银行与工商业有密切关系，政府应放宽对商业银行管理办法，切实扶植以收间接扶植工商业之效。

(一) 农产物贷款应继续积极推进，农产输出物品如生丝、桐油、茶叶等之产制加工贷款不可中止，秋收在望，谷贱伤农，谷贷即望。又如棉花亦将登场，为维持农民生产利益，亦望速定办法，分区办理棉贷。

（一）对于土地金融，应请政府速订办法，积极实行，以发展农业金融事业。

以上各点为维护农工生产目前急需之要求，亦为挽救当前工商业经济危机所切需之救济办法，拟请政府从速实行，是否有当，尚请公决。

大会决议：修正通过并推派代表于闭会后晋京请愿。

上海市第一届参议会第一次大会决议案审查报告（金字七号）

案由：请市府转请财政部对于原定进口物品限制规定，严格执行，其申请进口之外货应将进口税酌予调整，以维民族工业案。

理由：查洋货运华倾销一部分为我国战后复兴所需之机器、原料外，颇多饮食奢侈消耗品，以及我国自能生产之制成品，彼挟其优廉之特点，摧残我萌芽之工业，致战后准备重建之民族工业遭严重打击，工厂有倒闭之危，工人无复业之望，危机严重，迫于眉睫，应分别舶来之实际需要，高低关税壁垒急起抢救。

办法：拟请市府核转中央对于民族工业之生存发展，妥筹方案，切实维护，对外于长驶直入之洋货倾销，尤其无关于战后经济复兴之制成品，如饮食奢侈消耗本国自能制造之，制成品进口科以高率进口税，树立关税壁垒，遏止竞争而维护民族工业生存。

大会决议：原则通过。

上海市第一届参议会第一次大会决议案（审查报告金字一〇号）

案由：准上海市商会（25）字第一四八号函为请向市府建议将

本会请愿事项转呈中央迅予实施案。

理由及办法见附原函

上海市商会公函

径启者:敝会鉴于自抗战胜利军事结束以来,瞬将一年,因经济政策未能规划适当,循至财政金融政策亦陷入错误,遂使币值益落,物价日涨,财政既失平衡,经济更陷绝境,既为工商业之集体,自有建议补救之责,迭经召集所属会员商讨办法,又与中国工业协会上海分会共同商讨,期于各尽所知,集思广益。旋经决定,相偕入京请愿,其请愿事项要目有八:

(一)为增进国家银行之办事效率起见,撤销四联总处,加强银行专业化,中央银行尤须履行其银行之银行职务,办理重贴现与转抵押,同时并减低存款准备金定率,并确认准备金之性能加以活用。

(二)速办生产贷款,除工贷已详第六项外,目前较为安堵之农村,因承历年兵灾之后,举凡种子、耕牛、农具之购备,以及水利之浚治,灾害之防除,均有待于巨额资金之垫借,此外如棉麦、丝、茶、桐油农民收制需款外,运输款均应由农民银行统筹全局,急起办理。

(三)实行进出口连锁制度(或仅就金额上连锁或依其种类上予以连锁,如输入棉花者于若干时日内负责将纱布输出),并辅以贴补出口,或实行高价收购若干与易货偿债有关之物资,应由政府高价收购,以维农业。

(四)组织复兴实业投资公司,资本定为美金二十亿元,由民间筹集四分之一,所有民间在海外资金得先准扩充,其余则向旅外华侨及彼邦人士招募四分之三,由政府规定保本保息,以资提倡。

(五)复员工厂所受之一切损失应尽速予以补偿,并以优惠条件准其尽先承受没收之敌伪工厂及原料品,以完成工业复员。

（六）各厂复兴资金均感缺乏，请举长期低利之有计划工贷，俾能增加生产，保证偿还。

（七）对于劳资双方应在一切法令之下立于对等地位，从而取得协调。

（八）在外汇未能合理调整，关税未能保护以前，对于垂绝之民族工业应实施贴补政策以资挽救等语，并将第九届会员大会关于经济建设方面之重要提案计分第十二号、第十六号、第十九号、第二十一号、第二十六号、第三十六号撮叙纲要，作为附呈于分谒中央常务委员会、国民政府、最高国防会议、行政、立法两院、财政、经济两局当局之时面递在案，现自请愿回沪已逾一月，所呈各件均未奉到主管当局切实批示，其设施之表现于工商方面者，例如调整汇价一事，核与敝会会员大会提案十二号所请采用外汇等级制之办法全然各异，施行以来，成效未见，而国内一般物价先随之上涨，其尤堪痛心者，当局在调整外汇价格，抑止通货膨胀政策之下，突然将生产必需之资金亦一并予以紧缩，遂使四联分处对于八种生产贷款加以否决，而国家银行对于已经洽妥之多种工业贷款与输出物品之制运贷款，亦临时停止，此与请愿事项中之第二、第六两项适成背道而驰之势，当局一方面欲免除出口税，掠取奖励输出贸易之美名，而一方面对于扩张生产增加输出之贷款，又靳而不予矣，使工商业虚惠未沾先蒙实害，长此以往，非但高利贷无从禁遏，且因信用盲目紧缩，恐致黑市亦无可举之债，请愿之意，原为解除工商业痛苦，今则如水益深，如火益热，转有变本加厉之处。查上海都市之基础完全建筑于工商业之上，如果工商业土崩瓦解陷于整个溃灭之域，则上海势将回复其百年前未开市时之滨江一邑，于国计民生计，地方利弊，关系极巨。敝会棉力薄才，对于为工商业请愿一事，集合整个工商界之心思材力，费去数月时间，结果非等于零，且得其反，筹思无计，只有函请贵会按照上述情形向市政府为诚恳痛切之建议，请其转呈中央为全体工商业请命，按照请愿八项要目，逐一迅予施行，实纫公谊，此致上海市参议会。

上海市商会理事长　徐寄庼

常务理事　骆清华　吴蕴初

寿景伟　金润庠

葛杰臣　徐学禹

中华民国三十五年九月十二日

大会决议：通过与金字第四号并案修正后交赴京请愿团代表办理

上海市第一届参议会第一次大会决议案（临时动议）

案由：王参议员正廷等提议：为解除上海市民煤荒之恐慌，本参议会谨代表上海四百万之市民向中央主管机关建议撤销煤料管理委员会之燃料统制，俾市民自由购买运销燃料，以苏民困。

决议：通过。

上海市第一届参议会第一次大会决议案（临时动议）

案由：姜参议员怀素等七人提议：查敌伪产业处理局在上海区处之物资及工厂房屋标买之款（报载总值壹万亿元）均系敌伪搜括掠夺上海市民之膏血，自应归还本市，即按诸中央与地方均权之义，亦应以半数拨归本市充作建设文化及公益事业之用。

决议：一致无异议通过。

上海市第一届参议会第一次大会决议案（临时动议）

案由：（议长交议）为接准本市银行、商业同业公会及钱商业同业公会联名函进，房地产不便作为押放款之担保品以来，本市工商业之复兴与建设蒙受甚大阻力，亟望能有改善，请予核议，分别向中央及市当局建议办理到会。查所陈理由均详原函，兹将原函附录于后，提请大会公决。

附原函

谨启者:查上海自开辟商埠以来,工商业向银行、钱庄融通资金向来多以房地产为押款担保,银行、钱庄办理放款亦向视房地产为优良之担保品,此项习惯悠久而普遍。过去上海房屋兴造之踊跃,房地产投资之兴盛,都市繁荣之促成,工商业获致资金之便利,金融业放款保障之稳定,多由于此,即在沦陷时期,房地产之买卖抵押亦尚活泼,胜利以来,时逾一载,本市房地产之买卖与抵押已入空前沉寂状态,有力投资者裹足不前,有意出售者难于脱手,房荒空前严重,而兴造修缮寥若晨星,工商业切需资金而担保品类无多合格,似此长期呆滞症结所在(一)为土地法内地价税、土地增值税、土地改良物税及登记费、变更登记费等等,名目众多,手续繁重,原业主及拥资者均忧捐税负担之重,故其投资兴趣已有烟消云散之慨。(二)为房租金额受市政府严厉限制,房租收益微薄而捐税之负担甚重,挹此注彼,尚有不敷,修理乏资,遑言兴造。(三)租金低廉之利益仅及于直接租户,除享受此利益外,复得以一部分租出顶,非但之房客之租户负担仍属其重,而出顶、分顶之事法律限制等于具文,业主干涉为难,房权不能行使,且前经敌伪强占,房屋中颇有经接收分配成新的强占以后业主至今无法过问者,故各界人士对房地产之购置受押或改良均已视为畏途。(四)银行法草案对银行承受不动产后至重行出售之最长期仅以一年为限,优良之担保性质为之减色。(五)中交农等银行为工商业融通资金皆不允以不动产为担保,商业行庄亦因不免顾虑,敝会会员银行及其工商客户讨论及此,佥觉本市工商业之需要资金供应本市房屋修缮兴造及房地产投资之需要,鼓励本市建设之需要推动其殷切急迫,未有甚于今日者。上述五点为本市工商业复兴及全市建设甚大之阻力,亟望能有所改善。兹经本市两公会会商结果,拟请贵会审察事实,根据舆情,分别向中央及市当局建议,迅速设法改善,以利工商而裨建设,相应专函奉陈,至乞核议酌办,至纫公感。谨致

上海市参议会潘议会公展、徐副议长寄庼

上海市银行商业同业公会理事长李铭
上海市钱商业同业公会理事长沈日新

大会决议：一、二、三点删除，四、五两点通过并交本会赴京代表列为向中央请愿事项之一。

〔交通部档案〕

5. 国民政府经济部统计处关于全国六大重要城市物价狂涨情形的统计报告

（1946年12月）

一、全国六大重要城市趸零售物价总指数及七种主要物品价格之变动说明——三十五年一月至十二月份——

抗战期间由于物资缺乏与通货膨胀物价剧烈上昂，人民生活维艰。日本投降之前国运复苏，人心振奋，预期币值可能提高，物资必将增，国货商人削价竞售，因之全国各地物价曾一度猛烈下泻，但为期不久，旋又回复涨势，其波动之烈反较战前为甚，以致复员建设遭受窒碍，经济危机益趋严重。考其原因，一面由于复员期间用费浩繁，通货非特不能收缩且继续加增，复以国共商谈终成僵局，和平无望，人心恐慌，主要交通路线迭遭破坏，致物资不能畅流，生产因而萎缩。兹为明了一年来全国各地物价变动概况起见，爰就上海、南京、汉口、重庆、天津、广州等六大重要城市之趸零售物价总指数及黄金、美钞、棉纱、棉花、烟煤食米及小麦等七种主要物品价格之变动情形，略加分析说明如次：

一、全国六大重要城市趸零售物价总指数变动说明

本年度各重要城市之全年平均总指数若与基期（二十六年上半年）物价水准相较趸售指数以汉口上涨五二五三倍为最高，南京四八一三倍，天津四六二八倍，上海四三二五倍，广州三五三七倍，次之重庆上涨二八二七倍为最低，零售物价指数则以上海上涨三

三一二倍为最高，汉口五二五三倍，南京五〇八七倍，广州四八九三倍，天津四六四〇倍，次之重庆三二五一倍为最低。

一年来，六大城市之物价指数除汉口一地趸零售指数皆以十一月份为最高外，其他五大城市无论趸售零售一律以十二月份之指数达一年来最高峰，足证各地物价尚在继续高涨也。若以六大城市之物价指数比较，趸售以天津上涨七八三四倍为最高，南京七六三九倍，汉口七五九八倍，上海六八二七倍，广州五一二〇倍次之，重庆涨四三一九倍为最低。零售则以上海上涨八一五四倍为最高，南京八〇一四倍，汉口七七七六倍，天津七六四二倍，广州六八三七倍次之，重庆四八八三为最弱。

就本年各月之上涨速率言，六地指数大体均以二三月份及九十月份腾提最速，缘以前期正值国府还都之期，人口东移，需要大增，以致食粮及燃料之价格飞涨，后期则由于中央银行调整外汇牌价对美汇率，由二〇二〇元提高至三三五〇元，增加达百分之六十五，因此市场即起猛烈反应，一般物价无不随之高昂，此外如和谈陷于僵局，共军在华北、东北、中原、苏北等地窜扰，战乱扩大，运输受阻，亦为物价高涨之主要因素，至其他各月指数虽涨多跌少，然其波动幅度较缓，详细情形如表三十六及表三十七所列。

二、全国六大重要城市之七种主要物品价格变动说明

本年度上海、南京、汉口、重庆、天津、广州等六大城市之黄金、美钞及棉纱、棉花、烟煤、食米、小麦等七种重要商品各月平均价格均较一月份节节上扬，其平均上涨率若与一月份比较，以十二月份之烟煤上涨百分之四一〇为最烈，九月份之食米涨百分之三六一及十二月份之美钞挺百分之二九三，黄金升百分之二五二，棉花提百分之二一四，棉纱高百分之一六一较次，小麦仅升百分之九八为最弱，其详情如复列各表，又各类物品价格在各地之上涨情形亦分别附录于后：

二、全国六大重要城市趸售国货及外国货价值总指数比较表

民国三十五年

基期民国二十六年上半年＝100　　公式：简单几何平均

时期	上海		南京		汉口		重庆		天津		广州	
	指数	%	指数	%	指数	%	指数	%	指数	%	指数	%
本年平均	432611		481391		525417		282844		462891		253842	100
35年1月	162481	100	176454	100	273806	100	209581	100	139359	100	202603	110
2月	272056	167	260500	140	320369	117	225808	108	243510	175	222955	122
3月	349300	215	355785	207	397850	145	235728	112	291244	209	247042	139
4月	333854	205	375790	213	436210	159	248296	118	282684	203	282627	151
5月	363242	224	431270	244	493011	180	252408	120	376544	270	306332	154
6月	376867	232	480450	272	508480	186	256963	123	408405	315	312159	171
7月	408110	251	489789	278	536022	196	258964	123	446480	320	347143	196
8月	445440	274	498278	282	524288	191	266122	127	489075	351	396243	217
9月	526725	321	567650	322	578588	211	294239	140	593062	426	439606	217
10月	632400	389	672543	381	724017	257	340165	165	702367	504	494737	244
11月	643043	396	704200	399	772500	282	373999	178	768424	551	482586	238
12月	682814	420	763980	433	759867	278	430046	206	783541	562	512073	253

资料来源：根据各省市政府统计处室编制之物价指数汇编

三、全国六大重要城市零售国货价格总指数比较表

民国三十五年

基期民国二十六年上半年＝100　　公式：简单几何平均

时期	上海		南京		汉口		重庆		天津		广州	
	指数	100	指数	100	指数	100	指数	100	指数	100	指数	100
本年平均	531309		508844		555420		325227		464097		489357	
35年1月	171838	100	179332	100	273300	100	257537	100	133357	100	287405	100
2月	281425	164	268317	150	319131	117	274612	107	222165	167	304675	106
3月	400709	233	346120	193	389342	142	278304	108	269922	202	344633	120
4月	396373	231	467071	260	426730	156	287892	112	271626	204	409023	142
5月	452490	263	424610	237	470556	172	286147	111	371288	278	451610	157

续上表

时期	上海		南京		汉口		重庆		天津		广州	
	指数	100	指数	100	指数	100	指数	100	指数	100	指数	100
6月	492478	287	497771	278	509756	187	294252	114	447796	336	436243	152
7月	528800	308	509122	284	538675	197	285437	111	470965	353	474299	165
8月	555700	323	520078	290	548525	201	328468	120	521647	391	540242	188
9月	666486	388	606586	338	584614	214	337867	131	631506	474	603440	210
10月	784117	456	733267	409	707700	259	380803	148	715211	536	680475	237
11月	779760	454	752400	420	777660	285	423078	164	749249	562	656446	228
12月	865□□□	504	801460	447	759050	278	488326	189	764319	573	683835	238

资料来源:根据各省市政府统计处室编制之物价指数汇编

时期别	黄金（两）		美钞（美元）		二十支棉纱（包）		棉花（市担）		烟煤（吨）		中等食米（市石）		中等小麦（市石）	
	价格	%	价格	%	价格	%	价格	%	价格	%	价格	%	价格	%
三十五年1月	93357	100	1448	100	951355	100	65072	100	65917	100	14081	100	19160	100
2月	135842	146	1847	128	1149258	121	81822	126	100997	153	22003	156	195141	102
3月	153992	165	1965	136	1243617	131	93035	143	116552	177	33259	236	21839	110
4月	149128	160	1975	136	1195669	121	16055	148	121217	184	37176	264	22046	115
5月	179996	193	2355	163	1418979	149	102815	158	108223	164	54394	386	28819	150
6月	192068	206	2518	174	1453200	153	107617	166	114587	174	53617	381	28978	151
7月	203360	218	2551	176	1379778	145	105355	162	121217	184	60577	430	28202	147
8月	207802	223	2670	184	1369717	144	108332	166	140184	213	64246	456	29166	152
9月	221561	237	3410	235	1677219	176	138112	212	172487	262	64957	461	26516	138
10月	229348	246	4083	282	2396875	252	190157	292	218128	331	60846	432	35271	184
11月	256221	274	4321	298	2358876	240	133848	267	266960	405	58164	413	37261	194
12月	328293	352	5688	393	2479868	26□	204031	314	336619	510	57008	405	37842	198

资料来源:根据中央银行经济研究处资料编制

〔国民政府经济档案〕

6. 国民政府全国经济委员会平抑物价方案

(1947年)

平抑物价方案

甲、关于国营事业及政府各部门掌握之物资与外汇之价格调整。

一、国营事业及政府掌握之物资与外汇价格须调整时,应同时调整,不得各自调整,藉免引起民营事业及其他物品之循环涨价。

说明:历来物价之波动,其因素甚多,但一般人民往往藉口于国营事业及政府掌握物资与外汇等具有领导作用,虽事实相反,但各主管机关缺乏联系,彼此调整,又复互为因果,致贻公用事业及其他工农各生产品每次涨价之口实,兹为齐一步骤,免贻口实起见,所有国营事业及政府所掌握物资与外汇之价格须要调整时,应同时调整,以免参差成为互相涨价之因素。

办法:凡国营事业及政府掌握物资与外汇之主管机关需要调整价格时,应先商由全国经济委员会召集有关各机关会商决定,同时同地一致调整公布实施。

乙、加强掌握物资以作平抑物价之用。

一、由各主管物资机关就所能控制之物资随时酌量抛售以平物价。

二、凡收购物资机关以定货贷款方式收购之物资,或指定收购物资,应由各主管机关支配用途,以资平抑物价。

三、国外救济物资,交由主管机关以作平价之用。

四、将行总剩余物资交由主管机关以作平价之用。

办法:一、由行政院核定平准物价基金,交由收购物资机关将所收购之物资分别种类,悉数移交各主管机关,由主管机关抄具平抑物价实施计划呈准施行。

二、各主管物资机关就其控制及国外救济及行总剩余各物资，视市场情形酌予抛售，以作平抑物价之用。

丙、推行配售及试行凭证购买制度。

一、京沪区、平津区公教人员依照现行办法继续配售各物品，俟物资充裕时再增配其他物品，并逐渐扩大其他重要大都市。

二、就各大都市指定物品种类试行凭证购买制。

办法：一、依照现行办法继续配售京沪平津区公教人员各物品，俟物资充裕时再酌量扩大配售范围。

二、指定各大都市之各种重要物品须凭证购买，限制数量，其无证者绝对禁止买卖，公教人员已有配售物品者不再售卖。

说明：欧西国家在作战及战后期间厉行管理货物凭证购买，故虽通货膨胀，物价尚不遇涨，富有者虽有资财亦难获致分外之物，我国亟应仿效，由政府指定各重要大都市，并指定物品种类数量，试行凭证购买制。

丁、加强评议物价。

一、增加评议物价地区严格执行议价。

二、注意产销地区及成品原料价格之平衡。

办法：一、呈由行政院增加指评议物价地区（注重主要原料生产地区），依照评议物价实施办法严格执行评议。

二、通行各省市政府注意议产销地区及成品原料之价格，以求相当平衡，严厉制止暴涨。

戊、严格取缔囤积居奇

一、增加指定取缔地区严格执行取缔。

办法：依照非常时期取缔日要物品囤积居奇办法，及其实施注意事项，增加指定地区，严格执行取缔。

己、限制游资流注上海，并力谋引导转入生产事业。

一、尽量设法限制游资流注上海，并由国家行局尽可能提高利率，保证安全引导游资分区分期投入生产事业。

办法：一、严格限制汇兑及现金之流入上海区。

二、提高存款利率转入生产事业之资金。

三、由主管机关拟具奖励游资举办生产事业，及奖励游资投入生产事业各办法，以利推行。

四、凡因依照政府奖励办法投入生产事业之资金，政府应保障其利息，并保证其资金绝对安全。

说明：游资泛滥，倾入投机事业，以致物价暴腾，工业凋敝，缺乏营建资金，呼吁政府贷款，前[?]制止为难，后者发行过多，愈形泛滥，移转游资入生产事业诚属切要之图，而如何奖励及保证其资金之安全与利息之获得，使其乐于投资当属重要。

〔国民政府全国经济委员会档案〕

7. 国民政府吉林省新闻处长叶显锐关于平抑物价方法的检讨及建议书

（1947年2月15日）

为平抑物价贡献刍荛　　　叶显锐

中国已临着经济最大危机的关头，若不设法挽救，恐将因经济的破产使政治崩溃陷国家于危亡，陷民族于万劫不复之境地。国以民为主，我是一个国民，所以敢大胆地贡献一得之见，以备政府采择施行。

一、物价高涨的原因

物价高涨的原因不外下列数种：第一求过于供，第二囤积居奇，第三通货膨胀，第四外汇高涨。先说求过于供吧，这是普通经济学的原则，大凡一种货物如果需用的人们太多而货物本身的出产太少，消费与生产不得平衡，谚云物以罕为贵，这样物价当然高涨了，物价高涨将使寒者不得衣，饥者不得食，酿成社会的不安，影响国计民计〔生〕异常重大。

第二囤积居奇，货物生产并没有减少而需用的人民并没有加多，但是因为一些奸商他们有了剩余的游资尽量收买货物予以囤积，他们所收买的货物超过他个人所需要的限度，那当然就有些人员买不着货物了，他们就故意抬高物价，以出售他们所囤积的货物而造成市面物价高涨的现象。

第三是通货膨胀，货物本身并没有减少，消费者并没有加多，而奸商也没有操纵，但是因为政府滥发纸币，使交易中准的通货也可以说是筹码尽量增多，这筹码的增多会使物价无形提高了，因为筹码和货物两者的本身也会生一种求过于供的现象，持有筹码过多的人尽量购买货物，而货物生产又不曾增加，这当然要使物价提高了。

第四外汇高涨，一个国家不能闭关自守与国际间老死不相往来，那么外汇比率的变更也可以刺激物价使之上升或下降，外汇高涨即等于法币贬值，那与通货膨胀发生同样的结果，所以外汇高涨也是物价高涨的原因。

以上四种原因在学理上讲起来还只有一种，这一种原因就是求过于供而已，所以求过于供才是物价高涨的主要原因。至于囤积居奇不过是奸商利用求过于供的原理造成求过于供的现象，通货膨胀不过是政府应付财政困难形成求过于供的结果，外汇高涨不过是国际的经济战争变成求过于供的情形而已。我们知道物价上涨的原因就可以根据国父知难行易的学说去求得一个解决的方法而加以应付了，不过这里要郑重说明的是今日中国物价高涨的原因却不是真正的求过于供，而是受了囤积居奇、通货膨胀、外汇高涨的影响。

二、过去平抑物价方法的检讨

我们政府当局确是贤明，每天都在绞脑汁设方法千辛万苦日夜奔波，想平抑物价以改善民生，以求得国家的发展。我们对于当局的苦心是应该虔诚感谢的，但对于平抑物价的方法我认为还必须加以检讨。

第一、在抗战的时候，政府为了应付物价尽量设法稳定币制，采取了黄金政策，向美国运回了大批黄金，用黄金存款的办法以吸收法币回笼，使法币不致膨胀，而信用日高，这个措施虽然没有达到稳定物价的理想，可是对法币的信用维持是收了莫大的效果，但是发生的流弊也很不少，这流弊是少数人发了大财而多数人一无所得。

第二、补助工商业，在工商业要求救济的时候政府常常支出大批款项予以补助，这在政府本意当然是希望工商业发达，成本可以减低，而售价自然可以廉贱，但是中国人是具有特殊自私心的，往往受补助的工商业者他们辜负了政府的苦心，不特不减低物价，却利用政府的补助金以作其特殊的营利而大赚其钱，使一般人民反因而蒙受损失。

第三、发展农贷，政府尽量发展农贷事业以求增进农业的生产，为农民解除高利贷的剥削，照理农业应该发展了，可是农贷的结果却被中间人利用了，加重农民本身的负担，而得到利益的不是真正贫苦无告的农民，而是农贷的经手人，故物价不特不能减低却反而增高了。

第四、鼓励出口，最近政府更尽最大的努力鼓励出口贸易补助百分之百、这当然是政府苦心的措施，可是美国也随着通过一条法律，凡是受过政府补助的中国货课以百分之百附加税，我的上帝，这岂不是政府的一笔补助费完全替美国增加了一笔收入，而结果是出口商人毫无所得吗？

第五、厘订外汇率和限制外汇及禁止黄金买卖，因为通货的膨胀，法币价值低落，外汇陡涨，黄金价格提高，如是奸商又利用他的游资大量购买美钞和黄金，政府事先也预料到此一着，所以有限制外汇和申请外汇的办法，可是因为政府没有在美国人到中国来的时候定出一条法律，即是凡携有美钞的人们必须将全部美钞换取法币方准使用，不然即予没收，所以美钞到中国来一天多似一天，大家因受限制没有办法买得外汇，但是可以用法币直接买得美钞。在美钞与法币两者本身又发生了一种供不应求的现象，所以美钞价格提高，而法币价格低落了。更有一些人他们买不到美钞，于是乃去购买黄金，弄得黄金也随之高涨了，政府虽然大批抛出黄金，欲求稳定黄金价格，但是黄金的数量始终没有法币那么多，所以政府愈是抛出黄金，而奸商仍是收买，等到黄金一旦抛出完了，法币信用没有了，政府就会陷于破产的境地，而极少数的奸商也就大发其财，可以到美国去享福了，国家亡了，他们反正一个不管就得了。政府现在下令禁止黄金买卖，这也不失为一个很适当的措施，但是这根本不能说是治本办法，因为商人是无利不钻的，恐怕越是禁止越要造成黑市不可收拾了。

以上我们知道政府的苦心和各种平抑物价的办法，因为受了少数人的操纵和美国的课税以及美钞的源源来华而没有办法贯彻了，现在我们要想出另外崭新的方法以谋根本的解决。

三、平抑物价的根本办法

我们默察今日物价高涨的原因和过去各种措施的失败，我们要提出一个平抑物价的根本办法来备当局的采择实行。

最重要的方法是用革命的手段扫除财政上的错误观念，这话说来似乎很奇怪，其实我们这个国家是一个革命的国家。所谓革命也者以人力回天之谓也，国父在钱币革命里说：窃闻遇非常之变当找出非常之力以应之。非常之力即革命之力量也，过去我们能够抗战胜利，虽为我全国上下同仇敌忾之所致，然而法币政策之实施实为其最大的原因。法币政策即国父之钱币革命，不过钱币革命能包括法币政策，而法币政策则仅为钱币革命之一部而已。实行一部的钱币革命可以战胜日本，若实行全部的钱币革命，建国当然不成问题。国父在民初即提出钱币革命，当时因为曲高和寡未能实行，至本党统一中国后聘请了李滋罗斯详加研究才决定实行，但仅实行一部，实行一部即能使抗战胜利，足征国父的钱币革命理论的渊博而且正确，我们是国父的信徒，一直到现在还没有去实行国父的全部钱币革命，这不能说不是我们对不住国父在天之灵的地方。

在钱币革命里，其最重要的理论是扫除过去财政上以“金钱为财富”而计算收入与支出的错误，他主张以货物做标准去计算收入与支出，金钱不过是交换的中准而货物的代表而已，如果以金钱为财富，那么我们负财政责任的人就要设法去如何增加金钱才合乎原则。增加生产是为了想赚金钱，统制外汇是为了节省金钱，购买黄金是为了增加金钱，奖励出口是为了套取金钱，逼得没有办法那就只好去尽量印刷纸币，以扩大金钱的数目，反不知金钱仅不过是通货而已，既不能食又不能穿，对国计民生是没有多大影响的，所以我敢大胆的说一句，我们如果仍然不打破以金钱为财富的观念，用金钱作法币的担保去处理国家财政，这个国家财政将永远无办法，而物价的高涨将永远无法遏止了。

我们应该根据钱币革命的原理，以货物为财富，那么我们财政上的奖励生产是想要货物增多，鼓励出口是想要换取外货，当然我们要增加多的货物都是我们的日用必需品的货物，如粮食、布匹、燃料是我们要换取的外货，都是我们没有而且需要的货物，如生产工具的机器等是。而法币仅为物资的代表，有此货物即有此法币，货物多法币当然可以多印，货物少法币可以存封，以货物做法币的担保，那么法币永远不会低落，外汇大可不必顾虑，而黄金政策也大可不必去实行了，向美国借贷也可以不借黄金而借实物，我们所没有而且需要的实物。

根据以上的理论我们就可想出许多平抑物价的根本办法。

第一、对内的办法

国家财政和个人经济有两个绝对不同的地方，第一是前者为量出为入，而后者为量入为出的，所以个人有时会入不敷出，而显出穷困的样子。国家则不然，国家是按支出的数量而编定预算然后按支出预算去征收收入的，这收入的方法是太多了，太无限制了，决没有入不敷出的现象。第二是个人的所有权限于个人，所以个人的信用小，国家的财富是以整个国家的所有为范围的，如土地、人民、主权，上至青天下及黄泉，都包括在内，所以国家的信用是无限的，处理国家财政只要有办法决不会喊出穷困的寒酸样子，在今天对内的办法是：

（一）采用实物制度，一切以实物为标准，公务人员的俸薪可以分成两部，一是薪，一是俸，薪则以发法币，俸则发现品实物。

（二）采用配给制度，人民的生活必需品如粮食、布匹、燃料均采用按口分配制度，以一省为单位视其生产量与人口的比例如何，有余者由中央规定标准协助运出以供应其他不足之省份，不足者由中央规定标准协助统筹采购之。至必要时中央为了生产量与人口的比例配合恰当起见，不妨重新划定省界以减少运输的麻烦。全国有多余时由中央组织贸易局向外国运销之，全国不足时由中央统筹向外国购买之，千万不要存营利之心，好像过去沈阳车厂能出火车头，我们偏要向外国定购，内地米贱如泥，我们偏要向暹罗购买，这种无计划的经济行为对国计民生是毫无补益的，最近香港来人云，香港米价每斤三角，系因采用配给制度的缘故。人家可以如此，我们更是可以，而且必要的。

（三）国家收入以征收实物为主，每县均设立仓库，一种是粮食仓库，一种是布匹仓库，一种是燃料仓库，各县田赋征实缴入县仓库，统计全县人口及其需要量，有余者运至省仓库，而省仓库除了补助不足之县外，有余则运往邻省，县仓库不足由省拨补之，省不足向邻省采购之，全国不足时由国家向外国统筹采购之，全国有余时由国家统筹向外国推销之，县布匹仓库及燃料仓库亦如是法行之，其余的货物政府均让人民自由经营自由买卖课税而已不予干涉，这样一来关系民生的衣食即不成问题也，永远不会涨价，其他货物涨价也好，落价也好，听其自然可也。

国家当每年编制概算时以养民为目的，不以赚钱为目的，视各界田赋征实的收入、海关的收入、统税的收入及各种公营事业矿产等的收入能有多少货品出产，即发行多少法币，此项法币完全以货物作担保，扫除以黄金作法币准备的观念，那么法币就可以不致低落了，同样政府即可以货物换取法币回笼，回笼之法币即予封存，不再让他向外面流通，纵不能实际封存亦应用转帐封存方法俟，年终结帐时视法币回笼数量之多少即知本年国家收益之总和。次年编制国家收入概算时，只须视上年度法币数量是否与出产货物相等。如法币较货物少，则除了将封存之法币照常启封使用外，再加印若干使与货物相等。如法币太多，则可将法币扣押一部仍予封存，其余封存而与货物相等之故仍启封使用，这样就可以减少法币之印刷及纸张等费，节省国库一笔开支，这是我对国父钱币革命里消毁方法的一种改良的意见，当然以货物换取法币回笼，不一定能够每年终了时就可以绝对全部收回本年所发行法币的总额的，那么我们只要计算每年发行量，即知道尚有若干法币流用民间不曾收回，此项未收回之数目可以由本年应发行之总量内扣除之，庶不致使法币一年多似一年而无法收拾了。

还有一点就是当国家每年编支出预算时，各省市的地方经费也应列入，换言之，即各地方经费之支出必须一律由国库开支，当年度开始时，国家即将印就之法币全部分配于各县之国家银行，视各该县全年应支出之总额而即由国家配以与之数量相等之法币，县国家银行即为县金库，县收入悉数缴入金库，这对法币封存必更较利便，而且地方公务员之待遇也可以和中央人员待遇相等，间接可以鼓励有志之士气深入民间，若不然的话以现在而论，中央是在赚地方的钱，地方是在赚老百姓的钱，中央对地方常有视当地收入情形而决定调整给与办法的命令，中央不管地方地方就各自为政，孟子云：上下交征利而国危矣，我不胜感叹。

（四）征收遗产税用累进税法，以增加国家收入。

（五）取缔私人银行，使游资不被少数人利用而扰乱金融，已设立者由国家收买，未设立者绝对不许设立。

（六）限制官僚资本，确立审计制度，使贪污绝迹而官僚即无法收集大量资本，至于官僚本身只要不利用政治势力以图便利而经营工商业的话，我并不反对，因为就是反对也没有办法彻底制止的，倒不如不限制其兼营工商业而彻底确立会计制度，使无法贪污比较容易实行，而彻底这办法也很简单，公家的钱存入国家银行，每用一笔钱由银行支出，扩大银行的会计组织，每县至少设立一个国家银行，而取消一切本机关的附设会计机构，如省县政府都可以不设会计机构，军队也可以取消军需处，由银行直接发饷，直接放薪，直接支用一切费用，这样贪污之风可以根绝，官僚自然不会变成资本家了。话又说回来，官僚资本家我不反对，我反对的是官僚以其特殊地位而变成资本家。

再进一步说国家银行是国家的经济命脉，他的作用是以养民为目的，绝对不许兼营其他工商业，查出来即予以严厉的处分。总之国家的财政对内绝不能以营利为目的，因为国家而对内营利，就等于老子赚儿子的钱，丈夫赚老婆的钱，这有什么意味。

（七）厉行储蓄及保险制度，每一事物都可以用保险及储蓄的方法以吸收民间游资，人民的一切行动如剃一回头需要一百元的话，那么可以收回五元储蓄券或保险券，此项储蓄“券”或保险券人民可以向银行汇存，就是说每一人民必有一存款储簿或保险簿，是项存款在三种时机可以发还，第一是本人死亡时，第二是本人有疾病时，第三是本人直系亲属死亡时，其余情况均不发还，那么人民与国家直接发生了关系，可以增加其爱国思想，国家可以因其人多而增加一笔大的收入，国利民福此之谓也。

第二、对外的办法

国家对外可以以营利为目的以增加财政上的收入，不过这个要有自主的精神，千万不要跟着人家的尾巴走而陷于被动不能自拔的境地。

（一）以货易货，由国家组织贸易局统制对外贸易，私人不许经营国外贸易，国家可以收购国家产品集中运输销往外国，不要外国的现钞，尤其不要外国的黄金，因为我们以货换取黄金是以有用之物换取无用之物，我们一定要换取我们所需要的生产工具、机器等物，在国际贸易上以货易货，那么外汇就不会波动了。

（二）实行保护关税，外国来的消费品可以尽量课税，使在国内不易流通，以减少整个国家的消费。

（三）银行的准备金不要存在外国，当然我们的法币既采取了以货物为担保的政策，那么黄金与我们的法币信用可以说是毫无关系，我们可设法运用外国的黄金以购买机器，这岂不是两全其美吗？

（四）取缔外钞流通内地，其方法：第一由政府告示人民，凡持有外钞者限期向国家银行换取法币，否则即等于废币。第二凡入口的人民不论中外一律予以检查，绝对不许携带外币，必须换取法币方许登岸，以杜绝外钞入口。第三凡出口的人民不论中外一律检查不许携带外钞，必须向银行登记予以汇兑方准出口。第四凡本国人民需用外汇必须向政府申请加以限制。

四、结论

综合以上的办法，则对外贸易由国家负责，人民持有外钞无法直接购外货而又不许流通，外钞进口又已绝路，我想人民一定不会再购买外钞，并且一定抛出其所有的外钞了，外钞价格当然低落，至于黄金既已不作法币担保而人民又有生活必需品的配给制度，以度其低廉生活，那么就让黄金涨价到一千万也不会影响到国计民生的，国父的钱币革命理论精确，而方法完善，我敬希当局竭力实行以挽救中国当前的经济危机。

中华民国三十六年二月十五日脱稿于

吉林省政府新闻处

〔国民政府行政院档案〕

8. 国民政府文官处政务局关于蒋介石交下经济紧急措施方案实行后上海市物价波动原因的密报致物价委员会函

(1947年4月)

一、文官处政务局四月二十二日致物价委员会函

径启者:奉主席交下关于最近物价蠢动原因一文,并奉谕交物价委员会参考核办,相应检同原件函请查照办理为荷。此致

全国经济委员会物价委员会

附原件　　　　　　　　国民政府文官处政务局启

中华民国三十六年四月二十二日

最近物价蠢动原因

一月来上海物价甚为稳定,但最近数日又有再起涨风之势,以米、油、糖、食粮及花纱布丝等跳动最剧,四月一日白粳价为每市担十万七千元,白米为十三万元。八日前者为十三万五千元,后者为十六万元各上涨百分之二十六及百分之二十三。青岛桶生油四月一日为三十一万元,八日为三十六万元,上涨百分之十六强,高匀度白厂丝四月一日为七百四十五万元,八日为八百四十万元,上涨百分之十三弱。兹将最近数日主要物品变动情形列表比较如下:

上等白粳每市担	一〇七,〇〇〇元	一三五,〇〇〇元	涨百分之二十六
白元每市担	一三〇,〇〇〇元	一六〇,〇〇〇元	涨百分之二十三
青岛桶生油	三一〇,〇〇〇元	三六〇,〇〇〇元	涨百分之十六
本厂豆油	三四〇,〇〇〇元	四〇〇,〇〇〇元	涨百分之十七
台赤市担	一六八,〇〇〇元	一八〇,〇〇〇元	涨百分之七

续上表

四二支蓝风	七、六〇〇，〇〇〇元	八、七五〇，〇〇〇元	涨百分之十五
二十支特双马	四，〇五〇，〇〇〇元	四、八五〇，〇〇〇元	涨百分之二十
美亭士林	三五〇，〇〇〇元	三六〇，〇〇〇元	涨百分之三
汉口棉花	七八五，〇〇〇元	一，〇二〇，〇〇〇元	涨百分之四十八
B级分高匀度白厂丝	七，四五〇，〇〇〇元	八，四〇〇，〇〇〇元	涨百分之十二
普通厂丝	六、八五〇，〇〇〇元	七、七〇〇，〇〇〇元	涨百分之十二

以上表中获知上涨最剧之物品为棉花，其次为米、棉纱、油、糖，棉花上涨并不自最近数日始，远在三月中因当局有限制棉花进口之询，市场即开始蠢动。查去（三十五）年我国棉花进口计二百五十三万三千一百六十六公担，另加联总供应六十万零五千三百零八公担，总计三百一十二万八千四百七十四公担，本（三十六）年国内虽有增产，惟仍不足三分之一以上，政府因外汇头寸缺乏，曾限制棉花输入数额，厂商分向国内产地采购，求过于供，产地单价提高，加以运输困难，各厂均有棉花存底不足之概。最近当局虽允许放宽伸购原棉外汇，惟远水难救近火，各纱厂发展过速，且年来盈余均大，故在市场竞购充实存底，以维开工，棉花价格遂节节上涨，达百分之四十八。

棉花价格上涨，棉纱遂亦跟踪上提，本周一（七日）中纺公司代纺管会配纱价格较上周末均略高，计二十支金城提升二十万元，六十支日光升十五万元，市场受此刺激一再掀抬，二十支双马创四百八十五万元新高价。

食米因农忙期届青黄不接，产地输出较少，价格抬高，加以人心争相进取，数日之间涨百分之二十以上。

食油自联配处停止配给后，各油厂藉口原料不足，中信局所存大豆均已承销外运，致一时无法供应，市价乃扶摇直上，其他人造丝等亦因中信局停配而抬价。

一、游资集中上海苦无出路。据中央银行发表统计，去年各地汇沪款额计一万二千四百六十二亿八千五百八十一万二千七百零五元，由沪汇出之数则仅四千六百三十七亿一千六百五十一万五千三百零八元，相差达二倍。以上近三个月来虽未统计，据估计当相差百分之三百以上，自中央银行停止出售黄金后，此项游资即无正当出路，行庄存款虽见增加，但以活存为多，数周来各行庄交换票据均为多单，中央银行之折出亦多于折进，银根极松，暗息跌至七分，为一年来所仅见，游资久蛰思动，乃向物品市场小试其锋。

二、各地物价管制不严，影响上海市场。经济紧急措施方案实行后，上海严密执行一月来物价渐入常轨，惟其他关内外各地则无类似之强力管制，如沈阳、天津、重庆等地之纱布数日来均上涨百分之二十以上(天津四月二日为四百三十七万元，八日为五百二十四万元，沈阳二日为三十八万八千元(东北流通券)，八日为五十万元)，食米亦因无锡等产地价格提高，风声传播，执货者坚持不放，求殷售寡价遂上升。

三、中央银行外汇不足，政府急于发展外销。中信局手中大豆急于外销换取外汇，中纺公司将纱布赶运南洋，均使市场货稀价昂，同时进口外汇困难，物资益形短缺，引起人心浮动。

物价蠢动后当局已紧急设筹对策中，惟主要工作应在吸收游资，掌握物资，前者则不外加紧出售国营企业，建立天津、汉口、沈阳等地证券市场，并全面推动美金债券之推销，后者则为立即抛售食米、大豆、纱布，使市场供求平衡，自可收敛市场。

(二) 文官处政务局四月二十九日致物价委员会函

径启者：奉主席交下关于最近物价波动之分析密报一件，并奉谕交物价委员会参考，相应检附原件，函请查照为荷！此致

物价委员会

附原件　　　　　　　　国民政府文官处政务局启

中华民国三十六年四月二十九日

最近物价波动之分析(四月十七日)

上海最近物价波动尤以民生日用必需品上涨最烈,按经济紧急措施方案实施后,黄金美钞停止买卖,取缔投机雷厉风行,投机商人举棋不定,物价稍行平稳,惟游资自脱离金钞投机市场后渐次集结,自七千亿而至一万亿,致银根过松,形成泛滥局面,暗息自二角降至一角左右,而游资终未有正当归宿,乃有流向商品市场之动向,商店厂家均乘低利息之时机,群起进货,握货者则因银根不紧不急需款,以致存货不予出售,且最近外埠客帮频向沪市采办,造成商品求过于供,货价高涨由是起矣,但此仅经济紧急措施实施后因游资泛滥造成之大概原因,各种商品实亦另有其个别上涨之原因,兹分述如下:

米:沪市食米涨价系受苏州、常熟、无锡、青浦等各产米区米价上涨影响,各产区米价涨价原因系米粮运往华北诸省过多,及沪地米商相率在沪地收购,以造成产地米价高过上海,而促使上海米价提升之故。沪市前曾禁止米粮北运,但事实上北运米粮仍属可观,现市府已电请江苏省转饬各县,严禁米粮北运,产区米涨已为沪市米价波动最大原因。无锡、苏州一带米价已超出十二万元,米商以无利可图,裹足不前,沪市米粮到货自万石降至五千石,退至四千石,减少至三千余担,货稀价昂,米市场限价已未能抑止米价上涨,乃迫使发生场外黑市交易(因米商成本增高,依照现价将无利可图,且将亏本),引起人心恐惶,米号商店群相补进,以防断档,价格一再板持,突出十四万元高价。

油:食油涨价原因系制油原料为大豆、芝麻、花生等出口太多,致国内反感缺乏,逐渐造成食油恐慌之因素,油价上升至每担四十余万元,目下经中植油厂抛售,已见平定,但此仅暂时性质,而尚有其他五大原因:一、原料产地如蚌埠、东北、汉口等地禁止原料出口。二、政府曾允拨大豆四千吨脱期。三、青岛、上海两地油商将油类运销国外影响存底。四、无锡、苏州、杭州等地油价高于上海。五、油配处配油工作停止。

纱、棉纱上涨最烈，其主要原因为棉花涨价，原料成本增高。查棉花上涨之原因：一、产地价格上涨达百分之四十五，上海市价格亦随之上涨。二、纱厂存棉短绌，急向市上收购原料所致，其变动情形分别以沪市棉市、产地棉市及棉纱黑市列表如后：

本市棉花概况

种类(单位司马担)	一日价格(元)	十日价格(元)	上涨百分比
汉口细布	七〇五,〇〇〇	九〇〇,〇〇〇	三〇
纱布细绒	八一五,〇〇〇	一,〇五五,〇〇〇	二八
灵宝细绒	一,〇〇〇,〇〇〇	一,三〇〇,〇〇〇	三〇
美　棉	一,二二〇,〇〇〇	一,三五〇,〇〇〇	二〇
通州细绒	六〇〇,〇〇〇	七五〇,〇〇〇	二五
浦东粗绒	四六〇,〇〇〇	六〇〇,〇〇〇	三〇
印度白洛去	八五〇,〇〇〇	一,一二〇,〇〇〇	三〇
启东细绒	七〇〇,〇〇〇	九〇〇,〇〇〇	三〇

产地棉花市况

种类(市担)	一日价格(元)	十日价格(元)	上涨百分比
汉口细绒	五三五,〇〇〇	七八一,〇〇〇	四五
沙市细绒	四六二,〇〇〇	六五五,〇〇〇	四五
通州细绒	六二〇,〇〇〇	八一〇,〇〇〇	三〇
启东细绒	六四〇,〇〇〇	九〇〇,〇〇〇	四〇

以上运费打包利息什费未计，大致加百分之十五，照此价格均超过上海市价甚多。

棉纱黑市市况

支 别	商 标	一日价格(元)	十日价格(元)	上涨百分比
二十	双马	三,六〇〇,〇〇〇	四,五〇〇,〇〇〇	二五
二十	天女	三,七五〇,〇〇〇	四,六〇〇,〇〇〇	二五
三十二	银月	五,七〇〇,〇〇〇	六,八〇〇,〇〇〇	二〇
四十二	蓝凤	七,七〇〇,〇〇〇	九,〇〇〇,〇〇〇	一八
十六	光明	三,二五〇,〇〇〇	四,一〇〇,〇〇〇	二五

据纱业公会统计：前数日棉纱交易登记成交者每日仅二三十件，而场外黑市反较场内可观，目下纱市限价为三百七十万元，加百分之五利润，即买卖不得超过三百八十八万五千元，但自棉花上涨后，棉纱成本亦已不止此数，棉纱黑市美棉达百万以外，即以联总配棉价格每担七十五万元计算，需三担半棉花制成二十支纱一件，每件原料需二百六十二万五千加上制造费一百四十万，合计成本达四百余万。如棉纱价格以黑市美棉一百一十万计算，每件纱之成本即需五百余万元，故纱市限价三百七十万元，已使纱商无法成交，依限价纱商只愿买进不愿卖出，上海市每日需纱一万五千余件，而纺管会委托中纺公司代配，每两天仅二千余件，故形成求供悬殊，黑市暴涨，近日因当局取缔场外黑市，强行压制，暂时稍见稳定。

布：布价上涨与纱布有关，最近因季节关系实销渐旺，外埠至沪采购甚多，布市每次波动与中纺配布不无牵动，现各布商均仰中纺配布，如中纺配出花色数量较多，则市价因筹码充裕而见低落，若配售较少，布商即向市上吸收，则布价上涨，此次剧涨，其原因并未全为配布问题，纱市波动实为其主因。

丝：人造丝涨价原因当以中信局配货中断，市场无人供应，引起激涨，但近传将有人丝二千五百箱到沪之消息，人心稍宽，市价下落，此可证明人造丝之切需情形与不能中断供应。

〔国民政府经济部档案〕

9. 国民政府经济部汇报各省市暴力执行经济紧急措施方案情形的呈文

（1947年4月5日）

经济部呈 京管(36)字第38638号
中华民国三十六年四月五日

查经济紧急措施方案自二月十七日公布，本部奉院长转奉主席电谕各省市管制物价事，限一星期内办妥。等因。遵即分电江苏、浙江、广东、湖北、安徽、四川、云南各省府及北平、天津、青岛、重庆各市府，对于配合该方案之措施与执行非常时期取缔日用重要物品囤积居奇办法及取缔违反限价议价条例之结果，并旬日以来，当地物价涨落情形请于电到后两日内电复，去后旋据各省市政府先后电报执行方案及当地物价情形，谨撮其大要分陈如次：

一、云南省　据该省府丑养电称：奉颁经济紧急措施方案后即公布严令实施，金店一律即日停止，外币亦已严禁流通，管制物价现由主管机关依限先从民生日用品之米盐煤糖等着手，旬日以来，各项重要物品价格与二月上旬比较，不但未涨且有下跌趋势。

二、湖北省　据该省府丑养电称：该省二月上旬物价平均上涨约百分之五十，自方案公布后就禁止外币流通及取缔黄金买卖各项，分令武汉两市府及银行业、钱业等公会切实督饬办理，一面布告禁止闭厂罢工及投机垄断或其他操纵行为，武汉两市并先后召开粮商会议，平抑粮价及取缔日用品囤积居奇等情事，迩来各项物价已停止上涨并有下跌之势，市场渐趋安定。

三、天津市　据该市府丑回代电称：津市因受上海金潮影响，市场至不稳定，经于二月五日开会决定紧急措施，平抑物价，规定查禁金钞黑市，监督粮食市场，管制纱布交易，禁止商业银行钱庄经营金钞、纱布、粮食之买卖，或以□元作为贷款押品等办法，自六日开始实施，市长亲赴各业市场劝谕，并派高级人员分组负责执行，金钞交易因而停止，物价失其领导，故粮食纱布均未上涨，嗣奉中央电令执行经济紧急措施方案，乃即日召集有关属局主管举行会议，付诸实行，并分函军宪及海关协助央行津分行加强商业银行及钱庄之检查，请外交部特派员办公署分向并由该市府径向驻津各国领事馆及美军当局通知取缔黄金买卖及禁止外币流通之规定，复函请中粮公司运粮来津，并洽中纺公司对抛售纱布价格予以审慎规定，此外连日召集金融工商各界领袖商讨有关工资标准，平抑物价及管制金融等事项，执行以来，金钞自六日禁止交易起，迄仍无价，黑市绝迹，纱布平稳，粮食回疲，一般物价除出口货因受外汇调整之影响颇有增涨外，其余日用物品尚少波动。

四、江苏省　据该省府丑□代电称：为配合经济紧急措施方案之措施与执行，已草拟江苏省各县市执行经济紧急措施方案注意要点，正提请省府会议通过，俟通过后即令饬各县遵照办理其中，粮食部分并已先行电饬京沪沿线各县市平抑物价务必低于上海，一面以省应得之田赋带征公粮配给售予公教团警，藉期全面稳定，自经急措施方案公布后旬日以来，物价已趋下跌，如米价镇江每市石最高为十万元，现已跌至八万元。其他各县已趋下跌。

五、北平市　据该市府丑俭电称：经召开紧急临时会议，遵照经济紧急措施方案拟定该市实施办法，议决公布施行实施以来，尚未发现日用重要物品囤积居奇或违反限价议价情事，近旬一般物价亦渐稳定，米面食粮普遍低落百分之十至十五。

六、青岛市　据该市府丑感代电称：为配合经济紧急措施方案，经召开物价紧急会议决定停止黄金美钞交易，并分行警备司令部与警察局，于各要隘严查黄金以防流入匪区，关于执行非常时期取缔日用重要物品囤积居奇办法，业于本月十五日布告，并令市商会转饬各业公会切实遵行，关于取缔违反限价议价条例部分，暂由粮食出售议价委员会执行，并拟扩大改组为青岛市物价评议委员会加强管制物价，并称该市因受鲁中军事影响，旬日以来日用重要物品自价格飞涨，后迄未降落，面粉迄在七万元左右，大米每斤在一千元至一千二百元之间，煤末每百斤在一万至一万一千元间均上下不定。

七、浙江省　据该省府丑俭代电称：奉颁经济紧急措施方案已转行各县遵行，杭州市方面金饰银楼俱已停止，亦无黑市买卖行为，物价评议会早经成立，依法执行议价，且此间职工之薪工向未照生活指数给予，目前各类物价渐趋稳定，尚未发生闭厂罢工或怠工情事。

八、四川省　据该省府寅江电称：该省过去取缔囤积居奇违者均依法处理，胜利迄今尚未发现大量囤积重要日用品事件，蓉市现由各业议价，尚无违反情事，各地物价尚比其他省市为低疲，历年间略有上涨，随即平稳，虽受沪上黄金高涨，迄今尚无多大变动。

九、安徽省　据该省府寅江电称：该省物价受经济波动曾一度狂涨，黄金每两由四十五万涨至一百万元，食米由四万元涨至八万元一担，柴每百斤五千元涨至一万五千元，菜油每斤由一千元涨至二千四百元，煤油每斤由九百元涨至三千二百元，布匹通常涨至一倍以上，自奉行经济紧急措施方案后已通饬各县市对物价严予管制，是以省会近日物价不仅未涨，且食米已回跌至七万元，布匹回跌两成。

十、重庆市　据该市府寅冬代电称：自奉行政院电令经济紧急措施方案后，遵即通令所属，并布告市民遵照，一面召集有关各方研讨实施办法，拟定重庆市实施经济紧急措施方案纲要，令饬社会警察两局切实执行，一面通知各报禁登黄金外币黑市价格消息，旋据社会局签报于二十日分令银行、钱庄、银楼等业同业公会交易市场立即停止黄金外币买卖，并禁非该业商人进入市场作投机活动，另派高级人员监督执行，且会同警察局联合检查。又电饬银楼业公会转知各会员店号禁止金饰买卖，迅将存货造册报局，金饰外币公开交易完全停止。关于禁止闭厂罢工，囤积居奇，投机操纵，执行限价议价各项措施，正积极着手筹划进行中，复经市府派员密查，据报金钞外币公开交易确已完全停止，零星买卖尚未绝迹，至一般物价现已自动下跌或在平稳状态中。

十一、广东省　据该省府寅寒电称：依照经济紧急措施方案规定原则，拟定广东省评议物价实施办法，并组织物价评议督导委员会督导实施，除指定广州、汕头两市并由该省府令湛江、海口、江门、高要、曲江、兴宁等各重要地点同时适用本省评议物价实施办法，又部颁金融紧急措施办法禁止黄金外汇自由买卖与流通金融市场趋稳，至米粮已有粮食市场管理办法，粮食在合理调节下价格稳定，一般民生必需品价格安定而趋跌，以丑东为基期以后，各月零售物价总指数，丑支一一〇三五，丑铣一七九〇二，丑马一七五七二，寅东一八〇七二。

以上各省市政府电复奉行经济紧急措施方案等情形，理合汇报呈请鉴核备查。谨呈

行政院

经济部部长　王云五

〔国民政府行政院档案〕

10. 蒋介石转交关于执行物价管制办法及物价波动对策问题的代电

(1947年4月26日)

国民政府代电　　交秘字第402号

行政院张院长勋鉴：据密报各地政策未能依照经济紧急措施方案切实评议物价，并彻底执行处罚办法，遂致粮价暴涨，影响人民生计等情，并拟其切实执行物价管制办法及物价波动对策前来，兹将原件检发即希参考核办为盼。中正卯寝交秘。附切实执行物价管制办法及物价波动对策各一件。

中华民国三十六年四月二十六日发

切实执行物价管制办法

(一) 根据国民政府本年二月十七日颁布之"经济紧急措施方案"之规定，参照二月二十五日行政院会议决定适用物价管制办法之地区，为安定京沪一带之物价，先在南京、上海、镇江、无锡、芜湖、安庆、宁波、杭州等八地切实执行物价之管制。

(二) 各地物价之管制以议价为原则，其办法依照国防最高委员会二月二十日通过之评议物价实施办法办理之。

(三) 各地物价评议会已成立者应即加强工作，尚未成立者应于一星期内迅速组织成立。如对评议物价工作敷衍因循或延不成立评议会者，各市(县)长及主管局(科)长应予议处。

(四) 评议物价实施办法对应行议价之物品种类并未具体规定，为免参差起见，各地应行议价之物品应统一规定如左：

甲、粮食类：米、谷、麦、面粉、豆类。

乙、服用类：棉花、棉纱、棉布、麻布。

丙、燃料类：煤炭、煤块、煤末、煤球、焦煤炭、木炭。

丁、日用品类：肥皂、火柴、菜油、白糖。

(五) 各地物价评议会应切实执行评议物价实施办法第十一

条之规定，将各种物品之议定价格公告人民，并切实责成各该业同业公会负责执行评议物价实施办法第十二条之规定。

（六）各市（县）政府对于当地违反议价案件应依照取缔，违反限价议价条例切实执行处罚。

（七）各地对议价物品有囤积居奇情事者，应由各市（县）政府依据非常时期取缔日用重要物品囤积居奇办法及非常时期农矿工商管理条例切实执行处罚。

（八）各市（县）政府应奖励人民检举违反议价及有关囤积居奇之案件。

（九）为监督各地切实执行物价管制之实际状况起见，仿照上海市经济侦察团之办法，在南京等七地区普遍成立经济侦察团，由各地市（县）政府及治安情报机关会同组织之负责调查监察，协助推行管制。

（十）各地物价管制工作之成效应列为本年度主要考成。

物价波动对策

今年春节前后物价又起波动，约经过一个月之时间愈涨愈烈，有如脱羁之马，几不可收拾。政府为安定计遂于二月十七日起实施经济紧急措施办法。自兹以后，物价涨势确已缓和，然谓为已收抑平之效者则非事实，试看下列上海重要商品趸售物价指数表（附表二份）即可知此语非谬，爰政府颁行紧急办法旨在挽救狂潮，求物价长期稳定，故其条文所包甚广，堪称为划时代之措施，然而历时已二月，不但未收预期效果，而且目前物价再度猛涨，不数日间竟有上涨百分之六十者，少者亦有百分之二三十，其故果何在耶，兹经反复研究认为，最重要之原因有如下列：

一、黄金美钞禁止流通后，市上游资陡增，四行二局每日平均差出约数十亿可为铁证，政府于此未能及早注意，致游资无新途径，虽然现已发行短期库券与美金债券，但因后者用黄金美钞认购，与法币无其关系，而库券用法币偿还，人民鲜感兴趣，故二者对于吸收游资未能发生若何影响，银根松滥依然如故。

二、游资既多，暗息遂日趋低廉，由二角而降至七八分，于是游资趋向货物之势乃告形成，时机一至即疯狂无比。

三、政府于实施紧急办法时仅着重平价而未顾及日用必需品之供给数量，例如棉花、大豆、人造丝、米粮等类，此次均因来源稀少供不应求，遂酿成不得不涨之局面。

四、美国贷款传之虽久，得之有待，外汇枯窘如旧，于是人民对法币之稳定性益感忧惧，为保持其原有购买力计遂不得购买物资。

五、此次推行经济紧急措施方案稍嫌迟缓，例如，出售国营生产事业详细办法经久未能决定，将来尚不知于何时可能具体实现，尤以财政平衡一时不能见效，通货紧缩亦无事实表现，均不免使人民对紧急方案之成效大为怀疑。

明乎上列各种原因，可知此次涨价大半为事实所造成，属于投机分子甚少，因为如此，所以此次之涨风与以前之富于投机性者不可同日而语，其潜伏力量极强，仅恃高压力量殊未能戢止其前进力，故政府对付此次之涨风，应从根本方面着手，除加紧推行紧急方案外，尤应于短期内做到左列各事：

一、物价之涨落完全系于供求关系求过于供则必涨，供过于求则必跌，此为经济学中之金科玉律，在任何地方与任何情形之下均无差异，故今后抑平物价必须着眼于供求关系，最低限度应使各项日用必须品经常供应无缺，如能做到此点则物价不抑自平。

二、以最大速度改善交通情形，使物资能获自然调剂，例如米粮、煤炭、棉花等重要商品，尤应予以运输上之最优条件。

三、法币信用已坏，欲谋恢复绝不能在短期内见效，远不如改发新币，采用汇兑本位，尚可改变人心。

四、政府必须先将归公债增加倍数还本恢复债信，然后始可发行新债，吸收游资谋财政上之平衡。

迄今为止，政府未能未雨绸缪防患于未然，所有管制办法均系事后补救，临病求佛，故结果极为不佳，黑市上涨于前，官价提高于后，所谓愈管制则愈涨者已司空见惯矣，今后如欲挽此颓势实非改变方针不可。

上海基要商品趸售物价指数

民国二十六年一月至六月＝100

商　品	总指数	食物类	纤维类	燃料类	金属类	建筑材料	杂项类
三十六年一月	686,833	685,500	369,558	1,830,833	832,700	800,367	333,456
二月	1,066,450	1,033,786	635,517	2,991,143	1,538,025	1,319,333	553,238
三月 24	1,127,000	1,075,175	749,117	2,957,133	2,053,667	1,554,893	844,340
25	1,124,158	1,071,625	750,317	2,957,133	2,053,667	1,554,893	844,340
26	1,131,718	1,078,375	737,100	2,957,133	2,067,333	1,517,429	862,220
27	1,135,237	1,083,350	752,120	3,051,286	2,077,619	1,517,429	866,900
28	1,134,900	1,082,750	753,283	3,251,286	2,077,619	1,517,429	866,900
29	/	/	/	/	/	/	/

东方经济研究所研究部

上海市场重要证券及物品市价表

物　　品	单位	一月三十一日	二月二十一日	三月十四日	四月十二日
统丙公债	百元	8,000	3,500	4,300	15,400
永纱股票	每股	828	1,445	2,860	3,410
美亚股票	每股	2,400	4,200	8,370	117,880
上白粳米	市担	84,000	140,000	103,000	140,000
炮车面粉	袋	25,000	30,000	33,000	65,000
大连黄豆	市担	48,000		79,000	105,000

续上表

物　　品	单位	一月三十一日	二月二十一日	三月十四日	四月十二日
青岛生油	市担	145,000	270,000	270,000	350,000
二十支双马纱	件	3,050,000	4,500,000	3,360,000	4,800,000
AEC 细布	匹	94,000	470,000	135,000	180,000
A 级白厂丝	市担	5,550,000	7,800,000	8,500,000	9,000,000
天桥人造丝	箱	4,500,000	8,000,000	6,300,000	8,300,000
开平煤块	担	650,000	920,000	950,000	880,000
松　　柴	担	8,000	10,000	16,000	17,000
上等煤球	担	22,000	25,000	28,000	28,000
南京牌火柴	箱	650,000	880,000	780,000	865,000
固本肥皂	箱	143,000	310,000	285,000	223,000
大英牌卷烟	箱	2,700,000	3,866,000	3,290,000	4,560,000

〔国民政府行政院档案〕

11. 国民政府文官处政务局关于蒋介石交下检讨棉纱涨价之原因及今后政府应有之措置密文致全国经济委员会函

（1947 年 5 月 6 日）

奉主席交下检讨棉纱涨价之原因及计议今后政府应有之措置密文一件，并奉谕交全国经济委员会参考。等因。相应检同原件附函送请查照为荷。此致

全国经济委员会

附原件　　　　　　　　　　国民政府文官处政务局启

中华民国三十六年五月六日

检讨棉纱涨价之原因及计议今后政府应有之措置

本(四)月份沪市纱价上涨达六成之巨,因而棉布呢绒一律激起涨风,虽经治安机关派人监视纱布市场,严查纱号帐目,力图抑平纱价,但棉纱流至场外,反使黑市日长夜大,涨风亦未稍戢。兹分述其上涨之原因如左:

一、生产不敷消费,按沪市国营民营纱厂共有纱锭一百八十万枚,每月可产纱八万数千件,除去纱厂自织及供应外埠者外,纺管会仅能供应沪市四万件,而织造业月需五万余件,不敷之数只能求之黑市,形成自然之上涨趋势。

二、花价暴涨,成本增高,原棉价格上涨,沪市存底亦薄,美棉因外汇放长实际成本增加,按二十支纱生产成本每包须棉花三担半,市价约共五百万余元,加上制造费百余万元,每包成本约合五百五十余万。

三、各地价格参差,最近沈阳、吉林等地纱价二十支涨到一千二百万元,客帮来沪搜购更加深供不应求之程度,因此沪市价格抬高。

四、资本与生产脱节,一般人不愿投资于无利润之工商业,资金趋向投资公开市场,复因遭受干涉买卖过分限制,以致物资脱离市场,黑市猖獗。

五、中纺配纱办理不善流入黑市

棉纱上涨原因既明,政府为平抑物价亟应采取有效措置。兹拟办法六项

一、增产国棉　自抗战后粮价高涨,棉区农民多改植谷物致产量锐减。现我国纺织业一年共需棉料二百万包,国产棉花除作其他用途外,能供纺纱者仅二三百万市担,不敷六七百万市担,均赖外棉输入,苟输入一旦有问题价即不稳。我国整个纱布市场纱布工业均为外国所操纵,故欲平稳纱价必先由增加棉产减低棉价做起。

二、奖励厂商直接向产区购棉　我国因交通不畅，农作由乡而镇，由镇而入城市转辗驳运，居间人复从中图利，尤以棉花一项须经加工打包给予掺水掺杂之机会，不特成本增高，且棉质减低，故必奖励厂商直接收购，在产区收购籽棉自行加工打包，既可减低成本，且可改善品质。

三、保护生产事业　导游资作生产资金，生产事业开办不易，尤其在我国电力水源种种缺乏之下开设工厂，较之外国更属困难，故政府亟应多予便利与保护，对于物资管制，应全面性办理，切不可顾此失彼，尤其对于燃料等项，俾不致有成本不及原料价格之现象，如此则一般游资见工业有发展自会投资于生产事业矣。

四、勿过分干涉公开市场　市场乃工商业之媒介亦政府许可设立者也，今治安当局加以交涉，交易停顿，需货者购货无门，售货者眼着物价上涨居为奇货，遂促成黑市，交易物资流之场外，反而无法控制，而人心亦形不安矣。

五、改善配纱　中纺公司配售沪市纱号之棉纱为数虽属不少，但其中有大部纱号均系仰配纱转售黑市获利为业者，非法牟利贻害工商，应即查明取缔，并全面实施配纱调节供应，使各地价格均衡，则黑市自然无形消灭纱价自平。

六、为补救我国棉产缺乏应一面输入外棉配售厂商，同时以所获利润推广棉产，改善棉种，自给自足，并推广国外市场。

〔国民政府经济部档案〕

12. 熊式辉关于粮食等重要物价暴涨颁行东北经济紧急措施办法致行政院代电

（1947年5月10日）

南京。行政院张院长勋鉴：自上月中旬东北各地粮价暴涨以致百物价格随之上腾，迭经督属针对上涨原因，制定稳定粮价、物价办法，发动所属军政机关全力予以实施。嗣复汇合各方面研究实施之意见，召集各省长官及有关机关会议，制定经济紧急措施办法，于本月十日公布实行。除督属严切执行并由各地党团倡导协助，期收成果外。谨缮同该项办法一份送请鉴察为荷。国民政府主席东北行辕主任熊式辉。辰迴经秘印。附经济紧急措施办法一份。

经济紧急措施办法 三十六年五月十日

一、关于紧缩信用者

1. 各银行信用贷款

甲、在命令到达之日起不得再有信用贷款。

2. 除油坊、纺织厂之抵押贷款（须列表详报购存及消耗数量）及纱布之进口押汇（须列表详报运进及销售等数量）外，其他大豆、纱布等项抵押、打包及任何放款，即日起一律停止，其已贷款者先行列表详报到期应即收回。

粮食（高粱、小米、包米、面粉、大米）除直接向车站托运指定地区之押汇外，不得作任何其他贷款，其已贷款者，除符合指定地区之押汇外，即行列表详报，以便限期收回。嗣后所作之押汇，须逐日列表报告。

3. 工业贷款必须用以制造指定之生产品，到时按贷款索货，并应严格审核。贷放商业贷款，除前条所许可及经济委员会核准之主要物资之押汇外，凡超过三十万元以上者，应即暂时一律停止。农贷已拨之九亿元，责成农村合作事务局严令经办机关必须核实用途，实行实物贷放，其尚未拨发之数，稍缓拨发。

4. 为执行上项规定起见，即日起，即由行辕命令经委会、财政金融特派员办事处、中央银行会同派员分赴各银行检查帐目。其有违反上述命令者，报由行辕议处。

二、关于大豆购运者

1. 大豆（豆油、豆饼）输出东北境外者，由中央信托局或物调会统筹购运（已正式登记之油坊，得具保缴纳平建资金，输出豆油、豆饼）。

经济委员会即日停发商人大豆出口许可证，其已发出者，一律停止运输。

2．凡与外商订约收购大豆，其已向经济委员会申请许可核准有案，且一切证件经经济委员会查验确实者，经济委员会得准其在各该地市县政府监督稽核下，照议价购运大豆出口交货至契约履行为止，但商人亦得商请中信局照价收购，其已收购之大豆，由中信局代为履行契约。

3．东北境内暂准在东北省市府正式登记之粮商，依照议价，自由购销大豆，但应将现存数量及将来采购数量、采购地点、价格、存放地点、售出数量、承购机关、运销地点等随时分别列表，呈报经济委员会，必要时得由军粮局或物调会或中央信托局依照议价强制收购之，违者议处。

4．在东北境内未经正式登记之商号及其他机关团体或私人现存之大豆，应将存放地点、数量、价格、品质，列表报经委会，依照四月底各地市价，由军粮局或中央信托局收购之。违者议处。

5．中央信托局已具保输出之大豆及将来输出之大豆、豆油、豆饼，应按平建资金规定缴纳之数额，先付半数，商厂已具保输出之大豆及油坊，将来输出之豆油、豆饼应按平建资金规定缴纳之数额亦先付半数，奉中央核准后，再将余额如数补缴，备充平抑东北物价及地方经济事业之用。

三、关于高粱者

1．存储高粱在五十石以上者应向当地市县政府呈请登记，以资统计。

2．存储高粱在五十石以上未呈报登记者，一经查出即照议价收购。

四、关于纱布者

1. 中纺及东北各纺织厂所产纱布，一律交由物调会收购。

2. 物调会以纱配售各织布厂，给予工资及合理利润，收回布匹，藉利供应。

3. 中纺过去出售之纱布应按户列表并将售出数量、日期，详细列表，以资查核。

4. 未经登记核准之纱布商或私人，存有自用必需量以上之纱布，应于公布举办登记者七天内，向所在地政府呈报，并照四月底各地市价，售与物调查会，如违反上项规定，一律没收，因检举而查获者，以百分之三十充奖。

5. 凡经登记核准之纱布商所存纱布，应于公布举办存纱存布登记后七天内，向所在地政府呈报，违反上项规定者，照前条办理。

甲、凡经登记核准之纱布商之纱及所存之布，照政府议价，自行出售应市。

乙、凡织布厂在本办法公布前，所有之纱，须向物调会登记，织出之布，售与物调会，其收价由物调会另定合理价格。

6. 为鼓励纱布入口，凡今后运进之纱，得提出购运证件，售与物调会，除按成本及应得利润外，得酌给奖励金，运进之布，则照政府当时议价，自行应市出售。

五、关于黄金者

1. 禁止以黄金代替通货，作为交易收付之用，违反没收。

2. 黄金除售与中央银行外，禁止交易，违者没收。

六、关于运输者

1. 转运公司之业务，应派员严加监督，并清查其帐目，倘有弊窦，随时令其停业。

2. 中信局运输大豆，应尽量优先调查车辆。

七、关于封锁者

1. 通令临近匪区部队及各省保安司令，应厉行对匪区之经济封锁，如有将布匹、粮食、食盐等日用必需品及黄金运往匪区，或私予放行者，依法严惩。

2. 由行辕第二处会同经委会拟具有效办法。

八、关于经济检查者

1. 经济检查业务除由经委会检查室总其成外，东北敌伪事业资产统一接收委员会监察处亦会同办理。

2. 地方政府须指定人员负责经检业务。

九、关于其他日用必需品评价之标准

1. 以高粱为标准，依照历年高粱与其他各种日用必需品之比价，及现在国内国外与东北之物价情形，订出比价，以供各地议价之参考。

2. 各地日用必需品之议价办法，由行辕另订公布之。

请政府确定对东北合理之经济政策以体恤民生而争取民心案（审第六三号）

王参政员化一等二十六人提

理由：

一、东北经日寇十四年之榨取，民生凋敝，必须予以苏息之机，庶可稍稍恢复，若再加以剥削，其后果不堪想像。

二、中信局统制东北大豆，由东北行辕经济委员会明令公布按照议价强制购买，违者严惩，并由该会管制运输，其已发之运输证，一律收回，管制出口，其所订之对外契约由中信局代为履行。试问此种作风，是否完全由台湾之专卖制度抄袭而来。此种政策是否日本之出荷办法仿效而来。今年东北煤价高涨，已有若干地区以大豆为燃料，若不急速改变政策，重订办法，势必使明年断绝东北大豆之生产。

三、在经济当局未尝无解释，以为中信局经营大豆所获之利润将大部分用之东北，以谋增产，政府果真诚心推行仁政，何妨农贷减低利息，大豆随市价准自由购买，现代实惠，农民自当感戴，若必先割其肉，而预告之曰，明年即以汝肉以为汝之营养，政府纵不食言，其奈民死无日不能待至明年何，且明年当政者何人？又谁能保证不人去令改。

四、据知政府并有密令以窒息东北各城镇市场之方法，以便于中信局在乡村之贬价购买，此种措施是否欲置东北人民于死地，是否视东北人民为罪人，诚不胜惴惧，国家糜乱至此，犹复不能稍恤民间疾苦，推诚与人民合作，而政府尚欲责人民效忠效死，揆诸事理恐南辕而北辙。

五、政府购买东北煤炭，按东北厂价九十元一吨，合法币十万零三百五十元，运至上海按配售价格法币五十万元一吨（上海市价百余万元），以东北有余之物资补国内之不及，未尚非经济上之必要措施。然而政府售与东北之纱布，既不按厂价，又不按上海市价，竟依以东北之市价，若商人如此，政府必将设法制止，舆论必将嗤为奸商。今政府竟完全采取商人伎俩，以剥削东北人民，吾人不欲问其利润如何处理，归诸私人，抑来之国库，但欲问主管当局是何用意。

六、（一）东北各省只许设县银行而不许设省银行。（二）东北粮食买卖国税局课以所谓一时利得税百分之三十五。（三）东北已接收省份之九一八前地方产业悉被中央接收，迄未发还。（四）东北流通券与法币既有固定比值，而其本身又复无限膨胀，因之东北物价一面既须受法币膨胀之波动，同时又须遭遇流通券贬值之影响。

诸如此类，举不胜举，感为国内各省所未有之特殊措施。当局用心所在，实为东北人民百思莫解，若不亟图改变，其将酿成之后果如何，昭然若揭。

办法：

一、取消东北统制、专卖等一切法令及其机构（东北行辕经济委员会暨其所属）。

二、严惩主持东北经济政策实施之张嘉璈等，以谢东北人民，以证明非政府所主使。

三、由政府指定部会负责人员，会同东北地方熟谙经济之公正士绅重订政府与东北之经济关系及其政策。

决议文见八十五案

〔财政部档案〕

13. 李熙照关于平抑物价挽救经济危机建议书

(1947年8月31日)

为平抑物价稳定经济金融缮拟计划建议书

窃查敌伪末期物价已涨至惊人地步，沦陷区民众莫不翘盼国军到来，投归政府怀抱，重庆更苏，不意胜利后物价暴涨，货币贬值，官僚资本，奸商游资，操纵囤集垄断居奇，一般贪污无能颟顸官吏，惟利是视，上下交征，以致金融紊乱，民生骚然，流离丧亡，哀鸿遍野，而接收大员汉奸发国难财、接收财、胜利救济财，囊橐载满，汇存欧美，豪门巨富，穷极奢华，朱门肉臭，野有饿骨，形见人心乱离，社会崩溃。况今内战不息，兵连祸结，民无宁日，将不知伊于胡底，战争一日不息，非特不能谈建设，更无以抑物价而安民生，若不亟谋挽救之策，前途将不堪设想。政府地方曰言平抑，施行紧急措施者屡矣，然只治其标而不治其本，终于抑者自抑，而涨者自涨耳。查平抑物价，制止暴涨，诚为稳定经济安定民生之第一要政。惟查过制止物价波动之法，不外限定价格与惩罚而已，而限价不日自废，获罚又有几人，且每次施行平抑限价之后，商贩以血本所关，利欲驱使，每将物品囤藏，蕴积待沽，市货因之而缺，然人民日用必需，不可一日或缺，反驯致促成黑市之渐，各都市各自为政，此抑彼涨，影响货物来源，又形成货物缺乏恐慌迹象。迨觉无法平抑，势必任令自相弛禁时，一时外货输入不及，而市中仅有之货供不应求，物以缺为贵，必致陡涨，是向之平抑适为涨之厉阶，况军警调查时，奸商有钱万能,贿赂万事可了,以知限价平抑禁惩之法实为过度失效之策,亦为至笨之法,故必筹谋善策,以使永抑到底,且使必不再涨而后已,熙照矫目时艰,俶焉心忧,敢援国家兴亡匹夫有责,愚者百思或有一得之义,不避越俎僭位代谋之讥,敬陈刍荛管见如左:

办法

一、组织公营平售贸易机构以抵制物价上涨。

查物价平抑必设立一公营平售机构以抵制物价之高抬,惟鉴于过去政令每一设施一经寓政之手,无不弊窦丛生,事事失败,政府遗用人失慎讯判贪污者得逞发财之实,故于组织人事一项,除于省市县设有官民合作之总机构外,各地方单位组织即以所在地之商学农工及宗教慈善人民团体为主体单位推选负责人办理之,而以党团宪警协力其推行,以助其力之所不及。

二、普设公营平售贸易部以扩大其范围。

为期达成物价平抑永遏涨风之目的,此平售部必须普及设置,使人民供过于求,购买便利,方可以言物价之平抑,应按都市地区镇保区域为设置地点,其市肆殷繁,人烟稠密之区得酌情形增设之。

三、货物取给于囤集官商所有过积物资,抽提其一部并给以合法利润。

此等平售贸易机构既须全国普设,以期各地彼此物价平衡,方收货物流畅,达到物价跌落之目的,惟各地普设需货必多,既无此巨大资本购买货源,更难期供应。查胜利后敌伪奸商之所囤藏、接受贪吏之所侵吞为数庞大,应施以调查其品类数量规定,以超过某种数量者按比例抽提其若干作为公营之基本货源,在不侵害其成本原则下,予以合法利润或令听股息或分劈红利使有利润可得,其物资除拟定抽提出售者外,存余仍归其有自卖权,以使其生活且以消除其反感,同时限制其趸批整运,取缔其过分得利,其自卖量令其日报予以统计管制。

四、施行全国囤集货物总调查严励执行。

公营平售货物既取自囤集过积货品以为取给货源则必施行总调查，以明物资存量以为统筹计划。政府通令全国各都市政府最高机构，协同此平售部人员对各地巨商官库仓房予以实查登记其存量、品名、类别、原购成本，其来源或为官僚资本或为非法取得，揆其来源性质，规定其处理办法，对各地调查工作层派密查到处作不公开之侦察，如发现有调查团徇私受贿情事，受命密查有权呈报重惩，同时并通知各地中央信托局敌伪产业清理处，将所有动产物资移交此公营贸易平售机构，以增加当地平售货量。

五、划一全国货价，无论公营私商，饬遵一律实行平售。

全国物价不均衡，则货物趋高避低，波动无已，亦为物价腾涨之一因，在平售政策实施前，政府即通令全国各地物价一律单价退缩至壹万五千倍以下，此公营平售部当然履行，以抑压牵制私商之上涨，不数月，物价必降跌而平衡矣。

六、调查保甲户口，实行计口配给制。

为撙节物资销量，防止奸商投机囤集起见，须实行计口配给，照每人日用必需估计其月日用量发售每月每日购买票，而遏非法之购存，庶平售货源不至枯竭而物价亦不致再涨。

七、废弛各地不准出口弊政，以畅货源，发展低级商贩资本，松舒社会经济。

古之为市者，以其所有易其所无，此贸易原则也，奸商市侩必求垄断而登之而网市利，孟子鄙之为贱丈夫。今日中国各地域角落，因受物资缺乏所迫，每藉口民食禁止出口。近观似当时有益，然远瞻高瞩，实为害于农民者至大。盖他货高涨已至相当指数，独农所产食粮恃以为易其所无者之售价（指粮）不能与他货争衡而不得交换以相当价值之物品，积其害之所至，受谷贱伤农之弊，况粮不出口不能易来所无之货，货缺而又演至物价暴涨，古今自恃以为粮不出口者诩为得计，实害农民之贼也。为今之计，应本节制资本政策，限止巨商官资，吸收趸运，加以限制运量，发展小本民营贩运，以免巨商鲸吞把持操纵市场，以排除官僚资本过腾游资，俾农村经济得以复苏，实为上策也。且以无碍于弛禁食粮出口劲令焉。

八、国营产品及业务宜缩减价格，以为平价倡而辅平售之进行。

近数月来，凡国营事业如铁路、轮船、邮电、交通以及各种产品因受物价激动影响，支出竟亦上涨不已。政府日言平抑迭行措施令民奉行者，今竟自甘如饴，此种矛盾现象岂非遗民众以笑柄，今置全国施行公营平售之时，亟宜跌降价格至一万五千倍以下，俾全国一律，以免物价轩轻之分。

九、政府亟宜改革币制，施行硬币收回大钞，以弭物价狂涨而使金融稳定。

查今日通货现钞不及冥钞，法币远逊伪币，国何以国，民何以存，虽政府出万元大钞，旨在便民，结果适以刺激物价，反足病民，此饮鸩止渴，扔汤止沸之下策也，现百元以下者已见诸厕所之中，民相拒用，闻尚有其他大钞发行之说，则五百、千元之钞又将见之厕坑中矣。新浦雨季，柴价十万、百万，长此通货膨胀无已，物价亦续涨不止，危机恶性的增长，德国马克的覆辙将重演于中国。近日改革币制之说甚嚣尘上，然改革之法不外增高新币价值抑抵旧币值耳，如新币一元折合旧币二万或三万元，此只能减少财政收支上的绝对数字，而不能减少收支不符的差额或比率，此项差额终必恃发新币以资弥补，则新币下的通货膨胀将仍不变，再则币制改革虽以新币计物价低于旧币，然此不过为货币单位价值之不同，实际上物价未减低，如通货仍续涨，则难谓其物价稳定也，反之物价亦必因之而上升。近如采行硬币用以收回现行法币，倘金银来源一有不充，势须靠发行钞票与硬币同时并用，则劣币驱逐良币的结果，硬币将被收藏，而硬币与钞票又成为两种不同价值的货币，徒扰金融而已，基此如为整个经济前途稳定物价着想，须备客观的缜密条件，此条件何，即此公营平售机构之陪助并行牵制物价不得上涨，而硬币政策遂以之而施行矣，否则将被财政与经济困难以速其冲销及至硬币政策再整调施行时，则又大打折扣矣。

十、调查华人国外存款交涉提回用备发展工业

在抗战期间与胜利之际，所有贪官污吏伪奸商蠹乘机侵蚀营私发财，为避国人耳目汇逃海外。其子孙而为豪华享受之挥霍。据报载，马寅初先生估计某豪富赀财在美者可用以抗战七年，数目庞大如此骇人。大中报载，中国某夫人在纽约日耗房费二百美元而美人耻之，此等本身中年致富之污吏，若非恃藉职位舞弊国帑，何得有如是巨款，如在专制前清将受查抄灭门之罪，何申其例也。中国际兹民生涂炭、哀鸿嗷嗷之今日，个人私产如此其多，益证民国之无法律而为国家之羞。共产、八路之不贪污，逃来难民人皆称赞，要之此笔逃避国外存款，政府如不设法提回充没，则无以对抗战死难烈士及其身后无依之后人，应由政府劝令该财阀激发天良，提取其财产之一部捐归国家建设或设立公私工厂，以救国家垂亡国脉而谢国人。

十一、国有工业拨归民营，加强增产以争取市场而杜漏卮。

吾国抗战前为日货市场，胜利后为美货市场，以致吾国仅有民营工业相继倒闭，所有接收敌人工厂两年以来尚在封闭，烟囱无烟，不事生产，尤为政府麻痹、缺乏技术、办理不力之证。倘在胜利后，迅将各敌人工厂尽先处理，招商民营，必较逾于今日现状况。今国家务于内战，共产果何时可以消灭，建设果何时可以开始，均在遥遥无期，如是因噎废食，国命日危，在政府未能铲除贪污，澄清吏治，结束战乱之前，亟宜放弃利权，将一切政府无暇举办之国有工业以及交通事业强化民营，国家征收其利润，这一部（如所得税、营业税、公积金等等）以裕国库，实为计之得者。在今对日贸易开放之今日，尤须全国普及，加强生产，方期以杜绝漏卮而与舶品争衡也。

结论：以上管见之是否可行，固在国府之权衡轻重，揆之法理

下以决心予以断然措置，如多所顾忌，则凡百政治亦难行之，魏德迈曰：中央政府须立即实施大刀阔斧改革，范围广大之政治及经济，纯作诺言将无济于事，亟须见诸实行，一般应所接受者，即军事力量本身将不能消灭共产主义，实为中国病症下以针砭。商鞅云：成大事者不谋于众，又曰：民可与乐成而不可与乐始；孔子曰：民可使由之，不可使知之，盖皆断然措施之意也。共产杀人斗争参军共妻惨无人道之虐政，且行之如流，况此平抑物价，解救民生，稳定货币，挽回经济危机之善政，平售货源虽抽提于囤商，然无防害其权利，迨物价降低稳定之后，亦仍保持其原有数量。熙照深以为除设此公营平售机构以抵制物价上涨而外，任何平抑办法将不能遏抑奸商之垄断把持，操纵物价上升之技能，今以管见所及，谨此贡献建议于执政当局及社会人士之研究，抑平物价者一商榷之。

具建议书人　李熙照

民国三十六年八月

〔国民政府行政院档案〕

14. 国民政府评议物价实施办法

（1947年9月）

评议物价实施办法

三十六年二月二十五日行政院第七七七次会议通过

三十六年九月十八日本会第十五次会议修正

第一条　全国各重要地点有评议物价之必要者，由行政院分别令其设立物价评议会，各县市如有评议物价之必要时，得由各省政府指定设置但须呈报行政院备案。

第二条　物价评议会之职掌如左：

甲、评议主要民生日用必需品之售价。

乙、协助检举违反议价之行为。

第三条　物价评议会设主任委员一人，在院辖市由主管局长兼任，在普通市或县由主管局长或科长兼任，委员七人至十一人，由地方政府就当地参议会、商会、工会、工商同业公会及治安机关选聘之。

第四条　物价评议会设秘书一人，干事若干人，由地方政府调派职员兼任。

第五条　评议物价分为初议与复议。

第六条　初议由主管局科派员与议价物品有关之同业公会代表会同议价后报告物价评议会主任委员，主任委员认为适当或有迅速处理之必要时，得先行核定施行，再报告物价评议会。

第七条　复议与初议后经物价评议会主任委员认为所议价格不当或有委员三分之一以上请求时，召集物价评议会全体会员行之。

前项复议评定之物品价格由物价评议会报请地方政府长官核定之。

第八条　应行议价之物品以主要民生日用必需品为准，指定管理物品，当地设有专管机关者除外，其种类由地方政府体察当地情形指定公告之。

第九条　议价标准按照物品成本视当地各业向例分别酌加利润成数。

第十条　物品成本之计算除制造费或进货原价外，得包括利息（不得超过当地银钱业公议之放款利息）。

捐税、运费、仓租管理费、保险费、折耗等项在内。

第十一条　各种物品经评议核定之价格由地方政府公告之，并分别报告该项物品之主管机关备查。

第十二条　出售议价物品之商店，须将核定价格标明于店内门前，或各该物品上发售时不得超过核定之价格。

第十三条　物品成本发生剧烈变动有评定新价之必要时，得重新议价，但未经议定核定前不得加价。

物价评议会对于物价发生剧涨时应查明上涨原因，如有投机操纵情事应向当地法院检举依法惩处。

第十四条　各地方政府对于与人民日常生活有关之营业，如旅馆、浴室、理发之类认为有议价之必要者，适用本办法之规定。

第十五条　违反核定之议价者，依取缔违反限价议价条例惩处之。

第十六条　本办法由行政院公布施行。

〔国民政府经济部档案〕

15. 国民政府全国经济委员会关于1947年度物价波动概况的报告

（1947年12月）

三十六年度物价波动略可分为四次，兹将各期物价波动概况分述如次：

1. 第一次涨风

Ⅰ. 物价上涨概况

从三十五年十二月底起，至三十六年二月底九周间，物价总指数上升达百分之六十八，本期物价上涨以金钞为最，九周间黄金上涨百分之一五二强，美钞上涨百分之一六八弱，输入物资如化学原料、五金材料等随之上涨，粮食、纺织等上涨率较小。

Ⅱ. 政府措施

二月十七日政府颁布经济紧急措施方案：禁止黄金买卖及外币流通，并加强金融管制，减少支出，增加收入，冻结生产指数，实施限价配售，日用必需品以南京、上海等三十二地区为议价地区，并指定京沪两地为严格管制区，各种措施甚著成效。

Ⅲ. 物价稳定时期

自二月下旬至四月下旬二个月间物价比较稳定。

2. 第二次涨风

Ⅰ. 物价上涨概况

四月下旬物价开始波动，粮食、纱布及有价证券首先昂升，至六月初物价一度平稳，嗣因东北、华北战事转紧，资金南流，加以华南走私猖獗，至六月中旬又复上升，黄金、美钞领导涨风，十周间黄金上涨百分之一六八弱，美钞上涨百分之一五五弱，直至七月中旬魏德迈来华，美国援助有望，物价再趋平稳，本期中历时达十周，物价上升百分之一百。

Ⅱ. 政府措施

疏通粮源，管理粮食分配，改组纺织事业管理委员会为纺织事业调节委员会，抛售棉纱平抑纱价，并加紧华南缉私以配合输出入之管制。在此时期政府鉴于公用事业等贴补政策之施行使各项物价失去平衡，贴补数字与月俱增，国库不胜负担，公用事业与物价相去悬殊，恐将来无法调整，故于六月十九日取消贴补，同时以物价上涨，生活费指数无法继续冻结，乃于五月起解冻此项措施，系因事实之需要，而对经济紧急措施方案作必要之修改。

Ⅲ. 物价稳定时期

七月中旬至九月中旬二个月间物价比较稳定。八月十七日外汇管理及进出口贸易新方法公布，对于物价稳定大有帮助，二个月间侨汇与输出亦倍于往昔。

3. 第三次涨风

Ⅰ. 物价上涨概况

九月中旬后，物价又复上涨，米粮先涨，金钞随之，纱布亦突昂升，至十月下旬为期约三周，物价上涨率达百分之七十四。

Ⅱ. 政府措施

本会派员赴沪调查筹拟对策，加紧金融管制及施行平抑纱布涨风，并经由上海市政府临时采取取缔金钞黑市及平抑纱布涨风措施，其要点如左：

Ⅰ．登记纱厂存货。

Ⅱ．检查纱厂帐目。

Ⅲ．拒绝检查者当即扣留。

Ⅳ．奖励告密。

十月中旬政府决定无许可证输入品处理办法，对于压平金钞价格之上涨显存助益。

Ⅲ．物价稳定时期

十月中旬至十一月中旬为时四周，米价、纱价等均见下跌，黄金美钞涨势亦稍挫。

4．第四次涨风

Ⅰ．物价上涨概况

十一月中旬以至于年来物价涨落不定，以米价涨势最猛，金钞因抽紧银根及加紧检查，故涨势尚不若米价涨势之猛烈，在此一个半月中计米涨百分之六五弱，黄金涨百分之六十强，美钞涨百分之六十二弱，物价指数上涨率约共百分之三十。

Ⅱ．政府措施

十一月下旬，因纺织品化学等价格首先挺高，各货亦随之高涨，经遵奉主席手令以花纱布管制为中心，以金融措施相配合，研拟稳定物价之有效办法，除由财政部设置沪、宁、津、穗四市金融管理局严格检查监督，并检举金融机构外，关于花纱布管制一节仍依照代纺代织统购统销之原则，改组纺织事业调节委员会为花纱布管理委员会。十一月九日由本会兼委员长召集陈委员启天等，商讨纱布问题决定四项办法如左：

Ⅰ．为控制纱布起见，棉纱应采用全部代纺办法代织一节始终尚未实行，应立即执行。

Ⅱ．为达到全部代纺之目的，政府必须掌握原料，故国产原棉应尽量把握外国棉花，除联总原料及采购之外棉外，应以适当部分之棉纱输出换取外棉。

Ⅲ. 为达到代织之目的,对于棉织业及复制业必须采有计划之配纱,对象应以民生日用品标准布及合于外销之棉织品两大类为主,庶能供应民生需要增加外汇来源。

Ⅳ. 为执行上述原则,现有之纺织事业调节委员会应即改组为管制或管理机构,以期严格执行政府政策。

当由经济部依照上列四项办法,拟具全国花纱布管理委员会组织规程,自三十七年一月一日起实施。

综观三十六年度,一年来上海趸售物价指数较三十五年十二月约涨十四倍弱,全国物价指数尚不到此数,上海各种物价上涨倍数分列如下:

1. 黄金　二六二倍

2. 美钞　二三.六二倍

3. 米　一七.一三倍

4. 棉纱　一五.三四倍

5. 煤　七.一一倍

兹将三十六年度上海市各种物价及指数图依次附列于后[略]。

〔国民政府财政部档案〕

16. 河南省参议会关于通过提请配合动员勘乱政策建立物价管制机构案致蒋介石代电

(1947年12月)

河南省参议会快邮代电　总义字第4260号

南京国民政府主席蒋钧鉴:本会第一届第四次大会参议员郗克昌等提议,为配合动员戡乱政策,建立物价管制机构一案,业经大会决议通过记录在卷,理合抄同原议案电请鉴核施行为祷,河南省参议会议长刘积学。叩。亥灰总义。印。附议案一件。

第41号

类别:社会(七)

议题:为配合动员勘乱政策,建立物价管制机构案。

理由:近自动员戡乱令下,人心浮动,社会不安,大贾屯集,小商居奇,以致物价扶摇直上,币值愈降愈低,又兼共匪窜扰,交通受阻,薪水阶级固已感吃饭之严重,即农工生产人员亦觉维持不易,长此以往,国途堪忧。查现有主持物价平抑人员多系现任官吏,难免不是官僚资本之幕后人物或支持者,作茧自缚,谁肯愿为,故平抑失公,执行不力,而商民自恃后台,视若罔闻。结果平者自平,抬者自抬,实行以来毫无成效。当前急务端在迅速建立严正之物价管制机构,彻底平抑工作,以安人心而利戡乱。

办法:请电国府严饬中央管制物价委员会及有关机构切实详密,彻底规定管制平抑物价有效办法,并令各省市县政府会同民意机关适应地方环境及需要,组织管制物价委员会,依照中央办法,严令确实执行或由各地动员戡乱委员开研讨处理。

提议人:郗克昌　李光琛　乔昭然　杨益众

连署人:周祖训　王三祝　刘馨庵

〔国民政府行政院档案〕

17. 全国经济委员会关于战后物价狂涨情形的分析报告

(1948年)

战后物价之分析

战后我国物价仍继续上涨,较战时尤甚,大涨小回,小回大涨,其间具有周期性,周期愈演愈短,物价愈涨愈烈,其主要原因不外(一)财政收入失衡,通货不断膨胀。(二)生产停顿,物资缺乏。

(三) 交通工具破坏,货运停滞。(四) 游资作祟囤积垄断,以上各项因素如不消失,不特物价涨风不能遏止,即对外汇价亦难保持稳定,今日物价问题至为严重,解决之方固须标本兼治,而平衡财政收支制止通货膨胀,增加生产,节约消费,流畅货运,取缔投机暴利,促使社会财富分配平均,尤为当前切要之图。兹将战后各时期物价变动情形及其特殊原因分别解析如次:

第一时期　三十四年八月至三十五年二月期末,全国趸售物价指数为二三五九七三(二十六年上半年为基斯以下同),胜利前夕重庆趸售物价约为战前二一三一倍,日本投降消息传来,感应性最强之资金美钞首先暴跌,一般物价相继剧降。自三十四年八月十日至十月十五日物平均跌落百分之三二.八,其他后方各大都市如昆明、成都、西安、兰州等亦普遍下跌,其促成原因乃由于市场心理认为(一) 交通即可恢复,(二) 对外贸易即可重开,(三) 口岸区廉价货物即可运来,故商人均纷纷抛售,物价暴跌,后方工商业大都陷于整个停顿状态,而利息负担,营业费用有增无已,因而倒闭停业者为数甚多,同期收复区物价变动,自八月十日以后曾一度狂跌,但不久即开始回涨。例如上海八月下旬趸售物价即较中旬高涨百分之二十至三十,至九月下旬伪中储券与法币二百比一之兑换率正式公布后,法币在上海之购买力即提高甚大,于是后方资金大量涌向上海,竞购物资,物价猛涨。

胜利之初,物价短时期回跌完全基于市场乐观之心理,然而客观事实发展证明(一) 通货与信用继续膨胀,(二) 交通仅局部恢复,运输仍感困难,(三) 对外贸易一时不能完全重开,(四) 国内叛乱继对外战争结束后有扩大之趋向,(五) 后方厂矿既陷于停顿,收复区又多未复工,于是后方物价亦自十月中旬起逐步回涨。至三十五年二月,全国趸售物价已步涨至战时物价最高水准。

第二时期　三十五年三月至七月期末指数为四一二九〇八,政府鉴于当前买卖外汇无公开市场,对外贸易陷于停顿,因之工商企业并相观望，为经济复员一大障碍，如变动黄金牌价，尤足影响金融，刺激物价，遂于三月一日颁订进出贸易暂行办法，同时公布管理外汇暂行办法，提高对美汇率为二〇二〇元，并将进口货品分为自□、许可、禁止三类，除少数经许可或列为禁止入口之物品外，其他均得自由购运输入，进口货物数量因而大增，虽损耗巨额黄金外汇，但对于缓和物价上涨收效甚宏。

第三时期　三十五年八月至三十六年一月期末指数为七五五〇〇〇，自本年三月份开放外汇及对外贸易以来，除农产品外，各项工业制造品价格均甚稳定，一般消费者虽获得喘息之机会，但生产者则痛苦已极，一面因汇价偏低外货大量涌入，一面因我国工业落后成本较高，以致工商各业陷于极端不景气中，倒闭停业者时有所闻，政府为救济计，于八月十七日决定取消出口税，八月十九日又宣布改变对美汇率自一〇二〇元增至三三五〇元，提高百分之六十五，以期促进输出，减少输入，扶助生产，引导侨汇，迨汇率改订，黑市黄金美钞即猛烈暴涨，一般物价亦相继步涨，旋以各地粮食丰收涨势稍减。

第四时期　三十六年二月至五月期末指数为一九六八五六七，我国对外贸易入超甚巨，据海关报告三十五年入超计一〇八九〇五三四三五〇〇〇元，长此以往外汇势必枯竭。益以政局不安，游资充斥，人民企图保持币值，群趋购买黄金美钞，本年二月上旬金钞又复猛涨，各地物价跟踪升腾，计二月上半个月上海趸售物价上涨百分之四十六.九，重庆趸售物价上涨百分之二三.一，全国趸售物价总指数由一月份之七五五〇〇〇升至二月份之一一〇二八八五〇，二月十六日政府公布经济紧急措施方案，严格管制物价，停止金钞交易，金钞变动对于物价之刺激亦随之终止，物价涨风因而稍戢，自四月起米价因青黄不接猛烈跳动，其他物价如食油、纱布及其他日用品等亦随之飞扬，直至五月中旬始进入间歇期略呈平定。

第五时期　三十六年六月至八月期末指数为三四三九二〇〇，六月上中两旬一般物价仍续呈平稳状态及至下旬，物价又展开一次周期性波动，其原因为（一）银根松驰游资充斥，（二）工资因工人生活指数解冻而剧增，（三）公用事业因贴补部分取消相继调整价格，（四）美国进出口银行五亿美元贷款到期失效，（五）华北局势紧张游资汹涌到沪。七月份上海物价涨风，并不如预测之大，盖由于（一）魏德迈使团来华，市场心理认为乃美国经济援华之前奏，中国经济情况可能好转。（二）美国国务院及陆军部发表联合公告，对日私人贸易将于八月十五日起开放，日本廉价工业制造品可能加入远东市场从事竞争。（三）七月份上海成立经济会报，决定设立金钞、棉纱、粮食、燃料、食油等五个侦查组，严格执行经济检查工作。（四）国家行局积极抽紧银根，东北、华北游资因战局复呈稳定而又回流，以致上海银根紧迫，至其他各地物价虽为上海马首是瞻，但因感应较迟涨势仍甚剧烈，本月份全国物价平均上涨率为百分之二十六，八月份系农忙时节，市面萧条，物价大体尚属稳定。八月十七日政府改定外汇管理及进出口贸易办法，市场反应尚佳。

第六时期　三十六年九月至十月期末指数为五九三一三〇，九月初物价又趋上涨经全月扩大发展，至十月下旬已达顶点，米粮、纱布涨势尤烈，其促成原因（一）魏德迈离华声明，显示美国经济援助尚待考虑。（二）匪军窜扰豫鄂皖等省，影响食粮、棉花来源，不靖地区资金又流入都市，向商品市场集中。（三）秋收作物陆续登场，农村购买力增加购进用品。（四）外汇基准价升高，黑市外汇波动剧烈，刺激物价。（五）十月一日起交通、邮电、公用事业相继调整价格。

第七时期　三十六年十一月至三十七年一月期末，指数为一三七九〇五〇〇，自十一月第二周起物价掀起涨势，至三十七年一月第三周始趋和缓，其原因（一）十一月十一日马歇尔在美参议院外交委员会宣布政府将请求国会拨款三亿美元援助中国，自明年四月起每月支付二千万美元，其数额不如事先传说之巨，又须分期支给，致予市场以重大之刺激。（二）与一般物价继涨互为因果之交通事业及配售物资价格以及税率又续有调整。（三）平津、西安等地资金仍继续流向上海。（四）米粮因去年欠收，内河封冻，来源稀少，价格高翔，刺激一般物价。

第八时期　三十七年二月至三月十日期末，上海趸售物价指数为二六二七九〇〇〇（本期全国物价指数因主办机关尚未编成，故以上海指数为代表），二月中旬以后，春节已过，红盘初开，商品市场又见惊人波动，食粮、布匹涨势尤显猛烈，日用品各物经此巨大刺激甚致逐日改变市价，迄今犹无间歇之迹象，盖由于（一）东北战局紧张，资金逃入关内转进沪市，据估计一月份约九千亿，二月以后约在二万亿以上。（二）年节前后国库支出为数甚巨。

（三）金融业于年节前收到大批现钞或存单之后，除部分解入中央银行作为存款外，年初势必重行流入市场。（四）美国物价下落，使美金对港币之汇价提高，同时香港申汇经过一度稳定之后转向报缩，以致美钞黄金黑市价格猛升。（五）美国计划货款五亿七千万美元尚在审议阶段，分期支付尤感缓不济急。上海二月物价较上月平均上涨率为百分之三十五，三月上旬较上月平均上涨率为百分之四十一，此次涨势与三十六年二月相仿佛，惟以目前外货输入采取限额制度，同时严格取缔金钞自由交易，故投机目标由金钞转移为食粮、布匹及日用品。

〔国民政府全国经济委员会档案〕

18. 全国经济委员会关于经济紧急措施方案物价工资事项实施情形简报

（1948年）

经济紧急措施方案实施情形简报

壹、原方案项目

原方案：(四) 关于物价工资事项：一、行政院指定若干地点为严格管制物价之地，各该指定地之地方政府及有关机关应动员全部力量稳定物价。

二、各指定地一切日用必需品严格议价，依照取缔违反限价议价条例及评议物价实施方案办理。

三、各指定地职工之薪工按生活指数计算者，应以本年一月份之生活指数为最高指数，亦不得以任何方式增加底薪，但此项工厂应就食粮、布匹、燃料三项按本年一月份之平均零售价依定量分配之原则配售于职工，各工厂为供应工人所需之食粮、布匹、燃料应请由政府代购，不得自由采购变相囤积。

四、二十七年府令修正公布之非常时期农矿工商管理条例应严格执行，对于指定之企业及物品依该条例切实管理，其管理要点如左：

(甲) 明定劳工待遇及物品售价利润等。

(乙) 在经济紧急措施时期之内禁止闭厂罢工或怠工。

(丙) 禁止投机垄断或其他操纵行为。

(丁) 对违反该条例规定者从严处罚。

五、原定非常时期取缔日用重要物品囤积居奇办法应严格执行，违反者除没收其囤积之物品外，并依该办法及非常时期农矿工商管理条例从严处罚。

六、在本办法施行期间各指定地政府为制止投机买卖之必要得暂行闭封某种市场。

七、本办法自公布日施行。

贰、实施概况

(1) 物价之管制　行政院根据本方案之规定，经指定南京、上海等三十二地区为议价地区，并以京沪两地为严格管制区域，旋又增加岷县等九地区为议价地区，六月间复决定上列指定议价地区以外地区得自行组织物价评议会。在二月间行政院并通过评议物价实施办法，通饬各议价地区地方政府及有关机关切实遵办。三月间为推动物价之管制事宜在全国经济委员会设置物价委员会。七月初上海方面市政府联合各有关机关成立经济会报，决定设立金钞、棉纱、粮食、燃料、食油等五侦察组，由警察局严格执行经济检查工作。九月中旬后上海物价涨风复起，全国经济委员会派员赴沪调查，并拟具加紧管制金融、粮食、花纱布、燃料等及平抑物价之对策，同时上海市政府亦订定取缔纱布黑市办法，加强平抑涨风之各项措施。十一月间涨风再起，主席手令应以花纱布管制为中心，以金融措施相配合，研拟稳定物价之有效办法，行政院遵即通过改组纺织事业调节委员会为花纱布管制委员会，实行代纺代织统购统销四项原则。一面并通过财政部金融管理局组织规程，分别在沪、穗、汉、津四市设立金融管理局，以严格管理金融相配合。

此外对于农矿工商之管理均经遵照本方案指示要点及非常时期农矿工商管理条例严格执行，对于取缔囤积居奇事项，除依照非常时期取缔日用重要物品囤积居奇办法严格执行外，并由经济部增订非常时期取缔日用重要物品囤积居奇办法实施注意事项通过，各省市政府分别斟酌实情，参订实施细则注意办法。

至于粮食之管理，经行政院核定仍由粮食部依照非常时期违反粮食管理治罪暂行条例办理，不再依取缔囤积居奇办法报由经济部核办，食盐之管理经行政院核定取缔食盐囤积居奇实施办法公布施行，先后经财政部核定实施，取缔区域有江浙、上海、南京、安徽、江西、湖南、湖北、河南及云南等九区内之杭州、宁波、上海、南京、芜湖、九江等十二地。

同时全国经济委员会为使关系人民日常生活最切之公用事业价格有合理标准起见，于十二月间通过电、自来水、煤气、电话、电车、小火车、公共汽车、轮渡等八种价格计算公式，以为调整价格时之依据，并附具实施须知，规定自三十七年一月一日起实行，实行以来,对公用事业之价格已渐趋正轨,正由该会研究改善及扩大应用于一般日用必需物品价格之计算中。

综观一年以来对于物价之管制,政府虽不断针对情势为各种措施,然均不能使物价涨风稍戢,反有愈来愈速愈来愈烈之势,其重大原因(一)军事未能早日胜利;(二)财政收支失衡,通货不断膨胀;(三)生产停顿物资缺乏;(四)交通工具破坏,货运停滞;(五)游资作祟,囤积居奇之风极普遍。以上诸因素如不能消失,物价之管制前途殊难乐观。

(2)工资之调节　本方案颁布后即按照规定将各指定管制物价地区职工之薪工,以一月份之生活指数为最高限度予以冻结,实行之后,初因物价不稳尚无问题发生,至四月起米粮领导物价上升,生活费指数因之骤增,工潮时起,迄至五月间经全国经济委员会物价委员会修正通过,上海市工资调整暂行办法呈准施行,将生活费指数予以解冻,其要点(1)三十六年五月份起,各业工人工资应照新办法实行,(2)底资不得变更,(3)底资在三十元以下者照指数十足发给,(4)底资在三十元以上至一百元,除三十元照指数十足发给外,其余部分以每十元为一级,逐级递减百分之十,(5)资方无力负担时,得由劳资双方协议,或评断后减少之。惟是项办法实行以来,多数工厂资方不堪负担,劳资间颇有纠纷,经各地方当局个别调解,(6)尚未引起重大问题。

叁、修改部分

三十六年五月生活费指数解冻。

肆、备注

关于物价工资事项。在经济改革方案乙,关于生产建设者六,增产物资稳定物价(八)及二;工业(十四)实施办法中略有规定。惟管制尚不及本办法之详细。

〔国民政府经济部档案〕

19. 国民政府社会部统计局编各重要城市工人生活指数与战时工人生活指数比较表

(1948 年 2 月)

一、指数

Lndex numbers

采用加权综合法 Weighted agglegate founula

民国三十七年二月 feluany 1948

城市	总指数 general Index	食物类 food	衣着类 clothing	燃料类 fuel and light	杂项类 miscel laneous	房租类 housing	cities
一、民国二十六年上半年平均＝100							
南京	16371268	16964118	22057221	25637255	15985571	8521200	Nanjing
上海	20229673	19174227	22182192	21982858	32044668	3163585	Shanghai
北平	20486517	24899097	20620915	14142322	18727341	8250000	Beiping
天津	18645587	22059051	22223095	16210179		3888889	Tienjin
青岛	28743509	35352915	22840737	27599423	22750827	4135143	Qsingdao
重庆							Chongqing
产业工人	7758604	7937184	18561376	11633942	6611354	691069	Industrial workers
职业工人	6965281	7487508	20189873	8545296	6933842	691137	Qccupational workers
汉口	17648887	16776956	25867945	16567922	40295567	15062500	Hankow
成都	9708978	9488383	16450669	9675711	8960067	6672449	Chengdu
西安	16326901	15739127	31184369	20256761	25913517	5513889	Sian
兰州	12214772	11891660	14716364	11646497	12127432	15176442	Lanchou
昆明	16399324	19558932	26182887	11766956	19289500	4938811	Kunming
贵阳	5955002	5781777	15229111	6108890	8332921	1168750	Kuiyang
杭州	14461491	16137903	20717391	14704626	17259925	5778667	Hangchou
南昌	17350873	14189420	28529412	15925625	18457335	26150200	Nanchang
镇江	21599866	21534930	18773585	33181378	17748977	11916625	Chenchiang
开封							Kaifeng

续上表

城　　市	总指数 general Index	食物类 food	衣着类 clothing	燃料类 fuel and light	杂项类 miscel laneous	房租类 housing	cities
产业工人	20313719	15957773	17837269	35273795	22649001	42197333	Industrial workers
职业工人	20092143	15896404	18412325	37216216	22461276	42197333	Qccupational workers
合　　肥	25971869	22925804	36257018	39344737	32763248	30000000	Hefei
二、民国三十一年十一月三十日＝100　novembec　30　1942＝100							
重　　庆							ChungQing
产业工人	133274	152198	211342	75470	117748	49328	Industical workers
职业工人	139461	149552	211784	85767	113589	49332	Occupational workers
成　　都	204088	220274	127843	147901	233319	893062	Ckengtu
西　　安	312323	269587	383665	477373	356032	792732	Sian
兰　　州	345422	390444	180428	260810	230652	956484	Lanchow
昆　　明	126249	148587	118294	91163	98356	68809	Kunming
贵　　阳	162867	174320	135981	181187	109337	115543	Kueiyang
三、连环基期　Link Relatuees							
南　　京	187.8	188.7	143.2	160.3	179.3	386.1	Nanjing
上　　海	144.4	144.1	127.7	133.0	169.3	106.7	Shanghai
北　　平	135.1	130.1	127.2	138.6	137.4	100.0	Beiping
天　　津	124.0	123.8	117.6	118.9	—	192.3	Tientsin
青　　岛	162.9	176.0	145.2	129.0	153.4	138.9	Qsingdao
重　　庆							Chungking
产业工人	129.0	138.5	105.7	119.1	125.8	100.0	Industrial workers
职业工人	131.0	138.2	105.6	112.5	126.9	100.0	Qccupational workers
汉　　口	157.4	166.9	133.5	124.4	151.1	191.7	Hankow
成　　都	119.6	118.5	115.3	108.3	126.1	165.3	Chengtu
西　　安	125.9	132.0	114.5	117.7	125.5	100.0	Sian
兰　　州	127.7	130.3	108.3	123.9	153.3	122.8	Lanchow
昆　　明	146.5	159.9	126.9	127.6	134.0	106.5	Kwnming
贵　　阳	140.4	153.2	125.3	112.2	124.0	100.0	Kuiyang

续上表

城　　市	总指数 geneial Index	食物类 food	衣着类 clothing	燃料类 fuel and light	杂项类 miscel laneous	房租类 housing	cities
杭　　州	158.5	158.4	156.4	143.2	258.1	198.8	Hangchow
南　　昌	148.9	153.6	122.8	134.4	118.2	160.9	Nanchang
镇　　江	134.0	142.6	127.3	127.9	149.9	100.0	Chenchiang
开　　封							Kaifeng
产业工人	131.6	144.7	113.3	125.4	128.5	113.0	Industrial workers
职业工人	132.5	144.5	113.7	129.0	129.1	113.0	Occupational workers
合　　肥	146.9	139.4	155.0	116.6	162.4	200.0	Hefei

注：1. 北平、天津及青岛工人生活费指数系采用各该市社会局所编数字。

2. 杭州、镇江、合肥及开封工人生活费指数系采用浙江、江苏、安徽及河南各省社会处所编数字。

3. 南昌工人生活费指数系采用南昌市政府所编数字。

4. 一月份北平、镇江、开封及合肥工人生活费指数应予补刊如下表：

城　　市	总指数 geneial Index	食物类 food	衣着类 clothing	燃料类 fuel and light	杂项类 miscel laneous	房租类 housing	cities
	一月　January						
	一、民国二十六年上半年平均＝100　January-June　1937＝100						
北　　平	15168111	18295053	16209150	10202247	13634661	8250000	Beiping
镇　　江	15996340	15098027	14748491	25947210	11841746	11916625	Chenchiang
开　　封							Kaifeng
产业工人	15430572	11025182	15741909	28120493	17621393	37333333	Inclustrial workers
职业工人	15162577	11001137	16192712	28847649	17394421	37333333	Qccupational workers
合　　肥	17676967	16444509	23391228	33746130	20180484	15000000	Hefei
	二、连环基期　Link Relatuies						
北　　平	144.2	159.7	118.4	123.5	140.9	100.0	Beiping
镇　　江	149.9	158.8	125.7	142.9	125.5	139.7	Chenchiang

续上表

城　　市	总指数 geneial Index	食物类 food	衣着类 clothing	燃料类 fuel and light	杂项类 miscel laneous	房租类 housing	cities
开　　封							Kaifeng
产业工人	140.4	143.6	138.3	131.7	140.0	141.6	Industrial workers
职业工人	140.3	143.9	136.9	131.1	139.7	141.6	Qccupational workers
合　　肥	155.5	171.1	121.4	144.5	146.6	120.0	Hefei

二、指数变动说明

Jexplanation of flinetications of ilndex numfers of cost of living

一、本月份各地工人生活费与上月比较均趋上涨，其中以南京增 88%为最高，青岛增 63%次之，成都增 19%为最低，各地平均增 41.3%。

二、如与二十六年上半年比较则以青岛增 280,000 倍为最高，合肥增 260,000 倍次之，上海、北平、镇江、开封各增 200,000 倍至 220,000 倍又次之，贵阳增长不及 60,000 倍为最低，各地平均增 166,970 倍。

三、如与三十一年十一月比较则以兰州增 3,400 倍为最高，西安增 3,100 倍次之，昆明增 1,200 倍为最低，各地平均增 2,033 倍。

四、本月份各地平均之分类指数与上月比较其增涨程度之顺序为杂项、食物、房租、燃料、衣着，其中杂项类增 47.5%，衣着类增 25.5%。

五、如与二十六年上半年比较各地平均分类指数增涨程度之顺序为衣着、燃料、杂项、食物、房租，其中衣着类增 220,438 倍，房租类增 124,269 倍。

六、如与三十一年十一月比较各地平均分类指数增涨程度之顺序为房租、食物、衣着、燃料、杂项，其中房租类增4,178倍，杂项类增1,798倍。

〔国民政府资源委员会档案〕

20. 王懋功报告江苏省各地物价激涨无法制止电

（1948年6月26日）

镇江　　　　三十七年六月二十六日

南京。行政院长翁钧鉴：△密。近日物价波动，几为脱缰之马，不可制止，人心浮动，社会不安，尤以粮食一项关系民食影响甚大，关于本省粮食管制及今后措施，措施意见迭经呈报在案。本府时刻注意，未敢稍有怠忽。惟查本省各地物价之涨落，均视上海市场为转移，最近沪市黄金、纱布之黑市一日数变，直线上升，一般物价跟踪激涨，混乱情形无法制止，以致内地物价大受影响，顷据各县报告，粮食恐慌已成普遍现象，升斗小民惶惶不可终日，值此青黄不接之际，奸人乘机煽动之时，殊属忧虑，如沪市物价，政府不从速作有效措施，则社会秩序何以维持，心[?]所谓危难安缄默，除严饬所属统筹调配，切实管制，并严密注意维持治安，如有乱变即行紧急戒严外，谨陈实况，敬乞指示机宜，俾有遵循。江苏省政府主席王懋功叩。秘执巳宥。印。

〔国民政府行政院档案〕

21. 全国经济委员会关于1948年物价波动概况的报告

（1948年6月）

叁、关于物价者

一、三十七年度一至五月份物价之波动概况。

三十七年度一至五月份物价之波动兹按月分述如次：

1. 一月份

Ⅰ. 物价上涨概况

从新年红蓝开始,因积累之游资作祟,一般物价疯狂上涨,计一月份物价总指数较三十六年十二月份上升达37.58%,各重要物品之涨势以燃煤为最,金钞股票食米次之,计燃煤上涨49.88%,黄金上涨23.76%,美钞上涨23.81%,食米上涨48.71%。

Ⅱ. 政府措施

一月十六日召开物价委员会,议定五大都市配粮办法,明令中农中信中国等行局停止在产米区购粮。贝祖贻氏率援华技术团飞美商谈援华贷款以及抽紧银根等措施,对平抑物价甚著成效。

Ⅲ. 物价稳定时期

自八日以后至月底三周间物价比较稳定,间有下跌。

2. 二月份

Ⅰ. 物价上涨概况

月初以时届旧历年关,各用户均稍事购储食用各物,致一般物价均趋上涨,尚不剧烈。自旧历新年开盘以银根奇松,东北战局转紧,游资大量南流美贷迟缓等因,各物又一致猛升,直至三月初,几无日不在上涨中,显见波动之周期愈短其幅度愈大,计物价总指数较上月上升达34.7%,各重要物品涨势以食粮、纺织品为最,燃煤金钞随之,计食米上涨43.03%,棉纱上涨34%,煤上涨27.66%,黄金上涨36.38%,美钞上涨19.88%。

Ⅱ. 政府措施

花纱布管理委员会为平抑纱布涨风,停止纱布南运,金融管理局破获金钞黑市,配售食粮,商定具体办法等各项措施。

Ⅲ. 物价稳定时期

在月底物价一度下降,昙花一现,为时极暂,旋又上涨。

3. 三月份

Ⅰ. 物价上涨概况

本月初物价继上月之涨势依然全面上升，食粮为领导者，棉纱、金钞随之，至中旬开始稍见平定，起伏渐微，惟棉纱则波动特甚，涨势至猛，中旬末下旬初并一度猛跳，旋即下降，食米金钞随之，本月份物价总指数较上月上升达72.02%，各种重要物价计食米上涨73.21%，棉纱上涨106.86%，黄金上涨87.46%，美钞上涨110.27%，燃煤上涨11.06%。

Ⅱ. 政府措施

成立粮食调配委员会，实施五大都市配售粮食（天津、北平、广州以及筹备改由四月份开始），三月二十五日决定配煤制度等措施，因之燃煤与食粮均下降并趋稳定。

Ⅲ. 物价稳定时期

自中旬迄月底三周间，除棉纱涨跌较猛外，一般物价均系平稳，并间有下跌者。

4. 四月份

Ⅰ. 物价上涨概况

四月份物价一般说来尚称平稳，因二月份大涨后应有之间歇期，燃煤以销路畅旺及配价提高，自四月初即领先上涨，金钞受外汇即将挂高及开放自由买卖之谣传，亦节节上升，至月中更猛，本月份物价总指数较上月份上升达18.15%，各重要物资计黄金上涨40.29%，美钞上涨53.25%，煤上涨9.39%，米上涨9.73%，棉纱上涨37.47%。

Ⅱ. 政府措施

发行短期国库券，此一措施对游资吸收甚大。

Ⅲ. 物价稳定时期

本月以来，除金钞逐步上升外，各物均相当平稳。

5. 五月份

Ⅰ. 物价上涨概况

本月初因过去之物价已稳定相当时日，国大开幕人心对行宪政府揣测不定，五月份配粮价格提高，以及改变外汇政策，开放自由买卖之谣传，同时市场游资松滥等因素，金融性物价继上月份涨势即领导上升，棉纱、食粮、燃煤等追踪上涨，势至猛烈，至第二周末涨风始稍杀，各重要物资截止月中为止，计黄金上升51%，美钞上升61%，棉纱上升41.5%，燃煤上升34.5%，食米上升33.5%。

Ⅱ. 政府措施

i. 食粮：十三日民调会在南北两市场抛售白粳一万三千三百九十石，中信局联合各厂抛粉。

ii. 纱：十四日当局彻查纱商帐册，纺建并大量抛售。

iii. 糖：台糖公司受央行委托核配台糖五千吨。

iv. 银根由于当局抛售上项物资缴收巨额，糖、纱价款以抽紧银根并停止各项放款及不必要付款。十三日国家行局差送一万二千九百余亿，十四日达九千二百余亿，两日合计达两万亿以上创向所未见之最高记录。

Ⅲ. 平稳时期

自十三日起国家行局巨进银根奇紧，物价普遍下落，港汇放长金融性物品均形下跌，综观三十七年度一至五月中，物价自旧历新年开盘即一致暴涨，至三月中旬其涨势始稍杀，五月初又掀起剧烈涨风，各重要物品计较三十六年度低，上涨百分率谨列表于后：

1. 食米　542.5%
2. 燃煤　313%
3. 棉纱　625%
4. 黄金　670%
5. 美钞　800%

附物价波动图〔略〕

〔国民政府全国经济委员会档案〕

22. 国民政府行政院饬各省市政府严格执行限价电令

（1948年8月21日）

行政院通电各省市政府严格执行限价令

三十七年八月二十一日

行政院以此次财政经济紧急处分令所订各项办法，关系国计民生至深且巨，而整理财政及加紧管制经济办法第十三条所定全国各地各种物品及劳务价格，应照民国三十七年八月十九日各该地各种物品货价兑换率折合金圆出售一点，尤为整个财经改革成败所系最重要之一环。政院为此特分电各省市政府务必对前述条款严格执行，即日起各地物价务必以八月十九日之当地市价为最高价格，如发现不肖商人，有玩法故违情事，应予严惩，勿稍宽假，兹志原电如下：

各省市政府，八月十九日间电谅已遵办，此次财政经济处分令所定各项办法，务须通令切实办理，一体遵行，通货膨胀既已停止，经济状况自能安定。加紧管制经济办法内，对于稳定物价，具有明切规定，对日用重要物品之价格，尤宜特为注意，仰即令饬主管机关及人员，广告诰谕，认真查察，期得安定之实效，行政院八月二十一日机。

〔国民政府立法院档案〕

23. 国民政府取缔违反限价条例实施办法

（1948年9月15日）

取缔违反限价议价条例实施办法

三十七年九月十五日行政院公布

一、全国各市县均定为实施限价议价之地区。

二、全国各地物品应由地方主管官署按民国三十七年八月十九日，当地市场公开交易价格，照兑换率折合金圆券后之交易价格为准。

各地方主管官署得视当地实际供需情形，指定若干种物品，加以严格管制。

三、关于与人民日常生活有关之营业，如旅馆、饭食店、浴室、理发、缝纫、洗染、运输、诊所、医院及电影戏院等类之价格，适用前条规定，加以管制。

四、依前二、三两项规定之物品及营业价格，如有特殊原因，必须调整价格时，除法令别有规定者外，得由地方主管官署组织物价评议委员会，依照评议物价实施办法有关之规定，议定公平价格，报经当地主管机关核准，并呈报该管上级机关备案。

其在三十七年八月十九日前调整之价格如有过高者，得由地方主管官署依照前项规定另行评议，予以核减。

五、自民国三十七年八月十九日起，有左列情事之一者，即以违反限价论。

（一）各地物品之交易价格，及与人民日常生活有关之营业价格，未经地方上级机关核准，而超过民国三十七年八月十九日依兑换率折合金圆之价格者。

（二）自民国三十七年八月十九日起依兑换率折合金圆价格之物品有变名变质变量改价出售，及不遵规定标明折合金圆价格或秘密高价出售者。

（三）其他有违反限价议价之规定者。

六、取缔违反限价议价条例第六条第二款第三款改以金圆五百圆为划分标准，凡超过议价，情节重大，或成交货品与收受工资运价在金圆五百圆以上者，依第二款处理，超过议价而成交货品或收受工资运价不满五百圆者，依第三款处理。

（查条例规定划分标准系“五万圆”，原拟改为“金圆一千圆”，未免过高，但如依原条例公布时之物价指数比例折合，则当时之

“五万元”仅折合金圆一百〇一圆四角，又未免过低，爰经商定改拟如上。）

七、依违反限价议价条例所处之罚锾，除由司法机关依法办理者外，以五成充奖，余五成解缴地方政府公库。

八、执行取缔违反限价议价之地方主管官署在院辖市及省会所在地为社会局，或社会处（会同治安及警察机关处理）；在县市为县市政府。

〔国民政府立法院档案〕

24. 行政院对立法委员方志超刘百闵关于财政经济紧急处分令停止国营事业加价等书面意见的答复

（1948 年 9 月 29 日）

（二）方委员志超

原意见

第三：停止国营事业涨价，如欲稳定物价，必自稳定国营事业价格开始，国营事业如交通等涨了价，各种货物必因成本增高而跟着增涨，倘迫不准上涨那便是“只许州官放火，不许百姓点灯”，于理岂可谓乎？

答复：稳定物价必自稳定国营事业价格始，尊见极佩，本院对于国营交通事业运价资费，现尚维持财政经济紧急处分令，颁布前之原数将来是否调整，尚须审慎考虑决定。

（三）刘委员百闵

原意见（二）

照整理财政及加强管制经济办法第三条国营公用及交通事业之收费低于战前标准者，准参照战前标准调整之，以期自给，“战前标准”政府怎样好，这样大胆的提出来呀，我们连做梦都不敢做啊，国营事业的收费可以回复到战前标准，自然民营事业亦有理由要求回复到战前标准，各种物品及劳务价格亦有理由要回复到战前标准，政府没有理由加以限制或禁止，政府有什么理由要将各种物品及劳务价格死死钉住在八月十九日价格，要钉住大家都得钉住，无论政府，无论人民，无论国营，无论民营，丝毫不能通融，政府要参照战前标准，人民也得要参照战前标准，标准只有一个，不得有两个标准，文武公教人员的待遇另照第十九条新的标准发给，国营事业的收费可以参照战前标准，文武公教人员的待遇又不必参照战前标准，国营事业可以求自给，难道文武公教人员及人民可以不必自给吗？国营事业的收费在八月十九日以后天天要想照战前标准调整，现在没有调整完全，是为一般舆论所胁住，但总有一天是要朝向战前标准去加价的，我要忠告政府，要想财政经济紧急处分令实施有效，获得成功，首先政府必须自己咬住牙齿，抽紧裤带，半年以内不准国营事业再行加价，这才是个办法，政府是否有这决心，希望明白答复。还有国营事业员工待遇为什么可以较同级公务员所得可以再加三成（第二十一条），这又是什么道理，他们是不是公务员，还是特级公务员，在什么地方，他们要比公务员来得有价值，薪给要从优，这种陋规，政府为什么不决心扫除，还要公开承认，并请明白答复。

答复：（一）交通事业收费现仍维持八一九以前价格，不但并未收复战前标准，且距离战前标准甚远，以是无法维持，不得不由政府暂予贴补。

（二）国营交通事业人员大都系技术人员，现行办法照公教人员薪级加三成核给，实际并不优厚，因国营交通事业人员叙薪较低，又无其他配给日用品，依照整理财政及加强管制经济办法第二十一条较同级公务员所得最多得加三成外，其超过此限度之部分已一律取消，其实得待遇已与公教人员无其轩轾，现在民营事业员工待遇均较国营事业为高，如再令国营事业待遇折低，只深恐同业之间比较悬殊（如航业等），技术员工无法罗致，原有人才亦难久安于位。

〔国民政府行政院档案〕

25. 成都市商会请确立具体经济政策抢救工商业危机的呈文

（1949年10月5日）

（三十八）商字第一七六号

成都市商会呈

中华民国三十八年十月五日发出

迩来国步艰难，民生凋敝，库币生仰屋之嗟，黎庶有倒悬之苦，农惫于野，商困于途，工业多停，弦歌时辍。揆厥缘由，军事虽具主因，经济尤堪重视，而农村都市有关经济重要之两环，均已残破衰颓，挽救维艰，民生必需之粮食产品价格低落，可供出口之原料物资，农村破产之险象不寒而栗，一蹶不振，人民普遍穷困，饥寒交迫，救死不暇，购买力极度贫弱，外货倾销，掠夺仅余之最后销场，以致国内之残破工业及小手工业均奄奄一息，毫无振作之望，兼之土地日蹙，交通困难，外销停顿，内运梗阻，贩运批发商业已无回旋余地，仅余门市零销商店因平时门可罗雀，竟以削码减盘不计亏折血本相号召，但真正主顾无多，而薪工房租开缴利息日益加重，坐吃山空，束手无策。目前都市中灯红酒绿车水马龙之表面层只可谓粉饰太平之点缀，稍加透视则工商业已临最后关头，日趋没落，有关生产分配直达消费之经济过程均属衰颓解体，经济总崩溃之势态已呈献吾人之前，此种现象于僻处西陲历较落后之成都市尤为显著，若不急谋抢救，将难挽狂澜于既倒。值兹军事第一之号召下，呼吁抢救经济危机或讥老生常谈，或斥不自衡量，殊不知军事之胜负系于经济之安危，试观年来形势，非无金城汤池坚甲利兵也，时事既非，咎在无独立具体之经济政策，每日依附财政目的，动遭牵制，江河日下，乃临最后关头。迩来政府渐加重视，对于农村推行减租及运用农复会之外援救济，虽未能即可复兴，但亦得稍获喘息之机，惟对于都市工商则贷款早停，收购无效，苛繁百出，税额日增，不但无整理挽救之策，更从而压榨摧残，若迫就崩溃之途，势将影响及于军事心，所谓危敢不免进一言，以国家政策论，必先求经济稳定，繁荣乃克，充裕财政，绥抚人心，以谋军事之胜利，人民须安居乐业，行有余力，始能输财效死。以财政目的言，亦必扶助工商，培养税源，乃可望取之不尽，用之不竭，若不正本清源，抢救经济危机，徒加民力不胜负荷之征敛，竭泽而鱼，必致加速经济崩溃。查月前每月国税收入不及总支出百分之十，如就已竭之民力强为增加，不但难期收获，且足破坏经济政策，则勉力搜括，亦无补巨额之支出，曷若舍此另辟财源，实行立法院决议之财富捐税等办法，以期逐渐平均财富，并就此确立具体之经济政策，扶助工商，俾与农村减租复与相配合，而完成国家社会之经济建设，财政部门减轻税捐预算，以不妨经济政策为原则，相辅相成，庶可挽将倒之狂澜。本会深悉工商经济之实况，目击心惊，职责所在，敢贡刍荛，所有建议，请求抢救都市工商经济危机，确立具体经济政策，扶助工商，减轻税捐预算总额各缘由，是否有当，理合呈请。

谨呈

经济部

理事长　钟云鹤

〔国民政府经济部档案〕

（四）美货泛滥

1. 上海市工业协会转呈第四区针织工业同业公会请求禁止美货尼隆丝袜大量走私进口文

（1947年9月1日）

工字第八五一号

上海市工业协会呈

中华民国三十六年九月一日

窃据会员第四区针织工业同业公会届称：案据本会丝袜组会员健美厂等职呈称：窃会员等出品女式丝袜已历有年，惨淡经营，差堪维持，不意去岁美货尼隆丝袜大量走私进口，吾丝袜工业遂大受打击，缩小范围者有之，改制出品者有之，甚或停业者亦不可胜计。幸自今春以后，尼隆丝袜之走私渐渐减少，吾丝袜工业遂得苟延残喘，以迄于今，方幸大敌渐去，将有复苏之望。孰料不法商人以利之所至，竟又蔑视政府法令，大量走私，充斥于市，致吾丝袜工业再度遭受严重摧残，会员厂等痛定思痛，愈思愈危，丧钟将鸣，实不能再事容忍。吾人平时有纳税义务，政府应对吾人负责，法令应为吾人保障。吾等应向政府法令请求救济，俾此脆弱之工业得以继续生存，而维持数千职工之生活。爰特联名请求贵会有关当局对走私尼隆丝袜予以彻底制裁，以存续吾丝袜工业之生命，实不胜感幸翘企之至。等语。理合呈请府准办理。实为德便。谨呈

经济部

上海市工业协会理事长　吴蕴初

〔国民政府经济部档案〕

2. 上海商会反对美国烟叶在借款形式下任意输入的代电

（1947年11月14日）

抄上海市商会三十六年十一月十四日代(36)字第五五七号代电

南京。财政部钧鉴：据本市烟叶商业同业公会函称：我国国产烟叶包括各种薰烟、土烟，每年出产数量足供给全国各卷烟厂之需要，原可自给自足，毋须外求。敝会为谋推广国烟产销，杜塞漏卮起见，曾迭次函请贵会转呈财经农各部，请求改良国烟，增加生产，或减少外烟输入限额，均奉批复采纳各在案。现在国产薰烟已由农林部烟产改进处先在河南产区积极进行改良检验及增产工作，冀逐渐推展普及全国，对于减少外烟输入限额一节，亦已由全经会呈准行政院核减自第三季起自八百万美元减为五百万美元，以所节外汇用于订购其他必需物品，具见政府推行国策，吻合民意，睿智贤明，实堪称颂。兹因敝业获得消息，谓今年美国烟叶产量过剩，正在宣传中之美国对华借款一部分以物资抵充，而美国烟叶亦为物资之一部分云云，此讯如确，本国烟农、烟商将受严重打击，且有违政府维护国产善用外款之意旨，窃以我国正在开始建设，百废待举，友邦借款自所欢迎。惟以不损国权不害国本为原则，借款如以一部分物资抵充，亦宜择其迫切需要而为本国所缺少者方为有利，若外烟已逐步减少输入限额，自不应准其在任何形势下额外输入，毋宁代以其他建设上所急需之物资，庶国计民生两有裨益。此讯虽尚未证实，然敝业以利害攸关，未免忧疑，用敢不避妄言妄听之嫌，函陈贵会鉴核，恳祈电呈行政院财政部请求勿任外烟在借款形式下输入本国，以免妨碍国烟产销，实级公感，等语到会。查中美借款一部分以物资抵充之说，虽未证实，但按照战前美棉借款之先例，美国以其过剩之物资抵充美元之输出，自亦有其可能，惟物资之选择应由我国为主体，以其最切于民生日用或生产事业必需之原料机件为限，诚以目前时局严重，国计日绌，既恃借款为复兴之计，则必审慎周详，计出万全，借一钱有钱之益，庶国民后代负担不为虚掷，既就美国立场而论，贷款动机完全为安定东亚大局起见，与寻常商业贷款之目光不同，亦不致强人所难。惟以彼国一部分商人之利害为利害，烟叶虽为卷烟原料，但究系消耗物品，且我国所产烟叶已达于可以自给程度，如果轻徇所谓以借款形式为变相输入，则第三季之外烟输入限额由八百万美元减为五百万美元之举已完全失其意义，徒使种植烟叶的农民以及贩运之商人俱陷于失业途径，且使借款负担不用之于生产而用之于消耗，亦属迹迈浪费，一举三失，该公会既有所闻，为未雨绸缪起见，不敢不据情密陈，仰祈钧部鉴核，对于外国烟叶之输入限额所许之外，勿再任其以借款名义变相侵销，否则此端一开，国家管制输入之政策将完全为所破坏，其关系尚不仅烟叶一案，激切上陈，无任待命之至。上海市商会叩。戌寒。

〔国民政府经济部档案〕

3. 中央汽水厂等反对美国奢侈饮料进口倾销的呈文

（1948年7月19日）

中央汽水厂等呈

为呈请明令禁止外国奢侈饮料可口可乐进口事。

窃具呈人各汽水厂商均为国人资本，在上海设厂制造各种汽水、果汁等饮料，历史悠久，出口力求精进。然近半为美国可口可乐厂挟其雄厚资金，运输可口可乐原料进口，由屈臣氏汽水厂代为装瓶，大量倾销国内各地，以致本国出品汽水销路大受打击，各厂被迫几濒停工，岌岌可危。本届上海市参议会通过限止奢侈饮料进口，以节外汇而维国本，按参议会为民意机关，代表全体市民意见，从节约外汇以维国本观点立场，主张取缔奢侈品进口自属切要。维具呈人厂商等近年饱受可口可乐之倾销打击，奄奄一息，求为本身之生存，保护本国轻工业之发展，对外限制外国奢侈饮料进口，尤有不能已于言者，谨陈意见如次：

一、可口可乐为美国制饮料成品，虽为饮料之一种，但显非必需品，况类似可口可乐之饮料国人已能自制，不必消耗大量外汇易取非必需品进口，其为奢侈品要无疑义。

二、可口可乐广告品及储瓶冰箱及附属用具均由美国制运进口，消耗外汇尤甚。

三、可口可乐禁止原料进口当可绝迹，本国出品汽水自可取而代之，销路激增，振兴本国工业可操左券。

四、经济部取缔进口奢侈品销售办法，如外国烟酒、饼干、糖果均在禁止进口物品之列，可口可乐既为外国饮料，又非必需品，何能例外，任其销售。

五、国家面临经济危机，厉行节约之际，何能以有限之外汇消耗于奢侈饮料。

六、可口可乐特约经售人屈臣氏汽水厂商所谓可口可乐在国内销售对国库收入甚大云云，殊不知可口可乐禁止进口以后，国产汽水销路当然增加，捐税总和不致减少，对于国库收入并无影响，况若仅为维持捐税收入而忽视外汇消耗，奚啻饮鸩止渴。

七、屈臣氏汽水厂又辩称，如限制原料进口，商务蒙受打击，影响工人生活云云。查该厂原以制造汽水为业务，今为挽回漏卮，不得不将可口可乐禁止进口，但该厂仍可发展其本身制造汽水之业务，要不足据为影响工人生活等之藉口彰彰甚明。

基上理由，可口可乐原料之为奢侈饮料，影响国计民生，应予禁绝，要无疑义，而为节约外汇之消耗，振兴本国轻工业之发展起见，迅予禁止，尤为当务之急。为此沥陈前情，呈请明令禁止外国奢侈品可口可乐原料进口，实为德便。谨呈

经济部

中华民国三十七年七月十九日

具呈人　中央汽水厂　法代徐镇南等九厂、共厂商共同代理人律师郑麟同

指定代收送达上海白克路大通里二十六号郑麟同律师事务所

〔国民政府经济部档案〕

4. 行政院物资供应委员会联合美国垄断物资的工作报告

(1948 年 9 月)

概　述

本会自卅六年四月间奉行政院令改组成立，掌理各机关物资供应之审核、调整及分配事宜。并设物资供应局，办理物资之接收、保管及配拨业务。一面对于驻在国外之物资供应机构，负指挥监督任务。本会经管之物资，计有：

(1) 依照一九四六年八月卅日，签订之中美买卖军用剩余物资合约，规定接收之美军剩余物资。

(2) 依照一九四六年六月十四日，签订之租借接购物资合约，规定向美购领之租借接购物资。

(3) 美国各次借款及美国进出口银行借款购料物资。

(4) 中英各次借款购料物资。

(5) 中加借款购料物资。

(6) 各机关以现款委托购料及前驻印物资供应委员会暨物资供应局，奉令接收战时各机关移交之物资。

本会自改组以来，瞬逾一稔。此一年来，经俞前兼主委之擘划经营，业务方面，如拟定统一各项国外供应物资处理办法，核定美军剩余物资分配标准，订定政府机关领用物资缴价办法，厘订出售物资办法，推进借款购料业务，加紧办理现款购料，代办采购军火等。账务方面如拟定各项报表格式。核定物资变价收入预算等。总

务方面，如整理国内外物资供应机构，厘订物资供应局组织及其收支处理办法等，对组织系统，力求缜密，对物资控制力求确切。不特对于戡建大计，多所裨助。而变价收入，蔚为财政上赋税外收入之一大宗，对于当时窘迫之财政，贡献颇巨。

上述各项工作均已随时摘要，拟具书面报告，分送各委员察照，不再赘述。自本年五月以来，因本会主任委员新旧更替，以致各月报告，尚未分送。兹谨将本会自王兼王任委员就任以来各项要政，仍就业务、账务、总务三方面，分别列报于次：

一、业务报告

（一）洽购蚊式飞机进行情形。

空军总部在加贷二千五百万元项下，选购蚊式飞机约二百架，连同飞行服装降落伞等总价美金五百五十万元，业已订约成交。至国外签约修配装运及国内接运储整事宜，亦经由院另拨现款美金五百五十万元，交由该部自行办理。迄今据报，已内运飞机十二架，及其配件军火等十余万箱。

（二）世界贸易公司向美进出口银行办理 N－3 轮十艘借款案。

前驻美物资供应委员会奉院令以现款向美购 N－3 货船十艘，已全数运交招商局领用。近奉院饬由纽约世界贸易公司商洽美进出口银行办理抵押借款手续。现已办理完成，计借美金四百二十余万元。

（三）向美航务局借款购船案。

院令饬向美航务局商洽借款购船，以为赔偿战时征用民船损失及发展航运之用。计先后购得三十三艘。价值二一，八五三，八〇九，〇五九美元。其中 75％由美方承贷，25％由我方付现。现尚有一部分所购船只，正待运回拨用。

（四）向美交涉补交剩余物资案。

依照中美让售剩余物资总合同之规定，剩余物资，除固定设备外，动产部分原价值五亿美元。截至本年八月底止，计美方尚有一亿五千余万美元之剩余物资未曾交足。现正由外交部向美政府依约积极交涉，迅速补交足额。并请美方避免以品质不良之物资移交。现正由外交部邀约美国驻华大使馆派员在京会商解决中。

（五）资源委员会购锅炉案。

院饬代资委会向美购到旧锅炉八座，嗣该会以不适于上海装用，业以五座内运分交各地电厂装用。其余三座，拟在美出售，备购发电机。现正由纽约世界贸易公司遵照办理中。

（六）本年七月一日起，国交两部应领物资如何拨领案。

自本年七月一日起，国交两部应领物资，照前国府主席核定成案，原因由该两部拟具实物预算，呈奉核定后，照案拨领。嗣因该两部实物预算，延未照编，于本年八月十五日由院核定责成本会于一个月内照现有物资统计资料，将各该部应领物资种类品名数量列表呈院核定拨交。当经函请国交两部先就物资局仓库存品检查清册，列明拟领物资种类数量送会商定呈院。一面饬局在过渡时期将专属军用品先行拨由国防部领用，以免拨领工作停顿。嗣于本月十日复邀集各有关机关会商列表办法，讨论结果。已另专案提请委员会议讨论，以便呈院核定办理。

（七）伦敦购料处承办现款购料提高手续费案。

依照院定国内外物资供应机构，承办现款购料及代付劳务费用办法规定凡承办现款购料，得向委托机关收取百分之一手续费。伦敦购料处经办购料，开支浩大，请仍按该处成例收取百分之四手续费，经呈奉院准照办。

（八）中美铁道、电机、采煤三借款合约修正案。

中美铁道、电机、采煤三借款合约，前以借款未能于期间前全部动支，经洽商，延至本年六月底止。近以各该合约又属满期，复经签订修正合约，分别延展动支期限（铁道合约延至本年九月底，电机合约延至明年六月底，采煤合约延至本年十二月底），均已呈奉院准备案。

（九）3C 贷款偿付本息及补交物资案。

租借法案（3C）物资已届第二期偿还本息？我方鉴于物资尚未交足，且依约有协议展期偿付本息之规定，曾请外交部向美政府协商延展偿付，并请依纳交足物资。惟美方对展缓偿付本息办法，未予同意。

（十）加处代购七九枪弹案。

院令饬代兵工署以现款向加订购七九枪弹八千五百万发，每千万计价加币六十元三角三分，经于本年七月二日订约成交。

（十一）换购夏威夷岛战车案。

国防部以夏威夷岛存有 M5A1 战车，请以剩余物资换购，经奉院准照办。当与美商签约，分别以剩余物资重器材及氧气瓶等交换上项战车计共一百五十辆，由国防部派员整修内运。

（十二）一九四一年中英贷款动支情形：

一九四一年中英第二次信用贷款，全部贷额为五百万镑。本年三月底动支期限届满经与英方商定准续动支，现在余额已属无多（一万余镑），短期内当可全部动支完毕。

（十三）组织物资处理督导团案。

本会前奉院令，为迅速处理物资起见，饬会同有关机关组织物资处理督导团。业经拟具组织规程，经呈奉院会通过施行。

（十四）订定加紧处理物资办法案。

本会为配合政府整理财政加强管制经济起见，在国交两部本年下半年度领用物资种类品名数量未经核定以前，当于本年八月廿一日订定加紧处理物资办法四项：1. 该局现存照案可以出售之物资，除专属军用品及 T234 道奇卡车暨国防必须之其他车辆及轮胎零件外，应全部尽速出售。2. 应予出售之物资，须加紧清点整理，提交评价委员会评价出售。3. 所有评价待售物资，除随时公告招标，或托商承销外，并须分类列印小册，分寄政府机关及公私工矿机构征购。日用品部分并可拟定配售公务员及直接消费者办法，从速处理。4. 按月出售之物资。其变价收入，应力求达到当月预算分配数，以为考成标准。

以上办法已饬局遵照办理，拟俟本年下半年度分配拨领案核定后，再行照案办理。

二、账务报告

（一）本年下半年度剩余物资及租借物资售价收入预算之核定。

查物资供应局卅七年下半年度剩余物资及租借物资售价收入预算数，前经核定为国币二六二六三九二亿元（包括剩余物资美金九五〇〇万元，租借物资 Caifea 美金五〇〇万元。收回美拨整运基金专款美金五〇〇万元，以每元比二百五十万元折算又可出售废料九十二亿元，代理接运费收入一三〇〇亿元，合计如上数）。本年八月二十日币制改革后，国家收入总预算应照金圆改编。按照规定，原列美金金额，应照每美元折合金圆四圆计算。共折列金圆四二〇〇四六四〇〇圆。惟查美军移交剩余物资原值，均照出厂价格计算，而物资新旧及使用程度不同，与出厂物资价格相差颇巨。故剩余物资价格至多以百分之七十计价。关于原列剩余物资预算数美金九五〇〇万元，经会商财政部同意，照七折折合，改为美金六六五〇万元。本年下半年度剩余物资及租借物资 Caifea 售价收入预算，计实列金圆三〇六〇四六四〇〇圆。

（二）物资供应局代办各案物资接运储整业务及关税保证金收费算准之核定：

查物资局经理各案物资应收集运，储整业务，及关税保证金等费标准，向无统一规定，经由本会根据该局历送有关章则详加指示，经饬据合并拟订“代办剩余物资存印物资及各贷款案物资接运储整业务及关税保证金收费标准”一种呈会，业于六月十一日抄同原件呈院核备。

（三）美拨整运基金专款动用之情形：

关于剩余物资让售合约案内，美拨三千万美元，作为工程及船运基专款。截至本年七月底止，工程基金部分，动用美金四〇五一七三四九二元；船运基金部分动用美金八八〇八六八八三〇元，两共动用美金一二八六〇四二三二二元。

本年上半年让售中央银行太平洋各岛剩余物资及收入解缴之情形：

本年上半年度让售中央银行太平洋各岛剩余物资原值计美金五〇四三五二二六一九元，业已悉数折合法币八八一九八八二〇三四九六五〇〇元，解缴国库。

（四）加贷款动用情形

加贷款协定总额共为加币六千万元。截至本年七月底止，二千五百万元部分，动用加币一五七七一七六一一六元。三千五百万元部分，动用加币二八八五六〇二四八二元。两共动用加币四四六二七七八五九八元。

（五）美进出口银行贷款动用情形：

美进出口银行五项贷款截至本年六月底止共动用美金三〇七三四六九七五五元，计分：

贷款号数	贷款项目	贷款总额	截至本年六月底止动支数
·三九五	N－3轮十艘借款	美元 四·二四三·七五〇.〇〇	美元 四·二四三·七五〇.〇〇
三九六	油船十六艘借款	二·六〇〇·〇〇〇.〇〇	二·五四〇·九四七.五五
三九七	发电厂机借款	八·八〇〇·〇〇〇.〇〇	六·一五〇·〇〇〇.〇〇
三九八	铁道材料借款	一六·六五〇·〇〇〇.〇〇	一六·五〇〇·〇〇〇.〇〇
三九九	采煤器材借款	一·五〇〇·〇〇〇.〇〇	一·三〇〇·〇〇〇.〇〇
合　计		三三·七九三·七五〇.〇〇	三〇·七三四·六九七.五五

（六）本年上半年度物资供应局各案物资售价收入及解库情

形：

本年上半年度物资供应局变售各案物资收入，计共法币一三二二七四二六四八二三六五五七元，内业已解库者计法币一二一九九五八八二九五〇四〇一七元，连同尚未办理转账之变售外汇收入美金一七五五〇〇〇元暨本年一至三月拨交国防交通两部剩余物资计美金一八六七五六四一五二元，两共美金二〇四三六四一五二元，如按其准价汇率四七四〇〇〇元折算，应为国币九六八四一二四〇八〇四八〇元。以上总共国币二一八八三七一二三七五五二〇一七元。较之该局本年上半年度预算数十六万八千亿元(包括追加数在内)，已超出国币五万零八百余元。兹将本年上半年度变售收入部分，分别各案物资列表如后：

物资来源	收入总数（法币）
剩余物资	二，一九七，九八一，八五二，〇三三．六九元
租借物资(自美运华部分)	三五六，四七一，四七三，五〇三．〇〇元
租借物资(自印运华部分)	一四，九七九，五七二，九〇〇．〇〇元
美进出口银行贷款物资	一，三一七，九〇六，一五〇，六二〇．〇〇元
美贷款案物资	一〇〇，四一二，二三二，八九七．六三元
英贷款案物资	一三〇，六九五，五九三，〇三一．七五元
加贷款案物资	九六，〇七〇，九九一，三七九．五〇元
其他物资	一二，九〇八，六一六，〇〇〇．〇〇元
合计	一三，二二七，四二六，四八二，三六五．五七元

(七) 截至卅七年六月底止，物资供应局经办剩余物资及租借存印(Caifea)物资接收及处理量值。

物资供应局经办剩余物资及租借法案存印物资，截至本年六月底止，其接收处理及结存情形，列表如后：

物资来源	接收原值(美金)	处理原值(美金)	结存原值(美金)
剩余物资	三三九,〇四五,六八二.〇〇元	二二八,一五八,八六四.〇〇元	一一〇,八八六,八一八.〇〇元
租借法案存印物资	二五,二八九,〇三六.〇〇元	一四,七六四,四九四.〇〇元	一〇,五二四,五四二.〇〇元

(八)关于中美战时账目清算案内剩余物资未决问题应另案办理之意见。

关于最近美方提出清算中美战时账目案内,所提"1946年八月卅日剩余物资合同引起之未问问题,盼望此次协商中予以解决"一项,经于七月九日清理美国供应物资帐目委员会召集之会议中决议:应另案办理,由物资供应委员会,拟具意见,送国库署汇办。当经本会拟具另案办理意见书,于七月十五日电送国库署查照办理。

(九)修正物资供应局拨售各案物资有关外汇及国库转账办法案。

自结汇证明书办法实施后,官价汇率适用范围变更。物资供应局拨售各案物资应收价费,其以外币计价折合国币收款,原按市价(基准价)汇率折算者,自应改按平准价与结汇证明书市价相加计算。当经会同财政部会商决定,自本年七月一日起实行。经于七月廿四日饬局遵照,一面检同修正办法呈院核备,并转行各有关机关遵照。

(十)依照总统八月廿日颁布财政经济紧急处分令遵办情形案:

查依照总统八月廿日颁布财政经济紧急处分令,自即日起,以金圆为本位币。关于物资供应局所有各案物资售价收入,暨应收运杂栈租等费,以及会计处理,均应改按金圆为计算标准。经于八月廿一日以(卅七)未马电饬物资供应局遵照办照〔理〕。

三、总务报告

（一）组织规程之修正

本会组织规程第三条规定本会委员系由国防、交通、粮食、农林、经济、卫生、水利各部及资源委员会、行政院秘书处各派首长一人，暨中央银行总裁、物资供应局局长兼任。自行宪政府成立，各机关首长已有更易，当经分函另行指派兼任委员（附名单），并因加速处理物资，会务日臻繁剧，有增设副主任委员一人以资襄助之必要，又本会经管之剩余物资，多属军需用品，关系国防至巨。副主任委员一席即以国防部代表兼任为宜，经拟定修正组织规程，将原规程等三条第一项，修改为"本会置主任委员一人，由财政部部长兼任之，副主任委员一人，由行政院院长就委员中指定一人兼任之"。同条第二项，改为"委员若干人，由工商部、交通部、农林部、粮食部、水利部、卫生部、资源委员会、行政院秘书处等机关，各派副首长一人，及中央银行总裁、物资供应局局长兼任之"。呈经行政院提交第八次临时会议决议通过。并奉派国防部郑次长介民兼任本会副主任委员。

行政院物资供应委员会委员名单

职　　别	姓　名	原机关及职别	备　　注
主任委员	王云五	财政部部长	
副主任委员	郑介民	国防部次长	
委　　员	谭伯羽	交通部次长	
	陈　良	粮食部次长	
	张不柱	工商部次长	
	沈百先	水利部次长	
	严慎予	卫生部次长	
	周昌芸	农林部次长	

续上表

职　别	姓　名	原机关及职别	备　注
	吴兆洪	资源委员会副委员长	
	梁颖文	行政院副秘书长	
	俞鸿钧	中央银行总裁	
	江　杓	物资供应局局长	

（二）重要职员之更替：本会主任秘书梁敬錞，奉派调查前驻美物资供应委员会账目，视察加贷情形，并就任纽约世界贸易公司董事兼职。经于本年七月道途赴美。在该员出国期间，本会主任秘书职务，派徐观余代理。

（三）本会之人事：本会秘书处，原分文书、账务两组。每组各设主任一人，组员助理员各三人，打字员二人，雇员各二人。另设专门委员二人，秘书二人，稽核四人，共二十八人。均由本会遴定后，饬交物资供应局任用，调会服务。本会去年四月改组成立后，业务日渐展开，工作繁巨。因另增设总务一组，仍就照原定员额支配，以期紧缩。

（四）本会之经费：本会经费，并未另立单独预算，俸给部分既因人员系由物资供应局调用，故均由该局按月依实支数解会转发。办公经费，按月由会拟具应需概数发局知照。并先就概数范围，在该局预拨之周转金内垫付，月终检据发局列入业务费预算并案报销。故事实上，本会经费之收支，仅属现金之收付。

（五）职工之待遇：本会职员之待遇，原由物资供应局依照上海按月公布之职员物价指数发给。自总统颁布经济紧急处理办法后，业于八月份起，遵照院令照一般公务员待遇另加三成发给，并转饬物资供应局遵照院令办理。

（六）办公房屋之修缮：本会办公室，原系向财政部借用。去年四月，改组成立，虽曾略加修葺，而使用经年，门窗墙壁，大半破剥，屋面渗漏，风雨交侵。不特有碍视瞻，抑且影响工作。同时会务开展，公物文卷，愈积愈多，渐感无法容纳。为振刷服务精神，增加行政效率起见，爰经招商从事整修，并另搭盖小储藏室一间，以便存放公物。

（七）驻卫警察组织之核定：物资供应局前以戡乱动员期间，所存上海、青岛、天津等地物资，深恐奸匪潜入破坏，宵小伺隙盗窃，为策物资安全起见，拟将原设沪青津三处警卫组织合并扩大，改设监察总队，藉以充实警卫力量，并据拟注队组织规程暨编制表等呈经本会转奉院令核示：所需警卫，应采警察编制，着会与内政部会拟办法。当经遵令会同拟定，该局驻卫警察总队组织规程及编制表两草案：共计官佐一一二人，长警工夫，一〇七六名。并经会衔呈奉院令修正备案令饬遵照。

（八）收发文件之统计：（附表）[略]。

〔国民政府资源委员会档案〕

5. 上海仪器文具业同业公会因外货充斥市场请禁止外国自来水笔输入以维国产工业电

（1948年10月4日）

上海。工商部、财政部、全国经济管理委员会钧鉴：窃查国产自来水笔工业已有二十余年之历史，近全国风行不胫而走，所有出口力求精进，日新月异，堪与舶来品派克、华脱、门犀、飞利、爱弗释等笔相媲美，巨以外货充斥市场，致同等功效之国产自来水笔大受打击，不但国内自来水笔工业已临垂危，且漏卮之巨更足惊人。今当政府厉行节约，戒绝奢侈之时，尤宜切实遵行，爰请令行禁止外货自来水笔之输入，俾免资金外流而维国内工业，用符总统创导勤俭救国之旨，谨电鉴核示遵。

上海仪器文具商业同业公会自来水笔制造厂
关勒铭博士、华孚、金星、中华、大同、金龙等同叩
三十七年十月四日

〔国民政府经济部档案〕

（五）外贸政策

1. 童季龄拟呈孔祥熙关于战后独占对外贸易的五年计划大纲

（1945年2月24日）

战后五年对外贸易计划大纲

一、我国产业落后，向以原料为输出大宗。战前出口总额中，原料品约占百分之六十七，半制品约占百分之一十七，其供直接消费之制造成品，不过百分之十六而已。

二、此次战事结果，我国富庶区域多遭蹂躏，生产基础更形薄弱，政府于战后虽有加速工业化之准备，但完成复员，已非容易，发展工商，更需时日，故预计战后十年之内，我国主要输出必仍为原料品无疑。

三、战前三年（一九三五——三七）我国平均输出每年不过美金二万二千余万元，平均输入约为三万万元，入超将近美金一万万元，战后复员建设加紧工业化之程序，即除去国际救济物资外，每年总输入估计当在美金五万万至六万万元之间，而同时输出物资，设不积极鼓励，恐难达到三万万元，是每年至少当有美金二万万元至四万万元之入超对于国民经济及金融财政，均有莫大影响，战后如何维持大宗出口原料之国外市场，实为经济政策上之重要问题。

四、我国战前输出桐油、生丝、蛋品、茶叶、锡块、猪鬃、钨砂、羊毛等项为大宗，按一九三五至一九三七年平均数值（东三省不在内），桐油约为美金二千一百万元，生丝约为一千二百万元，蛋品约为一千一百万元，茶叶约为九百六十万元，锡块约为九百万元，猪鬃约为七百二十万元，钨砂约为五百七十万元，羊毛约为五百万元，但自战事发生，我国以易货偿债关系，对于桐油、生丝、茶叶、猪鬃、羊毛、钨、锡等品，积极改良增产，将来海运畅通，其输出量大可增进，估计桐油输出每年可达十万公吨，生丝每年可达十万公担，茶叶每年可达五十万箱(三千余万磅)，猪鬃每年可达六万公担，羊毛每年可达三千万公担，钨锡每年各可达一万公吨以上。

五、但上述物资海外销路之畅滞，除品质标准而外，其最要关键即为价格问题。战时我国因海口封闭，外输短绌，国外代替品乘机纷起，已渐有夺占市场之趋势，战后我国产品设不能以合理价格适应外销，则原有市场将无法维持，即以美销各项农产而论，经综合各方估计，战后美国市价，桐油每磅不过美金二角至二角五分，猪鬃每磅一元五角左右，羊毛每磅二角至三角，茶叶每磅三角至四角，生丝每磅二元至三元，若照我国目前汇率(美金每元合法币二十元)折合，则桐油每公担不过值国币一千元左右(国内成本已超过一万元)，猪鬃每公担不过值六千余元(成本已超过五万元)，羊毛每公担不过值一千二百元(成本已超过一万四千元)，茶叶每公担不过值一千六百元(成本已超过一万五千元)，生丝每公担不过值一万二千元(成本超过三十六万元)，逆料战后我国无论如何平抑物价，无论如何调整汇率，于短期内亦绝难使外销物资之成本降至战前水准，更不能变更汇率以追逐黑市，故凡经营上项出口者，亏折之机会多，盈利之机会少，商人心理惟利是图，一有亏折之虑，必至裹足不前，同时国外代替品即将拓展销路，终至夺占市场，此实为我国战后贸易之最大危机，政府不能坐视不顾。

六、我国外销物资品类纷繁，国内产区既多散漫，国外市场亦颇复杂，若多数均由政府参加力量，自为内外情势所不许，故战后促进输出办法宜采执简驭繁之方针，就数额较大经营较易而产区销场比较集中之物资，择定数种，集合公私力量，积极增产推销，以建立出口贸易之骨干，据近来观察所及，约有四种可资选择：

(a)桐油为油漆工业主要原料，战后飞艇车船机械工具居室器用需要油漆之数量日增，即桐油之销路有增无减，单就美销而论，每年已可达美金三四千万元，合以他国销量，不难达五千万元（详况见附陈资料）。

（b）生丝虽有人造丝、民茧等品之竞争，但质地轻软，富于弹力，且有温性感觉，为任何代替品所不及，且美国为主要销场，其人民购买力高，一般心里多轻视代替品而重视天然丝，以显差别，战后仅华丝销美每年已可达三四千万美元，若部分日丝（战前日丝销美每年约为六七十万担）作为赔款，归我推销，则每年将近美金一万万元（详况见附陈资料）。

（c）茶叶于战后美销、俄销、菲销、侨销均可大量发展，每年三千万磅，尚属初期销量且茶为普通嗜好品，习惯一成，不易变更，只许标准适合，销路即可稳定预计战后初期，每年可达美金一二千万元，陆续可增加四五千万元（详况见附陈资料）。

（d）大豆为我国重要输出品，多销欧洲及埃及、日本，东省被日人占据后每年豆类出口数值高达美金六千余万元，战后东省收复，合以内地产量至少亦可维持此致。

以上桐油、生丝、茶叶、大豆四大物资，战后设使经营得法，每年不难换取美金两万万元以上之外汇，惟其销路涨缩系于成本高低，战后初期因内外价差及汇差之关系若纯听商民自由营运，一有亏折，风险必多，观望不前，代替品长期侵销，原产品即难重起，改为对外维持市场对内维护农村起见，在战后相当时期内，政府不能不运用国家力量，扶助人民，渡此难关，俟国内物价趋平，国外市场转稳，然后全盘放任，以符自由经济之旨，兹试拟过渡期间政府协助输出办法三种，先为撮陈要点如次：

甲、统销配利办法（要点）

外销业务由国家专营（以指定物资为限），但所得盈利分配于商民，如经政府特许，商民亦可自营外销。

1. 由政府指定桐油、茶叶、生丝、大豆及其附产品为统购统销物资，由国家贸易公司统一办理。

附注:复兴中茶两公司宜予合并,仍称复兴,或改他名。

2. 政府指定物资,由国营贸易公司依照生产成本及正当利润,按期规定价格,向产户厂商或公司行号及合作社直接购运,以供外销。

3. 国内经营指定物资之资产户厂商或公司行号及合作社,如经政府主管贸易机关之特许,亦可依照规定手续,自行办理外销。

4. 国营贸易公司购运指定物资,对外商销如有盈利时,应照规定比例,分配于供售原货之产户厂商或公司行号及合作社。

附注:现行统制之猪鬃已实行利润分配办法。

5. 政府划拨易货部分之物资,其订约售价折合国币如超过成本时,亦应按商销之例一律分配盈利。

附注:现行办法,易货物资不得分配利润,兹修正之。

6. 除指定物资外,国营贸易公司得兼营其他出口商品,如此类商品须结汇方准出口,亦应照商民结汇办法,一律办理。

7. 国营贸易公司办理政府易货偿债事宜,应采委托代办方式,盈亏由委托机关负责。

8. 政府机关及国营事业向外购料,应采委托方式,悉由国营贸易公司负责办理,国营贸易公司并得经营其他进口业务。

9. 国营贸易公司在国外销货购料,及其他进出口业务,应委托政府特设国外注册之贸易公司负责办理。

附注:在美即由世界公司承办,将来在他国亦可另设公司。

10. 本办法施行期间暂以战后二年为限,必要时得延长至五年。

办法(甲)之说明:商民反对统购统销,认为系政府与民争利,今将现行统制办法根本修正,凡对外商销或易货如有盈利时,均按比例分配于原售商人,是商人毫不负亏损责任,而却有分配盈利之保证,应无反对理由,至政府方面之利益,则为(1) 可以集中物资维持易货信用,(2) 可以调剂供求,控制国外市场,(3) 可以改良商品，增加对外信誉，(4) 可以增裕农民收入，活泼农村经济，(5) 可以减少入超，稳定国币汇价。

在最初阶段国库虽不免有所贴补，但因控制内外市场之结果，可使国内成本逐渐减低，国外市价逐渐提高，终可达于有盈无亏之境地。

(乙) 产销联营办法(要点)

产制业务由官商合营，外销业务由政府经营(但不统制)，避免统制形式，从事实上控制主要外销物资。

1. 扩大并充实国营贸易公司(复兴公司)之组织及资本，使成为经营外销之中心公司，以桐油、茶叶、生丝、大豆为主要业务对象，并在上项物资之重要产区与商民合组大规模之专业公司，办理各项物资之产制及内销业务，以控制各该区物资半额以上之产量为鹄的。

2. 经营外销之中心公司，初期全由政府投资，自战后第三年起可逐渐加入商股，减少官股，至官股保持半额为止。

3. 中心公司吸收商股时，上项经营桐油、茶叶、生丝、大豆之专业公司，有优先加股之权。

4. 中心公司除以桐油、茶叶、生丝、大豆及其附产品为主要业务外，得兼营其他出口商品，并得兼营进口业务。

5. 中心公司办理政府易货偿债事宜，应采委托代办方式，盈亏由委托机关负责。

6. 经营指定物资产制内销之各专业公司，均须由经营外销之中心公司加股五分之一至二分之一。

7. 各专业公司均得吸收外股，但外股数额不得超过本国公私股本之总和。

8. 各专业公司所产制营运之桐油、茶叶、生丝、大豆及其附产品，中心公司为供应外销，有优先订购之权，非经中心公司同意，各专业公司不得直接或间接售予其他出口商行。

9. 各专业公司因业务上之需要，得商请中心公司融通资金或请向政府银行担保借款。

10. 本办法暂以战后五年为试行期间，如果发生效力可无限延长之。

办法（乙）之说明：国内反对统制已成普遍心理，但桐茶丝豆四大物资，实为我国出口贸易之骨干，其海外市场，又非政府参加力量，不易维持发展，故拟取消统制形式，从事实上加以控制，扩大国营贸易公司（复兴）以至外销业务之重心，并由此中心公司加股于各项指定物资之专业公司，取得优先购运之权，如是则生产者与运销者之利益打成一片，在政府间接直导之下，国内成本可望逐渐减低，国外市价可望逐渐提高，且因资力雄厚，组织扩大可以代办政府易货偿债事宜，战后如有易货方式之新借款成立，勿须恢复统制，亦可适应有余，查桐油以川湘黔鄂桂浙为主要产区，茶丝以浙苏皖赣海鄂为主要产区，生丝以浙苏闽粤为主要产区，大豆以东三省为主要产区，倘就上述各区以政府与商民资本每区各合组一个至数个之专业公司，分营产制内销每区内各项物资之专业公司皆能控制该区产量二分之一以上，优先售给中心公司，用以供应外销，在国内造成一灵活严密之产销系统，则对外自可操纵裕如矣。

丙、平衡外销办法（要点）

外销业务官商均可经营，国营事业须避免与民营竞争，而注意弥补其缺陷，由政府设置贸易平准基金，以调剂国营事业之亏损。

1. 扩大国营贸易公司（复兴公司）之组织及资本，以桐油、茶叶、生丝、大豆四种为主要业务对象，并得兼营其他出口商品。

2. 国营贸易公司经营桐油、茶叶、生丝、大豆及其他政府指定物资，应采平衡购销之原则，凡输出无亏折风险时，应尽量放任民营，避免业务竞争，凡输出有亏折风险时，应尽量负责购运，以保国外市场。

3. 由政府设置贸易平准基金，以调剂国营贸易公司之亏损，并组织保管委员会负保管支配之责。

附注：贸易平准基金先定国币五万万元，必要时得酌量增拨。

4. 国营贸易公司经营桐油、茶叶、生丝、大豆及其他政府指定物资，其业务计划如经主管机关核定，其所受该项业务之亏损，得由保管委员会于平准基金内核拨补偿之。

5. 凡政府机关及国营事业向外购料，应采委托方式悉由国营贸易公司负责办理，国营贸易公司并得兼营其他进口业务。

6. 国营贸易公司办理进出口业务无论自行经营或受托代办其所有盈利，应悉数拨入贸易平准基金。

7. 国营贸易公司在国外推销商品及办理购料，应委托政府特设国外注册之贸易公司负责办理之。

8. 政府特设在国外注册之贸易公司，受国营贸易公司或国内商家之委托，办理销货购料事宜，其所持盈利应悉数拨入贸易平准基金。

9. 国营贸易公司办理政府易货偿债事宜，应采委托代办方式，盈亏由委托机关负责。

10. 本办法暂以战后三年为试行期间，必要时得酌量延长之。

办法（丙）之说明：战后国内物价一时不易降低，国外市价一时不易上涨，而政府调整汇率又不应追逐黑市，于是我国主要出口物资在内外市场上必有巨额价差，商人不肯冒险输出，代替品即有夺占市场之势，故政府不能不以国营公司出负调剂供求责任，所有桐油、茶叶、生丝、大豆及其他指定物资，凡输出有亏累之虞者，即由国营公司大量购运，务使外市供给无缺，惟因此所受亏损，为数当必甚巨，公司资力有限，预算不免失衡，故宜由政府另设平准基金以资调剂至基金，补充办法① 国营贸易公司除政府指定物资外，尚可经营其他进出口业务，复可代办政府易货购料，倘有盈利即拨入平准基金。② 政府特设国外注册之贸易公司，代办公私机关销货购料即以手续费百分之一计算，假定每年销货美金一万万元，购料三万万元，即有美金四百万元之收入，折合国币计算，拨入平准基金为数亦属可观。③ 政府设置平准基金，用意原在补助出口，于必要时自当由国库量予补拨，预计战后初期，政府虽不免担负相当损失，惟一旦内外物价趋于接近贸易业务即可渐返正常，国营公司不难以盈补亏，而基金之数额亦可陆续减少。

以上所述乃我国战后对外贸易之特殊情形与特殊需要，实缘内外物价悬殊，民营出口困难，政府为对外维持市场对内维护生产起见，不能不参加力量，扶助人民，使关系重大之输出业务可以对外竞争，至所拟办法三种之主次（甲）统销配利办法，意在维持统制原则，而彻底施行盈利分配制度，使国家掌销货之权，人民享销货之利，似尚能公私兼顾。（乙）产销联营办法，意在取消统制形式，从事实上控制主要物资，以国营贸易公司（或官商合营）主办外销，以合营专业公司主办产制，而以投资方式联系产销业务，将公私利益打成一片，工作虽属艰巨实为根本之图。（丙）平衡外销办法，意在使国营与民营事业平衡进展，以剂内外供求而保国际市场，故国营事业力避与民争利而随时弥补其缺陷，并由政府设置平准基金，以供国营事业之周转，三种办法可以单独施行，亦可参合互用，要以促进输出保持外市为鹄的，惟战后公私财力均属短绌，故其适用范围，均不宜过涉广泛，最好限于桐茶丝豆四大物资及其附产品，俾政府人民悉得集中最大之力量，以博最大之效果，至三项办法之比较得失及实施步骤，正在从详研讨，容稍缓另行陈核，所拟是否有当尚祈，俯赐察夺，谨呈
院长孔

职：童季龄谨呈

卅四、二、廿四

附呈商品资料十二份［略］

〔国民政府资源委员会档案〕

2. 国民政府修正进出口贸易暂行办法

（1946年11月17日）

修正进出口贸易暂行办法

民国三十五年三月一日公布之进出口贸易

暂行办法于修正办法公布时废止之

第一章 输出

第一条 凡一切货品除附表（五）所列者外，均得自由出口，但出口商应将指定银行签证之结购出口外汇证明书（须用中央银行规定之格式），送呈海关验讫，方准报关出口，其价值低于美金二十五元或其他相等币值且非作商业上之用者，得免验上项证明书。

第二章 输入

第一节 输入许可

第二条 自本修正进出口贸易暂行办法（以下简称本修正办法）实施之日起，一切货品之输入除本修正办法附表四（禁止进口货品）及第十四条所到者外，均应按照本修正办法之规定请领输入许可证始准输入。

第三条 本修正办法所称之输入许可证，系指准许该项货品输入及准向指定银行购入等于该项货品真正起岸价格所需外汇之许可证而言。

第二节 输入临时管理委员会

第一项 组织

第四条 为实施输入许可制度及联系有关机构之工作起见，在最高经济委员会之下设立输入临时管理委员会，以左列各机关首长组织之：

一、最高经济委员会委员长为主任委员，

二、最高经济委员会秘书长为副主任委员，

三、财政部部长，

四、经济部部长，

五、交通部部长，

六、国防部部长，

七、粮食部部长，

八、中央银行总裁，

九、资源委员会委员长，

十、善后救济总署署长。

第五条　为办理输入限额事宜，在输入临时管理委员会之下设立输入限额分配处（以下简称分配处）。

第六条　甲、输入临时管理委员会设置输入品管理处，办理关于签发附表（一）（二）所列货品之输入许可证事项。

乙、中央银行外汇审核处，办理关于签发附表（三）所列货品之输入许可证事项。

第七条　输入临时管理委员会设置执行委员会。

执行委员会以下列人员组织之：

一、中央银行总裁，

二、输入限额分配处处长，

三、输入品管理处处长，

四、中央银行外汇审核处处长，

五、执行委员会秘书处处长，

执行委员会主任委员由输入临时管理委员会于执行委员会各委员中遴选指定之。

执行委员会对输入临时管理委员会负责执行制定之方策，并定期提出工作报告。

第八条　为本有关机构之工作互相配合及处理经常事务起见，执行委员会得设置秘书处，于必要时并得设立特种委员会，以推进其工作。

第九条　输入临时管理委员会之办公处所设立于上海中央银

行内。

第二项　货品分类

第十条　经常输入本国之货品应照本修正办法各附表分成大类输入，临时管理委员会得按情势之需要或许可将某一货品或某类货品之分类，予以变更，货品分类之变更随时在报纸上公告之。

第三项　进口商品登记

第十一条　进口商必须分别按其所经营之业务种类，向输入临时管理委员会申请登记，其登记办法由输入临时管理委员会另定之，输入许可之申请人以业经登记之进口商为限。

第四项　货品输入手续

第十二条　甲、附表(一)货品向海外定购之生产器材，其价值超过美金贰千元或其相等币值者除第十三条乙项所规定者外，须先得输入临时管理委员会之许可，在完成向外定购手续以前进口商须向输入临时委员会提出拟购货品之名称、数量、输出国别、付款办法等项申请审核，必要时输入临时管理委员会得令进口商提供其他有关资料。

乙、附表(二)货品。本类货品之输入适用限额制度，其限额由输入临时管理委员会订定，交由分配处分配之，分配方法系由分配处将限额通知各业，督令其自行将此项限额分配予各该业之进口商(以经向输入临时管理委员会登记核准者为限)，惟此项分配数额须得分配处之批准方能生效，设任何业之进口商不能自行议定分配数量时，其分配额由分配处裁定之。对于每季(或由输入临时管理委员会规定之其他时期)准予输入之货品，其输入许可证应于该季开始前或其他适当时期签发之。

丙、附表(三)货品。本类货品中之准向中央银行外汇审核处申请输入许可证之部分(附表三甲)，由输入临时管理委员会随时列表公告之，此项公告之货名表在未另有公告予以变更以前继续有效，凡未列在公告中之货品不得申请输入。

申请输入许可证应在完成对外定购货品手续以前办理所有关于拟购货品之主要事项，均应在申请书内填列。

丁、本条甲乙两项所称之进口商如限额有直接配给制造厂商者，亦包括制造厂商在内。

第五项　政府机关采购之货品

第十三条　货品之由政府经营或管理之工商机关或公司输入者，其申请输入许可手续与民营事业申请手续相同。

为公共需要或机关自身需要由政府各部会输入之货品亦应申请输入许可证，其输入之申请须先得行政院之核准，经行政院批准之申请书与行政院之指令同其效力，输入临时管理委员会在接到此项行政院批准之申请书后（附定购货品详单、预计起运日期、运输办法及所需外汇数目），应即发交输入品管理处签发输入许可证，关于审查本项输入许可由请书之手续由行政院核定之。

输入临时管理委员会对于左列输入品得发给通用许可证：

一、联合国善后救济总署输入之救济善后物资。

二、物资供应局依照协定输入之美国剩余物资租借货品及政府利用国外借款购置之货品。

第六项　申请许可之豁免

第十四条　不需外汇之货品如私人馈赠及无商业价值之样品等输入本国时，不必申请输入许可证，但以价值不超过美金伍拾元（或其相等币值）及不作商品出卖者为限，本项规定不适用于附表（四）所列之货品。

第七项　上海以外各埠

第十五条　在未设机构以前，上海以外各埠厂商订购外货时，其所填具之输入许可申请书可送交各该埠之中央银行转送输入临时管理委员会办理之。

第八项　附则

第十六条　输入临时管理委员会及其附属机构对于其所决定

之事项无申述理由之义务。

第十七条　输入临时管理委员会得制定施行细则及施行程序，以利本修正办法之实施，并于必要时得修改之。

第十八条　本修正办法自公布之日施行。

〔国民政府资源委员会档案〕

3. 中华国产厂商联合会关于国际贸易应采用保护扶助及合作政策的提案

（1946年12月）

（案由）国际贸易应采用保护扶助及合作政策

中华国产厂商联合会提

（理由）我国还在农业时代，经济工业化尚在发芽，以前是农业中国，工业外国，日本自甲午以后，处处占到便宜，到九一八，实行驱逐英美在远东市场的势力，要独霸东亚市场，引起这次世界大战，达到他"农业中国工业日本"的目的。

现在日本算是失败了，但是我国呢？不但幼稚的工业在风雨飘摇之中，而农业呢？光是米、麦、棉、丝、茶或是不能自给，或是出口呆滞，所以美国华莱氏到我国说我国不但经济要工业化，而且还要农业机械化，并且要积极增加农业品的产量，那时朝野人士都表示我国在战后一定要工农并重。我国的工业呢？美国威尔基氏说，我国的工业在战后一定要实行大规模生产制度，不然我国的工业品不但没有和各国交换的东西，而且绝对不能供应我国人民的需要。

根据战时英美的文献，主张在战后应该贸易自由，可是到了今日，连实行自由贸易政策的英国，也不得不用限额和保护的政策了。英国的贸易政策，袭葡、西、荷重商主义、金钱主义的缘故，在繁荣的时代，对于农业是看不起的，所以英国的土地变为园囿，农业产品成为点缀。

不料现在的英国吃了大苦了，美国马歇尔氏的援欧计划也希望欧洲以全力增加粮食的生产，在援助以前，得将剩余的生产品，自行分配于欧洲各国，并希望欧洲经过数年后有使欧洲自给的计剧〔划〕。

我国地是大的，人是多的，但物产不足，连米、麦、棉、面也要特别降低汇率，——实是贴补进口的办法——，以广招来，张一帆氏在大公报九月八日发表一文，谈到这件事，大意说进口的米、麦、面、棉，如照市价出售，只使经营的人得到暴利，如照成本出售，那是打击我国的农业和面粉业。

所以我们要工农并重，一定要在短期内增加农业品的产量，先达到自给自足的目的，再能将剩余的农产品加工制造，以立定了国际贸易的基础，现在我们根据事实说，我国对外贸易的基础还没有呢？

我国的工业产品，所有数量，即使已到全体就业的地步，能够供应全国人民的需要么？在民营的工业，当然是营利主义，否则没有利益，就要停顿，这就要用集有全国人民力量的政府，应用一种方法，一面使生产不停，并且增加，一面使工产界不致因亏本而停工，从以上的事实看，我国的国际贸易，不得不采用保护和扶助的政策了。

但还不够，我国的国际贸易，向在被动地位，从来没有主动，因为我国的组织根本是没有的，即使有了，实际说来，只是人的关系，没有业的关系，政民既不一致，同业又是嫉妒，于是被外商各个击破，以致整个没有力量，即使赚了钱，在我国平民看起来很了不起，可是事实上赚的是我国人民的，而且还只是些唾余，现在是集体行动的世界，不但国内该如此，国际也要如此，倘使关于国际贸易的政策，还是走以前的老路，那末根本谈不上国际贸易，连小菜场摊贩的交易还不如呢？

所以如要进行国际贸易，除保护扶助政策以外一定还要实行合作政策。

（办法）：

一、由政府制定整套的国际贸易法，该法草案，该由有关工商界和专家集合商讨，以免闭门造车，削足适履，窒碍难行的流弊。

二、进口或由政府统进，人民分销，出口或由人民分办，政府统出，或由政民一体，组织合作社办理，务使减少杂费与手续，如此可免被人各个击破永为被动的国际贸易。

三、进口品主要以我国所无而急需的机器、钢铁、母机、炼钢设备，及三酸厂设备，次为工业原料而为我国所无或尚不足者，凡足以妨害我国农工商矿业的东西。

在利益上无论如何合算不得进口，此外如消耗品、奢华品，不论成品、原料或器具，一律不得进口，一言以蔽之，凡足以振兴农工矿业的器材，均应进口。

四、出口品主要如丝、茶、桐油、猪鬃、药材，内中可以加工或制造者，加工制造以后再行出口，盐铁矿砂不得出口，俾自作原料，以发展我国工业，凡足以妨害我国工业及人民生活与健康，尚不能自给自足的原料或成品均不得出口。

五、国际贸易主要目的，应是量出为入，万不该以政府财政为前提，破坏了人民的经济。

〔国民政府资源委员会档案〕

4. 寿景伟、张禹九关于出口贸易与收购政策之商榷文

（1947年）

出口贸易与收购政策之商榷　　寿景伟　张禹九

窃维我国出口贸易之盛衰，直接关系农村经济，间接影响政治秩序，故确立国策，至为重要。在抗战期中，当局曾实施统购统销与专卖统制，惟因条件未备，致生产本身萎缩，人民怨声载道，其结果

则“有害民生，无裨国计”，往事追忆，良可痛心。

我国贸易既无明确政策，实施自然矛盾失效，盖在经济思想方面，缺乏基本信条，因此大计未定，而只在技术上，轻易尝试，早令夕改，在所不免，查出口不振，实系官价汇率规定过低所致。官价汇率过低之主因，则又以主管其事者深恐提高汇价影响物价，但按诸实际，则自抗战开始迄今，物价始终高过汇价，例如现在米价约涨十五万倍，纱价二十万倍，煤价三十万倍，而美钞官价比率，则尚不及三万倍，黄金市价亦仅高至十万倍之谱，良以我国现在病症，实为“物价无人管，汇价拼命管”，其结果则进口贸易每多意外受惠，而出口贸易始终艰难，是以有人谓我国之外汇及贸易设施，实以“出口津贴进口”或以“我国农业帮助外国工业”诚蕴含至理。

去春当局对于出口实施津贴，美国认为抵触反倾销法律，不及旬日，即被取消，嗣后复实施政府收购直接外销，英美方面，又认为统制专卖，恐将再起责难纷纭，职是之故。

要之证诸过去既不不再蹈覆辙，审察现势，又不宜影响友邦外交，而对内愈宜充分利用人民原有之经验及其组织，万不宜在政府与人民间造成壁垒，致热诚爱护政府之情绪，减退消失，而被人利用，中伤破坏。

我国出口物品，悉属零星细数，种类不下一二百种，惟积少成多，每年方能收获一二万美元之外汇，故若欲推广出口，必须使各种土产，均能尽量输出不能限定少数物品，或只收购几种有利可图及容易经营之出产，同时推广输出亦不宜只顾外汇金额之收入，尤宜顾及一般经济之发展，不宜仅顾目前一时之利益，尤宜顾及海外市场之将来。

现在政府决定采取机动收购及指导统销之政策，用心至苦，惟如交由中央信托局一家承办，虽该局资力雄厚规模宏大，惟恐出口货品种类繁多，所需专识至为复杂，决非短时期内可以办理悉臻妥善，且对外不免开起国营专卖之讥评，而对内亦恐招致与民争利之反感。

即以银行业务而言，如中央局一家承办，一切贸易金融业务，集中一行是否适当，颇值得考虑。因此所有外销物资收购事宜，似宜：

（一）委托现在各家指定银行代理国库收购。

（二）指定银行代理国库收购之后，按照外币价格转售与争卖主，再由原卖主自行输出。

（三）关于国币买价及外币卖价，悉由财政部、审计部、中央银行及中央信托局业经组织之“收购物资审核委员会”决定之。

此项办法如果实施，则在表面上，可不必更动外汇汇率，而实际上可使各种外销物资，均能出口。盖根本上国内外物价时有不同，而各种物品价格亦复时有差异，以是一种汇率及固定汇率，亦属不能适用。

复员以来，时历二年，外汇汇率，更动四次，每次更动，只有三个月效能，只能帮助三、五种物品出口，而同时始终亦仅此三、五种货品可以出口，其他如丝、茶、手工艺品及国货等即始终无法出口。

在另一方面观之，出口货品如输英鸡蛋、纱布易棉以及绸丝货款，均属避免官价汇率，而在变相方法下设法出口。

我人对于管制物价及汇价，不敢承认事实，随时调整使其现实，因此出口制度，亦早已成为非一元化。而试行采用各种不同出口汇率之必要，即此已是铁证。

〔国民政府全国经济委员会档案〕

5. 国民政府工商辅导工作考核委员会为加强垄断对外贸易拟具推进国际贸易方案草案呈

（1947年8月）

签呈 拟具推进国际贸易方案草案签请鉴核由

查本年六月二十日本会第三次委员会议奉钧长议拟具推进国际贸易方案一案议决，请邓司长翰良、龙司长大钧、费司长明扬、杨帮办树人、汉口工商辅导处刘处长廷芳拟具方案，由邓司长召集等语记录在卷。经本会录案函请邓司长查照办理去后，兹准邓司长参酌各委员意见，拟具推进国际贸易方案草案一份送会，理合检同原草案签请鉴核。谨呈

部长

次长

附呈推进国际贸易方案草案一份

工商辅导工作考核委员会谨签

推进国际贸易方案草案

甲、建立计划的贸易政策

就我国目下情形而论，对国际贸易施行国营或全部统购统销政策本身及客观环境均未具备，此项条件势不可能若完全听其自由，亦非所宜，为适应我国目前贸易现状，拟建立计划的贸易政策，其要义如次：

一、外汇暂仍采取目前之管理办法，但应随时因应事实需要为机动之措施。

二、对于进口物品仍采取限制办法，但力求简化手续，并随时适应国内之需要，对限制物品采取机动性之变更。

三、对出口物品采取积极奖助辅导办法，如办理生产或加工

之贷款技术之改进(丝、茶、羊毛等由本部会同农林部等有关机关办理),择重要输出品如丝、茶、羊毛、猪鬃等办理收购,健全输出业组织,举办国际商情报告等。

四、酌在有利情形下与其他国家办理易货。

五、加强驻外商务专员之任务,南洋、印度、日、韩得因需要派员调查联络以谋发展。

乙、调整国际贸易机构

现在管理贸易机构分歧错杂,事权不一,原则上无统一之政策,执行上自难步骤齐一,其弊至显,亟应加以调整,拟设立贸易局隶属本部,以执行前项政策所决定之各项业务,全国经济委员会所属之出口两管理委员会之业务应划归该局办理,中信局代办之贸易业务亦由该局接管,以一事权而利政策之执行,至地方业务暂不设立机构,尽量利用已有之机构如工商辅导处、商品检验局等,其业务与其他机关有关者与之切取联系,取得其所属机构之协助,如农林部及中信局所属之机构是。

丙、加强贸易商之组织

一、严厉执行进出口商之登记。

二、健全输出业及进口各业之公会组织。

三、倡导进出口公司联营之组织,以集中贸易商之力量。

四、对进出口商视其业务之重要性,酌予以营运上之补助或便利。

丁、争取南洋市场

南洋市场至为重要,拟由政府贸易机构并指导有力之出口商合力争取之。

戊、对日韩贸易之方针

对日本贸易采取报慎审态度,宁缺毋滥,凡足以助其工业复活之原料及与军需有关之物品绝对禁止输出,其对我输入之物品亦应详审我国之需要,确属有利始与之成立交易,对韩贸易须研究其对我之需要若何，我国特产对韩之输出当以利益为贸易之前提。

己、贸易联锁制问题

在能防止黑市外汇之条件下可酌予试办。

庚、其他

外汇问题关系贸易之发展至为重大，应由决策机关慎密注意，随时采取机动措施，至缉私更应由主管机关切实办理，以利贸易之正常发展。

〔国民政府经济部档案〕

6. 张焕章建议进出口联营制度组织中国进出口联营公司致蒋介石呈文

(1947年8月11日)

建议进出口联营制度组织中国进出口联营公司之节略

溯自修正进出口贸易暂行办法施行以来，输出因结汇损失几陷停滞，输入因配额限制日形萎缩，影响所及，农业产品因国内成本超过国际市场之价格而无法出口，工业生产因进口原料不敷所需而停工减产，社会经济愈趋凋敝，国计民生危如垒卵，挽救之图允在扩广输出贸易以争取外汇，并增加输入工业原料，促进生产建设。此诚政府与民间所当共同努力者也，最近中枢为戡平共匪叛乱，实行全国总动员，对于有关经济事业自须严加管制，就目前所知者，系鼓励民间企业采联营组织，使经济统制之对象由复杂而单纯经济生产之力量，由散漫而集中，就势利导，因时制宜，实为当前之具体良策，国际贸易攸关整个国计民生，在此总动员时期，其政策亦应有所转变，转变之可能途径约有左列三项：

一、遵循抗战时期成案，全部进出口贸易统由政府特设机构统购统销。

二、实施计议中之进出口贸易联锁制度，由进出口商行个别经营。

三、采纳进出口联营制度，特许设立由进出口同业集体参加组织之进出口联营公司，官督民营或官商合办。

就第一项途径言，战时口岸封锁，物资枯竭，由国家经营对外贸易，收事半功倍之效然，今昔异势，世界各国均逐渐转入平时经济体制，中美等商约之订立复以自由贸易为基本精神，战时成案实适合目前之环境。

就第二项途径言，进出口联锁制之基本原则系以出口商人所得之外汇为出口商人所有，准其自行购买外国商品输入国内，至于输入手续则仍遵照管理输入办法办理，在外汇枯涸进口物资窘乏之困难环境中，此为民间推广输出物资，充裕输入原料，不背政府经济原则而又能获相当效果之方策。战时欧西各国之处于与我国目下类似状况者，亦曾一度施行而见效，盖原属无法输出之物资而藉此获得出路，而外汇既因之可有较为充裕之供应，则原属无法输入之原料及资本财亦可藉此获得较为丰富之来源，惟所应考虑者，出口商人所得外汇若其本身不同时经营进口业务或虽兼营而外汇尚有剩余时，势必转让，如任其自由转让，难免助长外汇黑市，加以人为之限制，即难充分达到推广输出之终极目的，目前完全开放外汇市场，于事既不可能，则外汇黑市势必至影响国内物价，为害殊烈，此其一；单纯之联锁制度若一旦实施，则难免刺激出口物资涨价，因目前出口停顿之基本原因，端在国际市场价格低于我国出品之成本，如成本增加，势将永远无法与国际市场之价格吻合，从而促使输出物资生产萎缩，社会经济更趋萧条，此其二。

就第三项途径言，联营公司为进出口商之集体组织，使进口出口联合经营融于一炉，受政府有关机构之督导，推广输出，繁荣输入，平衡国际收支，使垂危之国民经济得以复苏，其优点如左：

一、进出口贸易在联营公司通盘计划下，可作适度之调节，公司所得外汇虽得由公司运用，然仍开设专户，存贮中央银行，受其监督，使外汇黑市无法产生，资本逃亡亦不可能。

二、工业原料及生产器材由联营公司斟酌实际需要统筹统订，可以减少厂商原料进口价，促进增产繁荣工业企业。

三、国货厂商制成品可由联营公司开拓国外市场，尽量推销于国外，换购所需原料，以资增加其再生产能力。

四、侨汇及国外存款可由联营公司以进口物资号召，予以吸收免致逃避。

五、联营公司现以其自身所得之出口外汇经营进口业务，如能充分发展，则不仅不必仰求政府供给外汇，反可由公司提出一部分外汇，贡献政府。

六、联营公司业务发达，输出入贸易繁荣，不特国际收支可渐趋平衡，而税收缴增，府库充裕，国家预算亦可藉以平衡。

七、联营公司本协助进出口同业之旨，采相互委托联营制度，使与公司发生商业关系，同业中之经营出口者由公司负担国际市场价格变动之风险，在将其所得外汇结与联营公司之前提下，不可能之出口成为可能，并获得合理之利润，经营进口者亦可受公司之委托，经营输入贸易不使遭受国内市场价格升降威胁，使易于进口并获得合法之盈余。

焕章等蒿目时艰，忧心如焚，爰经纠合进出口同业暨工农生产企业，发起组织中国进出口联营公司，于六月二十六日召开发起人会议通过公司缘起、章程及招股章程，并推定筹备委员正式成立筹备处，呈请行政院全国经济委员会及经济部财政部特准设立在案，现审经济改革方案，正由全国经济委员会审查，进出口联营制度之建议暨进出口联营公司之组织攸关变更国际贸易政策，谨具节略，恭呈钧座，敬祈鉴核俯赐批饬全国经济委员会准予采纳，国计民生两有裨益。谨呈

主席蒋

中国进出口联营股份有限公司筹备处主任张焕章谨呈

〔国民政府行政院档案〕

7. 国民政府国务会议修正进出口贸易办法

（1947年8月17日）

进出口贸易办法　民国三十六年八月十七日国务会议修正

民国三十五年十一月十七日公布之修正进出口贸易暂行办法及三十六年二月七日公布之输出推广委员会组织规程，于本办法修正公布时一并废止之。

第一章　输出

第一条　凡一切货品除附表（五）所列者外，均得自由输出。

第二条　出口商输出货品（包括出口及转出口），应将其货价外汇按照市价售给指定银行，由指定银行签证给予结购出口外汇证明书，并经输出入管理委员会负责查明结购之外汇确与出口之价值相符，加签证明后呈送海关验讫，方准报关出口，其价值低于美金二十五元或其他相等币值且非作商业上之用者免验上项证明书。

第三条　输出入管理委员会为配合政府经济政策，得采取调节暨协助发展出口贸易之必要措施。

第二章　输入

第四条　自本办法公布之日起，一切货品之输入均应按照本办法之规定请领输入许可证，但另有规定者不在此限。

第五条　输入货品分为左列各类，其详细品目见附表之规定。

（一）附表（一）机器及生产器材类，（二）附表（二）工业原料类，（三）附表（三）（甲）经常需要杂项货品类，（四）附表（四）（乙）暂行停止输入货品类，（五）附表（五）禁止输入货品类。

第六条 输出入管理委员会对于前条各类附表所列货品得按情势之需要报经行政院核定，予以改列并随时公告之。

第七条 进口商于输入货品前应填具输入许可申请书，送请输出入管理委员会审核发给输入许可证。

第八条 进口商领得输入许可证后，得持向指定银行申请给购必须之外汇。

第九条 进口商未经领得输入许可证明前，不得向国外给办订购货品手续。

第十条 附表(二)所列货品之输入适用限额分配制，其限额由输出入管理委员会按季拟定，报请行政院核定公告之，输出入管理委员会参酌情形将某项限额径行分配予各该业之厂商，或配予进口商转行供给厂商。

第十一条 凡依法注册之进口商，应按其业务种类分别向输出入管理委员会登记合格后方得为输入之申请，凡厂商直接申请输入时准用前项关于进口商登记之规定。

第十二条 国营事业输入之货品与民营事业申请手续相同。

第十三条 输出入管理委员会对左列输入品得发给通行许可证。

一、联合国善后救济总署输入之救济物资。

二、物资供应局依照协定输入之美国剩余物资租借货品，及政府利用国外借款购买之货品。

第十四条 政府行政机关为需用输入之货品应向行政院声请，经行政院核准后令知输出入管理委员会签发输入许可证，前项申请手续及核定标准由行政院另行规定之。

第十五条 各国驻华使馆及其外交人员因公务或私人所需输入货品须经该国驻华大使(或公使)证明其用途后，送由输出入管理委员会核发输入许可证。

第十六条　慈善宗教团体及教育机关接受国外捐赠之货品，或为本身使用输入之货品不需结汇者，得径由输出入管理委员会核发输入许可证，但各该团体机关内个人使用及附表(四)类货品之输入不在此限。

第十七条　不需外汇之输入如国外私人馈赠商业样品及非卖品其价值不超过美金五十万元者(或相等币值)，得不须申请输入许可证，但附表(四)所列货品不适用之。

第三章　管理机构

第十八条　为统筹管理输出输入业务，由行政院设置输出入管理委员会。

第十九条　输出入管理委员会设委员九人至十一人，由左列人员组织之：

一、财政部长，二、经济部长，三、资源委员会委员长，四、中央银行总裁，五、其他经行政院指派之人员。

第二十条　输出入管理委员会设主任委员一人，副主任委员二人，由行政院就委员中指派之。

第二十一条　输出入管理委员会得分处办事，其组织规程另定之。

第二十二条　输出入管理委员会因业务需要，得设各种小组委员会。

第二十三条　输出入管理委员会得设顾问二人至三人，由委员会就富有经验及声誉人士中聘任之。

第二十四条　输出入管理委员会设置诉愿委员会，管理进出口商有关输出入之诉愿事项。

第二十五条　输出入管理委员会得在重要口岸设置办事处，办理当地输出输入管理事项，其组织规程另订之，未设有办事处之口岸得委托中央银行办理之。

第四章　附则

第二十六条　输出入管理委员会为便利本办法之实施得制定施行细则及施行程序，暨各项表格并报行政院备案。

第二十七条　本办法自公布之日施行。

附表：

修正进出口贸易暂行办法附表

附表(一) 生产器材

税则号列	货名
二四四	农业机器及其配件
二四五(甲)及(乙)	发电或传电之电气机器，如发电机、电动机、变压器、变流器等及其配件
二四六及二四七	制造机械工具、机械工具及其配件
二五二	未列名机器(如打水机、印刷机、造纸机、纺织机等)及其配件
二五五之一部分	汽船及其配件与未列名材料
二四八	发动机如煤气引擎、汽油引擎、蒸汽引擎、水力透平、蒸汽透平、透平发电机，其他发动机之连有或不连有发电机者及其配件
一八一、一八八、二五七(甲)(乙)(丙)及五八八	铁道或电车道应用品
二四九	蒸汽锅炉、省热器、干洗机、机械燃煤机及其他锅炉间用之他种机械及其他配件

附表(二)

税则号列	货名
六五六之一部分	已洗电影片

五三二(甲)及(乙)	煤油
二五六(乙)之一部分	载客汽车(禁止进口者除外)及其车台
三九七	糖
四二三及四二五	烟叶及烟梗
四八一	未列名安尼林染料及其他煤膏染料
四四〇	硫酸铔(肥料)
一三〇	人造丝
六一八	水泥
六三〇(甲)及(乙)六〇七	煤及焦炭
七一	棉花
四二六至四三九、四四一至四四九、四五一、四五三、四五四、四五五至四六〇、四六二、四六五至四八〇	化学产品
四五〇	肥料
三五七	小麦粉
五二〇(甲)及(乙)	矿质汽发油石脑汽油扁陈汽油
一〇八、一〇九	新旧苘麻袋
五二一	矿质或半矿质滑物油膏
四九八	人造靛
六四四(甲)(丙)及(丁)	橡皮树胶及其制品
九八	苘麻
五二九(甲)及(乙)	柴油

五六三及六四九	皮带用皮、机器带及蛇管（棉胶带管不在内）
一四七至一八〇 一八二至一八七 一八九至二一四 二一六至二二五 二二七至二三八 及二四〇	金属品
五四一	未列名油、脂、蜡
五三四（甲）及（乙）五三〇	滑物油
五四五至五五六 五五八至五六〇	纸及木造纸质
四六一、四六四及四八一	制药
三八四（甲）及（乙）	米
六六三	浆粉
五一〇	硫化元
五一二	未列名植物性拷皮膏
五八〇至五八七 五八九至五九〇	木材品
三九五	小麦
一一二及一一三	羊毛及废羊毛
一一四（甲）及（乙）	纯毛或杂毛纱线

附表（三）甲

税则号列	货名
二七四	散装海菜、石花菜
六二九（甲）（乙）（丙） （丁）（戊）（己）	石棉、及其制品
五四二	已装钉或未装钉印本或抄本书籍

	(抄本、帐簿及其他公务用、学校用、私家用之文具不在内)
三三八	大麦、荞麦、玉蜀黍、小米、燕麦、稞麦及其他杂粮
六三〇	气压表、寒暑表、画图、测量、医学、行船、光学、牙科、外科及其他科类仪器或器具及其零件附属品
二五八之一部分	脚踏车及其配件
三四二	糠麸
六三一	未列名建筑用材料
五四三	海图、地图(暗射地图、形势地图、地球仪、教授用之标本及挂图、如教授解剖学等所用者在内)
二六二	燃煤、燃油、酒精之火炉、烹饪器、暖管汽炉及其他类似之器具及其配件
一〇三	夹棉或未夹棉、大麻、苘麻帆布、油帆布
七六(甲)(乙)及(丙)	棉线
六七二	糊精
四八三至四九七、五〇二至五〇九、五一二至五一八	染料、颜色、栲皮料、硝皮料、油漆料及凡立水
二六三(甲)(乙)及(丙)	装置电线传达或分配电力用之各种电气材料
二六四	电力烹饪器、电扇、电筒、电气熨斗、电灯器、电气暖器、烘面包器及其他同类电力器具及其配件
二六五	湿电池、干电池、凝电器及其配件

六二〇（甲）及（乙）六三六	金刚砂粉、玻璃粉、金刚砂布
二五四	各种救火机车、救火器及他种救火机件及其配件
二八五、二八八	咸鱼
一〇四	漂白素、夹棉或未夹棉、亚麻布
一〇五	未列名夹棉或未夹棉、亚麻布
二六六（甲）（乙）（丙）及（丁）	各种锉刀
三五八	未列名杂粮粉及杂粮制品
二六七	煤气灯头、煤气烹饪器、煤器暖炉、煤气灯、煤气灶、煤气烧水炉及其他同类燃煤气器具及其配件附件
二六八	量煤气表、水表及其他类似之计量器
六一三	普通窗玻璃片
六四〇	胶
五二二至五二八	胶及松香
六四二	石膏
一三六（乙）	毡呢帽坯
一〇六	洋线袋布
三六五	霍希花
五〇一	各种墨类
四五二	杀虫及消毒品
六七二	制钮用象牙果
五九四	木棉
五六四	鞋底皮

五六五	未列名熟皮
三七二	大麦芽
三七三	未列名草药材(粗制)
二四三及二七三(甲)及(乙)	未列名金属器具、未列名金属制品
三二三	淡中奶、淡奶皮
三二四	炼乳
三二五	牛奶粉(干乳、勒吐精、格那克索等在内)
三九六	糖浆
二五六之一部分	脚踏汽车及其零件及附件
三六九(甲)及(乙)	手工及缝纫机用针
五四四(甲)及(乙)	报及杂志
三二六	鱼肝油
五三一	椰子油
五三三	胡麻子油
一四六	各种矿砂
六一七	已磨及未磨眼镜片、眼镜架及其零件
五六一	未列名纸货及纸制品
二五六(丙)之一部分	纯为修理用之汽车零件及附件
三八一(甲)及(乙)	散装胡椒
六〇五	沥青
六五九	未列名印刷及石印材料
五九八(甲)(乙)及(丙)	藤
四〇一	糖精
五三六	斯蒂林白蜡
二五〇	缝纫机、针织机、及其配件

一三九	丝罗底
六七二	蚕子
五九九(甲)	麦干、巴拿马草等
六六四(乙)	人造松香及其他模塑质(如赛璐璐、电木、乳石等)块、带、条、竿、板、片、管、粉等未经制成物品者在内
六〇六	煤膏(柏油)
三七一(乙)	电话机、电报机及其配件
二七二(甲)及(乙)	装煤油用空马口铁箱
五三七(甲)及(乙)	松节油
七八及一〇一	绳索
二五一	打字机、自动开卖机、计算机、银钱登记机、印压机、打支票机、时日表明机、复印机、编号机、及他种类似之办事室用机器及其配件
二三八至五四〇	黄蜡、石蜡(油蜡)、树蜡(漆油)
六〇〇(甲)至(辛)	木
六〇一(乙)(庚)(辛)(壬)(子)(丑)	木器
一二四	纯毛或杂毛、毛毯、车毯
一二七	未列名毛制衣服及衣着零件
一二三	毛制毡呢毡套
二九及一二二	毛制呢绒

表(一)(二)(三)甲未列名之各项制造用原料及专为修理及更换用之零件

附表(三) 乙

本表包括附表(一)、(二)、(三)甲、及(四)中未列入之货品，在

未另行公告前暂予停止输入

附表(四)禁止进口货品

税则号列	货名
二七五(甲)(乙)(丙)	鲍鱼
二九九	芦笋
二五六(乙)之一部分	容七座以下之载客汽车其出厂价格超过美金壹千贰百元或相等币值者其车台
二七六(甲)(乙)及(丙)	海参
二〇三	燕窝
三〇四	饼干
三〇六	鱼子酱
三一二	糖食
六三三	古玩
六三四	镶金属器、塞苏玛磁器、漆器
六三五	未列名装饰用材料及制品(洋镜片、铜箔绠、铜箔线、金属制装饰零件等在内)
七七	棉质假金银线
一三六	纯丝或杂丝假金银线
六四五	未列名首饰及装饰品
八〇、一〇二、二五、一三七	花边衣饰绣货其他装饰用品及全部用上列各物制成之货品(棉亚麻、苎麻、大麻、苘麻、羊毛丝)
六五〇	修指甲用全副器具及零件、粉扑、粉盒梳妆盒
五七九(甲)之一部分	兽牙制品
五七六	麝香

六五三	真假珍珠
六五五	香水、脂粉
六六四(甲)	"玻璃"提包袋及雨衣
六五八(乙)	贵重及半贵重宝石(未切及未磨者不在内)
二九六、二九七(甲)(乙)及(丙)	鱼翅
一三八	纯丝或杂丝针织绸缎
一四〇	纯丝或杂丝剪绒回绒
一四二(甲)(乙)(丙)(丁)(戊)(己)(庚)(辛)	未列名纯丝或杂丝绸缎
一四四	未列名丝制衣服及衣着零件
一四五	未列名纯丝或杂丝货品
五六七(甲)(乙)及五六八	皮货及全部或大部分皮货制品
六六五	保温器
三三三(甲)及(乙)	茶叶
六六八	玩具及游戏品
六六七	化妆用之器具(如梳、刷等类)
六七〇(甲)及(丙)	伞、御日伞(甲伞柄之全部或一部为贵重金属、象牙、云母壳、玳瑁、玛瑙等制或饰有宝石者.乙他类柄绸伞、丝夹杂质绸伞)
一二五	纯毛或杂毛地毯及其他地衣类

附表(五) 禁止出口货品(呈经海关转奉政府核准者不在内)

一、政府管理之各类矿产品(由政府特别规定者)即钨、锑、锡、水银及其矿砂。

二、银币、银块、金块、镍及合金辅币、铜钱、铜币及由铜币熔化之铜。

三、盐。

四、各种活野兽及野禽。

五、禽皮(如带有羽毛禽皮)及带有小片野禽皮之羽毛。

六、古物。

七、国父墨迹、古版书籍及政府机关档卷。

八、米谷麦、麦粉及其制品。

九、棉纱及棉布。

〔国民政府资源委员会档案〕

8. 国民政府财政部秘书处资料室与视察室研讨进出口贸易联锁制度及出口签证制问题的文件

(1947年11~12月)

(一)秘书处关于进出口联锁制及出口签证制问题给视察室函(一九四七年十一月廿六日)

查进出口贸易办法虽迭经修正施行,而国际收支之逆差为数仍巨,以尚未能收预期之效果。最近商民复有实施进出口连锁制之要求,并对出口签证颇表不满,究竟其利弊如何,似有研究之价值,爰经饬由本处资料室张编译子美详加研讨,兹据拟呈进出口连锁制及出口签证研究报告各一份,相应随函检附,即希查收存备参考为荷。此致

视察室

秘书处启　　十一月二十六日

附件

进出口连锁制问题研究报告

我国对外贸易素以输入多于输出,造成国际收支逆差为最大隐患,抗战以后,残破之余所需国外物资至切,而国内生产萎缩,成

本高涨，出口贸易日就消沉，国际收支益无平衡之望，自政府实施输入管理制以来，虽积极奖励出口，限制输入，成绩迄未见良好，而一般商人近更提出实施进出口连锁制之要求，兹就现行制度及实行连锁制之利弊一为分析，并加以折衷，试拟补救办法如次：

一、现行制度之利弊

查现行制度将输入货品分为五类（品目详见进出口贸易办法附表（一至四）：第一类列附表（一）均属机器及生产器材，第二类列附表（二）均属工业原料，第三类列附表（三）（甲）均属经常需要杂项货品，第四类列附表（三）（乙）均属暂行停止输入货品，第五类列附表（四）均属禁止输入货品，除第四、第五两类系属停止或禁止输入货品外，其余三类货物均应由进口商申请输出入管理委员会审核许可，方得输入，而第二类货品并适用限额分配制，由输出入管理委员会按季核定，报请行政院公告进口商，于领得许可证后得持向指定银行申请结购外汇，出口商输出货品则应将货价外汇结售指定银行结购或结售外汇，均按中央银行每日挂牌之市价折算，此项办法之目的原为：（一）利用提高之外汇牌价奖励出口，（二）出口货品之货价既经结售指定银行，政府可获得相当之外汇，以供输入之需，（三）输入货品既经分类并励行许可制度，政府可以酌量外汇资源多寡，实际需要缓急，酌量核发许可与否，俾入超不致过巨，（四）工业原料关系国内生产，故适用限额分配，一方面防止外汇之浪费，一方面保持分配公允。

上述办法如能收预期之效果，自可解决外汇上最重要之问题，惟实行以来，因挂牌之外汇市价始终不能与黑市相追随，以致（一）奖励出口之目的无法达到，出口仍陷于半停滞状态之中，（二）出口结汇者既少，依此办法政府并不能取得多少外汇，仍不能充分供给输入之外汇，（三）对于工业原料特用限额分配，原为保持国内生产起见，兹因外汇短绌，限额不能依期公布（本年第三季限额迄今未经公布），反致生产停滞，大失初意，（四）正当外汇既不易得，形成走私，并停止及禁止货品亦源源而来，充斥于市，（五）必须进口之物品不得已取给予黑市，外汇成本提高，对于物价仍不能致平抑之效，而结得外汇者反可藉以获致非法之厚利，内进出口均受限制，整个对外贸易陷于半麻痹状态，关税收入因而锐减，无裨实际，有损库收，实有亟加改革之必要。

二、进出口连锁制之利弊

按输出入连锁制又可分为两种：一为个别连锁制，一为综合连锁制，亦各有短长，兹分论其利弊如下：

（甲）个别连锁制。个别连锁制者出口商于输出货品时应即将售价所得之外汇采办国外原料进口，此种制度之优点为：（一）以输出入之货品抵购原料，仍充制造输出货品之用工业原料不虞匮乏，出口可以增加，（二）出口进口同为一人，不因政府所订立外汇价格高下而受损失，（三）出口商匪藉口无法获得原料，不致再有观望退缩情形，（四）进口原料毋庸政府再供外汇，（五）每笔进口均有一笔出口相抵，国际收支必可平衡，（六）进出口收支既逐笔轧平，官价汇率可以尽量挂低，可免刺激人心，影响物价，大战以前日法德等国均采此制，颇著成效，惟是种制度宜于工业国家，盖工业国家多输出制成品，而输入原料所输入之原料即为该工业之所需，采用此制极为便利，惟在我国情形不同，输出大宗如茶叶、桐油、猪鬃之类本身均即为原料，毋须再运原料进口，其需输入原料如纱厂等工业制成品供给国内需要，尚感不敷，无力再输出国外市场，若强加连锁，殊不能收运用灵活之效，并我国进出口商各有其特殊之业务，不易发生连锁关系，必须使各合并为一个组织，易为一二豪门资本所垄断，亦非普通推进国民经济之良策。

（乙）综合连锁制。综合连锁制者即输出之货款规定必须输入同值之进口货物，并不必指定货品之种类，虽通常仍由原出口商输入，必要时似亦不妨加以变通，准其将所得货款转让他人易运其他物品进口，此种制度之优点在能：（一）给予进出口商以较大自由，

(二) 较能适合我国之国情且,(三) 每笔输入均有一笔输出相抵,对于国际收支仍可求得平衡,但实行之时亦有困难如:(一) 进口货物如不加限定,则进口商争进利润较厚之物品,奢侈用品反大量输入,而民生必需之日用品及工业原料转不易获得必要之外汇,(二) 进口出口商互相转让外汇,其价格必以黑市为标准,无异政府对黑市加以承认,(三) 黑市价格愈涨愈高,刺□人心,牵动物价,(四) 某一进口商所需外汇数额未必与另一出口商所供数额相符,转让时必多困难,(五) 进口商须购得外汇后方能订货数目后方能到埠,出口商出口之日即可取得外汇,对方时间不能一致,稽核便生困难。

四、折衷之补救办法

就我国国情方面,个别连锁制自属杆格难行,不宜采用,可不其论,如采用综合连锁制,则专营奢侈品之进口商多争购外汇,致所有出口货物所得外汇悉掷于浪费之途,必要之工业原料及机械器材反一无外汇可得,其流弊亦至为可虑,折衷之法似可取综合连锁制,而以现行之许可制,出口货款无须结售中央银行,准其自由转让,惟进口货品仍须输出入管理委员会严格审核许可后始准放行,则奢侈品无由得入,工业原料仍可优先进口,而出口商可以高价出售外汇,当亦不至再存视望而越趄不前,或于改进目前进出口情形,不无俾益,兹再就施行技术上拟议办法数期。

一、出口商输出货品应将其货价外汇存储中央银行,由中央银行发给定期存单,定期六个月,不计利息。

二、出口商在存单未到期前得将存单转让登记合格之进口商以为偿付进口货款之用,或自行运货进口即以定单拨付货款。

三、如出口商于六个月内未将该项存单转让登记合格进口商,亦未自运货物进口,于定期存单到期之日即由中央银行按存储日中央银行外币挂牌价,予以收买,不得再行转让。

四、登记合格进口商承购出口商之定期外币存有单或出口商自运货物进口以定期存单而中央银行支领外汇时，应提供输出入管理委员会核发之进口许可证，经验明许可进口之货物数量、价值确与动用之外币数额相符时方准支领。

五、为便利出口商转让外币存单起见，出口商得要求中央银行将存单按一定面额（如千元、万元、十万元等）分别开具。

六、输出入管理委员会于核发进口许可时，应按下列项目之次序分别缓急，以为决定许可与否之标准。

（一）工业原料、（二）机械器材、（三）经常需要之日用品。

七、凡属奢侈用品及其他单列附表（三）（乙）及附表（四）物品应严禁入口，绝对拒发许可证。

五、结论

上项折衷办法固亦不能毫无流弊，可虑之点约有下列数端如：（一）准许出口商转让存单，无形中亦造成外汇黑市价，但按现行办法黑市外汇仍无法消灭，并官方毫无办法加以控制，今将出口商所让出之外汇限定于获有进口许可之进口商，始得承购，则求者有限，转让价或不致如目前黑市可由个人任意操纵。（二）进口商须向出口商购买外汇，成本增高，进口货物势必涨价，但目前进口商能按官定市价结得外汇者仅极少数，大部既仍求之于黑市，则进口货物之市价仍以黑市为转移，今使进口商之全部外汇自行向出口商洽购，仅对少数人之优厚利润加以打击，对一般物价尚不致发生过分严重之影响。（三）进出口商既私相授受政府不能再从输出货物获得外汇遇，政府需用外汇时将无外汇头寸可资供应，但按现行办法出口萎缩，走私猖獗，政府所能获致之外汇亦极菲薄可怜，且尚需负担供给进口货物结汇之义务，今将进出口连锁，俾进出口商自行调节其供需，进口不致因限额久不公布而停顿，出口亦不致虑受汇兑损失而观望，对于国际贸易之数量或可因而提高，且在商业范围内求得国际收支之平衡，如政府需用外汇，可以物资自行输出，以直接取得外汇供用，仍与进出口连锁不相妨碍。

总之上述办法如能实行,虽不能遽使我国外汇问题得到理想之解决,但较之目前办法似尚利多弊少,且准许出口商于六个月中转让有充分之时间可以觅求承购之对象,于期满后即予收购之,不致为出口商利用,为资金逃避之方技术上似亦可不生困难,我国生产落后,出口货物虽经鼓励,在短时间内欲以出口货物抵付进口货物之全部,相差容尚悬远,关于此一问题,自非纯恃进出口贸易所能解决,亦非进出口连锁制所能为力,欲求弥补之方,似不外(一)吸收侨汇及(二)奖励自备外汇进口。两途虽似已轶出进出口连锁制之范围,但攸关整个国际收支平衡者至巨,兹连带加以研讨如下:

甲、吸收侨汇之方法:侨胞汇款书素为我国无形收入之大宗,年来亦以外汇高估,侨胞汇款回国者损失过巨,致数额锐减,转为走私货物之一大外汇来源,自官价改为市价后,因市价与黑市仍难追随,对于吸引侨汇亦未著效,如进出口贸易施行连锁,政府可即放弃市价挂牌办法,对于侨汇可准其自由转让他人,以作抵付进口货价之用,兹试拟办法如次:

一、侨胞由国外汇款回国,准以外国货币缴存中央银行,由中央银行发给存单,交由收款人存执。

二、是项存单以六个月为期,在此期内收款人得以之转让登记合格进口商或自运物品进口,即以存单向中央银行换取外汇。

三、以是项存单换取外汇购运货物进口,应提供输出入管理委员会核发之许可进口证,经验明许可进口之货值确与所动用之外汇数额相符后方准支领。

四、存单满六个月期限仍未支领者,应即由中央银行按照汇款日官定汇价予以收购。

乙、自备外汇进口之方法。我国国库虽极窘困,而私人在国外之存款据估计数达十余亿美元之巨,近来会有加以征用之议,但格于外国政府之不肯合作,实行极感困难,此项外汇头寸冻结国外,无法加以利用，至为可惜，为设法吸引起见，似可准于私人利用购运货物进口，兹试拟办法如此：

一、登记合格进口商如有自备外汇或由客户自行供应之外汇拟采运货物进口，应向拟运货物之种类数量向输出入管理委员会申请许可。

二、如输出入管理委员会认为所申请进口之货物可予许可者，得核发特种许可证，于货物进口时呈由海关验明准予进口。

按现在国外之国人存款多为豪富所拥有，纯为保护资金起见，在国内币值未臻稳定以前，固不易促其自动回流，但其中要亦不乏工厂或小康之家急需原料或急待动用此时，怵于法令无法变易，如能网开一面，准其在许可范围之内自运货物或转让他人运货进口，则于平衡国际收支不无裨益，此种外汇一时既尚无其他有效之方法可予收购，许其采运货物于国家亦无大损伤，且凡可供给黑市外汇之来源既均一一加以疏导，纳入正轨，走私者无从获得外汇，走私之风或可因而稍戢，国际贸易亦得渐入常规。刍荛之献，是否可行，仍乞钧夺。

出口签证制问题之检讨

按本月五日新闻报载输出入管理委员会为遵照三月十七日政府公布之进出口贸易办法，审核出口物资价格起见，现正拟订实施办法将于月内公布施行，办法内容因尚未公布，固无从知其详细，惟据报载，办法中最重要之点为出口商填报出口物资价格时，应须正确，如发现有不符之处，当予以询问，俟改正后方予以核准出口，是项办法之实施对于出口贸易是否有滋扰阻碍之嫌，将来推行能否圆滑，值此奖励出口，争取外汇声中，自值妥加研讨，以期尽善，爰就出口签证制实施之原因及是否有施行必要各点，分别检讨，谨述管见如次：

一、实施出口签证制之原因

查本年八月十八日行政院公布之进口贸易办法第二条称:出口商输出货品(包括出口及转出口)应将其货价外汇按照市价售给指定银行,由指定银行签证给予结购出口外汇证明书,并经输出入管理委员会负责查明结购之外汇确与出口之价值相符加签证明后,呈送海关验讫方准报关出口,其价值低于美金二十五元或其他相等币值且非作商业上之用者免验,上项证明书是输出入管理委员会根据进出口贸易办法,实负有查明结购外汇是否与出口价值相符之责任,为执行是项法定之职责起见,输出入管理委员会自不得不规定适当之办法,以为查验出口货物价值之依据,不论出口签证制对于出口贸易之影响为益为损,在现行进出口贸易办法有效期间,输出入管理委员会职责所在,对出口货品之价值加以查验,殆无可议,惟是项办法之施行技术有无过分防碍正当贸易,应加检讨。

二、出口签证办法之技术问题

输出入管理委员会所拟议之办法未见公布,详细内容此时无从悬揣,据报载输管会经常备有当日之国外市价行情以作根据,似输管会于查核出口货品价值时将以当日之国外市价行情作为根据,如出口商所结售之外汇数额按照当日国外市价行情与所输出之货品价值不相符合,输管会即将予以询问,俟改正后方予核准出口,如每笔交易输管会均按国外市价行情严格查对,虽有毫厘之差,亦必饬令改正,方予核准,则各笔交易由于出口商品质之差异,出口商存底之多寡,经营方法之优劣,等等商业上原因,容未能悉与国外之标准行情尽合符节,如输管会胶柱鼓瑟执一以绳出口商,自不免感觉困难,因而相戒裹足,小之激成走私,大者窒息出口,流弊所届将全失输出入管理之原意,但既新闻报所透露该会拟议实施办法之要点,仅云如发现有不符之处当予以询问,既云询问,其非硬性之拒绝,可知如出口商所报价值与当日国外市价显有不符,输管会既负查验之责,自应加以询问,以明真相,如出口商果能提出确切正当之理由，似输管会仍可予以相当伸缩之余地，如此则不正当之出口商惮于输管会之询问，不敢任意匿报，而正当之出口商于说明特殊原因之后，虽价格稍有参差，仍不至横遭阻碍，似立法之意尚不能不谓为情理兼顾，对于出口贸易应亦不至遇有妨碍，如此而不实行，则出口商任情谎报，肆意隐瞒，徒予刁狡者以玩法之机，无补于政府收购外汇之旨，整个输出入管理系统将因此而破坏无遗。

三、出口签证制有无必要

就现行之进出口贸易办法及外汇政策而言，出口签证自属必不可少之手续，已详前述，毋庸赘论。惟如吾人进而研究，现行外汇政策之本身，则结论即未必相同，盖现行外汇政策虽改官价为市价，出口商得按市价结汇，然市价与黑市仍有相当之距离，出口商自不免有隐匿售价，希图避免结售之倾向，而政府既恃出口货款为争取外汇之唯一方法，对于可能发生之漏洞，亦自不能不严为之防，但如废除现行外汇办法，改用进出口连锁制，则出口商可以自由转让其外汇黑市，无形转为公开出口商，既无再隐匿外汇之必要，出口签证之制度自亦无取再加严格之执行，如根本废除出口签证，固不虞出口商之任情隐匿，即仍保持出口签证，出口商亦必不以为苛，是问题之症结仍在于现行外汇政策之本身，初无关于出口签证之存废，关于废止现行外汇政策改用进出口连锁制之详细办法已于前拟之进出口连锁制研究报告内详加讨论，兹不再赘。

二、视察室关于“进出口联锁制问题研究报告”的意见（一九四七年十二月廿六日）

奉交下秘书处进出口连锁制问题研究报告及出口签证制问题之检讨各一份，饬切实研究，提出具体意见等因，除出口签证制系为施行管制贸易应有之手续，似无详论之必要外，兹谨就进出口连锁制问题加以研究，并提出如下意见：

自八月中政府改订外汇办法以后数月来，未获预期成效，外间商人因而有重提进出口连锁制之拟议，原报告亦主张采用而加以折衷之补救办法，窃职以为欲决定进出口连锁制，应否采用之先对于改订后之现行外汇办法，其失败因素何在？似有加以探讨之必要。

现行外汇办法规定之主要特点：（一）宜汇对美一万二千元不变，但在官汇以外另承认有市价，由指定银行照市价买卖，归外汇平准基金会负责调节。（二）输入仍采审核许可制，除一部分民生必需品经过核准之后，仍照官汇一万二千元供给外，其余凭证向指定银行照市价结购。（三）输出品外汇及侨汇，原来照官价结售，现在则改为照市价结售于指定银行。上述办法之主要目的。（三）促进出口贸易。（四）吸收侨汇。

此种外汇市价之主要作用，显然为欲使其与久经存在之黑市相一致：（一）使侨汇不致因官价与黑市发生差额蒙受损失而逃避。（二）使国内外物价寻求较自然之物价水准，出口贸易不致因国外之低物价蒙受输出之打击。

然而自本办法施行以来，外汇市价与黑市始终发生巨额距离，而且与日俱增，查自宣布新外汇办法之初，市价与黑市汇价相差约在百分之十以下，一个月以后黑市开始蠢动，当时市价颇有追踪黑市之趋向，市价一连放长百分之三十，惟仍发生差距，再自此而后市价即屈服于黑市两者间之差距，从百分之十以下扩大到百分之五十以上，到最近已超过一倍，由是原办法之初意完全消失，结果侨汇不惟无法吸收，出口贸易经过一度稍呈活跃之后，亦陷于半麻痹状态，一筹莫展。

市价不敢追踪黑市，当因黑市变动太剧，如果追纵黑市又恐刺激物价，然改订市价，原期与黑市相接近（甚或一致）以求促进出口，但又恐接近黑市，将使物价感受刺激，实无形中陷于矛盾而不自觉，此种办法之设计者曾未考虑外汇改订市价之后黑市将再变动，甚至剧烈变动，驯至变动之后，逡巡而不敢进，以至束手无策，是诚足异。

考我国今日之货币情况，其对外汇兑已完全适用纸币制汇兑原理，在国内物价继续高涨期中（即币值之对内价值变动）币值之对外价值（即汇价）假定无其他办法补救，焉有不随而变动之理。对内价值变，而欲对外价值不变，惟有使对内价值与对外价值，完全隔绝，这就是严格的管制汇兑与贸易。汇兑与贸易管制，如能彻底成功，外汇黑市当无存在之理，今不幸在吾人管制贸易与汇兑期间，大规模之走私，能避免管制而源源进口与出口，使贸易与汇兑之管制无法成功。由此可知，外汇之所以变动系由于国内物价之变动，外汇黑市之所以存在，系由于走私之猖獗，此两种原因不去，则先天已注定现行外汇办法之失败，为必然之事。

从上所述：我人当能明了此次改订外汇办法之所以失败，实不在其办法之本身，以其始终未曾彻底执行故也。今再进而研究进出口连锁制之办法能否采用，除研究其本身之内容而外，更当注意其能否克服上述现行办法所遭遇之困难以为断。

进出口连锁制之基本原理，是出口商人所得的外汇，为出口商所有，准其自行输入外国商品，即是使进口货之价值，为出口货之价值所清算，使之互相轧平是也。关于连锁制之优易，论者已多所论列，兹仅就原报告中所提出各种更特别就其所提出的折衷之补救办法加以分析：

总括原报告之主张：系采用综合连锁制，而辅以现行之许可制，可谓综合连锁制者：即输出之货款，规定必须输入同值之进口货物，但并不指定货品之种类，虽通常仍由原出口商输入，必要时似亦不妨加以变通，准其将所得货款，转让他人，易运其他物品进口”（引用原报告谨以下仿此）。而辅以现行之许可制者：“出口货款无须结售中央银行，准其自行转让，惟进口货品仍须经输出入管理委员会严格审核许可后，始准放行，则奢侈物无由得入工业原料仍可优先进口，而出口商可以高价出售外汇，当不至再存观望，而趑趄不前。”

细查此种办法之内容，其与上述现行之外汇办法主要差别点在出口商之货款不必结售于中央银行，而可私相转让于其他之进口商人，而此后之市价即可取消，而以黑市为市价，其用意是在于便利出口贸易.用意原属甚善，然假定现行办法所规定之市价能与黑市相一致，则出口商人结售价款于中央银行（实系出售于中央银行指定之银行），有何妨碍其出口，而更省却自我顾主之麻烦，岂不更形便利，再进而观其与平日自由买卖外汇时代有何差别？有之亦惟仍辅以现行之许可制而已。然则现行之许可制又属于管制贸易范围，非连锁制之内容矣。

原报告所提供之办法大致上似有开放办汇管制贸易之意，惟细查其列举补救办法，动支外汇，仍以许可进口之货物为限，仍有管制汇兑之意，则又与现行外汇办法无殊。

出口货款之可以自由转让，虽日有出口，而后有进口，然在目前经常入超之情况下，进口外汇可能较出口需求为大，则其本身已足造成黑市之变动，更不必计及办法外之其他因素（如走私），在现行办法中，尚有平准基金，稍资调节，若并无此而无之，其为害之烈，可以想见。在原报告中亦经一再提及，其结论有曰：“准许出口商转让存单，无形中亦造成外汇黑市价，但按现行办法，黑市外汇仍无法消灭，且官方毫无办法加以控制，今将出口商所让出之外汇，限定于获有进口许可之进口商，始得存购，则求者有限，转让价或不致如目前黑市，可由个人任意操纵。此一方面承认造成黑市，一方面又谓今将出口商所让出之外汇，限定于获有进口许可之进口商，始得承购则求者有限，转让价或不致如目前黑市可由个人任意操纵，对于现时实际情势似有未符现行办法之出口外汇，亦仅限有许可进口货品始得承购，而且有政府基金为调节，尚无法镇压黑市，殊不知黑市之造成尚非许可进口之货品，而系为走私所造成也。不过进出口外汇如果由进出口商人私相转让，则此后黑市之高涨应由商人自行设法解决未始不可，以减轻政府之责任。

此外原报中尚附带提出两个方法：一个是吸收侨汇之方法，另一个是自备外汇进口之方法，此两个方法之内容，一言以蔽之系准许自备外汇进口，即凡有自备外汇经过输出入管理委员会之许可，则可核发特种许可证，准其购运外货进口，果如此，则存有外汇在国外之人，未必购运货物进口，而无自备外汇欲购运货物进口之人，则必自行竞购外汇，不待走私，而黑市已猛涨，盖可断言。

实则所谓进出口连锁制，曾施行于德日等国，而系在管制贸易过于严格因而工业原料亦遭受进口之阻碍不得已之补救办法。惟在工业国家，有进口原料而后有出口制成品，故先有进口而后有出口，以制成品之出口价值各自清算其原料之进口价值，方得谓连锁制，今我国农业国家，出口贸易多为农产品，如桐油、猪鬃与进口商品迥不相眸，所谓进口原料，亦制成后多为本国自用，甚少有余出口，进出口货品种类不同，进出口商人主体不同，欲其连锁技术上实感困难，倘若强其一定谈连锁，则广义言之，即整个进口与整个出口之连锁是也，亦即求进出口收支之平衡是也，亦即管制贸易是也。

总之前已言之，现行外汇办法之失败，并非办法之本身，而系因币值之继续变动牵动外汇价值之变动，又因管制贸易不够严格，以致走私猖獗，实际上无法使国币之对内价值与对外价值隔绝，因而形成黑市。因黑市之继续高恐刺激物价，市价不敢追纵黑市，驯至其所作所为，全与原办法之初意相违背，其失败之点，总结于此。今原报告所提供之连锁制如上所述，不但无以补现行办法之缺，而其本身即有造成黑市之可能，更无法足以克服现行办法所遭遇之困难，故此制似应从详商讨。

兹试就现行外汇办法提供如下意见：

（一）现行外汇办法之市价，必须放胆与黑市一致，而后能吸收侨汇，而后能促进出口，而后能减少出口之走私数量。

（二）走私必须设法根绝，因为根绝走私而后能扑灭黑市，以免除黑市所加于市价之压力。因为根绝走私，侨汇逃避香港，仍无法利用结果仍须汇回国内。

（三）国内物价必须设法安定，因为如国内物价继续高涨，即使外汇黑市完全扑灭，而使汇价安定于相当程度，惟因国内物价高涨，出口货品成本增高出口必至亏本，欲进出口，反致打击出口。

（四）假定国内物价稍为安定之后，外汇价格仍应参照国内外物价水准，为适当之调整使国内外物价接近自然之水准，出口贸易才能进行。

（五）进出口贸易与汇兑仍须严格管制，以求国际收支之平衡，至于国内所需进口原料，如何分别轻重，适当分配，当为管制贸易之份内事，似不必谈如何连锁。

如上所述，外汇市价能与黑市一致，当可能达到促进出口与吸收侨汇两大目的，然假定国内物价一时无法安定，走私一时无法堵绝，则今后之外汇黑市，势必继续飞涨，市价如果长期与黑市竞赛，一般人民心理上，必发生更恶劣之反响，货币之流通速度，必益形加剧，益促国内经济情势之恶化，以此论之，现□外汇办法亦非周全之策，职盱衡现局，以就促进出口平衡国际贸易上言似宜采用国营进出口贸易制度。

国营进出口贸易制度办理之原则：

（一）所有进出口贸易统归国营。

（二）由国家设立办理进出口贸易机构统一办理。

（三）出口货由办理进出口贸易机构在各通商口岸照货物市价收购（由生产地至通商口岸之国内贸易仍归民营），收购时应充分顾到生产成本与合理利润，不能抑低价格。

（四）进口贸易就国内需要分别予以进口，必要时可与各国个别进行贸货办法（Boctec System）。国营进出口贸易之优点有如下述：

一、进出口贸易,集中同一机构办理,对于进出口两方面如何调整,容易全盘计划,然如此权力集中之机构必须由国家经营,始能对于整个国家经济全面顾到。

二、可以不必顾虑因国内物价太高,出口货物在国外市场售价,不够成本,因为进出口贸易,同为一国家机构经营,可以提高进口货物之售价,似所得之利润弥补出口之损失。

三、外汇市价可以不动,不致如现行外汇办法,须常追踪黑市,因为在国营贸易之情况下,外汇市价根本上已无无甚意义,外汇市价不动,即可减除刺激物价之因素。

四、本年二月政府曾施行出口津贴,并对若干进口货品,征收附加费,其用意不外以进口之附加收入,补偿出口之损失。然因美国反对,不旬日即告取消。若施行贸易国营制度,如第一点所述以进口之利润补偿出口之损失、无津贴出口之名,有补偿出口之实,端在国营贸易机构之自由运用,外国无理由反对。

由是言之:进出口贸易国营,似较现行外汇办法为优。至关吸收侨汇,当可以如三十四年所已实行过之补贴办法为之补救,倘此后外汇黑市仍无法扑灭,则市价与黑市比较所由生之差额,即为侨汇之补贴部分,应交由中国银行随时调整之,如中国银行办理妥善,则对于吸收侨汇一点必无问题,可以断言。

以上所陈及建议采用进出口贸易国营制度,是否可行,奉交前因,理合报请鉴核。谨呈

主任姚转呈

部、次长

视察:黄应良

〔国民政府财政部档案〕

9. 国民政府全国经济委员会关于经济紧急措施方案贸易事项实施情形简报①

(1948年)

经济紧急措施方案实施情形简报

一、原方案项目

原方案:(三)关于发展贸易事项:(甲)为恢复国际收支之平衡及挽救国内工商业衰落起见,外汇汇率应予改订,中央银行外汇牌价自即日起以法币一万二千元合美金一元,至二月六日公布之,出口补助及进口附加税办法即予废止。(乙)输出贸易之发展除调整汇率外,应由输出推广委员会从改良生产技术,采取货品标准化,减低成本及开发新市场方面入手,即拟具切实方案积极实施。(丙)按照修正进出口贸易暂行办法规定之输入许可制度,若干原料品及机器之进口为国内工业所必需,估计总值本年全年度达四亿七千二百五十九万美元或等值外币,其大宗货品之限额既经输入,临时管理委员会予以公布,其所需外汇共达美金二万万元即由中央银行准备支付。(丁)现行之中央银行管理外汇暂行办法关于买卖黄金及外钞部分应予修改,所有应行修正条文详见附件。

附修正中央银行管理外汇暂行办法[略]。

二、实施概况

(1)外汇管理办法及进出口贸易办法之改订,自本方案公布后进口附加及出口补助之办法即行废止,外汇牌价改为美汇一万二千元,与黑市价极为接近,出口贸易因之大增,五月以后黑市又复高涨,上项汇率落后甚远,出口复形萎缩,政府为谋积极增加输出吸收侨汇,并参以平衡基金之运用,俟市场外汇供求适应国际收支渐达平衡起见,经全国经济委员会详加研讨,由行政院于三十六

① 原件为表格。

年八月十七日重新公布中央银行管理外汇办法及进出口贸易办法，即日施行．其要点：(一) 设置外汇平衡基金委员会，负责察酌市场供需情形，调节外汇市价，随时公告基准价格，由指定银行代理中央银行买卖外汇。(二) 将输入临时管理委员会及输出推广委员会改组合并为输出入管理委员会，由全国经济委员会改隶行政院，负责输入之管理调节及输出贸易之发展。(三) 棉花、米、麦、面粉、煤、焦煤五种物品之进口仍按美汇一万二千元结汇，其余进出口物资均按基金委员会市价结汇。至是外汇牌价由钉住政策一变为机动政策，此项外汇管理办法开于卅六年十二月完成立法程序，改称中央银行管理外汇条例，奉国府颁行平衡基金委员会亦经照条例改为平准基金委员会，至同年十二月卅一日行政院复规定棉花等五种进口物品自卅七年一月起一律照市价结汇。

(2) 输出之推广。本方案公布后，输出推广委员会除关于改良生产技术．实施货品标准化等分别与有关机关洽商进行外，尤注意桐油、猪鬃、大豆、蛋品、茶叶、生丝、羊毛等七种主要物资之收购外销，由该会委托中央信托局依照行政院核定之收购办法进行，截至卅六年度终，除羊毛、茶叶未实行收购外，其余五种购销均有成效，自卅六年八月十七日公布改订管理外汇办法及进出口贸易办法后，出口物资因市价外汇之调整渐趋活跃，上述七种物资之收购经全国经济委员会议决暂行停止．嗣因外汇市价与黑市仍有距离，出口物品仍受阻碍，复经全国经济委员会研讨决定，主要出口物资应予继续收购，并经审定改进收购办法，呈送行政院核办．现桐油、水蛋等物资已实行收购。

(3) 输入许可制度之执行及进口限额之分配。本方案公布后仍继续切实执行输入许可制度，所有一、二、三、四、五、六季附表(二)类货品之输入限额分配表，均经全国经济委员会先后就输管会所拟原案严加审核，分别核准或修正，转报行政院核定公布施行，逐季数额均有减少，藉以节省外汇之支出。惟每季总限额内各

项货品之限额及各地区之配额以迭据各方之请求则互有增减，至其申请分配输管会亦定有严密之办法，且与有关工商团体研商办理，俾符实际需要并防止发生流弊，办理以来，据报称尚属妥洽，又关于卅六年八月十六日以前无许可证，自备外汇到埠或起运之物资亦经行政院制定处理办法，交输出入管理委员会遵照分别核准进口或重运出口或由政府收购，并限期办理完竣。

(附件)

三、修改部分

三十六年八月十七日行政院公布中央银行管理外汇办法，将原修正中央银行管理外汇暂时办法废止，十二月完成立法程序，改称中央银行管理外汇条例，于十二月二十五日国府公布施行，卅六年八月十七日行政院公布进出口贸易办法，将原修改进出口贸易暂行办法废止。

输出推广委员会及输入临时管理委员会合并改组为输出入管理委员会。

四、备注

关于发展贸易事项，在经济改革方案乙关于生产建设者三、商业各项实施办法及六、增产物资稳定物价(三)实施办法中已分别规定。

〔国民政府经济部档案〕

10. 台湾省政府拟具台湾省对韩国贸易及通航暂行办法草案致行政院代电

(1919年4月18日)

台湾省政府代电　节入字第零四五一号
中华民国卅八年四月十八日

行政院钧鉴：据本省交通处呈据美商柏迪森公司来函称：该公

司代理韩国轮船 Jinshen 号拟来台进行易货贸易等语，请查示该船可否予准进入本省港口等情。查关于中韩通航贸易，上年曾准交通部航字第156号代电，附还钧院第四十三次会议通过之中韩通航贸易决议事项原案一份到府，当以抗战胜利前本省对韩贸易占输出入贸易之大部，似应增列基隆、高雄为我方准进港口，俾本省特产之砂糖以易货方式与之交换肥料，经呈奉钧院卅七第29 098号指令核准增列在卷。复查院议规定事项仅系一般原则，其实施办法尚未详尽，兹韩国船只既已委托美商代理拟来台贸易，本省为就通航易货验关结汇等方面筹划妥善措施，俾利施行，而货配合本省需要起见，经饬由本省物资调节委员会召集各有关单位研讨，根据钧院前此决议事项拟就台湾省对韩国贸易及通航办法草案一种，是否可行，理合检举该项草案一份，呈请鉴核示遵。台湾省政府。节入参捌卯巧。印。附呈台湾省对韩国贸易及通航办法草案一份。

台湾省对韩国贸易及通航办法草案

（一）台湾省（以下简称本省）对韩国贸易及通航事宜，除法令另有规定外，概依本办法办理。

（二）本省对韩国贸易采取易货办法，由中央信托局会同本省物资调节委员会办理，民营厂商不得径自进行交易。

（三）本省对韩国贸易输出货品以砂糖、茶叶、青果为主，输入货品以肥料为主，其他不在禁止输出入范围之货品均得斟酌办理，并于施行后呈报行政院备查。

（四）输出货品根据财政部输出输入管理委员会之输出许可证，转由台湾银行发给免结外汇证明书，由海关查验放行。

（五）输入货品应于船只来台前报由台湾省政府核定后通知海关准予先行进口，再行呈请行政院核准。

（六）韩人来台暨货车签证事宜，由外交部驻汉城总领事馆办理，华人去韩由外交部驻台特派员公署办理。

（七）本省准许韩国船入港口岸为基隆、高雄二港口。

（八）韩船在本省进口每次均应报由省政府核准后，由省府通知外交部驻台特派员公署电外交部转知美韩双方，并咨财政、交通两部备查。

（九）韩船出入指定港口一切手续均应与其他船只同样按照规定办理。

（十）本办法由省政府呈请行政院核准后施行。

〔国民政府行政院档案〕

（六）外贸概况

1. 国民政府财政部关务署 1945 年第 3

（1945

进出口货物净值报告表

季别	总计		进口	
	金单位折合国币元		金单位折合国币元	
31 年	120,348,359	1,635,944,241	101,992,518	1,444,339,357
32 年	177,439,169	3,548,783,388	169,216,205	3,384,324,100
33 年	270,757,031	5,415,140,814	220,013,120	4,418,262,400
第一季	53,117,284	1,062,345,701	48,587,765	971,755,300
第二季	72,567,942	1,451,359,831	59,332,855	1,186,657,100
第三季	66,480,995	1,330,179,909	50,671,207	1,013,424,140
第四季	78,562,768	1,571,255,373	62,321,293	1,246,425,860
34 年(1--9)	398,649,980	7,972,999,597	347,665,448	6,953,308,960
第一季	73,396,913	1,467,938,260	65,015,179	1,300,303,580
第二季	138,540,892	2,770,817,838	122,419,979	2,448,399,580
第三季	186,712,175	3,734,243,499	160,230,290	3,204,605,800
7 月	48,915,615	978,312,300	41,347,975	826,959,500
8 月	70,398,225	1,407,964,503	65,001,897	1,300,037,940
9 月	67,398,335	1,347,966,696	53,880,418	1,077,608,360

附注：三十一年至三十三年系后方各关直接贸易，并包括沦陷区间接贸

季度进出口货物净值报告表
年）

（一）季　别　　民国三十四年第三季

出	口	入	超
金单位折合国币元		金单位折合国币元	
18,355,841	191,604,884	83,636,677	1,252,734,473
8,222,964	164,459,288	160,993,241	3,219,864,812
49,843,919	996,878,414	171,069,201	3,421,383,986
4,529,519	90,590,401	44,058,246	881,164,899
13,235,137	264,702,731	46,097,718	921,954,369
15,837,788	316,755,769	34,833,419	696,668,371
16,241,475	324,829,513	46,079,818	921,596,347
50,984,532	1,019,690,637	296,680,916	5,933,618,323
8,381,734	167,634,680	56,633,445	1,138,668,900
16,120,913	322,418,258	106,299,066	2,105,981,322
26,481,885	529,537,699	133,748,405	2,674,968,101
7,567,640	151,352,800	33,780,335	675,606,700
5,396,328	107,926,563	59,605,569	192,111,377
13,517,917	270,358,336	40,362,501	807,250,024

易在内，三十四年度系现辖后方各关直接进出口贸易。

进出口货物净值报告表　（十

国别	总计		进口	
	国币元	占总值之百分数	国币元	占进口值之百分数
总计	3,734,243,499	1000.00	3,204,605,800	100.00
香港	1,231,760,640	32.99	1,231,762,640	38.44
英属印度	973,736,926	26.08	755,676,660	23.58
美国	708,738,860	18.98	698,505,040	21.74
苏联	346,806,922	9.29	64,972,140	2.03
英国	132,378,020	3.54	132,378,020	4.13
缅甸	42,331,171	2.47	78,082,920	2.44
澳门	83,200,660	2.23	83,200,660	2.59
安南	43,186,780	1.16	43,186,780	1.33
日本	41,220,420	1.10	41,220,420	1.29
德国	13,726,200	0.37	13,726,200	0.43
新加坡等处	9,841,260	0.26	9,341,260	0.31
广州湾租借地	8,965,220	0.84	6,176,000	0.19
加拿大	8,394,520	0.22	8,367,640	0.26
其他各国	39,953,900	1.07	37,509,420	1.17

一)关　别　　民国三十四年第三季

出口		入超		出超	
国币元	占出口值之百分数	国币元	占进口值之百分数	国币元	占出口值之百分数
529,637,649	100.00	2,674,968,101	77.23	/	/
/	/	1,231,762,640	100.00	/	/
218,060,266	41.17	537,616,394	71.14	/	/
10,233,820	1.92	688,271,220	98.53	/	/
281,834,782	53.22			216,862,642	76.95
/	/	132,378,020	100.00	/	/
14,248,251	2.70	63,834,669	81.75	/	/
/	/	83,200,660	100.00	/	/
/	/	43,186,780	100.00	/	/
/	/	41,220,420	100.00	/	/
/	/	13,726,200	100.00	/	/
/	/	9,841,260	100.00	/	/
2,789,220	0.53	3,386,780	54.84	/	/
26,880	/	8,340,760	99.68	/	/
2,444,480	0.46	35,064,940	93.48	/	/

〔国民政府财政部档案〕

2. 国民政府经济部统计处关于 1946 年中国对外贸易概况的报告

(1946 年 12 月)

三十五年我国对外贸易概述

自对日战争结束后,政府为谋经济复员发展对外贸易起见,于本年三月一日颁订进出口贸易暂行办法,同时公布管理外汇暂行办法,规定对美汇率为二〇二〇元,是为战后我国开放对外贸易之始。进出口贸易暂行办法规定进出口货品为自由、许可、禁止三类,除少数须经许可或列为禁止入口之物品外,其他均得自由购运输入,至于出口仅有政府管制之矿产生金银米粮及棉布数类须经核准验放外,其余可自由输出,一变战时统制贸易为平时自由贸易,惟自实施以后,国内经济情势未尝稳定,外贸涌进,输出不振,贸易入超日趋严重,政府乃于八月十九日将汇率调整为美金一元合国币三三五〇元,并举办出口低利贷款,豁免出口税等,以期促进输出减少输入,扶助生产,引导侨汇。迨十一月间对外贸易逆差为数仍巨,政府为挽救颓势计,于十一月十七日公布修正进出口贸易暂行办法,规定进口货品分为许可、限额及禁止三类,对于国内生产事业所需要之必需物品及原料,以及正当用途之物资,得予以优先进口,对于各项机械器材之输入应予以便利,但非需要品之输入不予鼓励,除禁止进口货品及不需外汇之货品外,均须请领许可证,始准输入货之输入。限额则由输入临时管理委员会订定,交由分配处督令各业分配于各该业之进口商同时输入,临时管理委员会得按情势之需要或许可将某一货品或某类货品之分类予以变更,厉行管制进口,一反前此之自由贸易政策。

一年以来出口虽有消长,而进口则累增不已,综计全年进口净值国币一万五千亿元,出口四千一百二十亿元,入超总额达一万零二百亿元。就入超之趋势言,自一月至八月调整汇率前,我国入超约四千一百亿元，占同时期进口总额百分之八十以上，及八月调整汇率后，出口增加，进口稍减，但九月份进口又复激增，十月及十一月亦未曾少衰，三个月计入超约五千二百亿元，外汇消耗殊是惊人，政府于十一月十七日颁行修正进出口贸易暂行办法，实行管制，企图挽救对外贸易之劣势，本年进口货物之种类及其价值有如下表：

三十五年洋货进口统计表

货　　别	价　　值	百分率　%
机器设备及车辆船艇	140,917,214,000元	9.39
钢铁及其他金属制品	76,262,159,000元	5.08
棉花及其制品	391,067,323,000元	26.05
其他纺织纤维	92,602,116,000元	6.17
化学工业货品	156,494,402,000元	10.42
汽油、柴油、煤油、机油	145,370,740,000元	9.68
木　　材	35,127,315,000元	1.67
食品及饮料	103,877,202,000元	6.92
图书及纸类	95,271,565,000元	6.35
杂　　类	274,145,174,000元	18.21
合　　计	1,501,165,246,000元	100.00

依上表所示，本年我国进口货物之足资扩张生产设备及促进交通运输者不及进口总额百分之十，而棉花及棉制品约占百分之二十六，根据民国二十五年统计，全国植棉达六千五百万亩，产棉一千四百余万担，已可自给，战后全国产棉区域因受战祸影响产额大减，复以交通不便内地棉花无法外运，使沿海口岸各工厂不得不仰赖外棉，其余进口各货亦多用于消费，消耗巨额外汇，殊堪痛惜。

本年我国输出货物仍以猪鬃、桐油、生丝、茶、矿砂等为大宗，惟以国内生产成本高昂，运输不便，国外市场需要无常，出口贸易终无起色，约为进口总额四分之一，至对外贸易关系国家，以美国居领导地位，平均占我国对外贸易总额半数以上，其他如英国、香港、印度等在我国对外贸易上所占之地位极微，均在百分之十以下。

出口商品检验其目的在督导对外贸易，提高商品品质，战前行之成效素著，抗战期间后方重要城市亦均分设局处，厉行检验。对日战争结束，沿海各省旧有局处相率恢复，计有上海、天津、汉口、广州、重庆等五局，根据我国外销商品品类之需要及国外市场情况，随时拟订办法，呈准施验。本年以上海商品检验局检验之数量最多，品类亦最繁，次为天津。附本年我国对外贸易有□统计于次：(附表如后)

中国对外贸易净值月别统计表　民国三十五年　单位：国币千元

月别	合计	进口	出口	入超(—)或出超(+)
总计	1913277057	1501165246	412111811	—1089053435
一月	17090377	10753136	6337241	—4415895
二月	20800099	16264856	4544243	—11720613
三月	52342796	43082701	9260097	—33822604
四月	100817360	93326381	7090929	—85835402
五月	110617399	90773961	19873438	—70900523
六月	157134016	138868555	19265461	—120603094
七月	142077781	11565142	30512619	—81052503
八月	197894183	137469872	60424311	—77045561
九月	313250208	245893573	47356635	—178536938
十月	271139236	229334029	11805207	—187508822
十一月	299313072	227226177	72087795	—155138382
十二月	231[illegible]10128	156606863	74153765	—82453298

〔国民政府经济部档案〕

3. 中央银行总裁贝祖贻关于上海进出口贸易入超实情复宋子文函

(1947年1月27日)

文公院长钧鉴：奉交下蒋主席交秘字第一七号代电，以据密报：近月来上海进出口贸易入超数字惊人，以原棉占首位，汽车占次位，十一月份汽车输入值贰百贰拾亿之巨，实情如何，希即查明具报，等因，嘱为拟复，自应遵办，当经详为调查。兹谨依据调查所得情形，拟具陈复函稿，附呈并缴回原代电一件，敬祈鉴核为祷，祗颂钧安

贝祖诒谨启　　卅六、一、廿七

附件

拟陈复函稿

敬呈复者：奉钧座交秘字第一七号代电内开：据密报：近月来上海进出口贸易比值为十二与一之比，入超数字颇为惊人，进口数字以原棉占首位，而属于奢侈品中之汽车一项占次位，十一月汽车输入值贰百贰拾亿元之巨，此批新型汽车市上行驶颇多，购买者均系富商大贾，等情，此事实情如何，希即查明具报为要。等因。遵即详为调查，兹谨将上年一月至十一月止上海进出口数字，暨其中原棉与马达拖动车等及汽车进口数字，又上年十一月份汽车进口数字分别列陈如下：

(一) 卅五年一月至十一月止上海进口总值(起岸价格C.I.F)为国币一万一千七百二十七亿零五百五十五万五千元，出口总值(离岸价格F.O.B)为二千一百八十七亿五千九百六十二万五千元。

计进口与出口总值约为五与一之比例。

其中原棉进口总值为国币二千九百卅二亿五千八百六十万零五千元，与其他货品进口总值比较占第一位，又查马达拖动车及货

车(包括车台在内)为国币五百四十五亿五千一百七十三万元,则占第二位。

其汽车一项(包括长途汽车及车台在内)为国币七十八亿六千三百八十七万八千元,占第廿九位,其进口总数量为一千六百二十一辆。

(二) 卅五年十一月份一个月汽车进口总额(包括长途汽车在内)为一百八十一辆,计值国币七亿八千八百七十四万七千元。

奉电前因,理合陈复,敬祈鉴察。谨上

主席蒋

职:宋〇〇谨呈

〔国民政府行政院档案〕

4. 国民政府经济部纺织事业调节委员会历年棉花进出口数量与国内棉纱产量比较表

(1947年)

历年棉纱进出口数量占国内棉纱总生产量之百分比　单位:包

年　份	国内棉纱生产量	进口量	出口量	进口量占国内生产量%	出口量占国内生产量
民国8年	348,409	774,620	37,039	222.33	10.63
9	406,307	730,482	38,390	179.78	9.05
10	568,661	701,855	14,229	123.42	2.50
11	916,213	672,116	21,326	73.36	2.33
13	1,473,768	317,283	80,784	21.53	5.48
14	1,641,241	290,368	35,822	17.69	2.18
16	2,129,840	160,776	187,210	7.55	8.79
17	2,202,966	157,047	192,804	7.13	8.75
19	2,356,433	89,523	181,807	3.80	1.72

续上表

年　份	国内棉纱生产量	进口量	出口量	进口量占国内生产量%	出口量占国内生产量
20	2,380,671	26,428	275,468	1.11	16.57
21	2,283,898	52,693	191,153	2.31	8.37
22	2,332,684	15,628	299,260	0.66	12.79
23	2,272,834	7,422	123,990	0.33	5.46
24	2,288,357	6,181	80,460	0.27	3.52
25	2,025,489	2,759	49,540	0.14	2.45
26	2,039,216	3,169	20,896	0.30	1.02
27	1,937,236	9,405	72,619	0.49	3.75
28	1,924,748	20,667	65,088	1.07	3.38
35	1,320,000	877,789	783	66.50	0.06
36	1,945,655				

附注:国内生产量系平均每一纱锭每年产纱二四七磅计算所得。

〔国民政府经济部档案〕

5. 国民政府海关总税务司署 1947 年度进出口货物价值报告表

(1947 年)

一九四七年度进出口货物价值报告表　　(11)

累积数目

	三十六年一月至十二月				三十五年一月至十二月	
	进口总值	复出口	进口净值		进口净值	
		国币(单位千元)		百分数	国币(单位千元)	百分数
暹　罗	76,867,043	10,936	76,856,107	0.72	6,640,631	0.44
南非洲联邦及罗得斯亚	39,917,573	10,936	39,917,573	0.37	590,209	0.04

续上表

	三十六年一月至十二月				三十五年一月至十二月	
	进口总值	复出口	进口净值		进口净值	
		国币（单位千元）		百分数	国币（单位千元）	百分数
新加坡等处	353.434.328	127.544	353.309.784	3.31	30.383.722	2.02
瑞典	67.877.596	28.754	67.848.842	0.63	18.365.583	1.22
瑞士	135.875.263	18.022	135.857.241	1.27	26.541.690	1.77
美国	5.362.101.409	5.564.112	5.356.537.297	50.15	858.047.674	57.16
苏联亚洲各路	32.833.158	7.374	32.875.784	0.31	9.754.371	0.65
其他各国	33.854.504	6	33.854.498	0.32	3.202.734	0.21
共	10.690.476.074	9.149.500	10.681.326.574	100.00	1.501.165.246	100.00
亚丁、丕林等	120.530.683	77.740	120.530.683	1.13	4.129.349	0.27
亚拉伯	156.618.443	77.740	156.618.443	1.47	3.750.782	0.25
阿根廷	18.363.887	77.740	18.363.887	0.17	3.310.438	0.22
澳洲	139.362.095	1.675	139.360.420	1.30	20.802.017	1.39
比国	213.762.774	1.016	213.761.758	2.00	15.763.463	1.05
巴西	270.846.016	4.909	270.841.107	2.54	61.308.797	4.08
英属东非洲	11.721.669	4.909	11.721.669	0.11	366.106	0.03
英属北婆罗洲	25.778.176	4.909	25.778.176	0.04	1.423.582	0.10
缅甸	119.364.711	4.909	119.364.944	1.12	1.489.738	0.10
加拿大	405.859.784	9.090		2.60		1.81
捷克斯拉夫	16.854.140	294.000	16.560.140	0.15	754.255	0.05
丹麦	1.362.141	70.020	1.292.121	0.01	554.334	0.04
埃及（英埃苏丹在内）	48.724.477	70.020	48.724.477	0.46	9.203.443	0.61

续上表

	三十六年一月至十二月				三十五年一月至十二月	
	进口总值	复出口	进口净值		进口净值	
		国币 (单位千元)		百分数	国币 (单位千元)	百分数
芬兰	21,232,568	70,020	21,232,568	0.20	5,372,335	0.36
法国	132,233,362	6,490	132,226,872	1.24	2,984,048	0.20
安南	43,126,862	4.75	43,126,387	0.40	9,377,344	0.62
德国	1,804,611	54,607	1,750,004	0.02	5,714,004	0.38
英国	733,207,422	706,323	732,501,099	6.86	68,903,143	4.59
香港	196,553,598	282,573	196,271,025	1.84	67,220,723	4.48
印度	965,140,575	13,001	965,127,574	9.04	131,299,903	8.75
伊朗(波斯)	395,790,271	11,308	395,778,963	3.70	19,479,256	1.30
义国	50,912,816	11,308	50,912,816	0.48	5,757,709	0.38
日本	180,284,952	971,745	179,313,207	1.68	6,065,119	0.40
朝鲜	2,256,009	83,982	2,172,027	0.02	17,109	0.40
澳门	69,538,965	83,982	69,538,965	0.65	2,050,132	0.14
马耳他	325,906	83,982	325,906	0.65	39,179	0.14
墨国	11,010,841	83,982	11,010,841	0.10	35,229,210	2.35
摩洛哥		83,982	11,010,841	0.10	13,789	2.35
和〔荷〕国	32,219,682	2,480	32,217,202	0.30	1,164,774	0.08
和〔荷〕国东印度	92,193,930	28,464	92,165,466	0.86	5,051,271	0.34
瑙威	79,63,175	11,484	79,751,691	0.75	13,962,605	0.93
巴拉乖	79,63,175	11,484	79,751,691	0.75	8,642,854	0.58
秘鲁	17,375,536	825,757	16,549,779	0.15	1,318,744	0.09
菲律宾岛	13,514,890	21,201	13,493,689	0.13	7,876,699	0.52

第七表　进出口货物价值报告表　（12）

累积数目

	三十六年一月至十二月				三十五年一月至十二月	
	出口总值	复进口	出口净值		出口净值	
		国币（单位千元）		百分数	国币（单位千元）	百分数
阿比西尼亚	76.203.400	9.149.500	76.203.400	1.20	1.501.165.246	100.00
亚丁、丕林等	322.083.732	9.149.500	322.083.732	5.05	69.128	0.02
亚拉伯	18.117.355	9.149.500	18.117.355	0.28	403.314	0.10
阿根廷	4.665.655	1.310	4.664.345	0.07	250.084	0.06
澳洲	36.998.366	1.344	36.997.022	0.58	1.302.331	0.32
比国	104.823.542	1.344	104.823.542	1.64	4.975.821	1.21
巴西	3.036.237	1.344	3.036.237	0.05	751.257	0.18
英属东非洲	1.710.231	1.344	1.710.231	0.03	32.142	0.18
英属北婆罗洲	22.070	1.344	22.070	0.03	33	0.18
缅甸	17.841.773	77.740	17.764.027	0.28	635.196	0.15
加拿大	22.723.797	77.740	22.723.797	0.36	2.564.288	0.62
捷克斯拉夫	2.768.169	77.740	2.768.169	0.04	2.564.288	0.62
丹麦	18.018.769	77.740	18.018.769	0.28	1.118.066	0.27
埃及（英埃苏丹在内）	16.134.550	77.740	16.134.550	0.25	5.173.382	1.25
芬兰	13.514.890	21.201	13.493.689	0.13	7.876.699	0.52
法国	114.152.605	21.201	114.152.605	1.79	7.262.584	1.76
安南	11.531.829	1.480	11.530.349	0.18	1.063.910	0.26
德国	3.197.310	1.480	3.197.310	0.05	1.063.910	0.26
英国	418.341.535	1.480	418.341.535	6.56	18.074.640	4.39

续上表

	三十六年一月至十二月				三十五年一月至十二月	
	出口总值	复进口	出口净值		出口净值	
		国币 (单位千元)		百分数	国币 (单位千元)	百分数
香港	2.179.452.910	79.404	2.179.373.506	34.18	116.415.863	28.25
印度	202.104.527	17.967	302.086.560	3.17	21.706.194	527
伊朗(波斯)	4.374.710	17.967	4.374.710	0.07	1.233.859	0.30
义国	81.429.506	17.967	81.429.506	1.28	935.625	0.23
日本	122.591.488	32.550	122.558.938	1.92	12.831.419	3.11
朝鲜	7.220.368	32.550	7.220.368	0.11	41.970	0.01
澳门	33.439.835	32.550	33.439.835	0.53	6.117.326	1.48
马耳他	3.550	32.550	3.550	0.53	6.117.326	1.48
墨国	2.523.870	32.550	2.523.870	0.04	153.138	0.04
摩洛哥	119.933.402	32.550	119.933.402	1.88	610.195	0.15
和国	107.483.554	32.550	107.483.554	1.69	1.434.394	0.35
和属东印度	59.161.509	10.067	59.151.442	0.93	130.194	0.03
瑙威	7.919.385	10.067	7.919.385	0.12	1.006.643	0.24
巴拉乘	7.919.385	10.067	7.919.385	0.12	1.006.643	0.24
秘鲁	512	10.067	512	0.12	2.013	0.24
菲律宾岛	214.477.875	2.583	214.475.292	3.36	5.416.667	1.31
暹罗	195.394.556	2.583	195.394.556	3.06	2.635.913	0.64
南非洲联邦及罗得斯亚	7.628.268	2.583	7.628.268	0.12	1.318.652	0.32
新加坡等处	169.638.787	14.448	169.624.339	2.66	9.801.673	2.38
瑞典	41.871.765	14.448	41.871.765	0.66	3.037.098	0.74
瑞士	11.676.814	14.448	11.676.814	0.18	2.083.646	0.51

续上表

	三十六年一月至十二月				三十五年一月至十二月	
	出口总值	复进口	出口净值		出口净值	
		国币 (单位千元)		百分数	国币 (单位千元)	百分数
美国	1.486.740.607	563.744	1.486.176.863	23.31	159.536.638	38.71
苏联亚洲各路	95.121.414	563.744	95.121.414	1.49	20.592.669	5.00
其他各国	34.746.803	563.744	34.746.803	0.55	1.393.846	0.34
共	6.377.306.940	802.643	6.376.504.297	100.00	412.111.811	100.00

〔国民政府经济部档案〕

6. 国民政府全国经济委员会关于1948年1至5月垄断国内外贸易情形的工作报告

(1948年9月)

1. 关于进出口联营办法之研讨及处理

Ⅰ. 实行部分进出口联营办法之研讨

关于进出口联营办法，上年曾迭据津沪等地工商团体先后向本会呼吁请求采行进出口连锁制度，当经征询主管输出入机关意见，予以缜密研究，认为进出口连锁制原则上虽可采行，但广泛实施，亦不易滋生弊端，故经济改革方案商业一章，仅有采用联营办法之简略规定，尚无具体实施办法之订定。嗣续据全国商会联合会电，送有关实行进出口连锁制建议案，请准以出口所获外汇自由采购政府准许入口之物资，当以值此外汇基金短绌国内原料缺乏之际，准许出口商或厂商保留其出口所获外汇之一小部分以输入国内必需之物资，原则上以似属切要，惟事关外汇管理与进出口贸易政策之调整，影响重大，自须从长计议，迄未作何决定。本年二月间复准输出入管理委员会函转青岛市进出口商业同业公会□请采行部分进出口连锁办法，准出口商以所得外汇之百分之五十就政府规定进口货品范围内办理进口一案过会，除出口货品所需制造原料及包装材料业经分别制定特许输入办法先后公布施行，已寓有局部进出口连锁之意义外，是否应就一般货品实施部分进出口联营办法，自可重新予以考虑，曾由本会秘书处研拟意见及办法电请中央银行先行查核，现仍在催请办理中。

Ⅱ. 火柴水泥外销换取器材原料输入案

我国火柴生产已达自给自足之境，并有一部分外销南洋等地，水泥生产目前亦有剩余可供输出，惟该两业以受输入管制及外汇汇率之影响，亦同感原料缺乏及外销困难，曾据各该业同业公会先后呈请以产品外销换取器材原料进口前未经分别转送主管机关核办，关于第十四区火柴工业同业公会呈请准以输出国外火柴所得价款换取输入同额国外火柴原料以供自用一案，曾转准输管会输出推广处核复所请可依照输出品制造原料输入办法之规定办理，已转知该同业公会径向输出推广处申请。又关于全国水泥工业同业公会呈请准将水泥外销所得外汇全数拨给出口厂商用作订购器材原料之需一案，亦曾转准输管会输出推广处核复已洽妥中央银行特准以外销水泥所得外汇百分之五十五作为输入制造原料包装材料及各项零件之需，亦经转知水泥业公会径向该处洽办。

Ⅲ. 华北土产出口换取粮食进口案

华北一带以遭匪乱，农村破坏，粮食颇感缺乏。上年六月间奉行政院交议天津市进出口贸易商业同业公会呈请准由进口商人输入面粉所需外汇以津市出口货物抵偿一案，曾转准财政、粮食、经济、农林四部、中央银行及输出输入两主管机关先后核复意见，佥认以津市出口外汇换取面粉等粮食进口，在进出口连锁制未决定通盘办法前，应暂从缓议，至华北粮荒粮食部已设法统筹运济，当经转报行政院汇核。本年一月间续准天津市临时参议会先后电转天津市进出口贸易商业同业公会重申前案，暨第五区面粉业同业公会请准将土产出口换取国外面粉及小麦进口以维民食两案到会，复经查明前案申述意见四点转陈行政院核示，并电复天津市临时参议会。

Ⅳ. 以蚕丝出口掉换人造丝进口案

本会王委员晓籁等提议以蚕丝出口掉换人造丝案，前经本会第二十五次会议决议照审查意见通过，现由农林、经济二部依照前项决议饬据蚕丝产销协导委员会拟具蚕丝人丝联合产制购销实施计划草案，呈奉行政院交核议下会，业经本会秘书处审核签注提会讨论。

2. 各方对于国内外贸易请求与建议处理

Ⅰ. 全国商联会对外贸易会议各种建议案

全国商联会于三十六年九月十五日举行全国对外贸易会所通过之请求与建议各案，除在三十六年度送会一部分已分别核办外，本年一二两月份陆续送到关于进出口联营自备外汇及侨汇之运用，推行输出运动及发展南洋贸易等案，计十三件经分别核办或转有关机关核办。

Ⅱ. 中国进出口贸易协会对于输出之建议案

该会于本年一月电会提出建议四项经洽商各有关机关后核复如左：

i. 出口签证：因系进出口贸易办法所规定不便变更。

ii. 扩大贷款：格于主席手令暂难实行。

iii 举办兵险：中信局对陆运兵险未奉命举办，惟水运、空运均可办。

iv. 青岛葫芦岛间通航：事实并未停顿。

Ⅲ. 上海国际贸易促进会提供进出口贸易意见案。

该会经会员大会通过关于限制输入推广输出实行进出口联营

等建议六项于四月间函送到会，经电转输出入管理委员会核复意见以凭办理。

Ⅳ．华北请愿团陈述对华北经济意见案

该团代表时子周等请求适粮华北解救粮荒恢复工贷农贷及鼓励出口放宽进口等项，经与各有关机关洽商分别予以解决。

Ⅴ．青岛市参议会建议国内各地实行物资交换案。

本案奉行政院交核议下会原建议拟由各省市成立物资交换委员会，实行物物交换以通有无，当以经济改革方案对促进国内各经济区之物资交流已拟定实施办法，各省市并有一部分已相互洽商进行，似应由地方当局各就所需分别洽商，不必统一规定，原建议可交各省市政府参考经呈复核办。

3．关于对日贸易之计划与实施

Ⅰ．对日贸易计划之审核

我国一九四八年对日本输出入货品计划表由对日贸易指导委员会根据各方意见拟定后，推由本会参加该委员会之代表邀请各有关机关举行小组审查。本会各有关组室均经核签意见，并派员出席审查会，审查结果提经对日贸易指导委员会通过，并呈奉行政院核定，又赴日商务代表夏昌潘、王卓然等贸易计划，亦由本会参加对日贸易指导委员会代表主持小组审查会审查决定。

Ⅱ．沪市参议会请制止中信局对日易物案

上海市参议会以中央信托局对日易货妨害本国工商业发展，曾经会议通过，请中央各主管机关予以制止。本会接准该项电请后，经电转中信局核复意见，旋准复以对日易货系奉命办理，且输入日本物资大部分系应各机关之委托，并不妨碍我国工商业等语，经将解释各点电复沪市参议会查照。

Ⅲ．中信局由日输入呢绒三十万码处理办法案

该案前应工商界请求，经本会函准中信局允将输入日货呢绒运销国外，嗣以该局向澳洲等地接洽，颇难运销，且无利可图，而中

央各机关公教人员又纷纷要求配发，当由行政院秘书处邀集本会及财政部、经济部代表开会商讨，并由中信局代表列席说明，商讨结果以该项呢绒种类花色太多，不便分配于公教人员，而外销无利可图，且中信局对外易货亏空颇多，拟以平价供应国内市场，藉平物价而资弥补，经行政院秘书处签准照办。

4. 经济改革方案商业部分实施办法之修订

此项实施办法前经各有关方面提出意见，汇集整理提会讨论后交小组审查，嗣因财政、金融两部分实施办法之有关商业方面者归并整理，及关于全国合作社物品对外易货条文之补充修正，复经提出本年一月间本会第三十一次及三十二次会议修正通过，并经与其他各部分实施办法汇集，呈由行政院分令各主管机关参酌办理，及呈奉国民政府四月十五日指令准予备案。

5. 关于重要出口物资之继续收购

Ⅰ. 重要出口物资收购办法之修订

关于重要出口物资继续收购及改进收购办法一案，前经本会第二十七及二十九次两次会议决议交付审查，旋以行政院交议关于水蛋收购外销及茶叶收购手续简化二案，均属本案范围，经并交审查，审查结果拟订重要出口物资收购办法草案，提经本会第三十一次会议修正通过，此项办法经呈奉行政院政务会议决议本案缓议，但商人输出困难时仍得由政府收购，其收购价格应顾及生产成本与合理利润。惟另奉行政院核定中信局收购外销桐油办法系参照前项办法制定，本案经过情形并经提出本会第三十九次会议报告。

Ⅱ. 中信局请增加代办桐油猪鬃收购外销手续费案

该局拟将代理政府收购外销物资于原定代办手续费百分之一外，再于外销缴库国币中加收外销手续费百分之一，经行政院交核议下会当以该局代办业务所需各项费用，业经规定实报实销，并经规定按收购总成本收取代办手续费百分之一，且此项收购外销业务在表面上国库颇有盈收，实则尚有亏损，因之此项请求似应加以考虑，经签注提请本会第三十六次会议决议照秘书处意见通过，嗣经呈奉行政院指令输管会仍照原规定办理，如该局代办业务开支确有不敷应用开列数字详报凭核，中信局新订之收购外销桐油办法仍系依照本会意见规定按收购总成本收取收购外销手续费百分之一本案，并经提出本会第三十九次会议报告。

6. 关于推广外销物资案件之处理

Ⅰ. 上海皮毛油膏业公会请设立打包厂仓库以利出口案

前准上海皮毛油膏业公会电请利用上海前德商永丰洋行设备设立打包厂仓库以利输出，经转电中信局苏浙皖区敌伪产业清理处查核办理见复，本年一月间准核处电复以该项设备被占为军用，已分呈行政院及国防部请准予拨用等语，经转知该公会。

Ⅱ. 浙江丝织业请借料贷款实施外销计划案

该案前准输管会输出推广处电复由杭州电机丝织业公会等拟送详细产销计划，以凭办理，旋经该公会等拟送浙江丝织产销联营公司产销计划、出品样本、参加厂户名称、机数、资本额及该公司组织章程等件到会，已转电输管会输出推广处及上海丝织品输出协导会核办见复。

Ⅲ. 减低桐油等轮船运卖以利外销案

准输出入管理委员会函送上海植物油输出业公会及汉口市进出口商业同业公会分别呈请核减桐油及棉子饼棉子油等运价一律改列第二类计费两案过会，经先后电请交通部转饬轮船业予以核改，嗣续准输管会函转中国植物油厂上海办事处函请将散装桐油与桶装桐油一并列入第三类计费以利输出，复经电交通部请并案转饬照办，旋准交通部函复，嗣后轮船业承运桐油不论桶装散装一律按第三类货物运价计费，经转饬全国轮船业联合会遵照等语，已电复输出入管理委员会查照分别转知。

7. 请求禁止出口案件之整理

Ⅰ.福州伞商请禁止柿油出口案

本案前奉行政院交议下会经交前输出推广委员会核复，至本年一月方准输出入管理委员会电复，以柿油出口似不宜禁止等由，经函复行政院秘书处查照转陈。

Ⅱ.第四区制革公会请禁运生皮输日案

准上海市商会转据该公会函，以国内生皮出产原仅敷本国制革工业之用，近因战事关系，出口减少不敷尚多，若再输日影响本国制革工业甚巨，故请禁止输日以保护国内工业等语，经转电经济部提请对日贸易指导委员会核议。

8.自备外汇输入物资问题之研讨

Ⅰ.利用华侨国外资金输入物资之研讨

我国因外汇基金短绌不得不采取严格管理之输入制度，以其撙节外汇而作合理之运用，惟因限额数值太少，工商界咸感不敷分配，致形成原料恐慌停工减产之严重现象，一般厂商为维持继续生产，挽救危机，不能不另辟途径以解决困难，于是利用国外华侨资金以输入物资乃有成为一致要求之趋势，同时南洋各地华侨以受当地政府之歧视咸欲移款投资祖国以留退步，惟大宗汇款因受当地政府之限制无法一次汇回国内，故亦希望能采购物资进口或将其自有物资移转国内从事生产事业。上年十月间据中南橡胶厂呈请将华侨股东在马来亚怡保、太平两埠自有橡胶园所产之橡胶原料准予按月输入二百吨，以供该厂沪渝筑三厂自用，当以华侨自有物资输入国内与一般自备外汇输入物资性质不尽相同，当此国内原料缺乏之际，颇值考虑，经提出本会第二十四次会议决议送请输出入管理委员会核办。嗣准该会输入限额分配处核复因恐其他工厂援例请求难于应付，在未奉行政院明令前拟暂缓受理，本案情形较为特殊，为鼓励华侨投资祖国并解决工厂原料困难，似仍可特准专案办理，后经转报行政院核办，旋又据南侨股份有限公司呈请准许英荷两属华侨分期集资采购树胶进口，以便移款投资祖国，建立化学工厂，比以值兹侨汇不畅必须设法消除阻碍，为避免当地政府汇款之限制，准华侨移款采购物资进口，似不失为补救之法，且可藉此充实国内原料之供应，经再提出本会第二十八次会议决议，推定张委员嘉璈等审查，嗣后陆续收到全国商联会建议奖励华侨运货回国以吸收侨资中华制铁厂呈请准许该厂华侨股东将在菲律宾所购之废铁运回国内作为增资及投资之用，广东省参议会电请准许该省华侨自备外汇购运生产器材进口及陈部长立夫函送李朴生君所撰吸收侨资协助建设一文等有关案件多件，均经先后抄送张委员并案审查。惟兹事体大，张委员考虑甚久，迄未决定日期召开审查会议，同时张委员又已辞去输出入管理委员会主委兼职，为期早日获得结论，因即由本会秘书处加以缜密研究，代拟审查意见，函请输管会新任霍主任委员察洽核办，尚未见复。最近本会又收到英荷越菲等地华侨联名呈请放宽管制尺度，准许华侨自有物资进口案一件，亦经抄送霍主任委员催请迅予并案核示意见，俟复到再行办理。

Ⅱ．开放自备外汇运入生产器材原料之研讨

自实行严格输入管制后，以外汇基金有限，限额一再减少，不敷分配，难于满足工商各界要求，于是纷请开放自备外汇输入生产器材原料以适应国内需要。惟以我国出口贸易一蹶不振，外汇来源日蹙，普遍开放自备外汇不仅助涨黑市汇率，外汇汇率无法稳定，且为洋货造倾销之机会，影响国际收支之平衡，与给予本国工商业之打击均大，故迄在政府考虑之中未遽作何种决定。近来上海各报竞载政府有部分开放自备外汇限于输入生产器材工业原料之议，并无正式根据，但此议原则上不无可采之处，不过如何配合实施方不致发生流弊，尚须研究严密之办法耳。

Ⅱ．关于无证自备外汇到埠货品之处理

关于无输入许可证自备外汇到埠或已起运货品自上年八月限期登记后，旋经行政院公布处理办法，并由输出入管理委员会制定实施细则，开始分别处理。惟以种类复杂，数量繁多，各方请求文件亦纷至沓来，以致办理迟缓，为期早日清结处理手续，经已力求简化，此类货品原决定以由政府收购为原则，嗣以属于附表（一）之货品均系生产器材，国内需要殷切，特准经严格审核得申请输入，其余仍一律于以收购，其不愿由政府收购者，得于规定日期起六十日内申请重运出口，旋以一部分器材如卡车、吉普车、无线电机等国防部申请拨用，亦予强制收购，关于收购事宜，则由输出入管理委员会委托中央信托局办理，并由该局组织审议委员会决定收购价格等事宜，自上年十一月起每周处理情形输管会均有统计表分送行政院及本会备查，中央信托局亦曾将有关处理收购货品之会议纪录文告等先后送会参考，兹将已向输管会申请登记之无证自备外汇到埠及已起运货品之类别及价值统计如下表：

货品类别	附表(一)类货品	附表(二)类货品	附表(三)甲类货品	附表(三)乙类货品	附表(四)类货品	合计	
价值总数(单位美元)	二，一四六，八六〇·五二	三六，八四五，七九〇·〇五	二，七六四，四五九·五三	一，五八五，三六三·八五	一五，六四〇·六一	四二，四五八，一一四·五六	

续上表

货品类别	附表(一)类货品	附表(二)类货品	附表(三)甲类货品	附表(三)乙类货品	附表(四)类货品	合计
备考		本类货品包括汽车在内		本类货品原系暂停输入者	本类货品原系禁止进口者	

9. 输入限额案件之处理

Ⅰ. 第五、六两季限额之审订

输入管制加强后，关于附表(二)类货品之输入系采取事先订定限额再行分配工商两业申请输入之办法，自上年二月起至本年一月止，先后订定第一、二、三、四季限额，次第实施，限额总数逐季减少，已收撙节外汇之效，自当继续推行，输出入管理委员会为配合国家预算及进口商向国外定货便利与厂商生产计划，将第五、六两季(三十七年二月至七月)限额合并拟订，呈奉行政院发交本会审议，经提出本会第三十四次会议决议原则通过，并推定王委员云五等审查，当即召开审查会议，将卡车限额案件并入第五、六两季附表(二)类货品输入限额表内逐项详加审议，附具意见作成修正案，呈奉行政院第四十三次政务会议决议，照本会修正案通过。惟卡车限额暂缓核定，并已由院指令输出入管理委员会公布实施，兹将原修正案及附表附抄于后以供参考。

附抄审议第五、六两季附表(二)类货品输入限额案

（三十七年二月十二日十三日全国经济委员会审查修正）

奉交审议输出入管理委员会所拟之第五、六两季货品输入限额表，经根据院长发表之经济财政自助要点十项之声明，以及增加生产节约消费之原则，详加逐项审议，各加修正及附注，并有下列之说明。

一、以前每季定一限额，现为配合国家预算改为两季（即半年）合定一数额。

二、新定之分配表内容除棉花于第四季起未列入外，现肥料、煤炭、米麦等均改为不列限额，将斟酌需要随时核定。

三、小汽车第四季原定限额为五百辆，因现在到埠车辆为数可观，政府已另定处理办法，第五、第六两季拟定限额为五百辆，仍照以前各季例不给外汇。

四、金属品第四季原定限额为四百五十万美元，现第五、第六两季共定为七百万美元，表面上虽每季减少一百万美元，但行政院物资供应局及善后事业委员会尚掌有美军剩余之此项物资为数不少，可资利用，而外国对金属品亦有相当限制。

五、药品第四季原定限额为六十万美元，现第五、第六两季共列四十万美元，计减八十万美元，因美国援华药品将陆续运到，而行总卫生委员会所有之联总供应药品价值一千余万美元，已陆续配发，是以现定限额系以供给制药原料为准。

六、纸及木浆按全经会规定将少进成品纸浆，多进木浆，俾可供给纸厂制造用之原料，增加生产，逐渐减少国内可以制造纸类之输入。

七、烟叶一般认为纯消耗品，在目前社会艰困情况，尤宜力求节省消耗，且国内亦有出产，故限额减低。

此外并作下列三项建议：

（一）非限额输入品中图书、仪器、教育用品之输入，仍应维持每季五十万美元之数额。

(二) 进口各类工业品中应多输入原料，藉以增加国内生产，并尽先分配于工厂。

(三) 汽油、燃料应尽先注意公用事业及工业之需要。

至于霍主任委员所建议之逐步管制限额内原料制品价格一节，原则亦属妥善。

表六　第五、六两季(三十七年二月至七月)附表(二)类货品输入限额表

三十七年三月十三日全国经济委员会审查修正

	货　　名	第五、六两季限额(美元)	平均每季限额(美元)	分配月份	说　　明
1	汽油、石脑汽油、扁陈汽油	五,〇〇〇,〇〇〇	二,五〇〇,〇〇〇	二月间分配	1. 民用航空汽油原定每季限额不予减少 2. 半年所减少之五十万美元汽油应注重大都市之节约消费
2	柴　　油	一八,〇〇〇,〇〇〇	九,〇〇〇,〇〇〇	二月间分配	
3	煤　　油	三,五〇〇,〇〇〇	八,七五〇,〇〇〇	二月间分配	
4	棉　　花	不　列	不　列		照旧不列，仍视供需情形随时核定
5	米、小麦、小麦粉	不　列	不　列		斟酌需要随时核定
6	烟　　叶	八,〇〇〇,〇〇〇	四,〇〇〇,〇〇〇	三月间分配	
7	苎　　麻	六,〇〇〇,〇〇〇	三〇〇,〇〇〇	三月间分配	
8	麻　　袋	一,四〇〇,〇〇〇	七〇〇,〇〇〇	三月间分配	
9	煤及焦炭	不　列	不　列		斟酌需要随时核定
10	金 属 品	七,〇〇〇,〇〇〇	三,五〇〇,〇〇〇	四月间分配	
11	化 学 品	四,〇〇〇,〇〇〇	二,〇〇〇,〇〇〇	三月间分配	应以输入化学工业原料为主并注重工厂之分配
12	纸及纸浆	八,六〇〇,〇〇〇	四,三〇〇,〇〇〇	二月间分配	根据全经会所拟造纸工业增产方案办理其中第五季白报纸之数字与第四季相同第六季数字视国产报纸之增产情形再为核定

续上表

货名		第五、六两季限额（美元）	平均每季限额（美元）	分配月份	说明
13	木材	三，〇〇〇，〇〇〇	一，五〇〇，〇〇〇	三月间分配	分配时应以公用建筑锯木工厂及木材工业及出口包装材料为主
14	羊毛及废羊毛 羊毛纱线	四，〇〇〇，〇〇〇	二，〇〇〇，〇〇〇	三月间分配	
15	安尼林染料及其他煤膏染料人造靛及硫化□	三，六〇〇，〇〇〇	一，八〇〇，〇〇〇	三月间分配	
16	橡皮及制品	三，〇〇〇，〇〇〇	一，五〇〇，〇〇〇	三月间分配	
17	滑物油	二，〇〇〇，〇〇〇	一，〇〇〇，〇〇〇	二月间分配	
18	滑物油膏	一六〇，〇〇〇	八〇，〇〇〇	三月间分配	
19	油脂及蜡	一，〇〇〇，〇〇〇	五〇〇，〇〇〇	四月间分配	
20	机器皮带	不列	不列		国内皮革厂可以自制限额册
21	拷皮膏	二一六，〇〇〇	一〇八，〇〇〇	三月间分配	
22	硫酸錏肥料 智利硝	不列	不列		斟酌需要随时核定
23	人造丝（原料）	不列	不列		另案办理
24	药品	四〇〇，〇〇〇	二〇〇，〇〇〇	四月间分配	注重制药原料
25	小客车	五〇〇辆	二五〇辆	三月间分配	不给外汇并包括各国驻华外交人员用车
26	卡车	一，二五〇，〇〇〇	六二五，〇〇〇		包括卡车配件卡车辆数由输管会拟定
27	电影片	一，六〇〇，〇〇〇	八〇〇，〇〇〇	二月间分配	不给外汇
合计		七四，七二六，〇〇〇	三七，三六三，〇〇〇		

附注：水泥糖及浆粉以暂行停止输入均未列限额表内

Ⅱ．请求增加限额案件之处理

附表（二）类货品自实行限额输入办法后，以每季规定限额太少，不敷实际需要，各方常有请求增加情事，尤其工业界深感原料恐慌，一再呼吁放宽限额以维生产计，各方请求放宽限额之货品有橡胶、羊毛、造纸、原料、药品等项，其中橡胶、羊毛两项均曾转准输出入管理委员会核复认为确实不敷需要，建议予以增加或恢复原来数额。惟以当时限额表尚经核定施行，未便遽改，其后订定限额时又以其他货品限额均有减少，对于橡胶、羊毛两项则未便独增，但为顾及橡胶业及毛纺业之困难，亦仅能维持原定限额不再减少，至关于造纸原料，本会曾召集三十七年度造纸增产会议，拟定造纸增产计划统筹办理，审议第五、六两季限额时，亦规定纸类限额以多输入木浆为原则，关于药品一项迩近曾由本会约集各有关机关团体开会商讨，佥认有增加限额之必要，经提出本会第三十九次会议决议，第五、六两季药品限额准增加为每季四十万美元，两季共为八十万美元，现正转报行政院核示中。

Ⅲ. 请求限额分配案件之处理

每季附表(二)类货品限额制定后，以数额太少，不敷分配，如何符合各方需要，实至感困难。第一，地区之分配，原以上海一区配额最多，嗣以华南、华中、平津及浙江各区先后要求增加配额，均经转准输出入管理委员会自上海区配额内划出一部分分别予以增加，以资调剂。第二，进口商与工业界之分配，限额分配原以进口商获得配额最多，嗣据各工业团体纷纷请求参加直接分配以免为进口商所操纵垄断抬高价格，直接影响生产成本，间接亦影响物价，经将各方请求转送输管会核办，采取适当分配办法，凡专业用之原料全部交该业同业公会自行分配，数业均有需要或有全国性之货品则部分分配予工业团体，部分分配予进口商，其比例亦照实际情形决定，上海区并由上海市工业协会与上海市商会合组限额输入原料分配审议委员会，核实办理，又为使进口商所得配额能作合理之运用起见，规定进口商申请输入限额货品时，须呈验转售予工厂或直接用户之合约，此项合约并须该用户所属之同业公会副署证明，以免进口商囤积居奇，此类请求限额分配之案件如火柴业，请将所需磷与氯酸钾予以直接分配，平津区工业协会请将第四季天津区应得限额分配成数酌予增加，上海市照相业请将米吐而奴尼亚硫酸钠粉等酌予分配，新业制酸厂请一次配给原硫三百吨，民丰纸厂请配给足量柴油，上海骆驼绒工业请增加羊毛配额，华西兴业公司请增加木材配额，上海五金业请变更五金输入限额分配办法，书报业请参加白报纸分配并增加配额等，均曾准输管会输入限额分配处先后核复，经就可能范围内分别予以改进，虽未能尽如各方期望，但事实困难，亦须全面顾及也。

10. 关于改善申请进口办法案件之处理

Ⅰ. 上海市进出口业请修改附表(二)限额分配申请资格办法案

本案据全国商会联合会转请□会经转电输出入管理委员会核办，嗣准该会函复现行登记合格条件之规定与该公会所请者原则上并无二致，似无修改必要，当以现行办法与原请求实有不尽相同之处，对于新兴具有优良技术及资力之厂商，仍难登记合格，以享受申请输入之权利，未免有欠公允，现行办法似仍有酌予变通之必要，复经复请该会再行斟酌实际情形办理，旋又准该会电复关于工厂配额不论新旧工厂登记合格与否，如经证明有相当生产设备及出品之殷需程度，即可参加分配，业已叙明经过函复全国商会联合会知照。

Ⅱ. 湖北省商联会请对工业原料进口商登记转饬迅速办理案

本案据全国商会联合会转请到会，经转电中央银行汉口分行查核，嗣准电复，原案所称汉口厂商因需要原料特组织工业投资公司，向该行照章申请登记一节，该行无案，再洽询输出入管理委员会华中区办事处，亦无案可稽，业已函复全国商联会知照。

Ⅲ. 重庆市商会请改善化工原料进口许可证签发办法案

本案据全国商联会转请到会经转电输出入管理委员会核办，嗣准核复关于化学品等原料各区均有分限额，外埠各地工厂自可向其所属区域内输管分会或其办事处申请输入，且得向该区合格进口商订购等语，已代电全国商联会转知。

Ⅳ．广东省工业协会建议限制进口商限额输入货品办法案

据广东省工业协会呈，为进口商限额输入货品多向香港采办，非向国外厂家直接辗转牟利影响成本与物价，有违政府规定，应予取缔建议三项，请转行办理，当以所陈意见及办法颇为中肯，经转电输出入管理委员会查照采纳分别办理。

11．关于输入棉花米麦面粉煤及煤焦结汇汇率之改变

前奉国民政府交核棉花、米麦、面粉、煤及煤焦等应否依官价结汇一案，曾转准各有关机关先后核复意见汇提本会第二十六次会议决议交付小组会审查结果，复经提出二十七次会议决议照审查意见通过，所有政府采购之棉花、米麦、面粉、煤、肥料等均依中央银行所指定银行之挂牌市价结汇转账，业已转报行政院核办，并函国府文官处政务局转陈，嗣奉行政院代电规定自三十七年元月份起，所有由政府机关及进口商申请输入棉花、米麦、面粉、煤及煤焦六种货品，一律改照外汇市价结汇，取消原有按官价结汇之规定，并已由院分行经再提出本会第三十次会议报告。

12．关于附表分类货品项目之修改

Ⅰ．上海市呢绒商业请将呢绒货品仍列附表（三）甲案

本案据上海市商会转呈到会，经转电输出入管理委员会核办，嗣准电复，经提出该会第十一次综合业务委员会决议，除将公布前呢绒许可证时效展期至三十六年底止通知海关查照外，关于改列附表一节毋庸议，已函上海市商会转知。

Ⅱ．南京市水管商业请将税则六〇九号关于卫生设备所用搪瓷质浴缸等由附表（三）已改列表（三）甲以便输入一案，当以关于浴室或厕所用之固定装置陶瓷器具如浴缸、水箱、马桶、面盆等过去曾据该同业公会呈请改列，已转准输管会将税则六二六号改列附表（三）甲，准六二六号所列者仅系陶质器具，至搪瓷质器具确系

属于税则六〇九号，所请将六〇九号一并由附表(三)乙改列附表(三)甲一节，似可核准经再转电输出入管理委员会照办。

Ⅲ．关于进出口贸易办法附表(二)化学品项目修正案

经济部上海工商辅导处函转上海市工业协会请将金属品、化学品等工业原料，凡国内已有出产足可自给者不予进口，其尚不足自给者减少进口一案，检送主要化学品产销情况表一份，请将公布之化学品名单予以修正过会，当以进出口贸易办法附表(二)化学产品共列四十七类，另未列名化学品一类，据研究统计结果，其中国内可以自制且已自给自足者似应禁止输入，或国内可以自制而产量不敷需要者似应限制输入，以节外汇。经本会秘书处先后邀集各有关机关团体商讨两次，并将商讨结果作成进出口贸易办法附表(二)化学产品项目修正案，提出本会第三十八次会议决议通过，已转报行政院核办，并实行输出入管理委员会等有关机关查照办理，兹将原案及附表抄附于后以供参阅。〔附件略〕

13．请求输入货品案件之处理

Ⅰ．蚕丝产销协导委员会请购运日茧案

关于蚕丝产销协导委员会等请购运日本干茧以维持本国丝厂开工一案，前奉行政院交核议下会，经详加审核并征询各有关机关意见，以日茧价昂，且未能大量供给织成绸品，向美国换购人造丝亦无利可图，经函复行政院秘书处转陈嗣奉行政院通知，以据中信局转报驻日盟军总部通知日本干茧无余额可供外销。

Ⅱ．中国植物油料厂及南侨公司请输入椰干案

准粮食部转据中国植物油料厂请求向国际油脂委会请输入椰干十万吨，经转电输管会核复，嗣准复以该案应照进出口贸易办法第十四条向行政院申请，又准粮食部函以南侨公司请输入椰干若干，输管会请输入椰子油三千吨，据南侨公司意见，若输入足量椰干，即可无需输入椰子油，究竟如何，请并案核复等由，经再电输管会核复意见，以凭办理。

14. 限制私人汽车使用，影响美汽车进口商营业案。

迭准外交部代电，转送美国大使馆备忘录，以我国厉行节约消费，上海市政府及公用局先后公布停止私人汽车登记过户及核发牌照，影响美汽车进口商，业引起种种困难，希望我国政府有关机关对现行办法重予考虑一案，经先后电准上海市政府核复，对于厉行节约消费，限制私人使用汽车之意见，拟具运用节制使用汽油方法，以控制使用汽车方案两种，请采择施行，又检送上海市汽车分级配油办法，请通饬全国各地参照办理，当以事关节约消费办法之变更，经转报行政院并案核办，嗣奉行政院代电抄发美侨在华被占财产未结各案清单，饬迅速办理，限期结案下会，原清单内亦列有此案，业将前后经过呈复，仍请将本案提前核示，旋又准外交部电催请迅予核复，复经电请行政院秘书处转陈迅赐办理，并电复外交部查照。

15. 民营事业申请政府保证对外借款案

据经纬纺织机制造公司呈为三年建厂，请政府保证向美国进出口银行借款三百万美元购买新式机器及设备材料一案，当以我国纺织事业已具相当基础，每年向国外购买纺织机器及零件消费外汇甚巨，为促进本国纺织工业之发达，并节省外汇计，力求纺织机器之自给自足，实有必要，经即约集财政经济两部中央银行输出入管理委员会等有关机关会商决定意见三项，建议行政院制定民营事业申请政府保证向国外借款审核办法，嗣奉行政院抄发是项办法下会，并饬知经纬公司请保证对美借款一案，应即依照该办法之规定办理，已转函该公司知照。

〔国民政府全国经济委员会档案〕

7. 国民政府全国经济委员会关于1947年垄断国内外贸易情形的工作报告

(1947年12月)

1. 进出口贸易办法之改订

Ⅰ. 新办法之公布实施

本年六、七月间国内物价续涨不已，出口品成本随之提高，而外汇官价不变，出口无利可图，因之输出大减，各地进出口商人、工商金融团体及经济学家纷纷提出建议，请调整外汇，改订进出口贸易办法，或函电纷驰，或推派代表请愿。爰经汇集各方意见，提出本会会议讨论决定改订进出口贸易办法及中央银行管理外汇办法，呈由行政院院会通过，于本年八月十八日公布实施。

Ⅱ. 新办法实施后之效果

自新办法实施后出口物品所得外汇按市价结售于指定银行，对外贸易乃复趋繁荣，兹比较七、八两月份进出口情形如左：

表九、三十六年七、八两月份我国进出口货值比较表

类别	七月份	八月份	八月份增加	增加百分数
进口总值(单位亿元)	七,二二六	九,三八五	二,一六九	三〇
出口总值	二,三六九	四,七八〇	二,四一一	一〇〇

九月中旬以后，因出口品成本高涨，外汇市价挂牌与黑市渐有距离，输出略形减退，计九月份出口总值二,八六七亿元，仅及八月份百分之六四强，进口总值一〇,六七六亿元，较八月份多一,三八一亿元。惟因外汇市价不断作合理之调整，故出口物品仍能继续输出，自十月份以后进口渐减，而出口大增，入超货值逐渐降低，计十月份入超一,二六七亿余元，十一月入超一,一二八亿余元，至十二月份乃出超三,七七八亿余元，足见管制进口与推广输出尚著成

效。兹将九至十二月份进出口货值增减情形表列如左：

表十、三十六年九至十二月份我国进出口货值增减表

月份	进口总值（单位亿元）	出口总值	出口占进口百分数	入超总值	出超总值
九	一〇,六七六	二,八六七	二七	七,八〇九	
十	一七,四六七	五,三〇〇	三〇	一二,一六七	
十一	一六,七八七	一五,六〇五	九三	一,一八二	
十二	一七,三八二	二一,一六〇	一二二		三,七七八

Ⅲ．各方之反响

各地工商团体对新办法之改订多表满意，认为可以鼓励输出，促进国际贸易，至平津沪等地工商业界对新办法实施后所先后提出之枝节问题，如官价外汇之废止，进口限额之更改，工业器材之由生产工厂直接购进，新办法改订以前本结外汇之仍照官价结汇，出口签证办法之暂缓实施等均经依照既定政策与现行法令分别核办，或转请主管机关核办。

2．进出口联营制之研讨与实施

Ⅰ．各方之建议

平津沪等地进出口商人及上海市商会工业协会等各团体，前以进口限额綦严，工业器材及民生必需品未能充分输入，而外汇官价过低，出口无利可图，输出多陷停顿，于本年五、六月间纷纷向各级主管机关呼吁请求实行进出口联营制，冀将出口所得外汇换购进口物品，以进口所得利益弥补出口亏损，并充裕工厂所需之器材。

Ⅱ．本会之研讨

前项意见除直接递送到会外，并由行政院及财政部、经济部等转会核办，当经详加审核并向各有关机关征询意见，汇集提会讨

论，旋经本会于研讨经济改革方案中多次审议，并交由小组研议结果，除修正经济改革方案商业章第（三）条列有或指定若干物品用进出口联营办法，务使增加出口抵偿进口一节外，并改订进出口贸易办法及中央银行管理外汇办法，酌量采约前项建议，以利输出，并经将办理情形分复各有关机关及工商团体，各工商团体均无异议。

Ⅲ．棉织业联营之进行

在前进出口联营制建议提出之同时，上海棉织业厂七十四家合组中国棉织业产销联营公司，拟在实施进出口联锁制原则下集合生产，将成品运往南洋各地换购棉花及其他生产器材，当向行政院及本会请求由政府贷给棉纱及加工费用，以便大量生产，开辟南洋广大市场，至所获外汇则全部缴交政府，当经本会邀集各有关机关会商决定以代纺代织原则贷与纱款，由经济部纺织事业调节委员会及四联总处分别办理，嗣与纺调会与中国棉织业联营公司洽商条件，久未协议，一再延搁，致贷纱贷款迄未实行。惟该公司已与澳洲区代理商行订立总经销契约，并经以自力先行将成品运销南洋各地，颇有成绩。

Ⅳ．以蚕丝出口掉换人造丝之研议

本会前由王委员晓籁等提议请政府特准蚕丝出口掉换人造丝以进口盈余补贴生产成本一案，经提出第十二次会议决议推左委员舜生等审查，审查结果决定推行蚕丝产销计划及以生产出口所得外汇购取人造丝等原则六项，提出本会第廿五次会议照审查意见通过，已抄同原案及有关各件电请行政院秘书处查照转陈，并分电各有关机关查照，此外前准四川省政府建设厅代电提出挽救蚕丝业办法意见四项，以同属前项决议案范围，亦经抄送原案电请查照。

3. 对日贸易之开放

Ⅰ．政府之决策

自驻日盟军总部决定于本年八月十五日开放日本对外贸易后，我国朝野上下对于开放对日贸易问题纷纷提出各种不同之意见，大抵工商界多持反对意见，认为开放对日贸易，本国工业将受摧残，一部分监察委员及参政会驻会委员亦持同样见解，一般经济学家及政府主管机关则多赞成有限制的开放，认为对日贸易在政府严格管制下可趋利避害，且英美各国既已决定恢复对日贸易，我国亦不能闭关自守。爰经汇集各方意见详加研究提会讨论，经本会专案讨论多次，作成建议呈由行政院院会修正，于八月一日提经国务会议决定原则三项开放对日贸易之决策，乃于有限制的条件下予以确定。

Ⅱ. 各方之建议

自开放对日贸易决策确定后，复经行政院院会通过组织赴日商务代表团办法，在经济部内成立对日贸易指导委员会。本会除派代表参加外，并将各方关于对日贸易之建议核转该会商讨决定，如上海工业协会、全国营造工业联合会、浙江茧业公会、第七区棉纺织公会、天津市染织业公会、上海市归国留日华侨协会、基隆对日贸易公司等，或请求限制及禁止某种日货输入，或请求派代表参加赴日贸易，或建议对日贸易，意见均经分别核转并复。

Ⅲ. 对日贸易之进行

对日贸易指导委员会成立以后按期开会，已规定对日贸易进出口货物之种类名称，对代表名额之限制资格之标准，与推选之程序，均严格依照规定办理，现第一批代表之人选及贸易计划已大部审查完竣，并有一部分已办理出国手续，各商务代表抵日后将依照核定之贸易计划进行交易，其进口货品之总值不得超过出口货品总值，输出输入有关之外运统由中央信托局以记帐方式清算，故对日贸易之进出口物品与外汇数量完全在政府有计划的管制中，以求有利于国计民生。

4. 出口贸易之推广

Ⅰ. 重要物资之收购外销

i. 收购政策之决定

出口物资因我国通货膨胀国内物价及工资之不断上涨，而外汇汇率不能追踪物价，以及黑市之猖獗与规定向指定银行结汇之限制等，致生产成本过高，超出国外之售价甚多，每每无法输出，同时因外汇黑市汇率之继涨增高，不肖商人希图厚利，群趋走私，转运香港等地出口，以走私所得外汇售诸黑市，而不结售与指定银行，职是外汇来源日蹙，情势极为严重。为谋补救，乃由行政院院会决议重要出口物资由政府出面协助，采取贴补收购办法计，决定先行收购之重要出口物，有桐油、猪鬃、茶叶、生丝、大豆、蛋品、羊毛等七种，由前输出推广委员会委托中央信托局代理政府办理收购事宜。

ii. 收购政策之推行及其影响

收购政策决定后，即由输出推广委员会着手拟定各重要物资之收购办法，积极推广，关于桐油、猪鬃等之收购办法及订购蛋品输出情形，均经该会先后呈由本会转报行政院奉准备案，至中央信托局代理政府办理收购外销物资之成效，并曾由本会派员实地调查。兹略为列举如次：

（一）桐油。该局收购七，六六二.二〇公吨，外销四，四一一.五二公吨，尚存三，二五〇.六八公吨（截至十一月初止，以下各项同）。

（二）猪鬃。该局收购六，五三一.〇〇关担，外销四，八〇六.二五关担，尚存一，七二四.七五关担。

以上桐油、猪鬃两项共付出国币一六一，四二八，〇〇〇，〇〇〇元，已销售及存货共值美金六，一四〇，五四一.九〇元，照十一月初外汇市价五八，七〇〇元计算，合国币三六〇，四四九，八〇九.五三〇元，获得盈余约国币一九九，〇二〇，八〇九，五三〇元，如照现在市价折算，当更不止此数。

（三）大豆。该局办理输往意大利大豆二批，共运出大豆一三，五七四，四七五公吨，售得美金二，三二八，七八六.六〇元，其收购成本尚待该局详细核计中。

（四）蛋品。该局收购并运出冰蛋三，一一一，一九三，二〇二英吨，计价国币三八，二一三，〇〇〇，五四〇元，售得英镑外汇六二二，二三八镑一四先令二便士，如照十一月初五八，七〇〇元汇率计算，合国币在三百六十亿以上，亏损尚不太多。

又输出干蛋片一八，二〇五.三五吨，计价款国币五八九，八五三，三四〇元，售得英汇一三，一一一镑一先令五便士，按过去市价每镑三九，九〇〇元计算，合国币五二三，〇〇三，五四六.一七元计，亏损国币六六，八四九，七九三.八二元，如照十一月初五八，七〇〇元汇率计算，则合国币在七亿元以上，尚有盈余。

（五）茶叶。据该局报告照四联总处决定办法仅收购三十五年度贷款茶叶，至三十六年度茶叶并未实行收购。

（六）生丝。据该局报告本年度收购数量据估计为：

春茧：一七八，三四〇市担四三斤，

春丝：一一，二二九国担九八斤（可实收九千关担已收六千关担），

秋茧：二三，三七八市担三六斤，

秋丝：约可缫成一，四七二国担。

外销生丝数量约共六，八七五关担，外销价格按十一月初牌价折算，每关担约合国币三千一百万元，收购成本再加管理费用每关担约需国币四千万元计，每关担亏损九百万元，共需亏损国币六一，八七五，〇〇〇，〇〇〇元。

（七）羊毛。据该局报告尚未实行收购。

以上七种物资除三十六年度茶叶及羊毛未实行收购外，关于桐油、猪鬃、大豆及蛋品均系由中央银行拨款交由中央信托局向产

区集中地点收购。

桐油、猪鬃两项一般出口商虽接受政府收购办法，但反对中央信托局深入内地产区乘机杀价收购，与民争利，致影响生产及出口，曾据汉口市进出口业公会请求停止产地收购，改就沿海出口口岸设立机构参照国外市价及国内生活指数核定收购价格，分向各出口商采办，当经转送输出入管理委员会查酌办理。

大豆一项须有请求输出者，如侨商惠安公司，曾呈请以输出东北黄豆至新加坡交换印度麻袋入口，但以大豆在禁止出口之列，经政府严格统制，一般商人尚无法自由采购出口。

蛋品一项全国各蛋厂以鲜蛋来源不易，且物价不断上涨，生产成本过高，无利可图，除少数土法制造者外，几全部陷于停顿，仅上海数厂因中央信托局接受收购英国、瑞士定货，始勉强开工，故各厂商多希望政府继续收购。

至生丝一项，因贷款关系，系于蚕丝产销协导委员会主持之下，由中国农民银行向各产区收购，再交中央信托局外销，但以国外丝价太低，不如内销有利，各厂商亦宁愿于国内出售。

同时政府收购上述各种物资出口，虽可获得大量外汇，惟照官价汇率计算，则无一不有亏损，此等亏损之补贴，实亦增加国库之负担甚巨，故政府之推行收购政策，纯为鼓励输出，争取外汇，并无商业之利益可言。

iii. 收购之停业

至本年八月十七日政府修正公布外汇管理及进出口贸易两办法后，以外汇政策出口物资已可按挂牌市价汇率结汇，无须再由政府出面协助。爰经本会第十二次会议决议出口物资，除资源委员会因易货偿债而需收购之矿产及前经政府核购有案之蚕丝应继续收购外，其余一律停止收购。

iv. 收购政策之检讨与继续推行

近两月来，外汇汇率虽一再提高，而出口货品并无显著增加，为充裕政府外汇基金，对于重要出口物资应否继续收购，不无重新考虑之价值。

根据前面所述，分析中央信托局过去办理收购外销物资之成效，关于桐油、猪鬃之收购，照官价结汇虽有亏损，然照市价结汇尚获有盈余，蛋品之收购亏损亦尚有限，且其在欧洲市场我国原占百分之九十以上，自应继续维持以免为他国所夺。大豆系我国特产，用途广泛，国外需要亦颇为殷切，凡此四者，以些微之补贴，换取巨额之外汇，以可继续收购。至生丝一项，则亏损太多，且有日丝及人造丝大量供应，廉价竞争，销路殊感困难。茶叶一项，以我国炼制不精，且亦有印度、锡兰、爪哇、日本等地产品与之角逐，输出亦颇成问题，惟此两者素为我国之出口大宗，自须积极改善，力谋推广输出。

总之各项重要出口物资关系外汇来源，当此生产成本仍高出于国外售价之际，似乎继续予以收购，近经提出本会第二十七次会议讨论，现正在交付审查中，又关于推广蛋品外销问题，亦经本会数度约集有关机关商讨，已拟具协助蛋厂及推广蛋品外销办法草案，尚待会同审查后再提本会大会讨论并呈核定。

Ⅱ．我国食油出口及国际粮食会议油脂配额之提供

第二次世界大战后，多数国家感受粮食恐慌，因此国际紧急粮食会议决议对于各国粮食采取统筹分配之原则，我国曾允担任于一九四七年提供油脂二十万吨，嗣由该会议油脂委员会初步决定，我国本年度出口油类暂分配为大豆及豆油九万公吨，花生及花生油一千公吨，菜油一万零五百公吨，桐油三万公吨(桐油非食用油，应否统配尚待委员会决定)，征求我国意见，经行政院并同我国食油出口采取定量许可制一案，交本会转饬前输出推广委员会核复意见报院核办，又奉行政院交议关于捷克大使馆以轻型机械易取我国桐油、大豆，及加拿大拟在我国购运花生、大豆两案，亦经分别饬据该会核复意见，或约集有关机关会商拟具审查意见，先后报院

核办后，又准粮食部代电转据陈代表之迈报告，国际紧急粮食会议重估我国出口油量及各国配额，已自原定二十万吨减为四万七千吨，询问我国是否同意，旋以有关食油出口各案经行政院召集本会等有关各部会开会，并案审查陈奉核定，关于食油及其原料之出口仍采行定量许可制度，其输出限额之审核工作及发证手续均由输出入管理委员会办理，关于提供国际油脂仍应交涉减少配额，对于加拿大购运花生、大豆亦并入国际油脂案内办理，对于国际油脂并尽先供应，均已照案电复粮食部查照。

至捷克大使馆采购桐油、大豆一案，除桐油不受限制外，大豆一项请购数量尚与国际配额相符，经行政院再交中央信托局核办去后，旋由该局核复，以东北大豆受战事影响，供应殊无把握，应俟情形好转再行洽办。

再关于我国食油出口数量后又经国际油脂委员会重新估定为六万吨，但此数量仅为悬示之目标，并无强迫履行之义务，同时行政院决定我国食油出口本年暂以三万九千吨为最高限额，经由输出入管理委员会遵照拟订食油输出配额表，及权宜办法，呈报行政院核准办理。

又关于我国明年度各种食油产销及可能出口数量，近准粮食部代电转据陈代表之迈报告，国际油脂委员会需要明了实际情况，请查明列示过会，亦经约集有关机关会商拟具意见呈报行政院核示。惟我国各种食油以受战事影响，产量锐减，且国内需要甚大，故本年度对于提供国际油脂配额曾一度交涉请求减少，明年度究能有若干输出，殊无把握，惟为履行国际义务，并取外汇计，似应设法奖励，积极增加生产，以便推广输出。

Ⅲ. 关于请求禁止出口案件之处理

i. 广东省府请禁止食油及柴炭出口案

本案前奉行政院交下，当经转交前输出推广委员会核复，旋据复以食油一项，奉令定量许可出口，正由财政部召集经济部及该会拟订办法中，至柴、炭两项，粤省府以物价上涨，请禁运国外，既经主管物价之经济部核准，该会无异议等情，复经函准行政院秘书处转陈并由院以准暂予禁运国外，惟各省间应互通有无等语，指令粤省府遵照。

ii. 广西省府请禁止纱布、食盐、白糖、燃料等输越案

本案前奉行政院交议，当以纱布、食盐已列入修正进出口贸易办法附表禁止出口货品之列，白糖系土产不影响民生日用，无禁止出口必要，惟液体燃料如汽油等系用国家外汇自国外输入，不宜再行转资外国，似可与纱布、食盐一并禁止出口，经函准行政院秘书处转陈并由院指复广西省政府，并分行财政、经济两部办理。

iii. 福州制伞商请禁止柿油出口案

福州协利伞号等四十一家联名具呈行政院，以柿油为制伞主要原料，现被人以贵价争买装运出口，深恐影响该业生活，恳请严禁柿油出口等情，由院交会核议，经转交输出推广委员会核复，迄未复到，正催办中。

5. 进口贸易之管制

I. 自备外汇输入物资之处理

自本年八月十七日修正公布外汇管理与进出口贸易两办法后，以外汇政策变更，进出口货品均改按挂牌市价汇率结汇，汇率已非固定，同时未经政府许可由商人自备外汇订购到埠之货物愈积愈多，需要予以清理，乃由输出入管理委员会于八月二十一日公告，凡在八月十六日以前未领得输入许可证自备外汇已到埠或已起运在途之货物准予先行登记，听候处理。在八月十七日以后未领得输入许可证前，不得向国外订货，若擅将货品运到埠，一律强迫运离口岸或由政府定价，并照外汇官价收购。惟各进口商以此项自备外汇输入货物部分系由于政令之不时变更，不及停止订购装运，或到埠后已订约抛售，或作债务抵押，政府收购亦有困难，曾迭据

上海市商会及所属有关十六同业公会电请早日核发许可证准予进口，并免予收购，经提出本会第十八次会议讨论，当以本案已由行政院会议交付审查中，经决议将原案及各委员意见送呈行政院合并审查。

嗣行政院公布无许可证自备外汇到埠及起运货品处理办法，由输出入管理委员会遵照厘订处理手续，通函各原申请登记进口商查照办理。惟以对于各类货品收购后，出售价格等尚未明确规定，故各申请商人多持观望态度。截至目前止，其申请重运出口经核给出口许可证之货品及登记，经复向主管处申请核发输入许可证之货品，及申请收购之货品，其所值尚不足申请登记货品总额之千分之二，因此输管会体查当前情形，拟将核准输入范围放宽，并就登记货品之性质分别规定出售及定价等办法，已订定者计有羊毛之收购及配售办法，其他棉花、纸、颜料等亦在分别草拟中，至关于收购事宜，系委托中央信托局执行。该局已组有审议委员会，并建议简化手续办法，均经输管会通过，正在继续处理中，关于处理情形并经输管会按周呈报行政院备核，并将副本送本会查考。

Ⅱ．进口限额及有关案件之审核

政府管制输入原寓有平衡国际收支及保护国内工商业之用意，故输入物品以生产器材、工业原料及民生日用必需品为范围，尤其附表(二)类货品(工业原料类)，系事先按季规定限额分配登记合格进口商及厂商申请输入，因而有各季限额表之制定。本年度第一、二、三、四季限额表均经输管会先后拟送本会审议转报行政院核定公布施行，第一季附表(二)类货品限额除药品、水泥、汽车、糖、硫酸铔、智利硝及其他肥料暂停输入，及已洗电影片不给外汇外，其总值为九千九百七十万美元，第二季虽加入重要药品硫酸铔、智利硝及其他肥料两项，但总值已减为七千二百六十一万美元，第三季并将浆粉一项删除，总值并减为六千七百八十七万三千美元，第四季除棉花一项视需供情形随后另行核定外，其总值亦减为五千三百三十九万三千美元。由此可见，实行限额制度后，已逐渐收撙节外汇支出之效，至附表(一)类货品(生产器材类)及附表(三)甲类货品(经常需要杂项货品类)之输入，虽未事先规定限额，但各进口商及厂商申请时系从严审查查核，实际核给之外汇亦为数甚小，惟自政府实行管制输入后，因外汇基金来源不充，每不能因应国内工商界之广泛需要，致输入物资有限，工商百业危机四伏，因此曾据各方迭次请求放宽限额，或改变附表分类，或准自备外汇输入，或请参加限额分配，均经征求主管机关意见，或请有关机关调查实际情形分别酌办，并于核定第三、四季限额时，尽可能范围予以调整，藉于撙节外汇开支之前提下，仍能予以工商各业以必要之扶助，如关于白报纸之输入一案，曾饬据输管会核复，已交输入限额分配处设法放宽，关于参政会建议裁减烟叶限额并入纸类限额一案，第三季起对于烟叶限额曾由本会决议自八百万美元减为五百万美元。关于侨商惠安公司请自备外汇输入麻袋一百五十包一案，因情形特殊，曾由本会转报行政院请予以核复。关于各区火柴业公会请放宽火柴原料限额等额，曾先后转准输管会核复，经于各区限额内设法增加。关于上海市工业协会请求直接参加原料限额之分配一案，曾转准输管会核复部分予以直接分配。关于上海市商会及工业协会先后请求放宽柴油限额等案，经本会多次会议讨论决议，由第二季之六百二十五万美元增至第三季之七百万美元，嗣又增至九百零五万美元。关于第一区橡胶业公会及青岛橡胶厂请放宽橡胶限额配给原料生胶等案，经先后转准输管会核复允设法增加配给。关于上海市汽车运货业公会请准每季输入卡车五百辆一案，曾由本会约集有关机关会同审查建议行政院并入本年度汽车限额内办理。关于上海市化学原料工业公会请禁止浆粉进口一案，第三季起本会已将浆限额十六万二千美元删除，暂行停止输入。关于全国水泥业公会请禁止外货水泥进口一案，已转准输管会核复水泥仍未列限额，已予暂停进口。关于中国标准铅笔厂等请禁止外货特种铅笔进口一案，曾转准输管会核复暂停输入。关于资源委员会钢铁管理委员会上海营运处请限制钢铁进口一案，经转准输管会核复，请开明种类数量，已转复上海营运处办理。此外，申请放宽限额及请求禁止进口之案件尚多，均经先后转送主管机关查核酌办，兹不备举。总之，本会对此等案件之处理，虽以协助工商业为原则，但亦须顾及政府之困难与政策，自难尽餍人望，仅就可能范围内予以改善而已。

Ⅲ．华侨物资之输入

关于华侨物资之输入，以情形较为特殊，系采取鼓励政策，如中南橡胶厂呈请准将在马来亚怡保、太平两埠自有橡胶园所产橡胶原料按月输入二百吨一案，因系供自用不在市场出售，曾拟转报行政院请予核准。又英荷两属华侨请准集资采购树胶进口移款投资祖国工业一案，因当政府限制侨汇过严，采购树胶进口情出于不得已，经提出本会第二十八次会议讨论，现均在并案审查之中。又新加坡华侨筹赈华南水灾会请准采购南洋树胶等土产运沪出售移款充账一案，因系救灾性质，亦经转报行政院予以核准。盖鼓励华侨投资祖国，原系政府既定政策。

Ⅳ．借款购入机器之保证

经纬纺织机制造公司为拟于三年内完成年产二十五万纱锭之纺织机器制造工厂计划，需向美国订购新式机器设备及材料，呈请准由政府代为保证向美国进出口银行借款三百万美元，并指定银行到期结汇一案，当以原计划优点甚多，如能早日成功，不仅可应我国纺织业之急需，促进纺织工业之发达，且可挽回外汇漏卮，曾约集经济部、财政部、中央银行及四联总处等机关开会审查，并由该公司派员列席说明，经即决定建议行政院制定民营公司向国外借款监督审核办法等意见三项，转报行政院核办。

6. 出口货物所需材料特许进口办法之审议

Ⅰ. 出口货物所需包装材料特许进口办法之审议

为协助出口商推进输出，曾由前输出推广委员会拟具出口商装运出口货物所需包装材料准予特许进口办法，呈经本会修正核准实施，并经转报行政院奉准备案，并转行有关机关查照，嗣以管理外汇及进出口贸易两办法经重行修正公布，输出输入两会改组合并，原办法有需要修改之处，复由输出入管理委员会予以修正，并订定实施细则，已于十一月十一日公布实施，并开始办理登记，此项修正办法及实施细则并经分报行政院及本会备查。

Ⅱ. 输出品之制造原料输入办法之审核

出口商人为增加输出，曾迭请准予输入原料加工制造再行输出，为政府换取更多外汇，经前输出推广委员会根据此种需要，拟具输出品之制造原料输入办法草案，呈由本会转呈行政院核定，旋奉行政院指令核示二点，经转行该会查核具报去后，嗣该会方面以各方请求殷切，曾一再催请将原办法早日核定以期迅赴事机，复经先后转请行政院提前核办，自本年八月十七日修正公布管理外汇及进出口贸易两办法，输出输入两会实行合并，关于前项办法亦经行政院径饬输出入管理委员会重议呈核，近已由行政院审查修正，指令该会公布实施，并经先后提出行政院第三十四次会议及本会第二十八次会议分别报告。

7. 外商提出意见之处理

Ⅰ. 比大使馆函述比国货物输华困难情形，予注意案。本案准经济部函转到会，经交前输入临时管理委员会核复，旋据复将原函误会各点详加解释，已函复经济部查照转知。

Ⅱ. 美大使馆函询我政府对美商来华投资之声明，在改订新办法后有无影响案。

本案准外交部函转到会，当以本年八月十八日公布之改订中央银行管理外汇办法及进出口贸易办法，对于外商来华投资之规定较前并无变更，经函复外交部查照转知。

Ⅲ. 美国大使馆函述美商在华北所遭遇各问题之说明案。

本案准外交部函转到会，当以原件所列各项关涉主管机关颇多，亟应会商解决，经分别抄同有关部分电请内政、财政、交通、国防四部、中央银行及输出入管理委员会核复，正办理间，又奉行政院交议到会，复催请各有关机关速复。旋准分别核复到会，经加列意见，并附上述各机关核复意见简表及核复原文函复外交部查照转知，并函请行政院秘书处转陈。

〔国民政府财政部档案〕

8. 国民政府全国经济委员会关于农产品输出入及收购案件审核情形的报告

（1947年12月）

1. 外销农产品改进之策划

我国主要外销农产品以桐油、蚕丝、茶叶、大豆、蛋品、猪鬃及羊毛为大宗，战前出口数字庞大，战后亦应积极生产鼓励输出，以换取外汇平衡收支，挽救目前经济之危机，因此本会除向各方面搜集上项农产品之战前战时及战后生产量与输出量加以整理统计（附表十三）外，并按照下列四项目标积极推动工作：（一）使生产数量能配合外销数量，（二）在可能增产区域内用农贷及贴补方式激励生产，（三）主要外销农产品应暂由国家统购统销以增加输出，（四）确立检定标准改良品质，以恢复国外市场信誉，但为集思广益计，曾由本会于本年九月十五日邀约各有关机关负责人员与专家学者在本会会议室举行促进外销农产品之增产及输出座谈会，从事详尽检讨，并拟于最近期间将整理所得之各项统计提出审查，以作厘订外销政策之参考。

主要农产品输出数量统计表

根据海关统计及输出入管理委员会报告

品名	战前二十五年二十六年平均		三十五年		三十六年1月至10月		三十七年估计量	
	数量	价值(千元)	数量	价值(千元)	数量	价值(千元)	数量	价值(美元)
羊毛							200,000 公担	13.000.000.00
皮类	18.748.461张	34.385.820	7.712.960张	22.538.050	4.341.510张	60.124.900	6.000.000张	8.000.000.00
草帽							200,000打	2.000.000.00
肠衣							2.400桶	1.200.000.00
茶叶	389.707公担	30.724.492	68.995公担	15.340.617	108.878公担	64.654.750	144.500公担	13.200.000.00
冰蛋	399.417.000个	7.035.086	17.102.000个	1.563.080	117.373.000个	40.555.985	15.000吨	9.702.000.00
桐油	918.586公担	81.612.10	352.638公担	67.998.099	577.402公担	419.663.579	70.000吨	40.040.000.00
猪鬃	4.645.850公斤	26.612.38	4.759.361公斤	67.004.730		256.977.524	60.000关担	19.980.000.00
油籽							314.000吨	57.600.000.00
生丝	3.980.616公斤	41.289.31	853.304公斤	31.570.880	352.630公斤	28.681.025	6.000关担	3.199.200.00
丝绢织品	485.044公斤	6.645.80	187.584公斤	11.433.219	320.827公斤	62.492.978	5.000关担	10.000.000.00
棉纱	62.809公担	8.621.262	1.421公担	435.185	12.841公担	54.121.023	90.000件	25.200.000.00
布匹	59.436公担	8.471.83	2.892公担	3.330.712	37.606公担	163.468.105	800.000匹	8.624.000.00
总计		245.401.11		220.934.567		1.150.740.869		211.745.200.00

（表十四）

2. 农产品输入政策之筹议

我国主要农产品如米麦棉花等以八年抗战及战后戡乱关系，生产萎缩，仰赖国外输入以资弥补，究竟我国各地区各项农产品之生产数量与夫各地区之加工工厂多寡，均应事先有所估计，以为农产品输入何地之依据，否则徒耗□费，且益增加外汇之负担，因此本会对各地之主要农产品之产量以及加工厂所需之原料重新予以统计，以为输入政策之依据。

〔国民政府财政部档案〕

9. 国民政府全国经济委员会调查中央信托局收购外销物资报告摘要

（1948年）

调查中央信托局收购外销物资报告摘要（本会秘书处）

政府决定收购之重要出口物资计有桐油、猪鬃、茶叶、生丝、大豆、蛋品、羊毛等七种，除茶叶照四联总处决定办法仅收购三十五年度贷款茶叶，三十六年度茶叶及羊毛均未实行收购外，其余五种均由中央信托局代理政府收购外销，其办理实际情形摘要陈述如次：

一、桐油及猪鬃：由该局易货处主办，自三十六年六月二日起至八月十六日止，关于桐油、猪鬃之收购及外销数值如下表：

货别	收购总数	已轧付国币数	销售总数
桐油	七,六六二.二〇公吨	一〇三,三五〇,〇〇〇,〇〇〇元	四,四一一.五二公吨
猪鬃	六,五三一.〇〇关担	五八,〇七八,〇〇〇,〇〇〇元	四,八〇六.二五关担

货别	销售美金价值	存货总数	存货美金价值
桐油	二,二八九,七一五.三七元	三,二五〇.六八公吨	一,七九一,六二八.五三元
猪鬃	二,五六三,一九八.〇〇元	一,七二四.七五关担	四九六,〇〇〇.〇〇元

照上表桐油、猪鬃共轧付国币一六一，四二八，○○○，○○○元，已销售及存货共值美金六，一四○，五四一．九○元，如依目前外汇市价五八，七○○元计算，合国币三六○，四四九，八○九，五三○元，获得盈余约国币一九九，○二一，八○九，五三○元，如不用收购方式而以贷款方式贷给出口商，则此项盈利将不归国库而属少数商人，对减轻通货膨胀，稳定物价其作用颇大，自八月十六日停止收购后，因国内商人求售过急致国外售价跌落，最近国内物价又复升涨，出口物资成本仍高出售价约百分之廿五至卅，输出又已渐感困难，故颇有呼吁恢复收购政策以资救济者。

二、生丝。由蚕丝产销协导委员会下之销丝小组指导委托中国农民银行向各产区收购，交由该局购料处外销，本年收购数量计春茧一七八，三○四市担四三斤，春丝一一，二二九关担九八斤（可实收九千关担已收六千担），秋茧二三，三七八市担三六斤，秋丝尚无确计，约可缫成一，四七二关担，外销数量约共六，八七五关担，外销价格以每磅美金四元，按目前牌价折算约合每关担国币三千一百万元，收购成本每关担约国币三千八百余万元，再加管理费用等当在四千万元左右，每担计亏损国币九百万元之谱，惟如供内销，按目前丝价每担国币六千四百万元计算，则每担反得盈余二千余万元，改为停止收购，对于丝厂自属有利，惟丝厂缫成之生丝为牟利计，每以内销为目的，对于易取外汇方面固甚有影响也。

三、冰蛋。由该局购料处主办与中国以蛋业公会签订冰蛋五千吨合约开始收购，自本年四月起至九月底止共收购及运出冰蛋三，一一一，一九三，二○二英吨，计价款国币三百八十二亿一千三百万零五百四十元，售得英镑外汇六十二万二千二百三十八镑十四先令二便士，目前国外市场以英国需要为最多，明年度约可承购冰蛋一万五千吨，干蛋五百吨，瑞士等国亦可销冰蛋约五百吨，美国亦可销飞蛋黄蛋白五百吨，惟国内各蛋厂除以土法制造飞蛋黄有数厂外，有机器设备者仅上海八厂能开工制造，而因鲜蛋来源不多，今年只有五厂开工，且系由该局之收购，而开工者如停止收购，则全部蛋厂均将停工，如继续停顿两年，则我国蛋品原有之国外市场均将为美澳加拿大所夺，战前我国蛋品占全国出口货第二、三位，现因成本过高，故输出数额仅达战前五分之一，如能由政府大量收购外销，不但能刺激鲜蛋增产及减少若干失业工人，且政府亦可获得大量外汇，其利益自非浅鲜。

四、大豆。由该局购料处主办仅办理输意大豆二批，共运出一三五，七四四，七一五公吨，计售得美金二，三二八，七八六.六〇元，其办理情形据称历经报请行政院及财政部备案有案，综上所述，自政府实行收购政策，出口贸易颇有涸而苏之象，惟八月十六日停止收购后，因出口商人照市价结汇，有利可图，竟向国外求售，致售价脱落。幸该局于收购时期已把握大量物资，并因销售政策措置得宜，始能将原有售价稳住，最近汇率仍变动不定，国内物价随之波动，出口物资成本高出于国外售价颇多，故输出尚感困难，因此颇有主张恢复收购政策者，但据该局意见认为，收购办法虽不失为推广输出之一途，惟易引起外商误会，以为政府垄断专卖，在现行金融政策下，只须外汇市价调整适宜与贷款政策配合得法，固非必须实行收购政策始能达到推广输出之目的也。

〔国民政府全国经济委员会档案〕

10. 国民政府海关总税务司署 1948 年 1 至 7 月进出口货物价值报告表

（1948 年）

国民政府海关总税务司署

一九四八年一至七月进出口货物价值报告表

累积数目 （1948年）

	三十七年一月至七月				三十六年一月至七月	
	进口总值	复出口	进口净值		进口净值	
		国币（单位千元）		百分数	国币（单位千元）	百分数
亚丁、丕林等……	822,812,013		822,812,013	1.29	26,881,002	0.87
亚拉伯……	1,343,536,286		1,343,536,286	2.11	24,649,461	0.80
阿根廷……	65,228,182		65,228,182	0.10	8,108,300	0.26
澳洲	894,295,655		894,295,655	1.40	62,206,188	2.01
比国	1,468,371,472	11,400	1,468,360,072	2.30	71,515,470	2.31
巴西	1,060,494,271		1,060,494,271	1.67	51,304,622	1.66
英属东非洲	423,079,777		423,079,777	0.66	332,238	0.01
英属北婆罗洲	276,158,274		276,158,274	0.43	1,513,448	0.05
缅甸	725,669,496	38,000	725,631,496	1.14	42,227,280	1.37
加拿大	2,786,443,983	52,485	2,786,391,498	4.37	159,434,854	5.15
捷克斯拉夫	124,622,849		124,622,849	0.20	7,909,402	0.25
丹麦	45,100,500		45,100,550	0.07	971,414	0.03
埃及（英埃苏丹在内）	87,477,759		87,477,759	0.14	9,711,948	0.31
芬兰	98,647,549		98,647,549	0.16	6,769,436	0.22
法国	409,714,320	13,755	409,700,565	0.64	17,421,709	0.56
安南	108,104,656	1,875	108,102,781	0.17	23,800,283	0.27
德国	29,855,500	69,950	29,785,550	0.05	1,123,737	0.04
英国	5,580,849,688	3,691,436	5,577,158,252	8.75	252,637,383	8.17
香港	1,207,973,857	2,104,420	1,205,869,137	1.89	70,977,050	2.29
印度	6,873,646,861	73,484	6,873,573,377	10.79	91,648,553	2.96
伊朗（波斯）	1,812,001,115	1,002	1,812,000,113	2.84	99,209,054	3.21
义国	549,485,383		549,485,383	0.86	30,334,970	0.98

续上表

	三十七年一月至七月				三十六年一至七月	
	进口总值	复出口	进口净值		进口净值	
		国币（单位千元）		百分数	国币（单位千元）	百分数
日本	466.597.947	487.573	466.110.374	0.73	41.278.757	1.33
朝鲜	19.399.352	61.103	19.168.249	0.03	44.574	
澳门	187.391.437		187.394.437	0.30	5.465.016	0.18
马耳他					289.746	0.01
墨国	36.212.555		36.212.555	0.06	888.028	0.03
摩洛哥	1.905		1.905			
和国	129.691.547		129.691.547	0.20	14.612.585	0.47
和属东印度	1.328.068.862	16	1.328.068.846	2.08	4.760.491	0.15
瑙威	801.919.285	439	801.916.846	1.26	29.141.858	0.94
巴拉乖	175.661		175.661			
秘鲁	6.340.129		6.340.129	0.01	13.042.810	0.42
菲律宾岛	542.433.775		512.433.775	0.22	6.561.747	0.21
暹罗	886.604.501		886.604.501	1.39	49.367.696	1.60
南非洲联邦及罗得斯亚	42.201.366		42.201.366	0.07	4.102.193	0.13
新加坡等处	1.644.463.630	79.670	1.644.383.960	2.58	107.950.683	3.49
瑞典	867.419.605	25.690	867.393.915	1.36	14.125.554	0.46
瑞士	545.260.540		545.260.540	0.86	51.314.486	1.66
美国	29.044.355.985	4.304.111	29.040.051.874	45.56	1.667.859.198	53.92
苏联亚洲各路	543.752.645		543.752.645	0.85	6.651.219	0.22
来源无从确定者	33.844.664		33.844.664	0.05		
其他各国	227.775.224		227.775.224	0.36	15.374.060	0.50
共计	63.747.311.111	11.016.409	63.736.294.702	100.00	3.093.518.498	100.00

第七表　进出口货物价值报告表

累积数目

	三十七年一月至七月				三十六年一月至七月	
	出口总值	复出口	出口净值		出口净值	
		国币（单位千元）		百分数	国币（单位千元）	百分数
西比西比亚	37.150.000		37.150.000	0.05	1.080.000	0.08
亚丁、丕林等	1.078.125.686		1.078.125.686	1.55	4.477.544	0.32
亚拉伯	449.712.265		449.712.265	0.65	667.746	0.05
阿根廷	45.866.182	697.785	45.168.367	0.07	1.993.273	0.14
澳洲	1.183.888.514	866.258	1.183.022.256	1.70	7.703.765	0.55
比国	370.006.085		370.006.085	0.53	14.581.508	1.04
巴西	2.574.630		2.574.630		1.957.870	0.14
英属东非洲	667.571.017		667.571.017	0.96	343.518	0.02
英属北婆罗洲	56.034		56.034		260	
缅甸	954.647.855		954.647.855	1.37	8.183.399	0.58
加拿大	738.595.695	7.320	738.588.375	1.06	10.513.201	0.75
捷克斯拉夫	42.360		42.360			
丹麦	90.421.009		90.421.009	0.13	2.693.034	0.19
埃及（英埃苏丹在内）	259.193.233		259.193.233	0.37	5.605.423	0.40
芬兰	10.600.150		10.600.150	0.02		
法国	862.981.873	1.051.453	861.930.920	1.24	53.140.792	3.78
安南	141.530.797	3.900	141.526.897	0.20	4.126.001	0.21
德国	226.390.680		226.390.680	0.33	180	
英国	5.950.674.691	30.000	5.950.644.691	8.57	140.634.050	10.01
香港	19.997.751.113		19.997.751.113	28.78	545.524.427	38.83
印度	943.170.566		943.170.566	1.36	39.485.807	2.81
伊朗（波斯）	6.009.762		6.009.762	0.01	1.583.945	0.11
义国	252.161.834		252.161.834	0.36	64.764.612	4.61

续上表

	三十七年一月至七月				三十六年一月至七月	
	出口总值	复出口	出口净值		出口净值	
		国币（单位千元）		百分数	国币（单位千元）	百分数
日本	4.463.561.575		4.463.651.575	6.43	36.685.808	2.61
朝鲜	928.152		928.152		2.368	
澳门	969.224.176	168.000	769.056.176	1.40	13.945.147	0.99
马耳他	8.659.162		8.659.162	0.01	3.550	
墨国	12.100.172		12.100.172	0.02	578.570	0.04
摩洛哥	877.322.542		877.322.542	1.06	18.020.371	1.28
□国	394.576.545		394.576.545	0.57	22.108.650	1.58
和属东印度	52.389.443		52.389.443	0.08	184.746	0.01
瑞威	181.209.472		181.209.472	0.23	2.315.871	0.17
巴拉乖	405.000		405.000	0.23	2.315.871	0.17
秘鲁	156.000		156.000	0.23	512	0.17
菲律宾岛	2.017.362.498	2.121.950	2.015.240.548	2.90	18.712.801	1.33
暹罗	1.573.686.853		1.573.686.853	2.27	8.666.350	0.62
南非洲联邦及罗得斯亚	130.513.171		130.513.171	0.19	3.109.770	0.22
新加坡等处	1.376.011.531		1.376.011.531	1.98	31.257.424	2.23
瑞典	435.649.968		435.649.968	0.63	21.800.580	1.55
瑞士	120.821.118		120.821.118	0.17	1.722.469	0.12
美国	20.327.637.518	809.207	20.326.828.311	29.26	295.898.297	21.06
苏联亚洲各路	1.559.437.953		1.559.437.953	2.24	13.254.660	0.94
其他各国	370.882.140	4.600	370.877.540	1.05	7.708.551	0.55
共	69.481.760.020	5.763.473	69.475.996.547	100.00	1.405.066.650	100.00

〔国民政府经济部档案〕

11. 国民政府海关总税务司署历年进出口贸易净值折合美金价值统计表

（1948 年）

历年进出口贸易净值折合美金价值统计表

年别	国币对美汇折合率		进口		出口		入超（一）或出超（#）	
	官价	市价	国币折合	美金元	国币折合	美金元	国币折合	美金元
	国币元							
民国 26		(0.29305)	953.386.007	279.389.769	838.255.705	245.650.834	115.130.302	33.738.935
27	0.30	(0.21011)	886.199.569	186.199.391	762.641.058	160.238.513	123.558.511	25.960.878
28	0.30	(0.11277)	1.333.653.896	150.396.750	1.027.246.508	115.842.589	306.407.388	34.553.561
29	0.30	(0.06043)	2.027.143.048	122.500.254	1.970.120.647	119.054.391	57.022.401	3.445.863
30	0.30	(0.05300)	2.400.360.948	127.219.130	2.901.340.380	153.771.040	500.979.432	26.551.910
31	0.11198		1.444.339.357	161.737.121	191.604.884	21.455.915	1.252.754.473	140.281.206
32	0.05		3.384.324.100	169.216.205	164.459.288	8.222.964	3.219.864.812	160.993.241
33	0.05		4.418.252.400	220.913.120	996.878.414	49.843.921	3.421.383.986	171.069.199
34	0.05		14.199.024.640	709.951.232	4.484.980.549	224.249.027	9.714.044.091	485.702.205

续上表

年别	国币对美汇折合率		进口		出口		入超(一)或出超(＃)	
	官价	市价	国币折合	美金元	国币折合	美金元	国币折合	美金元
37(1—5)	国币千元		31,322,143.607	123,923.063	19,949,707,038	82,496.939	11,372,436.569	41,426.124
1		0.00936	2,080,397,006	19,472.516	1,738,662.318	16,273.879	344,734.688	3,198.637
2		0.00715	1,969,006.087	14,078.391	1,724,455.242	12,329.855	244,550.845	1,348.539
3		0.00493	6,557,504.673	32,320.498	3,515,126.328	17,329.573	3,042,378.345	14,318.925
4		0.00318	7,887,868.683	25,051.022	5,290,117.498	16,822.574	2,587,751.185	229.048
5		0.00257	12,837,367.158	32,992.433	7,681,345.652	19,741,058	5,156,021.506	13,250.975

附注　1. 市价汇率(有括孤者)系按照上海电汇开盘市价平均率换算。

2. 表内折合美金价值系按照国币对美汇之市价折算，惟其中一部未载明市价者则按官价折算，如同时官价与市价并列则仍按照市价折算。

3. 二十六年至三十四年系国币元三十五年以后系国币千元。

〔国民政府关务署档案〕

12. 重庆市商会因猪鬃皮漆等山货出口困难请经济部迅采救助办法呈

（1949年10月12日）

重庆市商会呈　卅八商秘字第一四七六二号
民国卅八年十月十二日时发

案据牛羊皮、猪鬃、肠衣输出业商业同业公会公函称：据会员报称以山货为我国重要输出之一，举凡各种土产虽来自农村，但均为工业重要原料，每年运销国际市场约合美金数千万元。此项外汇收益对于国家实有极大之贡献。惟近以时局不靖，长江受阻，仅猪鬃一项可由空运出口，而其他如羊皮、棓子、生漆、白蜡、丝巾、桐油、青麻、牛皮、木油、漆蜡等货只内销少数，余均无法输出，亟宜积极设法输出，以期换取多数外汇，藉利国计民生而抒商困，为特请大会转函市商会，呈请经济部迅采有效办法，使大量输出，并酌察目前局势，准由本市公司行号报关直运香港销售等情到会。查该会员等所称属实，相应函请大会查照赐办为荷。等由。准此。查奖励输出乃为我政府一贯政策，该会所请报运出口货物一节尚属必要，理合具文呈请钧部俯赐鉴核，对于山货之输出准予迅采有效救助办法办理，抑或即准由该业各公司行号向重庆海关报关改运香港，俾利输出以争取外汇，发展对外贸易，至为公祷。仍乞批示只遵！谨呈

经济部部长刘

重庆市商会理事长蔡鹤年呈

〔国民政府经济部档案〕